발달 심리학

전 생애 : 아동 · 청소년 · 성인

Developmental Psychology

발달 심리학

전 생애 : 아동 · 청소년 · 성인

최경숙 · 송하나 지음

(주)교문사

머 리 말

발달심리학은 인간의 수정에서부터 죽음에 이르기까지의 발달과정을 다루는 학문 분야이다. 그럼에도 불구하고 발달심리학은 아동기나 청소년기에 초점을 두어 왔다. 그것은 생의 초기 발달이 눈에 띄게 두드러질 뿐만 아니라 그 이후 발달에 지대한 영향을 미치기 때문이다. 더욱이 그 영향이 부정적일 경우 그것을 되돌리기에는 큰 어려움이 있다고 여겨져 와 이에 대한 연구들이 집중적으로 이루어져 왔다.

그러나 최근에 평균수명이 길어지면서 노인 인구가 증가하게 되었고 노인기에도 급격한 발달 변화가 일어난다는 것이 알려져 왔다. 또 이러한 변화로 인한 문제가 사회의 중대한 과제가 되면서부터 노인에 대한 관심은 물론 청소년기 이후 성인기에 대한 연구가 활발히 진행되었다. 이러한 연구들이 기반이 되어 생의 후반의 발달과정에 대한 지식들이 발달심리학 내에서 체계화되기 시작하였다.

따라서 이 책에서는 아동기, 청소년기 이후의 성인기 및 노화과정에서 죽음에 이르기까지 전 생애에 걸친 발달과정을 다루게 되었다. 또한 새로운 연구와 개념을 보완하고자 하였으며 특히 성인기 발달과 노화과정에서는 최근의 이론과 연구결과를 포함시켜 새로운 경향을 서술하려 노력하였다.

이 책은 총 6부 17장으로 구성되어 있다. 1~5부까지는 최경숙 교수, 6부는 송하나 교수가 집필하였다.

제1부는 발달심리학의 기본 개념, 연구방법 및 발달 이론을 다루었고 제2부는 인간 발달의 생물학적 기초인 유전과 태내 발달 그리고 출생 후부터 청소년기까지의 신체적 발달을 설명하였다.

제3부는 출생 후부터 청소년기까지의 지적 발달을 영역별로 지각 · 인지 · 지능과 언어발달로 구분하여 다루었으며 제4부는 출생 후부터 청소년기까지의 사회 · 정서 발달에 대한 것으로 정서발달과 자기와 타인 이해, 성역할과 공격성 그리고 이타성과 도덕발달을 서술하였다. 제5부는 인간발달과정에서 가족, 또래, 학교 그리고 텔레비전의 영향을 설명하였다. 제6부는 전 생애 발달적 관점에서 성인발달의 이론을 조명하고 그와 관련된 신체, 인지, 사회정서의 발달 변화를 다루었다. 또한 노화와 죽음의 과정과 기억장애를 포함한 병리적 노화현상을 살펴보았다.

이 책에서는 본문 옆에 용어 해설을 두어 기본 개념을 정확하게 오래 기억하도록 도왔고 또 각 장 마지막에는 '정리해 봅시다' 를 두어 학생 스스로 각 장의 중요 내용을 정리해 봄으로써 체계화시킬 수 있도록 하였다.

이 책을 읽는 학생들은 발달심리학의 지식을 기반으로 자신의 발달과정을 반추해 보고 앞으로의 자신의 삶을 계획하고 정립하는 데 도움이 되길 바란다.

이 책이 나오기까지 원고를 정리해 주고 교정을 도와준 지은희 조교에게 고마운 마음을 전하며, 또 이 책을 출판해 주신 (주)교문사 류제동 사장님과 양계성 상무 그리고 강선혜 편집부 차장을 비롯한 직원 여러분에게 감사를 드린다.

2010년 2월

저자 일동

차례

PART 4 사회 · 정서발달

Chapter 15 또래 · 학교 · 텔레비전 354

PART 6 성인발달과 노화

Chapter 16 성인기 발달 382

PART 1

발달심리학 이해의 기초

제1부에서는 발달심리학에서 기초가 되는 기본 지식인 인간발달을 어떻게 보느냐, 발달과정을 어떻게 과학적인 방법으로 접근하는가 그리고 발달과정을 설명하는 발달 이론들을 소개하는 두 개의 장으로 구성되어 있다.

제1장은 발달의 올바른 이해를 위한 기초적 개념인 발달의 개념, 기본 주제와 발달 연구의 역사 등을 제시하고 인간발달의 변화를 찾고 설명할 수 있는 현대 발달심리학에서 주로 적용하고 있는 과학적인 연구방법들을 설명한다.

제2장은 아동과 청소년의 발달에 대한 이해를 돕고 발달 원인을 설명해 주는 전통적인 발달 이론들은 물론 최근의 발달 이론들을 다룬다.

Chapter 1

발달개념과 연구법

발달심리학에서 인간발달을 보는 관점, 즉 발달을 어떻게 정의하고, 그 과정을 능동적으로 또는 수동적으로 보는지, 또 성숙과 학습이 발달과정에 어떠한 영향을 주는지 등은 아동과 청소년을 이해하는 데 기초적이면서도 중요한 논제이다.

또한 아동과 청소년의 발달과정을 객관적으로 다룰 수 있도록 하는 과학적인 자료수집 및 연구방법들을 이해하는 것도 발달에 대한 이해의 기초가 된다. 이 장에서는 이러한 발달논제와 연구방법들을 살펴보고자 한다.

Chapter 1

발달개념과 연구법

1. 발 달

발달 development
인간의 전 생애 동안 연령의 증가와 함께 일어나는 모든 변화과정을 가리키나 약물이나 피로에 의한 일시적인 변화는 발달에 포함시키지 않음

정자와 난자가 만나 수정이 되어 인간의 생명이 시작되는 순간부터 죽음에 이르기까지의 개인의 전 생애 동안에 연령의 증가와 함께 겪게 되는 모든 변화를 발달이라고 한다.

하나의 세포에서 시작한 생명체는 태내에서 사람의 모습으로 만들어지고 어머니 배속에서 나와 갓난아기에서 차츰 성장하여 걷기 시작하고 말도 할 수 있게 된다. 이후 인간은 머릿속으로 생각을 하고 글을 쓸 수 있게 되며 복잡한 문제도 풀 수 있게 된다. 또 친구들과 어울려 우정을 키우기도 한다. 사춘기가 되면 신체적인 변화가 나타나면서 자신에 대한 탐구와 함께 이성에 대한 관심을 갖게 된다.

성인에 이르러서는 결혼을 하고 자녀를 키우면서 중년기를 맞이하게 된다. 중년기에는 각자의 사회적 역할에 변화가 오며 나이가 들어 나타나는 여러 가지 쇠퇴 현상을 감지하면서 심리적 혼란을 겪게 된다. 노년기에 이르면 자신의 삶을 되돌아보고 자신의 인생의 가치를 되새겨 보며 정리하게 되고 마침내 죽음을 맞이하게 된다.

이러한 발달의 변화과정은 인간이면 누구나 겪게 되는 것으로, 신체 및 운동능력, 지적 능력, 언어, 사회적 관계, 정서, 도덕, 성격 등 모든 영역에서의 변화가 여기에 포함된다. 이 발달과정에는 양적으로 커지고 기능의 수준이 높아지고 원숙해지는 변화가 있지만, 동시에 기능이 약화되고 구조가 쇠퇴하는 변화도 포함된다.

이러한 발달의 변화 양상과 과정은 대부분 순서가 있으며, 특정한 양식을 나타냄과 동시에 지속성이 있어서 약물이나 피로에 의한 일시적인 변화나 잠시 나타나는 변화와는 구별된다.

한마디로 발달이란 인간의 수정에서부터 죽음에 이르기까지 전 생애 동안에 연령의 증가와 함께 일어나는 모든 변화과정을 의미한다. 따라서 성인기에서부터 노년기에 이르는 동안에 나타나는 신체적 · 심리적 변화도 모두 발달의 범주에 포함시키게 된다.

연령에 따라 발달시기는 다음과 같이 구분된다.

- 태내기 : 수정에서 출산할 때까지의 만 9개월 동안
- 신생아기 : 출생에서부터 약 2주
- 영아기 : 신생아기가 끝나는 시기부터 약 2세까지
- 유아기 : 영아기가 끝나는 시기부터 약 6, 7세, 즉 초등학교 입학 전까지
- 아동기 : 유아기가 끝나는 시기부터 약 12, 13세까지의 초등학교 시기
- 청소년기 : 아동기가 끝나는 시기부터 약 22, 23세까지
- 성인 초기 : 청년기가 끝나는 시기부터 약 40세까지의 시기
- 성인 중기(중년기) : 약 40세 이후부터 60~65세까지의 시기
- 성인 후기(노년기) : 약 65세 이후

발달을 연구하는 학문 분야를 총체적으로 발달과학이라고 한다. 발달과학은 심리학, 생물학, 생리학, 의학, 사회학, 인류학, 교육학, 가정학 등 여러 학문 분야에서 접근할 수 있으나 이러한 분야 중에서도 발달변화를 주로 다루는 학문 분야가 발달심리학이다.

2. 발달심리학

발달심리학은 이러한 인간의 발달을 탐구하는 학문으로 연령이 증가하면서 어떠한 변화가 일어나는지, 왜 그러한 변화가 일어나는지를 연구한다. 그리고 발달의 변화에서 개인에 따라 차이가 나타나는 부분은 어떠한 것이며, 그 개인차의 원인도 밝혀내고자 한다.

따라서 발달심리학의 구체적인 학문적인 목표는 첫째, 연령에 따른 발달의 변화를 객관적으로 그리고 정확히 기술하는 것이다. 예를 들어, 아기가 어느 시기부터 기기 시작하여 어떠한 양상으로 변화 발달하여 가는지를 기술한다. 또 출생 후 사회적 능력은 얼마나 되며 영아기 이후에는 어떻게 발달하는지 등을 정확히 기술한다. 다시 말해서

발달심리학
developmental psychology
인간이 발달함에 따라 어떻게 변화하는지, 또 이러한 변화를 일으키는 요인은 무엇인지를 연구하는 심리학의 한 분야

각 연령단계에서 나타나는 평균적인 발달과정을 밝히는 것이다.

두 번째는, 첫째 목표에서 밝힌 발달의 변화에 대하여 왜 그와 같은 발달이 일어나는지를 설명하는 것이다. 구체적으로 아동은 연령이 증가하면서 기억능력이 향상되고 사용하는 어휘 수가 증가하며 점차 논리적인 사고능력을 갖게 된다. 이와 같은 발달에 대해 그 원인은 무엇인가, 그와 같은 변화가 어떻게 일어나는가 등을 설명하는 것이다.

세 번째는 첫째, 둘째의 목표에서 연령에 따른 평균적인 발달과정을 기술하고 그 원인 설명을 기초로 개인의 발달수준을 진단하고 건전하고 바람직한 방향으로의 발달을 위하여 적절한 환경을 마련하는 것이다.

발달에 지장을 주는 바람직하지 않은 원인을 찾을 수 있다면 발달과정에서 그 원인을 통제, 조절할 수 있을 것이다. 더 나아가서 발달심리학에서 밝혀진 발달의 일반적인 경향을 기초로 연령별로 발달규준을 정할 수 있음으로써 이 일반적 발달규준에 비추어 한 아동의 발달수준을 진단하고 평가할 수 있다. 또 발달수준을 알고 이를 기반으로 했을 때 비로소 발달수준에 맞는 적절한 교육방법을 적용할 수 있다. 그리고 문제행동의 지도나 치료도 발달과정에 대한 지식이나 이에 영향을 미치는 요인에 대한 지식이 있을 때 적절히 이루어질 수 있다.

따라서 발달심리학은 인간을 이해하는 학문적인 목적에서뿐만 아니라 실용적인 의미에서도 중요한 학문이 된다.

3. 발달심리학의 활용

인간은 사람들 사이에서 살아가고 있기 때문에 다른 사람의 마음이나 행동을 올바로 이해해야만 잘 어울려 살아갈 수 있다. 인간의 발달과정을 아는 것은 인간을 이해하는 첫걸음이 된다. 즉, 인간의 전 생애 발달과정을 이해함으로써 인간의 일생주기에 대한 전반적인 틀을 갖고 인간을 이해할 수 있다. 또 연령에 따른 발달특성을 앎으로써 한 아동이나 청소년이 제대로 커가고 있는지를 알 수 있다. 예를 들어, 아기가 평균 몇 살이 되었을 때 말을 시작하는지를 알면 한 아동의 언어발달이 평균적인 발달과정을 따르고 있는지를 가늠할 수 있다. 또 다른 예로 청소년에 대한 발달과정을 이해함으로써 한 청소년 또는 자신의 청년기의 변화를 이해하거나 예견하여 이에 대한 적절한 대응을 할 수 있을 것이다.

이와 같은 인간의 평균적인 발달변화만이 아니라 왜 그와 같은 변화가 일어나는지에 대한 원인을 이해하면 인간의 행동변화에 대해서 좀 더 적극적인 개입을 할 수 있다. 즉, 발달의 이유나 원인을 앎으로써 발달을 바람직한 방향으로 이끌 수 있게 된다. 특히 아동이나 청소년에게 바람직한 변화를 가져올 수 있는 환경을 제공해 줌으로써 발달을 증진시킬 수 있으며, 평균적인 발달에서 벗어났을 경우, 그 원인을 통해서 적절한 교육이나 대처를 할 수 있다.

또한 발달의 원인에 대한 이해를 바탕으로 했을 때, 앞으로 일어날 수도 있는 발달의 문제점을 예방할 수 있으며, 적절한 자녀양육에 대한 방법을 제공할 수도 있다.

최근에는 전 생애 발달적 지식이 개인적으로나 사회적으로 자아실현이 본격화되는 성인기에 발달과업을 성취하려는 동기와 또한 삶을 평가하는 지표가 되기도 한다. 특히, 은퇴와 노화의 과정을 조명하여 건강하고 행복하게 삶을 마무리하는 준비를 하도록 돕는다.

4. 발달연구의 역사

발달에 대한 과학적인 연구의 역사는 약 1세기 정도로 비교적 짧은 편이다. 발달에 대한 초기의 관심은 주로 아동기로, 아동을 어떻게 보느냐 하는 철학적인 아동관에서 시작하여 점차 아동에 대한 과학적인 이해로 발전되어 왔다.

현재까지 발달 이론과 발달연구에 영향을 끼쳐 온 두 철학자는 Locke와 Rousseau이다. 영국의 철학자 Locke는 아동의 경험이 아동발달의 기본적인 결정요인이 된다고 보았으며, 아기의 마음은 백지상태와 같아서 학습에 의해 인간이 형성된다고 하였다.

한편, 프랑스 철학자 Rousseau는 Locke와는 다른 견해를 제시하였다. 아동은 도덕적 특성을 선천적으로 타고나기 때문에 옳고 그른 것을 직관적으로 통찰을 할 수 있는 존재라고 보았다. 따라서 아동은 건강하게 성장할 수 있는 발달능력을 갖고 태어나기 때문에 사회나 성인의 지시나 감독 없이도 나이들면서 점차로 적절하게 성장할 것이라고 믿었다. 오히려 부모나 교사의 간섭이 아동의 발달과정을 저해하거나 손상시킨다고 주장하였다.

그 후 Rousseau의 생각을 받아들였던 스위스의 Pestalozzi는 그의 3세 반 된 아들의 발달을 관찰한 보고서를 출판하였다. 이 책에서 그는 발달에서 아동 자신의 활동을 강

Locke(1632~1704)
영국의 경험주의 철학자로 아동의 경험이 아동발달의 기본적인 결정요인이라고 주장

백지상태 tabula rasa
아동의 마음은 백지와 같아서 모든 지식, 능력, 행동 그리고 동기는 경험을 통하여 획득될 수 있다는 개념

Rousseau(1712~1778)
프랑스 철학자로 아동은 선천적으로 발달적 잠재력을 갖고 태어난다고 주장

Darwin(1809~1882)
영국의 생물학자로 《종의 기원》이라는 책에서 진화론을 주장

조하였다.

이어서 1787년 Tiedemann이 일종의 아동일지를 출판하였다. 이 일지는 한 영아의 출생에서부터 2세 반까지의 감각, 운동, 언어 및 지적 발달을 추적 서술한 것이었다.

발달연구의 역사에서 가장 큰 사건의 하나는 Darwin이 제시한 진화론(1859)의 출현이다. Darwin은 자신의 자녀의 초기 발달에 관한 관찰일지를 출판하였는데, 특히 그는 아동행동의 진화론적 특성에 관심이 많았다. 아동은 인간의 본성에 대한 많은 정보를 갖고 있기 때문에 면밀한 관찰을 통해서 개인의 발달을 추적할 수 있고 이것이 인류의 진화론적 역사를 이해하게 해준다고 믿었다.

또 생리학자인 Preyer(1888)는 출생 후에서 4세까지의 자신의 아들에 관한 발달과정을 기록한 아동일지를 발표하였다. 그는 특히 반사적 행동의 발달과 반사적 행동의 수정에서 훈련이나 경험의 영향에 관심을 두었다.

발달심리학의 설립 초기에 나타난 아동일지들은 엄격한 과학적인 연구자료로서는 명확한 제한점을 갖고 있다. 대개 한두 명의 아동을 대상으로 하였고 관찰이 완전히 객관적이라고 하기가 어려웠다. 또 체계적이 아니거나 불규칙한 시간 간격을 두고 관찰이 이루어져 이들 자료들로부터 보편적인 아동 발달 양상을 밝히기는 불가능하다. 이러한 사실에도 불구하고 초기 철학자들의 주장들과 마찬가지로 이들 일지들은 아동 발달의 주요 논점을 제시하는 데 가치가 있으며 아동의 과학적인 연구에 대한 관심을 자극하고 유도하는 데 커다란 역할을 하였다고 평가된다.

그림 1-1 Hall (1846~1924)

많은 아동들을 대상으로 체계적인 연구가 시작된 것은 Stanley Hall에 의해 시작되었다. 그는 아동의 마음의 내용을 질문지법을 적용하여 조사하고자 하였다(Hall, 1891). 아동들에게 그들의 활동과 흥미에 대하여 물었으며 그의 목표는 발달의 순서와 시기를 기술하는 것이었다. 이 방법은 많은 아동을 대상으로 객관적인 측정을 적용하고자 하였다는 점에서 아동에 대한 과학적 연구의 창시자라 할 수 있다.

Hall(1846~1924)
미국에서 아동을 대상으로 최초로 과학적이고 체계적인 연구를 한 학자

Hall과 거의 같은 시기에 프랑스의 Binet는 아동연구의 과학적 접근에 크게 공헌하였는데, 그는 1905년에 지능검사를 작성하여 아동의 지능을 측정하여 실제 교육장면에 적용시켰다. Binet의 지능검사 이후 이와 같은 검사법은 아동의 지능만이 아니고 성격이나 능력, 적성 측정에도 활용되어 왔다.

Hall과 Binet 이후 20세기 초기의 많은 발달심리학자들은 Darwin의 영향을 받아 발달변화는 대부분 성숙의 결과라고 믿었다. 또한 연령에 따라 나타나는 발달변화는 모든 아동에게서 보편적으로 나타나는 선천적 발달 유형으로 생각하였다. 이러한 이론

을 제시한 대표적인 학자는 Gesell이었다.

이와 같은 경향이 지속되면서 1920년대와 1930년대에는 미국의 하버드대학, 캘리포니아대학 및 여러 아동연구기관에서 10년 이상의 장기간에 걸친 종단적 연구가 시작되었다. 이들 종단적 연구에서는 아동의 신체적 성장은 물론 여러 심리적 행동특성을 같은 대상의 아동들을 추적하여 연령에 따른 발달변화에 대한 보고를 해왔다.

이즈음에 미국과 유럽 심리학의 세 가지 동향이 이후의 발달심리학에 크게 영향을 미치게 되는데, 첫째는 Freud의 정신분석학 이론, 두 번째는 행동주의 이론 그리고 세 번째로 Piaget의 인지발달 이론이다. 이들 세 이론들의 발달은 현대 발달심리학의 이론적인 중추를 형성하였다.

제2차 세계대전 이후부터는 발달변화를 기술하는 것 대신 아동행동에 대한 이론적 설명을 검증하는 실험아동심리학이 나타나기 시작하여 1960년대 중반까지 아동심리학의 주축을 이루었다. 이 시기의 아동심리학자들은 아동행동을 정확히 기술하는 것뿐만 아니라 아동행동에 대한 원인이나 이유를 찾고 설명하는 데 관심을 가졌다. 또한 행동주의적 입장에서 주로 관찰될 수 있는 외적 행동에 관심을 두었으며 환경결정론적인 견해를 갖고 있었다. 연구는 자연관찰보다는 한 상황의 모든 면을 통제할 수 있는 실험실 안에서 이루어졌다.

그러나 1960년대 전후에서 행동주의의 한계점이 지적되기 시작하였고 또한 Piaget 이론의 영향이 나타나기 시작하였다. 이러한 맥락에서 발달에 대한 연구가 활발히 이루어지게 되었으며 1970년 초기까지는 발달의 이론적 모델로서 Piaget 이론이 주축을 이루었다. 그러나 1970년대에 들어오면서 심리학의 정보처리 패러다임의 영향으로 정보처리 모델을 기초로 한 인지발달연구들이 보고되었다. 이때부터 현재까지 정보처리 모델은 전반적인 발달연구에 영향을 미치게 되었다. 또 최근에는 연구영역에 따라 생태학적 이론, 사회문화적 이론 및 동물행동학적 이론에 근거를 둔 발달연구들이 이루어지고 있다.

이상에서와 같이 이론에 기초한 발달연구의 변화만이 아니라 1970년대는 전후 베이비 붐 세대가 성인기로 진입함에 따라 전체 인구에서 성인기가 차지하는 비율이 가장 많아진 시기이다. 이후 이 세대가 노년층으로 이동하는 과정에서 이전과는 다른 개인적 · 사회적 변화가 급격히 일어났으며 이런 현상에 대한 학자들의 관심이 높아졌다. 이 시기의 발달심리학자들은 아동기와 청소년기의 확장으로써 에릭슨이 제시한 성인기 이론을 검증하는 데 관심을 갖게 되었고 이러한 관심이 노년기로 확장되어 1980년

그림 1-2 Binet (1857~1924)

Gesell(1880~1961)
연령에 따라 나타나는 발달의 변화는 선천적인 성숙의 결과라고 주장

환경결정론 environmental determinism
아동은 자신이 처한 환경에 의해 형성되는 수동적 존재라는 개념

대 이후에는 노년학이라는 새로운 학문 분야가 나타나기도 하였다.

5. 발달연구법

1) 과학적 방법

과학적 방법 scientific method
연구자들이 과거의 경험이나 신념 또는 태도 등에 의해 영향을 받지 않고, 누구나 동의할 수 있게, 객관적으로 연구하는 방법

신뢰도 reliability
시간이 경과하거나 다른 사람이 측정하여도 일관되게 같은 측정값을 유지하는 정도

타당도 validity
측정하고자 하는 것을 정확하게 측정하는 정도

앞의 발달연구의 역사에서 이미 지적한 대로 발달에 대한 과학적인 연구는 Hall에 의해 시작되었다. 이는 아동에 대하여 객관적으로 자료를 수집하고 측정하려 하였다는 점에서 과학적 연구의 시작이라고 할 수 있다. 과학적이란 자료의 수집이나 해석이 객관적으로 이루어져야 함을 의미하고, 객관적이라는 것은 연구하는 문제를 연구자의 과거 경험이나 신념 또는 태도 등에 의해서 영향을 받아 편파적이 되지 않도록 누구나 동의할 수 있는 방법으로 정의하고 다루어져야 한다는 것을 말한다.

이와 같이 객관적으로 되기 위해서는 어느 특성이든 그것이 측정 가능해야 한다. 즉, 발달특성이 어떤 방법으로든 셀 수 있거나 잴 수 있어야 함을 의미한다. 측정 가능한 것만으로는 객관적일 수 없고 신뢰도와 타당도를 갖추어야 과학적으로 유용한 객관적 방법이 될 수 있다. 한 측정이 신뢰롭다는 것은 시간이 경과하거나 다른 사람이 측정하여도 일관되게 같은 측정값을 유지하는 것을 의미한다. 또 측정이 타당하다는 것은 측정하고자 하는 것을 어느 정도 정확히 측정했느냐의 문제이다. 이러한 두 기준을 갖춘 측정에 의해서만이 발달특성의 객관적이고 과학적인 연구가 가능하다.

2) 현상기술적 자료수집방법

연구법의 가장 오래된 방법은 현상을 기술하는 방법이다. 발달특성을 단순히 기술할 수 있는 방법은 이미 발달연구의 역사에서 살펴보았듯이 아동일지에서부터 비롯되었다. 현대 발달심리학에서는 현상 하나를 객관적으로 기술하기 위하여 여러 가지 자료수집방법이 사용되고 있다.

(1) 자기 보고법

자기 보고법이란 발달심리학의 주요 목표 중의 하나인 발달특성을 객관적으로 기술하

는 데 적용되는 방법으로 연구자에 의해 제시된 질문이나 설문에 대한 연구대상자의 답을 구하는 연구방법이다. 면접법, 질문지법, 사례연구 및 임상법은 이러한 자기 보고 양식의 절차를 포함하고 있다.

① 면접법과 질문지법

면접법이나 질문지법은 아동이나 아동의 부모에게 특정 발달특성에 관한 일련의 질문을 하는 방법이다. 설문지를 통한 자료수집방법은 질문지의 질문에 대한 반응을 쓰거나 표시하는 방법인 반면, 면접법은 질문에 언어로 대답하는 방법을 말한다. 구조적 면접법이나 구조적 질문지법에서는 모든 연구대상자에게 같은 질문을 같은 순서로 하는데, 이러한 표준화된 또는 구조화된 방법의 목적은 똑같은 상황을 제시했을 때에 연구대상자들의 반응을 비교할 수 있기 때문이다.

구조적 면접법과 질문지법
structured interview/structured questionnaire
모든 연구대상자에게 같은 질문을 같은 순서로 하여 각기 다른 연구대상자들의 반응을 비교할 수 있는 자료수집방법

이러한 면접법과 질문지법은 몇 가지 한계점을 갖고 있다. 첫째는 면접법이나 질문지법 모두 글을 읽지 못하거나 언어를 잘 이해하지 못하는 매우 어린 아동을 대상으로는 사용할 수 없다. 둘째, 연구대상자가 사회에서 좋게 생각하는 방향으로 대답을 하거나 정직하지 않게 대답할 수도 있다. 이러한 부정확하고, 신뢰성 없는 반응은 잘못된 연구결과를 가져올 것이다. 셋째, 발달연구에서 특히 여러 다른 연령의 아동을 대상으로 할 때는 이 아동들이 질문을 같은 의미로 해석했는지를 염두에 두어야 한다. 왜냐하면 이러한 연구에서 연령에 따른 발달변화가 실제 발달의 변화가 아니라 아동의 이해능력의 차이로 인하여 일어날 수 있기 때문이다.

② 임상법

임상법은 면접법과 상당히 비슷하다. 임상법에서는 연구대상자에게 과제나 특정 자극물을 주고 그에 대한 반응을 분석하는 방법이다. 연구대상자가 반응을 하면 연구자는 질문을 하고 연구대상자의 처음 반응이나 대답을 명확히 하기 위하여 새로운 과제를 주고 다시 반응을 본다. 연구대상자의 반응이나 대답은 연구자가 다음에 할 질문을 결정하게 한다. 따라서 임상법도 표준화되어 있지 않고 연구대상자 각각을 독특한 존재로 간주한다. Piaget는 이 방법을 활용한 대표적인 학자로서 인지발달과정을 연구하는 데 이 방법으로 유용한 정보를 이끌어 내었다.

임상법
clinical method
연구대상자에게 과제나 특정 자극물을 주고 그에 대한 반응을 분석하는 방법

그러나 이 방법은 해석의 문제를 안고 있다. 즉, 연구대상자들에게 적용된 절차의 차이로 인해 연구대상자들을 비교하는 데 어려움이 있으며 더욱이 표준화되지 않은 연구절차는 연구자가 이미 갖고 있는 이론적 편향이 연구대상자에게 하는 질문이나 해석에

영향을 미칠 수 있다는 점이다.

(2) 관찰법

① 자연관찰법

자연관찰법 naturalistic observation
자연상황 또는 일상상황에서 사람들을 관찰하는 방법

연구자들은 질문을 하기보다는 사람들의 행동을 직접 관찰하기를 더 좋아한다. 자연관찰법은 많은 발달심리학자들이 좋아하는 방법 중의 하나로 자연상황 또는 일상상황에서의 사람들을 관찰 조사하는 방법이다.

아동을 관찰하기 위해서는 보통 가정, 학교 또는 공원의 놀이터에 가서 일어나는 일을 기록하게 된다. 많은 경우, 일어나는 모든 일을 기록하지는 않고 한 유형의 행동, 예를 들어 공격성 또는 협동성 같은 행동에 초점을 맞추어 관찰한다. 자연관찰의 장점은 언어적 기술을 필요로 하는 다른 방법과 다르게 영아나 유아에게 쉽게 적용할 수 있다는 것이다. 더 중요한 것은 인위적인 실험상황이 아닌 실제 자연상황에서 아동의 행동을 연구할 수 있다는 것이다.

그러나 어떤 행동들은 잘 일어나지 않거나 사회적으로 바람직하지 않기 때문에 자연상황에서 관찰하는 것으로 어려울 수가 있다. 또 관찰자가 있음으로 해서 행동이 달라질 수 있다. 따라서 관찰법을 적용할 때는 연구대상자 모르게 비디오로 촬영하거나 관찰에 들어가기 전에 상당기간 관찰자가 아동과 친숙해짐으로써 아동이 자연스럽게 행동할 수 있는 상황을 만든 후 관찰에 들어간다.

② 구조적 관찰법

구조적 관찰법 structured observation
표준화된 상황 속에서 아동의 행동을 관찰하는 방법

구조적 관찰법은 표준화된 상황 속에서 아동의 행동을 관찰하는 방법이다. 관찰은 숨은 카메라에 의해 기록되거나 일방경을 통해서 할 수 있다. 예를 들어, 한 아기와 어머니의 상호작용을 관찰할 때 각 가정을 방문하여 관찰하면 관찰상황이 각기 다르기 때문에 오는 결과의 차이를 통제할 수가 없다. 따라서 모든 아기와 어머니 각각의 쌍이 같은 상황 내에서 상호작용하게 함으로써 상황변인을 통제할 수 있다. 물론 이때에도 연구대상자들이 표준화된 상황에서 자연상황에서처럼 행동을 하지 않을 수 있다는 커다란 한계가 있다.

(3) 과제를 통한 방법

과제를 제시하고 그 과제의 수행을 통해 아동의 행동을 측정할 수 있다. 예를 들어, 일련의 숫자를 큰 소리로 차례로 들려 주면서 마지막 숫자가 제시된 직후에 아동은 들었던 숫자를 순서대로 반복하도록 하여 아동이 한 번에 숫자를 얼마나 기억하는지를 잴 수 있다. 또 여러 정서를 표현한 얼굴표정의 사진들을 보여 주고 표정들의 차이를 구별할 수 있는지를 측정하여 아동의 여러 가지 정서를 구별하는 능력을 잴 수 있다.

이와 같이 과제를 제시하여 아동의 사고나 정서 그리고 행동을 측정하는 방법은 아동 발달연구에서 상당히 자주 사용되는 방법이다. 그러나 이 방법에서 문제는 '사용된 과제가 측정하려고 하는 행동을 정말로 측정해 주고 있는가?' 하는 것이다. 예를 들어, 사진 속의 얼굴표정으로 정서를 판단하게 하는 것은 실생활에서 아동들의 정서판단을 과소평가할 수 있기 때문에 타당성이 떨어질 수도 있다.

3) 변인 간 관계분석 연구설계

한 현상과 다른 현상과의 관계를 다루고자 할 때는 이들 현상과 관련된 변인을 찾고 변인들이 어떻게 관계되는지를 보기 위한 연구설계가 중요하다. 상관설계와 실험설계는 변인 간 관계자료 수집방법에서 일반적으로 활용되는 방법이다.

(1) 상관설계

상관설계에서는 둘 이상의 변인들이 관계가 있는지를 보기 위하여 자료를 수집한다. 변인 간의 관계들 중에서도 특히 어떤 인위적인 변화나 간섭 없이 자연환경 내에서 이미 있었던 변인과 행동 또는 발달특성과 관계가 있는지를 알기 위하여 노력한다. 예를 들어, 아동들이 공격성이 높은 TV 프로그램을 많이 볼수록 공격적인 행동을 할 가능성이 높은지를 보고자 할 때 상관설계를 적용할 수 있다.

상관설계
correlational design
둘 이상의 변인들이 관계가 있는지를 살펴보기 위한 설계법으로서 인과적 관계로 보기에는 불명확

먼저 연구대상이 될 아동들을 선정하여 공격성이 높은 TV 프로그램을 보는 정도와 공격적인 행동을 하는 정도를 측정한다. 면접법이나 자연관찰법을 통해 각 아동이 무슨 프로그램을 시청하는지를 수집하고 그 프로그램들에서 일어나는 공격적인 행동의 횟수와 정도를 측정한다.

그 다음 아동이 공격적 행동을 어느 정도 자주 하는지를 알기 위하여 놀이시간에 아동을 관찰하여 공격적 행동을 하는 빈도를 기록한다. 이와 같이 해서 얻어진 자료, 즉 TV 프로그램을 보는 정도와 아동이 공격적 행동을 하는 빈도 간의 관계를 상관계수에 의하여 분석한다.

상관계수 correlational coefficient

변인들 간 상관관계의 정도와 방향을 제시한 수치로 범위는 −1.00~+1.00이다.

상관관계의 정도는 상관계수 −1.00~1.00으로 표시되는데, 0일 때는 두 변인 간에 아무런 관계가 없다는 것을 의미하며 −1.00이거나 1.00일 때는 두 변인 간의 관계가 완전히 일치된다는 것을 표시해 준다. −1.00이거나 1.00일 때는 한 변인을 알면 다른 변인의 값을 완전히 예측할 수 있을 때를 말한다. 현실적으로 상관계수가 −1.00이거나 1.00이 되는 경우는 거의 없다. 또 상관계수 앞에 있는 +, − 부호는 상관되는 방향을 의미해서 +일 때는 두 변인이 정적 관계에 있다는 것을 뜻한다. 즉, 한쪽 변인이 증가하면 다른 변인도 증가된다는 것을 나타내며, 반대로 −일 때는 부적 관계로 되어서 어느 한 변인이 증가하면 다른 변인은 감소한다는 것을 의미한다. 앞의 예에서 상관계수값이 .70이 나왔다면 공격적인 TV 프로그램을 많이 보면 볼수록 공격적인 행동을 할 가능성이 높다는 결론을 내린다.

그러나 이 결론으로부터 공격적인 프로그램을 많이 보는 것이 공격적인 행동을 일으키는 원인이 된다고 말할 수는 없다(그림 1-3). 이 상관설계에서 공격적인 TV 프로그램 시청과 아동의 공격적 행동 정도의 관계는 알 수 있지만 인과적인 관계는 명확하지 않다. 공격적 TV 프로그램을 많이 보는 것이 공격적인 행동을 일으키는 원인이 될 수도 있지만 반대로 공격적인 행동을 많이 하는 아동들이 공격적인 TV 프로그램을 더 좋아한다고 말할 수도 있기 때문이다. 또 TV 시청과 공격적 행동은 제3의 다른 변인의 영향을 받아 함께 변화하는 경향을 보일 수도 있다. 예를 들어, 부모가 자주 싸우는 것이 아동으로 하여금 공격적 TV 시청을 많이 하게 하고 공격적 행동도 유발하게 하는 원인이 될 수도 있다.

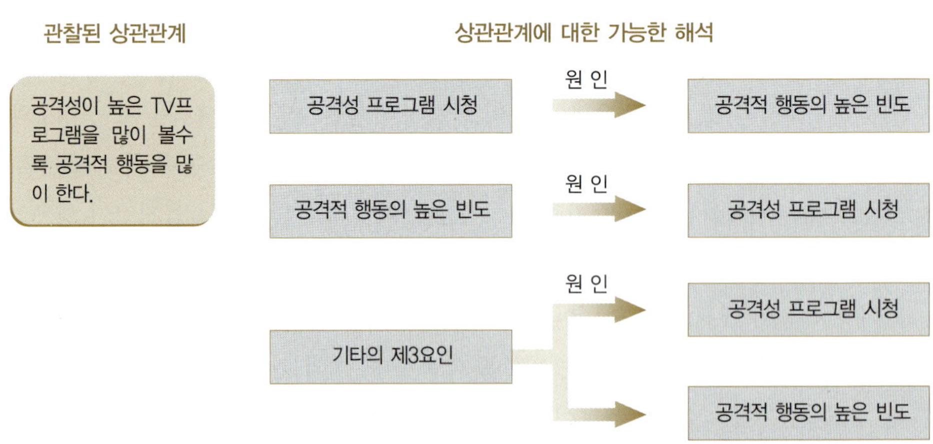

그림 1-3 상관관계에 대한 인과적 해석

결론적으로 상관설계는 둘 이상 변인들 간의 관계를 분석하는 유용한 방법이나 인과 관계를 밝히는 데는 한계가 있다.

(2) 실험설계

상관설계와는 다르게 실험설계는 원인과 결과의 관계를 정확하게 평가할 수 있게 한다. 앞의 상관설계에서 공격적 TV 프로그램 시청이 아동을 공격적으로 만드는지를 다시 살펴보자. 이 문제를 풀기 위한 실험설계에서는 아동들을 실험실로 오게 하여 서로 다른 실험적 처치를 받게 하여 각 경험에 따른 아동의 반응을 기록한다.

이때 연구대상인 아동들이 받게 되는 실험적 처치가 독립변인이다. 이 연구의 예에서 독립변인 또는 실험적 처치는 아동들이 보게 되는 TV 프로그램의 유형이 된다. 즉, 한 집단의 아동은 공격성이 높은 TV 프로그램을 보여 주고, 또 다른 집단의 아동들에게는 공격성이 거의 없는 TV 프로그램을 보여 준다. 여기서 TV 프로그램 시청에 따른 아동의 반응 또는 아동이 나타내는 행동의 결과가 종속변인이 된다. 종속변인의 종속은 독립변인에 따라 종속되어서 변화하는 것을 의미한다. 이 실험에서는 TV 시청이 공격성에 미치는 영향을 보고자 하기 때문에 종속변인으로 TV 프로그램 시청에 따른 두 집단의 아동들이 얼마나 공격적으로 변하는가를 측정하면 된다.

이 실험에서 공격성이 높은 TV 프로그램을 시청한 아동들이 공격성이 낮은 TV 프로그램을 시청한 아동들보다 공격성이 높아졌다면 공격적인 프로그램 시청이 아동의 공격적인 행동을 증가시키는 원인이 된다고 결론을 내리게 된다.

이러한 결론을 내릴 때 중요한 것은 실험적 처치 이외의 조건은 모두 통제되어야 한다는 것이다. 실험적 통제를 앞의 연구에서 보면 두 집단에서 독립변인 이외의 가외변인들의 영향이 모두 똑같았다는 것을 의미한다. 가외변인들의 영향을 동등하게 하는 방법의 하나는 아동들을 무선적으로 두 집단에 배정하는 것이다. 두 집단에 아동들을 무선으로 배정한다는 것은 두 집단을 어느 특성으로 비교하든지 평균에서 차이가 없게 한다는 것을 의미한다. 즉, 영향을 주는 변인이 있다 하더라고 무선적으로 두 집단에 골고루 분포되면 실험조건 이외의 조건이 두 집단에서 같아지게 된다.

이와 같이 실험설계는 엄격하게 통제된 상황과 절차로 실험실에서 이루어지기 때문에 인위적이며 자연상황과는 다를 수 있다. 또 아동들이 실험실 안에서는 자연상황에서와는 다른 행동을 나타낼 가능성이 있다는 점도 비판의 대상이 되어 왔다. 따라서 실험설계는 발달변화의 원인을 밝힐 수 있는 방법이지만 자연상황 내에서도 같은 변화가

실험설계
experimental design
연구자가 제시하는 변인의 변화, 즉 실험적 처지에 따른 연구대상자의 반응의 변화를 측정하는 연구설계로 정확한 인과관계 평가가 가능

독립변인 independent variable
연구대상이 받게 되는 실험적 처치

종속변인
dependent variable
독립변인에 따라 종속되어서 변화하는 연구대상의 반응

실험적 통계
experimental control
각 집단에서 독립변인 이외의 가외변인들의 영향을 모두 똑같게 하는 것

가외변인 confounding variable
종속변인에 영향을 미치는 독립변인 이외의 변인

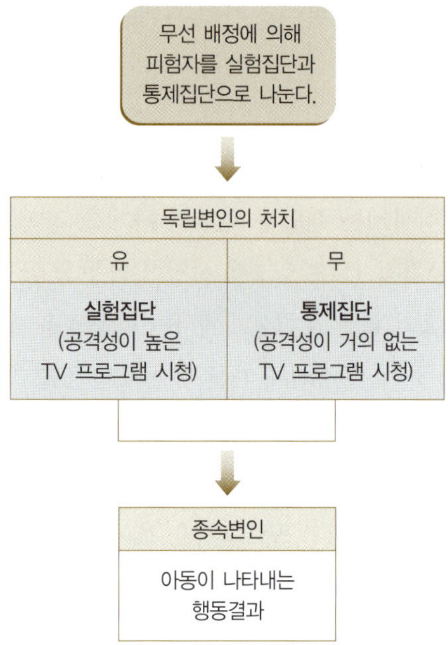

그림 1-4 실험설계의 예

실제로 일어나는지에 대해서는 의문을 갖게 한다.

(3) 자연 · 유사실험설계

> **자연 · 유사실험 natural/quasi experiment**
> 인간에게 영향을 미칠 것으로 생각되는 자연적으로 발생하는 사건의 영향을 측정하는 연구

> **현장실험 field experiment**
> 집, 학교, 놀이터와 같이 자연상황에서 수행하는 실험

경우에 따라서는 실험을 적용할 수 없거나 윤리적인 이유로 적용해서는 안 되는 경우가 있다. 예를 들어, 영아기의 사회적 관계가 결핍되는 것이 후에 지적 발달에 영향을 미치는지를 알고자 할 때, 실험설계를 하여 독립변인으로 사회적 결핍상황을 인위적으로 만들어 영아들의 사회적 관계를 차단하는 조치를 하는 실험은 할 수가 없다. 아동에게 부정적인 영향을 미치리라 생각되는 실험을 하는 것은 비윤리적이다.

따라서 이러한 문제는 자연실험, 현장실험 또는 유사실험을 통해서 그 해답을 찾을 수 있다. 만약 자연상황에서 생후 1～2년 동안 양육자와의 접촉이 제한된 시설에서 자라온 아동들을 발견할 수 있다면 이 아동들의 지적 발달과 정상적인 가정에서 자라온 아동들의 지적 발달을 비교할 수 있다.

이러한 비교에서 초기 아동의 사회적 결핍이 지적 발달에 미치는 영향을 찾을 수 있다. 이 자연실험에서 독립변인은 시설 영아들의 사회적 결핍이고 종속변인은 지적 발달의 측정일 것이다.

그러나 이러한 자연실험의 경우, 가외변인을 통제할 수 없고 아동들을 시설과 정상 가정에 무선적으로 배정하는 것도 아니며 단순히 자연히 일어난 결과를 관찰하고 기록한 것이다. 따라서 엄격하게 통제된 실험상황과는 달리 어느 변인이 지적 발달에 영향을 주었는지 결정하기 어려울 수가 있다. 예를 들어, 시설에서 자란 아동들이 지적인 발달이 떨어지는 결과가 나왔을 때 사회적 결핍만이 아니라 시설에서의 영양상태나 선천적인 지적 잠재력이 낮은 데 기인한다고도 설명할 수 있다. 아동의 무선적인 배정과 가외변인의 통제 없이는 사회적 결핍이 지적 발달에 영향을 미친다고 확실하게 결론을 내릴 수가 없는 것이다.

이상에서와 같이 자연실험은 인과관계에 대한 정확한 해답을 찾을 수는 없지만 자연상황에서의 변인이 실제 의미 있는 발달의 원인과 결과에 대한 실마리를 제공한다는 의미에서 유용한 방법이다.

(4) 사례연구설계

이 방법은 한 아동이나 몇 명의 아동을 자세하게 기술 또는 서술하고 이 서술된 사실들을 분석하여 결론을 이끌어 내는 방법이다.

한 개인의 기록에는 그 개인의 가정배경, 사회계층의 지위, 교육수준, 직업경력, 건강기록, 생의 중요 사건에 대한 기록 및 심리검사점수 등이 포함된다. 이러한 기록의 수집은 면접에 의해서도 얻는데, 이 면접에서의 질문은 보통 구조화되어 있지 않고 사례에 따라 다르다.

이 사례연구의 문제점은 결론의 타당성이 개인 기록의 정확성에 달려 있다는 점이다. 과거 사건을 회상하는 과정에서 볼 수 있듯이 이 방법을 통한 자료는 정확하지 않을 가능성이 높다. 또 이 방법은 특정 아동이나 개인을 이해하는 데는 도움을 주나 두 아동을 비교하거나 다른 아동에게 일반화하는 데는 한계가 있다.

4) 발달변화 자료수집방법

발달을 연구하는 데 있어서 가장 중요한 관심사는 연령에 따라 어떠한 변화가 일어나느냐이다. 예를 들면, 언제 처음 말을 하기 시작해서 완전하게 말을 하게 될 때까지 언어가 어떻게 발달하는가, 우리의 지능은 어렸을 때와 다르게 연령이 증가하면서 어떻게 변화하는가 등이다.

이러한 시간경과에 따른 행동의 변화를 알기 위해 사용하는 연구방법에는 횡단적 방법과 종단적 방법이 있다. 또 이들 두 방법의 문제점을 보완해서 결합한 횡단적 · 단기 종단적 방법이 있다.

(1) 횡단적 방법

횡단적 방법 cross sectional method
같은 시기에 서로 다른 연령대상을 뽑아 연령집단을 서로 비교하는 방법

횡단적 방법은 같은 시기에 서로 다른 연령집단을 뽑아 이 연령집단을 서로 비교하는 방법이다(그림 1-5). 예를 들면, 같은 시기에 6세 아동집단과 10세 아동집단을 뽑아 지능을 동시에 비교하는 방법이다. 즉, 각기 다른 연령집단을 대상으로 같은 시기에 조사를 하고, 그 평균값을 기초로 해서 발달과정을 분석한다. 따라서 횡단적 방법에서는 많은 피험자를 비교적 단기간에 그리고 비용과 노력을 적게 들이고서도 연구할 수 있는 장점이 있다. 그러나 이 방법에서, 각 연령에서의 평균들은 각기 다른 집단에서 얻어진 자료이기 때문에 개인의 발달 추세를 밝히기는 어렵다. 개개인의 발달 추세는 개인차가 있는데, 이러한 개인차를 밝힐 수가 없다. 따라서 올바른 의미에서의 연령에 따른 발달변화를 밝히기 위해서는 개인들 간의 발달곡선의 차이가 먼저 규명되어야 한다. 뿐만 아니라 연령집단의 차이가 나이가 증가해서 나타난 결과라기보다는 각 연령집단의 공통적 경험이 원인이 될 수도 있다.

따라서 횡단적 방법에서는 연구대상인 각 연령집단의 동질성에 문제가 있다. 즉, 횡단적 연구에서 가정하고 있는 각 연령집단은 연령변인 외에는 모두가 동질적이라는 가정을 하지만 실제로 표본이 되는 연령집단은 이들이 자라온 문화적 · 사회적 · 경제

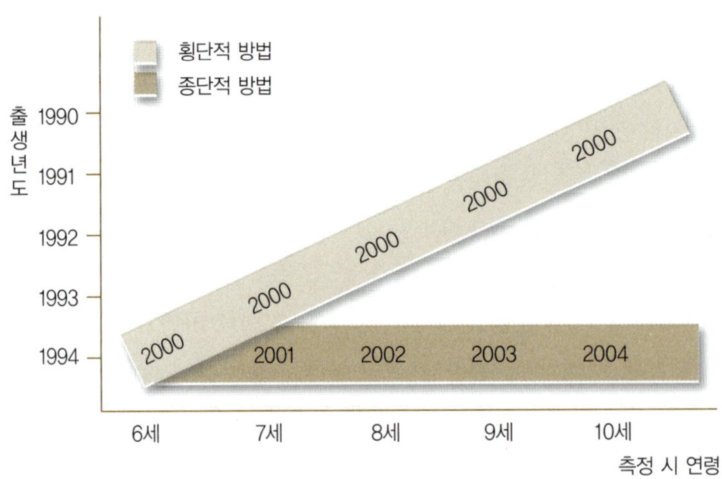

그림 1-5 횡단적 방법과 종단적 방법

적 성장배경에 차이가 있어서 이들 집단들을 동질적인 것으로 가정한다는 것 자체가 어렵다.

(2) 종단적 방법

종단적 방법은 한 개인이나 집단을 일정기간에 걸쳐 반복 추적해서 측정하는 방법이다(그림 1-5). 따라서 매번 같은 개인이나 집단을 여러 번 다른 연령단계에서 연구하는 것이다. 예를 들면, 같은 한 사람의 지능을 6, 7, 8, 9, 10세에 측정하는 경우이다.

> **종단적 방법**
> **longitudinal method**
> 한 개인이나 집단을 일정 기간에 걸쳐 반복해서 측정하는 방법

같은 피험자들을 반복해서 측정하거나 관찰하는 종단적 방법은 횡단적 방법의 결함을 보완하고 발달의 본질을 이해하는 데 있어서 효과적인 방법으로 제시되어 왔다.

종단적 방법의 장점은, 첫째 종단적 방법을 통해 보다 새로운 형태의 발달특성을 밝혀낼 수 있다. 예를 들어, Honzik, Macfarlane과 Allen(1948)은 222명의 아동을 대상으로 생후 21개월부터 18세에 이르기까지 같은 아동에 대해 계속해서 개인의 지능검사를 10번 실시하였다. 그 결과 지능지수가 20 이상의 변화가 나타난 피험자가 35%나 나타났다. 이러한 사실은 지능지수가 안정된 것으로 받아들여져 왔던 종래의 개념을 변화시켰고, 이러한 사실은 종단적 방법에 의해서만 규명될 수 있는 것으로 보인다.

두 번째 장점은 여러 변인 간의 기능적 관련성을 밝혀 줄 수 있다는 점이다. 예를 들어, 아동의 성격 결정변인으로서 부모의 양육태도가 중요시되었고 양자 간의 상관연구가 널리 이루어졌다. 이러한 연구를 통해서 부모와 자녀 간의 관계가 아동의 성격발달에 중요한 관련성을 갖는다는 점이 밝혀졌으나 부모와 자녀 간의 관계를 선행변인으로 보아도 좋은지가 문제가 된다. 즉, 아동의 현재 특성이 과거에 아동이 자라는 과정에서 부모들이 나타낸 양육태도의 결과일 것이냐 하는 것이다. 이러한 관계를 규명하기 위해서는 횡단적 방법보다는 종단적 방법에 의해 개개인의 발달과정을 추적 연구하는 것이 보다 많은 점을 시사해 줄 것이라 예상된다.

종단적 방법은 위와 같은 장점을 갖고 있으나 이 방법 또한 몇 가지 문제점을 갖고 있다. 종단적 연구가 갖기 쉬운 결함은 연구대상 수가 적어질 수 있다는 점이다. 연구에 소요되는 경비, 시간 그리고 연구대상 아동의 자연탈락에 의해 처음에는 적절한 수의 아동을 대상으로 하였다 하더라도 연구가 진행됨에 따라 시간이 경과해서도 계속적인 추적이 가능한 아동은 적어질 수 있다.

종단적 방법의 또 다른 문제점은 발달변화의 추적이 연령변화에 의한 것인지, 문화적 · 역사적 변화에 기인한 것인지를 밝히는 것이 어렵다는 점이다. 예를 들어, 청소년

을 대상으로 10년간의 종단적 연구를 했을 때 처음 시작할 때부터 끝날 때까지의 문화적 변화가 그 연령집단 간의 연령 그 자체의 변화보다 더 크게 영향을 줄 수가 있다. 즉, 연령에 의한 변화보다는 당시의 문화적 · 경제적 · 역사적 변인에 의한 영향이 더 클 수가 있다. 따라서 하나의 연령집단만 가지고 종단적으로 연구를 한다면 발달변화는 연령 그 자체의 결과인 것처럼 잘못 결론지을 수 있다.

(3) 횡단적 · 단기종단적 방법

앞에서 지적한 대로 종단적 방법이나 횡단적 방법 모두가 장 · 단점이 있어 어느 한 가지 방법만으로는 완전한 연구를 할 수가 없다. 이는 두 방법 모두가 문화적 · 역사적 변인과 연령에 의한 영향이 서로 혼합되어 나타나기 때문이다. 따라서 이 두 방법을 결합하여 문제점을 보완한 방법이 횡단적 · 단기종단적 방법이다. 이 연구방법은 같은 시기에 횡단적 방법에 의해 여러 연령집단에 해당하는 대상을 뽑고, 그 대상들을 종단적 방법에 의해 여러 해에 걸쳐 반복 측정하는 방법이다(그림 1-6).

횡단적 · 단기종단적 방법
cross sectioonal/short term longitudinal
횡단적 방법에 의해 여러 연령집단을 선정하고 그 집단들을 다시 종단적 방법에 의해 반복 측정하는 것

동년배 효과
cohort effect
종단적 연구에서 연령집단들이 경험하는 문화적 변화가 그 연령집단 간의 연령 그 자체의 변화보다 더 크게 영향을 주는 오염효과

예를 들어, 6~10세 사이에 있는 아동집단을 대상으로 해서 의존성과 독립성이 어떻게 변화하는지를 횡단적 · 단기종단적 방법을 적용하여 조사해 보자. A집단은 6세 때 조사하고 다시 7, 8세 때 재조사를 하고, B집단은 첫해에 7세를 처음 조사하고 다시 8, 9세 때 추적 조사한다. 따라서 이 방법에서는 자료수집에 필요한 전체 기간이 2년 걸려 종단적 방법에서 걸리는 4년에서 2년이 단축된다. 또 7세에 대한 자료가 A, B집단 모두에게서 얻게 되므로 출생년도에 따른 역사적 · 사회적 영향을 구분해 낼 수 있게 되며 A집단의 아동이 6세 때 조사 후 다시 7세 때 반복조사가 되므로 B집단의 아동과 비

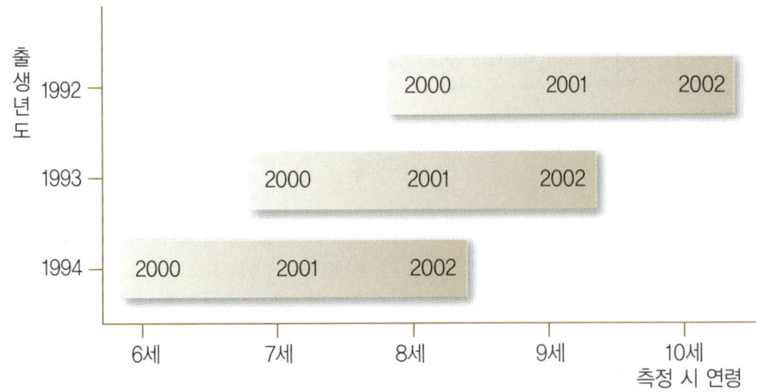

그림 1-6 횡단적 · 단기종단적 방법

교해서 반복측정이나 조사의 영향도 볼 수 있다.

개인별 발달 추세도 6~8세의 개별 아동과 7~9세의 개별 아동의 발달변화를 추적해 봄으로써 개인차를 검토할 수 있다.

이와 같이 횡단적 · 단기종단적 방법으로 연구하면 전체 연구기간이 단축되고 동시에 문화적 · 사회적 변화의 영향도 쉽게 추정할 수 있다.

5) 기타 연구법

발달심리학에서 종종 사용되나 앞에서는 설명되지 않은 방법으로 비교연구법과 비교문화연구법이 있다.

(1) 비교연구법

'여러 다른 동물의 발달을 연구함으로써 인간의 발달을 밝힐 수는 없을까?' 라는 생각에서 동물연구를 통해서 인간의 발달특성을 비교, 추론하는 방법이다.

동물행동학에서는 동물행동을 연구함으로써 그와 유사한 인간행동의 진화론적 근원을 찾으려 한다. 또 인간문화환경에서 동물을 키움으로써 인간발달에서 문화의 역할을 규명하고자 하는 연구자들도 있고, 윤리적인 이유에서 인간에게 적용할 수 없는 연구의 경우 동물을 대상으로 연구하기도 한다. 한마디로 비교연구법은 인간과 동물의 발달과정을 비교 연구하는 데 유용한 방법이다.

비교연구법 comparative research
동물연구를 통해서 인간의 발달특성을 비교 · 추론하는 방법

(2) 비교문화연구법

비교문화연구법은 여러 다른 문화 속에 아동을 대상으로 자료를 수집하여 비교 분석하는 연구법이다. 비교문화연구법은 우선 한 사회적 맥락에서 발견된 발달의 사실이 다른 문화 또는 다른 종족, 다른 사회계층에도 적용되는지를 밝혀 준다. 따라서 문화의 비교는 연구결과를 과잉 일반화하는 것을 막아 주고 모든 문화권의 인간에게서 나타나는 보편적인 발달과정인지 아닌지를 결정할 수 있는 유일한 방법이다.

비교문화연구법 cross cultural study
여러 다른 문화 속에 피험자를 대상으로 자료를 수집하여 비교 분석하는 방법

또 한편 많은 비교문화연구는 인간의 보편적 유사성보다는 문화에 따른 차이를 찾고자 수행되기도 한다. 이러한 비교문화연구에서는 인간이 매우 다른 문화환경에서 발달하기 때문에 외부 세계를 지각하고, 정서를 표현하고 사고하고 문제를 해결하는 방법이 서로 다르다고 믿는다. 따라서 이들 연구에서는 인류의 보편적인 발달과정보다

는 문화적 맥락에 따른 발달의 차이에 초점을 맞춘다.

6. 발달연구의 윤리적 문제

연구윤리
research ethics
연구대상자를 신체적 손상이나 심리적 상처로부터 보호하기 위한 기준

인간을 대상으로 연구를 할 때 연구자는 종종 윤리적 문제에 부딪치게 된다. 연구대상자를 신체적 손상이나 심리적 상처로부터 보호해야 되기 때문이다.

특히, 아동을 연구대상으로 할 때의 윤리적 문제는 성인일 때보다 더 복잡하다. 아동들은 청소년이나 성인에 비해 상처받기 쉽고 또 연구에 참여하는 의도도 이해하지 못할 때가 많다. 따라서 아동들이 연구에 참여하기 때문에 일어나는 상해로부터 보호하기 위해서는 아동에게 확실히 신체적 또는 심리적 해를 미칠 수 있는 가능성이 조금이라도 있는 연구는 수행해서는 안 된다. 연구자가 해를 미칠 수 있는지에 대하여 확실한 답을 얻을 수 없을 때는 다른 사람들과 상담을 통해 결정해야 한다. 해가 될 수 있다고 판단될 때는 그 연구법을 포기하고 다른 가능한 방법을 찾아야 할 것이다. 또 아동을 책임지고 있는 부모나 교사에게 연구 수행과정을 자세히 알리고 동의를 받아야 한다. 마지막으로 연구의 수행에서 발견된 특정 아동에 대한 모든 정보에 대해서는 비밀이 보장되어야 한다.

정리해 봅시다

1. 우리가 흔히 사용하는 발달개념과 발달심리학에서의 발달개념 간의 차이를 설명해 보자.

2. 인간발달에서 주로 논쟁이 되어 왔던 세 주제의 구체적인 예를 한 가지씩 생각해 보자.

3. 아동을 이해하는 데 있어 발달연구법을 아는 것이 중요한 이유를 생각해 보자.

4. 연구에서 신뢰도와 타당도를 설명하고 이들 개념의 중요성을 생각해 보자.

5. 아동연구에서 실험법의 의미와 한계점에 대하여 생각해 보자.

Chapter 2

발달 이론

어떠한 현상들을 이해하고 설명하며 예측할 수 있게 해주는 일련의 가설들을 이론이라고 한다. 한 이론이 제시되면 여러 가지 현상들을 하나의 틀에 의해 정리하고 설명할 수 있게 해주며 그 이론을 바탕으로 해서 새로운 사실을 유도할 수 있게도 된다. 따라서 발달심리학에서의 발달 이론도 연령에 따른 발달 변화를 설명하고 발달기제와 과정을 밝힐 수 있도록 해준다. 또 발달 분야에서 새로운 문제를 제시하고, 얻어진 자료들을 체계화시키는 데도 매우 중요한 역할을 하게 된다. 이 장에서는 먼저 발달이론의 역사적 변천과정을 다루고 동시에 현재에도 널리 받아들여지고 있는 여러 발달 이론의 기본개념을 소개하고자 한다.

Chapter 2

발달 이론

1. 발달 이론의 변천

과학적인 발달연구가 시작된 20세기 초기에는 현상기술적 접근과 규준적 자료작성이 연구의 중심이 되어 아동의 신체적 발달과 심리적 발달의 발달순서 및 규준적 발달변화를 찾고자 하였다. 그러나 1920년대 전후해서 발달특성을 기술하는 것만이 아니라 발달과정을 설명하는 발달 이론이 나타나기 시작하였다.

행동주의 학습 이론을 발달연구에 적용한 것이 그 중의 하나이다. 학습이론은 발달현상에 대한 기술보다는 발달변화에 대한 설명에 더 관심을 두었다. 학습을 행동변화의 중요한 기제로 보고 아무리 복잡한 행동일지라도 같은 학습원리에 의해 설명될 수 있다는 점을 아동발달에도 적용시켜 발달적 변화를 학습 이론으로 설명하려 하였다.

이즈음에 정신분석학자들도 인간발달을 이해하는 데 도움이 되는 발달 이론을 제시하였다. 특히, 정신분석학은 인간발달에서 초기 경험을 강조하여 발달에서도 정신분석학의 심리역동적 과정을 중요시하였다. 그러나 1950년대 후반에 들어서면서 유럽에서 1920년경부터 제시된 인지발달에 관한 Piaget의 연구와 이론이 미국에서 재평가되기 시작했고 Chomsky 등의 언어발달 이론이 종래의 학습이론적 설명을 비판함에 따라 새로운 이론의 모색이 시작되었다.

이러한 변화 속에서 1960년대 들어서면서 인지발달에 대한 관심이 커졌고 이때부터 발달을 보는 관점도 점차 학습 이론적 입장에서 인지발달 이론적 입장으로 변화해 갔다. 그러나 이러한 인지발달의 이론적 모델은 1960~1970년대 초기까지만 해도 주로

Piaget 이론이 주축을 이루었으나 점차 정보처리 이론이 인지발달연구에서도 이론적 모델로 자리를 잡아갔다. 따라서 현재 정보처리 이론은 전반적인 발달연구에 영향을 미쳐 지각, 기억, 사고, 지능 및 문제해결 등의 인지발달 분야뿐 아니라 사회성, 정서 및 인성발달에서도 정보처리 이론의 영향이 커지기 시작하였다(Kail, 1990).

또 최근에는 아동발달에서 실험실 연구만으로 환경의 영향을 가늠할 수 없다고 하면서 자연상황의 맥락을 강조한 Bronfenbrenner(1979)가 생태학적 이론을 제시하고 있다. 자연상황을 중요시하는 또 다른 이론인 동물행동학 이론은 진화론적 견해로 생물학적 뿌리를 갖고 있는 종 특유의 행동을 발견하고 이 행동과 관련된 환경 내의 유발자극을 자연상황에서 찾고자 하였다. 이 이론은 1970년대에 와서 인간에 적용되기 시작하였고 이 이론을 근간으로 현재 활발한 연구가 이루어지고 있는 대표적 연구 분야가 애착이다.

이후 현대 발달심리학에서는 비교문화연구가 이루어지면서부터 Vygotsky(1943/1986)의 사회문화적 이론이 소개되기 시작하였다. 이 이론은 사회적 상호작용을 통해서 아동은 그 문화 내의 사고 및 행동양식을 배운다고 하여 인지발달을 사회적으로 매개된 과정으로 생각하였다.

이와 같이 주요 이론의 흐름이 변화해 왔으나 현재까지 발달현상 전반을 설명할 수 있는 하나의 종합된 이론은 없어 연구영역에 따라서 적용되는 이론이 다르다. 즉, 각 이론으로 설명될 수 있는 영역이 한정되어 있어 한 이론으로 인간발달 전체를 설명하기는 현재로선 불가능하다.

따라서 현대 발달심리학에서는 여러 발달이론이 공존하고 있다고 볼 수 있으며 발달이론들은 상호보완적 관계 속에서 이해되어야 할 것이다.

2. 발달의 기본주제

약 100여 년 전에 Hall(1846~1924)이 처음 발달에 대한 과학적인 접근을 시작한 이후 현재까지 발달에 대하여 끊임없이 논란이 되어온 기본주제가 있다. 이들 주제들이 학설이나 이론에 따라 주장하는 바가 다를 수 있다.

첫째는 발달이 능동적인가, 수동적인가의 문제이다.

발달의 변화는 주어진 환경에 의해서 또는 아동 자신이 갖고 태어난 내적 특성에 의해서 자동적으로 또는 수동적으로 일어나는 것이라고 믿는 견해가 있어 왔다. 이러한 견해와는 반대로 발달이란 수동적인 과정이 아니라 아동의 내적 특성과 환경에 의한 제한이 있다 하더라도 아동 스스로 능동적으로 만들어 가는 과정이라는 주장 또한 있어 왔다.

둘째는 발달과정이 연속적인가, 불연속적인가의 문제이다.

발달과정이 조금씩 점진적으로 변화하는 연속적인 과정인지 아니면 갑작스럽게 매우 다른 변화가 이루어지는 불연속적인 과정인지에 대해서도 오랜 동안 논란이 되어 왔다.

연속적이라고 보는 입장에서는 새로운 능력이나 기술 또는 지식이 비교적 일정하게 점차적으로 쌓인다고 보면서 발달의 앞단계의 행동과 연관이 있다고 본다. 반면 불연속적이라고 보는 입장에서는 발달시기에 따라서는 변화가 거의 없는 시기와 변화가 급격하게 이루어지는 시기가 있으며 앞 단계의 발달과는 비교적 독립적으로 후의 발달이 이루어진다고 본다.

셋째는 발달이 성숙에 의한 변화인가, 학습에 의한 변화인가의 문제이다.

성숙이란 유전적으로 결정된 방향으로 발달해 가는 것을 뜻한다. 경험이나 연습 등 학습과는 비교적 무관한 발달의 변화이다. 반면에 학습은 환경에서의 경험을 통해서 일어나는 과정이다. 따라서 성숙은 유전에, 학습은 환경에 그 원천을 두고 있다.

아동의 성장과 발달에서 그 원인이 성숙에 있는 것인지 또는 학습에 있는 것인지를 밝히기는 그렇게 쉽지 않다. 학습과 성숙은 거의 모든 상황에서 상호작용하기 때문에 아동의 발달과정에서 그들 효과를 분리시키거나 상대적 영향을 평가해 내기가 어렵다. 확실히 태내발달이나 신경계의 발달은 학습보다는 성숙과정에 의존하고, 반대로 운동능력이나 인지능력의 발달에는 성숙과 학습 두 가지 모두 중요한 역할을 한다.

3. 학습 이론적 접근

학습 이론적 접근은 아동이 태어났을 때 백지상태와 같다는 Locke의 경험주의 철학과 맥을 같이 한다. 이 접근에서는 환경 속에서 경험이 쌓여 인간발달이 이루어진다고 주장한다. 학습 이론적 접근은 전통적 행동주의와 현대의 사회학습이론으로 대별할 수 있다.

행동주의 behaviorism
Watson이 주장한 이론으로 인간발달을 주로 조건형성과 학습과정의 결과라고 보는 이론

1) 전통적 행동주의

행동주의 이론은 미국의 Watson(1878~1958)에 의해 시작되었다. Watson은 심리학을 객관적이고 과학적인 학문으로 만들려면 눈에 보이지 않는 마음속의 과정보다는 직접 관찰 가능한 자극과 반응으로 나타나는 외적인 행동만을 다루어야 한다고 주장하였다. 또한 이러한 외적 자극과 관찰될 수 있는 반응 간의 연합이 쌓여 습관이 형성되는 것을 인간발달로 보았다.

그는 학습기제로 러시아의 생리학자인 Pavlov가 제안한 동물을 대상으로 했던 조건형성에 관심을 가졌다. 무조건 자극인 음식물을 개에게 주면 개는 자동적인 무조건 반응인 침을 분비한다. 이때 Pavlov는 음식을 주면서 종소리를 들려 주는 것을 여러 번 되풀이하였더니 종소리만 듣고도 침을 분비한다는 것을 발견하였다. 이러한 현상을 고전적 조건형성이라 하였다. 처음에는 침을 분비하는 반응과는 전혀 무관하였던 종소리가 조건형성 후에는 조건자극이 되어 침 분비 반응을 하게 된다. 따라서 Pavlov의 조건형성은 중립적인 자극이었던 종소리와 같은 조건자극을 음식물과 같은 무조건 자극과 거의 같은 시기에 되풀이 제시함으로써 조건자극이 무조건 자극이 유발하였던 무조건 반응을 하게 되는 것을 가리킨다. 이러한 반응을 조건반응이라 하였다.

Watson은 이러한 고전적 조건형성 원리를 아동행동에 적용하였다. 11개월 된 영아에게 아기를 놀라게 하는 큰 소리를 들려 줄 때마다 공포와는 무관한 자극이었던 흰쥐를 여러 번 함께 보여 주었더니 처음에는 흰쥐를 만지려 했던 영아가 흰쥐를 보면 무서

그림 2-1 Watson (1878~1958)

무조건 자극 unconditioned stimulus(US)
학습 없이 항상 특정 반응을 자동적으로 일으키는 자극

무조건 반응 unconditioned response(UR)
학습 없이 무조건 자극에 의해 자동적으로 유발되는 반응

그림 2-2 파블로프의 고전적 조건형성 실험
출처 : Yerkes & Morguli(1909)에서 재인용

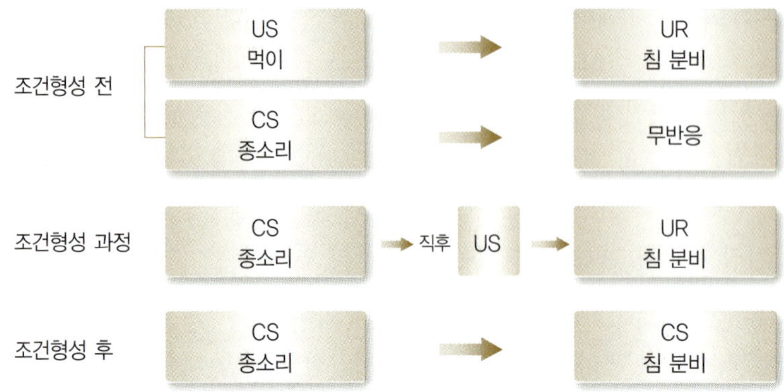

그림 2-3 고전적 조건형성 과정

조작적 조건형성 operant conditioning
행동에 뒤따르는 강화나 벌에 의해서 그 행동의 학습 가능성을 변화시키는 학습 유형

그림 2-4 Skinner (1904~1990)

강화 reinforcement
어떤 행동이 일어날 확률을 증가시키는 행동의 결과

벌 punishment
어떠한 행동이 일어날 확률을 억제하거나 줄이는 행동의 결과

워하며 머리를 돌리고 울기 시작하였다(Watson & Raynor, 1920). 이러한 연구결과를 기초로 Watson은 아동발달은 환경에 의존되므로 부모나 아동 주위의 성인은 자극과 반응의 연합을 계획적으로 통제함으로써 아동을 어떠한 방향으로든 키울 수 있다고 믿었다.

Skinner(1904~1990)는 환경결정론을 받아들이면서 Watson의 이론과는 다른 조작적 조건형성 이론을 제창하였다. 조작적 조건형성의 기본적인 원리는 여러 가지 행동 중에서 만족스러운 상태로 이끄는 행동은 되풀이되고 고통상태를 유발하는 반응은 되풀이되지 않는다는 강화의 원리를 기초로 하고 있다. Skinner(1953)는 Skinner 상자 안에서 배고픈 쥐가 먹이를 찾다가 우연히 지렛대를 누르게 되고 이 지렛대를 누르면 자동적으로 먹이가 나오게 되어 있어 먹이를 먹을 수 있게 되면 쥐가 지렛대를 누르는 횟수가 증가하는 것을 관찰하였다. 위 실험에서 스스로 어떤 반응을 했을 때 그 반응이 긍정적인 결과를 가져오면 그 이후에 그 반응이 나타날 확률이 높아지는 것을 강화의 원리라 하였다. 그는 아동의 행동은 행동에 뒤따르는 여러 종류의 강화물인 음식이나 마실 것은 물론 칭찬, 미소, 새로운 장난감 등에 의해 증가될 수 있고, 또 벌을 받는 것으로 야단을 맞거나 특권을 빼앗기거나 부모가 인정해 주지 않는 것, 자기 방에 혼자 남겨지는 것 같은 방법에 의해 바람직하지 않은 아동의 행동은 감소시킬 수 있다고 보았다. Skinner의 이러한 조작적 조건형성 원리는 아동심리학의 학습원리로서 광범위하게 적용되어 있다.

2) 사회학습 이론

사회학습 이론은 행동주의 이론을 아동의 사회적 행동발달을 설명하는 데 적용하여 만들어진 이론이다. 이 이론은 조건형성과 강화원리를 받아들이면서 동시에 아동과 성인이 어떻게 새로운 반응을 획득해 가는지에 대하여 전통적 행동주의 이론보다 더 확대된 견해를 제시하였다. 이 이론의 대표적 학자는 Bandura(1977)로 그는 관찰학습 또는 모델링이 광범위한 아동의 행동발달에 기초가 된다고 주장하였다. 즉, 아동이 바람직한 행동이든 바람직하지 않은 행동이든 단순히 주위 다른 사람들의 행동을 관찰함으로써 학습한다는 점을 주시하였다.

그림 2-5 Bandura (1925~)

Bandura는 관찰학습을 다음과 같은 몇 가지 구성요소로 세분하여 설명하였다.

첫째, 어떠한 행동이 관찰을 통해서 학습되려면 그 행동이 관찰자의 주의를 끌어야 한다. 그러기 위해서는 모델에게 주의를 기울여야 한다.

관찰학습 observational learning
타인의 행동을 관찰함으로써 관찰자의 행동이 변화하는 학습 유형

둘째, 관찰된 행동은 후에 심상이나 상징 등에 의해 기억, 파지되어야 한다. 이것은 모델을 관찰한 후 어느 정도의 시간이 지난 다음에 모델링이 일어나기 때문이다.

셋째, 기억되고 있는 모델의 행동을 외현적으로 재생산하는 과정이 있어야 된다.

넷째, 마지막 요소로 동기·강화과정을 들 수 있다. 이 요소는 처음에 모델의 행동에 주의를 기울이게 하는 요소로서도 중요하나, 관찰된 것을 행동으로 재현시키는 데 필요한 요인으로서 동기와 강화가 중요하게 된다. Bandura는 새로운 반응의 획득과 수행을 구별하였다. 모델을 관찰하여 새로운 지식을 획득할 수 있으나 그 반응들을 수행할 수도 있고 또는 수행하지 않을 수도 있다. 이때 수행하느냐 않느냐는 강화와 동기적 변인들에 의해 좌우된다. 강화가 주어질 경우 실제로 모델링이 일어난다.

Bandura는 대리적 강화와 자기 강화가 행동에 영향을 미칠 수 있다는 점을 강조하였다. 대리적 강화란 자신이 아닌 모델이 받은 강화를 관찰함으로써 간접적으로 강화를 경험하는 것을 말한다. 그러므로 어떤 행동에 대해 강화를 받는 모델이 벌을 받는 모델보다 관찰학습될 가능성이 높다. 자기강화란 자기 자신의 행동에 대해 자기 스스로 내리는 평가로서 자신이 갖고 있는 기준에 따라 자신의 행동을 강화해 줌으로써 그 자신의 행동을 통제하는 것을 의미한다. 따라서 Bandura는 아동의 행동발달은 주위 사람들이 아동에게 주는 직접적인 강화나 벌은 물론 아동 스스로가 자기 자신에게 가하는 강화나 벌에 의해서도 많은 영향을 받는다고 강조하였다.

대리적 강화 vicarious reinforcement
모델이 받는 강화가 관찰자에게도 강화로서 영향을 미치는 기제

자기 강화 self reinforcement
자기 행동에 대하여 스스로 긍정적 평가를 내려 강화역할을 하는 기제

이러한 Bandura의 이론은 현재에도 아동의 사회적 발달에 대한 많은 연구를 이끌어

내고 있는데, 이 이론에서는 관찰학습에서 인지 또는 사고의 중요성을 강조하고 있다. 아동이 듣고 기억하고 관찰한 행동들로부터 일반적인 규칙을 추론해 내는 아동의 능력이 모방과 학습에 영향을 주게 된다는 것이다. Bandura의 최근 이론(1991b)에 따르면, 아동은 점차 선택적으로 모방을 하게 되며 다른 사람들이 자신의 행동기준에 의해서 자신의 행동을 통제하는 것을 관찰함으로써, 아동은 행동에 대한 자신의 행동 기준 그리고 자신의 능력과 특성에 대한 신념 특히 자기 효능감을 발달시키게 된다(Grusec, 1994). 예를 들어, 한 어머니가 "이 일이 상당히 힘든 일이었는데도 내 자신이 포기하지 않고 끝까지 이 일을 해낼 수 있어서 나 스스로 참 기쁘다."라는 말을 자주 들은 자녀는 이러한 어머니의 행동이 모델링될 가능성이 높다.

자기 효능감 self efficacy
여러 가지 과제를 성공적으로 수행할 수 있으리라는 사람들 자신의 신념

학습이론적 접근에 의한 아동행동 이해에 대한 자세한 내용은 제10장에서 다룬다.

그림 2-6 Freud (1856~1939)

4. 정신분석학적 접근

정신분석학 이론에서 아동은 생물학적인 욕구와 사회적 기대 사이의 갈등에 직면하는 일련의 단계를 거쳐 발달한다. 이러한 갈등을 해결하는 과정에서 아동은 학습능력, 다른 사람과의 관계 및 불안에 대처하는 능력을 발달시키게 된다. 대표적인 이론으로는 Freud 이론과 Erikson 이론이 있다.

1) 프로이트의 심리성적 발달 이론

Freud(1856~1939)는 성인의 무의식적으로 잠재되어 있는 기억을 기초해서 심리성적 발달 이론을 구성하였다. 그는 아동의 발달 초기에 부모가 아동의 성적·공격적 충동을 어떻게 지도하였느냐 하는 것이 건강한 인성발달에 결정적인 역할을 한다고 주장하였다.

원초아 id
본능에 의해 움직이는 인성의 타고난 요소

자아 ego
정신분석학 용어로 인성의 의식적이고 이성적인 요소

초자아 superego
내재화된 도덕적 기준과 이상적 자아를 형성하는 인성의 요소

Freud 이론에서는 인성의 세 부분, 즉 원초아, 자아, 초자아가 다섯 단계의 발달과정을 거쳐 통합이 이루어진다고 보았다. 원초아는 인성의 가장 큰 부분으로 선천적으로 갖고 태어나며 욕구를 즉각 충족시키려 하는 쾌락원리에 따라 움직인다. 자아는 인성의 의식적이고 이성적인 부분으로 초기 영아기부터 나타나기 시작하며, 원초아의 욕구와 충동이 현실과 조화를 이루면서 충족하도록 하는 역할을 한다. 따라서 자아는 욕구

가 적절한 시간, 장소와 대상을 통해서 충족되도록 조절을 한다. 3~6세 사이에는 초자아가 나타난다. 초자아는 양심과 이상적 자아의 두 요소를 포함하는데, 양심은 잘못된 행위에 대하여 생기는 죄의식과 관련되며, 이는 부모와의 동일시를 통해서 부모의 도덕적 규범이 내면화된 처벌적이고 비판적인 부분이다. 이상적 자아는 자아에 대한 이상적인 열망들로 구성되며, 이상적인 열망들은 부모로부터 보상받은 경험이 기초가 된다. 초자아가 형성된 후에 자아는 원초아의 요구, 외부세계 및 양심의 상호관계를 조정하는 복잡한 역할에 직면하게 된다(Freud, 1923/1974). 예를 들어, 친구가 갖고 있는 장난감을 갖기 위하여 자아는 친구와 싸우려 하나 초자아는 그와 같은 행동을 나쁘다고 저지한다. 이때 자아는 원초아와 초자아 간에 갈등을 해결해야만 한다. Freud는 학령 전기에 형성된 원초아와 자아 그리고 초자아의 상호관계가 개인의 기본 인성을 결정한다고 보았다.

Freud 이론의 또 다른 중요부분은 심리성적 발달에 관한 이론이다. Freud는 인간발달에 관하여 두 가지 주장을 하였는데, 하나는 인생의 초기 발달과정이 인성형성에 가장 중요한 영향을 미친다는 것이다. 또 다른 하나는 인간발달이 일정한 심리성적 발달단계를 따른다는 것이다. Freud는 성인행동의 근원은 아동 초기의 발달경험이 어떠하였느냐에서 찾을 수 있다고 보았다. 따라서 어렸을 때 아동 주위의 사회적 환경과의 상호작용 특성이 자란 후에 학습, 사회적 적응 및 불안에 대한 대처방법 등에 결정적 영향을 미친다고 보았다. 이와 같이 초기의 발달경험이 후에까지 영향을 미치게 되는 과정을 Freud는 심리성적 발달과정으로 설명하고 있다. 즉, 연령이 변화함에 따라 성의 본능인 리비도가 집중되는 신체부위가 달라지는데, 이 변화에 따라 발달단계를 나누고 있다. 이 발달단계는 생물학적으로 이미 예정된 것이고 모든 인류에게서 보편적으로 일정한 순서에 따라 나타난다. 각 단계별 특징을 보면 다음과 같다.

리비도 libido
성 본능의 생물학적 에너지를 뜻하는 Freud의 용어

(1) 구순기(oral stage, 생후 약 1세까지)

이 시기에는 구순, 즉 입, 혀, 입술 등의 경험을 통해서 아기는 세상에 대한 만족이나 쾌감 또는 고통을 알게 된다. 빨거나 씹거나 깨물거나 하는 것이 입술, 혀 및 입 속의 쾌감을 주며, 배부른 것과는 관계없이 구순활동 자체가 만족감을 준다. 이때에는 아기의 활동이 주로 구순적인 데 집중된다. Freud는 심리성적 발달의 각 단계에서 적절한 만족을 얻어야만 다음 단계로의 발달이 순조롭게 이루어진다고 보았다. 각 단계에서의 욕구가 적절히 충족되지 않으면 이 욕구를 다음 단계에서도 계속 충족시키려 하거나, 너무 충족되어 탐닉상태가 되면 다음 단계로의 이동이 어려워진다. 과소충족이 되었거나 과잉충족이 되었을 경우 그 시기에 고착되는 형상이 나타난다고 본 것이다. 따라서 구순기에 충분한 충족이 되지 않아 욕구불만 상태가 되거나 너무 오래 젖을 먹어 과잉충족이 될 경우, 고착이 되어 자라서도 구강기적 성격특성을 나타낸다고 설명하고 있다.

(2) 항문기(anal stage, 1~3세)

이 시기는 배설경험을 통해서 리비도의 충족이 이루어진다. 배설물을 내보내거나 배설물을 참고 있는 데에 주요 관심이 모아진다. 이 시기의 배변훈련에서 아기는 처음으로 자신의 욕구를 통제하는 훈련을 받게 된다. 아동이 통제하지 못하고 배설하고 나면 청결에 대한 부모의 요구에 응하지 못하고 사랑을 잃는 갈등을 겪게 된다. 따라서 이 시기에 부모가 적절한 배설통제 지도를 하지 못하고 지나치게 엄격하게 배변훈련을 시키면 성인이 되어서도 불안감이 강해지고 자기를 지나치게 억제하는 성격이 된다.

(3) 남근기(phallic stage, 3~5세)

이 시기에 아동은 자신의 성기에 관심을 갖기 시작하고 손이 닿을 때 가벼운 쾌감을 준다는 것을 알게 된다. 이 시기에 남아는 그의 어머니를 사랑의 대상으로 느끼고 아버지를 경쟁자로 보기 때문에 심리적 갈등이 생기게 되는데, 이를 오이디푸스 콤플렉스라 부른다. 여아의 경우 아버지를 애정의 대상으로 생각하여 어머니의 존재 때문에 생기는 심리적 갈등을 엘렉트라 콤플렉스라 하였다.

남아는 자신이 갖고 있는 어머니에 대한 애정, 욕망 때문에 경쟁자인 아버지가 자신을 해칠 것이라고 상상하여 자기의 성기가 제거 당할 것이라는 거세불안을 갖게 되며, 이 불안을 감소시키기 위해 오히려 어머니가 좋아하는 아버지를 자신의 동일시 대상으로 삼게 된다. 여아의 경우에는 남근이 없으므로 거세불안은 없으나 자신에게는 없는 남근에 대한 부러움, 즉 남근 선망을 갖게 된다. 여아도 엘렉트라 콤플렉스 과정에서 동성부모에 대해 동일시를 하게 된다. 이 시기의 아동들은 동성부모를 동일시의 대상으로 삼음으로써 자신의 성에 적절한 역할, 도덕적 태도 및 가치관 등을 내면화하게 되고 초자아의 양심과 자아이상 부분이 발달하게 된다.

오이디푸스 콤플렉스
Oedipus complex

3~6세 남아가 자신의 엄마에게 근친상간적 욕망을 발달시키며 동시에 아빠에게 질투와 적대적 경쟁심을 경험할 때 느끼는 갈등을 말하는 Freud의 용어

엘렉트라 콤플렉스
Electra complex

오이디푸스 콤플렉스의 여성판. 3~6세 여아가 남근을 선망하고 자신이 갖지 못한 것을 갖고 싶은 바람으로 아버지를 애정의 대상으로 생각하여 생기는 갈등

(4) 잠복기(latency period, 5, 6~11, 12세)

이 시기에서는 성에 대한 관심이 나타나지 않기 때문에 이 시기를 잠복기라고 한다. 성의 충동이 철저히 잠복해 버리고 동성들끼리만의 집단을 형성하는 경향성 때문에 동성애착 시기로 언급되기도 한다. 이 시기에는 사회적으로 수용되는 놀이, 게임 및 지적 활동에 에너지를 쏟게 된다. 이 시기에 고착될 경우 동성이 아닌 이성과의 관계가 원만하고 편안해지기 어려운 것으로 보았다.

(5) 생식기(genital stage, 11, 12세 이후)

사춘기에 들어서고 나서부터 성적 성숙이 이루어진다. 잠복기에는 나타나지 않았던 성충동이 이 시기에 눈을 뜨기 시작하고 이성에게로의 관심이 증대된다. 따라서 이 시기를 순조롭게 성취한 경우 타인에 대한 관심이 높고 덜 자기 중심적이며 객관적으로 세계를 바라볼 수 있게 된다. 그러나 그 이전 발달단계에서 원만한 발달을 이루지 못하였으면 이성에 대한 적응이 어려워지기도 한다.

Freud의 심리성적 발달이론은 아동발달에서 부모관계의 중요성을 부각시켰으며 인간발달에서 초기경험의 중요성을 강조한 최초의 이론이었다. 그러나 발달에서 성적 충동을 너무 강조하였다는 점, 아동을 직접 연구한 것이 아니고 성인의 기억을 기초로 하였다는 점 등이 비판을 받아왔다.

2) 에릭슨의 심리사회적 발달 이론

그림 2-7 Erikson (1902~1994)

Erikson은 Freud의 심리성적 발달의 기본 개념을 받아들이면서 발달과정을 몇 가지 차원에서 확대시켰다. Freud 이론에서는 각 단계에서의 사회적 경험이 단순히 원초아 충동과 초자아의 요구를 자아가 중재하도록 하는 것으로 보았으나, Erikson은 생물학적 그리고 신체적인 것보다 심리적이고 사회적인 것이 더 중요하다고 주장하였다. 따라서 각 단계에서의 경험이 사회에서 능동적이고 기여하는 역할을 할 수 있도록 해주는 태도와 기술을 습득하도록 한다고 보았다. 또 각 단계의 기본 심리사회적 갈등의 해결은 단계마다 적응적이고 건강한 결과가 아니면 부적응적인 결과를 초래하며 그 결과가 이후의 발달에 영향을 미친다고 설명하고 있다. 또 Erikson 이론의 첫 다섯 단계는 Freud의 심리성적 단계와 같은 시기로 구분되어 있다. 그러나 발달과정이 청년기에 끝나는 것이 아니고 일생을 통해 계속된다고 믿었다. 따라서 Erikson은 Freud 이론의 다섯 단계 외에 성인발달의 세 단계를 첨가하여 전 생애 발달을 여덟 단계로 구분해서 제시하였다.

Erikson은 인간이 전 생애를 걸쳐 발달단계별로 여덟 가지의 발달위기 혹은 핵심적인 갈등을 경험하게 된다고 가정하였다.

첫 단계의 핵심적인 갈등은 구순단계와 관련되어서 나타나는데, 이때 갈등의 해소 여부에 따라 이 세상에 대해 기본적인 신뢰감 또는 불신감을 갖게 된다고 보았다. 즉, 어머니가 아기의 욕구를 일관성 있게 만족시켜 주느냐 아니면 만족시켜 주지 못하느냐에 따라서 아기는 어머니에 대해, 더 나아가서는 주위세계에 대해 신뢰감을 갖게 되느냐, 아니냐가 결정된다고 보았다.

그 다음 항문단계에서는 주로 아동의 배변훈련과 관련되어서 핵심적 갈등이 나타난다. 이때 아동은 대소변 통제와 더불어 걷기 시작하면서 "아니야", "내가"라는 자기 주장이 나타나기 시작한다. 이러한 자기 주장이 적절히 받아들여지고 자신에 대한 효능감이 생기면 자율성이 형성된다. 그러나 스스로 행동하는 과정에서 실수를 한다든지, 부모가 기대하는 적합한 행동을 원활하게 수행하지 못했을 때에는 자신의 모습에 대해 부끄러움, 수치심을 느끼고 자신의 능력에 대해 회의감을 갖게 된다.

남근단계에서는 오이디푸스 위기의 해결과 공격성의 훈련이 중심이 되고 이때 주로 주도성 대 죄의식의 갈등이 생긴다. 이 시기의 유아는 개인적인 욕구를 충족시키기 위해 부모에 대한 의존으로부터 벗어나 보다 복잡한 행동을 주도적으로 나타내려 한다. 이때에 주위로부터 지지와 격려를 받으면 주도성이 발달하고, 자기의 행동을 주도할 기회가 부족하거나 목표를 성취하려고 주도한 행동이 성공하지 못할 때 생기는 부적 감정이 죄의식을 가져온다. 주도성 대 죄의식은 주로 사회적 요인에 의해 영향을 받는다.

잠복기를 Freud는 심리성적으로 비활동적인 시기로 보았으나 Erikson은 그 이전 시기 못지 않게 활동적이고 역동적 시기라고 하였다. 따라서 Erikson은 잠복기로부터 사춘기 이전까지는 성숙한 성인의 역할에 필요한 기술을 발달시키게 되며 이러한 과정 중에서 근면성 대 열등감의 갈등을 겪게 된다고 보았다. 이 시기의 아동은 기초적인 지적 기술을 습득하고 가족을 벗어나 사회적 관계를 넓히면서 사회에서 생존해 나가는데 필요한 기술들을 숙달시켜 나간다. 현대사회에서 학교에 들어가면서는 글과 셈하기 그리고 일상생활을 영위하는 기술을 배우고, 같은 또래들과 사귀면서 사회적 기술을 습득하게 된다. Erikson은 이 시기에 근면성이 잘 발달하지 못하였을 때는 자신감이 없고 열등감이 생긴다고 하였다.

Erikson은 Freud의 생식기에 대해 가장 많은 관심을 가졌는데, 이 시기를 정체감 위기의 시기로 보았다. 사춘기에 들어서면서 신체적 변화가 급속히 일어나고 새로운 사회적 역할이 요구되면서 아동들은 당황하고 자신에 대해 회의와 의문이 시작된다. 이러한 청년 초기의 혼란을 Erikson은 정체감 위기라고 하였다. 이 시기에 자신에 대한 회의가 시작되며, 지금까지 발달해 온 자신의 것을 통합하여 자신을 정립하고 분명한 자기 인식을 갖게 되면서 자아정체감이 확립된다고 보았다. 자아정체감이 형성되면 자신의 능력이나 역할, 책임에 대하여 분명히 알게 되며, 이후 단계에 잘 적응해 갈 수 있다. 반면 자기에 대한 의문에서 회의와 혼란과 방황이 길어지고 자아확립이 되지 않을 때에는 역할 혼미 또는 정체감 혼미로 남는다. 역할혼미 상태에서는 미성숙함이나 과대동일시 등이 나타날 수 있으며 다음 단계에서도 방황이 계속된다.

정체감 identity
뚜렷한 자신의 가치관, 신념 및 목표에 대한 성숙한 자기 개념

Erikson은 Freud와는 달리 청년기 이후에 세 단계를 첨가해서 성인기를 초기, 중기, 후기로 구분하고 성인기 각 단계에서 직면하게 되는 갈등을 제시하고 있다. 성인 초기에 직면하는 갈등은 친밀성 대 고립감으로, 이 시기에는 직업을 갖고 배우자를 찾는 과정과 관련된다. 성인기에 접어들었을 때, 바람직한 정체감을 형성한 사람만이 타인과의 관계 속에서 친밀감을 형성할 수 있게 되며, 이성과의 관계에서도 성적으로 그리고 지적으로 진정한 관계를 이룰 수 있다고 보았다. 역할 혼미에 의해 방황하는 사람은 자신에 대하여 확신이 없고, 자신감이 없으므로 타인과 친밀한 관계를 이룰 수 없어 고립감이나 자아 몰입에 빠지게 된다.

성인 중기의 갈등은 생산성 대 침체성인데, 성인 초기의 친밀감이 이성과의 관계에서도 건설적으로 되어 자녀를 낳아 키우고, 자신이 하는 일이나 직업에서도 창의적인 성취나 업적을 통해서 생산성을 발휘하게 된다. 더 나아가서는 사회적인 봉사 등을 통해서도 생산성을 나타낸다고 보았다. 생산성이 발휘되지 못하였을 때는 침체성이 형성되는데, 이러한 사람은 자신의 행복에만 몰두하는 모습을 보인다.

성인기의 후기인 마지막 단계는 노인기로서 젊음이 상실되고 사회적 역할을 잃게 된다. 주위 사람들의 죽음 등을 통하여 자신의 생을 되돌아보고 자기 인생을 정리하면서 의미를 부여하게 된다. 자신의 생을 수용하고 나름대로 인생의 의미를 부여하게 되었을 때, 자아통합이 이루어진다. 자신의 삶이 무의미한 것이었다고 느끼게 되면 자아절망에 이르게 된다.

5. 인지발달적 접근

행동주의 심리학에서 아동 머릿속의 사고과정은 직접 관찰할 수 있는 객관적인 대상이 아니므로 연구대상으로 삼지 않았다. 심지어 사고는 자극과 반응 간의 연합으로 간주하였고 이러한 연합의 강도와 수효가 연령과 함께 점차적으로 증가하는 것을 발달로 생각하였다.

반면 Piaget는 인지발달이 강화에 의해 수동적으로 이루어지는 것이 아니라 아동이 능동적으로 외부세계를 탐색하고 조작함으로써 인지발달이 일어난다고 생각하였다.

1) 피아제의 인지발달 이론

그림 2-8 Piaget (1896~1980)

Piaget의 인지발달에 대한 견해는 그의 생의 초기에 관심의 대상이었던 생물학에 의해 많은 영향을 받았다. 즉, 생물이 환경에 적응해 가는 과정에 대한 이해가 인간의 인지발달에도 적용된다고 보았다. 따라서 신체구조가 환경에 맞추어 적응하듯이 사고의 구조도 외부세계에 맞도록 점차 발달해 간다고 생각하였다. 예를 들어, Piaget는 어린 아기들은 자신의 시야에서 사라진 사물이 보이지 않아도 어딘가에 계속 존재한다는 것을 이해하지 못한다고 보았다. 또 7세 미만의 아동들은 우유의 양이 용기의 모양이 변화함에 따라 달라진다고 생각한다. 아동들은 일상세계에 적응해 가면서 이러한 자신의 잘못된 생각이 부딪치는 환경에 적절하지 않음을 알게 되고 따라서 환경에 좀 더 효율적으로 적응할 수 있는 사고의 틀을 발전시켜 나간다.

Piaget에 의하면 이러한 적응능력은 선천적으로 갖고 태어난다. 적응능력 중의 하나가 동화로서 아동이 환경에 적응하기 위해서 이미 갖고 있는 자신의 사고틀을 적용해서 적응하는 것을 말한다. 또 하나는 조절로서 환경에 맞는 새로운 사고틀을 만들어 가는 것을 말한다.

동화 assimilation
이미 갖고 있는 사고의 틀에 새로운 경험을 통합하는 적응과정

조절 accommodation
새로운 경험을 수용할 수 있도록 자신의 사고틀을 수정하는 적응과정

이 두 적응기능은 한 과정의 두 가지 측면으로서 서로 분리할 수 없는 과정이다. 따라서 이 두 기능에 의한 적응과정은 결국 환경과 선천적인 동화와 조절능력과의 상호작용이다. 또한 동화와 조절의 적응과정을 되풀이하는 동안에 아동의 사고틀은 분화, 수정, 통합되어 점차로 성인의 지적 활동에 볼 수 있는 바와 같은 추상적이고 논리적인 사고의 틀로 발달해 간다.

Piaget의 이론에서 아동들은 질적으로 매우 다른 사고의 틀을 가진 감각운동기(출생

~2세), 전조작기(2~7세), 구체적 조작기(7~11, 12세), 형식적 조작기(11, 12세 이후)의 4단계를 거쳐 발달해 간다. Piaget는 모든 아동들이 이들 단계를 건너뛰거나 순서를 바꾸지 않고 항상 같은 순서로 차례대로 발달한다고 보았다. 각 단계의 사고특징 및 Piaget 이론의 자세한 내용은 제6장 인지발달에서 다룬다.

2) 발달적 정보처리 이론

1970년대에 아동발달에 대한 행동주의 이론의 한계가 지적되면서부터 아동의 사고발달 이해에 대한 새로운 정보처리적 접근이 나타나기 시작하였다. 정보처리적 접근은 컴퓨터 과학의 발달에 힘입어 인간의 마음을 정보처리의 상징 조작 체계로서 간주한다. 감각기관에 정보가 투입되고, 산출로서 행동반응이 나올 때까지 정보는 머릿속에서 능동적으로 부호화되고 전환되고 조직화된다. 이러한 과정을 설명하는 정보처리적 접근은 여러 가지 모델로 설명이 되어 왔다.

아동사고의 발달적 변화에 대한 분석에는 정보처리적 모델들이 적용되어 왔다. 예를 들어, 문제를 풀기 위하여 필요한 정보를 찾는 능력이 연령과 함께 점차 조직화되고 계획적으로 되는가, 학령 전 아동들은 나이든 아동들에 비해 얼마나 새로운 정보를 유지할 수 있는가, 어느 정도까지 아동의 현재 지식이 새로운 것을 배우는 능력에 영향을 주는가 등 연령증가에 따른 아동사고의 발달적 변화를 정보처리적 모델에 의해 설명하려고 시도하였다.

정보처리적 접근은 사회적 정보를 처리하는 과정분석에도 적용된다. 예를 들어, 아동들이 어떻게 자기 자신과 다른 사람들을 성에 따라 구별하게 되는가? 또는 아동은 다른 사람의 정서상태를 어떻게 알 수 있을까? 이와 같은 사회적 정보를 처리해야 하는 문제에서 정보처리적 접근은 행동을 결정하는 마음속의 내재적 과정을 분석한다.

Piaget이론에서처럼 정보처리적 접근에서도 아동을 스스로 환경에 반응하면서 자신의 생각을 수정할 수 있는 능동적인 존재로 생각한다. 그러나 Piaget와는 달리 발달단계를 제시하고 있지는 않다. 오히려 지각, 주의, 기억, 추리, 문제해결 및 구어와 문어의 이해 등의 사고과정에 대하여, 연령의 변화에 따라 일어나는 정보처리 용량의 변화와 정보처리 과정의 효율성의 변화를 다룬다. 따라서 정보처리적 접근에서는 발달을 단계적인 변화라기보다는 연속적이고 계속적인 변화로 생각한다.

정보처리적 접근의 가장 큰 강점은 인지과정을 연구하기 위한 면밀하고 엄격한 연구방법에 있다. 정보처리 접근에서 발견한 각 연령 단계의 아동들이 나타내는 사고과정에 대한 정확한 설명은 아동교육의 좋은 시사점이 되고 있다(Siegler 1983). 그러나 정보처리적 접근의 문제는 상상력이나 창의력과 같은 인지과정이 논리적이 아닌 대상에 대해서는 이러한 접근방법을 가지고서는 그 과정을 밝히기 어렵다는 점이다(Greeno, 1993). 또 정보처리적 접근에서는 많은 연구가 인위적인 실험실 내에서 이루어지고 있어 일상생활 학습장면과 동떨어져 있다는 비판을 듣고 있다. 따라서 오늘날 정보처리적 접근에서는 실제 생활과제를 사용하거나 일상생활 내에서의 대화, 이야기, 기억과정 그리고 학업을 수행하는 데서 보이는 책략 등이 연구되고 있다. 아동에게 적용된 정보처리 모델 및 정보처리과정에 대한 자세한 내용은 제8장 학습과 기억발달에서 다룬다.

6. 생물학적 접근

생물학적 접근이란 인간발달이 모두 인간의 생물학적 계획에 따라 발달한다고 보는 접근이다. 신체적 발달은 물론 인지 · 사회정서발달 등의 심리적 발달에서도 생득적인 근원을 강조한다.

1) 성숙 이론

그림 2-9 Gesell (1880~1961)

Gesell의 성숙 이론에 따르면 인간발달은 태어날 때부터 정해져 있는 선천적 계획에 따라 이루어진다. 따라서 이 이론에서의 발달은 단순히 생득적인 발달시간 · 예정표에 따라 자연적으로 나타나는 과정이다. 예를 들어, 기고, 걷고 뛰는 신체적 발달, 모국어를 배우는 언어발달 등 모든 발달이 태어날 때부터 결정된 발달 예정표에 따라 성숙하면서 나타나는 것이라고 주장한다.

2) 동물행동학

인간행동의 발달을 진화론적 관점에서 보는 것이 동물행동학이다. 동물행동학에서는 동물의 적응과 진화적 과정과는 밀접한 관계가 있다고 봄으로써 행동의 적응력 또는 생존적 가치와 진화적 근거에 관심을 갖는다.

동물행동학의 기원은 Darwin까지 거슬러 올라가지만 현대에 와서는 Lorenz와

Tinbergen에 의해 그 기초가 확립되었고 1960년대 와서는 인간의 발달에 적용되기 시작하였다.

Lorenz와 Tinbergen은 자연상황에서 동물들의 생존을 증진시키는 행동패턴을 발견하였다. 이들 중 가장 잘 알려진 것이 새끼 새가 부화 직후부터 어미를 따라다니는 행동에서 볼 수 있는 각인으로, 이것은 새끼가 어미 곁에 있음으로 해서 먹이를 얻을 수 있고 위험으로부터 보호를 받을 수 있게 해준다. 각인은 생후 초기 제한된 시간 내에서만 일어난다. 이 시간 내에 어미가 없다면 대신 어미를 닮은 대상에 각인이 일어날 수도 있다(Lorenz, 1952). 각인현상은 아동발달에 광범위하게 적용되어 온 결정적 시기라는 개념을 이끌어 냈다. 결정적 시기는 제한된 시간 내에 아동이 특정 적응적 행동을 학습하도록 생물학적으로 준비되어 있으며, 그 행동을 학습하기 위해서는 환경 내의 적절한 자극이 있어야만 한다는 것을 의미한다. 동물연구를 기초로 한 결정적 시기 개념은 인간발달에 여러 영역에 적용되면서 결정적 시기보다는 민감기라는 개념이 더 적절한 것으로 제안되고 있다(Bornstein, 1989). 민감기는 특정 능력이 발달하는 데 최적의 시기로 아동은 이 시기에 특정 환경의 자극에 대하여 특히 민감하게 반응한다. 이 시기를 지난 후에 그 능력이 발달하려면 오래 걸리고 어렵다.

그림 2-10 Lorenz(1846~1924)

각인 imprinting

일정기간 내에 매우 빠르게 일어나는 선천적인 학습형태로 소거하기가 어려우며, 새끼가 어미를 따르는 애착형성에서 그 예를 볼 수 있음

민감기 sensitive period

특정 환경적 영향에 민감한 발달시기

Bowlby(1969)는 각인형성을 인간의 영아와 양육자 간의 관계에 적용시켰다. 아기가 웃고, 옹알이하고, 울고, 잡고 매달리는 것 같은 애착행동은 선천적인 사회적 신호로 양육자를 자기에게로 접근하게 하고 돌보는 행동을 이끌어 내는 작용을 하는 것으로 보았다. 영아가 나타내는 행동에 의해 양육자가 가까이 있게 됨으로써 아기는 먹여지고 보호받고 건강한 성장을 위한 자극과 애정을 받을 수 있다. 영아의 애착발달은 새끼 새의 각인형성과는 달리 양육자와의 장기간의 과정을 통해 깊은 애정적 관계를 형성하게 된다.

애착행동 이외의 아동의 사회적 행동인 정서적 표현, 공격, 협동, 사회적 놀이 등은 영장류의 행동과 유사하다는 것이 동물학자들에 의해 보고되고 있다.

7. 맥락적 접근

발달에서 환경의 역할을 어떻게 볼 것인가의 문제는 인간발달이론에서 중심 주제 중의 하나이다. 환경의 영향을 강조한 Watson이나 Skinner의 학습이론적 관점에서는 개인의 행동을 형성하는 직접적인 환경에 초점을 맞추었다. 이에 반해 맥락적 관점에서는 개인에게 직접적인 영향을 미치는 환경뿐 아니라 간접적으로 영향을 미치는 환경으로까지 환경개념을 확대하였다. 따라서 맥락적 관점에서는 인간을 둘러싸고 있는 직접적인 영향을 미치는 환경은 물론 넓은 의미의 환경이 인간발달에 어떻게 영향을 미치는지를 설명하고자 하였다.

1) 생태학적 이론

그림 2-11
Bronfenbrenner
(1917~2005)

Bronfenbrenner(1979)가 제창한 생태학적 이론에서는 아동을 둘러싼 여러 환경층의 영향을 받는 복잡한 관계 체계 속에서 아동은 발달한다고 보았다. Bronfenbrenner 이

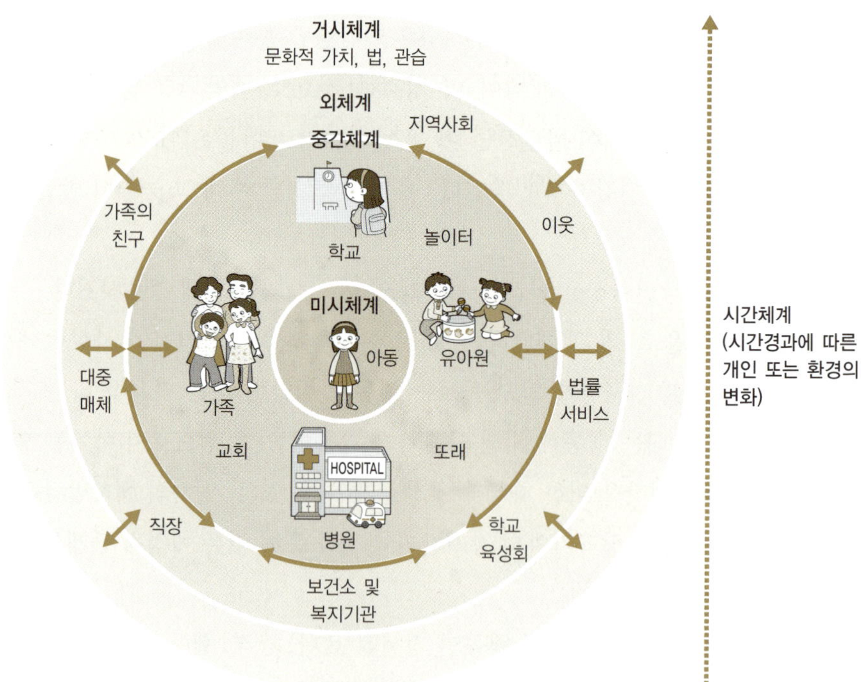

그림 2-12 생태학적 접근에 따른 인간환경의 네 가지 체계
출처 : Kopp & Krakow(1982)에서 재인용

전의 이론에서는 환경개념이 아동에게 직접 영향을 미치는 사물이나 조건에만 한정된 좁은 의미였다. 그러나 Bronfenbrenner는 그림 2-12에서 볼 수 있듯이, 환경을 아동이 생활하는 가정, 학교와 이웃을 넘어선 여러 층의 구조로 개념화하였다.

(1) 미시체계

미시체계는 환경의 가장 속에 있는 층으로 아동과 직접 상호작용하거나 아동이 활동하는 직접적인 환경을 말한다. 최근까지 미시체계 내에서 아동과 환경과의 관계를 분석할 때는 성인이 아동에게 미치는 영향만을 주로 강조해 왔다. 그러나 Bronfenbrenner는 미시체계에서의 아동발달을 이해하기 위해서는 모든 관계가 양방향적이고 상호 교류적이어야 한다고 강조하였다. 다시 말해서 성인이 주로 아동에게 영향을 미치지만 동시에 아동도 아동 자신의 신체, 성격 및 능력과 같은 특성으로 성인의 행동에 영향을 준다. 이러한 상호작용은 시간이 경과함에 따라 지속되면서 발달에 커다란 영향을 미치게 된다(Bronfenbrenner, 1995).

미시체계 microsystem
환경의 가장 속에 있는 층. 아동과 상호작용하거나 아동이 활동하는 직접적인 환경

그러나 부모-자녀 관계가 아동발달에 긍정적 영향을 미치게 될지, 부정적 영향을 미치게 될지는 부모-자녀 관계에 영향을 미치는 제3의 다른 사람이나 요인에 의해서도 영향을 받는다. 예를 들어, 부모가 서로의 자녀양육 역할을 지원해 주고 격려해 준다면 각자 좀 더 효율적인 부모역할을 할 수 있을 것이다. 반대로 결혼생활의 갈등은 불일치한 훈육과 아동에 대한 적대적 반응과 연결될 수 있다. 따라서 미시체계 내에서의 아동발달은 아동과의 직접적인 상호작용에 의해서만이 아니라 환경요인 간의 상호작용 자체에 의해서도 영향을 받게 된다.

(2) 중간체계

아동이 최적의 상태로 발달하기 위해서는 좀 더 큰 환경에서도 아동양육에 대한 지원이 있어야 한다. Bronfenbrenner의 모델에서 두 번째 층은 중간체계이다. 이 중간체계는 가정, 학교, 이웃, 보육기관과 같은 미시체계들 간의 관계를 말한다. 예를 들어, 아동의 학업은 수업에서 일어나는 활동에만 의존되지 않고 학교생활에 부모의 참여도나 학업이 가정에서 수행되는 정도에 따라서도 달라진다. 또 부모-자녀 관계는 보육기관의 교사와 아동 간의 관계에 의해서도 영향을 받고 그 반대의 영향도 가능하다. 부모-자녀 관계와 교사와 아동 간의 관계가 서로 연결되어 방문을 하거나 정보를 교환함으로써 각각의 관계는 아동발달을 한층 더 지원하게 된다.

중간체계 mesosystem
아동의 직접적인 환경이나 미시체계들 간의 상호작용

(3) 외체계

외체계 exosystem
아동을 포함하지 않으나 아동의 경험에 영향을 미치는 사회적 상황

외체계는 아동을 직접 포함하지 않으나 아동의 경험에 영향을 미치는 사회적 상황을 가리킨다. 부모의 직장, 부모의 건강 및 지역 사회의 복지 서비스 같은 공식적인 조직들을 포함한다. 예를 들어, 부모의 근무시간이 유동적이라면 자녀가 아플 때 근무시간을 조절할 수 있어, 자녀를 키우는 데 부모역할을 하게 되고 간접적으로 아동발달을 도울 수 있다.

외체계에는 부모의 사회적 관계망인 부모의 친구나 확대가족 성원 같은 비공식적인 조직도 포함한다. 외체계의 활동이 제한되어 있으면 아동발달에 부정적인 영향을 미칠 수가 있는데, 예를 들어 사회적으로 소외된 가정에서는 갈등과 아동학대가 많이 나타나는 것을 볼 수 있다(Garbarino & Kostelny, 1992).

(4) 거시체계

거시체계 macrosystem
아동이 살고 있는 사회의 문화적 가치, 법, 관습 등을 가리킴

Bronfenbrenner 이론의 가장 외층은 거시체계이다. 이 거시체계는 특정된 구체적 맥락이 아니라 문화가 갖고 있는 가치, 신념, 법, 관습 등을 말한다. 이러한 거시체계에 포함되어 있는 가치관이나 관습 중에서도 아동의 욕구를 충족시키는 순위를 어떻게 정하고 있느냐가 아동 환경에 직접적인 영향을 미친다. 예를 들어, 아동양육의 수준을 높여야 된다는 생각을 갖고, 직장에서도 자녀를 가진 어머니를 특별히 배려해야 된다는 방침을 가진 국가에서는 아동들은 직접적인 환경에서 긍정적인 경험을 가질 가능성이 높다.

Bronfenbrenner(1993)에 따르면, 환경은 아동에게 항상 일정하게 영향을 주는 정체된 상태가 아니고 역동적이며 늘 변화한다. 동생의 출생, 학교 입학, 이사 또는 부모의 이혼 등 중요한 사건들이 아동과 환경과의 관계를 변화시키고 발달에 영향을 미치는 새로운 환경을 조성하게 된다. 이러한 환경변화의 시기는 중요한 영향요인이 된다. 동생의 출생은 학교에 다니는 아동과 비교해 걸음마 시기의 아동에게는 전혀 다른 영향을 미친다. Bronfenbrenner는 이러한 시간적 차원을 시간체계라고 불렀다.

시간체계 chronosystem
아동발달에 영향을 미치는 시간적 차원

발달에 영향을 미치는 사건은 외적으로 부과될 수도 있지만 아동 내에서 일어날 수도 있다. 아동은 자신의 주위환경과 경험을 선택하고, 수정하며 심지어 창조할 수 있다. 다시 말해서, 아동에게 주어진 환경은 아주 다양해서 아동에게 유리한 긍정적인 측면과 동시에 불리하고 부정적인 측면의 환경이 있는데, 이러한 환경 중에 어느 측면의 환경에 반응하느냐에 따라 아동의 환경은 달라진다. 어떠한 환경을 선택하느냐는 아동의 신체적 · 지적 그리고 인성 특성과 부여된 환경적 기회에 의해 영향받는다. 따라

서 생태체계 이론에서 발달은 환경에 의해 통제되거나 내적인 힘에 의해 결정되는 것이 아니라, 아동은 환경의 산물이면서 동시에 산출자이며 이 두 가지가 서로 상호 의존적인 영향을 주는 관계에 있다.

2) 사회문화 이론

Erikson의 정신분석학 이론과 생태학적 이론은 문화와 발달의 관계를 강조하였는데, 이러한 이론적 접근에 힘입어 아동발달에 관한 비교문화연구가 활발해졌다. 문화 간의 비교, 인종 간 또는 같은 문화 내의 사회계층 간의 비교를 통해서, 발달 이론이 세계 모든 아동들에게 적용되는지 또는 특정 환경적 조건에만 한정되는지를 알고자 하였다. 결과적으로 비교문화연구는 아동의 행동출현의 시기와 순서에 미치는 생물학적인 요인과 환경적 요인의 영향을 밝히는 데 도움을 주었다.

과거의 비교문화 연구는 넓게 발달의 문화적 차이에 초점을 두었다. 예를 들어, 특정 문화의 아동이 다른 문화의 아동보다 운동발달 또는 지적 발달이 앞서 있는가와 같은 문제였다. 그러나 이러한 접근방법은 한 문화가 다른 문화보다 발달을 증진시키는 데 더 우수하다는 식의 잘못된 결론을 내릴 수도 있었다. 더욱이 문화적 요인이 아동발달에 미치는 영향을 정확하게 밝히는 데도 별 도움이 되지 못하였다.

현대에 문화적 특수성과 아동발달의 관계에 관한 연구가 새롭게 이루어지고 있는데, 러시아의 심리학자 Vygotsky는 이러한 연구에 중요한 영향을 미쳤다. Vygotsky의 사회문화적 이론은 한 문화 속에 있는 가치, 신념, 관습과 사회적 집단의 기술 같은 문화가 어떻게 세대를 거쳐 전달되는지에 초점을 두고 있다. Vygotsky에 의하면 사회적 상호작용, 특히 아동과 그 사회의 좀 더 지적 수준이 높은 성원과의 협응적 대화가 아동으로 하여금 그 문화의 사고와 행동양식을 습득하도록 하는 데 필수요건이 된다고 보았다.

그림 2-13 Vygotsky (1896~1934)

또 Vygotsky는 아동의 인지발달에서 근접발달영역이라는 개념을 제안하였는데, 이 영역은 아동이 혼자서 도달할 수 있는 실제적 발달수준과 좀 더 지적 수준이 높은 성인이나 또래의 도움을 받아 도달할 수 있는 잠재적 발달수준 간의 차이를 가리킨다 (Vygotsky, 1930/1978). 아동의 잠재적 발달수준은 다른 사람의 가르침을 통해서 아동이 나타내는 능력수준이다. 이 근접발달영역은 아동의 지적 발달이 아동 자신보다 인지적으로 유능한 사람들과의 사회적 상호작용을 통해서 어떻게 일어나는지를 시사해

근접발달영역
zone of proximal development
아동이 혼자 도달할 수 있는 실제적 발달수준과 아동보다 유능한 사람의 도움을 받아 도달할 수 있는 잠재적 발달수준 간의 차이

준다. 좀 더 숙련된 또래들이 아동으로 하여금 문화적으로 유용한 활동을 배우도록 도와주는 과정에서, 이들 사이의 의사소통 내용이 점차 아동사고의 한 부분이 된다고 주장하였다. 아동은 이러한 대화에서 언어사용을 통해서 핵심적 요소를 내면화해 가고, 그들 자신의 행동을 이끌며 새로운 기술을 획득하게 된다. 이와 같이 Vygotsky의 사회문화 이론에서 언어는 문화적으로 적절한 사고양식과 문제해결 방식을 아동에게 전달하는 주요 도구로서의 특별한 역할을 한다. 언어가 처음 아동의 사고와 행동을 이끄는 것은 성인의 지시로 외부에서 주어진다. 그러나 점차 아동 스스로 하는 아동 자신의 언어가 사고와 행동에 영향을 미치게 된다. 예를 들어, 짜맞추기를 하거나 구두끈을 매고 있는 동안 자신이 스스로에게 언어로 지시하고 있는 아동은 이전에 성인이 이 아동을 도와주면서 했던 언어적 지시를 말하고 있는 것이다. 이러한 현상은 사고와 행동에 언어를 사용하기 위하여 밖으로 혼잣말을 하는 사적 언어이다. 이 단계를 지나면 밖으로 혼자말을 하지 않고도 언어를 내면화하여 머릿속에서 하는 내적 언어로 사고를 조절할 수 있게 된다.

사적 언어
private speech
Vygotsky의 용어로 아동의 사고를 이끄는 역할을 하는 아동 자신의 혼잣말

Vygotsky는 아동은 능동적이고 구성적인 존재라고 한 Piaget의 이론에 동의하나 Piaget와는 달리 인지발달은 사회적으로 매개된 과정으로 아동이 새로운 과제를 시작할 때, 성인이나 성숙한 또래들이 제공하는 지원에 의존된다고 보았다. 또한 Vygotsky는 모든 아동들이 같은 발달단계를 거친다고 생각하지 않았다. 오히려 아동이 언어를 배우자마자 획득된 다른 사람과의 의사소통 능력이, 문화에 따라 크게 다른 사고와 행동의 계속적인 변화를 가져온다고 믿었다.

정리해 봅시다

1. 각 이론들이 취하고 있는 발달의 수동성과 능동성, 연속성과 불연속성 및 성숙과 학습의 영향에 대하여 생각해 보자.

2. Erikson의 이론은 Freud 이론의 어떤 점을 확장하고 발전시켰는지 생각해 보자.

3. Bandura의 이론이 아동의 학습에 대하여 어떤 새로운 아이디어를 제공했는지 생각해 보자.

4. 아동발달연구에서 Bronfenbrenner가 특히 중요하다고 생각하는 점은 무엇인지 생각해 보자.

5. Vygotsky의 이론이 다른 이론들과 구별되는 특징은 무엇인지를 생각해 보자.

PART 2

발달의 생물학적 이해

인간은 생물학적 존재이므로 제2부에서는 발달의 생물학적인 과정에 초점을 두고 있다.

제3장에서는 유전의 개념과 발달에 영향을 미치는 유전적 과정을 다루고 수정에서부터 출산까지의 태내발달 특히 여러 가지 환경적 영향으로 정상발달에 문제를 가져올 수 있는 민감한 시기로서의 발달과정을 검토한다.

제4장에서는 심리적 발달은 신체적 발달에 의해서 크게 영향을 받는다. 신생아에서부터 청년기로 발달해 가면서 나타나는 신체적 성장 특성과 운동능력 그리고 뇌발달을 다룬다.

Chapter 3

유전과 태내기

성장발달하고 있는 아동의 행동을 이해하기 위해서는 여러 요인을 고려해야만 한다. 가장 단순한 행동조차도 여러 요인의 결과로 이루어진다. 이와 같은 영향요인들은 유전적으로 결정된 생물학적 요인들을 비롯해서, 출산 시 산소나 영양결핍 같은 비유전적 요인들, 아동의 과거학습, 부모 · 형제 · 친구나 교사와 같은 직접적인 사회 · 심리적 환경 그리고 아동이 속해 있는 사회나 문화의 일반적인 사회적 · 문화적 환경을 들 수 있다. 이 장에서는 모체 내에서의 태아의 발달 변화와 모체 내에서의 발달 변화에 가장 많은 영향을 미치는 유전요인을 중심으로 다루고자 한다.

유전과 환경이 밀접하게 상호작용하여 아동에게 영향을 준다는 것을 인식한 것은 비교적 최근의 일이다. 20세기 초까지만 해도 많은 학자들이 유전과 환경문제에서 인간의 모든 행동이 유전에 기인한다든지 또는 완전히 환경에 의한 것이라는 입장을 취하였다. 그러나 최근 심리학과 생물학에서 발견된 사실에 비추어 볼 때 극단적인 환경주의나 극단적인 유전적 결정주의로는 복잡한 인간발달을 설명할 수 없다는 것이 알려져 왔다. 이제는 타고난 잠재력과 경험이 함께 작용해서 지금의 행동을 결정하는 과정을 찾아나가고 있다.

Chapter 3

유전과 태내기

1. 진화와 발달

최근 발달심리학 내에서 발달의 생물학적 근원으로 진화과정이 강조되고 있다.

진화론은 Darwin이 《종의 기원》(1859)을 출간하면서부터 인간행동 이해에 많은 영향을 미쳤다. 발달심리학에서도 이미 1900년 초 동물행동학자들과 Piaget 등은 이들 이론의 기초개념으로 진화개념을 적용해 왔다.

진화론의 자연도태 개념은 한 종이 생존하여 세대를 거쳐 유지되는 진화과정으로서, 적응에 성공한 개체만이 살아남아 세대를 이어가게 된다. 각 개체는 특정장소, 기후, 음식습득 및 생활양식에 적응해야만 살 수 있다. 적응적 행동은 자연 서식지에서 개체의 생존을 증진시켜 주는 행동이다. 예를 들어, 인간 행동에서 아기와 양육자와의 애착은 급식과 위험으로부터의 보호를 위해서 아기가 양육자에게 접근하고 밀착하도록 해준다.

이러한 진화과정에 대한 개념을 최근에 다시 주목하면서 진화심리학이라는 새로운 접근이 형성되어 왔다. 이 접근에서는 인간의 행동을 설명하는 데 적응과 적자생존의 중요성을 강조하고 있다. 또한 얼굴모습이나 신장과 같은 신체적 특징에 진화가 관여되듯이 두려움을 느끼거나 이에 대처하는 방법 그리고 구애행동 및 공격행동과 문제해결과정에까지 광범위하게 진화적 과정이 포함된다고 주장한다(Buss, 2004). 예를 들어, 사냥을 해야 했던 인류의 조상들은 사냥을 하기 위해 여러 가지 신체적 능력뿐만 아니라 특정 공간적 사고능력도 필요했을 것이다. 이러한 능력을 갖고 태어난 남자들은 그 능력이 없는 남자들보다 생존할 가능성이 높고, 또 자녀 생산의 가능성도 높음으로써 사냥에 유리한 특성들은 다음 세대로 이어질 가능성이 높아진다. 다시 말해서 생존에 유리한 어떤 특성들은 여러 세대를 거쳐 유전으로 전달됨으로써 인류의 특성으로 남아 있을 가능성이 높아진다고 설명한다.

이러한 진화심리학이 발달심리학에도 영향을 미쳐 일부 발달심리학자들은 인간의 발달과정에 진화심리학적 개념을 적용하는 노력을 기울여 왔다(Bjorklund & Pellegrini, 2002). 예를 들어, 인간발달에서 청소년 시기가 다른 종에 비해 상당히 긴 이유를 이 발달적 진화심리학에서는 인간이 뇌를 발달시키고 인간 사회의 복잡성을 배우는 데 시간이 요구되기 때문에 인간발달과정에서 다른 종과 다르게 청소년기가 길어지도록 진화해 왔다고 설명하고 있다.

이상에서와 같이 진화심리학에 많은 관심이 모아지고는 있으나 현재로서는 이론적 접근으로서 받아들여지면서 일부 학자들이 인간의 발달과정에서 특정행동의 적응적 가치가 무엇인지를 찾아가는 단계에 있다.

2. 유전인자의 전달

난자와 정자는 생식세포로 유전인자를 운반하는 세포이다. 난자와 정자의 생성은 체세포 분열과는 달리 감수분열과정에서 이루어진다. 체세포 분열은 유사분열로 46개의 염색체가 분열하는 동안에도 그대로 유지되나 성세포의 감수분열은 46개 염색체의 절반인 23개의 염색체를 갖는다. 감수분열에서 46개 염색체 중에 어느 것이 23개가 되느냐 하는 것은 매 경우마다 다르기 때문에 난자, 정자 속에 23개 염색체는 각기 다르게 된다. 이것이 같은 형제자매라 하더라도 서로 다르게 태어나는 원인이 된다.

개개의 염색체는 여러 개의 유전인자를 포함하고 있다. 이 유전인자에는 부모로부터 전달되는 유전적 특질을 나타내는 유전물질이 들어 있다. 염색체는 주로 두 가지 물질로 구성되어 있는데, DNA와 단백질이다.

이 중에서 DNA는 유전인자로서의 핵심적인 기본물질을 지니고 있다고 알려져 있다. 특히, DNA 분자 내의 염기들이 나타내는 화학적 구성 또는 DNA의 염기 배열순서는 바로 인간의 성장발달을 결정하며 인간의 행동에 영향을 준다.

유사분열 mitosis

세포가 자기의 염색체를 복제하고 난 후 유전적으로 동일한 두 개의 세포로 나누어지는 과정

감수분열 meiosis

세포가 분열하여 원래 부모 세포가 갖는 염색체 수의 반을 갖는 생식세포를 생산하는 과정

그림 3-1 유사분열

대립유전자 allele
각 특성을 결정하는 유전인자들이 염색체의 특정부위에 위치하는데, 이 특정 위치의 유전인자를 가리킴

동질접합 homozygous
부모로부터 같은 대립유전자가 전수될 경우에 이 대립유전자의 결합형태

이질접합 heterozygous
두 부모로부터 서로 다른 대립유전자가 전수될 경우에 이 대립유전자의 결합형태

표현형 phenotype
겉으로 나타난 유전적 특징

유전형 genotype
부모로부터 물려받은 대립유전자의 결합형태

인간의 세포 하나에는 100만 개의 유전인자가 있으며, 염색체 하나에는 평균 약 2만 개의 유전인자가 있는 것으로 알려져 있다. 부모로부터의 모든 생물학적인 유전은 이들 23개 쌍의 염색체 안에 있다. 이들 23개 가운데 22개는 남녀 공히 갖고 있는 염색체이고 23번째 쌍은 성염색체로, 여자의 경우 X 염색체가 두 개인 XX이고 남자의 경우 X와 Y가 하나씩인 XY로 아동의 성을 결정하게 된다.

또한 46개의 염색체 속의 유전인자는 아버지로부터 받은 유전적 특성과 어머니로부터 받은 유전적 특성을 갖게 되는데, 부모로부터 받은 유전형태 각각을 대립유전자라고 부른다. 부모로부터 받은 두 개의 대립유전자가 같은 지시를 할 때는 동질접합이라고 하고 두 개의 대립유전자의 지시가 다를 때는 이질접합이라고 한다. 예를 들어, 혈액형의 경우, 부모로부터 받은 대립유전자가 A와 A일 때와 A와 O인 경우, 나타난 혈액형은 모두 A형이나 유전적인 잠재성은 다르다. 이와 같이, 실제로 눈으로 볼 수 있게 나타나는 것은 표현형이라 부르고 눈에 안 띄는 유전적 · 잠재적 유형은 유전형이라 부른다. 표현형과 유전형이 다를 경우, 한쪽 대립유전자가 우성이고 다른 한쪽 대립유전자가 열성으로 우성의 특성이 표현형으로 나타나게 된다.

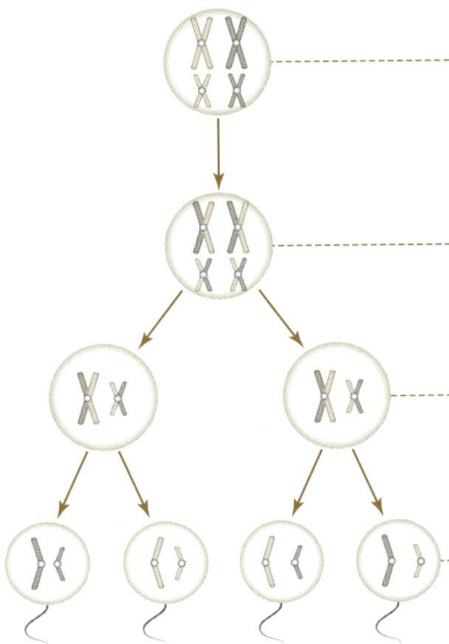

그림 3-2 감수분열

3. 유전과 환경

1) 유전의 영향

인간이 유전적으로 결정된 생물학적 유기체임에는 틀림없으나 유전이 행동특성에 어떻게 영향을 미치는지를 밝히는 것은 매우 어렵다. 그 이유는 인간행동이 학습에 의해 변화되는 부분이 매우 크기 때문이다. 따라서 공격성, 지능 등과 같은 인간의 행동특성과 관련된 유전인자를 찾아내려는 연구는 아직도 성공을 거두지 못하고 있다.

이와 같이 유전인자와 행동 간의 관계를 밝히는 연구가 어려운 점은 첫째, 유전인자의 영향이 모두 행동에 나타나지는 않는다는 것이다. 즉, 표현형과 유전형이 항상 같지 않기 때문에 행동유전 연구에 어려움을 주고 있다. 표현형과 유전형이 같지 않은 경우를 우리는 색맹에서 쉽게 발견할 수 있는데, 색맹 유전인자를 보유하고 있으나 색맹이 아닌 경우가 이 경우에 해당된다.

둘째, 인간의 많은 특성은 단 하나의 유전인자에 의해 결정되는 것이 아니라 여러 유전인자에 의해 영향받으며, 역으로 한 쌍의 유전인자가 여러 행동특성에 영향을 준다는 점이다. 최근에 발견되고 있는 수정 유전인자라고 불리는 어떤 유전인자들은 다른

수정 유전인자
modifier genes
다른 유전인자의 영향을 수정하는 유전인자

유전인자가 표현형으로 나타나는 과정에 영향을 준다. 한 예로 페닐케토누리아를 가진 아동들이 동일한 유전인자를 가졌음에도 불구하고 나타나는 증상수준은 각기 다르다는 것에서 발견된다. 이것은 수정 유전인자가 수준을 결정하기 때문이다.

셋째, 많은 유전인자의 효과가 출생 직후에 나타나는 것이 아니라 시간이 지나면서 나타난다는 데에도 유전적 연구의 어려움이 있다. 예를 들어, 성적 성숙, 대머리, 수명 또 헌팅턴의 무도병 같은 것은 유전적으로 영향받으나 생의 후기에 나타나는 특성들이다.

유전에 관한 많은 연구들은 동물을 대상으로 이루어졌다. 그 연구방법은 선택적 번식실험이라 하여 환경을 일정하게 하고 유전된 특정 행동을 인위적으로 선별해 가는 형식을 취하는 방법이다.

이 실험에서는 특정 행동에서 양극단적인 집단으로 분류하고 양극단의 집단 내에서만 교배를 계속해 가면서 이 두 집단의 후손들이 세대를 걸쳐서 나타내는 행동의 변화를 분석한다. Lindzey 등(1960)은 이와 같은 선택적 번식실험을 통하여 동물을 대상으로 공격성, 정서적 상태 및 학습능력 등의 행동특성에 유전적 요인이 중요한 영향을 준다는 사실을 입증했다.

인간에게 있어 행동에 미치는 유전적 영향에 관한 연구는 흔히 일란성 쌍생아와 이란성 쌍생아의 비교 연구에서 찾을 수 있다.

일란성 쌍생아는 똑같은 유전인자를 갖고 있는 데 반하여 이란성 쌍생아는 유전적으로 일반 형제자매들과 크게 다르지 않다는 점이다. 따라서 두 집단에 미치는 환경의 영향이 같을 때 이란성 쌍생아보다는 일란성 쌍생아가 더 유사하다면 이것은 유전적 요인에 기인한 것이라고 해석할 수 있다. 반면에 일란성 쌍생아들 간의 차이는 환경에 의한 차이로 간주할 수 있다. 인간의 행동에서 쌍생아를 통한 유전적 영향의 연구는 여러 영역에서 이루어져 왔다.

일란성 쌍생아와 이란성 쌍생아의 지능 비교에서 일반적으로 일란성 쌍생아 간의 지능지수의 상관은 약 .86으로 상당히 높고 이란성 쌍생아의 경우 약 .60인 것으로 나타났다. 또 일란성 쌍생아가 서로 다른 환경에서 키워진 경우에 지능지수의 상관이 약 .72인 반면, 이란성 쌍생아의 경우는 약 .52로 나타났다(Bouchard & Mcgue, 1981). 이 경우 매우 다른 환경에서 키워졌다 하더라도 같은 환경에서 자란 이란성 쌍생아보다도 일란성 쌍생아들이 지능검사에서 점수가 더 유사한 것으로 나타났다.

더 나아가 Wilson(1983)은 261쌍의 일란성 쌍생아와 이란성 쌍생아를 대상으로 생후 2년 동안의 지능발달을 비교하였는데, 일란성 쌍생아들의 발달의 급상승이나 지연

페닐케토누리아 phenylketonuria
열성 유전인자에 의해서 생기는 페닐알라닌을 대사시킬 수 없는 질환. 치료받지 않으면 심한 정신지체를 유발할 수도 있음

헌팅턴 무도병 Huntington's chorea
신경계가 갑자기 나빠져서 근육운동능력과 뇌기능이 손상되는 유전적 질병으로 일반적으로 30~40세에 나타남

선택적 번식실험 selective breeding experiment
특정 행동을 극단적으로 나타내는 대상끼리의 번식을 통한 세대별 분석으로 유전적 행동을 식별하는 방법

일란성 쌍생아 identical twins
하나의 수정란이 두 개로 나누어졌을 때 생기는 쌍생아. 결과적으로 각각의 일란성 쌍생아는 유전적으로 정확히 동일한 유전인자를 갖게 됨

같은 변화가 이란성 쌍생아보다도 더 유사한 것으로 나타났다. 따라서 발달속도는 유전인자에 비중이 더 큰 것으로 해석되었다. Wilson의 연구대상이었던 쌍생아들의 연령이 4, 5, 6세가 되었을 때, 100쌍의 쌍생아들을 대상으로 지능을 측정한 결과 일란성 쌍생아들이 이란성 쌍생아들보다 더 유사한 것으로 나타났다. 이러한 결과들로 미루어 유전이 지능의 주요한 결정요인이 된다는 것이 입증되었다.

인성에서도 일란성 쌍생아들이 이란성 쌍생아보다 내향성과 외향성에서 더 유사한 것으로 나타났고 영아들의 경우, 웃는 경향, 낯선 사람 앞에서 나타내는 불안 정도가 일란성 쌍생아들이 더 비슷하였다. 또한 앞에 언급된 Wilson의 연구에서는 일란성 쌍생아들이 이란성 쌍생아들보다 다른 사람의 관심을 끌거나, 화를 내거나, 우는 반응을 나타내는 데에서도 더 유사하다는 것을 보고하였다.

고등학생을 대상으로 한 쌍생아 연구에서도 내향성과 외향성, 공격성, 기분, 의존성, 수줍음 같은 인성척도에서 일란성 쌍생아들의 유사성이 이란성 쌍생아보다 더 높은 결과를 보였다. 위의 연구결과들로 미루어 볼 때, 인성의 발달에서도 유전요인이 강하게 작용함을 시사해 주고 있다.

정신이상의 경우에도 유전적 요소가 지적되어 왔다. 논리적인 사고와 정서적 반응의 결함을 나타내는 정신분열증 환자 수천 명을 분석한 결과, 쌍생아들 중 한 사람이 정신분열증이 되었을 때 다른 쌍생아도 분열증이 될 확률이 일란성의 경우 42~86%였고 이란성 쌍생아의 경우 15%였다. 따라서 유전적 요인이 정신분열증을 일으키는 직접적인 요인이 된다고 해석되지는 않지만 긴장을 요구하는 환경에 직면할 때 분열증으로 반응하는지의 여부를 결정하는 데 중요한 영향을 미치는 것으로 해석되고 있다.

2) 환경의 영향

유전적 요인이 인간행동에 중요한 영향을 준다는 사실은 앞에서 언급한 대로 여러 연구에서 입증되었다. 그러나 환경의 영향이 인간의 행동에 지대한 영향을 준다는 사실도 앞의 쌍생아 연구에서 잘 입증되었다.

환경이 유전에 영향을 주고 있다는 사실은 여러 영역에서의 연구에서 찾을 수 있다. 예를 들어, 눈의 색, 피부색, 얼굴 형태, 신장, 체중 등 체격과 외모의 많은 특성이 유전적 요인에 의해 영향을 받는다. 그러나 주로 유전적 요인에 의해 결정된다고 생각되는 이러한 특성들도 환경적 요인이 강하게 작용한다. 실례로 유태인 이민의 경우 미국에

이란성 쌍생아
fraternal twins
거의 같은 시기에 두 개의 난자를 방출했을 때 생기는 쌍생아. 각각은 다른 정자에 의해서 수정되어 유전적으로 다름

내향성과 외향성
introversion/extroversion
양극단의 성격특성으로 내향성은 수줍고, 다른 사람 앞에서 불안해 하며, 사회적 상황에서 물러서는 경향인 반면 외향성은 사교적이고 다른 사람과 잘 어울리는 특성을 말함

정신분열증
schizophrenia
대인행동, 논리적 사고 및 정서적 반응의 결함을 나타내는 심각한 정신질환

서 태어나 자란 2세들은 신장이나 체중이 부모보다는 물론, 다른 나라에서 태어난 유태인의 같은 또래보다 더 크고 더 무겁다. 이러한 경우에 영양상태, 생활조건 등의 환경적 요인이 유전적 요인에 의해 주로 영향받는 체격이나 성장속도 등에도 영향을 주고 있는 것으로 해석된다.

인성에 있어서도 긴장을 적게 느끼고 편안한 마음을 갖느냐 또는 신경질적이고 예민하냐와 같은 기질적 특성은 유전적 영향을 받는 것으로 입증되어 왔다. 그러나 이러한 기질적 특성도 환경적 요인에 의해서 많이 달라진다는 것이 알려져 왔다. 또한 지적 잠재력을 높이 타고난 한 아동이 단조롭고 자극 없는 환경에서 자라게 된다거나 또는 그의 잠재력을 발휘하고자 하는 동기가 높지 않다면 높은 지능을 유지할 수가 없다.

기질 temperament
활동수준, 예민성 그리고 정서성 같은 개인이 환경에 반응하는 특성적 양식

앞의 쌍생아 연구에서 보듯이 지능의 유전적 영향이 입증되었으나 동시에 지능에서 환경적 요인도 매우 중요하다는 것이 지적되어 왔다.

예를 들어, 일란성 쌍생아도 자라온 환경의 차이가 크면 클수록 지능지수의 차이가 크게 나타났다. 한 경우에는 일란성 쌍생아이면서도 한 아동은 교육을 받지 못하고 벽지에서 자랐고, 다른 아동은 양자로 입양되어 교육도 받고 지적인 가정환경에서 자란 경우 두 아동의 지능지수의 차이가 24점이나 나타났다. 또한 지능검사를 불신하는 사람들은 지능검사가 특정한 인종과 사회계층에 유리하게 만들어졌다고 주장한다. 반면에 지능검사의 타당성을 강조하는 사람들은 인종과 사회계층 간의 차이가 환경의 차이이며, 이러한 환경의 차이가 지능지수에 영향을 주므로 지능이 환경에 의해 영향받는다는 점을 지적하고 있다. 실례로 미국의 경우, 중 · 상류층 아동이 저소득층 아동보다 지능지수가 평균 20점 정도 높은 것으로 보고되었고 흑인 아동들이 같은 또래의 백인 아동들보다 지능지수가 10~15점 정도 낮은 것으로 나타났다.

이와 같은 결과를 유전적 결정증거로서 해석하는 학자들도 있으나 대부분의 심리학자들은 환경적 · 경험적 요인들에 의하여 설명될 수 있다고 주장한다. 예를 들어, 태내에서의 부적당한 영양, 특히 단백질 부족은 아동의 지적 능력에 지속적인 영향을 줄 수 있다고 본다. 저소득층의 어머니들이 부적절한 식사를 할 가능성이 크고 따라서 지적 능력이 낮은 아동이 태어날 수도 있다. 또한 육아법에 있어서도 사회계층 간, 문화 간에 차이가 있어 이것이 지능의 차이에 영향을 줄 수 있다. 특히 사회 · 문화 · 경제적으로 실조된 가정환경에서는 아동들이 매우 제한된 경험을 갖게 되고 지적 · 문화적 자극이 부족하게 된다.

3) 유전과 환경의 상호작용

앞에서 살펴본 것처럼 아동발달과정에는 유전과 환경이 다함께 작용하고 있다. 때문에 특수한 경우를 제외하고는 대부분의 경우 한 특성의 유전과 환경의 영향을 분리해 내는 일은 쉬운 일이 아니다.

현대의 발달심리학에서는 유전과 환경이 발달변화가 일어나는 데 어떻게 결합되어 영향을 주는지, 또는 어떠한 형태로 상호작용하는지에 관련하여 몇 가지 개념을 제시하여 왔다.

유전인자와 환경은 인간의 발달에 영향을 주지만 발달특성에 따라서는 유전의 영향이 환경보다 더 큰 경우가 있다. Waddington(1966)은 운하화란 개념을 사용하여 유전인자가 극히 한정된 결과만을 일으키도록 하는 경우를 설명하였다. 예를 들어, 생후 4~6개월경부터 모든 영아들은 농아인 경우까지도 거의 같은 방식으로 옹알이를 한다. 옹알이 같은 운하화가 높은 특성에는 환경이 별 영향을 미치지 못하고 단지 유전인자에 의한 성숙에 따라 그 특성이 나타나게 된다. 반면 운하화가 낮은 지능이나 기질 또는 인성 같은 특성은 인생에서의 경험에 따라 여러 방향으로 유전적 방향과는 다르게 발달할 수 있다.

운하화 canalization
유전인자가 일어날 수 있는 결과의 표현형을 한정짓는 기제. 매우 운하화된 특성은 유전인자가 결정하는 경로를 따라서 발달하는 경우로 환경은 그 특성의 표현형에 거의 어떤 영향도 미치지 못함

운하화는 비교적 단순한 개념이지만 이 개념이 시사해 주는 것은 개인이 발달할 수 있는 방향은 여러 가지 있을 수 있다는 것, 유전과 환경이 결합되어 방향이 결정된다는

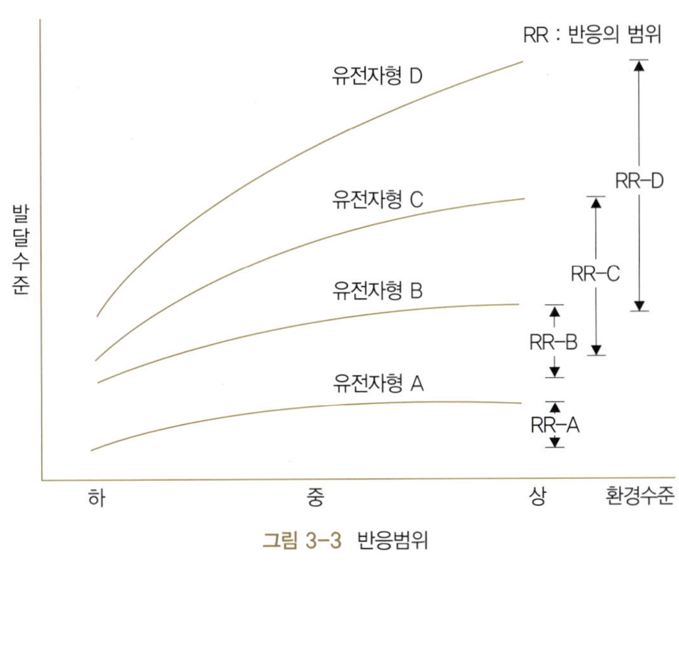

그림 3-3 반응범위

것, 그리고 유전이나 환경 어느 것이든 다른 한 쪽이 영향을 줄 수 있는 범위를 제한시킨다는 점에서 유용한 원리이다.

반응범위
range of reaction
유전형은 한 개인이 환경에서 나타낼 수 있는 표현형의 범위를 갖고 있다는 개념

Gottesman(1963)은 유전과 환경의 관계에 대하여 반응범위라는 개념을 제안하였다. 그는 유전인자가 엄격하게 행동을 운하화하는 것이 아니라, 개인이 갖고 있는 유전형이 표현형으로 나타날 때, 그의 경험에 따라 달라질 수 있는 반응범위를 갖고 있다고 하였다. 다시 말해서 유전형은 개인이 여러 환경에 따라 나타낼 수 있는 표현형의 범위의 경계를 긋는다고 보았다. 따라서 반응범위의 크기만이 아니라 범위의 가장 낮은, 가장 높은 경계도 개인마다 다르다.

결국 유전형에 의해 한 특성에 대한 가능한 결과와 범위가 정해지고 환경은 개인이 갖고 있는 반응범위 내에서 영향을 주게 된다. 반응범위 개념은 유전과 환경의 상호작용에 대하여 비교적 명확한 설명을 제시해 주고 있다.

지금까지 유전과 환경이 서로 독립적으로 작용해서 이것이 결합되어 표현형을 결정하는 것같이 기술했으나 최근에 행동유전학자들은 유전인자가 우리가 경험하는 환경에 실제로 영향을 미친다고 주장한다(Scarr & McCartney, 1983).

Scarr와 McCartney(1983)는 다음과 같은 세 가지 방법을 제안하고 있다.

수동적 유전 · 환경관계
passive genotype/environment correlation
부모가 제공하는 양육환경은 부모 자신의 유전자에 의해서 영향을 받으며 아동 자신의 유전형과 상관관계가 있다는 개념

(1) 수동적 유전 · 환경관계

부모가 자녀에게 제공하는 가정환경은 부분적으로 부모 자신의 유전형에 의해 영향받는다. 그리고 자녀는 부모로부터 유전인자를 받았기 때문에 자녀에게 주어지는 가정환경은 자녀 자신의 유전형과 부합되거나 상관이 있다. 예를 들어, 유전적으로 운동에 소질이 있는 부모는 자녀들을 활발하게 놀고 스포츠 활동을 하도록 격려하는 체육환경을 만든다. 자녀는 이와 같은 운동환경에 노출될 뿐만 아니라 부모의 운동소질을 유전적으로 이어받아 그러한 환경에 민감하게 반응하게 된다. 따라서 이러한 자녀들은 유전적으로나 환경적으로나 운동을 즐기게 된다. 이 경우 유전과 환경의 영향은 밀접하게 상호관련되어 있다.

유발적 유전 · 환경관계
evocative genotype/environment correlation
아동의 유전적 특성이 아동에 대한 다른 사람들의 행동에 영향을 미친다는 개념

(2) 유발적 유전 · 환경관계

유전이 환경에 영향을 미치는 또 하나의 방법은 유발적 유전 · 환경관계이다. 이 관계에서는 아동의 유전적 특성이 아동에 대한 다른 사람들의 행동에 영향을 미쳐 아동의 유전특성에 맞는 환경을 유발시킨다고 가정한다.

예를 들어, 잘 웃고 능동적인 아기는 수동적이고 까다로운 아기보다 다른 사람의 관심과 사회적 자극을 더 많이 받게 된다. 이러한 아동에 대한 다른 사람들의 반응은 아동의 인성을 형성하는 데 중요한 역할을 하는 환경적 영향이 된다. 여기서도 유전과 환경의 영향이 서로 혼합된 것을 볼 수 있다.

(3) 적극적 유전 · 환경관계

Scarr와 McCartney는 아동이 가장 좋아하고 추구하는 환경은 자신의 유전적 성향에 가장 잘 부합되는 것이라고 주장하였다. 따라서 사교적 유전 소인을 갖고 있는 아동은 집으로 친구들을 초대할 가능성이 높고 사회적으로 자극 있는 활동을 좋아할 것이다. 반면 수줍은 유전 소인을 갖고 있는 아동은 큰 사회적 모임을 적극적으로 피하고 혼자 할 수 있는 활동을 하기를 좋아할 것이다.

적극적 유전 · 환경관계
active genotype/ environment correlation
아동이 선호하고 추구하는 환경은 자신의 유전적 성향에 가장 잘 부합되는 것이라는 개념

다시 말해서 다른 유전적 소인을 가진 사람들은 다른 환경을 선택할 것이고, 이러한 선택이 결국 그 후의 사회적 · 정서적 · 지적 발달에 강력한 영향을 미치게 될 것이라는 주장이다.

이 세 종류의 발달과정을 보면 생후 첫 몇 년 동안에는 환경을 선택하는 것이 어렵다. 대부분의 시간은 부모가 만들어 주는 환경 속에서 지내기 때문에 수동적 유전 · 환경관계가 이 시기에는 특히 중요하다. 그러나 학교에 들어가면서 자신의 관심, 활동 및 친구들을 선택하는 데 자유롭다.

따라서 이후 발달이 진행되면서 적극적인 유전 · 환경관계가 점점 더 중요한 영향을 미치게 된다. 유발적 유전 · 환경관계는 일생을 걸쳐 늘 중요하다. 즉, 개인의 유전적인 특성과 행동특성은 다른 사람들이 그 개인에게 하는 반응을 일으키게 한다는 의미에서 일생을 통해서 일관되게 중요하다.

4. 태내기

1) 수 정

수정 fertilization
난자와 정자의 결합과정

여성은 태어날 때에 이미 난소에 약 20만 개의 미성숙된 난자를 갖고 있다. 사춘기 이후에 성숙이 되면서 매달 직경이 약 0.14mm되는 난자가 양쪽 난소에서 매월 1개씩 번갈아 배출된다. 배출된 난자가 난관을 통해서 자궁으로 수송되는 시간은 약 12시간인데, 그 도중에 정자를 만나면 수정이 되고 수정되지 못하면 그대로 자궁으로 내려와 파괴되어 배출된다.

남성은 성숙하면서 정자를 배출하게 되는데, 1회의 배출량은 약 1억~5억 개 정도가 된다. 정자의 크기는 난자의 약 1/40 정도이지만 난자에 비해 매우 활동적이어서 자궁을 거쳐 난관으로 헤엄쳐 가서 난자와 만나게 된다.

수정란 zygote
정자와 난자가 결합되어 이루어진 염색체 46개의 단일세포

이와 같이, 여성의 난관에서 난자와 정자가 만나 결합하는 것을 수정이라고 하고 합쳐진 이 세포를 수정란이라고 한다. 바로 이 수정란이 새 생명의 시초이다. 배출된 난자가 수정될 수 있는 기간은 약 24시간으로 그 이상 경과되면 과숙 상태가 되어 수정능력을 잃어버린다. 남성의 정자가 수정될 수 있는 기간은 약 72시간이다.

2) 태아의 발달단계

난자와 정자의 결합으로 이루어진 수정란은 유사분열 과정을 통해 나누어지고 또 나누어지면서 분열이 계속된다. 이러한 과정이 계속되면서 점차 신경, 골격, 근육 또 순환계 등의 특수기능을 맡게 되는 세포군이 형성된다. 처음에는 불어나고 있는 공과 같던 태아는 모양이 생기고 머리, 눈, 몸통, 팔과 다리의 모양이 시작된다. 수정 후, 약 9개월 후 태아는 출생할 준비가 된다. 수정에서 분만까지의 태내발달은 발아기, 배아기와 태아기 3단계로 나누어진다. 이들 단계들은 정자가 난자에 침투해서부터 점차 분화되어 일련의 체계적 변화를 나타내는 연속적 과정이다.

발아기 the period of the zygote
수정에서부터 수정란이 난관을 내려가 자궁벽에 정착이 되기까지 약 2주간의 기간

(1) 발아기

정착기라고도 하는데, 수정에서부터 수정란이 분열을 계속하면서 난관을 내려가 자궁벽에 정착이 되기까지 약 2주간의 기간을 말한다. 수정란에서 분열해 온 세포 덩어리,

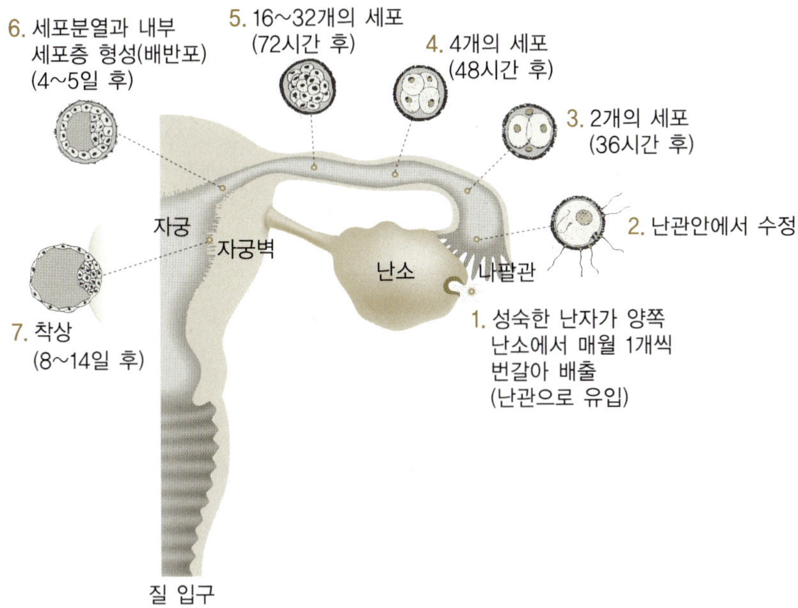

그림 3-4 발아기

즉 배반포로부터 가시모양의 섬모가 자궁벽의 혈관을 뚫고 들어가면 배반포는 생리학적으로 태내발달 동안 계속되는 어머니와의 의존관계가 형성되면서 발아기는 끝나고 다음 단계가 시작된다.

배반포 blastocyst
수정란이 일정한 세포분열을 끝내고 속이 빈 단계의 세포 덩어리

(2) 배아기

발아기 이후 약 6주간을 말하며 이 시기에 대부분의 중요기관과 생리계통이 분화되고 생성되며, 배아기가 끝날 때쯤에는 사람의 형체를 갖추게 된다.

이 시기는 매우 빠른 발달과 분화과정으로 인해 태내환경에 가장 민감한 시기이다. 따라서 이 시기에 모체가 질병, 영양부족 또는 약물의 영향을 받게 되면 태아발달에 회복할 수 없는 상해를 초래하게 된다.

이 시기에 세포분열을 계속해 온 배반포의 내부 세포단은 3개층, 즉 외배엽, 중배엽, 내배엽으로 분화한다.

외배엽은 머리, 손톱, 치아의 일부, 피부, 피부 분비선 그리고 감각세포와 신경계를 이룬다. 중배엽은 근육, 뼈, 배설기관과 순환기관, 피부의 진피를 이루고, 내배엽은 소화기 계통기관, 기관지, 호르몬 기관, 폐, 췌장 및 간을 형성한다.

배아기 the period of the embryo
정착기 이후 약 6주간의 기간. 주요 기관이 형성되는 시기

배아 embryo
정착이 끝난 임신 3~8주까지의 태내에 있는 아기

또한 이 시기에 세 가지 다른 보조기관이 발달하게 되는데, 양막, 태반과 탯줄이 그것이다. 양막 안에는 양수를 포함하는데, 태아가 그 안에 떠 있게 되어 신체적 충격이나 온도의 변화로부터 보호를 받게 된다. 자궁으로 뚫고 들어갔던 가시모양의 섬모는 크기가 커져서 두툼한 원반 모양의 태반을 형성하며 태아의 배꼽으로부터 탯줄이 생겨 태반과 연결되기 시작한다.

탯줄은 아기와 태반 사이에 혈액을 운반하도록 혈관을 이루고 있으나 아기와 엄마 사이에는 직접적인 연결은 되어 있지 않다.

엄마와 아기와의 혈관은 태반 속에서 반투막에 의해서 분리되어 있으며, 매우 작은 분자구조의 물질만 통과할 수 있도록 되어 있다. 따라서 태반에서 이 막을 통해 영양물질이 아기에게 전달되고 배설물이 엄마에게로 오게 된다. 태아에게 나쁜 영향을 줄 수 있는 특정 약물이나 호르몬, 바이러스 또는 어머니로부터의 항체 등이 이 태반의 반투막을 통해서 아기에게 전달되기도 한다.

특히, 과거에는 어머니와 아기가 혈관을 통해 직접 연결된 것이 아니기 때문에 어머니가 유해한 것을 섭취해도 태아에게는 영향을 주지 않는 것으로 생각되었으나, 최근의 연구로는 임신 중에 모체가 담배, 알코올이나 약물을 섭취할 때 이것이 반투막을 통해 태내의 아기에게 치명적인 영향을 줄 수 있다고 알려졌다. 새로운 기관이 형성되는 이 시기에 환경에 의해 영향을 쉽게 받기 때문에 기계적으로나 화학적으로 아기에게 손상을 입히면 이것이 아기에게는 영속적인 손상이 된다.

배아기 끝에 이르면 얼굴 모습이 드러나고 손가락, 발가락 및 외적 생식기관을 구별할 수 있게 된다. 6주경에 태아는 머리부분이 신체의 다른 부분만큼이나 크기는 하나, 인간으로서의 모습을 갖춘다. 이 시기 후반에 소화기관의 역동적 움직임은 물론 심장과 간의 기능이 작용한다고 보고되어 왔다.

이 시기에 자연유산이 일어나기 쉬운데, 아기가 자궁벽으로부터 분리되어 떨어져 나오게 되는 것이다.

(3) 태아기

태아발달의 마지막 단계인 태아기는 수정 후 8주경에 배아기가 끝나는 이후부터 출생할 때까지를 말한다.

이 기간 동안에는 신체기관의 분화가 더 이상 일어나지 않으나 근육의 발달이 빨라지고 입천장이 완전히 갖춰지며 외부 성기의 분화가 계속된다. 중추신경계 역시 이 시

태아기
the period of fetus
배아기가 끝나는 3개월 시작에서부터 출생할 때까지의 기간

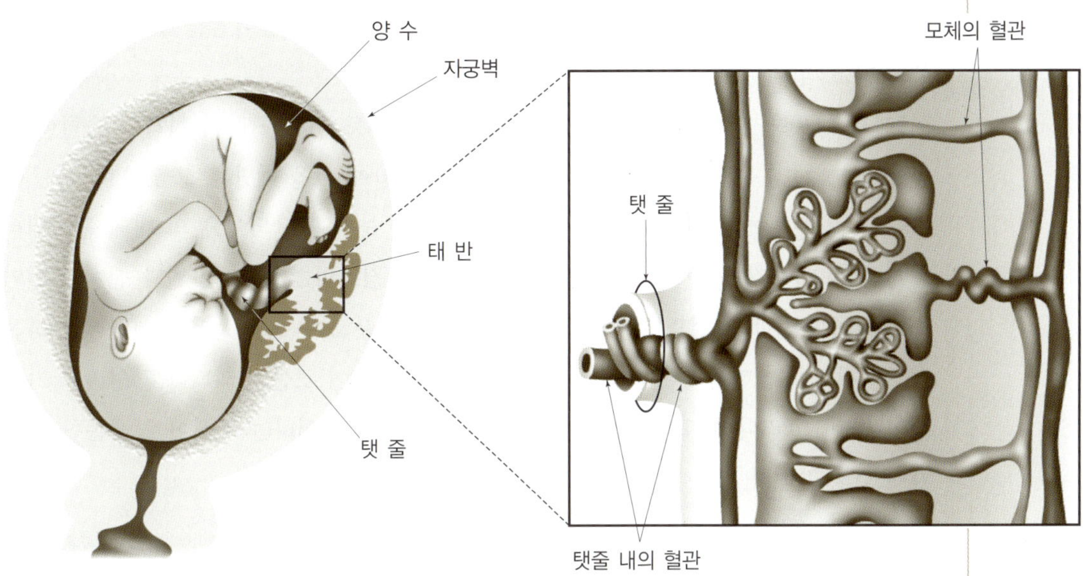

그림 3-5 자궁 내 태아와 태반

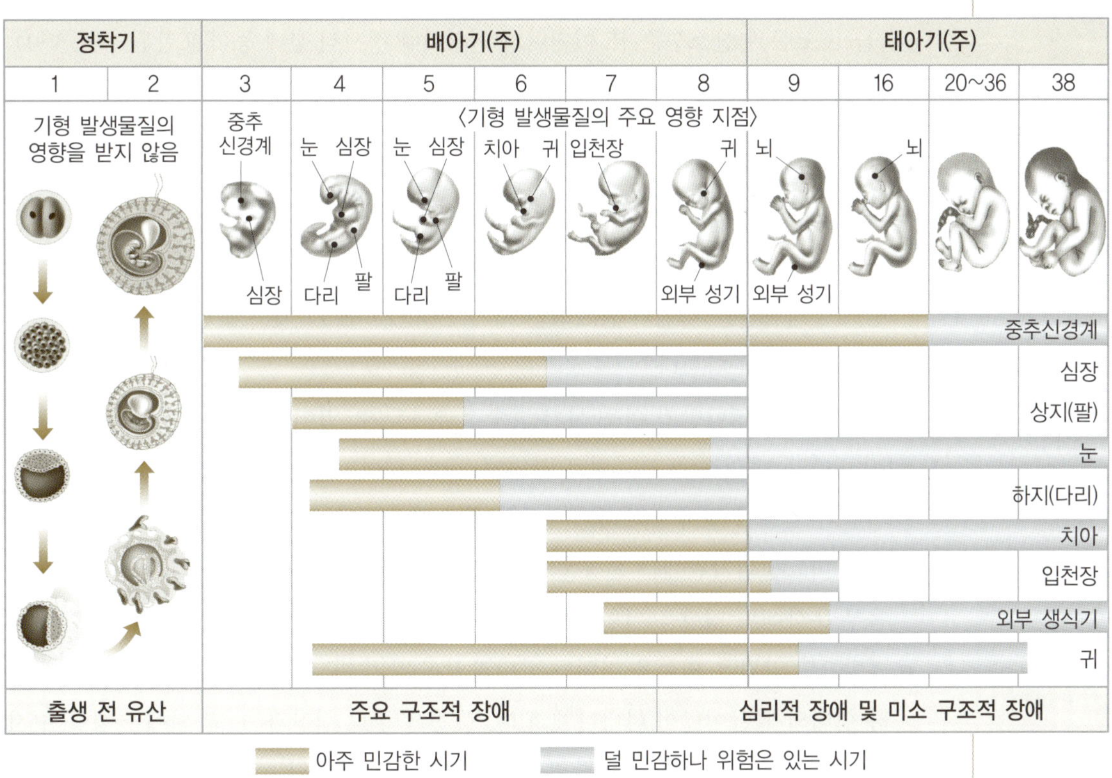

그림 3-6 태내 발달기에 따른 기형발생의 결정적 시기

태아 fetus

임신 9주에서부터 출산에 이르는 기간에 태내 아기를 이르는 말

기에 빠르게 발달한다. 보통 4개월 말경에 어머니는 태아의 움직임을 느낀다. 5개월경에는 빨고, 삼키며 딸꾹질과 같은 반사가 나타난다.

5개월 이후에 태아는 손톱, 땀샘이 나타나고 피부도 어른과 같이 변하며 솜털이 온몸을 덮는다. 대부분의 태아들은 이 솜털을 자궁 안에 있을 때만 갖고 있으나 어떤 아기들은 출생 후에도 계속 갖고 있다. 6개월경에는 눈이 발달되어 눈의 개폐 움직임이 일어난다. 태아가 6개월 전에 조산이 되는 경우 신경계와 호흡기 및 기타 신체 조절기능이 생존에 충분할 정도로 성숙해 있지 않다. 보통은 28주를 생존가능 연령이라 하는데, 이 시기에는 태아의 신체적 기능이 충분히 발달하여 조산이 되더라도 생존할 가능성이 높다. 그러나 현대의학의 발전에 힘입어 25주에 태어나는 조산아도 생존한 경우가 보고되고 있다.

3) 태아발달의 영향요인

많은 요인들이 태내 발달과정에 영향을 주게 되는데, 이들 요인들에는 모체의 질병, 식사, 약물, 호르몬과 산소수준, 또 어머니의 연령이나 정서적 상태 등이 포함된다(표 3-1).

이러한 여러 요인들이 태내에 있는 아기에게 공통적으로 영향을 미치는 일반적인 원리를 제시하면 다음과 같다.

- 이들 요인들의 영향은 태아의 발달단계에 따라 각기 다르게 나타난다. 영향요인들은 보통 태내에서 형성되고 있는 세포에 영향을 주게 된다. 신체의 각 기관은 형성되기 시작하는 시기와 완료되는 시기가 각기 다르기 때문에 신체기관에 따라 영향받는 시기가 다르다.

  뇌가 가장 영향받기 쉬운 시기는 수정 후 15~25일이며, 눈은 24~40일, 심장은 20~40일, 다리는 24~36일로 알려져 있다. 태아기에는 배아기에 비해서 이들 요인들의 영향이 덜하나 태아기에까지 계속 성숙해 가는 소뇌, 입천장, 심장혈관 그리고 비뇨생식기관에는 손상을 줄 수 있다. 또한, 계속 발달하고 있는 신경계나 외음부 분화에도 영향을 미칠 수 있다(Clegg, 1971).
- 영향요인 각각은 영향을 미치는 발달과정이 각기 다르기 때문에 각각의 요인에 따라 형태의 발달이탈이 나타나게 된다. 풍진은 주로 심장과 눈 및 뇌에 영향을 주지만 수면제 탈리도마이드는 주로 팔 다리가 잘못 형성되는 결과를 초래한다. 이와 같이 풍진과 탈리도마이드의 영향은 다르지만 두 요인 모두 4주에서 6주, 즉 배아

탈리도마이드 Thalidomide

안정제, 수면제로 복용되는 약으로 임신 초기에 복용하였을 경우 태아의 팔 다리, 눈, 귀 및 심장의 결함을 초래함

>>표 3-1 태내 발달에 영향을 미치는 어머니 요인

요 인			가능한 영향
감염질병	바이러스	풍진 기타 홍역, 유행성 이하선염, 간장염, 수두, 독감, 성홍열	귀머거리, 백내장, 심장결함, 정신지체기형, 태아사망, 심장질환
	성병	매독, 임질	사망, 장님, 귀머거리, 정신지체, 유산장님, 사망
	빈혈		사산, 사망, 뇌손상
질병 비감염	당뇨병		유산, 사산, 태아사망, 신진대사 장애, 호흡장애
	납		빈혈증, 유산, 출혈
환경적 위험	방사선		소두증, 백혈병, 발육부진, 암, 백내장, 유산, 사산
	메틸 수은		뇌성마비
	스트레스		임신장애, 다운증후군
모체의 상태	영양결핍		조산, 체중미달, 사산, 성장지체, 지적 결함
	임신연령		분만장애, 다운증후군, 불임
	고혈압, 과도의 긴장		유산
	모자 혈액 상반(Rh)		황달, 빈혈, 사망
	진통제		호흡저하
약물/화학물질/호르몬	마취제		호흡저하
	아스피린 다량		호흡저하, 출혈, 자연유산
	음주		성장지체, 심장장애, 발달지체, 소두증
	항히스타민제		태아사망, 기형
	마약, 모르핀		경련, 떨림, 호흡저하, 사망, 성장지체
	키니네		귀머거리
	스트렙토마이신		청각 상실
	흡연		자연유산, 조산, 출산율 저하, 경련, 빠른 심장박동률, 언청이, 영아돌연사, 머리 크기 감소
	탈리도마이드		사지의 기형, 청각장애, 사망

기에 똑같이 가장 크게 영향을 미친다.

■ 태아와 모체의 유전형이 태내환경의 영향에서 중요한 역할을 할 수가 있다. 탈리도마이드를 복용했거나 풍진을 앓았거나 또는 영양결핍이었던 임산부 모두 결함이 있는 아기를 출산하는 것은 아니다. 임산부가 유전적으로 그와 같은 요인에 더 민감한 성향을 갖고 있었거나 태아가 유전적으로 민감한 성향을 갖고 있을 때 결함 있는 아기를 출산하게 되는 것이다.

- 모성의 생리적 또는 병리적인 상태가 영향요인의 활동에 영향을 미친다. 모성의 영양상태와 자궁조건 그리고 호르몬의 균형상태 같은 생리적인 요인들이 영향요인의 충격을 수정하게 된다.

  예를 들어, 영양결핍 자체가 직접적으로 태아발달에 영향을 줄 수도 있지만 산모가 코티손 같은 호르몬 치료를 받고 있는 경우, 태아에게 부정적 영향이 더 커질 수가 있다. 만성적 소화질환, 비만, 고혈압 그리고 간질환 같은 병리적 요인들 또한 손상을 증가시킬 수가 있는 것이다.
- 태아에게는 손상을 가져온 요인이 모체에게는 별 문제를 야기하지 않는 수가 있다. 약물, 질병, X선 그리고 영양결핍 등이 모체에는 부정적 영향을 미치지 않으나 태아에게는 상당히 커다란 결함을 야기할 수 있다.
- 하나의 요인이 여러 차원의 결함을 초래할 수도 있고 여러 개의 요인들이 하나의 같은 결함을 낳을 수도 있다. 풍진은 그 질병을 언제 앓았느냐에 따라 벙어리, 백내장, 정신지체 또는 심장질환으로 이끌 수가 있다. 그러나 농아는 어머니의 풍진에 의해서만이 아니라 어머니가 복용한 키니네나 스트렙토마이신 같은 약물에 의해서도 생긴다.

이들 요인들이 태아발달에 미치는 영향은 신체적인 결함이나 지적 결함과 같은 결과를 초래한다는 것을 인식하는 것 자체도 중요하지만, 이러한 불행한 사태가 벌어졌을 때 주위 사람들이 아동에 대해 어떻게 반응할 것인지와 이것이 아동의 인생에 어떻게 영향을 미칠 것인가를 이해하는 것 또한 매우 중요하다. 부모가 불안해 하는가, 과보호를 하는가 또는 거부적인가, 아기가 반응이 없을 때 부모-자녀의 정서적 관계에는 어떠한 영향을 미칠 것인가 등이 그 예이다. 이와 같은 출생 후에 나타나는 경험적 요인들이 결함 자체의 장기적 효과를 최소화하는 데 궁극적으로 작용하는 중요한 요인들이 될 수 있는 것이다.

4) 유전적 이상

(1) 출생 전 진단

유전적 이상은 양수검사를 통해서 출생 전에 발견될 수가 있다.

양수검사에서는 주사를 양막 안에 넣어 양수를 꺼내어 양수 속에서 태아로부터 벗겨져 나온 세포를 채취한다. 그 세포 속에는 유전인자를 포함하고 있기 때문에 염색체 이

양수검사
amniccentesis
양수로 태아의 유전적 이상을 진단하는 방법

상이 분석될 수 있다. 그러나 이 방법으로는 많은 유전적 이상 가운데 약 60종만이 가려질 수 있다. 임신 16주째가 양수검사의 가장 적기로 알려져 있는데, 이는 이 시기가 되어야 양수 속에 충분한 태아세포가 있으며 또 태아가 작아서 상해를 받을 가능성이 낮기 때문이다.

출생 전 진단의 또 다른 방법은 초음파 소노그래피를 사용하는 것이다. 이 초음파 소노그래피에서는 고주파 음파를 임산부 배를 향해 들려 주고 이들 음파의 반향을 자궁, 태반, 태아와 같은 내적 구조의 시각적 표상으로 변화시킨다. 이 방법은 주로 구조적 이상을 발견하는 데 유용하다.

뇌와 두개골 성장의 지체로 나타나는 이상 소두나 뇌의 특정 부분이 없는 무뇌증 등이 소노그래피를 통해서 발견되고 있다.

(2) 성염색체 관련 이상

23번째 쌍의 염색체는 성염색체로 남녀가 다르다. 여자는 두 개의 X염색체(XX)를 갖게 되고, 남자는 하나의 X와 하나의 Y(XY)염색체를 갖는다. 따라서 여자의 난자에는 항상 X염색체가 포함되나 남자의 정자는 X염색체 또는 Y염색체를 갖게 된다. 만약, 정자가 X염색체를 갖고 있을 경우, 수정이 되었을 때 자녀는 여자가 되고 정자가 Y염색체를 갖고 있을 경우 자녀는 남자가 되는 것이다.

X염색체 안의 어떤 유전인자들은 Y염색체 안에 같은 유전인자가 없다는 사실로 해서 남자에게 성염색체와 관련된 열성 특성을 나타나게 한다.

남자의 성염색체 XY 가운데 X염색체 안에 결함을 나타내는 열성 대립유전자가 있다면 그 결함은 나타나게 될 것이다. 여성의 경우, X염색체가 둘이므로 그 결함에 대한 열성 대립유전자가 다른 X염색체 안의 대립유전자와 상호작용이 되어 표현형으로 나타나게 된다. 만약 다른 X염색체 안의 대립유전자가 정상발달을 관장하는 우성인자라면 결함에 대한 열성 대립유전자의 영향을 없애게 된다. 예를 들어, 혈우병은 X염색체 안의 열성 대립유전자와 관련되어 있다. 열성이기 때문에 만약 여자가 한 부모로부터 열성인자를 물려받았더라도 다른 부모로부터 같은 유전인자를 물려받지 않는 이상 혈우병이 나타나지 않는다.

혈우병 hemophilia
X염색체로 유전되는 질병으로 쉽게 출혈이 되고 지혈이 어려운 증상을 보임

열성인자가 동질접합을 이룰 때에만 혈우병은 나타난다. 그러나 남자는 어머니로부터 받은 X염색체에 혈우병에 관한 열성인자가 있으면 반드시 혈우병이 나타난다.

(3) 염색체 이상

염색체 결함 때문에 때로는 발달 이상이 나타난다. 일반적으로 신생아의 약 1%가 염색체 이상을 갖고 태어난다.

이렇게 염색체 이상을 갖고 태어난 아동의 증상을 다운증후군이라 하는데, 다운증후군은 21번째 염색체의 이상으로 생기는 것으로서 모체가 나이 들어서 임신할수록 출현 빈도가 증가되는 추세를 보이고 있다.

다운증후군
Down's syndrome
일반적으로 21번째 염색체 이상으로 염색체가 하나 더 있음으로 해서 생기는 신체적 결함과 정신적 지체

이 증후군은 신체적 그리고 정신적 지체를 초래하며 뚜렷한 신체적 이상을 나타낸다. 낮은 코와 머리 뒤가 납작한 둥근 머리모양을 하고 있으며 짧은 목 등의 외모가 동양인과 비슷하다고 하여 몽고증이라고도 한다.

다운증후군의 영아들은 생후 첫 6개월 동안은 정상적으로 발달하는 것처럼 보인다. 그러나 이들의 지적 발달은 2세경이 되면 떨어져서 주위의 복잡한 정보에 대해서는 주의를 기울이거나 변별하고 해석하는 데 어려움을 갖게 된다. 이러한 결함은 다운증후군 영아들과 양육자와의 상호작용 과정에서도 나타난다.

이들 영아들은 주의력이 부족하고 눈맞춤을 잘 못하고, 발성도 적고 해석하기 어려운 비언어적 신호를 자주 보인다. 이러한 아기의 반응은 종종 부모로 하여금 정상 아동의 부모보다 더 많은 말을 하게 하고 아기에게 주의를 더 많이 향하도록 한다(Kopp, 1983).

이와 같은 염색체 이상이 나이 든 모체에게서 더 자주 일어나는 이유에 대해서는 아직 명확히 밝혀지지 않고 있다.

자궁 내 생리적인 요인에 기인한 것으로 생각되기도 하나, 어떤 연구에서는 다운증후군 임신의 1/4 정도에서는 정자가 가외 염색체를 갖고 있는 것으로 보고되기도 한다(Magenis et al., 1977). 또, 일란성 · 이란성 쌍생아의 비교연구에서는 일란성 쌍생아의 경우, 같은 쌍이 다운증후군을 보일 확률이 이란성 쌍생아의 경우보다 높다. 따라서 이 염색체 이상에 유전적 요인의 역할을 강조하기도 한다.

5. 출 산

1) 출산과정

모체의 자궁 속에 있던 태아가 모체 밖으로 나오는 과정을 출산이라고 한다. 출산은 수정으로부터 약 280일경에 이루어진다. 출산을 분만이라고도 하는데, 분만은 약하고 불규칙한 자궁수축으로부터 시작하여 주기적인 수축에 따른 진통이 일어나면서 출산으로 이어진다.

분만은 대개 세 단계로 진행된다. 첫 단계는 개구기라고 하는데, 주기적인 진통이 시작되면서부터 자궁입구인 자궁경부가 열려 머리가 통과할 수 있을 만큼 열릴 때까지의 시간을 말한다. 이 단계는 초산일 경우 약 12시간 정도이고, 출산경험이 있는 경산부의 경우 약 6시간 계속된다. 초기에는 진통이 약하다가 점차 심해져서 이 단계가 끝날 때쯤에는 견디기 어려울 정도가 된다.

두 번째 단계는 만출기로 아기의 머리가 산도를 통해 움직이기 시작하여 어머니의 몸으로부터 완전히 나왔을 때까지를 말한다. 보통, 초산부는 약 3시간, 경산부는 1시간 반 정도 걸린다. 아기는 나왔지만 어머니 몸 내부에 태반과 탯줄이 계속 남아 있는 상태이다. 세 번째 단계는 후산기로 태반과 탯줄이 나오는 단계로 초산부는 약 30분, 경산부는 약 20분 정도 걸린다.

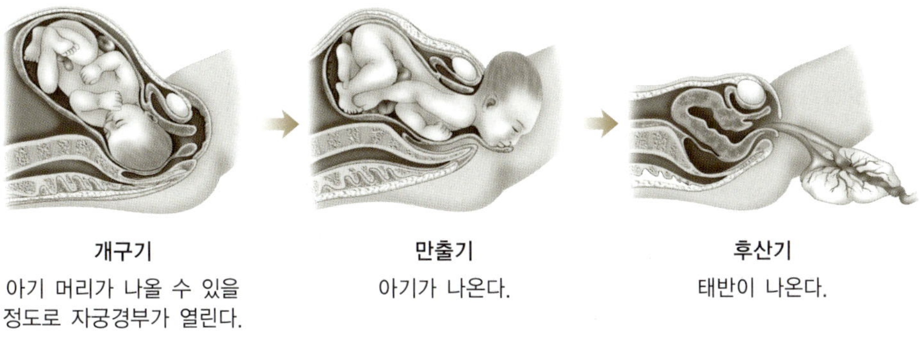

그림 3-7 출산의 과정

2) 출산 시 문제

출산은 임산부의 정상적인 과정이고 대부분의 경우에 별 문제없이 이루어지나 때로는 영아에게 해로운 영향을 미칠 수가 있다.

출혈, 태반의 조기박리, 자궁의 하부에 자리잡은 태반이 자궁경부를 막고 있는 경우, 탯줄이 쳐져서 아기보다 앞서 자궁경부에 나와 있는 경우 등은 영아의 지적 · 신체적 결함과 관련이 된다(Bishop, Israel & Briscoe, 1965). 장기적인 진통과 난산과정 중에 태아의 뇌에 압력이 가해지거나 출혈 또는 산소결핍이 생기면 신경계가 손상될 확률이 높아진다.

(1) 산소결핍증

분만과정 중에 약간의 산소결핍은 모든 아기들이 경험한다. 그러나 장기적 진통과 기타 분만과정 중에 나타난 모체의 비정상적인 상태에서는 심한 산소결핍증을 일으켜 태아의 뇌손상, 기능적 결함, 심지어는 죽음까지 이르게 될 수도 있다.

분만 시 아무 문제가 없었고 분만시간이 6~10시간 정도의 평균 시간이 걸려 태어난 아기들은 손상된 결과가 거의 없다. 그러나 과도하게 긴 진통기간은 물론 극단적으로 짧은 진통기간도 심한 산소결핍증을 보이게 될 수 있는데, 진통기간이 2시간 이하가 되었거나 제왕절개로 분만된 아기는 압력으로 인한 뇌손상은 적지만 외부에 너무 갑자기 노출됨으로써 호흡을 시작하는 데 곤란을 느껴 산소결핍증이 되어 손상을 받을 수도 있다.

산소결핍증을 겪은 아기들은 산만하고 주의력이 부족하고 나이가 들면서 성격문제와 사회적 적응의 어려움이 증가되는 경향을 보인다. 이는 아동의 주의력 부족 등의 특성이 부모의 과잉보호나 거부적 태도를 갖게 하여, 이것이 후에 아동이 적응하는 데 문제를 가져오게 할 수도 있는 것으로 해석된다(Corah et al., 1965).

(2) 조 산

조산 preterm
정상 분만일보다 3주 이상 일찍 분만하는 경우

발달 이상 및 영아 사망과 관련된 또 하나의 중요한 출산요인은 조산과 체중미달이다. 임신 28~37주에 출산한 아기를 조산이라고 하며, 또 임신 38주 이후에 태어났더라도 2.5kg 이하의 체중미달아를 조산으로 분류하기도 한다. 그러나 체중만을 기준으로 조산으로 보는 것은 적절하지 않다는 것이 지적됨에 따라 현재는 부모의 신장, 어머니의 임신연령 및 영양상태에 비추어서 체중을 고려하며, 성숙의 판단기준으로 골격, 신경학적 그리고 생화학적 지표를 함께 적용시키고 있다.

극단적인 체중미달은 지적 손상과 관련되기 쉽다. 체중미달아를 대상으로 한 연구에서 약 1.6kg 미만인 경우에는 IQ에 있어 유의한 결함이 나타난다고 보고하고 있다(Kopp, 1983).

체중미달로 해서 나타난 인지적 결함은 산소결핍증으로 인해서 나타난 결함보다 더 지속적인 경향을 보인다. 대부분의 체중미달아는 4세경이 되면 운동발달 및 지적 발달에서 정상아와 크게 차이가 없지만 1.5kg 미만이 되는 체중미달아의 15%, 출생 시 1kg 미만이 되었던 아기의 약 30%는 계속 인지적 결함을 보이게 된다. 조산과 관련된 장기적인 결함은 사회성의 발달에서보다 인지적인 결함에서 더 많이 나타난다(Bakeman & Brown, 1980).

조산의 영향은 분만의 문제나 체중미달, 보육기에서 부모와 출생 초기에 격리된 것, 또 부모의 양육방법 등과 같은 요인들과 관련해서 이해해야만 한다(Klaus & Kennell, 1982). 예를 들어, 만숙아와 비교해서 조산아의 경우 아기는 출생 후 바로 보육기에 있게 되고 보육기의 유리를 통해서 부모는 아기를 접하게 된다. 이러한 조산아의 초기 경험은 두 가지의 문제점을 내포하는데, 하나는 만숙아와는 다른 혹은 적은 감각적 및 사회적 자극을 받는다는 것이고, 다른 하나는 초기 모자격리가 아기와 어머니와의 애정적 유대형성에 손상을 줄 수 있다는 점이다.

이러한 점들을 검토하기 위하여 여러 연구에서 추가적인 자극을 받은 조산아와 그렇지 못했던 조산아를 비교하였다.

자궁 내에서 들을 수 있는 정도의 강도로 녹음된 어머니의 심장소리에 노출하거나(Bernard, 1962), 보육기 안의 물침대 위에 눕히거나(Burns et al., 1983) 하여 양수 속에서 받을 수 있었던 것과 유사한 자극과 율동적 움직임을 갖도록 한 경우가 있었다. 또 다른 연구자들은 만숙아들이 경험하는 것과 같은 녹음된 어머니 목소리, 안고 흔들기, 말하기, 노래하기, 손으로 쓰다듬기 등의 자극을 보육기 안의 조산아에게 주었다(Powell, 1974). 이러한 연구결과, 추가적인 자극이 보육기의 아기들이 경험하는 단조로운 자극의 영향을 상쇄할 수 있다는 것을 보여 주었다.

아기들의 반사를 측정하였을 때 자극을 받은 조산아들이 자극을 받지 않은 조산아들에 비해 지적 발달과 신경학적 발달에서 더 앞서 있었고(Barnard & Bee, 1983), 감각운동 능력에서도 더 발달하였으며(Burns et al., 1983), 근육긴장도와 탐색행동에서도 더

체중미달아 small-for-date babies
정상 시기에 태어났더라도 체중이 2.5kg 이하인 경우

앞서 있는 것으로 나타났다(Korner et al., 1975).

어머니와 아기와의 정서적인 유대형성은 아기가 태어난 직후 첫 몇 시간 안에 어머니와의 접촉이 중요한 것으로 알려져 왔다(Klaus & Kennell, 1982). 그러나 조산아의 경우 만숙아보다 어머니와의 접촉이 떨어진다.

조산아의 어머니들을 아기와의 눈맞춤이 적고 아기를 팔로 안기보다는 무릎에 앉히는 경향이 높았다(Quinn & Goldberg, 1977). 이 외에도 어머니에게 보육기의 조산아와 상호작용하도록 격려하였을 경우에도 어머니들은 종종 아기를 그냥 처다만 볼 뿐 직접 상호작용을 하는 데 거부감을 나타냈다. 이러한 어머니와의 관계가 조산아와 어머니와의 정서적 유대감을 손상시킬 수가 있다.

조산아와 어머니와의 초기 격리는 장기적으로 어떠한 영향을 나타내는가에 대한 대답은 아직 확실하지 않다. 다시 말해서, 아동의 인지발달이 지체되어 모자관계의 손상이 지속되는 것은 조산 이외의 다른 요인, 예를 들어 아동반응의 개인차, 어머니의 일반적인 유능성, 가족이 직면하고 있는 환경적 스트레스 그리고 가족으로부터의 지원 등 여러 요인의 영향이 있는 것으로 보여지기 때문에 초기 격리만의 영향을 명확히 하기는 어려운 것 같다(Siegel, 1982). 또 아기가 자라면서 긍정적인 사회적 상호작용이 있으면 초기 관계의 부정적 영향을 상쇄할 수도 있다. 더욱이 조산아의 어머니 대부분은 아기에게 정서적 · 언어적으로 반응하는 것을 점차 배워가게 되고 이러한 반응이 조산아의 사회적 · 인지적 발달을 촉진시키게 되어 초기 격리의 부작용을 줄일 수도 있는 것이다(Bakerman & Brown, 1980).

정리해 봅시다

1. 쌍생아를 예를 들어 유전과 환경의 영향을 설명해 보자.

2. 유전과 환경이 어떻게 상호작용이 이루어지는지를 이야기해 보자.

3. 태아발달과정을 설명해 보자.

4. 조산으로 초래되는 조산아의 영향은 무엇이며 이를 극복할 수 있는 방법을 생각해 보자.

Chapter 4

신체적 발달

하나의 세포인 수정란은 태내기 동안 놀랄 정도로 성장하여 약 50cm의 신장과 약 3kg의 체중을 가진 아기로, 환경에 잘 적응할 수 있는 신체적 조건을 갖추고 태어난다. 새로 태어난 신생아는 영아기, 유아기, 아동기와 청년기를 거치면서 뇌와 몸이 발달해감에 따라 많은 신체적 변화가 일어난다. 이 장에서는 신생아와 영아의 신체와 생리적 기능을 시작으로 하여 누워서 스스로 움직일 수 없었던 영아가 기고, 서고, 걷고 뛸 수 있는 존재로 변모하는 과정을 다룬다. 또 유아기와 아동기의 뇌와 신체의 성장, 운동능력의 발달, 그리고 사춘기의 급격한 신체적 변화 및 그 변화에 영향을 미치는 요인들을 검토한다.

Chapter 4

신체적 발달

1. 신생아와 생리적 발달

신생아란 출생 후 10일 내지 2주 동안의 아기를 말한다. 이 시기에 신체적으로는 아기의 배꼽이 아물어 붙고, 생리적으로는 출산으로부터 오는 환경의 변화에 적응하는 시기로, 이 시기가 끝나는 약 2주 후가 되면 어느 정도 안정된 생리적 상태가 된다.

1) 신 체

(1) 신장과 체중

출생 시의 우리나라 아기의 평균 신장은 약 50cm이고, 평균 체중은 약 3kg이다. 임신

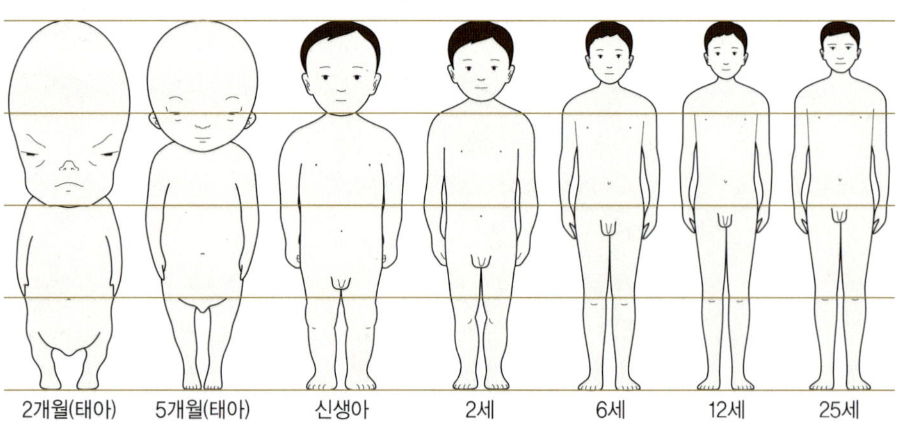

그림 4-1 신체 비율의 발달

후 정확하게 280일 만에 아기가 출산되는 것이 아니라 조금 일찍, 또는 조금 늦게 출산이 되기 때문에 신생아의 발달 정도는 개인마다 차이가 많다. 또 출산이라는 환경의 격심한 변화로 출생 후 며칠간은 체중이 오히려 줄어드는 수도 있다. 그러나 신생아기 후반에 접어들면 체중이 회복되고 증가하기 시작한다. 신체비율에서 신생아의 머리길이는 키의 약 1/4 정도가 되며 가슴둘레가 머리둘레보다 조금 더 크다.

(2) 골 격

뼈는 연골이 많고 두개골도 아직 완전히 형성되지 않아서 말랑말랑한 여섯 개의 숫구멍이 있다. 출생 후 급속하게 뼈가 발달하여 이 숫구멍들이 닫히게 된다. 앞이마 위에 있는 숫구멍인 대천문은 생후 2년경에 굳어지게 된다.

(3) 피 부

신생아의 피부색은 붉고 주름이 많으며 솜털도 많다. 신생아는 태아 때부터 태지가 분비되어 있고 피지를 분비하나 분비량이 지나칠 경우 습진이 생길 수도 있다. 신생아 때 얼굴색이 누렇게 되면서 이것이 몸으로 번지는 수가 있는데, 이것을 신생아 황달이라고 한다. 이 현상은 간의 기능 미숙으로 인해 일어나는데, 대개는 심하지 않고 신생아기 후반에 가면 자연히 사라진다.

2) 반사능력

신생아는 태어날 때부터 일련의 신체적인 반사능력을 나타내는데, 이러한 반사의 상당부분이 원숭이나 침팬지 같은 다른 영장류에서도 나타난다. 표 4-1에 있는 것은 출생 직후부터 나타나는 주요 반사들이다.

표 4-1에 있는 빨기반사나 파악반사 같은 일부 반사들은 영아들이 새로운 환경에 적응하는 데 매우 유용하다. 그러나 영아의 적응과 관계를 찾을 수 없는 반사들도 있는데 이것은 대뇌피질이 이들 반사를 통제하거나 감시할 만큼 충분히 성숙하지 못했기 때문에 나타나는 것이다. 모로 반사가 그 예 중의 하나로, 이 반사는 새끼 원숭이가 대부분의 시간을 어미 배에 거꾸로 매달려 다니는 경우에 상당히 중요한 반사이나 신생아의 경우에는 이 반사의 적응기제가 별로 없다. 6, 7개월경이 되면 대뇌피질이 성숙해져 갑작스런 큰 소리에 대한 모로반사가 나타나지 않게 된다.

이들 반사들은 영아의 중추신경계 발달을 평가하는 데 사용되기도 한다. 정상아동에게 있어서 각각의 반사가 출현하고 사라지는 일정한 시기가 있는데, 중추신경계에 문제가 있을 때는 특정 반사가 사라져야 할 시기에 사라지지 않는다. 적응적 가치가 없는 대부분의 반사들은 생후 약 1년 이내에 사라진다. 그 이유는 뇌피질이 성숙되면서 반사를 통제하기 때문이다. 그러나 적응기능을 갖고 있는 반사, 예를 들어 눈 깜박이기, 재채기 같은 반사들은 없어지지 않는다.

>>표 4-1 주요 신생아 반사들

반사의 종류	자 극	반 응	발달과정	적응과의 관계
눈깜박반사	불빛	양쪽 눈을 감는다.	영속적	강한 자극에 대한 눈의 보호
이두근반사	이두근 힘줄을 가볍게 친다.	이두근의 짧은 수축	생후 초기에 더 활발하다.	심리적 문제나 선천적 근육질환이 있는 경우는 나타나지 않는다.
무릎반사 또는 슬개건반사	슬개건 또는 종지뼈 아래 힘줄을 가볍게 친다.	무릎치기 또는 빠른 무릎 펴기를 한다.	생후 2일 동안 뚜렷하게 나타난다.	심리적 문제나 근육질환을 가진 영아에게는 거의 나타나지 않는다.
바빈스키반사	발바닥을 가볍게 어루만진다.	발가락을 발등 쪽으로 부채처럼 편다.	보통 생후 1년쯤에 사라진다. 그 이후에는 정상 성인처럼 발가락을 발바닥 쪽으로 굽힌다.	척추 하부에 결함이 있는 경우 나타나지 않는다.
발바닥반사	발바닥의 볼록 나온 부분을 손가락으로 압력을 준다.	모든 발가락을 발바닥을 향해 구부린다.	생후 8~9개월에 사라진다.	척추 하부조직에 결함이 있을 경우 나타나지 않는다.
파악반사	물건을 손바닥에 댄다.	그 대상을 쥔다.	생후 3~4개월쯤에 사라진다. 생후 1개월 동안은 증가하고, 그후 점차 감소한다. 4~5개월에는 의도적인 잡기로 바뀐다.	심리적 문제가 있는 경우는 반응이 약하거나 거의 나타나지 않는다. 빠는 운동이 파악반사를 촉진한다.
모로반사	갑자기 큰 소리를 내거나 아기의 자세를 갑자기 변화시킨다.	팔을 폈다가 안으로 껴안듯이 움츠린다. 손은 부채꼴로 펼쳤다가 꼭 쥔다.	6~7개월쯤 사라진다.	중추신경체계의 심각한 장애가 있는 경우에는 모로반사가 약하거나 나타나지 않는다.
걸음마반사	아기의 팔 밑을 붙잡고 평평한 면에 세워 두고 앞으로 약간 구부린다.	척추와 몸의 하지는 뻗는다.	3~4개월에 사라진다.	심리적 문제가 있는 영아에게는 나타나지 않는다.
방향반사	손가락으로 아기의 뺨을 가볍게 누른다.	걷기와 같은 동작을 한다.	대략 3~4개월쯤에 사라진다.	젖을 먹을 수 있게 해준다. 심리적 문제가 있는 영아에게는 안 나타난다. 성인은 심각한 대뇌마비 질환이 있을 때에만 나타난다.
빨기반사	집게손가락을 입 안으로 약 3~4cm 집어넣는다.	아기는 손가락을 향해 머리를 돌리고 입을 벌려 손가락을 빨기 시작한다.	생후 3~4일 동안은 빨기가 약하고, 규칙적이지 않다.	영양분을 섭취하게 해준다. 약한 빨기반사는 감각이 둔한 아기에게 나타난다. 분만 시 약물복용은 빨기반사를 약하게 한다.

출처 : Hetherington & Parke(1993)에서 인용

3) 생리적 기능

(1) 호흡과 맥박

신생아의 호흡은 1분에 평균 40~45회 정도이고 이것이 점차 줄어 성인이 되면 보통 18회 정도가 된다. 신생아의 호흡은 일반적으로 얕고 불규칙하며 딸꾹질과 재채기를 하기도 한다. 배냇울음이 호흡의 시작이라고 말하는데, 출생 직후에 처음으로 터뜨리는 울음을 가리킨다. 이것은 세상으로 나올 때 신생아의 폐 속으로 공기가 들어가면서 반사적으로 음대가 진동되어 울음이 되는 것이다. 맥박은 임신 2~3개월경 태내에서부터 시작하여 임신 5개월경에는 150회 정도, 출생 당시에는 120~140회가량 뛰며 수일 후면 120회 정도로 줄어든다.

(2) 소화 및 배설

신생아는 출생 당시에도 이미 소화효소를 분비하고 있어 음식물을 충분히 소화할 수 있다. 그러나 위의 모양이 수직이어서 많이 먹으면 토한다. 따라서 자주 수유를 해야 된다. 신생아는 일반적으로 2~3시간 간격으로 하루에 7~8회 수유를 한다. 몇 주가 지나면서 개인차가 있으나 4시간 정도로 길어진다. 첫 1~2일에 산모에게서 나오는 황갈색의 초유를 신생아에게 먹이는 것이 좋은데, 이것은 초유가 태변의 배설을 촉진할 뿐만 아니라 면역체를 함유하고 있기 때문이다.

출생 후 1~2일에는 하루에 4~5회 태변을 배설하는데, 끈끈하며 검은 녹색이며, 신생아의 소변은 요산염이 많기 때문에 기저귀가 황갈색이 되기 쉽고 하루에 18회 정도로 자주 소변을 본다.

(3) 수 면

출생 직후 신생아는 하루에 거의 20시간을 잔다. 평균 2시간 간격으로 깨어나지만 한 번에 자는 시간이 점차로 길어지게 되고 총 수면시간은 점차 줄어든다.

(4) 체온조절

출생 직후에 신생아의 체온은 급격히 떨어지고 떨어진 상태로 약 8시간 지속되다가 다시 정상으로 돌아온다. 신생아는 성인보다 지방층이 부족하여 체온을 일정하게 유지하기 어려워 체온조절 체계가 비교적 불안정하다. 특히, 체중미달아의 경우 지방질이 없어서 체온유지가 어려워 보육기를 통해 이를 보완해 주게 된다.

4) 생리적 기능의 발달적 변화

신생아를 몇 시간 들여다보고 있으면 깨어 있을 때와 잠을 잘 때, 활동적일 때와 조용히 누워 있을 때가 순환한다는 것을 알 수 있다. 성인들이 수면과 깨어 있는 것을 순환적으로 하듯이 영아들도 주기적인 상태의 변화를 보인다. 영아의 상태를 봄으로써 초기 영아행동의 주요 원리인 자발성과 주기성을 관찰할 수 있다. Schaffer(1977)는 "영아는 결코 자력으로 움직일 수 없거나 또는 외적 자극에 의해서만 행동을 하는 수동적 존재가 아니다. 오히려 영아는 그의 행동을 스스로 규제하며 상태의 주기적 변화를 가져오는 내적 힘을 가지고 있는 것 같다."고 하였다.

영아의 상태에서 우리가 두 번째로 볼 수 있는 것은 환경적 자극의 영향이 아기의 상태에 따라 다르게 작용한다는 점이다. 자극에 대한 반응의 방향이나 양은 자극이 주어졌을 그 당시의 아기의 상태에 의존된다. 어떤 상태에서는 반사까지도 나타나지 않을 수가 있다. 많은 연구자들은 영아를 측정하고자 여러 가지 실험기구를 연결해 놓았는데 실험에 들어가기도 전에 아기가 잠에 빠지는 경우를 종종 볼 수 있다. 영아의 상태는 통제될 수 있는 것이 아니며, 상태 그 자체로서 이해되어야 하는 하나의 현상으로 보인다.

영아의 상태는 학자에 따라 각기 다르게 분류하고 있지만(Berg & Berg, 1987), Wolff(1966)는 영아의 상태를 다음과 같이 분류하고 있다.

- **규칙적 수면** : 눈은 감겨져 있고 완전히 움직이지 않는 상태이다. 호흡은 느리고 규칙적이며 얼굴은 이완된 상태로 눈꺼풀은 움직이지 않는다.
- **불규칙적 수면** : 눈은 감겨 있고 가끔 가벼운 사지의 움직임을 나타내며 몸을 비틀거나 꿈틀거린다. 얼굴을 찡그리는 등의 얼굴표정이 자주 나타나며 호흡은 규칙적 수면에서 보다 불규칙하고 빠르다. 가끔은 빠른 눈의 움직임이 나타난다.
- **졸음** : 비교적 비활동적이며 눈을 간헐적으로 떴다 감았다 한다. 호흡은 규칙적이나 규칙적 수면에서보다는 빠르다. 눈은 뜨고 있을 때도 멍하거나 게슴츠레한 특징을 보인다.
- **비활동적 각성** : 눈을 뜨고 눈이 초롱초롱하다. 움직이는 물체를 추적할 수 있으며 움직이는 것에 따라 눈을 수평·수직적으로 변화시킬 수 있다. 비교적 비활동적이며 얼굴이 이완되고 찡그리는 것은 볼 수 없다.
- **활동적 각성** : 전신의 몸을 움직이는 산만한 운동활동을 자주하며 눈을 뜨고는 있으

나 완전한 각성상태가 아니며 호흡이 전반적으로 불규칙하다.

■ 울음 : 격렬하고 산만한 운동활동을 수반하는 울음과 발성이 나타난다.

(1) 수 면

수면과 울음은 발달변화가 크게 나타난다.

수면과 각성, 울음 등과 같은 상태에 있는 기간은 각 영아에 따라 다르다. 그러나 일반적으로 영아는 성장하면서 깨어 있는 시간이 늘어나고 수면시간은 감소된다. 따라서 환경과의 상호작용이 증가하게 된다. 신생아는 하루의 70~80%를 잠으로 보낸다. 물론, 계속적으로 자는 것은 아니고, 짧은 수면과 긴 수면이 하루에 걸쳐 분배되어 있다. 생후 4주경이 되면 신생아 때보다는 긴 수면이 전형적이고, 2개월이 되면 영아는 밤에 잠을 더 자고 낮에는 덜 잔다(Sostek & Anders, 1981). 1년쯤 되면, 영아는 밤에 깨지 않고 계속 자게 된다.

낮에는 깨어 있고 밤에는 자는 리듬을 형성하는 것은 초기 영아기의 중요한 발달과업 중의 하나이다(Schaffer, 1977). 이 리듬을 형성하는 과정은 영아의 내적 생체 리듬이 외부세계의 요구에 적응해 가는 과정을 설명해 준다.

이처럼 나이가 들어감에 따라 수면의 양과 시간적 분포가 변화됨과 동시에 수면의 종류 또한 변한다. 연구자들은 영아와 성인의 연령에 따른 뇌 활동을 기록함으로써 수면의 여러 차원을 구별하였다. 가장 중요한 구별은 빠른 안구운동이라 부르는 REM 수면과 이 시기를 제외한 일반 수면인 NREM 수면 간의 구별이다. 흔히, 꿈의 수면이라고 불리는 REM은 심박과 혈압의 변동은 물론 자고 있는 동안에도 눈이 빠르게 움직이는 것이 특징이다. 성인은 이때에 꿈을 꾸며 운동활동이 증가되는 것을 볼 수 있다. 인간은 일정량의 REM 수면이 필요하며 그 수면이 부족할 때는 후에라도 REM 수면을 되찾고자 한다. 만약 사람들이 REM 수면에 들어가자마자 깨거나 REM 수면을 짧게 취했다면, 그 이후의 깨어서 하는 행동은 불안정하고 불균형상태를 나타낸다는 결과들이 보고되고 있다.

> **REM 수면**
> **rapid eye movement**
> 빠른 안구운동 수면이라고도 하며, 눈동자의 움직임이 빠르고 뇌파활동이 깨어 있을 때와 비슷한 패턴을 보이는 상태의 수면

영아가 발달해 가면서 나타나는 REM과 NREM 수면 비율의 변화가 주목된다. 신생아는 수면의 50%가 거의 REM 수면이나 영아가 자라면서 그 비율은 급격히 감소한다(그림 4-2).

영아들이 꿈을 꾸는지 아닌지는 아직 알 수 없으며, 또 이와 같이 전체 수면 중에 높은 비율을 차지하는 REM 수면이 꿈의 활동과 연합이 되어 있는지도 알 수가 없다.

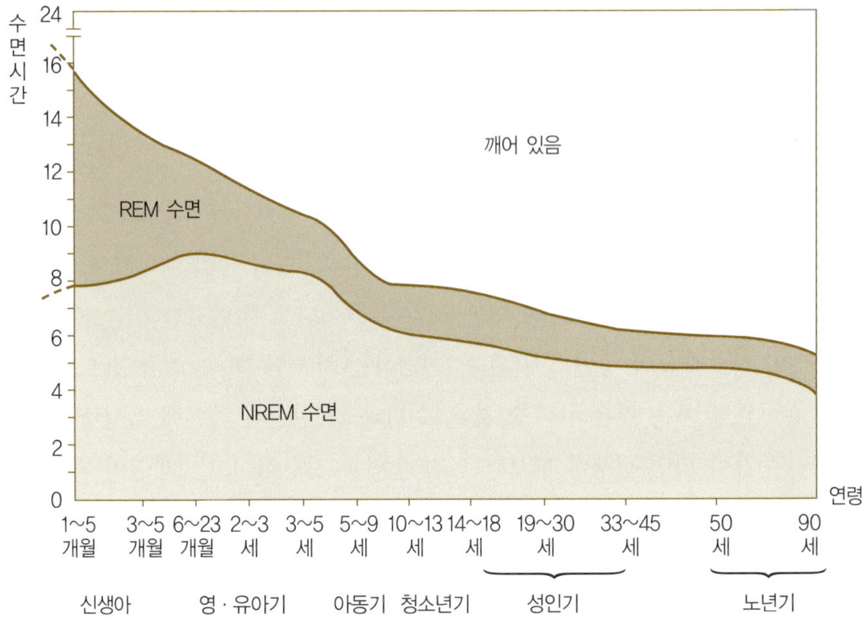

그림 4-2 연령에 따른 REM 수면과 NREM 수면의 변화

출처 : Roffwarg, Muzio & Dement(1966)에서 인용

또한 영아기에서 성인기로 가면서 REM과 NREM의 나타나는 순서가 변화한다. 즉, 정상적인 성인은 보통, REM 수면으로 빠지기 전에 1시간 정도의 NREM 수면을 갖는다. 반면, 영아들은 어느 상태로부터든 REM 수면으로 들어간다. 신생아의 25%만이 REM 수면이 오기 전에 NREM 수면을 거치며, 영아들은 졸음, 울음 또는 각성상태에서 REM 수면에 직접 들어간다(Korner, 1972). 6개월경이 되면 영아들은 REM 수면에 들어가기 전에 NREM 수면을 거치는 성인의 수면 유형이 나타나기 시작한다(Kligman, Smyrl & Emde, 1975).

자동자극 이론 auto stimulation theory
REM 수면상태가 뇌중추를 자극하여 중추신경계의 발달을 도와준다는 이론

신생아의 수면 중에서 REM이 높은 비율을 차지하고 있는 이유는 자동자극 이론에서 찾을 수 있다. REM 수면상태는 뇌 중추에 자극을 제공하며 따라서 영아의 높은 수준의 REM 활동은 영아의 중추신경계의 발달을 자극하게 된다는 것이 자동자극 이론이다(Roffwarg, Muzio & Dement, 1966). 영아가 발달하면서 점차 깨어 있게 되고 외부 자극을 처리하는 능력이 생기면서 이러한 유형의 자극은 덜 필요하게 된다. 아마도, 영아가 REM 수면비율을 감소시켜 가는 속도는 영아가 얼마나 많은 자극을 외부에서 받느냐와 관계가 있을 것이다. 실제로 할례를 받은 영아들은 강한 자극을 받게 되기 때문에 할례받지 않은 영아들보다 REM 수면이 감소하였다는 연구가 보고된 바 있다(Emde et al., 1971).

(2) 울 음

수면과 반대되는 상태의 하나가 울음이다. 울음은 수면에서와 같이 단순하고 동질적인 것은 아니다. 울음은 영아가 자신의 욕구를 양육자에게 전달하는 초기 수단 중의 하나로서 의미가 크다. 울음은 의사소통 역할을 하며, 다음의 세 가지 유형으로 구분할 수 있다.

- 기본 유형 : 보통 배고픔과 관계되며 비율동적이고 낮은 강도로 시작하나 점차 크고 율동적으로 된다.
- 화난 울음 : 기본 유형에서와 같이 울고 쉬고 숨을 들이쉬고 내쉬는 것과 같은 순서를 갖는 것이 특징이나 각 단계의 시간적 길이에서 차이가 난다.
- 고통의 울음 : 시작이 갑작스럽고 처음부터 크고 길게 울다가는 숨을 죽이듯이 울음을 한동안 그치는 특징을 보이며 짧게 숨을 헐떡거리는 일련의 반응을 나타낸다 (Schaffer, 1971).

대부분의 어머니들은 이와 같은 세 유형의 울음을 쉽게 구별한다. 예를 들어, 방에 혼자 있는 엄마 옆방에서 녹음된 영아의 고통스런 울음소리를 틀었을 때, 엄마는 고통의 반응을 나타냈다(Wolff, 1969). 따라서 각 울음의 독특한 시간적 변화의 특징은 중요한 사회적 신호기능을 갖고 있는 것을 알 수 있다. 어머니들은 정확하게 고통의 울음과 화난 울음을 구별할 수 있으나 특히 자기 아기의 울음소리에 더 정확히 반응하였다(Wiesenfeld, Malatesta & DeLoach, 1981).

아버지도 물론 자기 아기의 울음을 알 수는 있었지만, 아버지들은 울음의 유형을 어머니들만큼 정확하게 구별하지는 못하였다. 어머니들과는 다르게 아버지들은 고통의 울음과 화난 울음을 구별하지 못하였다. 어머니들은 아동양육에 대한 책임감은 물론 아버지들보다는 영아와 더 많은 접촉을 하므로, 이와 같은 차이가 나타난 것이다. 이것은 같은 여성이라도 조산원, 소아과 간호사나 어머니들과 같이 영아들과의 접촉경험이 많은 여성들이 적은 여성들보다 울음의 유형을 더 잘 구별하였다는 데서도 입증이 된다(Wasz-Hockert et al., 1968). 그러나 가장 경험이 적은 여성들조차도 울음의 유형을 구별하는 데 정확도를 보였다.

울음은 처음에 내적 자극으로 시작되나, 성인과의 계속된 상호작용의 결과로 영아가

는 운동능력에서부터 젓가락 사용과 같은 작은 근육을 사용하는 운동기능으로 점차 발달해 가는 것을 말한다.

출생 직후에는 가슴과 팔의 협응이 잘 이루어지지 않으나 4개월경에는 두 가지의 큰 변화가 일어난다. 첫째는 2개월경이 되면 엎드렸을 때에 가슴을 드는 능력이 생기고 3, 4개월에 이르면 아직 시각과 잡는 행동에 협응이 이루어지지는 않지만 눈앞에 보이는 사물에 손을 뻗어 닿을 수 있는 능력이 생긴다. 5개월경이 되면 옆에서 받쳐 주지 않아도 혼자서 앉을 수 있고 사물을 잡을 수 있게 된다. 6개월경에는 엎드린 위치에서 몸을 뒤집을 수가 있게 된다. 11개월쯤 되면 성인이 끌어주고 도와주었을 때 다리를 떼어 놓을 수 있다. 12~14개월이 되면 영아는 혼자 설 수 있고, 15개월경에 스스로 걸을 수 있게 된다(그림 4-3).

물론, 이러한 이행운동발달은 2~4개월의 개인차를 보일 수가 있다. 영아의 운동능력발달은 점차 이동할 수 있게 되면서 독립성이 커져, 그들 주위환경을 좀 더 넓게 탐

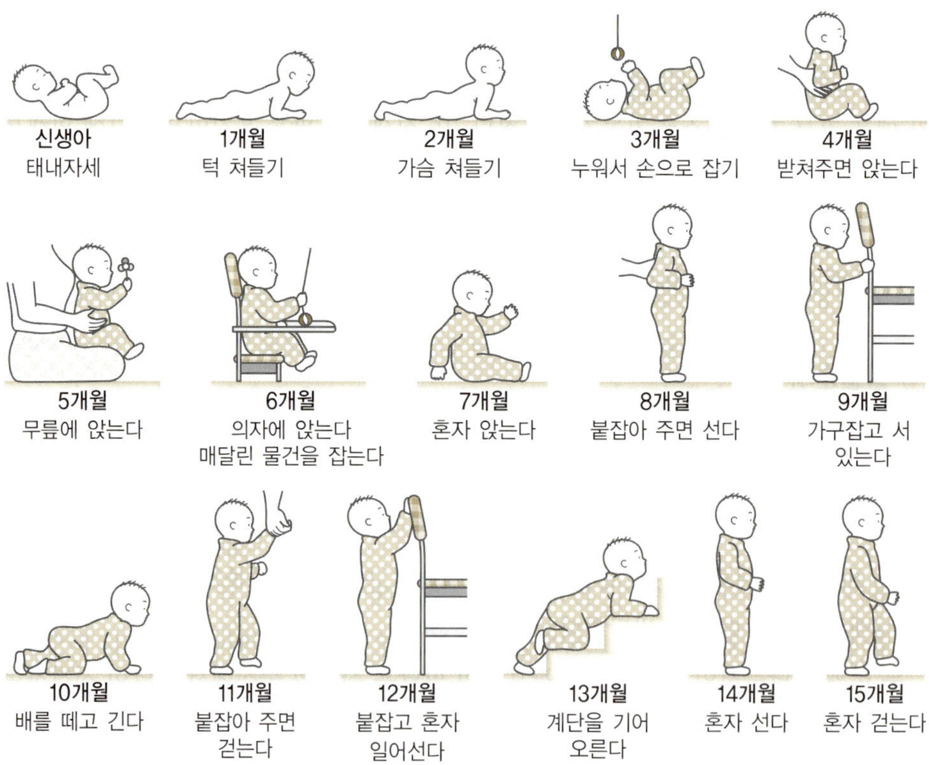

그림 4-3 이행운동발달

출처 : Shirley(1993)에서 인용

색하고 양육자와 또래에게 사회적인 관계를 먼저 시도할 수 있게 해준다.

(2) 율동적 행동

생후 처음 1년 동안에 영아는 팔, 다리, 몸통 및 머리를 반복적으로 움직이는 행동을 나타낸다. 발로 차거나 손을 가로로 흔들거나 비비거나 하는 것 같은 율동적인 행동이 자주 일어나며 아기가 그와 같은 행동으로부터 기쁨을 느끼는 것처럼 보이기 때문에 관심의 대상이 되어 왔다.

Thelen(1989)은 생후 1년 동안에 율동적인 행동은 영아에게 중요한 적응적 기능을 갖고 있다고 지적하고 있다. 이 율동적 행동은 협응되지 않은 활동으로부터 복잡하고 협응된 행동으로의 이행이라고 보았다. Thelen은 20명의 정상 영아들을 생후 4주부터 1세까지 자세히 관찰한 결과, 1만 6,000번 이상의 율동행동이 관찰되었다. 영아들은 평균 관찰시간의 약 5%를 율동행동하는 데 보냈다. 율동행동은 47종이 관찰되었는데, 이 중에는 발로 차기, 손 흔들기, 몸을 위로 들었다 내렸다 하기, 긁기, 문지르기, 부딪치기, 흔들거리기, 비틀기 등이 포함되었다. 이 많은 율동행동은 신체 부위와 자세에 따라 분류한 결과 몇 가지 발달경향이 발견되었다. 예를 들어, 다리의 율동행동은 1개월경부터 점차로 증가하여 5, 6개월에 절정을 이루고 그 다음에는 감소하는 경향을 나타냈다. 모든 율동적 행동을 합쳐 보면 6, 7개월경이 절정을 이루었으나 그후 몇 개월간 조금씩 감소하는 것으로 나타났다.

2) 유아기 · 아동기

영아기 이후에 아동이 성숙해 감에 따라 운동능력도 급속하게 발달한다. 3세경에 유아들은 아직 뛰다가 쉽게 방향을 바꾸거나 멈출 수는 없지만, 줄을 따라 똑바로 걷거나 달릴 수가 있으며 두 발로 깡충깡충 뛸 수도 있다. 4세경에는 한 발로 깡충깡충 뛰거나 이전보다 더 빨리, 멀리 뛸 수 있게 된다(Corbin, 1973).

5세경이 되면 일부 유아들은 자전거를 탈 수 있을 정도로 균형감이 향상된다. 초등학교에 들어가면서 아동들은 더 빨리, 더 높이 뛸 수 있고 물체도 더 멀리 던질 수 있게 된다.

이와 같은 아동의 대근육활동의 발달은 신체적으로 더 커지고 강해지기 때문만이 아니라 신체적인 협응이나 정밀한 근육을 사용할 수 있는 효율적인 방법을 습득하기 때문이다. 유아기와 아동기 동안에 대근육 운동발달과 동시에 눈과 손의 협응과 소근육 통제가 빠르게 발달하여 손의 사용이 점차 정밀해진다.

3세아는 아직 옷에 단추를 끼우고 구두끈을 매는 것 등이 어려우나 5세경이 되면 이러한 일을 할 수 있게 되면서 가위로 종이를 똑바로 자르거나 크레용으로 문자나 숫자를 복사할 수도 있게 된다.

또 8, 9세가 되면 나사못 돌리개 같은 가정용 도구를 사용할 수 있게 된다. 나이가 든 아동들은 어린 아동들에 비해 반응시간이 빠르기 때문에도 피구나 탁구 같은 게임을 더 잘 할 수 있는 것이다.

3) 청소년기

청소년기가 되면서 신체적인 크기와 형태가 급격하게 변화한다. 신장과 체중이 급등하는데 여아의 경우 신체적 급등이 10세 반에 시작되어 12세경에 절정에 이르다가 13세에서 13세 반경이 되면 속도가 느려진다(Tanner, 1981). 남아들은 신체적 변화가 여아들보다 2, 3년 늦게 시작된다.

남아들은 보통 13세에 급등이 시작되고 14세에 절정에 이르다가 16세가 되면 점진적인 속도로 되돌아온다. 청소년의 신체적 급등은 체중이 먼저 증가하고 4~6개월 후에 신장이 급격히 커진다. 또 근육의 성장은 일반적으로 신장의 급등 후 약 1년 후가 되어야 가장 크게 발달한다.

운동능력도 사춘기 이전까지는 남아 · 여아의 차이가 없다가 사춘기 이후에 차이가 나타나기 시작한다. 남녀 모두 신체적인 급등을 보이면서 남아들은 대근육 운동능력이 계속 증가하는 반면 여아들은 약 15세 이후부터 떨어지기 시작한다(Thomas & French, 1985). 이러한 성차를 부분적으로는 사춘기 남아들이 여아들보다 근육을 더 많이 갖고 있는 반면, 지방은 덜 갖고 있기 때문인 것으로 해석하나, 여아들이 12~17세에 더 커지고 더 강해지는 데도 불구하고 운동능력이 감소되는 것은 성역할 사회화에 기인한 것으로도 해석된다(Whipp & Ward, 1992).

사춘기 이후에 신체적 성장과 운동능력의 발달 이외에 신체가 성인의 모습으로 변모한다. 여아들은 허리가 커지고 남아들은 어깨가 넓어진다. 얼굴도 아동의 모습을 벗어나면서 이마도 나오기 시작하고 코와 턱이 발달하며 입술이 커지면서 어른다운 모습을 나타낸다.

4) 신체적 발달의 영향요인

신체적 발달에 영향을 미치는 요인은 생물학적 요인과 환경적 요인으로 크게 나눌 수 있다.

(1) 생물학적 요인

성장과정에서 생물학적 요인은 확실히 중요한 역할을 한다. 모든 아동들이 똑같은 속도로 성장하는 것은 아니지만 신체적 성숙과 운동발달의 순서는 모든 아동들에서 일치한다. 이러한 규칙적인 성숙 순서는 인간의 공통적인 유전적 유산이다.

인간은 인류의 공통인 유전적인 유산뿐만 아니라 각 개인마다 신체 성장발달에 영향을 미치는 독특한 유전인자를 갖고 태어난다. 예를 들어, 신장을 생후 첫해에 잰 경우, 또 4세나 초기 성인기에 잰 경우 모두 일란성 쌍생아들이 이란성 쌍생아들보다 더 비슷했다(Tanner, 1990). 또 같은 환경에서 자란 일란성 쌍생아들이 2~3개월 차이를 두고 초경을 보이나 같은 환경에서의 이란성 쌍생아들은 일반적으로 10개월 간격으로 초경이 나타났다. 따라서 성숙 속도도 유전되는 것이다.

이 외에 골격의 성숙이나 치아발달 등 전 성장과정에 유전이 작용한다. 그렇다면 유전인자가 성장에 어떻게 영향을 미치는가? 아직 이에 대한 확실한 대답은 없다. 그러나 유전인자가 호르몬 분비를 통제하고 이 호르몬이 주로 신체적 성장과 발달에 영향을 미치는 것으로 생각된다.

호르몬은 아기가 태어나기 전부터 영향을 주기 시작한다. 태내에서 아기가 수정 후 4개월경이 되었을 때 갑상선이 생기고 티록신이 분비되기 시작하는데, 티록신은 뇌와 신경계가 적절히 발달하는 데 필수적이다. 또 뇌하수체의 호르몬 중에는 신체의 정상적 성장에 매우 중요한 체세포의 빠른 성장과 발달을 자극하는 성장 호르몬이 분비된다. 이 호르몬이 부족할 경우에는 키가 작을 가능성이 크다. 아동기까지는 주로 티록신과 뇌하수체의 성장 호르몬이 신체적 성장을 관장한다. 사춘기가 되면서부터 여성 호르몬과 남성 호르몬이 먼저 어느 정도 분비가 된 후 뇌하수체의 성장 호르몬의 분비가 더 증가되면서 이것이 사춘기 이후의 성장에 영향을 미치게 된다. 여성 호르몬은 여아들의 제2차 성징의 발달을 주로 돕는 반면, 남성 호르몬은 제2차 성징의 발달뿐 아니라 남아들의 근육의 성장과 어깨를 넓히고 골격을 성장시킨다.

(2) 환경적 영향

환경적 요인 가운데 영양, 질병 및 정서적 긴장은 신체적 성장과 발달에 큰 영향을 미칠 수 있다. 이 중에서 인간의 성장과 발달에 가장 큰 영향을 미치는 것은 영양이다. 부적절한 영양공급을 받은 아동들은 매우 느리게 발달한다. 만약 영양부족이 장기간 지속되지도 않고 특별히 심하지도 않다면, 이후에 영양이 적절하게 공급되면 이전에 영양부족이 있더라도 정상으로 회복될 수가 있다. 그러나 영양부족이 장기간 지속되었다면 그리고 특히 생후 첫 5년 동안에 영양부족 상태가 있었다면 뇌 성장은 심하게 지체되고 신장과 체격이 평균에 미치지 못하게 될 것이다(Barrett & Frank, 1987).

최근에는 과잉영양도 장기적인 영향을 미칠 수 있는 건강하지 못한 영양의 형태로 간주한다. 가장 직접적인 영향은 아동이 비만이 될 수 있고 당뇨병, 고혈압이나 심장, 간 또는 신장병 위험에 직면하게 된다. 비만인 아동들은 친구들로부터 놀림을 당하거나 또래친구를 사귀는 데 어려움이 있을 수 있다. 4~6세의 비만아들은 그렇지 않은 아동들보다 청소년이나 성인이 되었을 때 비만이 될 가능성이 높다. 비만이 되는 것은 유전적 요인에 의해서도 영향을 받지만(Stunkard et al., 1990), 나쁜 식사습관에 의해 크게 영향을 받는다(Birch, 1990). 특히 고지방식을 좋아하고 운동부족일 때, 또 성장과정에서 강화로서 음식을 먹어 온 것이 먹는 것에 특별한 의미를 부가하게 되어, 배고픔과 관계없이 먹는 것을 즐기게 되었을 때 비만이 되기도 한다.

신체적 발달에 영향을 미치는 또 하나의 환경적 요인으로 스트레스를 들 수 있다. 신체적으로 건강한 아동이라도 스트레스를 너무 많이 받고 애정을 거의 받지 못하면 신체적 성장과 운동발달이 지체될 가능성이 높다. 실제로 Widdowson(1951)은 아동들이 시설에서 충분한 영양을 공급받았으나 엄격하고 정서적으로 무반응인 보모가 돌보았을 때, 애정적인 보모가 돌보았던 아동들에 비해 매우 느린 신체적인 발달을 나타냈다. 이것은 애정을 받지 못함으로 인해 오는 정서적 스트레스가 뇌하수체 호르몬을 억제하기 때문인 것으로 해석된다(Gardner, 1972).

3. 뇌의 발달

영아의 뇌성장발달 속도는 놀라울 정도로 빠르다. 아기의 뇌는 출생 시 이미 모든 뇌세포를 갖고 있다고 알려져 있지만 그 무게는 출생 시 성인 뇌 무게의 약 25% 정도가 된다. 출생 후 발달변화가 급격히 일어나 6개월경에는 성인 크기의 50%가 되고 2세 말경이 되면 75%에 이른다. 발달변화는 크기뿐만 아니라 형태, 뇌세포 간의 연결의 밀집도 그리고 뇌세포 간의 전달속도가 변화하는 것이다. 성인은 약 500억~1,000억 개에 달하는 뇌세포를 갖고 있으며 약 1,000조의 뇌세포의 연결을 이루는 시냅스가 있다(Lerner, 1984). 뇌의 발달도 일정한 순서대로 발달하는데, 영아기 초기에는 주로 반사행동단계에서 자발적 통제로 발달하고 또 운동영역이 가장 빨리 발달한다. 시각영역이 청각영역보다 더 빨리 발달하기는 하나 시각, 청각에 대한 통제영역은 늦게 발달한다.

1) 신경발달

자궁 속에서 배아가 발달하면서 중추신경계가 형성된다. 중추신경계는 세포 분열을 통해 속이 비어 있는 길쭉한 신경관의 형태를 이루었다가 임신 후 5주경에서부터 커다란 신경세포 덩어리가 형성되면서 관 모양의 형태가 사라지게 된다. 수정 후 100일 정도가 되면 태아의 뇌는 인간의 뇌모습을 갖춰 신경관 가운데 빈공간은 뇌실이 되고 세포가 부풀어진 부분들이 생겨나면서 전뇌, 중뇌와 후뇌를 이룬다. 임신 5~6개월경에는 신경세포의 증식이 거의 완료된다.

신경세포는 뇌와 신경계의 기본단위로서 신경자극을 받아들이고 전달하는 역할을 하는 세포이다. 신경세포는 세 단계의 발달과정을 거친다(Lambert de Rouvroit & Goffinet, 2001). 첫째 단계는 임신 후 5주경부터 뇌에서 1분마다 25만 개의 세포가 생성되어 26주경이 되면 대부분의 신경세포가 만들어진다. 둘째 단계는 임신 7주경부터 세포가 생성되는 뇌의 중심으로부터 만들어진 신경세포가 생득적으로 정해져 있는 위치로 이동하여 피질을 형성하게 된다. 세포의 이동은 임신 후 7개월 무렵에 완성된다. 셋째 단계는 신경 자극을 다른 신경세포와 전달하는 역할을 하는 축색돌기와 수상돌기가 생기면서 다른 세포들과 연결망을 형성한다. 이와 같은 신경세포 정교화 과정은 출생 후 몇 년간 계속된다.

2) 시냅스 생성

신경세포들 간의 연결부위를 시냅스라 한다. 한 신경세포가 어느 신경세포와 시냅스를 이룰 것인가는 주로 생득적인 프로그램에 의해 결정된다. 그러나 생성된 시냅스가

시냅스 synapse
하나의 신경세포와 또 다른 신경세포 간의 연결부위

사용되지 않을 경우 그 시냅스는 소멸되고 사용되는 시냅스는 더욱 강화되어 생존하게 된다(Casey, Durston & Fossella, 2001). 따라서 영아기에는 성인기보다 훨씬 많은 시냅스를 가지고 있는데, 실제로 사용될 시냅스의 수보다 거의 두 배 가량 많게 만들어진다(Huttenlocher & Dabholkar, 1997). 시냅스가 형성되는 시기는 뇌의 영역에 따라 상당한 차이를 보인다. 시각 피질에서는 태내 4개월경에 시냅스 생성이 가장 많이 일어나고 그 후 학령기 이전까지 점진적으로 감소한다. 이와는 대조적으로 고등 수준의 사고를 담당하는 전두엽 피질에서는 시냅스 형성이 약 1세경에 가장 크게 일어나며 청소년 중기에서 말기가 되어야 시냅스 밀도가 성숙해진다.

3) 수초화

수초화 myelinization
신경섬유가 수초라는 덮개에 의해 둘러싸이는 과정으로 신경전달을 빠르게 해줌

뇌 신경조직이 성숙해 감에 따라 각 신경의 시냅스와 연결되는 큰 가지, 즉 축색돌기가 수초라고 불리는 덮개에 의해 마디를 이루면서 둘러싸인다. 이러한 과정을 수초화라 말한다. 수초는 지방 세포층의 절연 물질로 되어 있어 신경충동이 마디를 건너뛰어 덮개와 덮개 사이로 전달됨으로써 신경충동이 빠르게 흐를 수 있게 해준다. 따라서 수초는 뇌가 신체의 다른 부위와 더 효율적으로 신경충동을 교류할 수 있게 해준다.

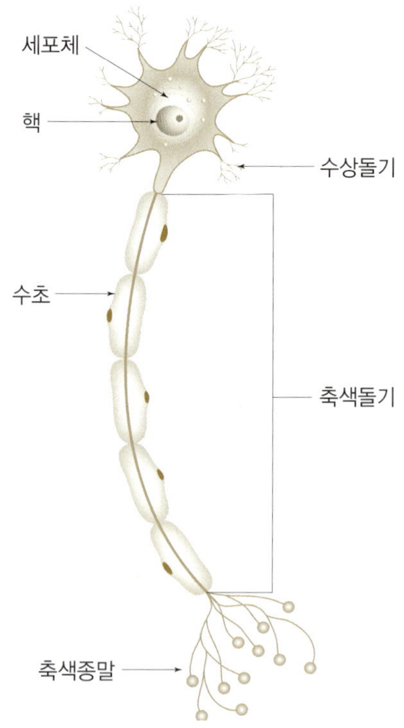

그림 4-4 신경세포

수초화는 태내 약 4개월경부터 시작하여 2세경에 최고조에 달하지만 그 후에도 느리지만 계속된다. 따라서 출생 시에 신생아의 감각기관과 뇌는 많은 부분이 이미 수초로 덮여 있다. 그러나 뇌의 어느 영역은 초기 성인기까지도 수초로 완전히 덮이지 않을 수 있다. 예를 들어, 장시간 한 대상에 집중하는 능력을 관장하는 뇌의 영역인 망상체는 사춘기에도 완전히 수초화가 이루어지지 않는다. 이것이 성인이나 청소년에 비해서 아동의 주의력이 짧은 이유의 하나인 것이다. 수초가 파괴되면 신경세포로 전달되는 정보가 빠른 속도로 전달되지 못하게

되어 신생아 단계의 상태로 퇴행하게 된다. 따라서 수초의 덮개는 복잡한 인간행동이 성숙단계로 옮겨가는 데 필수적인 것이다.

4) 대뇌 국소화

뇌의 가장 중요한 특성 중의 하나는 양반구로 나누어져 있다는 점이다. 이들 두 부분은 신경섬유에 의해 연결되어 있다. 양반구는 해부학적으로 다를 뿐만 아니라 서로 다른 기능을 통제한다(Corballis, 1983). 뇌 손상을 받은 환자의 연구를 통해서 보면 왼쪽 반구는 신체의 오른쪽을 통제하는 반면, 오른쪽 반은 신체의 왼쪽을 통제한다. 이처럼 왼쪽 뇌와 오른쪽 뇌가 서로 구분되어 다른 기능을 하는 것을 대뇌 국소화라고 한다.

대뇌 국소화 cerebral lateralization
왼쪽과 오른쪽 대뇌 양반구가 서로 다른 기능을 하는 것을 가리킴

오른쪽 반구는 시·공간의 정보처리, 음악과 같은 비언어적 소리와 얼굴 재인과 같은 일에 관여한다. 예를 들어, 뇌의 오른쪽에 손상이 일어났다면, 그림 그리는 기술이 손상되며 공간적 방향감각이 없어 지도를 따라가는 것이 어렵다(Bryden, 1982). 최근에 연구자들은 정서적 정보의 처리는 오른쪽 반구의 통제 아래에 있다는 것을 발견하였다. 5~14세 아동들은 화난 목소리, 슬픈 목소리 또는 행복한 목소리를 왼쪽 반구에 의해 통제되는 오른쪽 귀를 통해서 들었을 때보다 오른쪽 반구에 의해 통제되는 왼쪽 귀로 들었을 때에 더 잘 구별하였다(Saxby & Bryden, 1985). 오른쪽 반구에 뇌손상을 받은 경우에는 다른 사람의 정서적 표현을 해석하는 데 어려움이 있다. 이러한 연구결과들이 의미하는 바는 상당히 크다. 왜냐하면 화난 목소리와 행복한 목소리를 구별하지 못하거나 다른 사람이 기쁜지 우울한지를 구별하지 못한다는 것은 사회생활에서 상당한 부적응을 초래할 수 있기 때문이다.

왼쪽 반구는 언어의 이해를 통제한다. 왼쪽 반구에 뇌의 손상이 있는 사람은 친숙한 노래를 알거나 친구의 얼굴과 낯선 사람의 얼굴을 구별할 수는 있지만 들은 언어내용을 이해할 수 없거나 말을 명확하게 할 수 없다. 정상적인 아동도 문자나 글을 왼쪽 눈에 제시되었을 때보다 오른쪽 눈에 제시되었을 때 더 잘 알아보았다(Saxby & Bryden, 1985).

그러면 뇌의 국소화는 언제부터 일어나는가? 이러한 국소화는 아동기를 거쳐서 사춘기까지 점차적으로 발달한다. Lenneberg(1967)는 뇌 손상으로 인한 언어장애로부터의 회복이 성인에서보다 아동에게서 더 잘 된다는 사실을 바탕으로, 아동은 아직 언어가 완전히 왼쪽 반구로 국소화되지 않았기 때문에 왼쪽 반구에 손상이 있는 경우, 오른

쪽 반구가 읽는 기능을 떠맡게 되는 것이라고 주장하였다.

최근의 연구들은 이러한 견해를 반박하고 반구의 국소화는 생의 초기에 시작한다고 주장한다. 예를 들어, Molfese와 Molfese(1979)는 언어에 대한 반응으로서 신생아 뇌의 전류를 기록했을 때 신생아도 언어음절을 오른쪽 반구에서보다 왼쪽 반구에서 더 빨리 처리한다는 것을 발견하였다. 그러나 출생 직후에 보인 왼쪽 반구의 우세는 나이 든 아동이나 성인에 비해서 그리 크지 않았다. 70%의 영아만이 왼쪽 반구의 언어처리를 선호하는 것으로 나타났다. 3세경이 되었을 때, 90% 아동이 이러한 종류의 국소화의 선호를 보였다. 이 연령 이후에는 언어적 정보처리에 대한 왼쪽 반구의 의존도와 오른쪽 반구를 통해서 정서적 단서를 이해하는 아동의 능력에서 발달적 차이를 발견하지 못하였다(Saxyer & Bryden, 1985).

대뇌 국소화의 영향은 우세한 손 사용의 발달에서도 발견된다. 성인의 약 90%가 오른손잡이이다. 그리고 이와 같은 선호는 초기 영아기에도 명확하다. 성인 비율보다는 낮지만 많은 영아들의 오른손 사용이 우세함을 보였다. 영아들은 손을 뻗치고 물건을 만지고 잡는 데 왼쪽보다 오른쪽 손을 더 사용한다. 어린 영아들이 오른쪽에서 왼쪽 손으로 또는 왼쪽에서 오른쪽 손으로 바꾸는 경우도 있지만 손 사용은 일반적으로 2세경에 완전히 형성된다(Saxby & Bryden, 1985).

5) 환경의 영향

뇌의 발달에서 환경이 중요한 역할을 한다는 사실은 이미 오래전에 입증되었다. Riesen(1947)은 그의 실험에서 감각 자극이 극단적으로 감소되었을 때 침팬지의 시각 발달에 심각한 영향을 미친다는 사실을 밝혀냈다. 그는 생후 16개월 동안을 어둠 속에서 양육된 침팬지는 망막구조가 적절히 발달하지 못했다는 것을 발견하였다. 특히, 망막에 신경절 세포가 상실되었으며 또한 망막과 신경계를 연결하여 시신경을 형성하는 축색돌기를 가진 세포가 없었다. 더욱이 빛이 있는 환경으로 돌아온 후에도 망막은 회복이 안 되고 영구히 시력을 상실하였다는 점이다. 다른 연구들에서도 같은 결과를 제시하였다. 중추신경계의 해부학적 구조조차도 적절히 발달하기 위해서는 일정량의 환경적 자극이 필요하다는 것은 명백하다.

Riesen 이후, 연구자들은 뇌의 크기와 기능이 경험에 의해 수정될 수 있다는 것을 입증하였다. 이것은 Rosenzweig의 연구(1966)에서 잘 볼 수 있다. 이 연구에서는 두 개의 매우 다른 실험상황이 만들어졌다. 이 실험에서는 어린 쥐들의 뇌가 가장 적응적인 초기에 실험상황에 쥐를 넣고 상당 기간 동안 그 상황에 넣어두는 것이었다. 이 동물들을 이유시기인 생후 25일경에 실험상황에 넣고 80일 동안 넣어 두었다. 한 상황은 복잡한 자극과 훈련이 제공된 풍요로운 환경이었고, 다른 상황은 실조된 상황이었다. 풍부한 상황이란 이들 동물들이 10~12마리씩 무리를 지어 살 수 있게 했고 또 사다리, 바퀴, 상자와 같은 장난감이 주어졌다. 장난감은 매일 바뀌었다. 더 자극을 주기 위해 이 동물들은 매일 30분씩 5, 6마리씩이 함께 장애물이 있는 약 90×90cm 장에서 탐색시간을 가졌다. 30일 후에는 일련의 미로 학습훈련을 하였다. 반면에 실조상황에서의 동물은 딱딱한 벽이 있는 개별 방에서 살았고 서로 볼 수 있거나 접촉을 할 수 없었다. 이들 각각의 방은 분리되어 있었으며 조용하고 어둡게 되어 있는 방인 데 반해, 풍요로운 조건의 방은 크고 밝으며 여러 가지 활동을 할 수 있게 마련되어 있었다.

이렇게 다른 환경조건은 뇌의 발달에 어떠한 영향을 미칠 것인가? 연구결과, 2년쯤 되었을 때는 환경적 차이가 동물 뇌의 실제적인 무게에 분명히 영향을 준다는 것이 발견되었다. 대뇌피질과 기타 뇌를 분석한 결과, 피질영역에 영향을 주어서 풍부한 환경에서 자란 동물의 뇌의 무게는 실조된 상황에서 자란 동물의 뇌 무게보다 약 4% 더 무거웠다. 또한 뇌의 피질에서 시각을 통제하는 시각영역의 무게가 가장 크게 변화하여 실조상황에서 자란 경우와 비교해서 약 6% 더 많았으나 촉각영역은 무게가 단지 2%만 증가하였다.

이 외의 다른 연구에서도 환경과 뇌 피질의 특정 영역과는 체계적인 관계가 있을 것이라는 것을 보여 주었다. 어둠 속에서 키운 쥐들이 시각영역의 피질이 수축되는 결과를 초래하였는데, 이러한 현실은 인간에게서도 유사한 결과를 가져올 수 있다는 것이다. 예를 들어, 맹인 및 농아의 시체를 부검했을 때, 이들의 언어와 시각 및 청각을 통제하는 피질영역이 결핍된 것을 발견할 수 있었다.

뇌세포의 구조만이 아니라 뇌의 생화학적 부분도 초기 경험에 의해 영향을 받는다. 첫째, 뇌세포가 갖는 축색돌기와 수상돌기의 수가 증가하면서 뇌세포의 복잡성이 증가한다(Greenough & Green, 1981). 이와 같은 뇌세포 구조의 변화는 복잡한 환경에서 키워진 동물은 한 개 뇌세포당 시냅스의 수가 상당히 많을 것이며, 시냅스는 뇌세포 간의 연결장소이기 때문에, 전달될 수 있는 정보의 양이 풍부한 환경에서 자란 동물들에게서 더 클 것이다. 두 번째로 뇌의 생화학이 영향을 받는다. 이것을 연구하기 위해 Rosenzweig와 그의 동료들(1970)은 뇌세포 간의 신경충동을 시냅스에서 전달하는 데 중요한 역할을 하는 효소의 양을 측정하였다. 전체적인 활동량이 풍부한 환경에서 키웠을 경우 효소의 양이 눈에 띄게 증가함을 알 수 있었다.

환경이 뇌의 무게와 생화학적 특성에 미치는 영향은 어렸을 때에만 국한되는 것은 아니다. 생의 초기에는 정상적인 환경에서 자랐으나 후에 실조된 환경에 처한 쥐들도 유사한 뇌의 무게와 생화학적 영향을 나타내었다(Greenough & Green, 1981). 다 자란 쥐의 뇌도 놀랍도록 적응적이라는 것을 입증하는 연구들이 증가하고는 있지만, 환경의 영향이 생의 초기에 더 크다는 것은 명백하다.

이와 관련해서 인간뇌가 발달과정에서 상당한 유연성, 즉 가소성(Plasticity)을 갖고 있다는 것이 알려져 왔다(Stiles, 2001). 예를 들어, 유아기에 뇌의 특정영역이 손상된 경우 다른 영역에서 그 손상된 기능을 대신 수행하거나 신경회로 연결을 재구성하는 등의 뇌기능의 재구조화가 일어난다(Huttenlocher, 1994). 이러한 뇌의 가소성은 환경의 영향이 가장 크게 나타나는 민감기에 신경세포와 시냅스의 선택적 소멸을 통해 일어나며 이 시기가 지나면 중추신경계의 가소성은 낮아지며 따라서 성인기에 일어난 뇌손상은 회복이 어렵다고 입증되어 왔다. 이와 같은 결과들이 인간에게 시사하는 바는 명백하다. 뇌의 발달은 초기 신경세포와 시냅스의 생성단계에서는 선천적 요인이 중요한 역할을 하나 신경세포와 시냅스가 정교화되는 선택적 소멸과정에서는 환경이 중요한 역할을 한다. 또한 뇌의 발달은 전 생애 과정이며 적응성이나 순응성은 초기 발달에만 국한되지 않는다. 즉, 선택적 소멸과 수초화 과정은 사춘기까지도 지속되며 성인기 이후에도 학습과 경험에 의한 선택적 소멸로 뇌피질의 변화를 가져올 수 있음을 시사한다.

마지막으로, 동물을 대상으로 한 뇌세포 이식연구에서 중추신경계의 선천적 결함을 수정하는 데 성공적이었다는 것이 보고된 바 있다(Gash, Sladek & Sladek, 1980). 그러나 인간에게서 이와 같은 성공은 미래의 가능성으로 남아 있다.

정리해 봅시다

1. 신생아 반사의 발달변화와 의미를 생각해 보자.

2. 영아기 발달에서 수면과 울음의 의미를 생각해 보자.

3. 신체적 발달에서 생물학적 요인과 환경적 요인을 생각해 보자.

4. 수초화와 국소화가 뇌의 발달에 미치는 영향을 설명해 보자.

5. 뇌의 발달에 미치는 환경의 영향을 생각해 보고 그 환경요인에 어떤 것이 있는지 설명해 보자.

PART 3

지적 발달

아동이 출생에서부터 아동기, 청소년기를 거치면서 가장 놀랄 만한 변화를 보이는 것이 학습, 기억, 지능 및 인지 그리고 언어이다.

제3부에서는 이러한 지적 발달과 언어발달을 다룬다.

제5장은 감각기관으로부터의 정보를 해석하는 지각발달, 제6장은 Piaget의 인지발달, 제7장은 지능검사를 통한 지적 발달과정, 제8장은 학습이론적 접근과 정보처리적 접근의 지적 발달, 그리고 제9장은 인간을 다른 종과 구별시켜 주는 언어와 의사소통능력의 발달을 학습한다.

Chapter 5

지각발달

감각이란 감각수용세포가 자극으로부터 들어온 정보를 뇌로 전달하는 과정을 가리킨다. 신생아가 사물을 응시하거나 소리에 반응을 하며, 맛을 알고, 냄새를 구별하며, 찔리거나 아플 때 울음을 터뜨리는 것은 감각능력이 있다는 것을 입증한다.

그러나 지각이란 감각정보에 대한 해석을 하는 것으로, 보이는 것이나 들리는 것 또는 지금 맡고 있는 냄새가 무엇인지에 대해 아는 것을 의미하기 때문에 신생아들이 그러한 해석능력이 있느냐에 대해서는 상당히 많은 논란이 있다. 다시 말해서 신생아들이 외부세계를 단순히 느끼는 데 그치는지, 또 얼마나 지각할 수 있는지에 대한 연구는 계속되어 온 과제이다.

인간이 나타내는 모든 행동은 감각정보의 해석에 달려 있다고 해도 과언이 아니다. 따라서 감각과 지각의 발달은 인간이 어떻게 현실에 대한 지식을 획득해 가는지에 대한 근본적인 단서를 제공한다.

Chapter 5

지각발달

1. 감각 · 지각 측정방법

감각 sensation
감각수용기에 의해 탐지된 정보가 뇌로 전달되는 과정

지각 perception
감각정보를 범주화하고 해석하는 과정

과거에는 말을 할 수 없는 신생아나 영아가 감각을 느끼는지 아닌지 그리고 지각을 할 수 있는지 여부를 알아볼 수 있는 방법이 없었다. 그러나 최근에 신생아와 영아의 감각과 지각을 측정할 수 있는 좋은 방법들이 고안되었다. 대표적인 방법으로는 다음의 네 가지를 들 수 있다.

1) 선호도 방법

선호도 방법 preference method
두 가지 이상의 자극을 제시하고 영아가 어느 자극을 선호하는지를 측정하여 영아의 지각적 능력에 대한 정보를 얻는 방법

선호도 방법은 두 가지 이상의 자극을 동시에 영아에게 제시하고 그 자극들 중 어디에 영아가 더 주의를 기울이는가를 보는 단순한 절차이다. 이 방법은 Fantz(1963)가 신생아나 영아들이 시각형태를 변별할 수 있는지를 보기 위하여 여러 연구에서 많이 사용했던 방법이다. Fantz는 그림 5-1과 같은 실험기구를 만들었는데, 아기를 이 기구 위에 반듯이 눕히고 두 개 이상의 시자극을 보여 준다. 이때, 이 기구 위에서 아기를 관찰하고 있던 관찰자는 아기가 각 시각형태에 주시한 시간을 기록한다. 아기가 다른 자극보다 한 자극을 더 오랫동안 주시하면 그 아기는 그 자극을 더 선호하는 것으로 해석되었다. 그러나 만약 영아가 주어진 자극들 간에 선호를 보이지 않을 때, 변별을 하지 못하는 것인지 또는 선호하는 정도가 같아서 그런지는 구별되지 않는다.

2) 습관화 방법

영아의 감각과 지각을 측정하는 데 가장 많이 사용되는 방법 중의 하나는 습관화 방법이다. 습관화는 반복적으로 자극이 주어지면 여기에 친숙해져서 처음에 그 자극에 대해 일어났던 반응이 더 이상 나타나지 않는 것을 말한다. 영아가 친숙한 자극에 반응을 하지 않는다는 것은 그 자극이 전에 경험했던 것이라는 것을 영아가 알고 있다는 것을 의미하는 것이다.

두 자극을 변별하는 영아의 능력을 보기 위해서 연구자는 먼저 한 자극을 제시해서 영아가 그 자극에 대해 습관화되어 더 이상 주의나 반응을 나타내지 않을 때까지 반복적으로 영아에게 제시한다. 그 다음 다른 자극을 제시한다. 만약 영아가 첫 자극과 두 번째에 제시된 자극을 구별했다면 두 번째 자극에 대하여 반응을 보일 것이다. 즉, 두 번째 자극에 대하여 새롭게 주의를 기울이거나, 호흡이나 심장박동이 변화하거나 또는 행동이 변화할 것이다. 영아가 만약 새 자극에 대한 반응이 첫번째 자극에 대한 반응과 차이를 보이지 않는다면 첫 자극과 새 자극 간의 차이를 영아가 알지 못하는 것으로 해석된다. 아기들은 아픈 것을 제외한 보는 것, 소리, 냄새, 맛 그리고 만져지는 자극 등 많은 종류의 자극에 습관화가 일어나기 때문에 습관화 방법은 영아의 감각과 지각능력을 평가하는 데 매우 유용하다.

습관화 habituation
자극이 반복적으로 제시됨으로 인해 그 자극에 주의를 기울이거나 반응하는 것을 멈추게 되는 현상

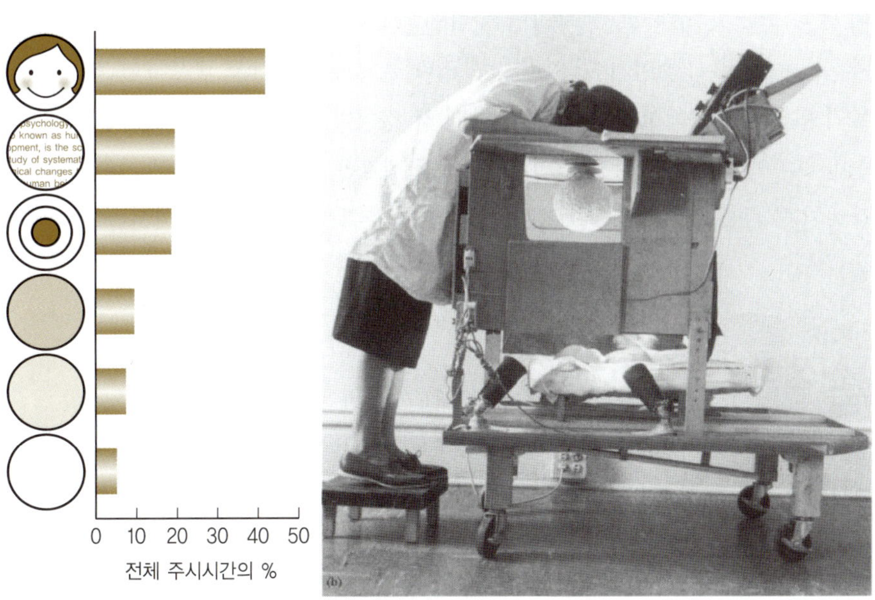

그림 5-1 영아의 지각과 습관화 실험
출처 : Shaffer(1996)에서 인용

뇌파측정법
brain wave method
자극에 따른 뇌파의 변화 유형을 측정하는 방법

3) 뇌파측정법

영아의 감각과 지각을 측정하는 또 다른 방법은 영아에게 자극을 제시하면서 뇌파의 변화를 측정하는 것이다.

제시된 자극을 처리하는 뇌 중추영역에 해당하는 영아의 머리 위, 예를 들어 시자극은 머리 뒤쪽에, 청자극은 머리 양쪽에 전극을 붙이고 뇌파의 변화를 측정한다. 만약 영아가 제시된 자극을 감지할 수 있다면 뇌파에 변화가 나타날 것이고, 제시된 자극을 감지하지 못하면 뇌파는 변화를 나타내지 않을 것이다.

이 뇌파측정법은 자극이 다른 것으로 감지되면 뇌파의 유형이 달라지기 때문에 여러 종류의 자극들을 제시하여 영아들의 감각능력을 연구할 수 있다.

빨기반응
sucking method
특별히 고안된 고무젖꼭지를 빠는 반응으로 영아의 지각적 능력을 측정하는 방법

4) 빨기반응

대부분의 영아들은 빠는 반응으로 자신의 감각이나 흥미 또는 선호를 나타낸다. 따라서 영아의 감각과 지각능력을 연구하기 위해서 빠는 반응을 적용하기도 한다. 이 방법은 영아에게 특별한 고무젖꼭지를 빨게 하는데, 이 젖꼭지는 전선으로 연결되어 있어 빠는 속도나 강도가 기록될 수 있게 되어 있다.

이 연구에서는 먼저 영아의 빠는 속도나 강도의 기초선을 측정한 후 영아가 기초선보다 더 빨리 또는 더 강하게 빨 때마다 슬라이드 프로젝터나 녹음기에서 그림이나 소리가 나오도록 하였다. 영아가 이 자극을 보거나 듣고 흥미롭다고 생각하면 그 자극을 다시 보기 위하여 계속해서 빨리 또는 강하게 빨 것이다. 그러나 영아의 흥미가 떨어지면 빠는 반응은 기초선으로 내려올 것이다. 이때 새로운 자극이 제시되어 빠는 반응이 다시 강해지거나 또는 빨라졌다면 영아는 첫 자극과 두 번째 자극을 구별하는 것이 된다.

2. 신생아 · 영아기 감각

1) 시 각

영아의 시각은 출생 시에 이미 어느 정도 기능을 할 수 있다. 예를 들어, 조명의 강도가 바뀌면 동공반사를 나타내어 신생아도 밝기에 예민하다는 것을 알 수 있다. 밝기에 대

한 변별은 생후 몇 주 안에 급격히 발달하여 2개월경에는 백지 위에 5% 정도의 광도 차이를 보이는 하얀 선을 구별할 수 있다(Peeples & Teller, 1975). 또한 움직임도 감지할 수 있는데, 신생아까지도 천천히 움직이는 시각적 자극을 눈으로 따라갈 수 있다.

또한 영아들은 상당히 일찍 색채를 구별할 수 있다. 신생아들이 회색과 청색의 구별은 어려우나 습관화를 통해서 다른 많은 색을 구별할 수 있다는 것이 보고되었다(Powers, Schneck & Teller, 1981). 또 3~4개월경에는 색에 대한 시각이 상당히 성숙하여 색을 잘 변별할 수 있을 뿐만 아니라, 여러 가지 색을 성인들이 하듯이 몇 가지 기본 범주, 즉 붉은색, 초록색, 그리고 노란색 계통으로 나눌 수 있다(Teller & Bornstein, 1984)

이상에서와 같이 신생아와 영아의 시각은 상당히 성숙하여 있으나 성인 기준으로 보면 신생아의 시력은 미약하다. 출생 시 거리시각은 약 20/300로, 정상적인 시력을 가진 성인이 9km 밖에서 볼 수 있는 것을 신생아는 600m 떨어진 곳에서 볼 수 있다. 또 성인에 비하여 신생아들은 뚜렷한 시각적 대비를 요구하기 때문에 여러 가지 형태를 구별하는 데 어려움이 있다(Bank & Salapatek, 1983). 더욱이 영아들의 시각상은 뚜렷하지 않을 가능성이 높은데, 이는 눈의 렌즈를 조절하여 사물에 초점을 맞추는 것이 어렵기 때문이다.

시각적 대비
visual contrast
시각적 자극에서 명암의 변화량

시력은 생후 몇 개월 동안에 빠르게 향상되지만 영아가 성인만큼 볼 수 있으려면 6개월에서 1년 정도 걸린다.

2) 청 각

신생아도 비교적 잘 들을 수 있다. 큰 소리가 나면 놀라고 그 소리로부터 머리를 돌린다. 그러나 작은 소리가 나면 소리나는 방향으로 얼굴을 돌려 그 근원을 찾는다. 소리나는 방향으로 얼굴을 돌리는 신생아의 행동이 출생 후 2개월경에 사라지는 것을 보면 반사일 수도 있다. 물론 4개월경이면 일관된 행동으로 다시 나타난다(Muir, 1985).

신생아가 생후 몇 시간 동안은 두통 감기에 걸린 성인이 들을 수 있는 정도로 들을 수 있다. 이것은 분만과정에서 양수가 귀에 차 있기 때문이다. 이러한 한계에도 불구하고 습관화 과정을 통한 연구결과, 신생아들이 소리의 크기, 지속시간, 방향 및 빈도를 구별할 수 있다는 것을 보여 준다(Bower, 1982).

어린 영아들은 특히 인간의 목소리에 민감하다. Adams와 Passman(1979)은 양육자가 아기에게 자주 이야기하며 아기와의 대화를 즐기는 것을 발견하였다. 이와 같은 아기와의 대화에서 성인들은 무엇이 재미있는가? 아마도 영아들이 성인의 이야기를 들으면 울음을 그치고, 눈을 크게 뜨고, 주위를 둘러보며 발성을 하는 반응일 것이다(Rosenthal, 1982). 한 연구에서는 심지어 두 달 된 영아가 사람이 이야기를 멈추고, 시작하고, 쉬는 것에 맞추어 그들의 신체를 움직인다고 보고하고 있다(Condon & Sander, 1974). 어떤 학자들은 영아가 양육자에게 맞추는 것이 아니라 양육자가 아기에게 맞추며 적응한다고도 주장하고 있다(Dowd & Tronick, 1986).

어떻든 성인 언어에 대한 아기의 반응은 그의 사회적 · 정서적 그리고 지적 발달에 긍정적으로 영향을 줄 수 있고 또 성인으로부터 관심을 일으키게 하고 대인접촉을 강화시켜 준다.

영아의 청각은 생후 4~6개월 사이에 크게 향상되며 매우 작은 소리의 탐지는 아동후기에 이르러서야 가능하다.

3) 미각 · 후각

신생아는 미각의 선호도를 갖고 태어난다. 예를 들어, 쓰거나 시거나 짠 것 또는 맹물보다는 단맛이 나는 액체를 오랫동안 빠르게 빠는 경향을 보인다.

신생아도 맛에 따라 얼굴 표정이 달라진다. 단맛에는 미소와 입맛을 다시는 반응을 보이나 신맛에는 코를 찡그리며 입을 오므린다. 그리고 쓴맛에는 입 한쪽을 내리면서 혀를 내밀거나 뱉어내는 반응을 보인다(Ganchrow, Steiner & Daher, 1983). 더욱이 이러한 반응들은 액체가 진해질수록 더 강하게 나타나서 신생아도 특정 미각의 여러 수준을 구별할 수 있다는 것을 시사한다.

신생아는 또한 여러 가지 냄새를 구별할 수 있는데, 암모니아나 썩은 달걀 냄새와 같은 불쾌한 냄새에 대해서는 혐오반응을 나타내며 격렬하게 고개를 돌린다(Steiner, 1979). 더욱 놀랄 만한 사실은 모유를 먹는 영아가 어머니가 가까이 왔다는 것을 엄마의 냄새를 통해서 안다는 것이다. 모유를 먹는 2주 된 아기는 자신의 어머니의 체취와 다른 사람의 체취를 구별할 수 있지만 우유를 먹는 아기는 구별할 수 없었다(Cernoch & Portes,1985). 후각이 아기가 양육자를 알아보는 초기 방법 중의 하나임에는 틀림이 없다.

4) 촉각 · 온도 · 통각

촉각에 대한 연구는 별로 이루어지지 않았으나 신생아의 반사에서 보았듯이 신생아는 촉각에 의한 반사를 나타낸다. 또 자고 있는 동안에도 신체 한 부분에 계속 촉자극을 주면 습관화를 나타냈다가 다른 부분에 촉자극을 주면 다시 반응을 보이는 탈습관화 현상도 보인다(Kisilevsky & Muir, 1984). 따라서 어린 영아들이 여러 가지 촉자극에 민감하다는 것을 알 수 있다.

생후 6개월 이후가 되면 영아는 촉각에만 의해서도 사물을 구별할 수 있다. 한 연구에서(Streri & Pecheux, 1986) 5개월 된 영아가 별 모양의 물체를 보지 못하는 상태에서 되풀이해서 만져만 보고 습관화가 되었다. 후에 이 별 모양의 물체와 다른 모양의 새로운 물체를 주고 만져 보게 했을 때, 영아들은 새로운 모양을 탐색하는 것을 선호하였다.

탈습관화
dishabituation
습관화되었던 반응이 자극의 변화로 인해 회복되는 현상

신생아들은 또한 따뜻함과 차가움 그리고 온도의 변화에 민감하다. 우유가 너무 뜨거우면 빨기를 거부하며, 방 안의 온도가 갑자기 떨어졌을 때는 체온을 유지하기 위하여 좀 더 활발히 몸을 움직이기도 한다. 또한 Bushnell, Shaw와 Strauss(1985)는 6개월 된 영아를 대상으로 특정 온도일 때 특정 색이 있는 물병에 익숙하게 하였다. 그 후에 온도는 같으나 색이 다른 물병을 주면 그 물병을 이미 익숙해 있는 물병과 같은 것으로 취급하였다. 그러나 물병의 색은 같으나 온도가 달랐을 때는 그 물병이 이미 익숙해 있던 물병과는 다른 병인 것처럼 눈과 손으로 그 병을 열심히 탐색하였다. 따라서 6개월 된 영아들이 온도의 변화를 구별할 수 있을 뿐만 아니라, 영아의 감각에서 온도가 상당히 중요한 역할을 한다는 것을 의미한다.

영아들은 얼마나 통증을 느낄 수 있을까? 생후 1일 된 신생아도 강한 통자극에는 반응을 보여 주사기 바늘로 찌르면 통증을 느끼는 것처럼 운다. 그러나 생후 며칠 사이에 작은 고통에 대한 민감도도 급격히 증가하여 하루 된 신생아보다 5일 된 신생아가 고통에 대하여 더 예민하게 반응을 한다.

고통스런 자극에 대한 영아의 반응은 생후 1년 사이에 급격하게 변한다. 생후 2개월경에 예방접종을 받을 때 영아는 명확한 고통을 표현한다. 반면 7~18개월의 영아들이 예방접종을 받을 때의 얼굴 표정은 화난 노여움의 표현을 한다(Izard, Hembree & Huebner, 1987). 아마도 나이든 영아들은 2개월 된 영아보다 인지적으로 성숙하여 자신이 겪고 있는 고통을 인지적으로 해석하여 그 상황에 대하여 화를 내는 것 같다.

3. 영아기 지각

1) 시지각

영아들은 언제 인간의 얼굴을 하나의 분명한 형태로 지각할 수 있게 되는가? 낯선 사람의 얼굴과 친숙한 사람의 얼굴을 언제부터 구별하기 시작하는가? 깊이와 삼차원을 지각할 수 있는가? 신생아들은 멀어져 가는 물체는 줄어든다고 생각하는가? 또는 그 물체들은 같은 크기로 남아 있으나 멀어지면서 단지 작아지는 것처럼 보인다고 생각하는가? 이러한 문제들을 많은 연구자들이 영아를 대상으로 연구하여 왔다.

(1) 형태지각

Fantz(1961)는 생후 2일 된 신생아도 시각적 형태를 쉽게 구별할 수 있다는 것을 보고하였는데, 신생아가 가장 선호하는 형태가 인간의 얼굴이었다. 이러한 사실은 신생아가 이미 얼굴을 의미 있는 형태로 해석하고 있다는 것을 뜻하는 것인가? 그렇다면 형태지각은 선천적인 것인가?

사람얼굴 모양의 그림에 대한 신생아의 선호가 실제 지각이라기보다는 착각일 수 있다는 연구자들의 해석도 보고되고 있다.

Fantz(1961)가 어린 영아에게 얼굴의 요소는 모두 갖고 있으나 각 요소의 위치가 뒤섞인 그림과 실제 얼굴과 비슷한 그림을 제시했을 때 아기는 두 그림에 대해 똑같이 관심을 보였다(그림 5-2). 그렇다면 사람의 정상 얼굴과 뒤섞인 얼굴이 똑같이 영아의 관심을 끌게 하는가?

Fantz의 연구 이후 여러 연구에서 영아들의 관심을 끄는 시각적 자극특성을 발견해 왔다. 예를 들어, 밝은 영역과 어두운 영역이 만나는 부분, 즉 강한 대조를 이루는 부분에 대해 영아가 주시하는 경향이 높은 것으로 나타났다(Bank & Ginsberg, 1985). 또 매우 어린 영아들도 단순한 형태보다 적당히 복잡한 도형에 대해, 직선보다는 곡선에 더 많이 주시하는 것으로 나타났다(Olson & Sherman, 1983). 따라서 Fantz의 연구에서 영아들은 정상 얼굴과 뒤섞인 얼굴이 대비되는 정도가 같고 곡선의 포함 정도나 복잡성이 같기 때문에 영아에게 똑같은 관심을 불러일으켰을 것이다. 또한 영아들은 특히 움직이는 물체에 주의가 끌린다.

신생아조차도 움직이는 물체를 천천히 눈으로 따라갈 수 있으며 정지된 물체보다는

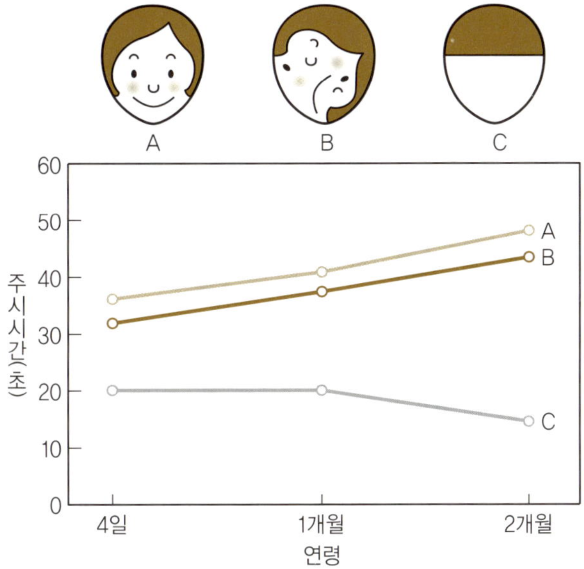

그림 5-2 얼굴그림 실험
출처 : Shaffer(1996)에서 인용

돌고 있는 물체를 더 오랫동안 주시하는 것으로 나타났다.

Haith(1980)는 영아가 환경을 주시하고 시각적 자극을 탐색하여 정보를 탐지해 낼 수 있는 능력을 이미 선천적으로 갖고 있는 자극 추구자라고 지적하였다. 이와 같은 타고난 주시와 탐색은 지각발달에서 결정적인 역할을 하는 것으로 보인다. 왜냐하면 그것이 영아의 시각 뇌세포를 계속 자극하여 뇌의 시각영역을 발달하도록 촉진하기 때문이다.

출생 후 2~12개월 사이에 영아의 시각체계는 급속히 성숙한다. 따라서 더 잘 보게 되고 복잡한 시각적 변별을 할 수 있게 된다. 이 시기가 형태를 지각하는 데 좀 더 효율적으로 변화하는 시기이다.

형태를 지각하는 데 가장 기본적인 과제는 주위환경으로부터 물체를 구별하는 것이다. 예를 들어, 식당 테이블 위에 어떤 장식물이 있고 그 앞에 우유병이 놓여 있을 때 그 우유병을 장식물과 어떻게 구별할 수 있는가? 형태를 지각하기 위하여 어떤 정보를 이용하는지 그리고 이러한 활동을 언제부터 할 수 있는가?

Kellman, Spelke와 Short(1986)는 4개월 된 영아를 대상으로 이 문제를 연구하였다. 영아들에게 중간 부분이 가려진 막대기를 보여 주고 긴 막대기로 지각하는지 또는 두

장자리에 주의를 기울이는 반면, 8주 된 영아는 눈, 코, 입과 같은 내적 특성을 주시하기 시작한다(그림 5-5).

9~11주에 이르면 영아들은 얼굴의 외곽보다 내적 특성을 주로 주시한다. 이와 같이 내적 특성에 대한 관심이 증가한다는 것은 2~3개월 된 영아들이 인간의 얼굴을 의미있는 형태로 지각할 수 있다는 것을 의미하는가? 대답은 긍정적이다.

Barrera와 Maurer(1981b)는 3개월 된 영아가 자신의 어머니의 사진을 알아볼 수 있을 뿐만 아니라 낯선 사람의 사진보다 어머니의 사진을 보는 것을 더 선호하는 것을 발견하였다. Barrera와 Maurer(1981a)는 또 다른 실험에서 3개월 된 영아들이 낯선 두 사람의 얼굴을 변별할 수 있었다.

두 낯선 사람의 얼굴이 상당히 비슷한 경우에도 구별하였다. 따라서 12~13주경에는 영아들이 얼굴의 형태를 지각하는 것으로 보인다. 더욱이 낯선 사람들이 영아들에게 모두 똑같아 보이는 것은 아니다.

또한 3~4개월 된 영아들이 얼굴 형태를 지각할 수 있을 뿐만 아니라 얼굴 표정에도 민감한 것으로 보인다. 이들은 슬프거나 화난 얼굴과 행복한 얼굴을 구별할 수 있을 뿐만 아니라, 행복한 얼굴을 더 많이 주시하였다(Barrera & Maurer, 1981a). 이 시기의 영아들은 전체적인 얼굴 표정을 진정으로 지각하는 것이 아니라 한정된 정보에만 초점을 맞추는 것이라고 지적하는 연구도 있다. 예를 들어, 영아들은 행복한 얼굴에 나타나는 미소가 치아와 얼굴의 나머지 부분 간에 대조를 크게 하기 때문에 행복한 얼굴을 더 많이 보기를 선호한다고도 말할 수 있다. 그럼에도 불구하고 3개월 된 영아는 자신의 어머니의 행복, 슬픔 그리고 화난 표정을 어머니의 목소리와 함께 제시되었을 때 명백히 변별할 수 있었다. 또한 영아들이 이 세 종류의 정서를 구별할 수 있을 뿐만 아니라, 행복한 표정에 대해서는 즐거워 하고 화난 표정에 대해서는 괴로운 반응을 보였다.

그러나 3~4개월 된 영아들의 지각에는 아직 여러 가지 한계를 갖고 있다. 이 연령의 영아들은 얼굴이나 얼굴 표정을 오랫동안 탐색해야 얼굴들을 구별할 수 있는 반면, 5~7개월경의 영아는 낯선 사람과 친숙한 사람을 보자마자 바로 구별한다. 또 얼굴의 정서적 표정의 강도에 따라서도 구별할 수 있으며 선으로만 그려 있는 여자 얼굴과 그 여자의 사진을 구별할 수 있다. 심지어 5~7개월경의 영아들은 2~3분 정도의 매우 짧은 시간 동안 어떠한 사람의 얼굴을 보고난 후 2주가 지나서도 잊어버리지 않았다(Fagan, 1979).

생후 6개월에서 1년 사이에 많은 영아들은 애매한 상황에서 어머니의 정서적 반응을 알아채고 이 정보를 자신이 행동하는 데 참조할 수 있게 된다. 최근의 두 연구에서는 이러한 사회적 참조 기능을 잘 보여 주고 있다. 8~10개월경 영아들이 공포를 자아내는 상황에서 낯선 사람이 급히 접근해 왔을 때 만약 자신의 어머니가 그 낯선 이에게 긍정적으로 말을 했거나 따뜻하게 인사하면 그 반대의 경우보다 영아들이 그 낯선 사람에게 호의적으로 반응하였다(Boccia & Campos, 1983). 12개월경이 되면 영아는 이미 불확실한 상황에서 어떻게 반응해야 될지를 결정하기 위하여 낯선 사람의 얼굴 표정을 참고로 한다.

사회적 참조 social referencing
애매한 상황의 의미를 알기 위해서 다른 사람의 정서적 반응을 활용하는 현상

어떠한 동작을 나타낼지 예측이 어려운 로봇을 제시하였을 때, 영아들은 자기 가까이에 낯선 사람이 로봇에게 미소를 짓는 것을 보았다면 곧 미소를 지으며 접근한다. 그러나 만약 낯선 사람이 공포의 표정을 지었다면 영아들도 걱정을 나타내며 그 장난감을 피하는 경향을 보인다(Klinnert et al., 1986). 따라서 얼굴 표정은 8~12개월경의 영아들에게 분명한 의미를 갖게 된다.

(3) 공간지각

어른은 자연스럽게 깊이와 삼차원을 지각하기 때문에 신생아도 삼차원을 지각할 수 있다고 생각하기 쉽다. 그러나 경험주의자들은 신생아가 약한 시력을 갖고 있고 또 명확한 시각상을 만들 정도로 눈의 동공을 조절할 수 없기 때문에 정확한 공간지각을 못한다고 주장한다. 더욱이 3개월 반 이전의 영아들은 양안시가 되지 못하여, 두 눈으로부터 들어오는 시각상을 중복되지 않은 하나의 시각상으로 전환하지 못한다(Fox et al., 1980). 이러한 모든 생물학적인 한계로 인하여 영아가 깊이를 지각하고 공간 속에서의 물체의 위치를 알기가 어려울지도 모른다.

양안시 stereopsis
두 눈으로부터 들어오는 시각상을 하나의 상으로 전환하는 과정

그러나 선천적인 능력을 강조하는 학자들은 깊이와 거리에 관련된 몇 가지 단서들은 한 눈으로도 탐지할 수 있다고 주장한다.

한 눈으로 탐지될 수 있는 깊이와 관련된 단서는 조망이다. 즉, 화가들은 이차원적 표면에 삼차원적인 특성을 표현하기 위하여 여러 가지 방법을 사용한다. 수평선을 향하여 멀어짐에 따라 직선으로 나열된 물체들이 한 점에 모아지게 그리거나 멀리 있는 물체를 가까이 있는 물체보다 더 작게 그린다. 또 멀리 있는 물체가 가까이에 있는 물체에 의해 가려지는 것 같은 기법으로도 표현한다. 만약 신생아가 한 눈으로도 탐지할 수 있는 이러한 조망단서를 활용할 수 있다면 그들의 시각세계는 태어날 때부터 바로 삼차원일 것이다.

그렇다면 언제부터 영아들은 깊이를 지각할 수 있으며 크기와 공간적 관계를 비교적 정확하게 유추할 수 있을까?

(4) 깊이지각

1960년대 초기에 Gibson과 Walk는 영아가 깊이를 지각할 수 있는지를 규명하기 위하여 시각적 절벽이라는 실험도구를 만들었다(그림 5-6). 시각적 절벽 연구에서 Gibson과 Walk(1960)는 6.5개월 이상의 대부분의 영아들은 얕은 쪽에서 깊은 쪽에 있는 어머니에게로 기어가려 하지 않았다. 이러한 사실은 생후 6~7개월경이 되면 깊이를 지각할 수 있다는 표시가 된다.

시각적 절벽을 통한 연구에서 문제가 되는 것은 영아가 절벽을 피한다는 것을 보기 위해서는 기어다닐 수 있어야 한다. 그런데 6개월 미만의 영아들은 기어다닐 수가 없다. 그러나 Campos, Langer와 Krowitz(1970)는 매우 어린 영아들의 깊이지각을 시각적 절벽에서 검사할 수 있는 방법을 고안해 냈다.

Campos 등은 영아가 얕은 쪽에 있을 때와 깊은 쪽에 있을 때에 영아의 심장박동을 기록하였는데, 2개월 된 영아들은 절벽 쪽인 깊은 곳에 있을 때는 심장박동이 감소하였는 데 반하여 얕은 쪽에 있을 때는 심장박동에 변화가 없었다. 심장박동의 감소는 이

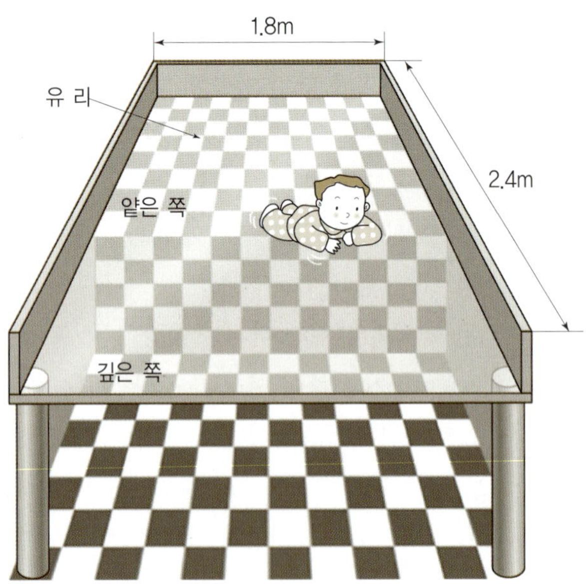

그림 5-6 시각적 절벽
출처 : Gibson & Walk(1960)에서 인용

연구에서 2개월 된 영아들이 깊은 쪽을 얕은 쪽보다 더 흥미롭게 느낀다는 것을 의미하는 생리학적 지표가 된다. 반면에 1개월 된 영아는 깊은 쪽에서나 얕은 쪽에서나 모두 심장박동의 변화가 나타나지 않았다. 아마도 이들의 시각적 능력은 절벽을 탐지할 수 있을 정도로 성숙하지 못하였기 때문일 것이다.

(5) 크기 항상성

한 물체가 크게 보이느냐 작게 보이느냐는 망막에 비친 상의 크기에 의해서 결정된다. 따라서 물체가 가까이 있으면 망막에 비추어진 상은 클 것이고 거리가 멀어지면 망막의 상은 작아진다. 그러나 실제 한 물체의 크기는 가까이 있든 멀리 있든 간에 같은 크기로 느낀다. 이러한 지각을 크기 항상성 지각이라 한다. 크기 항상성을 느끼는 것은 사물과 공간 간의 관계를 이해했기 때문에 생기는 것으로 거리나 깊이의 증가가 망막 상의 감소를 보상해서 물체의 절대적 크기를 그대로 유지시켜 주는 것이다. 만약 영아들에게서 크기 항상성이 나타난다면 영아들이 깊이나 거리 또는 삼차원을 지각한다고 결론을 내릴 수 있다.

크기 항상성
size constancy
물체가 눈앞에 가까이 있을 때와 멀리 있을 때 망막에 나타나는 상의 크기가 다름에도 불구하고 같은 크기로 지각하는 현상

크기 항상성이 일어나려면 거리를 추정할 수 있어야 하며, 이 능력은 영아들이 깊이에 민감해지고 거리단서에 민감해진 후에야만 나타난다. 즉, 시각적 절벽을 알아보고 망막에 커지는 물체에 대한 신뢰로운 반응을 하기 시작하는 시기인 2개월이 지난 후에야 나타날 수 있을 것으로 보인다. Day와 McKenzie(1981)는 4달 반 된 영아들에게서 크기 항상성의 증거를 발견하였다.

영아들을 우선 0.9~1.5m 떨어진 곳에 있는 얼굴모양 모델에 습관화시켰다. 그리고 나서 처음에 보여 주어 습관화된 얼굴보다 더 큰 얼굴을 보여 주면 영아들은 그것을 처음 보는 것같이 뚫어지게 쳐다본다. 그러나 처음에 보인 얼굴모양을 더 가까이 움직이거나 더 멀리 움직이면 영아는 그것에 대해 별다른 반응을 보이지 않았다. 분명히 처음 얼굴의 망막상이 커지거나 작아지거나 할지라도 영아는 그것을 처음 자극과 같은 것으로 인식하였다. 그러나 4달 반 된 영아들은 친숙한 물체에 한해서만 이 물체가 가까워지거나 멀어지는 것을 보았을 때 크기 항상성이 나타난다. 6~8개월경이 되어야 영아들은 친숙하든 친숙하지 않든 관계없이 정지된 물체의 거리가 변화되었을 때 크기가 변하지 않는다는 것을 인식한다.

(6) 그림의 깊이단서 지각

그림 5-7 영아의 그림 깊이지각
출처 : Yonas, Cleaves & Patterson(1978)에서 인용

최근 Yonas와 그의 동료들(Yonas, Cleaves & Patterson, 1978; Yonas, Granrud & Patterson, 1985)은 화가들이 2차원의 평면에 깊이와 거리를 표현할 때 사용하는 조망단서에 대해 영아들이 어떻게 반응하는지를 관찰하였다. Yonas 등(1978)은 영아에게 사진을 보여 주었는데, 이 사진은 45°에서 찍은 창문으로 창문의 오른쪽이 왼쪽보다 가깝게 보이는 사진이었다. 이 사진 앞에 영아를 앉혔을 때 어느 쪽의 창문을 더 만지려 할 것인가를 관찰하는 것이었다. 만약 영아들이 깊이에 대한 조망단서를 지각한다면 오른쪽의 창문이 더 가깝다고 생각하고 오른쪽을 더 만지려 할 것이고, 깊이에 대한 단서에 민감하지 않다면 양쪽을 같은 빈도로 만지려 할 것이다.

Yonas 등(1978)은 7개월 된 영아들이 가까이 보이는 창문 쪽을 향하여 손을 뻗었으며, 반면에 5개월 된 영아들은 그와 같은 선호도가 나타나지 않았다고 보고하였다. 그후 Yonas 등(1985)은 7개월경 영아들이 상대적 크기와 그림의 겹침 같은 회화적 단서에도 민감한 반면, 5개월 된 영아들은 그렇지 않다는 것을 발견하였다. 따라서 5~7개월 사이에 그림에서 깊이와 거리에 대한 정보를 추출할 수 있게 되는 것 같다.

결론적으로 공간지각이 선천적이라는 증거는 거의 없다. 신생아들이 접근해 오거나 멀어져 가는 대상을 유심히 보기는 하지만 확대되는 망막상에 민감하거나 시각적 절벽 같은 곳에 있을 때 깊이를 지각하는 것 같지는 않다.

2~4개월경이 되어야 시각체계가 성숙됨으로써 이와 같은 것들을 감지하게 되며 곧 크기 항상성을 보이며, 그림에서도 깊이와 거리를 추리할 수 있게 된다. 그러나 성숙 하나만으로는 공간지각의 이와 같은 극적인 변화를 설명할 수 없다. 오늘날 거의 모든 연구자들은 아동의 경험이 시각적 성숙에 공헌하고 동시에 지각적 학습을 촉진한다는 상호주의를 믿는다. 생후 1년 동안 영아들은 자연환경에서 경사진 표면, 층계 등을 탐색하고 움직이는 물체를 보고 만지고 함으로써 거리, 깊이 및 공간관계에 대하여 새롭고 흥미로운 발견을 하게 된다(Bertenthal & Campos, 1987).

2) 청지각

우리는 종종 인간을 시각적 동물로 생각하지만 1세 미만의 영아들은 시각적인 자극보다도 소리에 더 많이 반응을 한다. 신생아들은 소리에 주의를 기울일 뿐만 아니라 소리를 해석하려고 하는 것처럼 보인다.

실제로 DeCasper와 Frifer(1980)는 신생아들도 출생 후 3일 안에 그들의 어머니의 목소리를 구별한다고 보고하고 있다. 이들 연구자들은 특수 고무젖꼭지에 연결된 전기장치를 통해 아기의 빠는 속도를 기록할 수 있도록 만들었다. 그 결과 1~3일 된 신생아들이 자신의 어머니의 목소리를 들었을 때 고무 젖꼭지 빠는 속도가 변화하였으며 또 낯선 여성의 목소리보다 어머니의 목소리를 더 선호하는 것을 발견하였다.

DeCasper와 Spence(1991)는 임산부가 출산 직전 6주 동안 특정 책 내용의 일부를 반복해서 소리 내어 여러 번 암송했을 때, 출생 후 신생아가 다른 책 내용보다 태내에서 반복해서 들었던 내용을 더 선호하는 것을 발견하였다. 따라서 이와 같은 출생 전의 청각적 학습은 왜 신생아들이 다른 낯선 사람보다 자신의 어머니의 목소리 듣기를 선호하는지를 설명해 준다.

아기들은 목소리에 주의를 기울일 뿐만 아니라 생의 초기에 언어의 기본음인 음소를 구별할 수 있다(Eimas, 1985). 2~3개월 된 영아들이 바, 파 같은 자음을 구별할 수 있으며, 1주일 미만의 신생아들이 모음의 아와 이를 구별할 수 있으며, 단어들을 음절로 구분할 수도 있었다. 또한 아기들은 여러 사람들이 발음하더라도 한 음소를 같은 소리로 인지할 수 있다(Marean, Werner & Kuhl, 1992). 그리고 빠는 반응으로 측정한 결과, 신생아들이 음악소리는 계속 들으려는 반응을 보인 반면, 리듬이 없는 소음은 피하는 경향을 보였다.

4~6개월경이 되면 음악에 따라 몸을 움직이는 것을 볼 수 있었고(Moog, 1976), 또 이때쯤 되면 멜로디를 구별하고 노래의 높이나 속도를 변화시켜도 같은 곡조를 구별할 수 있다(Trehub, 1985). 이러한 연구들로 미루어 볼 때 아기들이 음악소리를 선호하고 소음을 싫어하며 음악의 여러 요소를 지각할 수 있다고 보인다.

감각 간 지각
intermodal perception
한 감각을 통해 친숙해진 자극을 다른 감각으로 알아낼 수 있는 능력

3) 감각 간 지각

우리는 종종 눈을 가린 상태에서도 손 위에 올려진 물건이 무엇인지를 알아낼 수 있다.

이것이 감각 간 지각능력인데, 이 경우에 시각으로 알고 있는 물건을 다른 감각인 촉각을 통해서 지각할 수 있는 능력이다.

이러한 감각 간의 지각은 언제부터 아기들에게 가능한 것인가?

Bower(1982)와 Gibson(1969) 같은 학자들은 출생 때부터 감각들은 통합되고 흥미있는 자극에 대하여는 모든 감각기관을 사용하여 탐색한다고 보았다.

이를 검증하기 위하여 Bower와 그의 동료들(Bower, Broughton & Moore, 1970)은 8~31일 된 아기들에게 특수 안경을 끼워 아기가 손이 닿는 거리에 비누거품이 있는 것같이 보이도록 하였다. 이 가상물체는 착각에 의해 눈앞에 있는 것처럼 보이도록 한 것이다. 이때 영아가 팔을 뻗쳐 손으로 그 물체를 만지려고 하면 아무것도 만져지지 않는다. 이 연구에서 아기들은 그 물체를 만지려고 했으나 아무것도 만져지지 않자, 놀라움이나 우는 등의 좌절의 반응을 나타냈다. 이것은 시각과 촉각이 통합된 것으로 해석되며 그들이 볼 수 있는 것은 만져질 수 있다고 기대하고 있는 것이고, 위에서와 같이 촉각이 시각적 기대와 일치하지 않을 때는 불편한 반응을 보이는 것이다.

또한 시각과 청각의 불일치를 다룬 한 연구(Aronson & Rosen-bloom, 1971)에서는 1~2개월 된 아기들이 엄마의 목소리가 엄마의 입으로부터가 아니고 다른 데로부터 들릴 때는 매우 불안해하였다. 이것은 시각과 청각이 생의 매우 초기부터 통합되어 있다는 것을 의미한다.

Gibson과 Walker(1984)의 연구에서도 과거에 빨아 보았던 물체를 시각적으로 지각할 수 있다는 것을 보여 주었다. 즉, 1개월 된 영아들에게 딱딱한 실린더나 혹은 부드럽고 유연한 실린더 중 한 가지만을 빨도록 한 다음, 부드러운 실린더와 딱딱한 실린더 모두를 아기에게 보여 주었다. 그 결과 아기들은 자신들이 빨지 않았던 실린더 모두를 더 응시하였다. 이들 영아들은 자신들이 빨았던 물체를 시각화할 수 있었고, 빨지 않았던 새로운 실린더에 더 흥미를 나타낸 것으로 해석된다. 물론 30일 된 영아는 부드러운 물체(젖꼭지)와 딱딱한 물체(엄지손가락)를 빤 경험이 많기 때문에 이 연구 결과 감각 간 지각이 선천적이라고 결론지을 수는 없다. 그러나 상당히 일찍부터 감각 간 지각이 가능하다는 것을 보여 준다.

4. 유아기 이후의 지각발달

만약 대부분의 감각 · 지각발달이 영아기 말경에 끝난다면 그 이후에는 지각발달에 어떠한 변화가 일어나는가? 유아기 이후의 지각발달은 주로 주의력의 발달로 이는 자신의 감각을 계획적으로 또는 책략적으로 사용하여, 직면한 과제에 관한 적절한 정보를 수집하는 능력이다.

1) 주의의 발달

태어난 직후부터 아기들은 자신들의 감각을 사용하여 환경을 탐색할 수 있으며 또 어떤 자극들을 다른 자극들보다 더 선호하는 경향을 보인다(Gibson, 1987). 그러나 어린 영아들의 주의는 사물이나 사건에 의해 쉽게 빼앗긴다. 예를 들어, 1개월 된 아기의 경우 의도적으로 또는 선택적으로 어떤 한 얼굴에 주의를 기울이기보다는 얼굴 자체가 영아들의 주의를 끄는 것이다.

또 학령 전 아동들은 한 활동에 몰두했다가도 곧 흥미를 잃고 다른 활동에 이끌리곤 한다. 아동이 점차 자라면서 그들의 주의의 폭이 증가하고 주의를 기울이는 대상이 점차 선택적으로 되면서 목표를 성취하는 데 필요한 정보를 모으는 데 체계적인 계획을 세워 주의를 기울일 수 있게 된다.

선택적 주의
selective attention
무관하거나 방해가 되는 면은 무시하면서 자극의 특정 측면에만 주의를 기울이는 현상

어린 아동들의 주의의 지속시간은 매우 짧기 때문에 단일 대상에 오랫동안 주의를 기울이지 못한다. 아동의 지속적인 주의력을 측정하기 위해서 Yendovitskaya(1971)는 아동들에게 가늘고 긴 색종이를 색에 따라 상자 속에 넣도록 하고 이 일을 얼마 동안이나 지속할 수 있는지를 측정하였다. 그 결과 2.5~3.5세 아동들은 평균 18분 정도 할 수 있었으며 쉽게 다른 것에 주의를 돌렸다. 반면에 5.5~6세 아동들은 1시간 이상을 이 일을 지속할 수 있었다. 2, 3세 아동들은 자신들이 좋아하는 TV를 보거나 놀이를 할 때에도 딴 데를 보거나 왔다갔다 하는 등 주의를 여기저기로 분산시켜 한 활동에 지속적인 주의를 기울이기가 어려웠다(Ruff & Lawson, 1990). 지속적인 주의력은 아동기를 지나 초기 청년기까지도 계속해서 향상된다. 이러한 발달은 주의의 중추적 역할을 하는 망상계가 사춘기가 되기 전까지는 완전히 수초화가 되지 않는 데 기인한 것으로 생각된다.

망상계
reticular formation
주의를 조정하는 역할을 하는 뇌의 영역

또 아동들은 나이가 들면서 더 계획적이고 체계적인 지각적 탐색을 하게 된다. 2~3

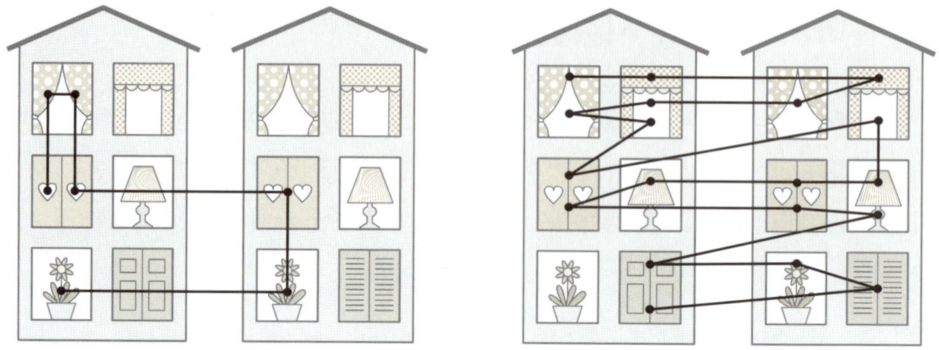

그림 5-8 선택적 주의실험

출처 : Virpillot(1968)에서 인용

개월 된 영아들도 시각적 탐색을 하지만 복잡한 시자극의 일부분만을 탐색한다. Vurpillot(1968)는 4~10세 아동을 대상으로 두 그림이 같은지 다른지를 답하게 하는 과제를 주었을 때, 4, 5세 아동들은 체계적이거나 철저한 시각적 탐색을 하지 못하고 종종 잘못 판단하였다(그림 5-8). 반면에 6세 반경이 되면 상당히 체계적으로 된다. 따라서 나이든 아동들은 잃어버린 물건을 찾기 위해 주위환경을 탐색하는 데도 어린 아동들보다 체계적으로 탐색한다.

그림 5-9 전체와 부분 측정과제

출처 : Elkind, Koegler & Go(1964)에서 인용

나이가 증가함에 따라 선택적 주의력도 발달한다. 즉, 나이가 들면서 관계없는 부분은 무시하고 주의를 기울이고자 하는 곳에만 주의를 집중한다. Maccoby(1967)는 유치원, 초등학교 2, 3, 6학년 아동들에게 수신기를 통해 동시에 여자와 남자가 말하는 다른 내용을 들은 후에 여자 또는 남자가 말한 내용을 말하도록 하였다. 한 집단에게는 미리 남자가 말한 내용을 기억할 것인지, 여자가 말한 내용을 기억할 것인지를 정해 주었고, 또 한 집단에게는 미리 알려주지 않고 듣고 난

후 남자, 여자를 지정해 주었다. 그 결과, 나이든 아동들은 미리 안 경우나 모른 경우 모두, 어린 아동들보다 회상을 더 잘하여 선택적 주의력이 발달하고 있다는 것을 알 수 있었다. Elkind, Koegler와 Go(1964)는 전체와 부분 관계에서도 선택적인 주의력을 보고하였다(그림 5-9). 이 연구에서는 그림을 보여 주고 초점의 변화를 보았는데, 4, 5세 아동들은 독립된 부분에만 주의를 기울이나 7세 아동은 전체와 부분에 번갈아 초점을 맞추었고 8세 아동의 60%, 9세 아동의 78%가 부분과 전체에 동시에 주의를 기울인다는 결과를 보고하였다.

2) 형태 지각발달

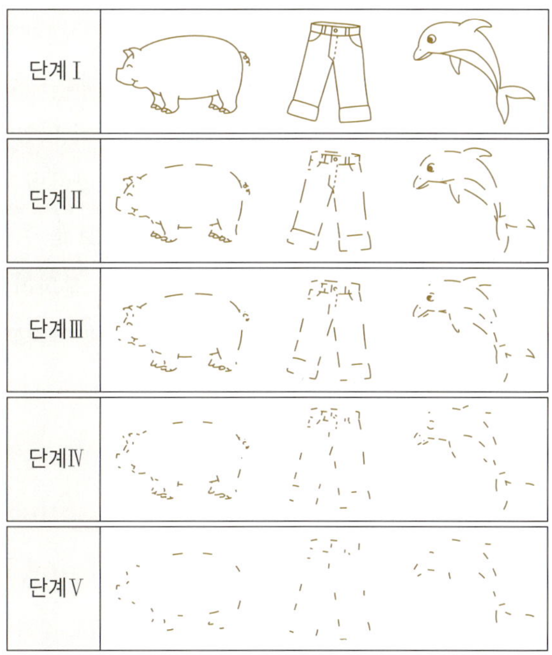

그림 5-10 미완성 그림 맞추기
출처 : Golin(1962)에서 인용

어린 아동들은 다른 그림 등에 의해 가려진 상황에서 숨겨진 형태가 있다는 것을 알고 있다 하더라도 어떤 그림이 숨겨져 있는지를 찾아내기가 매우 어렵다. Ghent(1956)는 숨은 그림 검사를 여러 연령층의 아동들에게 실시했을 때, 숨은 그림을 찾는 능력은 연령의 증가에 따라 서서히 발달한다는 것을 발견하였다. 이 연구에서 8세아의 25%만이 숨은 그림을 모두 찾아냈다. 또 Gollin(1962)은 3~5세 아동들에게 미완성된 그림을 보여 주고 무슨 물체인지 알아맞추게 하였다(그림 5-10). 만약 아동이 맞추지 못하면 답을 맞출 때까지 완성된 그림에 가깝도록 그 그림에다 조금씩 더 첨가한 그림을 보여 준 후 답하도록 하였다. 그 결과 3세 아동들은 거의 완성된 그림이 되었을 때만 맞는 답을 찾았으며, 3세보다는 4세, 4세보다는 5세 아동들이 미완성된 상태에서 맞는 답을 더 많이 하였다. 이와 같은 형태지각은 초기 청년기까지 발달한다.

Gibson에 따르면 이와 같은 지각의 발달은 환경을 능동적으로 탐색하여 어떤 대상의 변별 특징을 탐지할 수 있을 때 일어난다.

변별 특징
distinctive feature
한 자극과 다른 자극을 구별할 수 있는 특징

변별 특징이란 한 자극을 다른 자극과 구별할 수 있는 단서를 가리킨다. 3세 유아는 처음에 토끼와 고양이를 구별하지 못하고 혼동한다. 그러나 두 동물이 거의 같은 크기의 털을 모두 갖고 있지만 토끼는 긴 귀를 가졌다는 변별 특징을 발견하게 되면서부터 두 동물을 구별하게 된다. Gibson은 지각학습의 동기는 선천적인 것으로, 출생하면서부터 인간은 능동적으로 정보를 추구해서 자연환경 내의 질서와 변별 특징을 찾는다고 보았다.

지각학습
perceptual learning
경험의 결과로 감각자극으로부터 정보를 뽑아내는 능력의 변화가 일어나는 것

Gibson과 그의 동료들은 4~8세 아동들을 대상으로 여러 가지 문자 모양의 형태를 변별하는 지각발달과정을 연구하였다. 아동들에게 표준 자극과 똑같은 자극을 여러 자극들 중에서 찾아내도록 하는 것이었다.

4~5세 유아들은 이 과제수행에 어려움이 많았으나, 6~8세 아동들은 표준 자극과 다른 자극을 구별할 수 있는 변별 특징을 찾아낼 수 있었다. Gibson은 어린 아동들도 끊임없이 환경으로부터 새롭고 정교한 정보를 추출함으로써 사물과 사건들을 구별하는 변별 특징을 발견하는데, 이러한 과정을 분화라고 하였다. 나이가 들어 이러한 분화과정이 계속되면서 아동은 지각발달이 이루어지고 점차 감각기관으로부터 오는 정보를 정확하게 해석해 간다.

분화 differentiation
변별 특징을 발견하여 사물과 사건들을 구별해 가는 과정

5. 환경의 영향

앞에서 우리는 신생아들도 놀랄 만한 감각 · 지각능력이 있다는 것을 보았다. 그러나 지각이 더 발달해 가기 위해서는 경험이 중요한데 이것은 환경자극이 있어야 뇌의 감각중추영역과 신경통로가 성숙하기 때문이다. 그렇다면 왜 환경이 중요한 것일까?

1) 시각적 실조

시각체계가 정상적으로 발달하기 위해서는 생의 초기에 시자극이 필요하다. 백내장을 갖고 태어난 아기가 성인이 된 후 수술을 해서 시각을 되찾았으나 처음에는 구형이나

입방체 같은 형태를 변별하는 데 어려움을 갖는다.

Mitchell(1988)은 생의 초기에 시각실조를 경험하면 성인이 되어 시각을 되찾아도 완전한 회복이 어렵다고 지적한 바 있다. 최근의 연구에서는 시각적 자극 중에서도 뇌의 시각영역이 적절하게 발달하기 위해서는 특정 종류의 시자극이 필요한 것으로 알려지고 있다(Gandelman, 1992). 예를 들어, 수평선, 수직선 또는 사선에 반응하는 신경세포는 각기 다르다. 이러한 신경세포들이 일정 시기에 자극을 받지 못하면 이 세포가 발달하지 못해 시지각에 장애가 오게 된다. 고양이에게 수직선만 볼 수 있는 안경을 끼고 성장시켰을 경우 수직선에 반응하는 세포들은 잘 발달한 반면, 수평선이나 사선을 지각하는 일부 세포들은 발달하지 못한다. 인간의 경우도 심한 난시를 보였던 사람은 시력교정 후에도 오랫동안 모든 방향의 선들을 똑같은 수준으로 잘 보지 못한다(Mitchell et al., 1973).

같은 현상은 청각에서도 일어나는데, 청각실조가 뇌의 청각 중추신경의 발달을 저해할 뿐만 아니라, 청각 손상을 입은 아동이 3세 이전에 발성에 관한 특수 훈련을 받지 않으면 발화나 언어에 치명적인 곤란을 겪게 된다(Associated Press, 1993). 따라서 성숙만으로는 충분하지 않고 지각발달을 위해서는 지각경험이 필수적이다.

2) 사회적 · 문화적 환경의 영향

다른 문화나 사회에서 자란 사람들은 외부세계를 다르게 지각할까? 확실히 문화마다 지각적 선호가 다르다. 예를 들어, 문화에 따라 혐오하는 음식도 다를 수 있고 미인의 기준도 다를 수 있다. 따라서 문화는 사회적 지각의 기준인 다른 사람이나 활동을 평가하는 기준을 제공한다. 이러한 기준이 무생물이나 물리적 환경을 지각하는 데도 우리의 사회적 배경이 영향을 미치게 된다.

색의 명도나 소리의 크기를 변별하는 기본 감각능력은 문화적 배경에 따라 다르지 않으나, 들어오는 감각정보에 대한 해석은 자라오면서 가졌던 경험에 따라 상당히 다르다. 또 사회적 가치도 지각에 영향을 미치는데, Bruner와 Goodman(1947)은 10세 아동을 대상으로 동전을 보여 주고 그 크기에 맞게 불빛의 크기를 조정하도록 하였다.

아동들은 모든 동전을 과대평가하는 경향이 높았으며, 특히 돈의 가치가 높은 동전일수록 과대평가를 하였다. 결국 사물의 물리적 특성에 대한 지각도 그 사물에 대하여 부과하는 가치 정도에 의해 영향을 받는다는 것을 알 수 있다.

장독립과 장의존
field-independence/
field-dependence
주변 맥락적 상황(장)이 개인의 지각적 판단에 영향을 미치는 정도

아동의 가정환경도 지각발달에 영향을 미친다. Witkin(1967)은 부모의 양육방법이 자녀의 장독립과 장의존과 같은 지각특성에 영향을 미친다고 지적하고 있다. 장독립과 장의존은 두 가지 다른 지각양식을 가리킨다.

장독립적인 사람은 맥락이나 배경의 영향을 받지 않고 사물을 지각하거나 정보를 처리하는 반면, 장의존적인 사람의 지각은 무관한 정보나 배경에 의해 영향을 받는다. Witkin과 그의 동료들(Witkin, Goodenough & Oltman, 1979)은 자녀의 행동을 감독하고 정해진 규범을 따르도록 강하게 요구하는 지배적인 부모의 양육태도는 자녀의 장의존적 성향에 영향을 미치며, 자녀의 독자성을 인정하고 허용하는 부모의 양육태도는 장독립성에 영향을 미친다고 보고하고 있다.

비교문화연구에서도 Witkin의 부모 양육태도 가설은 지지를 받았다. 집단으로의 경제활동이 중요한 농경사회에서 부모는 그들 사회의 생활방식을 유지하기 위하여 자녀들에게 복종과 협력을 강조하고 개인의 목표에 앞서 집단의 요구를 우선하는 것을 가르친다. 반면 수렵사회는 집단으로 이동하면서 생활하기는 하나 종종 사냥을 혼자서 하게 되므로 협력과 복종보다는 자기 신뢰감, 독립성이 강조된다. 따라서 Witkin과 Berry(1975)는 농경사회의 사람들이 장의존적이라는 것을 발견하였고, 수렵사회에서의 아동은 장독립적이라는 것을 발견하였다.

지금까지 살펴본 것처럼 지각발달이란 결국 감각수용기의 성숙, 사물 분석과 해석에 적용된 아동의 감각경험, 아동의 운동기능 그리고 아동이 성장해 온 사회적 맥락에 의존하는 복잡한 과정으로, 한 마디로 사물이나 사건에 대한 해석적 기술의 성장이라고 말할 수 있다.

정리해 봅시다

1 신생아와 영아기의 지각을 측정할 수 있는 방법을 생각해 보자.

2 얼굴지각의 발달과정을 설명해 보자.

3 공간지각이 선천적인지를 생각해 보자.

4 주의의 발달과정을 설명해 보자.

5 지각발달에서 환경의 영향을 생각해 보자.

Chapter 6

인지발달

인지란 인간이 지식을 획득하여 사물을 알게 되는 과정과 이 지식을 활용해서 문제를 해결하는 정신적 활동을 가리킨다.

인지과정을 통해 우리는 주위세계를 이해하고 여기에 적응할 수 있게 된다. 여기에는 주의, 지각, 학습, 기억 및 사고과정이 포함되는데, 이는 모두 인간의 마음속에서 일어나는 관찰할 수 없는 것들이다.

인지발달이란 인간이 연령과 함께 발달해 가면서 일어나는 인지의 변화를 말한다(Flavell, Miller & Miller, 1993). 인지발달연구는 발달에 관한 연구에서 가장 다양하고 활발한 연구영역이다.

이 장에서는 인지발달연구에 지대한 공헌을 한 Piaget의 인지발달 이론과 관련 연구를 다루고자 한다.

Chapter 6

인지발달

인지 cognition
인간이 지식을 획득하는 과정과 지식을 활용하는 정신적 활동

인지발달 cognitive development
연령과 함께 발달해 가면서 나타나는 주의, 지각, 학습, 기억과 사고 같은 정신적 · 인지적 활동의 변화

Piaget는 '지능이란 무엇인가? 지식은 어디서부터 오는 것일까?' 와 같은 질문에 답하기 위해 인간의 기본적 지적 능력의 획득과정을 다루었다. 구체적으로 유목, 서열, 보존, 관계, 수, 공간 등의 개념발달을 다루었으며 이와 같은 기본개념을 하나의 체계화된 이론 속에서 기술하였다는 것은 20세기 중요한 업적 중의 하나이다.

Piaget는 생물학과 함께 철학에 관심이 많았다. 특히 지식의 근원에 관련된 철학의 한 영역인 인식론에 매료되었다. 생물학과 철학에 대한 관심의 결합은 Piaget 이론형성에 영향을 주어 Piaget 이론의 근간을 이루는 '지식은 어디로부터 오는 것일까?' 라는 근본적인 질문을 가능하게 하였다. 또한 철학적 논쟁도 과학적 방법의 적용을 통해서 해결하려 하였다. 이러한 배경에서 Piaget는 아동의 지능발달에 관심이 많았다. Piaget는 지능을 지능검사에서 측정되는 것보다 좀 더 폭넓은 일반적인 인지능력으로 생각하였다. 지능은 지각, 언어, 도덕성 등 사고를 포함하고 있는 모든 지적 활동에 영향을 준다고 믿었으며 이러한 믿음으로 해서 Piaget는 실제 상황에서의 아동의 반응과 이에 대한 이론적 이해 모두를 다루었다. Piaget는 또한 한 인간의 생애에서 지능은 일련의 질적으로 다른 단계를 거쳐 발달해 나간다고 믿었다.

1. 기본개념

Piaget 이론에서 각 발달단계에 따른 아동의 사고특성을 검토하기 전에 발달과정에 대한 Piaget의 기본개념을 이해해야 한다.

1) 지 능

Piaget는 지능을 인간이 환경에 적응하도록 하는 기본적인 능력이라고 정의하였다. 유아가 텔레비전를 켜려고 애를 쓸 때나 친구와 과자를 어떻게 나눌까를 생각할 때, 두 경우 모두 지능이 그들의 적응에 영향을 주고 있는 것이다. 또한 Piaget는 지능을 평형화의 한 형태로 보아, 모든 지적 활동은 사고와 환경 간의 균형 있고 조화로운 관계를 유지하고자 하는 특징을 갖고 있다고 하였다(Piaget, 1977). 따라서 Piaget는 아동이 환경에서 새로운 자극을 만나 그 자극을 즉각적으로 이해하지 못할 때, 아동의 사고와 환경 간의 인지적 불평형이 일어난다고 설명하고 있다. 이러한 불평형이 아동으로 하여금 새로운 자극에 대처할 수 있도록 하는 정신적 적응을 일으키게 해서 인지적 평형상태를 회복하게 된다. 한마디로 Piaget의 지능개념은 상호작용적 모델로, 개인의 내적 정신적 구조와 외부 환경자극 간의 부조화가 인지적 활동을 일으켜 지적 성장이 이루어진다고 보았다.

지능 intelligence
Piaget 이론에서 환경에 적응하는 기본능력

인지적 평형화 cognitive equilibrium
인지과정과 환경 간의 균형 있고 조화로운 상태

2) 인지구조

Piaget 이론에서 중심개념 중의 하나는 인지구조이다. Piaget에 의하면 인지는 정신적 구조의 변화와 이 구조의 정교화를 통해서 발달한다(Piaget & Inhelder, 1969). 따라서 Piaget가 말하는 인지구조는 지능과 지적 행동의 밑에 있는 보이지 않는 지식의 틀을 가리킨다.

인지구조는 가장 간단하게는 아동이 그가 부딪치는 세계를 이해하는 데 필요한 일종의 지식 기반이다. 아동은 그가 갖고 있는 인지구조를 통해서 주위세계를 이해하게 된다. 또한 인지구조를 통해 경험을 해석하고 조직화하는 것이다.

Piaget에게 인지발달은 바로 인지구조의 발달이다. 아동은 태어날 때 이미 반사능력을 갖고 있어서 이 반사를 통해서 그의 주위세계를 해석하는데, 이때 이후 이들 반사의 구조가 변화하면서 발달하게 된다.

Piaget(1952)는 이러한 인지구조를 도식이라고 불렀는데, 이를 행동적 도식, 상징적 도식 그리고 조작적 도식의 세 종류로 구분하여 기술하였다.

행동적 도식은 아기가 사물에 반응하거나 경험을 하게 될 때, 사용하는 조직화된 행동의 양식이다. 이 도식은 아기가 이 세상을 알게 될 때 처음 사용하는 인지구조로, 주로 영아기에 나타나며 외현적 행동을 통해서만 표현될 수 있다는 특성을 갖고 있다. 따

인지구조 cognitive structure
경험을 표상하고 조직화하고 해석하는 정신적 구조

도식 scheme
경험을 해석하기 위해 구성된 일련의 조직화된 행동 또는 사고양식

행동적 도식 behavioral scheme
사물에 반응하거나 경험을 표상할 때 사용하는 조직화된 행동양식

라서 9개월 된 영아에게는 공은 공이라는 이름을 갖고 있는 동그란 장난감이라는 개념이 없고 자신이 튀게 할 수 있거나 구르게 할 수 있는 물체로 표상하게 된다.

상징적 도식 symbolic scheme
경험을 표상할 때 사용하는 심상이나 언어적 부호 같은 정신적 상징

상징적 도식은 머릿속에 있는 경험의 표상을 가리키며, 실제 행동을 하지 않고서도 머릿속에서 심상이나 언어와 같은 정신적 상징으로 생각하거나 문제를 풀 수 있을 때 보인다. 2세에 가까워지면 영아들에게 상징적 도식이 나타난다.

조작적 도식 operational scheme
사고의 내적·정신적 활동에서 나타나는 인지적 조작

인지적 조작 cognitive operation
인간이 사고 대상에 대해서 수행하는 내적 정신활동

조작적 도식은 7세 이후 아동들의 사고에서 나타나며, 내적 · 정신적 활동으로 논리적 결론에 도달하는 인지적 조작이 특징이 된다. 예를 들어, 8세 아동은 물을 담은 그릇이 달라졌다고 물의 양이 변하지 않는다는 것을 안다. 다른 그릇에 담아도 머릿속에서 다른 그릇에 담기 이전의 상태로 되돌릴 수 있기 때문이다. Piaget에 의하면 가장 흔한 인지적 조작은 +, − , ×, ÷ 같은 수학적 상징에 의해서 행해지는 정신적 조작이다. 이러한 조작은 모두 먼저 있던 상태로 되돌려 볼 수 있도록 하는 특성을 갖고 있어서 학령기 아동들이나 청소년이 좀 더 추상적이고 가설적인 조작적 도식을 구성할 수 있도록 해준다.

3) 능동성

능동성 activeness
스스로 행동을 시작하며 자극을 찾는 특성

Piaget 이론의 또 하나의 중심개념은 아동이 태어날 때부터 선천적으로 능동적이라는 점이다. 아동은 환경으로부터 자극받기를 기다리는 수동적 존재가 아니라 오히려 능동적으로 행동을 시작하며 자극을 찾는 존재이다. Piaget는 아동의 인지구조 또한 선천적으로 능동적이라고 설명하였다. 특히 인지구조를 새로이 획득하였을 때 아동은 능동적으로 연습하여 견고하게 발달시킨다. 이 견해로 보면 주위세계의 사물이나 사람과의 상호작용을 능동적으로 시작하는 아동은 자신의 발달에서 중요한 역할을 하는 존재가 된다. 물론 유전과 환경 모두 발달에 중요한 역할을 한다는 것을 Piaget도 믿었다. 그럼에도 불구하고 그는 아동 자신의 역할을 강조한 것이다.

4) 구성적 특성

구성적 과정 constructive process
주위 세계를 자신이 이미 알고 있는 것에 의해 지각하고 해석하는 과정

능동성과 관련된 개념으로 인지는 구성적 과정이라고 Piaget는 믿었다. 아동은 그들이 이미 갖고 있는 인지적 틀에 의해서 주위세계를 해석한다. Piaget에게는 객관적인 실체는 없다. 개인이 갖고 있는 인지적 틀에 의해 세계를 보며, 현실은 환경으로부터 오는 정보와 우리 머릿속에 갖고 있는 인지구조에 기초하여 이루어진 것이다. 그러므로

주위세계가 누구에게나 똑같이 지각되는 것은 아니며, 인지과정은 개인과 환경과의 상호작용에 의한 능동적이고 구성적 과정이다.

5) 인지과정

Piaget는 전 생애를 걸쳐 일어나는 인지과정을 조직화와 적응이라는 두 가지의 과정으로 설명하였다.

(1) 조직화

조직화는 지적 조작들을 하나의 응집된 지식체계로 결합하고 통합하는 타고난 경향을 가리킨다. 따라서 하나의 인지구조가 다른 인지구조와 관계없이 독립적으로 존재하는 것이 아니라 서로 협응한다. 예를 들어, 1주일된 신생아가 빠는 도식을 갖고 있고 이와는 독립적으로 손과 팔의 움직임에 대한 도식을 갖고 있다. 그러나 이 아기는 곧 이 두 가지 도식을 협응시켜 손가락 빨기 도식을 생성시킨다. 손가락 빨기 도식은 선천적이 아니고 처음에는 독립적이었던 두 가지 도식을 하나의 통합된 도식으로 조직화시켜 나타난 것이다.

> **조직화 organization**
> 도식들을 하나의 응집된 지식체계로 결합하고 통합하는 타고난 경향성

(2) 적 응

인지구조가 환경적 요구에 맞춰 가는 경향이 적응이다. Piaget는 적응을 동화와 조절 두 가지 차원으로 나누어 보았다.

> **적응 adaptation**
> 환경의 요구에 맞춰 가는 타고난 경향성

- 동화 : 들어오는 정보를 이미 갖고 있는 생각의 틀에 따라서 해석하는 것을 동화라 한다. 예를 들어, 머리 위는 대머리이고 양옆으로 흐트러진 머리를 한 성인을 보고 2세 아동이 광대라고 말했을 때, 그 아동은 분명히 그 성인의 인상에서 자신이 갖고 있는 광대의 특징을 보고 그렇게 지각한 것이다.
- 조절 : 자신의 생각을 새로운 경험에 맞추는 것을 의미한다. 위의 광대의 예에서, 그 아기의 어머니가 그 사람의 머리가 광대 같지만 광대 옷도 입고 있지 않고 사람들을 웃기지도 않는다고 말을 했다. 이때 아기는 이 경험을 통해서 그가 갖고 있었던 기존의 광대 개념을 일반적으로 받아들여지고 있는 의미로 새롭게 조절하게 되었을 것이다.

> **동화 assimilation**
> 새로운 경험을 자신의 도식에 통합하여 그 경험을 해석하는 과정

> **조절 accommodation**
> 새로운 경험을 통합하거나 적응하기 위하여 자신의 도식을 수정하는 과정

동화와 조절은 상호 영향을 주는데, 동화는 조절 없이 절대로 있을 수 없고 조절 역

시 마찬가지이다. 새로운 물건을 보자마자 영아는 다른 물건을 잡았듯이 그것을 잡으려고 노력함으로써 이미 갖고 있는 접근으로 새로운 사물을 동화하고자 할 것이다. 그러나 그는 또한 그 물건을 잡을 때 모양에 맞게 적응해야만 한다. 따라서 그의 행동을 조절하게 되는 것이다. 동화의 극단적인 경우는 상상놀이이다. 이 놀이에서 아동은 사물의 물리적 특성을 숨기고, 그 사물들이 그 순간에 상상하고 있는 것처럼 그 사물들을 취급한다. 조절의 극단적인 경우는 모방이다. 아동은 그들이 본 것을 단순히 모방하며 자신들의 해석은 극소화한다. 극단적인 경우라도 동화와 조절 두 과정의 요소를 함께 볼 수 있는데, 상상놀이에서 아동은 물리적 특성을 볼 수 있어야 하기에 비록 상상놀이일지라도 의자가 절대로 커피 잔으로 동화되는 경우는 거의 없다. 반대로 우리가 무엇을 하고 있는지 이해하지 못할 때는 모방도 종종 완전하지 못하다.

(3) 평형화

평형화 equilibration
인지적 평형을 이루려는 경향성으로 인지적 평형은 인지구조가 발달하여 환경에 잘 적응해 갈수록 평형을 이루게 된다.

Piaget는 아동이 한 단계에서 다음 단계로 발달하는 데는, 성숙, 물리적 세계에서 아동의 직접적인 경험, 다른 사람으로부터 전해 받는 지식 그리고 평형화가 영향을 준다고 보았다. 특히 그는 앞의 세 가지 요인만으로는 발달을 설명하기에 충분하지 않고 이 요인들이 평형화와 통합이 되었을 때만 발달이 일어날 수 있다고 하였다. 평형화는 인지적 평형을 유지하려는 경향을 말하며 동화와 조절을 포함한다.

Piaget는 아동의 인지체계와 외부세계와의 사이에 안정된 평형을 추구해 가는 것이 발달이라고 보았으며, 이와 같은 발달과정을 통해서 아동의 인지구조는 점차적으로 현실을 더 정확하게 반영하게 된다고 하였다.

평형화는 세 단계를 걸쳐서 일어나는데, 첫번째 단계는 아동이 자신의 사고틀에 의해 사물을 해석하는 데 아무런 문제가 없는 평형상태에 있는 것이다. 두 번째는 자신의 사고틀로서는 사물의 해석이 안 되어 만족하지 못하고 불평형상태에 이른 단계이다. 그리고 마지막 단계는 자신의 사고틀을 바꾸어 문제점을 없애 주는 조금 더 높은 사고틀을 갖게 되어 안정된 평형상태에 이르는 것이다.

이 마지막 단계의 평형상태는 어떻게 이루어지게 되는 것일까?

Piaget에 의하면 평형화는 자신의 인지구조를 변화시킴으로써 획득된다고 보았다. 현재 인지구조로는 수용할 수 없는 많은 정보를 접하게 됨으로써 이들 정보를 수용할 수 있도록 인지구조를 수정하는 조절이 일어날 수 있다. 결과적으로 새롭고 더 안정된 구조가 발달하게 된다. 이전의 인지구조보다 새롭게 형성된 구조가, 새 정보를 수용하는 데 폭이 더 커져서 외부 정보로부터 불평형상태로 갈 가능성이 적기 때문에, 더 안정적이라고 볼 수 있다.

평형화 과정을 설명하기 위하여, 동물만이 생물이라고 생각하는 5세 아동을 생각해 보자. 어느 날 이 아동은 식물도 생물이라는 말을 들었다. 이 새로운 정보는 생물이라는 의미에 의문을 갖는 불평형상태를 일으킬 수 있다. 식물은 동물의 특성을 거의 갖고 있지 않다고 생각했다. 그러나 결국 그 아동은 생물이라는 의미를 붙일 수 있는 동물과 식물의 공통점, 예를 들어 성장한다, 자손을 만든다와 같은 특성을 발견하게 될 것이다. 이러한 발견은 그 아동으로 하여금 성장하는 능력과 자손을 만드는 능력을 생물의 특성으로 알게 한다. 이와 같은 새로운 이해로 더 안정된 평형상태를 형성하게 된다.

2. 발달단계

Piaget에 의하면 인지구조의 변화는 질적으로 구분될 수 있는 몇 개의 단계를 거쳐간다고 가정한다. 각 단계는 하나의 통합된 구조를 갖고 있고, 또 이러한 단계는 선행된 단계로부터 생기며, 다음 단계를 준비하면서 그 다음 단계의 구조로 통합된다. Piaget의 이론에 의하면 이러한 각 단계가 나타나는 순서는 어느 아동에게나 일정하다. 그러나 각 단계에 도달하는 연령단계는 개인의 경험, 동기 및 사회 · 문화적 환경에 따라서 다를 수 있다고 가정한다.

Piaget는 이러한 발달단계를 크게 감각운동기, 전조작기, 구체적 조작기, 형식적 조작기의 네 단계로 나누고 이것을 다시 하위단계로 세분하였다.

1) 감각운동기(출생~2세)

아동이 태어나서 1년 반 혹은 2년까지는 언어와 같은 상징적인 기능이 작용하지 못하고, 단지 감각-운동의 행동적 도식을 형성해서 외부환경을 이해하고 적응해 간다고 해서 이 시기를 감각운동기라고 부른다.

이 시기에 있어서의 발달은 매우 빨라서 처음에는 생득적인 반사가 출발점이 되지만 마지막 단계에 가서는 감각운동적이나 비교적 지적인 행동도 할 수 있게 된다. 이 감각운동기의 인지적 구조는 그 후에 나타나는 인지발달의 기초적인 역할을 하게 된다.

Piaget는 감각운동기를 다시 6단계로 나누고 있다(Piaget, 1951).

감각운동기
sensorimotor stage
Piaget가 제시한 첫번째 지적 단계. 출생~2세를 말하며 영아들은 환경을 탐색하고 이해하고자 하는 수단으로 행동적 도식에 의존하는 시기

(1) 1단계 : 반사단계(출생~1개월)

이 단계의 신생아는 극히 제한된 생득적인 반사만을 나타낸다. 그러나 이 단순한 반사도 환경과 접촉해 나가면서 점차 적응적이고 적절한 것이 되어 간다. 이들 반사 중의 하나가 빠는 반사이다. 신생아는 처음에 젖꼭지가 아기의 입에 닿을 때마다 자동적이고 반사적인 빠는 움직임을 보인다. 이와 같은 빠는 행동은 동화라고 볼 수 있다. 그러나 곧 신생아로 하여금 이러한 단순한 반사를 수정하게 하는 경우가 생긴다. 예를 들어, 신생아의 어머니가 자세를 바꿈으로써 아기의 입에 젖꼭지가 바로 접촉하기 어려워지는 경우가 있을 수 있다. 이러한 경우에 신생아는 젖꼭지에 닿기 위하여 고개를 돌리거나 빠는 행동에 적응하기 위해서 숨을 늦추거나 하여 그와 같은 새로운 상황에서 신생아 자신의 빠는 행동을 조절하게 된다. 따라서 이 첫 단계에서 신생아는 동화와 조절을 통해서 기본도식을 연습하며 새로운 도식을 발달시켜 나간다.

(2) 2단계 : 일차 순환반응단계(1~4개월경)

일차 순환반응 primary circular reaction
우연히 일어난 영아 자신의 신체적 반응을 스스로 반복하는 행위

감각운동기 중의 두 번째 단계인 일차 순환반응단계는 간단한 습관형성의 단계이다. 일차 순환반응이란 우연히 일어난 아기의 신체적 움직임 자체가 유아의 흥미를 유발해서 이것이 다시 동일한 반응을 반복하게 하는 것을 의미한다. 예를 들어, 손가락을 폈다 오므리는 경우에서 볼 수 있다. 이러한 신체적 반응을 여러 번 되풀이할 때 그러한 행동은 하나의 습관이라고 할 수 있다. Piaget는 이러한 습관을 진정한 의미의 지능이라고 부를 수는 없으나 전 단계에서의 반사와 비교하면 단순한 반사적이고 자동적인 반응이 아니라 공간과 시간상에서 행동의 작용 폭이 반사보다 넓다고 지적하였다.

일차 순환반응단계에서는 여러 행동의 협응이 나타나게 된다. 예를 들어, 영아는 반사단계에서의 빨거나 보거나 잡는 데서부터 이 시기에 이르면 한 물건을 보고 그것을 잡아 입에 넣는 등의 일련의 행동을 협응시킬 수 있다. 따라서 이 단계의 영아의 행동은 더 이상 단순하고 자동적인 반사행동이 아니다. 그러나 아직 이 단계에서는 의도적인 행동을 한다고 볼 수는 없다. 즉, 영아가 장난감을 잡을 수 있고 들여다보는 것 같이 보이나 그와 같은 행동이 의식적이고 의도적이라고는 할 수 없다.

이차 순환반응 secondary circular reaction
우연히 일어난 외부대상에 대한 반응을 되풀이하는 행위

(3) 3단계 : 이차 순환반응단계(4~8개월경)

일차 순환반응단계에서는 아기 자신의 신체적 운동의 순환반응이었으나 이차 순환반응단계에서는 순환반응이 환경의 사물로 확대되어 간다. 이 단계에서 아기들은 사물

의 반복되는 활동을 좋아한다. 따라서 어떤 물건이 흔들거리거나 위아래로 또는 앞뒤로 왔다갔다 움직이면 처음에는 놀라지만, 우연히 그 장난감을 영아가 건드리게 되어서 그 장난감이 다시 흔들거리거나 움직일 수 있다는 것을 알게 되면, 다시 흔들어 보거나 움직여 보는 것을 되풀이한다.

이 단계의 영아는 흔히 딸랑이나 장난감을 요람 밖으로 내던지곤 한다. 이러한 경우, 어머니가 딸랑이를 집어 주면 또 다시 영아는 딸랑이를 밖으로 던져 버리곤 한다. 영아는 이때에 자신의 행동이 어떠한 반응결과를 가져오는 것에 흥미를 느껴 순환반응을 하면서 동시에 매우 중요한 발견을 해가는 것이다. 반복적인 실험을 스스로 해봄으로써 대상영속성, 즉 눈에 보이던 것이 보이지 않는다 하여도 완전히 없어진 것은 아니고 어딘가에 있다는 것을 확인해 가는 것이다. 이 단계 이전에는 아기는 매우 흥미를 보이던 물체가 눈앞에서 없어졌는데도 찾지를 않아 눈에 보이지 않는 것은 존재하지 않는 것이라고 믿는 것처럼 행동한다. 그러나 이차 순환반응단계에 들어서면 물체의 일부가 보이게 감추어진 경우에는 찾을 수 있으나 완전히 안 보이는 상황에서는 물체를 찾는 데 실패한다.

이 단계의 아기는 행동하기 전에 마음속에 어떤 목표를 갖고 행동하는 것이 아니라 행동을 하다가 우연히 새로운 사물이 발견되고, 이것이 흥미를 끌면 반복하는 단계이다.

(4) 4단계 : 이차도식의 협응단계(8~12개월경)

이 단계에서는 영아가 전 단계에서 획득한 도식을 기초로 새로운 도식을 형성하여 새로운 상황에 사용하기 시작한다. 영아들은 종종 의도적인 행동을 나타내며, 행동의 목표와 목표를 달성하기 위한 수단을 포함하는 계획을 창출한다. 예를 들어, 나무토막을 갖고 놀던 11개월 된 영아가 얼마 후 나무토막에 싫증이 나서 그것을 옆으로 밀어 놓고 다른 장난감이 쌓인 곳으로 기어간다. 영아는 장난감들을 헤치고 조그만 고무공을 잡는다. 이때 헝겊 인형이 공 위에 떨어지면, 영아는 그 인형을 밀치고 그 공을 다시 잡는다. 이와 같은 행동들은 장난감을 잡으려는 목표를 향한 수단으로서 기고, 찾고, 밀고, 잡는 도식 등을 결합하는 것이 요구된다.

> **대상영속성**
> **object permanence**
> 대상이 눈에 보이지 않거나 다른 감각기관을 통해서도 탐지할 수 없을 때에도 그 대상은 계속 존재한다는 것을 아는 것

이 단계에서 영아는 사물을 이해하는 데 상당한 진전을 보인다. 영아의 목표행동에서 물체가 직접 눈에 보여야만 한다는 것이 점차 중요하지 않게 되어 감추어진 물건을 쉽게 찾아낸다. 그러나 물체가 감추어진 장소가 바뀌었을 경우, 영아는 전에 물체를 찾는 데 성공하였던 행동을 되풀이하면서 새로운 장소에서 물체를 찾지 못한다. 또 A장소에서 찾

감각운동기에서 영아는 들은 것이나 본 것을 머릿속에서 심상으로 떠올리지 못하다가 전조작기에 들어서면 심상으로 나타낸다. 전조작기에서의 심상은 비교적 정적인 상태로 재생되는 것 같다. 따라서 무엇이 떨어지는 경우의 중간단계는 상상하지 못한다. 이러한 운동적 심상은 7~8세가 되어서 구체적 조작을 할 수 있을 때 비로소 가능해진다.

언어는 상징기능을 가장 고도로 발달시켜 준다. 다른 상징이 비교적 개인적인 것에 비해서, 언어는 사회적으로 이미 형성된 언어체계로서 외부에서 주어진다는 특징이 있다. 전조작기의 초기 단계인 전개념적 사고기에 언어가 가장 중요한 상징적 기능의 하나로 되기 시작한다. 언어에 의한 상징으로 활동이 내면화되고 표상이 작용하게 됨으로써 사고에 근본적인 변화를 가져온다. 즉, 감각운동적 기능은 활동을 순서에 의해서 전개해야만 한다. 또 시 · 공간적으로 현재의 장면에 국한되지만, 언어적 표상에 의한 사고는 전체를 동시에 파악할 수 있게 하고 시 · 공간적으로도 무한한 폭을 갖게 해준다.

Piaget(1926)는 유아의 언어가 유아의 사고과정을 반영하지만 언어가 사고의 유일한 근원은 아니라고 생각했다. 사고발달 속에서 언어도 발달하는 것이고, 유아들은 자신들이 말할 수 있는 것 이상으로 알고 있다고 Piaget는 믿었다. 이러한 견해는 청각장애자로 태어나서 언어를 발달시키지 못한 유아들도 논리적 사고를 발달시켰다는 사실에서 입증되고 있다.

(2) 직관적 사고기(4~7세)

4세경에 전조작기의 두 번째 시기인 직관적 사고기에 도달한다. 이 시기에는 Piaget가 직관이라고 부른 전논리적인 표상능력을 갖는다.

직관적 사고기에 들어서면 좀 더 논리적인 유추와 판단을 하기 시작한다. 그러나 실제에 있어서는 전개념적 사고기에 있었던 외형적인 지각에 근거를 둔 유추가 반복되는 것으로, 다만 좀 더 객관성을 추구하는 노력이 반영된다는 점이 다르다. 보존, 분류, 서열, 관계, 사회적 인지, 자기 중심성 등을 검토함으로써 직관적 사고기의 특성을 살펴볼 수 있다.

직관적 사고기 intuitive period
전조작기의 4~7세에 해당하는 시기로, 이 시기에 아동의 사고는 현저한 지각적 특징에 의해 가장 크게 영향을 받음

- **보존** : 전조작기의 사고가 조작적 사고와 다른 것은 보존의 개념이 없다는 점이다. 예를 들어, 같은 크기와 모양의 컵 두 개에다 같은 양의 물을 넣어서 유아들에게 그 양이 같다는 것을 확인시킨 후, 유아가 보고 있는 데서 한쪽 컵의 물을 형태가 다른 컵으로 옮겨 담아 물의 높이가 다르게 만든다. 그리고 어느 쪽 컵의 물이 더 많은지 물어보면 4~5세 된 어린이는 물의 높이가 높은 것이 많다고 하거나, 옆으

보존개념 conservation concept
외형은 변화해도 대상이나 물질의 특성은 변화하지 않는다는 생각

>>표 6-1 보존과제별 획득연령과 변형과정 및 원리

보존과제	획득연령	최초 배열	변 형	변형된 배열	원 리
수	6~7세	 A줄과 B줄에 같은 수의 동전이 있는가?	한 줄을 길게 늘린다.	 A줄과 B줄에 동전 수가 같은가?	재배열 후에도 수는 동일하다.
질 량	6~8세	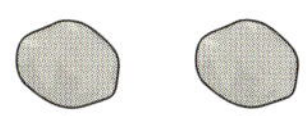 A B 점토덩어리 A공은 B공과 같은 양인가?	점토 B를 소시지 모양이나 빈대떡 모양으로 바꾼다.	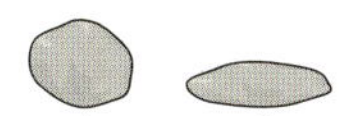 A B A와 B는 같은 양인가?	모양이 변하여도 점토양은 동일하다.
길 이	7~8세	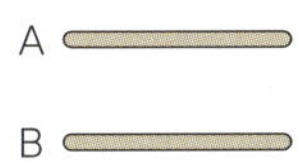 막대 A와 B의 길이는 같은가?	막대 하나를 왼쪽이나 오른쪽으로 밀어 배열을 변화시킨다.	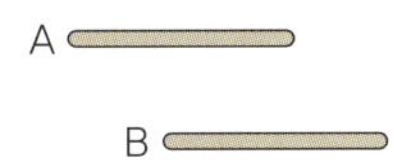 A와 B는 같은 길이인가?	배열이 변화해도 길이는 변화되지 않는다.
용 액	7~8세	 A B A컵과 B컵의 물은 같은 양인가?	A컵의 물을 길고 좁은 C비커에 옮겨 붓는다.	 A C B B와 C의 물은 같은 양인가?	물을 담은 용기의 모양이 변하더라도 물의 실제 양은 동일하다.
면 적	8~9세	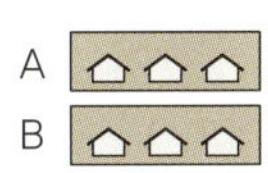 여기 두 농장이 있는데, 각 농장에 집들이 있다. 당나귀가 농장에서 풀을 뜯어 먹는다. 당나귀는 A와 B에서 같은 양의 먹을 풀을 갖고 있는가?	한 농장의 집들의 위치를 뒤섞어 놓는다.	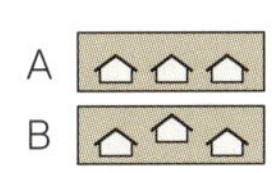 A와 B에서 같은 양의 먹을 풀을 갖고 있는가? 아니면 왜 그렇지 않는가?	면적을 덮고 있는 물체가 위치를 옮겨도 덮이지 않은 전체 면적은 변함이 없다.
무 게	9~10세	A B 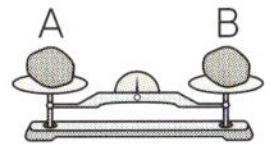 A와 B는 공모양의 점토 덩어리인데, 둘다 같은 무게인가?	질량의 보존에서와 같이 A나 B점토공 하나를 소시지 모양이나 빈대떡 모양으로 만든다.	A B 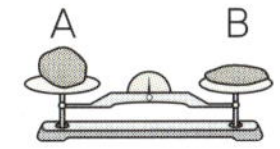 만약, B를 저울에 올려 놓으면 A와 같은 무게일까?	모양이나 부피가 변해도 무게는 동일하다.
부 피	10~15세	 A B 점토 A와 B에 줄을 달아 물에 담긴 용기에 넣었을 때 물이 올라오는 높이가 같은가?	점토 하나의 모양을 바꾼다.	 A B A와 B가 용기 속의 물을 똑같은 높이로 올릴 것인가?	모양이 변하여도 부피는 변하지 않으므로 물높이는 동일하다.

출처 : Hetherington & Parke(2003)에서 인용

로 넓어 보이는 컵의 물이 많다고 대답한다. 이는 물의 양에 대한 보존개념이 없다는 것을 보여 준다. 이렇게 잘못 판단하는 것은 물의 양을 판단할 때 외견상의 형태에만 주목하기 때문이다. 물의 양은 밑면적과 높이에 의해서 결정되는데, 유아는 그 중의 한쪽 측면의 변화만을 주목해서 물의 높이가 높으니까 많다든지, 혹은 컵의 밑면적이 넓으니까 많다는 식으로 생각한다.

중심화 centration
여러 요소들이 관련되어 있는데도 불구하고 물체의 한 요소에만 집중하는 경향

Piaget는 이러한 현상이 유아의 중심화 때문에 생긴다고 보고 있다. 중심화란 여기서는 다른 요소들을 무시한 채 한 요소에만 주의를 집중하는 경향을 말한다. 위의 예에서 물의 양은 밑면적과 물의 높이에 의해서 결정되는데, 유아는 이 중에서 지각적으로 두드러져 보인 한 가지 측면, 예를 들면 물의 높이라든가 밑면적만을 보고 대답을 한다.

직관적 사고기의 후반에 가면 이러한 중심화 현상이 어느 한 가지 측면에만 기울어지는 것이 아니라 왔다갔다 한다. 예를 들어, 물의 높이가 높으니까 많다고 대답했던 유아들도 좁고 가느다란 컵에 물을 넣으면 이번에는 밑면적이 좁으니까 물이 적다는 식으로 대답을 한다. 이와 같이 물의 양을 결정하는 두 요인 중의 한 가지 요인인 높이나 밑면적에 주의를 기울일 수는 있으나 이 두 가지 요인이 동시에 함께 작용해서 물의 양이 결정된다는 생각은 하지 못한다. 이것은 유아들이 전조작기의 사고수준에서는 그때그때의 정지된 상태에 주의를 집중하여 바뀌는 상태를 고려한 전체로서 이해하지 못하고, 한 상태와 다른 상태를 서로 변화시켜 보지 못하기 때문이다. 이러한 현상은 어떤 변화가 일어나면 이것을 먼저 상태로 되돌려 볼 수 있는 가역성이 없기 때문이다.

■ **분류** : 논리적 사고에 있어서 분류는 불가결한 것인데, 전조작기 수준에서는 분류가 불충분하다. Piaget와 Inhelder(1964)는 기본적인 분류조작이 성립되기 위해서는 세 가지 단계를 거친다고 보고 있다.

첫 단계($2\frac{1}{2}$세~5세)에서 유아의 분류기준은 무계획적이고 기준은 언제라도 변화할 수 있다. 따라서 이때의 유아들의 분류는 논리적 분류라고 볼 수가 없다. 제2단계(5~7세)에 있는 유아는 분류할 대상이 지닌 속성에 따라서 분류하고, 또 이것을 하위집단으로 분류할 수도 있기 때문에 분류가 되는 것처럼 보인다. 그러나 깊이 살펴보면, 분류범주 속에 포함되는 관계를 진정으로 이해하지 못하고 있다는 것을 알 수 있다. 예를 들어, 10개의 나무토막이 있고 그 중의 두 개는 빨간색이고 여덟 개가 노란색일 때, 유아에게 나무토막과 노란색 나무토막 중에서 어

느 쪽이 더 많으냐고 물어보면, 유아는 노란색 나무토막이 많다고 대답을 한다. 이와 같이 전체와 부분이라는 기본적인 논리관계를 이해하지 못한다. 제3단계(8세 이후)에 들어서면 이러한 논리적 관계 또는 전체와 부분의 유목포함이 잘 이해되어 있어서 조작적인 분류가 가능해진다.

- **서열** : 유아에게 길이가 조금씩 틀린 나무막대기를 주고 길이가 짧은 것부터 차례로 나열하라는 과제를 주면, 처음에는 전혀 차례대로 나열하지 못한다. 다음에는 몇 개는 차례대로 만드나 전체로는 하나의 서열로 통일하지 못하는 단계에 이른다. 그 다음 단계에서는 많은 시행착오를 거치기는 하나 결과적으로는 서열이 완성된다. 마지막으로 구체적 조작기에 이르러서는 완전한 서열이 나타나는데, 전체 막대기 중에서 가장 작은 것을 먼저 끄집어내고, 다음에는 나머지 중에서 가장 작은 것을 골라내는 식의 조직적인 방법에 의해서 차례를 구성한다.
- **관계** : 앞에서 전조작기의 유아는 서열에 곤란을 느낀다고 했는데, 이것은 상대적 관계의 이해가 어려운 것을 나타내는 것이다.

Piaget(1951)는 형제관계나 좌우방향 등에서 상대적 관계를 어떻게 이해하고 있는지를 검토했다. 전조작기의 유아들은 유아 자신에게 형제가 있다는 것을 알고 있어도 그 형제들에게 있어서는 자기가 형제로 된다는 것을 알지 못한다. 자기의 왼쪽, 오른쪽은 잘 알고 있어도 다른 사람의 왼쪽, 오른쪽은 지적하지 못한다. 이와 같이 유아는 상대적으로 사물을 이해하지 못하고 자기를 중심으로 해서 판단하는 경향이 있다.

또 인과관계의 파악에 있어서도 전조작기의 유아들은 두 사건이 시간적으로 밀접해 있거나 동시에 일어나면 인과관계가 있다고 믿는다. Piaget(1930)는 이와 같은 인과관계를 전환적 추론이라고 하였다. 예를 들어, 낮에 항상 낮잠을 자던 Piaget의 딸이 낮잠을 자지 않은 어느 날 "낮잠을 자지 않았으니까 낮이 아니예요"라고 하는 데서 볼 수 있다. 또한 유아는 어떤 현상이 일어나는 것은 그 물건이 그렇게 되기를 바랐기 때문이라고 보는 등 물건의 내적인 의지를 인정하고 동기적으로 설명하려고 한다. 이러한 목적론적 설명은 나이를 먹어도 상당히 오래도록 지속된다.

유아의 인과관계에 대한 인식은 유아의 독특한 자연관과 밀접한 관계가 있는데, Piaget(1930)는 이 시기의 아동에게는 실재론, 물활론의 경향이 강한 것으로 지적하고 있다. 실재론은 마음에 생각한 것이 객관적으로도 존재하는 것으로 생

유목포함 class inclusion
분류에서 상위유목과 하위유목, 즉 전체와 부분의 관계를 이해하는 능력

서열 seriation
사물을 증가하는 또는 감소하는 순서대로 배열할 수 있는 인지능력

전환적 추론 transductive inference
두 사건이 시간적으로 밀접해 있거나, 동시에 일어나게 될 경우 인과관계가 있다고 가정하는 현상

실재론 realism
마음의 생각이 실제로도 존재한다는 믿음

각하는 것으로 어떤 물체의 이름을 그 물건의 물질적 성질의 일부로 본다. 또 꿈이 실제 현상이라고 믿는 것도 실재론의 반영이다.

물활론 animism
무생물도 생명과 의식이 있는 존재라는 생각

물활론에서는 모든 물건에는 생명이 있어서 의식이 있는 존재라고 믿는다. 예를 들어, 유아는 바람은 자기가 불고 싶어서 불고, 태양은 자기가 움직이고 있다고 생각한다. 이러한 생각은 주관과 객관이 미분화되어 있어 유아의 마음속 내면과 외계와의 구분이 충분하지 않기 때문이며, 자기 중심성의 반영이라고 보았다.

- 사회적 인지 : 이 시기의 사고의 특징은 인간관계나 사회적 관계의 이해에서도 나타난다. Piaget(1948)는 유아가 놀 때에 놀이에 규칙이 있다는 것을 잘 모르는 단계가 있고, 다음 단계에서는 규칙은 지켜야 되고 아무도 변경할 수 없는 절대적인 것으로 생각하게 된다고 보았다. 다시 말해서, 유아는 규칙은 밖에서부터 주어진 것으로 절대적인 것으로 생각한다. 10세경이 되어야 규칙은 집단 구성원의 합의에 의해서 만들어졌고, 변경할 수 있는 것이라고 이해한다. 도덕 판단에 있어서도 전조작기에는 행위의 의도나 동기를 고려하지 못하고 결과만 가지고 판단한다. 구체적 조작기가 되면서, 밖에서부터 주어진 절대적 규제에 의한 도덕에서 자율적 도덕으로 변화된다.

자기 중심성 egocentrism
아동이 타인의 생각, 관점이나 감정을 이해하지 못하고 자신의 입장에서만 세계를 바라보는 경향

- 자기 중심성 : 자기 중심성을 Piaget는 전조작기 사고의 특성인 중심화 경향과 같은 맥락으로 생각했다. 앞에서 보았듯이 중심화란 어떤 현상을 이해할 때 한 가지 측면에 매여 여러 측면을 함께 고려하여 통합하지 못하는 사고를 의미한다.

자기 중심성이란 유아가 자신의 입장에서만 사물을 보고, 다른 사람의 생각, 관점이나 감정을 충분히 이해하지 못하고 자신과 동일하다고 가정한다는 것을 뜻한다. 따라서 현재의 자기 입장 이외의 입장에서 생각해 본다는 것이 어렵고 자기 자신과 타인과의 구별도 명확하지 않다. 전조작기 유아들의 주위세계에 대한 이해는 이러한 자기 중심적 사고의 영향으로 상당한 한계를 보인다. 앞서 말한 상대적 관계의 인식이 어려운 경우나 주관과 객관의 미분화로서 생긴 실재론이나 물활론도 이 자기 중심적 사고로 설명된다. 자기 중심적 사고는 전조작기 유아의 시각적 조망과 언어에서 가장 뚜렷하게 나타난다. 시각적 조망은 Piaget의 세 산 실험에서 잘 설명된다. 우선 큰 산, 작은 산, 더 작은 산이 함께 있는 모형이 놓인 책상 앞에 5세 유아를 앉힌다(그림 6-1). 그 다음 유아가 앉은 자리에서 보이는 산의 조망을 여러 그림 중에서 고르게 한 후, 맞은편에 인형을 앉히고 유아에게 그 인형에게는 산의 모습이 어떻게 보이는지를 물으면, 유아는 인형도 자신이 보고

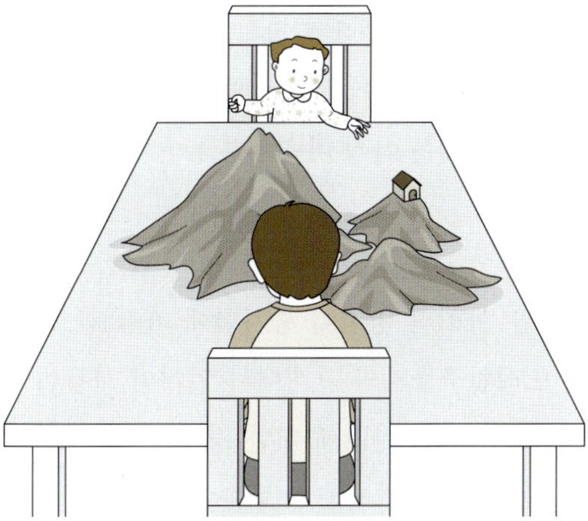

그림 6-1 세 산 실험
출처 : Shaffer(1996)에서 인용

있는 모습과 같게 볼 것이라고 답한다. 이처럼 전조작기 아동은 자신의 입장에서 만 사물을 이해할 뿐, 타인의 관점을 추론하지 못한다.

전조작기 아동의 언어도 자기 중심적 언어로, 이는 대화에서 상대방을 향하여 말하는 것이 아니며, 듣는 사람을 고려하여 이해할 수 있도록 표현되지 않은 경우를 말한다. 이것은 다른 사람의 시각에서 정확하게 볼 수 있는 조망수용 능력이 부족하여 나타나는 현상으로 해석된다. Piaget(1926)는 유아끼리 서로 번갈아 가며 말을 하기는 하나 서로 의미의 전달이 없이 단어의 단순한 반복, 혼잣말 등을 하는 유아의 언어형태를 집단적 독백이라고 하고, 이것을 모두 자기 중심적 언어로 보았다. 전조작기를 지나 구체적 조작기로 가면서 이 자기 중심적 언어는 감소하고 서로 대화가 이루어지는 사회화된 언어가 급격히 증가하게 된다.

자기 중심적 언어
egocentric speech
타인을 향하여 말하는 것도 아니며, 듣는 사람이 이해할 수 있도록 표현되지 않은 혼잣말 형태의 비사회적인 말

전조작기의 자기 중심성은 유아가 다른 사람과 대등한 사회적 관계를 가져 보고 여러 가지 의견의 대립과 이해의 조정을 경험해 봄으로써 점차 벗어나게 된다.

따라서 전조작기 아동의 사고의 특징은 가역적 조작을 할 수 없어 변환과정을 이해할 수 없으며, 타인의 입장에 설 수 없는 자기 중심성이라고 볼 수 있다.

3) 구체적 조작기(7~11, 12세)

7~11세경까지의 시기를 구체적 조작기라 하며, 이 시기에는 전조작기에서보다 더 성숙한 인지구조가 형성된다. 그러나 이 단계의 논리적 사고는 다음 단계인 형식적 조작

구체적 조작기
concrete operational stage
Piaget의 인지발달의 세 번째 단계. 약 7~11세, 이때 아동들은 논리적인 사고와 인지적 조작을 획득하는 단계

기에서만큼 추상적이거나 복잡한 수준에 도달하지는 못한다. 구체적 조작단계의 인지 구조는 관찰될 수 있는 구체적 사물을 다루는 데는 논리적이나, 가설적이고 추상적인 또는 언어적인 문제를 다루는 데는 아직 미숙하다.

(1) 탈중심화

탈중심화 decentration
중심화에서 벗어나 문제의 한 측면 이상을 생각할 수 있는 능력

전조작기의 자기 중심성은 사회적 경험이 증가함에 따라 감소된다. 구체적 조작기에 오면서 가족들은 물론 또래친구들과의 관계에서 언어의 사용이 활발해지고 서로간의 생각을 비교할 수 있다. 또 자신의 판단에 대한 평가를 할 수 있다. 즉, 다른 사람과의 상호작용 과정에서 아동들은 자신의 사고가 모순이 된다든지 또는 한 차원만 보고 다른 차원을 고려하지 못하였다는 것 등을 발견하게 된다. 또 자신의 생각 외에 여러 생각이 가능하다는 것도 알게 된다. 다른 사람과의 상호작용을 통한 사회적 경험은 아동의 자기 중심성을 감소시켜 아동의 사고과정에 폭넓은 자유를 부여한다.

이와 같이 구체적 조작단계에서는 자기 중심성이 감소하면서, 다른 요소들은 무시한 채 한 요소에만 주의를 집중하는 경향에서 벗어나는 탈중심화가 일어나게 된다. 전조작단계에서 한 자극이 지니는 여러 가지 특성을 동시에 고려하지 못하는 결함은 이 단계에서 감소한다. 따라서 아동은 자극의 여러 특성에 주의를 기울일 수 있으며 여기서 얻는 새로운 지식들을 협응시켜 지각적 오류를 감소시킬 수 있다. 결국 구체적 조작기가 되어야 지각의 탈중심화와 협응이 일어나고, 자극의 기본특성들을 기초로 한 사고가 나타난다.

(2) 논리적 조작

가역성 reversibility
머릿속에서 정신적으로 조작을 거꾸로 수행할 수 있는 능력

Piaget(1966)는 구체적 조작기에 논리적으로 사고의 조작이 가능해지기 시작한다고 보았다. 논리적 조작에서 특히 가역성을 강조하였는데, 전조작기에 보존개념이 어려운 것은 가역성이 없기 때문이라고 보았다. 예를 들어, 수 보존개념에서 전조작기의 유아는 수는 같으나 놓여진 간격을 넓게 한 경우 간격을 좁게 한 경우보다 수가 더 많다고 본다. Piaget는 이것은 이 단계의 유아가 늘려 놓은 것을 역으로 좁혀 놓을 수 없기 때문이라고 설명했다. 그러나 구체적 조작기에 오면 지각적인 모양에 관계없이 같은 수라는 것을 이해한다. 이것은 머릿속에서 본래의 상태로 거꾸로 전환시킬 수 있는 가역성 때문이다. 따라서 구체적 조작기의 아동들은 어떠한 현상을 거꾸로 상상할 수 있으며 상황을 본래의 상황으로 변환시킬 수 있다. 구체적 조작기의 논리적 조작은 분류,

그림 6-2 구체적 조작기의 두 차원에 의한 완전한 분류의 예

보존 및 서열 등에서 나타난다.

- **분류** : 7세 이후 구체적 조작기에 이르러서야 분류에서 전체와 부분과의 관계, 상위유목과 하위유목과의 유목포함 관계를 완전히 이해하게 된다. 이 단계에서 유목들을 통합하거나 가역적으로 분류하는 과정을 수행할 수 있다. 즉, 노란 나무토막과 빨간 나무토막을 합쳐 나무토막이라는 상위유목을 설정할 수 있다. 또한 나무토막이라는 상위유목에서 색에 관련된 유목으로 분류할 수도 있다(그림 6-2).
- **보존** : 구체적 조작기의 아동들은 눈에 보이는 지각적 특성에 의해서가 아니라 논리적 조작에 근거하여 보존문제를 쉽게 풀 수 있다. 예를 들어, 모양이 변화했더라도 변화하기 이전과 같은 대상이기 때문에 질량이 변화하지 않는다거나(동일성), 머릿속에서 거꾸로 조작할 수 있어 양의 변화가 없다는 것(가역성)을 발견할 수 있거나, 한 차원, 즉 높이나 넓이로 인해 잃어진 것은 다른 차원에 의해 보상될 수 있다는 것(보상)을 인식하게 된다.

구체적 조작기의 아동들이 모든 영역에서 동시에 보존개념을 나타내지는 않는다. 표 6-1에서 보여 주듯이 수에 대한 보존개념은 6~7세경에 나타나지만, 무게에 대한 보존은 9~10세경, 부피에 대한 보존은 10~15세경에 도달한다. 이와 같이 같은 구체적 조작기에서라도 영역에 따라 보존개념에 도달하는 시기가 차이가 생기는 것을 Piaget는 수평적 뒤짐이라고 하였다. 아동이 용액에 관한 보존개념을 획득하였다 하더라도 같은 인지조작이 반드시 다른 문제에 전이되는 것은 아니다. 이것은 과제영역의 직관적 특성이 조작의 적용에 영향을 주기 때문이다. 다시 말해서, 구체적 조작이 사물의 구체적 내용과 관련되어 있어서 구체적 특성을 넘어서

동일성 identity
모양이 변화했더라도 변화되기 이전과 똑같은 동일한 대상이라는 생각

보상 compensation
동시에 여러 차원을 볼 수 있어 한 차원에서의 변화를 다른 차원에서의 변화로 상쇄할 수 있다는 생각

수평적 뒤짐 horizontal decalage
같은 정신적 조작을 필요로 하는 유사한 문제들 중 어떤 문제는 해결할 수 있음에도 불구하고 또 다른 문제는 수행하지 못하는 현상

는 일반화가 되지 않는 것이다.

- **서열** : 구체적 조작기에 획득되는 또 하나의 논리적 조작인 서열은 사물을 증가하는 또는 감소하는 순서대로 배열하는 능력을 말한다. 전조작기에서 언급한 것과 같이 전체 중에서 가장 작은 것을 고른 다음 다시 나머지 중에서 가장 작은 것을 고르는 방식으로 서열을 구성할 수 있는 능력은 구체적 조작단계에 이르러서야 나타난다. 보존에서처럼 서열에서도 수평적 뒤짐이 나타난다. 즉, 길이에 관련된 서열개념이 가장 빨리 나타나 7, 8세경에 되고, 무게에 대한 서열은 9세에, 부피에 대한 서열은 11, 12세경에 나타난다.

(3) 안과관계

Piaget는 구체적 조작단계의 후기에 가서야 인과관계 개념을 이해하게 된다고 하였다. 구체적 조작단계 초기에는 전조작기에 보였던 전환적 추론에 의한 인과관계 이해가 계속된다. 즉, 두 사건이 시간적으로 이어서 일어나면 두 사건은 인과적으로 관련된 것으로 이해한다.

Piaget는 9~10세경이 되어야 전환적 추론 이상의 인과관계를 이해할 수 있다는 것을 발견하였다. 점차 어떤 사물이 일어난 물리적 · 기계적 인과성을 찾고 사물을 합리적 인과관계 속에서 분석하고 재구성하려고 한다.

(4) 공간개념

Piaget와 Inhelder(1956)는 수평, 수직이 공간개념 획득에 중요한 중심개념으로 사용되기 때문에 수평 · 수직개념의 발달을 중요시하였다. 따라서 수평 · 수직개념을 획득하는 발달단계를 분석 제시하였다.

- **수평개념** : Piaget는 수평개념 발달을 보기 위하여 그림 6-3에서와 같이 색이 있는 물을 1/4쯤 채운 목이 좁은 직사각형 병과 둥근 병을 사용하였다. 아동에게 병을 기울이거나 눕힐 때 물의 위치를 예상하여 손가락으로 지적하거나 그림을 제시하여 표시하도록 하였다.
  - 제1단계(4~6세) : 약 4~5세의 아동은 병 안에 있는 물을 그려보라고 하면 수면을 수평선으로 또는 직선으로 그리지 못하고 물이 덩어리로 모여 있는 것같이 나타낸다. 결국 병 속에 물이 있다는 개념을 그린다.
  - 제2단계(7~8세) : 이 단계는 두 개의 하위단계 A와 B로 나누어진다. 2단계 A에

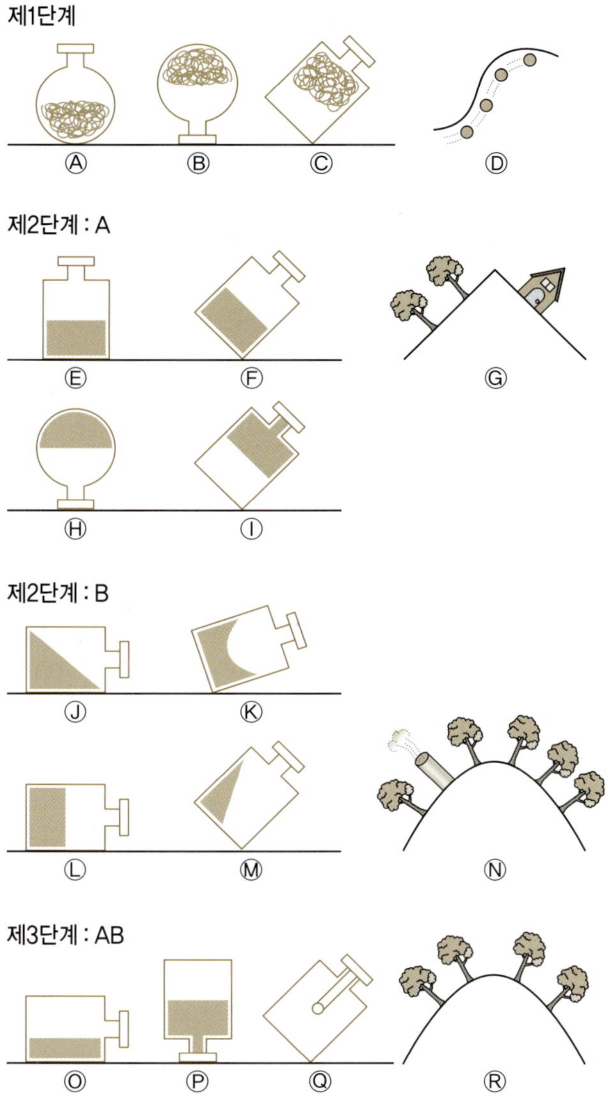

그림 6-3 수평 · 수직개념 발달단계

출처 : Piaget & Inhelder(1956)에서 인용

서는 대부분의 아동들은 수면이란 직선이어야만 한다고 믿는다. 그러나 병의 기울기에 관계없이 물의 수준을 병의 밑면과 평행한 선으로 나타낸다. 수면은 병의 밑면과 평행해 있어야 된다는 또 다른 특성에 얽매여 위치를 올바로 파악하지 못한다. 2단계 B에서는 수면이 병의 밑면과 평행하다는 관념은 벗어나면서 참조기준을 찾으려는 노력이 나타난다. 그러나 병의 구석이나 옆면을 참조기준

으로 삼기 때문에 그림에서와 같은 결과가 나타난다. 아직도 수평의 개념이 완전하지 않다.

- 제3단계(9~10세) : 이 단계도 두 개의 하위단계 A와 B로 나뉜다. 3단계 A에서는 참조기준의 탐색이 외부로 향하면서 수평개념이 점차 획득된다. 여러 번의 시행착오적인 반복을 통하여 수평축을 파악하게 된다.

  3단계 B에 이르러 수평개념은 완전하게 되면서 아동은 병 밖의 책상 등의 외부 참조기준을 이용하여 수평축을 시행착오적인 시행 없이 바로 파악한다.

■ 수직개념 : Piaget는 수직개념 획득과정을 연구하기 위하여 아동 앞에 모래산을 쌓아 마주하게 하고 산에 나무를 심었을 경우 어떤 형태로 나무들이 심어져야 하는가? 또는 빈병에 추를 매달 때 병을 여러 각도로 기울인 상태에서 추의 위치를 예상하게 하는 것 등으로 수직개념 발달과정을 분석하였다(그림 6-4).

- 제1단계 : 이 단계에서는 수직의 조정축에 대한 개념부족으로 물체의 방향을 고려하지 않는 것으로 나타나며 단지 산과 나무를 가깝게 그려 공간의 근접을 기초로 한 개념을 나타낸다. 실제로 나무는 산의 변을 따라 평행한 채로 누워 있거나 산을 배경으로 임의적인 방향으로 나타낸다.

그림 6-4 진자(흔들이) 과제

출처 : Bjorklund(2000)에서 인용

- 제2단계 : 수평개념에서와 같이 수직개념에서도 2단계가 다시 두 개의 하위단계로 나누어진다. 2단계 A에서는 산의 경사면에 나무를 세우거나 그릴 때, 그리고 추의 방향을 예상할 때도 산에 수직선이 아니라 능선을 기준으로 하여 나무를 수직으로 세우거나 그린다. 2단계 B에 이르면 산에 수직으로 나무를 세울 수는 있으나 일단 그림으로 그려 보게 하면 산의 경사면에 수직이 되도록 그린다. 따라서 이 단계 아동은 그림에서는 외부 참조기준의 이용이 아직 어려운 것으로 보인다.
- 제3단계 : 이 단계 역시 두 개의 하위단계로 나누어진다. 3단계 A에서는 시행착오적인 시행이 나타나나 수직개념이 점차 획득된다. 3단계 B에 이르러서야 수평개념에서와 같이 외부 참조기준을 시행착오 없이 바로 이용할 수 있게 되어 수직개념의 성숙된 이해가 나타난다.

4) 형식적 조작기(11, 12세 이후)

(1) 특 징

Piaget에 의하면 인지적 성숙은 형식적 조작기에 이르러서야 이루어진다. 형식적 조작기는 구체적인 대상 없이도 추상적으로 생각할 수 있는 능력이 있는 시기를 의미한다. 특히 이 시기에 뚜렷하게 나타나는 것은 가설 연역적 추리의 사고를 할 수 있는 능력이다. 가설 연역적 추리는 전제로부터 결론을 유도해 낼 수 있는 추리이며, 언어에 의존되는 정도가 크다. 예를 들어, 보통 12세 미만의 아동은 다음과 같은 언어적 문제를 성공적으로 해결하지 못한다. 'A의 머리색이 B의 머리색보다 더 검다. B의 머리색은 C의 머리색보다 더 검다. 그렇다면 누구의 머리색이 가장 검은가?' 형식적 조작기에 들어서면 아동들은 자신의 직접적인 지각이나 과거경험 또는 개인적인 지식에 구애되지 않고 사물을 볼 수 있다. 아동들은 자신의 직접경험을 훨씬 넘어선 새로운 가능성의 세계를 갖게 되고 또 과거에 직접 부딪치지 않았던 현상을 상상할 수도 있게 된다.

형식적 조작기에 대한 Piaget의 대표적인 실험은 다음과 같다.

- **조합적 사고실험** : 명제적 또는 조합적 추리능력은 Piaget의 무색 용액 실험문제에서 잘 나타난다. 그는 무색의 용액이 담긴 다섯 개의 병을 아동 앞에 제시하였다. 1번 병에는 유황용액이 담긴 용액, 2번 병에는 물, 3번 병에는 산화된 물, 4번 병에는 티오황산염, 5번 병에는 옥화칼륨이 들어 있었다. 병의 용액들을 마음대로 섞

형식적 조작기
formal operation
Piaget의 인지발달단계 중 마지막 네 번째 단계. 11~12세 이상 연령에 해당하며, 추상적인 개념과 가설적 사건들에 대해 체계적이고 과학적으로 사고하는 단계

가설 연역적 추리
hypothetical deductive reasoning
문제에 대한 모든 가능한 해결방법들을 생각해 보고, 체계적으로 그 해결방법들을 평가하여 답을 결정하는 문제해결방법의 한 형태

어 노란색의 용액이 되도록 만들어 보라고 아동에게 요구하였다. 구체적 조작기의 아동들은 체계 없이 이 문제를 해결하려 하였다. 즉, 5번 병과 1번 병을 섞어 보다가 1번, 2번 그리고는 3번과 4번을 섞어 보기도 하였다. 색에 아무런 변화가 없자 네 개의 병 모두의 용액에다 5번 용액을 섞는 식의 무선적인 결합을 시도하기도 했다.

그러나 형식적 조작기의 아동은 이 문제를 풀기 위하여 좀 더 체계적인 시도를 한다. 한 번에 한 용액씩 다음에는 둘, 그 다음에 세 가지를 섞는 식으로 체계적인 조합방법에 의하여 접근하였다. 빠진 순열이나 조합이 없는가를 면밀히 검토하면서 이 문제에 있어서의 모든 가능한 조합을 적용시켰다. 이와 같이 한 문제의 모든 가능한 조합이나 순열을 검토할 수 있는 능력은 형식적 조작기에 도달된다.

- 비율실험 : 구체적 조작기의 아동들은 저울에서 가벼운 물체가 무거운 물체보다 지렛대 받침으로부터 멀리 떨어져 놓으면 평형을 이룰 수 있다는 것을 이해한다. 그러나 구체적 조작기의 아동들이 무게나 길이를 비율로 이해하는 것은 어렵다. 형식적 조작기가 시작되면서 비율개념이 일반적 원리로 이해될 수 있다. 형식적 조작기의 아동들은 무게와 길이와의 관계를 이해할 수 있고 저울문제를 체계적인 방법으로 해결할 수 있다. 비율문제를 다루는 데 있어 형식적 조작기의 아동들은, 무게가 두 배가 되는 물체를 그 물체보다 무게가 반이 되는 물체가 지렛대 받침으로부터 떨어진 길이보다 절반만큼 떨어지게 함으로써 평형되게 할 수 있다. 이와 같은 일반적인 원리는 형식적 조작기에 획득되며, 구체적 조작기에서 볼 수 있었던 시행착오적 오류 없이 어느 문제에서든 성공적으로 적용할 수 있다.
- 진자문제 : 형식적 조작기의 사고 특성은 진자문제에서도 잘 나타난다. 진자과제에서는 진자 움직임의 빈도나 속도의 결정요인을 찾는 것이었다. 진자의 흔들리는 속도는 진자가 달려 있는 줄의 길이와 관련된다. 줄이 짧으면 짧을수록 움직이는 속도는 더 빨라질 것이고, 끈이 길면 길수록 운동은 느려진다. 또한 진자의 움직이는 속도는 줄의 길이 이외에도 줄에 달린 물체의 무게, 진자가 처음에 움직이기 시작한 높이 및 물체를 미는 힘에 따라 달라진다. 구체적 조작기의 아동들은 진자의 흔들림의 속도를 결정하는 요인을 찾기 위하여 과학적인 접근을 하지 못한다. 아동들은 두 가지 또는 세 가지 요인을 동시에 변화시키기 때문에 관계된 요인을 찾아내지 못한다. 그러나 형식적 조작기에는 아동들이 이 과제를 좀 더 체계적이고 과학적인 방법으로 해결할 수 있다. 관련된 요인들을 한 번에 하나씩 변화시켜 움

직이는 빈도에 미치는 영향을 검토해서 관련 요인들을 평가해 나간다. 귀납적인 방법을 적용해 가면서 조심스럽게 과학적인 접근을 시도한다. 예를 들어, 15세 소년은 긴 줄의 100g과 중간 줄의 100g을 비교하고 긴 줄의 20g과 짧은 줄의 20g 그리고는 긴 줄의 200g과 짧은 줄의 200g을 비교하여, 흔들리는 속도는 줄의 길이가 중요하고 무게는 아무 역할도 하지 않는다고 결론짓는다.

이러한 실험들에서 볼 수 있듯이 형식적 조작기의 사고는 가설 연역적 사고로서 가능성에 기초한 가설을 설정할 수 있으며, 가능한 모든 변인을 조합적으로 다루는 명제적 사고 그리고 언어적이고 추상적인 특성을 갖고 있다.

(2) 형식적 조작사고의 영향

형식적 사고는 청소년을 여러 측면에서 변화하게 만든다. 우선 청소년 자신의 인생에서 가능한 것이 무엇인지 생각하게 하고, 안정된 정체감을 형성할 수 있도록 하며, 타인의 심리적 조망을 할 수 있도록 해준다.

또한 자신이나 타인에게 일어날 수 있는 결과를 비교하여 어려운 결정을 하는 능력도 갖게 한다. 이러한 변화만이 아니라 청소년들은 현실에 대한 가설적인 대안을 상상할 수 있기 때문에 부모나 정부, 즉 기존의 권위에 대하여도 이상적이고 가설적인 기준으로 생각하기 시작한다. 따라서 현실세계에서 청소년들은 이상적·가설적 기준에 비추었을 때, 많은 모순을 발견하게 된다. 모순을 발견할수록 청소년들은 혼란과 좌절을 겪게 되고, 기존 권위에 대하여 분노를 나타내게 된다. Piaget(1970a)는 청소년의 이러한 변화는 새롭게 획득된 추상적인 추리능력으로 인한 자연스러운 변화라고 설명하고 있다.

청소년들에게 볼 수 있는 또 하나의 변화는 청소년들이 형식적 사고로 인해 그 이전 시기의 아동들보다 더 자기 중심성을 보이는 측면이 있다는 점이다. Elkind(1981a)는 청소년기에 나타나는 두 가지의 자기 중심성, 즉 상상청중 현상과 개인적 우화신념을 지적하였다. 상상청중 현상은 청소년이 자신은 항상 다른 사람들의 관심의 대상이며, 자신의 행동과 모습을 다른 사람들이 보고 있다고 느끼는 현상을 가리킨다. 따라서 사춘기 소녀가 여드름에 과도하게 신경을 쓰는 이유도 상상청중 의식에서 찾을 수 있다. 개인적 우화신념은 자기 자신의 경험은 나만의 독특한 경험이라는 믿음이다. 예를 들어, 첫사랑에 빠진 청소년이 인류역사에 아무도 자신이 지금 겪고 있는 괴로움을 겪은 사람은 없다고 생각한다.

상상청중
imaginary audience
다른 사람들도 내 자신의 관심사에 똑같이 관심을 갖고 있다고 생각하며 또 자신은 항상 다른 사람들의 관심의 대상이라고 느끼는 것으로 청소년의 자기 중심성의 한 형태

개인적 우화
personal fable
자신의 경험을 자신만의 독특한 것이라고 믿는 청소년에게 나타나는 자기 중심성의 한 형태

이와 같은 두 가지의 자기 중심성은 형식적 조작기가 발달하면서 점차 증가하다가 다른 사람의 조망을 요구하는 성인기에 들어가면서 감소하기 시작한다.

3. 피아제 이론의 평가

Piaget는 각기 다른 연령에서 아동이 어떻게 사고하는지에 대하여 체계적인 이론을 제시하였다. 이들 이론적 내용들은 Piaget 이후 여러 연구자에 의해서 많은 검토를 받았다. 일반적으로 Piaget가 사용했던 방법과 유사한 연구방법을 사용한 복제연구들은 Piaget와 유사한 결과를 얻었다(Dasen, 1977 ; Dodwell, 1961). 단지, 저개발사회에서의 아동들은 Piaget의 발달단계에 도달하는 시기가 늦기는 했으나 각 발달단계에서 지적한 발달특성은 그대로 나타났다. 이러한 결과는 감각운동기, 전조작기 그리고 구체적 조작기에서 특히 볼 수 있었다. 그러나 Berzonsky(1978)와 Neimark(1979)는 모든 청년이나 성인들이 형식적 조작을 나타내는 것은 아니라는 것을 발견하였다. 특히 서구문화와는 다른 원시사회에서의 비교문화연구결과, 형식적 조작이 나타날 연령단계에서도 형식적 조작이 거의 나타나지 않았다.

Piaget(1972)는 매우 발전된 사회에서의 여러 가지 경험과 역할수행 및 특정 훈련이 아동들에게 형식적 사고능력을 길러 준다고 믿었다. 따라서 Berzonsky(1978)는 이러한 형식적 조작능력은 모든 문제에 대해 적용되지는 않으며, 흥미나 관심 그리고 특수한 경험이 결정적 역할을 할 수 있다고 지적하였다. 이러한 점에서 형식적 조작사고는 어떠한 문제를 다루느냐 하는 내용이나 과제에 의존될 수 있다.

또 Piaget가 제시한 시기보다 인지발달이 일찍 나타난다는 연구도 있었다. Piaget는 9개월 이전의 영아들은 보는 앞에서 대상이 없어졌을 때 계속 그 대상이 존재한다는 것을 알지 못한다고 주장하였으나, Baillargeon(1987)은 4개월 된 영아도 물체가 눈에 보이지 않는다고 해도 계속 존재하는 것으로 생각한다는 것을 검증해 보였다.

전반적으로 볼 때 아동의 사고에 대한 Piaget의 관찰은 아동이 어떻게 생각하는가에 대해 많은 것을 알려 주었고 언어적 · 비언어적 방법 모두를 통해서 같은 결과를 얻었지만 아동의 이해 정도를 다소 과소평가한 경향이 있는 것으로 평가된다.

정리해 봅시다

1. Piaget 이론에서 인지발달과정이 어떻게 일어나는지를 설명해 보자.

2. 감각운동기의 특성을 설명해 보자.

3. 전조작기에서 구체적 조작기로 오면서 생기는 변화를 설명해 보자.

4. 형식적 조작기의 특성을 설명해 보자.

5. Piaget 이론을 평가해 보자.

Chapter 7

지능발달

지능에 대한 정의는 매우 다양한데, 이는 학자에 따라 지능적 행동으로 간주하는 속성이 다르기 때문이다. 그러나 모든 정의에서 공통적으로 받아들이고 있는 특징은 추상적으로 생각하는 능력 또는 효율적으로 문제를 해결하는 능력이라고 본다.

이 장에서는 심리측정 분야에서 시작된 양적 접근에 의한 지능발달을 다룬다.

Chapter 7

지능발달

1. 심리측정적 접근

심리측정적 접근 psychometric approach
지능을 개인차로 간주하는 이론적 관점으로서 표준화된 지능검사로 지능을 측정함

정신연령 mental age(MA)
연령으로 구분된 문제들을 아동이 풀 수 있는 수준을 말하는 지능발달의 측정값

기본 정신능력 primary mental abilities
Thurstone이 지능구조라 믿은 일곱 가지의 정신능력으로 공간지각, 지각속도, 수리력, 언어이해력, 어휘유창성, 기억, 추론을 가리킴

심리측정적 접근의 주요 목표는 지적 능력들이 정확하게 어떠한 특성인지를 밝히고, 개인들 간의 차이를 구별할 수 있도록 이들 특성들을 정확하게 측정하는 것이다. 따라서 심리측정적 접근에서는 지적 능력의 개인차를 구별해 주는 것이 지능검사라고 생각하고 지능을 측정하기 위해서 많은 표준화된 지능검사가 개발되었다.

프랑스의 심리학자 Binet와 Simon(1905)이 최초로 지능을 측정할 수 있는 지능검사를 만들었다. 이들은 학교에서 학습이 더딘 학생을 선별하기 위해 먼저 주의, 지각, 기억, 수리적 추리 및 언어이해력과 같은 것을 측정할 수 있는 인지과제를 만들었다. 그 다음 이 인지과제 수행과 실제 학교의 학업성취도를 관련시켜 지능을 변별할 수 있는 지능검사를 만들었다. Binet는 연령이 증가하면서 지능은 발달하며, 나이든 아동과 청소년들은 어린 아동들보다 지적 수행이 높아야 된다고 믿었다. 따라서 1908년 이미 만든 지능검사를 수정하여, 특정 연령의 약 1/2 정도의 아동들이 풀 수 있는 문항들을 선정하여 연령별로 구분된 검사로 만들었다. Binet는 이러한 검사에서 5세 수준의 모든 문항은 맞게 풀고, 6세 수준의 문항을 모두 틀린 아동은 5세 아동의 정신연령(MA)을 가졌다고 보았다. 또 10세 수준 이하의 모든 문항은 맞고, 11세 이상 수준의 문항 중에서 반 년분의 문항을 맞춘 경우, 10년 6개월의 정신연령을 가진 것으로 간주하였다.

그러나 이와 같이 표현된 Binet의 정신연령개념으로는 인간의 지적 수행을 적절히 반영해 주지 못하는 것으로 지적되었다. 따라서 Binet 이후 여러 학자들은 지능이 단일

속성인지, 여러 개의 속성으로 구성되어 있는지를 밝히기 위해 요인분석을 통해 검증하였다. Spearman(1927)은 대부분의 인지과제 수행에 영향을 미치는 일반요인이 있고 특정 인지과제 수행과 관련된 특수요인이 있다는 것을 발견하였다. 또 Thurstone과 Thurstone(1941)은 공간지각, 지각속도, 수리력, 언어이해력, 어휘 유창성, 기억과 추론을 지능을 구성하는 일곱 가지 요인으로 보았고, 이 일곱 가지 요인을 기본 정신능력이라 불렀다.

Spearman과 Thurstone이 비교적 적은 수의 기본 정신능력이 지능을 구성한다고 생각한 반면, 최근 Guilford(1967)는 지능이 100개 이상의 정신능력요인으로 구별된다고 제안하고 있다. 그는 지능을 세 차원, 즉 사람이 생각하고 있는 내용, 사람이 수행하고자 하는 사고의 종류나 조작 그리고 해답이나 지적 산물의 종류를 기준으로 해서 요인을 구별하였다. 각 차원을 여섯 가지의 내용, 다섯 가지의 조작 그리고 여섯 가지의 산물로 구분해서 총 180개의 기본 정신능력을 구성하는 지능구조 모델을 제시하였다. 또 Cattell(1963), Horn과 Cattell(1982)은 Spearman의 일반요인과 Thurstone의 기본 정신능력은 유동성 지능과 결정성 지능 두 차원으로 나눌 수 있다고 제안하였다. 유동성 지능이란 문화적 영향이 비교적 적고 배워본 적이 없는 새로운 문제를 풀 수 있는 능력을 의미한다. 반면에 결정성 지능은 학교교육이나 다른 경험을 통해서 획득된 지식에 의존하여 문제를 푸는 능력으로 보았다.

이러한 유동성 지능과 결정성 지능개념이나 지금까지의 지능의 심리 측정적 이론이 진정으로 지능을 정의해 주지 못한다고 생각한 Gardner(1983)는 다중지능 이론을 제시하고 있다. 그는 이 이론에서 인간은 일곱 가지 종류의 서로 다른 지능을 갖고 있으며, 각 종류는 독립적이고 뇌의 특정 부위와 연결이 되어 있으며, 각기 다른 발달과정을 거친다고 말한다. 그 증거로 뇌의 특정 부위의 손상은 보통 한 능력에만 영향을 미치며, 또 어떤 개인들은 한 능력에서는 천재적인 능력을 보이나 다른 능력에서는 그렇지 않은 경우를 들고 있다. Gardner의 이러한 생각은 창의성이나 특정 재능의 발달을 다루는 학자들에게 많은 영향을 미쳤다.

최근 Sternberg(1991)는 지금까지 지능의 정의가 아동이 알고 있는 내용에 초점이 맞춰졌다고 비판하면서 지능의 삼두이론을 제시하였다. 그는 지능적 행동의 세 가지 요소인 맥락, 경험 및 정보처리 기술을 강조하였다. 맥락적 요소란 한 행동이 지능적 인지는 그 행동이 나타난 사회 · 문화적 맥락에 의존된다는 것이다. Sternberg에 따르면 지능적이란 환경에 성공적으로 적응하며 환경을 자기에게 맞도록 잘 수정해 갈 수 있

지능구조 모델
structure of intellect model
Guilford의 요인분석적 지능 모델로, 180개의 정신능력으로 구성되어 있음

유동성 지능
fluid intelligence
학습한 적이 없으며 문화의 영향도 비교적 받지 않는 지적 능력

결정성 지능
crystallized intelligence
학교교육이나 다른 경험을 통해서 획득된 지식에 의존한 지적 능력

다중지능 이론 theory of multiple intelligences
Gardner의 이론으로 인간은 최소한 일곱 가지 종류의 다른 지능을 가지고 있는데, 각 종류는 뇌의 특정 부위와 연결되어 있으며 IQ검사로 측정되지 않는다는 이론

삼두 이론
triarchic theory
Sternberg의 지능에 대한 최근 정보처리 이론으로 지능의 세 가지 측면, 즉 행동의 맥락, 과제와 관련된 개인의 경험 그리고 과제에 적용하는 개인의 정보처리 기술을 강조함

지능지수(IQ)
intelligence quotient
지능검사에서의 수행을 다른 사람과 비교하여 숫자로 나타낸 측정치
$IQ = \frac{MA}{CA} \times 100$

편차 IQ deviation IQ
같은 연령의 평균 수행과 비교하여 개별아동의 검사 수행을 해석하는 지능지수

는 것을 의미한다. 경험적 요소란 자동화, 즉 연습과 함께 정보처리의 효율성이 증가되는 것을 의미한다. 일상의 과제를 정확하고 효율적으로 수행할 수 있도록 자동화되었을 때, 우리 사고의 많은 부분은 낭비되지 않기 때문에, 자동화를 바로 지능적 능력의 특성으로 간주하였다.

과거의 지능측정에서 해답에 어떻게 도달했는가에 대한 과정은 완전히 무시한 채 답이 맞았는가 틀렸는가에만 초점이 주어져 왔다는 점을 비판하면서 세 번째 정보처리 요소를 설명하였다. 지능적 행동의 정보처리적 측면은 문제에서의 요구가 무엇인지 찾아내고, 문제가 무엇인지에 따라 책략을 구성하고, 목표에 도달할 때까지의 지적 활동을 추적해 가는 인지적 과정을 의미한다. 이러한 Sternberg의 삼두 이론은 지능의 상당히 새로운 개념을 제시해 주고 있다.

1) 지능의 측정

(1) 스탠퍼드 - 비네 검사

지능을 재는 지능검사는 앞에서 살펴보았듯이 Binet와 Simon이 정신연령이라는 개념으로 처음 지능을 측정하였다. 1916년 Terman은 Binet 검사를 미국에서 표준화하여 Stanford-Binet 지능검사를 만들었다. 이때 Terman은 정신연령에 의한 지능분류보다는 생활연령에 의해 정신연령을 비교해 보는 지능지수(IQ)개념을 사용하였는데, 이는 정신연령을 생활연령으로 나눈 후 100을 곱하여(IQ = MA/CA × 100) 얻어진 값이다. 여기서 정신연령과 생활연령이 같으면 IQ는 100이 되어 평균 지능을 가리키는 것이 되고, 정신연령과 생활연령이 서로 같다는 것을 의미한다. 이와 같은 Terman의 IQ 개념은 기존의 MA만으로는 지능을 올바르게 해석하지 못하는 것으로 지적되었다. 예를 들어, 12세의 MA를 가진 8세 아동과 12세 MA를 가진 12세 아동을 똑같이 지능적이라고 할 수는 없다. 또 IQ 산출공식에서 추론할 수 있듯이, 생활연령이 4세인 아동이 자신의 실제 나이보다 1세 위인 5세의 정신연령을 받으면 공식에 의해서 IQ가 125가 되지만, 생활연령이 10세인 아동의 정신연령이 자기보다 한 살 위인 11세가 되면 이때의 IQ는 110이 되고 만다. 다시 말해서 생활연령과 정신연령의 차이가 동일하다 하더라도 나타나는 IQ는 다르다는 것이다. 이러한 문제점을 보완하기 위해서 새로운 IQ 계산법, 즉 편차 IQ라는 계산법이 사용되기 시작하였다.

편차 IQ에서는 아동보다 나이가 많거나 적은 사람들과 비교하는 것이 아니라 같은

나이의 아동들과 비교하여 평균으로부터 얼마나 벗어나 있는지를 계산한다. IQ 100은 평균이며 이보다 높거나 낮은 값은 자기 나이 또래와 비교해서 수행이 높은가 낮은가를 말해 준다.

다른 생물학적 측정치와 마찬가지로 지능검사의 지능지수의 분포도 정상분포를 이룬다. 각 연령집단은 평균 100에서 그 연령집단의 반은 100 미만에, 또 반은 100점 이상에 분포된다.

또한 표준편차가 15일 때 85~115점에 약 68%의 사람들이 들어가 있고, 지능점수 70~130에는 전체인구의 약 95%가 속한다. 따라서 IQ 130의 의미를 알기 위해서는 130 미만에 있는 전체인구를 계산하면 되는데, 약 97.5%에 해당하는 사람들이 이 사람의 지능점수보다 낮다는 것을 의미하게 된다.

Stanford-Binet 검사는 Terman이 처음 만들었을 때는 3~13세까지의 아동을 대상으로 하였으나 현재의 개정판에서는 2~18세의 연령집단에 사용할 수 있으며 우리나라에서도 표준화되어 있다(전용신, 1971).

이 검사에서는 연령이 증가하면서 언어문제, 문제해결 및 추리력에 관한 문항들을 증가시켜 포함하고 있다. 예를 들어, 이 검사의 2세 수준에서는 일상적인 물건들의 이름을 말하도록 하며, 말로 아라비아 숫자 두 개를 반복시키는 등의 문항을 포함하고 있다. 4세 수준에서는 일상생활 주변에서 볼 수 있는 다양한 물건들의 사진에 이름을 붙이며 9단어와 10단어 문장을 생각해 내도록 한다. 또 '낮은 밝고, 밤은…' 같은 유추를 요구하는 것 같은 문항들이 들어 있다. 8세 된 아동의 검사에는 짧은 이야기에 대한 질

정상분포
normal distribution
모집단 특성의 변산을 나타내는 것으로 대칭적이며 종모양의 곡선을 말함. 대부분의 사람들은 평균에 가까운 점수를 갖게 되고 분포의 양극단의 점수를 보이는 사람들은 비교적 적음

표준화
standardization
검사의 신뢰도와 타당도를 높이기 위하여 일률적인 검사의 실시와 채점방법 및 규준이 제시되어 있음을 의미함

그림 7-1 지능검사를 받고 있는 상황

문에 대답하며 이야기 속의 불합리한 부분을 찾아내는 등의 문항을 포함하고 있다. 이상과 같이, 아동은 나이 들어감에 따라 상당한 언어능력을 요구하는 문항과 이해력, 문제해결력을 요구하는 문항들에 대하여 답하게 된다.

(2) 웩슬러 검사

또 하나의 아동용 지능검사로서 Wechsler가 만든 두 가지의 지능검사가 널리 사용되고 있다. 하나는 6~16세를 대상으로 한 아동용 지능검사(WISCIII)와 3~8세 아동을 대상으로 한 유아기 아동용 지능검사(WPPSI-R)이다(Wechsler, 1989 · 1991). 우리나라에서도 이 두 검사가 모두 표준화되어 있다(이창우 · 서봉연, 1974 ; 한국교육개발원, 1987 ; 박혜원 · 곽금주 · 박광배, 1996).

Wechsler가 지능검사를 만든 이유는 초기 Stanford-Binet 검사에는 언어적인 문항이 너무 많아 비언어적 지적 능력을 측정할 수 없다고 생각했기 때문이다. 따라서 그는 지능검사를 언어성 검사와 동작성 검사로 구성하였다.

언어성 검사의 문항들은 Stanford-Binet 검사의 문항과 유사하나 동작성 검사의 문항들은 짜맞추기, 미로 찾기, 나무토막 쌓기 등 비언어적 능력을 측정하는 문항들이다. 따라서 Wechsler 검사에서는 언어성 IQ, 동작성 IQ 그리고 두 IQ를 합친 전체 IQ 점수

>>표 7-1 웩슬러 지능검사 유사문항

하위 검사	언어성 척도
상 식	• 게는 다리가 몇 개인가? • 1m는 몇 cm인가?
산 수	• 철수는 과자가 네 개 있었는데, 영식이가 세 개를 더 주었다. 철수는 과자가 모두 몇 개인가? • 사탕 두 개가 15원이면 12개는 얼마인가?
어 휘	• 책은 무엇인가? 또는 추측은 무엇을 뜻하는가?
하위 검사	**동작성 척도**
모양 맞추기	조각을 맞추어 친숙한 사물을 만들어 보자. 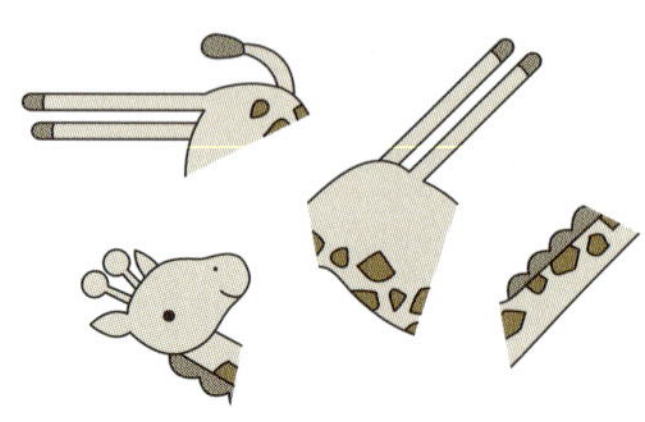

가 나온다. 특히 Wechsler 검사에서는 언어성 검사와 동작성 검사의 득점차이와 또 각 하위검사의 점수분포를 가지고 아동의 정신장애를 진단할 수 있어서 병원에서 널리 이용되고 있다.

(3) 아동용 카우프만 검사(K-ABC)

오늘날 Stanford-Binet 검사와 Wechsler 검사가 널리 사용되고 있지만, 아동용 Kaufman 검사와 같은 새로운 검사도 개발되었다.

Kaufman 검사(Kaufman & Kaufman, 1983)는 정보처리 이론에 근거하고 있으며 대부분이 비언어적 내용으로 주로 Cattell(1963)의 유동성 지능을 측정하고 있다. 이 검사는 문화적인 영향을 줄이고 사회계층이나 민족에 관계없이, 모든 아동들에게 공평하게 적용될 수 있도록 하기 위하여, 누구에게나 친숙한 정도가 비슷한 문항들을 선정하였다. 또 다른 검사들과는 달리 검사의 실시에서 검사자가 아동이 반응하도록 단서나 도움을 줄 수 있도록 상당한 융통성을 허용하고 있다. 우리나라에서도 이 검사가 표준화되어 있다(문수백 · 변창진, 1997).

(4) 영아척도

앞에 언급된 표준화된 지능검사들은 2세 반 미만의 아동에게는 사용하기 어렵다. 왜냐하면 검사문항들이 영아들이 할 수 없는 언어적 기술과 주의력을 요구하기 때문이다. 그러나 아기들이 중요한 발달적 지표를 성취해 나가는 속도를 평가함으로써 영아의 지능을 측정하고자 하는 시도는 계속되었다. 그 중에 가장 잘 알려져 있고 널리 사용된 영아검사는 Bayley 영아발달척도(Bayley, 1993)로 이 척도는 생후 2~30개월 된 아기에게 적용된다.

예를 들어, 공을 던진다, 또는 컵으로 마신다와 같은 운동능력을 평가하는 운동척도, 감추어진 장난감을 찾거나 지시를 따라 어떤 동작을 하도록 하는 등의 적응적 행동을 포함하는 지적 척도 그리고 사회적 반응이나 목표지향성 같은 아동의 행동을 평가하는 행동척도로 구성되어 있다.

여기서는 운동척도와 지적 척도를 합쳐서 IQ가 아닌 발달지수(DQ)를 계산한다. 발달지수는 영아들이 같은 연령의 영아들에 비해 얼마나 잘 수행하는가를 나타내 준다.

Bayley 척도와 같은 영아검사들은 영아들에게 정신적인 결함이나 신경학적 결함, 시각, 청각, 언어 또는 사회적 반응에서의 문제점을 발견해 내는 데에는 매우 유용하다.

그러나 이 검사에서는 영아가 성장한 후의 지능을 예언해 주지는 못한다. 18개월 이전의 지능지수는 후의 아동의 지능지수를 예언하지 못한다. 그 이유는 어려서 재고 있는 문항들과 아동기 이후에 재는 문항들의 내용이 서로 다른 능력을 재고 있기 때문이다. 영아의 지능검사에서는 측정내용이 감각 · 운동 문항이 중심이 되고 아동기의 검사에서는 감각 · 운동능력을 측정하는 문항 대신에 언어능력과 인지능력을 측정하는 문항들이 주류를 이루게 된다. 이러한 사실은 각 연령집단에 따라 지적 발달의 내용이 다르기 때문에 각기 다른 능력을 측정하게 되고 또 각 능력에 대해 주어지는 비중에 차이를 두게 된다. 따라서 감각 · 운동능력을 주로 측정하는 영아기 검사를 가지고서는 성장한 아동의 지능을 예언하지는 못하나, 아동기 이후의 지능검사들은 측정하는 내용이 서로 유사하기 때문에 후의 지능을 예언할 수 있다.

2) 지능의 발달곡선

연령이 증가함에 따라 어떻게 발달해 가는지를 보여 주는 발달곡선에 대한 연구는 지능검사를 통해서 주로 이루어져 왔다. 일반적으로 지능검사에서 답을 맞춘 문항수를 갖고 지적 능력의 양적 변화를 추정하게 된다.

Thorndike(1926), Bayley(1955), Dearborn과 Rothney(1963) 등의 연구를 대표적인 것으로 들 수 있는데, 이와 같은 연구들은 주로 종단적 연구방법을 사용하여 같은 아동을 몇 년 동안 계속하여 연구대상으로 하였다. Bayley(Berkely Growth Study)는 생후 1개월 된 아기 74명을 대상으로 종단적 연구를 시작하여 36년간 계속하였다. 또 Dearborn과 Rothney(Harvard Growth Study)의 연구는 1922년에 시작하여 지금까지 계속되고 있으며 초등학교 1학년 아동 3,500명을 대상으로 연구를 시작하였다. 따라서 대부분 6, 7세에서부터 연구가 시작되었다.

1963년 발표된 Harvard 성장연구 결과 나타난 지능발달곡선은 그림 7-2와 같다. 이러한 연구에서 두드러지게 나타난 것은 지능의 발달이 생후 1세에서 약 10세까지는 급격하게 발달하나 그 이후에는 발달의 속도가 완만해지며 약 20세 전후에는 절정에 이른다는 것이다.

지능의 성숙시기에 관한 초기의 횡단적 연구에서는 지능이 20대 초반에 절정에 이르다가 그 이후에는 점차 감소되는 것으로 보고되었다. 그러나 후의 종단적 연구들에서는 20대 이후에도 지능이 계속 증가되거나 적어도 절정에 있었던 지능이 감소되지 않

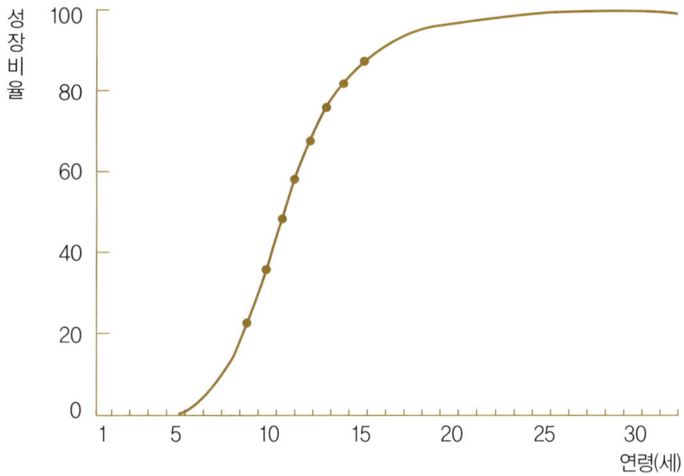

그림 7-2 일반 지능발달곡선

출처 : Dearborn & Rothney(1963)에서 인용

고 지속되는 경우가 보고되었다. 어떤 경우에는 중년까지도 이러한 현상이 지속되었다. 이러한 차이는 횡단적 연구결과와 종단적 연구결과를 비교하였을 때 나타난다. 몇몇 연구결과를 보면, 횡단적 연구를 했을 때의 지능의 변화는 30대 이후 연령 증가에 따라 쇠퇴를 크게 보인다.

반면에 종단적인 자료에서는 30대까지 지능의 성장이 계속되면서 이 수준이 50대까지 지속되다가 그후부터 서서히 쇠퇴하는 모습을 볼 수 있었다. 이와 같이 횡단적 연구에서 나타나는 연령에 따른 쇠퇴는 각 세대 간의 경험의 차이에 기인한 것으로 해석된다. 세대 간의 경험의 차이가 횡단적 연구에서는 결과적으로 연령증가에 따른 지능의 쇠퇴로 나타나는 것이다.

또 지능발달과정 중에서 어느 시기가 가장 중요한가 하는 결정적 시기에 관하여 관심이 있어 왔다. Bloom(1964)은 지난 40여 년 간의 종단적 연구결과를 분석한 후, 만 17세에 측정한 지능을 기준으로 해서 볼 때, 약 50%의 발달이 임신에서부터 4세 사이에 일어난다고 보고하고 있다.

또 분석결과 약 30%의 발달이 4~8세에 그리고 나머지 20% 발달은 8~17세에 이루어진다는 것을 시사해 준다고 결론지었다. 따라서 유아기에 지능의 성장률이 급격하며 이 시기가 지능의 발달에 매우 중요하여 초기의 주위환경이 지적 발달에 큰 영향을 미칠 수 있다는 가정을 할 수 있게 해준다.

이상의 발달과정은 연령집단의 평균치로 나타난 것이다. 그러나 개개인의 발달과정

읽기능력 검사에서 통제집단보다 우세하다는 것이 나타났다.

그 후 27개월 후에 같은 측정을 하였을 때에 실험집단의 훈련효과가 지속되었으며, 훈련이 끝난 5년 후인 초등학교 2학년 과정이 끝났을 때 다시 같은 측정을 하였더니 훈련효과가 그대로 지속되었다. 반면, 통제집단은 누진지체 현상을 나타내었다. 따라서 이 연구결과로 미루어 프로그램에 따라 장기적이고 지속적인 효과를 나타내는 것이 가능한 것 같다.

Palmer(1977)도 보상교육 프로그램의 장기효과를 분석하였다. 실험집단 아동들은 초등학교에 들어갔을 때에 통제집단 아동들에 비하여 낙제한다거나 학습부진 등을 나타내는 경향이 적었고, 읽기능력이나 수리능력에서도 우세하였다.

위의 연구들에서의 보상교육 프로그램은 상당히 포괄적이었으며, 아동이 매우 어렸을 때에 시작하였고, 훈련기간이 길었으며, 개인지도를 하였고 아동은 물론 부모의 훈련도 함께 하였다.

확실히 아동 초기에 주어지는 보상교육 프로그램은 그것이 위의 연구들에서와 같이 잘 계획되고 설계되었을 때는 인지능력과 학업성취에 긍정적인 영향을 준다고 결론지을 수 있다. 그러나 그러한 긍정적인 영향은 유아원에 단순히 참석한다고 하여 얻어지는 것이 아니라 아동 개개인의 관심, 욕구, 능력에 따른 집중적인 개인지도와 어머니의 참여 등을 필요로 한다.

2. 창의성

1) 창의성의 개념

영재 giftedness
특별히 높은 지적 잠재능력을 가지고 있거나 특별한 재능을 갖고 있는 것

창의성 creativity
새롭고 가치 있는 아이디어와 작업을 만들어 낼 수 있는 능력

영재에 대한 정의는 IQ가 높은 것을 의미하는 것뿐만 아니라 음악이나 미술, 문학 및 과학에서 특별한 재능을 갖고 있는 것을 말한다. 또 많은 영재들은 머리가 좋을 뿐만 아니라 창의적이다. 모차르트나 아인슈타인 또는 Piaget가 업적을 이루게 된 것은 이들의 높은 IQ보다도 창의성이 더 강하게 작용했을 것이다.

창의성의 정의에 대하여는 논란이 많지만 새로운 아이디어나 혁신적인 해결법을 산출하는 능력, 다시 말해 단순히 새롭거나 독특한 것만이 아니라 주어진 맥락에도 적절하고, 다른 사람들의 가치에도 부합되는 산물을 만들어 내는 능력이라는 데에 모두가

동의를 한다.

Guilford(1967)는 창의성이 수렴적 사고라기보다는 확산적 사고라고 하였다. 확산적 사고는 답이 하나만이 아닐 때 한 가지 맞는 답을 찾는 것이 아니라 여러 가지 아이디어를 생성하도록 해주는 사고이다. 창의성의 가장 흔히 보이는 특성은 아이디어의 유창성으로, 가능한 여러 가지 다른 아이디어의 산출수효를 가리킨다. 반면에 수렴적 사고는 어떤 한 문제의 가장 적절한 답을 찾는 사고이며 정확하게 지능검사가 측정하고 있는 능력이다.

창의성 검사 점수가 높은 아동들이 반드시 IQ가 높지는 않아 창의성과 일반지능은 서로 독립적인 특성이라는 것을 시사한다(Kagan, 1983). 그러나 창의성이 높은 사람이 평균지능 이하를 나타내 보이는 경우는 거의 없다. 또한, 어느 정도의 지능은 창의성에 필요한 조건이 되지만 지능이 높다고 해서 반드시 창의성이 높지는 않다(Runco, 1992). 따라서 평균 이상의 지능을 가진 집단, 예를 들어 대학생 집단의 경우 일반 지능과 창의성과는 기본적으로 상관이 없는 것으로 나타난다.

확산적 사고
divergent thinking
답이 하나만이 아닐 때, 여러 다양한 아이디어나 해결법을 요구하는 사고

수렴적 사고
convergent thinking
하나의 문제에 대한 정확한 답을 찾는 것을 요구하는 사고

2) 창의성 발달

왜 어떤 사람은 창의적인데, 다른 사람은 창의적이지 않을까? 창의성도 지적 능력이기 때문에 선천적인 특성이 아닐까 생각해 볼 수 있다. 그러나 쌍생아 연구를 보면 일란성 쌍생아 간의 창의성이나 이란성 쌍생아 간의 창의성이나 모두 유사성이 비슷하다. 다시 말해, 창의성 발달에는 유전적 영향이 거의 작용하지 않으며 형제들이 공유하는 가정환경이 창의적 잠재력을 키우는 데 특히 중요하다는 것을 시사해 준다(Plomin, 1990).

가정환경 중에서도 창의적인 아동의 부모들은 다른 사람과 생각이나 행동이 일치되지 않는 것에 신경을 쓰지 않는다. 또 자녀가 다른 아동과 다르다고 해서 변화시키려 하지 않고, 자녀 특성 그대로를 받아들이며, 지적 호기심을 격려하고 자녀 자신의 관심이나 흥미를 존중하는 것으로 나타났다(Runco, 1992).

창의성은 연령과 함께 변화하는가? 이 점은 문화에 따라 다른데, Torrance(1975)는 아동들이 처음 학교생활을 할 때처럼 규칙을 지키고 동조하도록 사회적 압력을 받을 때, 일시적으로 창의성이 감소한다고 시사하고 있다. Gardner, Phelps와 Wolf(1990)도 학령전 아동들이 학령기 아동들보다 훨씬 덜 억제되어 있고 독창적이라고 지적하고 있

다. 청소년기에 들어서면서 일부 청소년들은 학령 전기에 보였던 혁신적이고 자발적인 창의성을 다시 보이게 된다.

여기서 여러 학자들은 청소년기나 성인이 되었을 때의 창의성을 예언할 수 있는 어렸을 때의 특성이 무엇인가에 관심을 가져왔다. 나이 들어서 음악이나 과학 등 특정 영역에서 보이는 재능이나 창의성은 어렸을 때 바로 그 영역에서 아동이 보인 능력과 가장 밀접하게 관련된다는 것이 밝혀졌다(Feldman & Goldsmith, 1991). 따라서 어렸을 때 한 영역에 대한 전문성의 초기 발달은 나이 들면서 재능이나 창의성 발달에 특히 중요하다고 할 수 있다. 또 이들 창의적인 업적을 보인 사람들은 자신의 특별한 재능을 발달시키고자 하는 동기가 높고 이를 뒷받침해 줄 수 있는 환경이 있을 때 가능하다(Monass & Engelhand, 1990)고 보고되고 있다.

정리해 봅시다

1. 지능의 심리측정적 접근의 특성을 생각해 보자.

2. 아동의 지능을 측정할 수 있는 검사들을 열거해 보자.

3. 지능의 발달과정을 설명해 보자.

4. 지능발달에서 유전과 환경의 영향을 설명해 보자.

5. 창의성을 어떻게 훈련시킬 수 있는지를 생각해 보자.

Chapter 8

학습과 기억발달

"오늘 학교에서 무엇을 배웠니?"라는 말은 우리가 일상생활에서 흔히 말하고 듣는 질문이다. 배우고 기억하는 것뿐만 아니라 배우는 데 실패하고 잊어버리는 것 또한 흔히 경험하는 것이다. 이와 같이 우리의 일상생활과 밀접하게 관련되어 있는 것이 학습과 기억이다. 또 우리 행동의 많은 부분이 학습에 의해서 이루어진다는 점에서 학습과 기억과정을 이해하고 아동과 청소년의 발달과정에서의 역할을 평가해 보는 것은 매우 중요하다.

Chapter 8

학습과 기억발달

1. 학 습

학습이란 유전, 성숙 또는 생리적 손상에 의해서가 아니라 반복, 연습, 관찰에 의한 경험으로 나타나는 비교적 영구적인 행동의 변화를 가리킨다. 아동의 학습은 습관화, 고전적 조건형성, 조작적 조건형성과 관찰에 의해 이루어진다.

1) 습관화

습관화는 자극이 반복 제시되면서 그 자극에 주의를 기울이거나 반응하는 것을 멈추게 되는 과정을 말한다. 반복되어 친숙해짐으로써 반응을 중단하는 것을 습관화라고 할 수 있다. 이 습관화는 아기가 태어난 직후에도 나타난다. 예를 들어, Madison과 그의 동료들(1986)은 36주 된 태아를 갖고 있는 27명의 임산부의 복부에 소리를 들려 주고 태아의 움직임을 추적하였다. 처음에는 소리에 반응했던 태아들이 40번 반복해서 소리를 들은 후에는 1명의 태아만 제외하고 나머지 26명은 소리에 반응하지 않았다. 소리자극이 그들의 주의를 더 이상 끌지 않는, 친숙한 것으로 간주되어 습관화가 된 것이다. 친숙한 자극에 반응하지 않는 것이 단지 피로하기 때문이 아니라는 것을 어떻게 알 수 있을까? 그것은 아기가 습관화를 보이고 있을 때, 다른 새로운 자극이 제시되면 주의를 새로이 기울이거나, 심지어는 활발하게 반응을 하는 탈습관화를 보이는 것으로 보아 피로하기 때문이 아니라는 것을 알 수 있다.

습관화는 1년 동안에 급격히 향상된다. 4개월 미만의 아기들은 한 자극에 습관화가 되기 위해서는 상당히 많은 반복적인 자극의 제시가 필요하고 새로운 자극에 탈습관화가 일어나는 것도 느리다. 생후 5~12개월경이 되면 습관화와 탈습관화가 모두 훨씬 빨라진다(Bornstar & Sigman, 1986). 이러한 발달경향은 대뇌 중추의 감각영역의 성숙과 관련되며, 뇌와 감각기관이 성숙해감에 따라 영아들은 정보를 더 빨리 처리하게 되어, 자극이 제시되는 동안에 더 많은 자극특성을 탐지하게 된다(Rovee-Collier, 1984).

또 영아들도 습관화와 탈습관화 속도에서 개인차를 보인다(McCall & Carriger, 1993). 어떤 영아들은 반복된 감각자극을 빨리 인지하며 경험한 것을 오래 간직하나 다른 영아들은 습관화되는 데 시간이 오래 걸리고 학습한 것을 빨리 잊어버리곤 한다. 이러한 개인차는 발달과 어떤 관계가 있을까? 6~8개월에 습관화가 빨랐던 영아들은 그 다음해에 언어이해와 사용이 빨랐으며(Tamis-LeMonda & Bornstein, 1989), 아동기의 지능검사 점수도 높았다(McCall & Carriger, 1993). 이것은 습관화와 그 정보를 오래 유지하는 능력이 복잡한 정신적 활동의 기초가 되는 지적 과정이기 때문이다.

2) 고전적 조건형성

아동은 고전적 조건형성을 통해 학습한다. 이미 제2장에서 보았듯이 고전적 조건형성은 처음에는 아동과 무관했던 중립자극이, 어떤 반응을 자동적으로 이끌어 내는 무조건 자극과 짝지워짐으로써 중립 자극에 대해 반응하게 되는 과정이다. Pavlov의 실험에서 개는 경험을 통해서 침흘리는 반응과는 무관했던 중립적 자극인 종소리(CS)에 대해서 침흘리는 조건반응(CR)을 하였다. Pavlov는 실험을 계속하면서 자극 일반화라는 현상을 발견하였는데, 조건자극과 매우 유사한 자극에 대해서는 고전적 조건형성과정 없이도 조건반응을 일으키는 것이었다. 예를 들어, 음식과 종소리가 짝지워지고 난 후에 벨 소리 아닌 부저 소리에 대해서도 침을 흘리면 자극 일반화가 일어났다고 말할 수 있다. 자극 일반화와 반대의 현상도 볼 수 있는데, 고전적 조건형성을 할 때의 조건자극과 매우 다른 자극에 대해서는 조건반응을 하지 않고 변별이 일어난다. 또 일단 학습되어 조건형성된 반응이라도 무조건 자극이 없이 조건자극만 계속 주어졌을 때에는 조건반응이 줄고 결국에는 사라지고 만다. 이와 같은 상황에서 반응이 점차적으로 약해지고 사라지는 현상을 소거라 부른다.

자극 일반화 stimulus generalization
조건자극과 매우 유사한 자극에 대해서는 조건형성 과정 없이도 조건반응을 일으키는 현상

변별 discrimination
조건자극과 다른 자극에 대하여 다르게 반응함으로써 조건자극과 구별하는 현상

소거 extinction
일단 학습된 조건반응이라도 조건자극이 더 이상 무조건자극과 짝지워지지 않거나 조건반응이 더 이상 강화를 받지 못하게 될 때는 조건반응이 감소하고 사라지는 현상

우리는 이러한 고전적 조건형성 원리를 통해 제2장의 영아의 예에서처럼 공포가 배워지는 과정을 보았다. 공포반응뿐만 아니라 바람직한 태도나 행동도 고전적 조건형성에 의해 획득될 수 있다.

역조건형성 counter-conditioning
바람직하지 않은 반응을 소거하고 새롭고 더욱 적응적인 반응으로 대치시키는 고전적 조건형성에 기초를 둔 치료법

같은 맥락으로 역조건형성에 의해서 어린 남아의 공포증을 치료하는 경우를 볼 수 있다(Jones, 1924). 2세 남아가 털 달린 물체에 대한 심한 공포증을 갖고 있었다. 이 남아가 좋아하는 음식(UCS)을 먹고 있는 동안 강한 공포의 대상인 토끼(CS)를 보여 주기 시작한다. 그 남아가 자신의 무릎에 토끼를 올려놓을 수 있을 때까지 점진적으로 그 토끼를 그 남아 가까이로 노출시킨다.

결국 즐거운 자극과 공포를 일으키는 토끼를 짝지움으로써, 그 남아의 조건화된 공포증은 없어지고 토끼와 함께 노는 좀 더 바람직한 행동으로 바꿀 수 있었다. 신생아까지도 고전적 조건형성이 가능하였는데, Lipsitt과 Kaye(1964)는 소리(CS)와 고무젖꼭지(UCS)를 짝지워 2~3일된 신생아에게 반복하여 제시하였다. 그 결과 신생아들은 고무젖꼭지가 제공되기 전에 소리만 듣고도 빠는 반응을 보였다.

3) 조작적 조건형성

고전적 조건형성에서는 조건자극에 의해서 새로 학습된 반응이 나온다. 그러나 조작적 조건형성과정은 이와 다르다. 학습자가 한 상황에서 어떠한 반응을 하게 되었을 때, 그 반응과 그 반응 뒤에 따라 일어난 결과가 되풀이됨으로써 연합이 이루어지게 된다. 반응 뒤에 일어난 결과가 만족스러울 때는, 후에 동일한 상황에 놓이는 경우에 만족스런 결과를 가져온 행동을 다시 하게 될 확률이 증가한다. 이러한 조작적 조건형성을 주창한 Skinner(1953)는 인간의 대부분의 행동은 자발적으로 나타난 반응이고, 그 반응과 함께 나타나는 결과에 따라 그러한 반응이 계속해서 나타나느냐 아니냐가 결정된다고 보았다. 다시 말해서 만족스런 결과를 가져온 행동은 되풀이되는 경향이 있으며 만족스럽지 않은 결과를 가져온 반응은 반복되지 않는 경향을 보인다는 것이다. 이러한 조작적 조건형성에 의해서 우리는 수없이 많은 행동과 기술을 배우게 된다.

정적 강화 positive reinforcement
한 행동 후에 뒤따라 제공되는 결과로 인해 그 행동이 그 이후에 나타날 확률을 높여 주는 현상

조작적 조건형성에서, 강화란 한 반응이 발생하는 확률을 높여서 그 반응이 일어날 가능성을 높여 주는 것을 가리킨다. 예를 들어, 아동이 더러운 얼굴을 세수하고 났을 때, 엄마로부터 칭찬을 받았다면 엄마로부터 받은 칭찬은 아마도 세수하는 데 대한 정적 강화로 작용할 것이며, 그 이후에는 세수하는 행동이 증가하리라 예상할 수 있다.

여기서 정적이란 특정 반응이나 행동이 출현될 가능성이 증가된다는 의미이다. 또 이 예에서의 강화란 세수하는 행동이 강하게 되었다는 것을 뜻한다. 따라서 정적 강화란 한 행동을 한 후에 바로 뒤따라 어떠한 것이 제공됨으로써, 그 행동이 그 이후에 나타날 가능성이 높아지는 것을 의미한다.

한편, 부적 강화란 정적 강화에서와는 달리, 불쾌한 상황을 피할 수 있거나 불쾌한 자극이 제거됨으로써 강화가 되는 것이다. 예를 들어, 자동차의 운전석에 앉아서 안전 벨트를 매지 않고 있으면, 불쾌한 부저 소리가 계속 지속되는 경우를 생각해 보자. 이때 안전 벨트를 매면 이 불쾌한 소리를 끝낼 수 있다는 것을 배우게 되면서, 안전 벨트를 매는 행동은 증가하게 될 것이다.

부적 강화 negative reinforcement
특정 행동의 결과로 불쾌한 상황을 피할 수 있거나 불쾌한 자극이 제거됨으로 인해 그 행동의 발생확률을 증가시키는 현상

우리의 많은 행동은 이러한 부적 강화를 통해서 강화를 받게 되어 점차 강한 습관으로 형성된다. 확실히 불쾌한 결과를 끝내거나 피하고자 하는 욕구는 많은 학습의 기초가 된다. 만약 아동이 그림을 그린 후에 널려 있는 크레용을 정리하는 것이 야단맞는 것을 막을 수 있다는 것을 배웠다면 크레용을 정리하는 행동은 점점 더 증가하게 될 것이다.

흔히 즐거운 자극을 강화로, 불쾌한 자극은 벌로 생각하여 부적 강화와 벌을 같은 것으로 혼동하는 경우가 많이 있다.

그러나 강화와 벌을 구분하는 기준은 즐겁다, 불쾌하다가 아니다. 강화는 항상 반응을 더 자주, 더 강하게 하도록 하나, 벌은 반응을 억제하거나 억누르는 것이다. 다시 말해서, 강화 중에서 정적 강화는 한 행동의 발생을 증가시켜 주는 것이 되고, 부적 강화는 특정행동을 함으로써 불쾌한 자극을 중단 또는 제거시키는 것이 되어서, 결과적으로는 두 가지 다 어떤 특정 반응이나 행동의 발생을 증가시키는 것이 된다.

벌에도 두 가지 형태가 있는데, 하나는 정적 벌로 체벌이나 야단치는 데서 볼 수 있듯이 행동이 나타난 직후에 불쾌한 결과가 가해지는 것이다. 다른 하나는 부적 벌로 잘못했을 경우 TV 시청을 못하게 하는 경우에서와 같이, 행동이 나타난 직후에 그 상황에서 즐거운 무엇을 빼앗거나 제거하는 것을 의미한다. 이 두 가지 벌은 모두 행동을 억제하고 그 행동이 나타날 가능성을 감소시킨다.

정적 벌 positive punishment
행동이 나타난 직후에 불쾌한 결과를 가하는 것

부적 벌 negative punishment
잘못했을 경우 TV 시청을 못하게 하는 경우에서와 같이 행동이 나타난 직후에 즐거운 무엇을 빼앗거나 제거하는 것

정적 강화, 부적 강화, 정적 벌, 부적 벌의 네가지 유형 중에서 Skinner(1953)는 아동의 행동을 조성하는 데 강화 특히 정적 강화를 강조하였다. 벌은 바람직한 행동을 가르치는 것이 아니라 단지 바람직하지 않은 행동을 억누르는 것이기 때문에 바람직한 행동을 하도록 하는 데는 별로 효과적이지 않다.

강화의 시기와 빈도는 조작적 조건형성에 영향을 미치게 되는데, 강화는 반응 직후에 주어질 때 가장 효과적이었다. 특히 영아나 걸음마를 시작한 아동들에게서는 반응과 강화와의 간격이 짧아야만 효과적이다. 그 이유는 간격이 짧아야만 반응과 그 결과에 대하여 연합을 시키는 정보처리 기술을 적용할 수 있기 때문이다(Millar & Watson, 1979). 강화의 빈도를 정하는 것을 강화계획이라고 부르는데, 이것 또한 중요하다.

강화계획 reinforcement schedule
어느 때, 몇 번 강화를 할 것인가를 정하는 것

아동에게 새로운 것을 가르칠 때는 아동이 행동을 할 때마다 강화해 주는 계속적 강화가 효과적이다. 그러나 일단 새 행동을 배우고 난 후에는 간헐적 강화로 행동이 일어날 때마다가 아니라 가끔씩 강화해 주는 것이 그 행동을 오래 유지시킬 수 있다. 계속적으로 주어지던 강화가 갑자기 끊기게 되면 그 행동은 곧 소거가 일어나기 때문에 간헐적 강화로 바꾸어 줌으로 해서 강화가 언젠가는 오리라는 기대 속에서 그 행동을 계속하게 되는 것이다.

계속적 강화 continuous reinforcement
반응이 나타날 때마다 강화해 주는 방법

간헐적 강화 intermittent reinforcement
행동이 나타날 때마다가 아니고 가끔씩 강화해 주는 방법

다음은 강화가 어떠한 기제에 의해 반응을 강하게 만드는지를 살펴보기로 한다. 정보처리학자들은 강화물이 행동의 결과에 대한 정보를 제공해 줌으로써, 우리가 환경에 적극적으로 반응할 수 있도록 해준다고 생각한다. Watson과 Ramey(1972)의 연구에서 8주 된 영아들이 처음에는 베개 위에서 고개를 돌리는 것과 요람 위에서 도는 모빌의 회전과의 관계를 인식하지 못했다. 그러나 한 집단의 영아들에게 고개를 돌리는 것이 모빌을 회전시킬 수 있다는 것을 학습시킨 후에는 영아들이 모빌을 움직인 다음 웃고 소리를 내는 등 그 행동을 즐겼다.

한편, 고개를 돌리는 것과 모빌 회전의 관계를 학습하지 않은 집단의 영아들은 처음에는 모빌이 회전하는 것에 대해 관심을 보이고 흥미 있어 했으나 곧 흥미를 잃고 그것을 보고 웃는 등의 반응이 거의 없었다. 후에 이 두 집단의 영아들은 모두 자신의 행동에 의해 환경을 통제할 수 있는 조건인 고개를 돌림으로써 모빌을 회전시킬 수 있는 상황에 새로이 놓여졌다. 이때 이 관계를 학습한 집단의 영아들은 곧바로 자신들의 머리를 돌려 모빌의 움직임을 스스로 통제하려는 반응을 보였다. 그러나 고개돌림과 모빌의 회전과의 관계를 이전에 학습하지 않은 영아들은 상황이 변했음에도 불구하고 모빌을 움직여 보려는 시도를 나타내지 않았다. 이러한 반응은 아기들 스스로가 환경에 영향을 주지 못한다는 사실을 알고 있음을 보여 주는 것이다.

이 연구가 강화와 관련해서 시사하는 바는, 처음에 즐거움을 주던 자극인 모빌의 회전을 통제할 수 있는 정보를 학습자가 제공받았을 때에만 강화물로 유지될 수 있지 그렇지 않은 경우에는 의미가 없다는 것이다.

앞에서 언급한 Watson과 Ramey(1972)의 실험에서는 8주 된 영아들에게도 조작적 조건형성이 가능하다는 것을 보고하였다. 그 외에 신생아나 조산아들도 조작적 조건형성이 가능하다는 것이 보고되어 왔다(Thoman & Ingersoll, 1993). 그러나 이러한 경우에는 학습이 매우 느려서 2일 된 신생아들은 오른쪽으로 머리를 돌려야 우유를 먹을 수 있다는 것을 학습시키는 데 평균 200회 정도의 시행이 필요했다(Papousek, 1967). 나이 든 아동들은 훨씬 빨리 배워서 3개월 된 영아는 40회의 시행으로, 5개월 된 영아는 30회 미만의 학습으로 조건형성이 되었다. 나이 든 아동들은 행동과 그 결과를 연합하는 데 나이 어린 아동들보다 훨씬 빨랐다.

이와 같이 영아와 신생아들도 느리기는 하나 자신의 반응과 그 결과를 연합할 수 있기 때문에, 그들 자신도 무엇인가 흥미로운 일을 일어나게 할 수 있다는 것을 배우게 된다. 예를 들어, 아기는 울면 어머니가 오고, 젖을 먹을 수 있고, 관심을 받으며 안아준다는 것을 배우게 된다. 또 응시, 미소와 옹알이가 양육자의 관심이나 애정을 이끌어 낼 수 있다는 것을 알게 된다. 아기가 이러한 것을 배워감에 따라 양육자도 아기의 반응을 알게 되고, 이러한 상호작용은 아기와 양육자 모두를 만족시킬 수 있게 된다.

4) 벌

일반적으로 부모들은 자녀들에게 벌을 주는 것을 피하고자 한다. 그러나 아동의 바람직하지 않은 행위, 예를 들어, 성냥이나 전기 소켓을 가지고 노는 것 같은 위험한 행위를 못하도록 하기 위해서는 벌을 사용하게 될 때가 있다.

벌은 일시적으로 바람직하지 않은 행동을 억제할 수 있게 해주지만, 바람직한 행동을 가르쳐 주지 않고 오히려 적개심이나 분노를 일으킬 수 있기 때문에 결국에는 아동에게 해를 입히게 된다. 벌의 이러한 특성에도 불구하고 적절히 적용하였을 때는 바람직하지 않은 행동을 통제하는 데 효과적일 수 있다. Domjan(1993)은 다음과 같은 몇 가지 조건을 따르면 부작용을 줄이고 벌을 효과적으로 사용할 수 있다고 제안하였다.

(1) 벌은 가능한 한 즉시 적용하라

아동이 바람직하지 않은 행동을 준비하거나, 하고 있는 동안에 벌을 주는 것이 가장 효과적이라는 것을 의미한다. "아버지가 오시면 보자." 등의 벌을 지연시키는 것은 좋은 훈육법이 아니다. 어린 아동들은 벌을 받고 있는 당시에 자기가 하고 있는 행동과 벌을

야 하며 경험을 기억할 수 있어야 한다. 조작적 조건형성에서도 아동은 행동을 수행할 것인지를 결정하는 정보로서 강화와 벌을 사용하는 것이다.

2. 기억발달

현대 발달심리학자들은 아동이 어떻게 학습하는지에 대한 기본 학습기제보다는 기억할 때, 어떠한 정신적 책략을 사용하는지와 정보처리 기술이 어떻게 발달하는지에 초점을 맞추어 주로 연구하고 있다.

아동은 정보처리 기술의 발달로 인해 더 효율적으로 학습할 수 있게 되며, 복잡한 개념을 이해하고 경험을 더 많이 기억할 수 있게 된다. 또 기억된 정보를 적절히 인출하여 사용할 수 있게 됨으로써 문제해결 등 고등 정신활동을 할 수 있게 된다.

감각기억
sensory memory
정보가 들어와서 첫 번째로 처리되는 과정으로 감각기관에 1~2초 동안 유지되면서 정보의 개략적인 특징이 확인되는 과정

1) 정보처리 모델

기억발달과정에서 기본이 되는 대표적인 정보처리 모델은 Atkinson과 Shiffrin(1968)의 이중저장 모형이다. 그들은 여기에서 기억을 감각기억, 단기기억과 장기기억으로 구분하고 있다. 감각기억은 특정 감각기관에 와 닿는 정보로서, 이 정보는 감각기관의 수용능력 범위 내의 것만을 받아들이고 받아들인 모든 정보는 감각기관에 1～2초 동안 유지된다. 감각기관에 유지되는 순간적인 파지 동안에 자극의 개략적인 특징이 확인된다. 예를 들어, 주먹을 쥐었다가 빨리 폈다가 다시 주먹을 쥐었을 때 손가락을 쳐다보고 있으면 다시 주먹을 쥔 후에 순간적으로 손가락의 영상을 볼 수 있다. 바로 이 손가락 영상이 감각기억에 있는 기억상인 것이다. 5세 아동의 감각기억 능력은 성인의 감각기억 능력과 비슷하다(Morrison, Holmes & Haith, 1974).

단기기억
short term memory
들어온 정보가 15~30초 머물면서 장기기억과의 결합이 이루어지는 정보처리 저장소

그 다음 단계에서는 감각기억에서의 정보가 단기기억으로 들어간다. 단기기억은 환경으로부터 들어온 정보와 장기기억으로부터 나온 정보의 결합이 이루어지는 곳으로 부호화가 이루어지는 곳이다. 단기기억의 활동적 특성 때문에 단기기억을 작업기억이라 부르기도 한다. 단기기억이 한 번에 처리할 수 있는 처리용량은 의미 있는 단위로 묶여진 단위의 수로 3~7이 된다.

장기기억
long term memory
단기기억을 거쳐 들어온 정보가 영구히 저장되는 정보처리 저장소로, 새롭게 들어오는 정보에 장기기억으로부터 나온 의미를 부여함

단기기억 내에서 정보가 유지될 수 있는 시간은 15～30초 정도이다. 그러나 되풀이

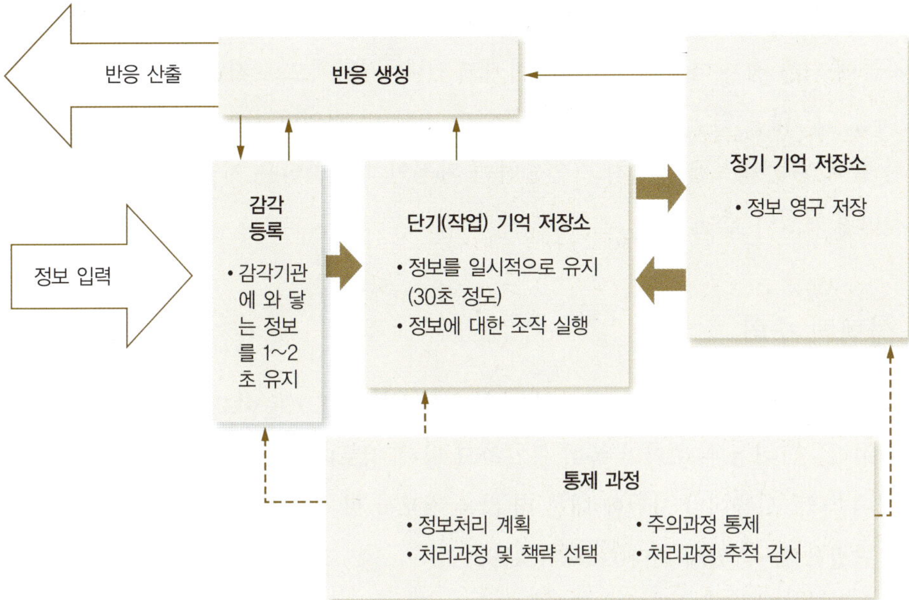

그림 8-1 이중저장모형
출처 : Shiffrin & Atkinson(1969)

해서 암송하거나 정보에 주의를 지속시켜 주는 방법들에 의해 단기기억 내에서 정보를 30초 넘게 보존시킬 수 있다. 단기기억에 오래 있을수록 장기기억으로 전환될 가능성이 높아진다.

장기기억은 감각기억이나 단기기억과는 다르게 들어갈 수 있는 정보의 양에서나 머무를 수 있는 기간에는 한계가 없다. 장기기억은 정보처리의 전반적인 과정을 지시하며, 정보나 과거 경험으로부터 나온 부호화된 자료를 저장한다. 또 들어오는 정보를 장기기억의 내용과 비교하여, 새롭게 들어오는 정보에 장기기억으로부터 나온 의미를 부여하게 되면, 새 정보가 장기기억 저장소에 쉽게 저장된다.

Atkinson과 Shiffrin 모형에서는 감각기억, 단기기억과 장기기억 이외의 통제과정을 포함하고 있다. 통제과정은 인간의 정보처리를 컴퓨터와 구별시켜 주는 부분으로 정보의 어느 부분에 주의를 기울이고, 무엇을 할 것인지를 계획하고, 계획한 대로 되어가고 있는지를 추적해 가는 과정으로 거의 대부분이 의도적이다. 따라서 인간의 정보처리는 통제과정을 통해서 인지활동을 시작하고, 조직화하고 추적 감시한다. 어디에 주의를 기울이고 저장과 인출에 어떤 책략을 사용할 것이며 문제해결의 방법을 생각해 내는 등의 통제과정을 거쳐 이루어진다.

통제과정
control processes
정보의 어느 부분에 주의를 기울이고 무엇을 할 것인지를 계획하고 계획한 대로 되어 가고 있는지를 추적해 가는 과정

정보처리 모델은 성인사고에 대한 이론으로 시작되어, 최근에는 인지발달을 다루는 학자들에 의해 점차 아동발달에 적용시키고 있다. 결과적으로 지난 10여 년 동안 아동을 대상으로 많은 연구들이 이루어져 주의의 발달 및 기억발달에 관한 여러 가지 사실들이 밝혀졌다. 정보를 저장하고 인출하는 과정인 기억발달은 지적 발달에 있어서 정보처리의 핵심이 된다.

2) 선택적 주의

정보가 기억으로 저장되려면 먼저 정보에 대하여 주의를 기울이고 부호화가 이루어져야만 한다. 또 아동은 주의의 폭이 증가하고 방해 정보나 무관련 정보를 무시할 수 있게 됨에 따라, 사물이나 사건에 대한 더 많은 정보를 탐지할 수 있게 되며 더 정확한 지각적 변별을 할 수 있게 된다(Gibson, 1992).

따라서 주의의 발달과정에서 중요한 요소는 주의의 선택성이다. 선택적 주의력은 신생아에게서도 보인다. Fantz(1970)는 두 개의 자극을 제시해서 어느 쪽을 보다 오래 주시하는지를 측정했더니 생후 3~4일 된 신생아도 선택된 반응을 나타낸다는 것을 발

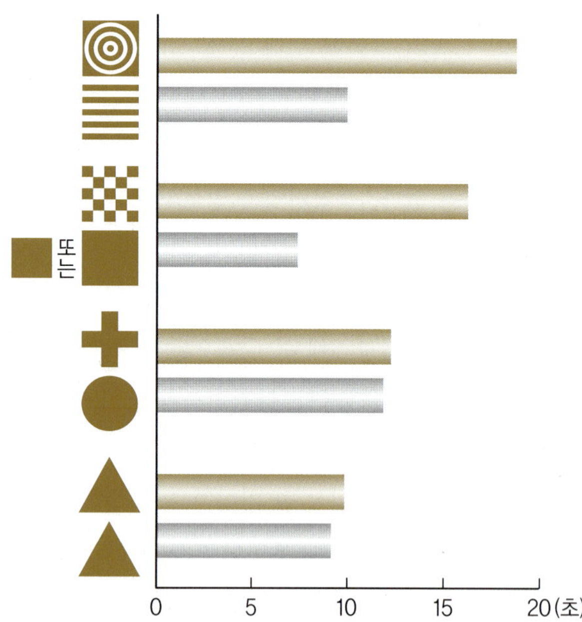

그림 8-2 짝지어진 도형의 주시시간 비교
출처 : Fantz(1970)에서 인용

견하였다. 즉, 도형 없는 회색 평면보다 명확한 윤곽이 있는 도형을 보다 더 주시하고 성숙할수록 보다 더 복잡한 도형을 주시하는 것으로 나타났다.

만약 아동들에게 미리 과제를 푸는 데 관련된 정보가 무엇인지를 알려 준다면 어린 아동들도 나이 든 아동들만큼이나 높은 수행을 보일 것이다. 이를 보기 위하여 Miller와 Weiss(1981)는 7세, 10세와 13세 아동들에게 여러 가지 다른 덮개 속에 감추어진 동물들의 위치를 기억하도록 지시하였다.

각 덮개를 들어올렸을 때 그 속에는 동물과 함께 가정에서 볼 수 있는 여러 물건들이 있었다. 여기서의 학습과제는 아동들이 선택적으로, 특정 정보인 동물에는 주의를 기울이지만, 방해 정보인 다른 물건에 대한 것은 무시해 버리도록 하는 것이었다. 아동들에게 각 동물의 위치를 물었을 때 13세 아동들이 가장 수행이 높았고 다음이 10세, 7세 순이었다. 그러나 각 동물과 함께 있었던 물건에 대한 기억수행은 13세 아동이 가장 낮은 수행을 보여 어린 아동들이 무관련 정보에 대하여 더 주의를 기울이는 것으로 나타났다. 이것은 나이 든 아동들이 어린 아동들보다 관련 정보에 더 잘 집중할 수 있으며, 과제수행에 방해가 되는 가외 정보는 여과하여 제외시킬 수 있음을 보여 준다.

이러한 무관련 정보에 대한 주의는 외계로부터의 자극에 의해서 일어나는 것으로 수동적이며 어린 연령의 특성으로 발견된다. 아동기에 들어와서도 외적 사항에 좌우되는 경향이 강하기 때문에, 과제의식이나 목표달성에 대한 동기에 의해서 주의를 의도적으로 통제할 수 있게 되는 것은 서서히 발달하게 된다. 점차 능동적이고 적극적이며 의도적인 주의가 발달한다.

3) 초기 기억

친숙한 것을 재인하는 능력은 확실히 선천적이다. 신생아가 계속 반복 제시된 자극에 대하여 습관화를 보인다는 것은 전에 경험했던 것이라는 사실을 기억하고 있음을 의미한다. 또한 매우 어린 영아들도 회상할 수 있는 단서를 제공하면 회상도 할 수 있다고 보고되고 있다(Rovee-Collier, 1987). 생후 2～3개월 된 영아들이 자신이 다리를 차면 요람 위에 있는 모빌이 움직인다는 것을 학습한 후, 3주가 되어 같은 상황에 놓였을 때 단서가 제시되자 발차기 행동으로 모빌을 움직이고자 하는 회상반응을 보였다.

단서가 없을 때 아기들이 회상할 수 있는 시기는 언제쯤 될까? 지연모방은 시간이 경과한 후에 모방하는 것이므로 회상기억이다. 9개월경의 많은 영아들은 24시간이 지난 후에도 지연모방을 할 수 있다. 회상기억은 생후 3년 동안 계속 발달한다. 2세경에는 몇 달 전에 일어난 사건 특히 자신의 주의를 끌었던 경험을 회상할 수 있다(Howe & Courage, 1993). 또 2세 반~3세에 어떤 아기들은 2년 전의 일까지도 기억할 수 있었다(Perris, Myers & Clifton, 1990). 더욱이 2세 아동이 시장에 가는 엄마에게 과자를 사가지고 오라는 요구에서 볼 수 있듯이, 미래에 할 것을 의도적으로 기억해 내는 미래계획기억을 나타냈다(Somerville, Wellman & Cultice, 1983).

미래계획기억 prospective memory
미래에 할 것을 기억하는 것

아동이 유아기에 들어서면서 특정 상황에서 무엇을 언제 어떻게 하는지를 기억하는 스크립트 기억이 나타난다. 3세 아동은 시장에 가면 무엇을 어떻게 하는지를 말할 수 있다. 이 단계에서는 가장 중요한 부분은 이야기할 수 있지만 세부적인 것은 언급하지 못한다. 그러나 그 순서는 대부분 올바르게 말한다(Fivush, Kuebli & Clubb, 1992).

스크립트 기억 script memory
친숙한 상황에서 언제 무엇이 일어나는지에 대하여 먼저 일어나는 것과 후에 일어나는 것을 순서대로 표상하여 기억하는 것

나이와 함께 스크립트 기억도 점차 정교화된다. 형성된 스크립트는 아동이 일상경험을 조직화하고 해석하는 기본 틀이 되며 친숙한 스크립트에 맞는 새로운 정보는 더 잘 회상된다(Bjorklund, 1995).

4) 아동기 기억발달

생후 3년 동안에 일어나는 기억발달도 현저하지만 회상기억의 가장 큰 발달은 3~12세에 일어난다. 유아기 아동의 재인기억은 회상기억보다 훨씬 앞서 발달해 있다. 또 유아기 아동들은 단순히 일련의 사물을 회상하기보다는 자신이 흥미를 갖거나 실생활에 관련된 사건을 더 잘 기억한다.

회상기억 recall memory
현재 없는 자극을 기억해 내는 기억산출 형태

그러나 실생활의 사건이라도 회상보다는 재인을 훨씬 더 잘 한다(Baker-Ward et al., 1993). 유아기에서 청년기에 이르는 동안의 급격히 일어나는 기억발달은 일반적으로 기본능력의 변화, 기억책략의 변화, 메타 기억의 발달 그리고 지식기반의 증가로 설명되고 있다.

재인기억 recognition memory
어떤 자극이 과거에 경험했던 것과 같은 것이라는 것을 알게 되는 기억

(1) 기본능력의 변화

기억과정에서 나타나는 기억의 기본능력은 발달과정에서 크게 변화하지는 않는다. 기본적으로 연령과 관계없이 아동의 장기기억 저장능력은 거의 무한해서 아동이 처리할 수 있는 정보처리 용량보다 훨씬 크다. 또 연령의 증가에 따라 이러한 장기기억 저장능력이 증가한다는 증거도 없다(Perlmutter, 1986). 그러나 단기기억 혹은 작업기억은 연

령과 함께 증가하여, 나이 든 아동이나 성인들은 단기기억 속에 정보를 더 오래 유지하여 어린 아동들보다 정신적 조작을 더 빨리, 많이 수행할 수 있다. Pascual-Leone(1988)과 Case(1992)는 작업기억 공간 또는 M공간을 증가시킴으로써 인지발달 수준을 높일 수 있다고 보았다. 전통적으로 단기기억의 용량은 기억의 폭으로 평가하는 데 자료를 제시한 후 바로 정확하게 순서대로 회상할 수 있는 항목 수로 측정한다. 이렇게 측정하는 기억폭은 아동기 동안 증가한다.

5세 아동의 기억폭이 4～5개라면 9세 아동은 6개, 성인은 7～8개로 증가한다. 이러한 현상을 Case의 조작 효율성 가설로 설명하는데, 나이 든 아동들이 기억폭 내의 항목을 재인하는 것이 더 빠르고 인지적 조작을 수행하는 데 더 능숙하기 때문이다. 어렸을 때는 노력과 시간을 필요로 했던 많은 정보처리 기술이 나이 들면서 자동화되어 시간과 노력이 덜 필요하게 된다. 따라서 자극을 부호화하고 조작하는 데 시간과 노력이 덜 들게 됨으로써 빨리 해답에 도달할 수 있게 된다.

조작 효율성의 증가는 부분적으로는 뇌와 신경계에서 일어나는 수초화의 증가와 효율적인 정보처리를 방해하는 불필요한 신경연결 부분의 제거와 같은 성숙에 의한 변화에 기인한다(Hale, Fry & Jessie, 1993). 그러나 성숙만이 아니라 경험도 중요한데, 경험이 쌓이면서 아동들은 기억해야 할 항목들에 익숙해지고 정신적 조작에도 더 빠르고 능숙해진다(Kail, 1992). 이러한 경험에 의한 변화가 아동기 동안의 기억발달이 일어나는 하나의 이유가 된다.

M공간 M space
정신적 공간. 아동이 동시에 처리할 수 있는 독립된 도식 혹은 개념의 수

기억폭 memory span
단기기억에 한 번에 수용될 수 있는 항목 수 또는 정보의 용량

조작 효율성 가설 operating efficiency hypothesis
나이와 함께 정보를 더 빨리 더 효율적으로 처리할 수 있게 됨으로써 연령이 증가함에 따라 M공간이 더 증가하게 된다는 가설

(2) 기억책략의 발달

기억을 보다 효율적으로 하기 위해 의도적으로 하는 모든 활동을 기억책략이라고 부른다. 기억책략은 크게 암송, 조직화, 정교화 그리고 인출책략으로 구분된다.

① 암 송

매우 단순하나 효과적인 기억책략이 암송 또는 반복시연이다. 이는 기억되었다고 생각될 때까지, 기억할 대상을 언어화하여 되풀이해서 암송하는 것으로, 단기기억 저장소 내에 기억할 정보를 장기간 머물러 있게 하는 것이다.

Flavell, Beach와 Chinsky(1966)는 5, 7, 10세 아동에게서 암송의 발달변화를 발견하였다. 이들은 아동들 앞에 친숙한 사물의 그림 7장을 무선적으로 나열해 놓고 천천히 3장의 그림을 지적하고, 15초 후에 아동들로 하여금 지적된 순서대로 3장의 그림을 지

암송 rehearsal
기억할 대상을 언어화하여 되풀이하는 기억책략

적하도록 하는 과제였다. 그림이 지적된 후 15초 동안 아동이 그림을 볼 수 없도록 눈을 가릴 수 있는 모자를 씌웠다. 눈을 가리고 있는 동안 그림의 이름을 암송하고 있는지를 입술의 움직임을 통해 관찰했다. 각 연령의 20명의 아동 가운데 5세 아동은 10%, 7세는 60%, 10세 아동은 85%가 눈에 띄는 언어적 암송을 하였고, 암송을 한 아동들이 암송을 안한 아동들보다 더 많이 기억할 수 있었다. 이러한 사실에서 기억책략으로서의 언어적 암송은 자발적으로 나타나며, 암송을 자발적으로 사용하는 것은 연령과 함께 증가한다는 것을 알 수 있다.

또한 나이 든 아동들은 어린 아동들보다는 더 효율적으로 암송을 하는 것을 볼 수 있었다. 하나씩 제시된 단어를 회상하도록 하였을 때, 5~8세 아동은 제시된 대로 한 번에 하나씩 암송을 하였으나 12세 아동들은 앞에서 제시되었던 단어까지 합해서 순서대로 모두를 암송하였다(Ornstein, Naus & Liberty, 1975). 앞에 제시된 단어까지 암송하는 방법은 이미 제시된 단어의 회상률을 높이기 때문에 효율적인 방법이 된다.

유아기 아동들의 암송의 결여 또 초기 학령기 아동들의 암송의 비효율적인 사용은 기억책략의 발달이 매우 점진적인 과정으로, 작업기억의 발달과 책략을 연습한 경험에 의해 영향을 받는 것으로 해석된다. Flavell과 그의 동료(1993)들은 암송과 다른 기억책략의 사용은 다음의 4단계를 거쳐 발달한다고 주장하였다.

첫째, 매개결여로 이 단계에서 아동은 책략을 사용하거나 활용할 인지기술이 없다. 또 이 단계 아동에게 책략을 가르쳐도 별 효과가 없다.

둘째, 산출결여로 이 단계에서 아동은 가르쳐 주면 그 책략을 사용할 수 있다. 그러나 자발적으로 책략을 생각해 내거나 사용하지 않는다.

셋째, 이용결여로 이 단계는 성숙한 책략 사용으로 가는 이행단계로서 아동은 자발적으로 책략을 생각해 내고 사용할 수 있다. 그러나 책략을 사용할 수 있으나 회상에 별 도움이 안되고 비효율적인 책략으로 되돌아가곤 한다.

넷째, 성숙한 책략 사용으로 이 단계는 자발적으로 책략을 사용하고 학습과 기억을 향상시키는 데 효율적으로 된다.

조직화 organization
항목들을 공통적인 특성에 따라 범주화하여 기억을 쉽게 하려는 기억책략

② 조직화

기억해야 될 과제 중에서 서로 비슷한 것끼리를 하나로 묶어서 몇 가지 범주로 만들어 저장하는 것을 조직화 책략이라 한다. 범주로 묶어서 저장했을 때는 범주 자체를 인출할 때 단서로 활용할 수 있다.

9, 10세 이전까지는 범주화할 수 있는 항목들이라고 해서 범주화할 수 없는 항목들보다 회상이 더 잘 되는 것은 아니다. 따라서 9, 10세 이전 아동들은 회상을 위해서 정보를 조직화하는 시도를 거의 하지 않는 것으로 생각된다(Hasselhorn, 1992). 아동이 조직화 책략을 발달시키는 데는 사회적 환경이 중요하다.

학교에서 교사의 지시로 범주화하는 경험을 가져보았거나 교사가 조직화된 방법으로 학습자료를 제시하는 것을 본 경험이 아동의 조직화 책략발달에 영향을 준다. 학교에서의 경험뿐만 아니라 가정에서의 부모와의 학습경험도 영향을 미친다.

Carr와 그의 동료들(1989)은 높은 조직화 책략을 나타내면서 회상점수가 높은 8~9세 아동들의 부모들은 책략과 관련된 게임을 자녀와 같이 자주 하는 것으로 나타났다. 또 숙제를 점검할 때도 계획적으로 책략적인 방법을 자녀에게 제시해 주는 부모들이었다는 것이 발견되었다. 따라서 장기, 바둑, 카드 놀이 등의 게임 놀이는 부모와의 상호작용을 증진시키는 효과적인 방법일 뿐만 아니라 자녀들의 지적 성장에도 도움을 줄 수 있다.

③ 정교화

회상을 높이는 또 하나의 효과적인 책략은 정교화이다. 정교화란 일상생활에서는 전혀 무관한 두 개 이상의 항목에 임의적으로 공통된 의미를 부가하는 책략이다. 정교화 책략의 자발적인 사용은 청년기 이전에는 거의 볼 수 없다(Schneider & Pressley, 1989). 정교화 책략 사용이 이렇게 늦는 이유는 아동은 작용기억 용량의 한계가 있어 복잡한 정교화를 하기 어렵기 때문이다.

정교화 elaboration
기억하려는 항목에 무엇인가를 첨가하거나 의미 있는 관계를 만들어서 기억을 쉽게 하려는 책략

상당수의 청소년들도 정교화 책략을 사용하지 않는다. 이것은 청소년기에 들어서면서 세상을 더 많이 알기 때문에 정교화 책략을 쓰지 않고서도 자극들 간의 관계를 연결시킬 수 있기 때문이다(Bjorklund & Harnishfeger, 1990).

④ 인출책략

앞에서 본 암송, 조직화와 정교화 책략은 주로 장기기억에 정보를 저장하는 책략이지만 장기기억 저장소에서 정보를 찾아 끄집어 내는 데 도움을 줄 수 있는 것이 인출책략이다.

인출책략 retrieval strategy
저장된 기억정보를 찾으려 할 때에 사용하는 기억책략

인출책략이란 기억저장으로부터 필요한 정보를 찾으려 할 때 개인이 사용하는 방법을 가리킨다. 저장책략과 같이 인출책략도 복잡성과 정교성에서 정도의 차이가 있다. 단순하고 정교하지 않은 인출책략 중의 하나는 기억나지 않는다고 해서 곧 포기하지

높다. 지식기반이 기억수행에 미치는 영향은 Chi(1978)의 연구에서 명확히 볼 수 있다. 체스 전문가인 아동과 체스를 할 줄 알지만 전문가는 아닌 성인에게 체스의 위치를 기억하게 했을 때 전문가인 아동이 훨씬 회상이 높았다. 또 아동들이 친숙한 만화의 인물과 게임에 대한 항목에 대해서 더 잘 기억하였다(Lindberg, 1980). 심지어 지적 능력은 낮으나 특수영역에 전문적인 아동들은 지적 능력은 높으나 그 특수영역에 비전문적인 아동들보다 그 영역 항목에 대한 회상이 높았다(Schneider & Bjorklund, 1992).

대부분의 경우 어린 아동들은 초보자이고 나이 든 아동들은 어린 아동들보다 숙달자라고 볼 수 있다. 따라서 만약 지식기반이 기억수행에 영향을 미친다면 나이 든 아동들이 일반적으로 어린 아동들보다 그 영역에 대해 더 많이 알기 때문에 어린 아동들보다 기억수행이 더 높을 것이다.

그렇다면 왜 친숙한 정보를 더 잘 기억하게 되는 것일까? 그것은 친숙한 정보는 더 쉽게 부호화되고, 더 빨리 처리되며 그 정보에 대한 지식으로부터 기억정보가 조직화되거나 저장되거나 인출될 수 있는 방법을 시사받기 때문이다.

정리해 봅시다

1. 강화의 종류를 설명하고 아동들에게 적용할 수 있는 조작적 조건형성의 예를 들어 보자.

2. 관찰학습과정을 생각해 보고 아동에게 바람직하지 않은 결과를 가져올 수 있는 관찰학습 경우를 일상생활에서 찾아보자.

3. 벌의 부작용과 효과적으로 사용할 수 있는 방법을 생각해 보자.

4. 정보처리 모델로 정보처리과정을 설명해 보자.

5. 효율적인 기억을 위한 기억책략 방법들을 생각해 보자.

Chapter 9

언어발달

인간을 동물과 구별시켜 주며 인간의 정신활동에 중요한 역할을 하는 것이 바로 언어이다. 동물도 서로간에 의사소통을 하지만 한정된 내용만을 전달할 수 있고 또 전달하는 방법도 극히 제한되어 있다. 이에 반해 인간의 언어는 놀랄 정도로 융통성 있고 생산적이며 창의적인 도구이다. 이러한 언어를 아동은 매우 일찍부터 배워 간다.

이 장에서는 아동이 어떻게 언어를 배워가는지, 모국어를 배워가는 과정이 세계 모든 아동에게 동일한지, 언어발달에 영향을 주는 요인들은 무엇인지 등에 대해 다룰 것이다.

Chapter 9

언어발달

1. 언어발달 이론

아동이 언어를 획득하는 과정에 대한 설명은 크게 세 가지 이론에서 접근해 왔다. 학습 이론에서는 언어발달의 경험적 요소를 강조하며 언어는 배워지는 것으로 간주한다. 일본 아동은 일본어를, 프랑스 아동들은 불어를 배움으로써 자기들이 들어온 언어를 아기들이 배운다는 것이 바로 학습의 결과라고 말한다. 그러나 언어발달의 선천성을 강조하는 학자들은 세계 아동들이 모두 같은 시기에 같은 언어발달의 변화를 보이는 것을 지적한다. 출생 후 4~6개월경이 되면 영아는 옹알이를 시작하고 12~13개월이 되었을 때 첫 단어가 나타난다. 4, 5세경이 되면 문장을 구성하는 등 전 세계 아동들이 거의 같은 시기에 같은 변화를 보인다.

언어적 보편성
linguistic universal
언어발달에서 세계 모든 아동들이 나타내는 공통적 요소

이러한 언어적 보편성을 강조하는 생득이론에서는 언어획득이란 생물학적으로 타고난 활동으로 성숙이 주요 요인이며, 어렸을 때 가장 효율적이고 매우 특수화된 언어처리능력이 있다고 주장하였다. 오늘날에는 두 이론 중 어느 한 입장이 아니라 언어획득이란 아동의 생물학적 요인과 인지발달능력 그리고 개인의 언어적 환경에서의 경험이 서로 복잡하게 상호작용해서 얻어진 결과로 간주한다.

1) 학습 이론적 관점

언어학습 이론에서는 주로 모방과 강화를 강조한다. Skinner(1957)는 문법적인 언어에 강화를 받음으로써 아동들은 적절하게 말하는 것을 배우게 된다고 주장하였다. 그는 영아가 성인의 언어와 비슷한 옹알이를 발성했을 때 이를 성인들이 선택적으로 강화해 줌으로써 아동에게 언어를 가르치기 시작한다고 보았다. 아동의 언어가 옹알이에서 단어로 바뀌기 시작하면 단어가 올바로 나타날 때 다시 성인이 강화를 해준다. 이러한 방법으로 아동이 강화를 받을 수 있는 발화와 문장의 길이를 점차 늘려 긴 문장의 발화를 이끌어 가는 것이 언어발달이라고 설명하였다. 아동이 성인과 같이 말할 수 있을 때까지 적절한 문법을 갖춘 발화에 대해, 점진적 접근에 의한 강화를 통해서 아동에게 언어를 가르치는 것이다.

강화에 의한 또 다른 설명은 아동들이 말하고자 하는 것을 성인들이 정확하게 해석하는 것 자체가 강화가 된다는 것이다. Dale(1976)은 아동들은 자신의 욕구를 다른 사람에게 전달할 필요가 있기 때문에, 문법적으로나 발음에서나 명확하게 말하는 것을 배우게 된다고 보았다. 아동의 의사가 성인에게 전달되었을 때, 성인은 아동의 요구에 반응을 하게 되고, 이를 충족시켜 줌으로써 강화가 되어 아동은 점차 언어발달을 하게 되는 것이다. 또 다른 학습이론가(Bandura, 1971)들은 아동들이 주위 언어를 듣고 모방함으로써 언어획득이 일어난다고 생각한다.

이와 같은 강화와 모방에 의한 언어학습과정에 대하여 문제점이 지적되어 왔다. 우선 어머니는 아동의 언어에 대해 문법적으로 맞다, 아니다가 아니라 아동이 말하는 의미가 맞았을 때 강화를 한다는 것이 여러 연구에서 보고되었다(de Villiers & de Villiers, 1992). 또 모방에 대해서도 아동 초기 문장에서, 성인의 언어에는 없어서 아동이 들어본 적이 없는, 모방이라고 볼 수 없는 독특한 발화들이 발견된다.

아동들이 성인의 언어를 모방하려 할 때도 문법수준에 맞게 압축하는 경향을 보였다(Baron, 1992). Bloom, Hood와 Lightbrown(1974)도 아기의 말을 녹음하여 분석한 결과, 아기가 단어나 문장을 모방할 때에는, 아기가 이미 보거나, 만지거나, 듣거나 하여 비언어적 수단을 통해서 익숙해 있는 사물에 한하여 모방한다는 것을 발견하였다. 따라서 모방은 새로운 언어를 배우는 기제로 볼 수 없고 단지 아기가 이미 알고 있는 사물의 이름을 배우는 데 매우 유용한 것으로 보인다.

이 연구에서는 또한 아동이 문장을 모방할 때에는, 그들이 자발적으로 할 수 있는 문장보다 더 간소한 것이거나 더 복잡한 문장은 모방을 하지 않았다는 것을 보고하였다. 따라서 이 경우에도 모방은 아기가 자기 스스로 배워 나가고 있는 언어발달수준에서 보강기능을 해주는 것으로 보인다.

2) 생득 이론적 관점

생득이론적 관점에서는 인간은 언어를 획득할 수 있는 선천적인 능력을 갖고 태어난다고 보고 있다. 언어학자 Chomsky(1968)는 인간에게는 선천적인 언어획득 기제가 있으며 이 언어획득 기제에는 보편적인 문법인 모든 언어에 공통적인 규칙에 대한 지식을 포함하고 있다고 주장하였다. 따라서 아동은 어느 언어를 듣던 간에, 언어획득 기제에 의해서 단어를 결합하여 의미 있는 문장을 만들며 듣는 것을 이해할 수 있게 된다는 것이다.

Slobin(1985)은 Chomsky와는 조금 다르게, 인간은 언어의 학습에 특수화된 일련의 인지와 지각능력으로 이루어진 언어조성 기제를 타고난다고 보았다. 언어조성 기제로 불리는 선천적 능력이, 아동에게 들어오는 언어적 정보를 처리하여 그 언어의 음성적 규칙성, 의미적 관계와 문법적 규칙을 추리할 수 있도록 해준다는 것이다. 이러한 추리가 바로 아동이 그 언어에 대하여 구성하는 이론이 되며, 의사소통할 때 자신의 언어산출에 그 이론을 적용하게 된다. 물론 아동은 처음에 제한된 언어처리능력 때문에 잘못된 추론을 하게 되다가 점차 언어처리가 증가하면서 아동의 언어도 점점 성인 언어의 구조와 의미에 접근하게 된다. 따라서 생득이론에서 언어획득은 아동이 처리할 언어가 있는 한에는 매우 자연적이고 자동적인 과정이다.

세계의 아동들이 문화적 환경이 다르고 언어마다의 특성이 다른 데도 불구하고 언어발달과정이 시기에 따라 같다는 것은 언어발달이 인간 특유의 선천적 특성에 의한다는 것을 입증하는 것이다.

생득이론적 입장에서 볼 때 뇌의 국소화도 중요한 의미를 갖는다. 언어중추는 대뇌반구의 왼쪽에 위치하고 있다. 이 영역에 손상을 받을 때는 실어증이 나타나는데, 왼쪽 반구의 전두엽 근처에 있는 Broca 영역에 손상을 입게 되면 언어를 이해하는 데 문제가 있기보다는 언어의 산출에 영향을 받게 된다. 반면 뇌의 왼쪽 반구 뒤쪽에 있는 Wernike 영역에 손상을 입게 되면 말을 할 수는 있으나 언어이해에 어려움을 갖게 된다.

생득이론에서는 또한 인간의 언어학습은 2세~사춘기에 가장 빨리 숙달된다고 주장한다. 이러한 언어학습의 민감기 가설을 주장하는 Lenneberg(1967)는 사춘기 이전의 아동들은 두 개 이상의 언어를 동시에 쉽게 획득할 수 있으나 사춘기 이후에 제2외국어를 배우는 경우, 상당히 집중적인 학습을 통해서만 가능하다고 하였다. 또 사춘기 이전에 뇌손상이 있었던 경우 특히 5세 이전일 경우, 대부분 다시 회복될 수 있으나 청소

언어획득 기제 language acquisition device(LAD)
모든 인간이 선천적으로 갖고 있는 언어의 공통적이고 보편적인 언어지식 체계를 가리키며 이 기제를 통해 아동들의 언어가 획득됨

그림 9-1 Chomsky (1928~)

언어조성 기제 language making device(LMD)
일련의 특수화된 언어처리 기술로 아동들이 언어를 분석하고 음성적·의미론적·문법적 관계를 탐지해 낼 수 있게 됨

실어증 aphasia
뇌의 손상으로 인해 언어 능력이 상실되는 증상

언어학습의 민감기 가설 sensitive period hypothesis of language acquisi-tion
사춘기 이전이 언어학습의 가장 효과적인 시기라는 견해

년이나 성인의 경우, 집중적인 치료를 받아도 언어능력의 일부만이 회복될 수 있다. 사춘기 이전까지는 뇌가 아직 언어적 기능을 위한 국소화가 완전히 이루어져 있지 않다. 사춘기 이전에 좌뇌가 손상된 아동은 좌뇌의 국소화가 아직 완전히 이루어지지 않아 손상된 좌뇌의 기능을 우뇌에서 대신할 수 있게 된다. 그러나 사춘기 이후에는 뇌의 언어중추뿐만 아니라 모든 영역이 완전히 국소화되어 있기 때문에 좌뇌의 손상은 우뇌가 보강해 줄 수가 없게 된다. 언어획득의 민감기 가설은 영아 때부터 14세까지 갇혀 지냈던 여아의 경우(Curtiss, 1977)나 벙어리로 32세까지 언어에 노출되지 않았던 여인의 경우(Curtiss, 1988)에서 잘 입증된다. 이들에게 집중적인 훈련을 통해 언어를 가르쳤을 때, 많은 단어학습과 긴 문장 생성에 현저한 발전을 보였으나 모든 아동들이 가르침 없이 배우는 문법규칙은 숙달할 수 없었다. 그러나 이러한 생득이론적 접근에 대하여 최근에 몇 가지 문제점이 지적되어 왔다.

생득이론적 접근에서 언어발달을 선천적인 언어획득 기제에 의한다고 한다면, 언어획득 기제가 어떻게 기능을 하는지, 즉 언어의 입력에서부터 언어산출까지의 과정이 구체적으로 어떠한 과정 속에서, 왜 그와 같은 과정이 일어나는지는 설명을 하지 못하고 있다(Moerk, 1989). 또 어린 아동들과 똑같은 상황에서, 성인이 제2외국어를 배워 어린 아동들을 능가한 경우가 보고된 바도 있어(Reich, 1986), 민감기 가설도 도전을 받고 있다.

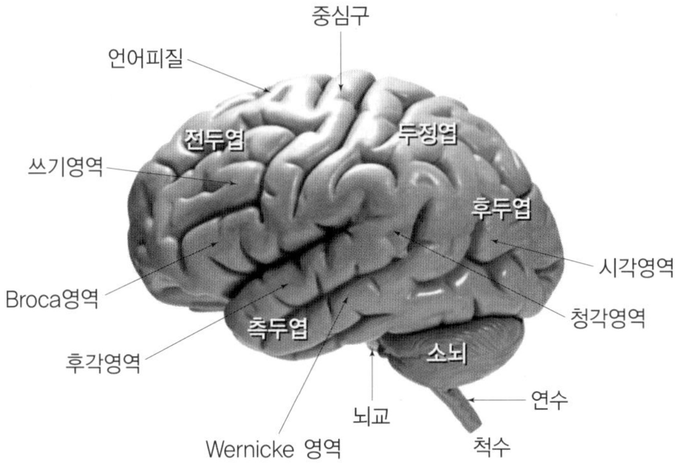

그림 9-2 뇌의 언어중추

출처 : Curtiss(1985)에서 인용

3) 상호작용 이론적 관점

학습이론이나 생득이론적 접근이 언어발달을 완전히 설명해 주지는 못하지만 부분적으로는 많은 현상을 설명해 주고 있다. 아동이 언어를 유창하게 구사할 수 있기 위해서는 사람들과 대화를 할 기회를 가져야만 한다. 아동들이 주위에서 사용하는 언어의 억양을 배운다는 사실에서 볼 때, 모방도 확실히 언어발달에서 작용을 한다. 또 부모가 아동의 언어적 상호작용을 자주 격려해 주면 아동의 말수가 증가하는 것으로 보면, 강화도 역시 언어발달에 영향을 준다. 그러나 만약 언어가 강화와 모방을 통해서만 학습된다면 세계 어린이들의 언어발달이 대개 같은 과정을 거쳐가는 것은 설명하기 어렵다. 이와 같은 언어발달의 보편성은 언어발달이 생물학적인 과정과 관계되어 있다는 것을 시사한다. 그러나 언어발달의 유사성을 설명하기 위하여 언어발달을 선천적인 언어획득 기제로만 설명할 수 있는 것일까?

> **상호작용 이론**
> **interactionist theory**
> 인간의 언어발달과정에 생물학적 요인과 환경적 요인이 상호작용하여 영향을 준다는 이론

최근 Piaget(1970b)와 같은 인지발달 이론가와 Bates(1993), Bohannon과 Warren-Leubecker(1989) 같은 사회의사소통 이론가들은 생물학적인 요인과 인지발달 요인 그리고 언어적 환경이 상호작용하여 언어발달에 영향을 준다고 주장한다. 이와 같은 상호작용 이론에 따르면, 세계 어린이들은 인간이란 종으로서 갖게 되는 많은 공통된 경험으로 인해서, 같은 언어발달과정을 보인다는 것이다.

이 이론에서는 인간이 선천적으로 특수화된 언어적 지식이나 처리기술을 갖고 있지 않다. 그러나 뇌와 중추신경계가 매우 천천히 성숙해 감으로써, 성숙수준이 같은 아동들은 자신의 언어로 표현하고자 하는 생각의 수준이 같아서 공통된 언어발달이 나타난다고 설명한다.

사회의사소통 이론에서와는 달리 Vygotsky 같은 상호작용 이론적 입장에서는, 좀 더 나이가 들었거나 유능한 성인과의 사회적 상호작용이 인지발달과 언어발달을 증진시킨다고 보았다. 예를 들어, 어머니들이 아기가 주의를 기울이는 것에 관심을 두고 자주 그 대상에 대하여 아동에게 이름을 말해 주거나 설명을 하는 식으로 언어적 자극을 주면, 아동의 어휘 및 언어발달을 증진시킬 수 있다(Tomasello & Farrar, 1986). 그리고 아동이 지적으로 성숙해감에 따라, 부모는 점점 더 정교하고 복잡한 발화를 통해 새로운 개념과 사고를 표현하게 된다.

부모들이 표현하는 새로운 생각이나 개념을 사용하여 아동들은 새로운 언어적 가설을 형성하여 복잡한 문장을 말할 수 있게 된다. 이러한 상호관계를 통해서 아동의 언어

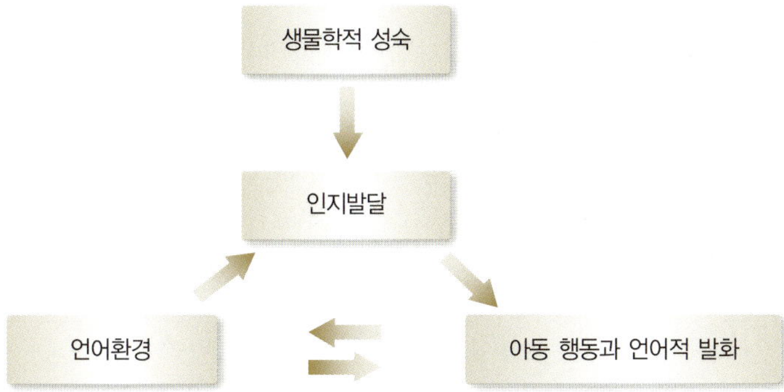

그림 9-3 일반적 인지발달과 언어발달 간의 관계

는 발달한다. Vygotsky가 말하는 상호관계에서는 부모나 아기 모두가 영향을 받게 되며 또 서로가 서로에게 영향을 주게 된다. 즉, 아동의 발화는 상호작용하는 성인에게 영향을 주게 되며, 성인의 발화는 아동에게 영향을 주게 된다. 따라서 상호작용 이론의 주장에 의하면, 어린 아동의 언어는 언어적 창조를 할 수 있게 해주는 풍부한 언어적 환경에 의해서 영향을 받는다고 주장한다.

상호작용 이론적 관점에서 일반적 인지발달과 언어발달의 관계를 검토해 보면 그림 9-3과 같다. 성인이 발화하는 단어들은 상징이 되므로, 영아들이 상징을 사용할 수 있는 능력이 생길 때까지 이 상징들은 사용되지 못한다.

실제로 영아가 12개월쯤 되었을 때에서야 의미 있는 단어를 말할 수 있게 된다. 이 시기는 영아들이 약 9개월경에 처음으로 나타내는 상징적 능력인 지연모방을 보인지 얼마 안 되는 시기이다(Meltzoff, 1988c). 더욱이 발화의 첫 단어들은 영아들이 다루던 대상이나 이미 수행했던 행동을 지칭하는 것들로 감각운동적 도식을 통해서 이해할 수 있었던 경험에 집중되어 있다. 또 생후 12~24개월의 영아들은 가버렸다는 의미의 "gone"이나 놀란 표현인 "oh, oh"라는 단어를 쓰는데, 이 시기의 영아들이 대상영속성 개념을 획득해 가는 과정에서 나타내는 현상으로 해석된다(Gopnik & Meltzoff, 1986). 따라서 영아들은 그들이 획득해 가고 있는 인지적 개념과 능력을, 그것이 무엇이 되었던 간에 언어로 표현하는 것으로 보인다.

이와 같은 인지발달과 언어발달과의 관계는 유아기 동안에도 뚜렷이 보인다. 예를 들어, 4~5세 이전까지는 "만약 날씨가 추워지면 우리는 떨게 될 것이다."라든가 "비가 왔었더라면 우리가 젖었을 것이다."와 같은 가설적 발화는 나타나지 않는다(de

Villiers & de Villiers, 1979). 이러한 가설적 서술은, 첫째 실제가 아닌 가능성에 대한 생각을 할 수 있는 능력이 있어야 하고, 둘째 대화내용의 기준을 미래나 과거로 변경시키는 능력이 필요하기 때문이다. 영어에서 가정을 말하기 위한 문법은 러시아어에서 볼 수 있는 것보다 훨씬 복잡하다. 그럼에도 불구하고, 러시아 아동들도 영어권의 아동들과 같이 4~5세에 이러한 가설적 문장이 나타나지 않는다(Slobin, 1966). 따라서 아동의 발화에서 가설적 문장이 나타나는 것은, 이러한 문장에 필요한 문법의 복잡성 정도에 달려 있는 것이 아니라 가설적 개념의 이해수준에 의존된다.

이렇게 상호작용 이론적 관점은 학습이론과 생득이론을 종합하여 확장시킨 것으로 각각의 개별적 설명보다는 언어발달을 더 정확하게 설명해 준다. 생득이론적 관점에서처럼 상호작용 이론적 관점에서도 아동들이 생물학적으로 언어학습을 할 수 있도록 태어났다는 것을 믿는다. 그러나 세계 아동의 언어에서 나타나는 보편성은 생물학적인 성숙, 인지발달 그리고 언어적 환경의 기본적 상호작용을 반영하는 것이지, 타고난 특수화된 언어처리과정의 반영은 아니라고 강조한다.

상호작용 이론이 생득 이론이나 학습 이론과 다른 점은 상호작용의 초점이 선천적인 언어획득 기제의 작용이 아니라 일반적 인지발달이라는 점 그리고 모방이나 강화가 아니라 사회적 의사소통 요인을 강조한다는 점이다. 인지에 초점을 둔다는 것은 인지발달이 언어발달을 설명한다는 것을 의미하지는 않는다. 단지 인지발달의 수준이 아동이 말하는 내용의 한계를 만들고 또 다른 사람들의 언어를 듣고 이해하는 것의 수준이 아동의 인지발달수준의 영향을 받는다는 의미이다. 그리고 아동이 대상영속성이나 가설적 상황 같은 새로운 개념을 이해하기 시작했을 때라도 아동들은 그것을 자신의 언어로 어떻게 표현해야 될지를 발견해야만 한다.

이때 상호작용 이론에서는 아동의 대화 상대가 중요한 역할을 한다고 보았다. 대화 상대자는 계속해서 새로운 개념과 언어적 원리를 아동의 이해수준에 맞게 제시함으로써 아동의 언어적 표현을 돕는다고 보았다(Sokolov, 1993). 이와 같은 반응적 · 언어적 모델과의 몇 년간의 상호작용을 통해서, 아동이 6세경에 이르면 모국어의 대부분의 중요한 원리를 획득하게 되며 자기보다 나이 많은 대화 상대자와 같은 방식으로 말할 수 있게 된다.

상호작용 이론적 관점은 많은 아동심리학자들이 선호하는 이론이지만 아동이 어떻게 언어를 획득하게 되는지에 대해서는 아직 충분한 설명을 하지 못하고 있다.

2. 언어발달에서 환경의 역할

만약 아동이 부모의 언어를 직접 모방하는 것이 아니고 부모로부터 선택적으로 강화를 받음으로써 언어를 배워가는 것도 아니라면, 아동 주위의 사람들은 아동의 언어학습에서 어떠한 역할을 하는 것일까?

1) 의사소통의 기회 제공

어린 아동들도 상호교류를 하는 놀이나 언어적인 상호작용 또는 기타 함께 하는 활동을 많이 하면 의사소통능력이 발달한다는 것이 알려져 왔다. 한 연구에서 15~21개월된 24쌍의 영아와 어머니 간의 언어적 상호작용을 분석한 결과, 아기와 어머니가 공동으로 관심을 갖고 있는 대상들, 예를 들어 함께 가지고 놀고 있는 장난감 같은 것에 대하여 어머니가 언급을 많이 한 경우, 아기의 어휘발달이 높은 것으로 나타났다 (Tomasello & Farrar, 1986). 이것은 아기가 어머니가 말하고 있는 대상에 대하여 이미 관심을 갖고 있다면, 어머니가 말하는 언어의 의미를 해독하고자 하는 동기가 높아지기 때문이다. 또 아기에게 질문을 많이 하거나 언어적 반응을 요구하는 등의 언어적 대화를 요구하는 어머니들의 아기들은 대화가 적은 어머니들의 아기보다 문법적 규칙을 더 빨리 배우고, 문자나 숫자를 더 빨리 인지하며 어휘가 더 풍부해졌다(Hart & Risley, 1992).

2) 아기식 말투

어머니와의 대화에서 아동들이 어떻게 문법적 규칙을 이해하게 되는지는 어머니가 아기들한테 말할 때 어떻게 말하는가를 생각해 보면 된다.

어머니들이 아기들에게 말할 때, 전 세계 어디에서나 공통적이고 보편적으로 나타나는 경향은 어머니의 아기식 말투이다. 어머니가 쓰는 아기식 말투는 높은 음성으로 핵심 단어는 강조해 가면서 천천히 말하는 것을 말한다(Fernald & Mazzie, 1991). 어머니의 아기식 말투의 대부분은 질문 또는 간단한 명령이다. 출생 초기부터 아기들은 성인들이 말할 때의 단조로운 억양보다 높은 소리와 어머니의 아기식 말투의 변화하는 억양에 더 주의를 기울인다(Cooper & Aslin, 1990).

어머니의 아기식 말투
motherese
어머니가 아기에게 말할 때 쓰는 짧고 단순화된 높은 억양의 반복적인 말투

아동의 언어가 발달함에 따라 부모들은 점차 자신들이 말하는 문장의 길이와 복잡성을 증가시키며, 아동의 문장보다는 약간 길고 복잡하게 말한다(Sokolov, 1993). 부모들은 단지 자녀들과 효율적으로 의사소통하기 위해서 아기식 말투를 사용하고 있는 것이다. 이러한 상황에서 아기들은 언어 속에 있는 의미적 관계와 문법적 규칙을 배워 나가게 된다.

3) 확장과 수정

확장 expansion
아동의 불완전한 문장에 단어를 첨가하여 완전한 문장으로 만들어 주는 대화양식

수정 recast
아동의 불완전한 문장에 대해 문법적으로 정확한 새로운 문장으로 반응하는 대화양식

부모들은 종종 아기들이 말한 내용을 문법에 맞도록 수정하거나 확장시켜 아기에게 다시 말을 한다. 이러한 과정에서 수정이나 확장된 발화가 아동의 주의를 끌어 성인의 언어에서 사용되는 문법에 주목할 수 있는 기회가 많아지게 된다.

아동들은 이러한 수정이나 확장된 언어를 더 쉽게 모방하고, 확장이나 수정을 많이 하는 어머니의 자녀들이 문법적 원리를 더 빨리 획득하고, 표현적 언어능력이 비교적 높다는 보고도 있었다(Valdez-Menchaca & Whitehurst, 1992).

아기식 말투를 사용하면서도 아기의 언어를 확장하거나 수정하는 어머니들은 아기가 현재 표현하고자 하는 생각에 맞추면서 동시에 아기의 수준에 맞게 새로운 문장들을 다양하고 풍부하게 제공한다. 따라서 부모는 이와 같은 아동 언어학습의 이상적인 환경을 제공함으로써 아동의 언어발달에 결정적인 역할을 하게 된다.

3. 언어의 구성요소

아동들이 모국어를 숙달해 가면서 언어의 무엇을 배워가는 것인지는 언어발달의 가장 기본적인 의문이었다. 언어의 숙달에는 음운론적 지식, 의미론적 지식, 구문론적 지식과 화용론적 지식이 필요하다.

1) 음운론적 지식

음운론 phonology
언어의 음성체계로, 의미 있는 단어나 문장을 산출하기 위해 음성을 결합하는 규칙

음운론이란 언어의 음성체계로, 소리의 기본단위인 음소가 의미 있는 단어나 문장을 산출하기 위하여 결합하는 규칙들을 포함한다. 음소는 모음이나 자음 각각을 말하며 각 언어는 음소를 결합하는 규칙과 결합된 것을 어떻게 발성하는지에 대한 규칙을 갖

고 있다. 아동은 성장하면서 아동이 발성할 수 있는 음소 중에서 받아들여지지 않는 것과 받아들여지는 것을 구별하기 시작한다. 예를 들어, 영어에서 처음에 nk의 결합으로 시작되는 것은 없다. 이와 같은 음운론적 규칙은 단어의 의미를 획득해 가면서 배워진다.

음소 phoneme
한 언어에서의 소리의 기본 단위로 모음 또는 자음

2) 의미론적 지식

의미론이란 단어와 문장에서 표현된 의미를 가리킨다. 언어의 가장 기본적 의미의 단위는 형태소이다. 우리는 보통 단어를 형태소의 좋은 예로서 간주하지만 모든 형태소가 단어는 아니다.

의미론 semantics
단어와 문장에서 표현된 의미

영어에 있어, 동사에 형태소인 ed를 붙여서 과거를 표현한 아동은 형태소를 사용하고 있는 것이다. 우리말의 경우, 주격 조사인 '가' 나 '이' 가 형태소가 된다. 또한 non 또는 ex와 같은 접두사, ly, ing와 같은 접미사는 단어는 아니지만 형태소가 된다. 아동이 형태소를 사용한다는 것은 음소를 결합하여 사용함으로써, 생각이나 상징의 의미를 전하려 하는 시도라 볼 수 있다. 따라서 아동의 한 단어와 두 단어 시기의 말들도 아동의 의미론적 발달의 복잡성을 밝히는 데에 매우 중요하다.

형태소 morpheme
언어의 가장 기본적인 의미의 단위

3) 구문론적 지식

언어에는 문법이 있다. 의미 있는 절이나 문장을 구성하기 위하여 어떻게 단어들이 결합되어야 하는지에 대한 규칙인 구문론을 갖고 있다.

구문론 syntax
의미 있는 문장을 구성하기 위하여 단어들을 결합하는 문법규칙

언어를 바르게 말하고 사용하는 능력이라 함은 올바른 문법을 사용하는 구문론적 규칙을 배웠다는 것을 의미한다. 우리가 적절히 말을 하기 위해서는 단어와 절을 적절한 순서로 배열하기 위한 문법을 배워야만 한다. 그러나 절 사용의 시작이 언제인가를 결정하기는 힘이 든다. 왜냐하면 아기의 처음 문장은 흔히 한 단어로 표현되기 때문이다.

4) 화용론적 지식

음운론, 의미론과 구문론의 지식이 생겼기 때문에 아동은 문법적인 문장을 생성할 수 있다. 그러나 아동이 사용한 문장이 말하고 있는 상황에 적절하다는 보장은 없다. 따라서 언어 학습자들은 언어의 화용론, 즉 의사소통을 효율적으로 하기 위하여 언어가 어

화용론 pragmatics
사회적 맥락에서 언어를 적절하게 효율적으로 사용하기 위한 기본 규칙

Chapter 10

정서발달

정서적 발달은 매우 일찍부터 나타난다. 영아기에 양육자와 가졌던 정서적 관계는 영아기 이후 다른 사람들과의 관계에도 영향을 줄 수 있다. 이 장에서는 아동의 정서발달, 정서적 반응양식의 개인차인 기질 그리고 아동과 밀접한 관계를 갖고 있는 사람들과 아동 간의 정서적 유대감의 발달을 다룬다.

Chapter 10

정서발달

1. 정서의 발달

1) 정서표현의 발달

Izard는 영아들 손에 얼음을 쥐어 주었을 때, 가지고 있던 장난감을 뺏었을 때, 또는 엄마와 떨어져 있다가 엄마가 영아에게로 돌아왔을 때의 영아의 반응을 비디오로 촬영하여 영아들의 정서적 표현을 연구했다(Izard, 1993). 영아들이 어떤 상황에 있었을 때 찍은 비디오 테이프인지 알지 못하는 성인 평가자에게 테이프를 보이고 영아들이 나타내는 얼굴표정이 어떤 정서인지를 맞춰 보도록 하였다. 그 결과 영아들의 표정에 대한 평가자들의 해석은 거의 일치하였다. 또 다른 연구에서는 긍정적 정서의 얼굴표정은 성인들이 쉽게 구별할 수 있었으나 부정적 정서의 얼굴표정은 얼굴표정 하나만으로는 구별하기 어려운 것으로 나타났다(Matias & Cohn, 1993). 이러한 연구들을 통해, 영아들이 여러 가지 정서를 얼굴표정으로 표현할 수 있다는 것을 알 수 있다. 또한 이러한 얼굴표정은 연령의 증가와 함께 다른 사람들이 분명히 알아볼 수 있는 신호로 발달하는 것으로 보고되었다.

따라서 초기 사회적 발달에서 영아의 정서표현은 양육자의 행동에 영향을 미치는 의사소통 기능을 한다. 예를 들어, 괴로움으로 인한 울음은 양육자를 가까이 부르는 것이 되고, 미소나 흥미의 표현은 아기가 양육자와의 관계를 갖고자 하는 것으로 양육자에게 해석된다. 따라서 영아의 정서는 사회적 접촉을 촉진시키고, 양육자로 하여금 그들의 행동을 영아의 욕구나 목표에 맞추도록 돕는 적응적 기능을 한다.

영아기에 여러 가지 정서는 각기 다른 시기에 나타나기 시작한다. 출생 시부터 신생아는 흥미, 고통, 혐오와 만족의 정서를 나타낸다. 그 외의 일차적인 정서인 노여움, 슬픔, 기쁨, 놀라움과 공포가 생후 2.5~7개월에 나타난다. 이 일차적인 정서들은 모든 정상 영아에게서 같은 시기에 나타나며 모든 문화권에서 비슷하게 해석되므로 선천적인 것으로 간주된다(Izard, 1993). 그러나 출생 시부터 나타났던 정서가 아닌 다른 정서가 영아에게서 나타나려면 인지발달이 수반되어야만 한다. 2~8개월 된 영아에게서 놀라움과 기쁨을 가장 강하게 일으키는 것 중의 하나가 영아들이 주위의 물체를 스스로 통제할 수 있다는 것을 발견했을 때이다. 스스로 통제할 수 있다는 것을 학습한 후에 그러한 통제에 방해를 받게 되면 2~4개월 된 영아들은 노여움을 나타내고 4~6개월 된 영아들은 슬픔을 보이기도 한다(Sullivan, Lewis & Alessandri, 1992).

일차적 정서
primary emotions
생후 2개월 반~7개월에 나타나는 선천적인 노여움, 슬픔, 혐오와 만족 등의 정서

이차적이고 복합적인 정서인 당황, 수치, 부러움이나 자긍심과 같은 정서는 생후 1년이 지난 후에야 나타난다. 이들 정서는 자의식적인 정서이기 때문에 자아의식이나 자신에 대한 긍지가 먼저 형성되어야만 이차적이고 복합적인 정서가 나타날 수 있다.

이차적 정서
secondary emotions
생후 1년이 지나서 나타나는 자의식적인 또는 자기평가적인 정서로 인지발달에 의존함

모든 사회에서는 정서를 표현하는 데 규칙이 있어서 정서를 표현해야 할 상황, 표현해서는 안 되는 상황을 구별하고 있다(Gross & Ballif, 1991). 어린 아동들은 이러한 정서적 표현을 학습하기 위해서 자신의 정서를 스스로 통제하고 규제하는 책략을 가져야만 한다. 예를 들어, 불쾌한 자극을 피하거나 다른 일에 관심을 돌려서 부정적 정서유발을 감소시키는 일들은 어린 아동들에게는 매우 어려운 것이다. 그러나 생후 1년경이 되면 영아들은 자기 몸을 앞뒤로 흔들거나 물건을 깨물거나 스스로 장난감으로 관심을 돌려 탐색하는 등의 방법으로 부적인 정서유발을 감소시키는 책략을 발달시킨다(Kopp, 1989). 12~24개월에 영아는 노여움이나 슬픔을 억제하려고 노력할 때에 눈살을 찌푸리거나 입술을 굳게 다물거나 깨물기 시작한다. 유아기 동안에 나타나는 인지와 언어능력의 성장은 정서적 통제를 위한 새로운 방법을 사용하게 한다. 이 시기의 부모들은 종종 불쾌한 장면으로부터 아동의 마음을 다른 데로 돌리기 위해 유머를 말해주거나 또는 아동으로 하여금 그 불쾌한 상황을 재해석할 수 있도록 도와준다. 2~6세에 유아들은 불쾌한 자극으로부터 관심을 돌리거나 불쾌한 생각 대신에 즐거운 생각을 함으로써, 또 재해석을 통해서 부적 정서유발에 대처하는 데에 점차 능숙해진다(Thompson, 1994).

한 문화나 사회의 정서적 표현규칙에 따른다는 것은 상황에 따라서는 정서를 감추어

야 한다는 것을 의미한다. 3세경에 유아들은 자신의 감정을 감추는 능력을 보이기 시작한다. Lewis와 그의 동료들(Lewis, Stanger & Sullivan, 1989)은 금지된 장난감을 엿본 3세 유아가 엿보지 않았다고 거짓말을 한 경우, 진실을 이야기한 유아와 구별할 수 없을 정도로 자신의 감정을 감출 수 있었다는 것을 발견하였다. 유아들은 연령이 증가하면서 자신의 감정을 점점 더 잘 감출 수 있게 된다. 그러나 나이든 아동들에 비해 학령 전 아동들은 아직도 자신의 감정을 감추는 데 서툴러 얼굴에 나타나거나 표현을 하곤 한다.

초등학교 후반에 가서야 아동들은 자신의 감정을 감추는 데 능숙하게 된다. 아동기 동안 아동들은 점차 사회적으로 금지된 표현의 규칙을 알게 되고, 특정 사회적 상황에서 표현할 수 있는 정서와 표현해서는 안 되는 정서에 대해 배우게 된다.

2) 정서의 인지와 해석

영아들이 언제부터 다른 사람의 정서적 표현을 인지하고 해석하는지에 대하여 아직까지도 논란이 있지만 대체로 어린 영아들도 다른 사람의 정서적 표현에 적절하게 반응을 한다고 믿어지고 있다. 예를 들어, 3개월 된 영아가 어머니의 행복한, 슬픈, 화난 말소리와 함께 얼굴표정을 보았을 때 이를 구별할 수 있었을 뿐만 아니라 어머니의 행복한 표현에 대해서는 매우 기뻐하는 반응, 어머니의 슬픔이나 화남에 대해서는 괴로운 반응을 보였다(Haviland & Lelwica, 1987).

영아가 타인의 정서적 표현을 해석하는 능력은 8~10개월에 더욱 두드러진다. 이 시기에 영아는 낯선 상황에서 어머니의 반응을 주시하여 자기 자신의 행동을 규제하는 데 어머니의 반응을 정보로 사용할 수 있다. 이러한 사회적 참조는 연령과 함께 점점 더 증가하는데, 어머니의 행동을 참조할 뿐만 아니라 낯선 사람의 행동까지도 참조하게 된다. 생후 1년쯤 되면, 영아들은 가까이 있는 낯선 사람이 웃고 있으면 낯선 장난감에 접근을 하고, 만약 낯선 사람이 공포의 표정을 하고 있을 경우에는 낯선 장난감을 피하는 경향을 보인다(Klinnert et al., 1986). 생후 1~2년에 영아들이 새로운 물체나 상황을 자신이 먼저 탐색한 후 부모를 쳐다보는 경우가 있는데, 이는 자신의 판단을 평가하기 위하여 다른 사람의 정서적 반응을 보는 것으로 해석된다(Hornik & Gunnar, 1988).

사회적 참조
social reference
낯선 상황에서 자신의 행동을 선택하기 위하여 타인의 정서적 표현을 참고하는 것

18~24개월의 영아들은 자신의 정서에 대하여 말하기 시작한다. 이때부터 정서적 경험에 대한 가족들의 대화는 아동들이 자기 자신은 물론 다른 사람의 감정을 이해하는 데 도움을 준다. Dunn과 그의 동료들(1991)에 의하면, 3세 유아가 가족들과 정서적

경험에 대하여 대화를 많이 할수록 3년 후에 다른 사람의 정서를 더 정확하게 해석할 수 있었다. 정서적 이해가 높은 유치원과 초등학교 저학년 아동들은 사회적 유능성이 높고, 또래들과의 좋은 관계를 유지하며 즐기는 경향을 보인다(Cassidy & Asher, 1992). 유아기 동안에 다른 사람의 정서표현을 인지하고 해석하는 능력은 꾸준히 향상된다. 4~5세경에 유아들은 친구가 왜 화가 났고 행복하고 또 슬픈지를 설명할 수 있다. 그러나 그 이유를 욕구, 기분, 동기와 같은 내적인 것보다는 외적인 것으로 해석한다. 학령기에 오면서 아동들은 점차 정서를 해석하는 데 외적 · 내적 정보를 모두 사용하게 되며, 7~9세 아동들은 한 개인이 동시에 하나 이상의 정서를 경험할 수 있다는 것을 알게 된다(Arsenio & Kramer, 1992). 또 서로 상반되는 얼굴표정과 행동, 또는 상황적 단서들을 통합하여 다른 사람의 정서를 해석하는 능력을 보이기 시작한다(Friend & Davis, 1993).

2. 기 질

기질 temperament
정서적 반응양식의 안정된 개인차로서 성격의 개인차의 근원으로 간주됨

우리가 어떤 사람이 명랑하고 유쾌한 사람이라고 말하거나 또는 활동적이고 활기차다라고 하거나 조용하고 신중하다고 할 때, 이는 정서적 반응의 지속적이고 안정된 개인차를 말하는 것이다. 이와 같은 개인의 안정된 정서적 반응양식의 질적 · 양적 특성을 기질이라고 한다. 아동의 정서적 반응의 기질적 차이가 성인의 성격에 매우 큰 영향을 미친다고 믿는 많은 학자들이 영아와 유아의 기질적 차이에 관심을 가져왔다.

활동수준, 흥분상태와 능동성 같은 경향들을 여러 학자들은 기질적 특성이라 불렀다(Thomas & Chess, 1977). 어떤 신생아들은 태어난 직후에도 매우 활동적이어서 팔과 다리를 흔들며 몸을 이리저리 움직이곤 한다. 또한 자극을 받았을 때에는 강하게 반응을 하며 긴장이나 압력에 대해서도 과도한 반응을 나타낸다. 예를 들어, 배고플 때에 얼굴과 온몸이 빨갛게 될 정도로 크게 계속해서 울어대는 영아가 있는가 하면 같은 상황이라도 어떤 영아들은 일반적으로 조용하고 만족해 보이며 흥분상태의 징후를 거의 나타내지 않는다.

1950년 이래 Thomas와 Chess(1977), Buss와 Plomin(1975) 등은 이와 같은 기질적 유형의 개인차를 아동과 청소년을 대상으로 집중 연구했다. Thomas와 Chess(1977)는 141명의 중상층 아동, 95명의 저소득층 아동, 68명의 조산아, 52명의 정박아 등을 대상

으로 생후 2~3개월되었을 때부터 종단적 연구를 시작하였다. 처음 시작할 때의 각 영아에 대한 행동특성은 그들 부모에게 질문하여 아홉 개의 범주로 나누어 평가하였다.

아홉 개의 범주는 ① 활동수준, ② 규칙성, 즉 아기의 생리적 기능이나 행동이 얼마나 반복 순환되는가, ③ 새로운 음식, 장난감 또는 사람들과 같은 새로운 자극에 대하여 접근 또는 회피하는 정도, ④ 적응력, ⑤ 아동으로부터 반응을 일으키기에 필요한 자극량, ⑥ 반응강도, ⑦ 일반적 정서상태, ⑧ 산만성, ⑨ 주의력 및 지구력으로, 이러한 척도에 따라 아기들은 평정되었다.

이와 같은 아홉 개의 특성에서 영아들은 매우 다양한 반응을 나타내었으나 이를 정리해 보면 크게 세 가지의 유형으로 묶을 수 있었다. 하나는 순한 영아라고 불리는 유형인데, 이 유형의 영아들은 규칙적인 식사, 수면 및 배변습관을 갖고 있었으며 사람들에게도 따뜻하게 접근하며 일반적으로 명랑하고 다루기가 쉬었다.

순한 영아 easy infant
규칙적인 생리적 리듬을 갖고 있으며 일반적으로 명랑하고 새로운 상황에 쉽게 적응함

또 다른 유형은 까다로운 영아로, 이 유형의 영아들은 조금만 불편해도 강하게 반응을 하였으며 부적 정서상태를 나타냈다. 또한 사람들로부터 피하는 경향이 있고 새로운 상황에 쉽게 적응하지 못하였으며 불규칙적인 식사나 수면습관을 갖고 있었다.

까다로운 영아 difficult infant
생리적 리듬이 불규칙하며 새로운 상황에 적응하기 어렵다. 반응이 일반적으로 강하고 부적인 경향을 보임

세 번째 유형의 집단은 더딘 집단이라 분류되었는데, 이 유형의 영아들은 새로운 상황에 접할 때 늘 불안이나 거북함을 보이고 어떤 종류의 변화이든 적응하는 데에 시간이 걸렸다. 그러나 이 유형의 영아들은 기회가 주어졌을 때 결국에는 적응하였다.

Thomas와 Chess(1977)는 중류층 영아의 40%가 순한 영아이고 약10%가 까다로운 영아, 그리고 약 15%가 더딘 영아로 분류된다는 것을 발견하였다. 나머지 약 35%의 영아는 이 세 기질에 포함시킬 수 없는 매우 개성적인 아기들이었다. 영아가 자람에 따라 이들 연구자들은 심리검사, 학교기록, 행동관찰, 아동과의 면담 등을 통해서 광범위하게 자료를 수집했다. 아동들은 3, 6, 9, 16~17세에 관찰되었다. 이와 같은 종단적 연구를 분석한 결과, 연령이 변화해도 어느 정도의 지속성은 나타냈으나 완전하게 기질유형이 고정되어 있지는 않다는 것이 발견되었다.

더딘 영아 slow to warm up infant
환경적 자극에 대하여 활발한 반응을 보이지 않고, 약간은 불안하고 부적인 상태를 나타내며 적응하는 데 시간이 걸림

그러나 영아의 기질 유형은 자란 후의 문제행동과 관련되는 것으로 나타났다. 까다로운 영아의 약 70%가 자란 후에 문제행동을 나타낸 반면, 순한 영아는 약 18%만이 자란 후에 문제행동을 나타냈다. 이와 같은 결과는 까다로운 영아의 부모가 까다로운 영아의 행동양식을 잘 다룰 수 있었느냐가 중요한 역할을 하는 것으로 해석되었다. Thomas와 Chess에 따르면 까다로운 영아들의 어떤 부모들은 혼란스럽고 화가 나며, 그들 아동의 행동에 대하여 우울하게 느끼며, 부모 자신이 아동에게 부정적으로 반응

하게 된다. 반면 어떤 부모들은 그들의 까다로운 자녀들을 강하고 씩씩하며 도전적이라고 해석한다. 이와 같이 긍정적으로 생각하는 부모는 영아에게 긍정적이고 활동적인 대응을 하게 되고 가끔 지치기는 하나 자녀들을 즐겨 돌본다. 또 순한 영아들은 그들 부모로부터 웃음, 애정 등의 긍정적 반응을 이끌어 낸다. 그러나 어떤 부모들은 순한 영아가 다루기 쉽기 때문에 영아를 내버려두거나 무시하기도 하는데, 이러한 경우 방임된 아동들은 실조상황에 놓일 수도 있다. 따라서 한 아동의 행동 유형이 부모의 양육태도와 맞지 않을 때에는 문제행동이 일어날 가능성이 있다. 그러나 부모가 융통성 없이 완고하게 아동을 다루지 않고 아동의 개인적인 기질특성을 존중해 주면서 아동의 행동을 다룬다면, 각 아동은 자신의 개성대로 행동의 문제 없이 잘 자랄 것이다. 여기서 조화의 적합성(Lerner & Galambos, 1988) 개념이 중요한데, 아동의 기질과 양육자의 양육방식 간의 조화가 발달 초기에서부터 일생을 통해 인간발달에 영향을 미치게 된다.

Schaffer와 Emerson(1964)도 아기들을 생후 18개월 동안 관찰 분석한 결과, 영아들 간에 기질적인 차이를 발견할 수 있었다. 잘 안기는 아기들은 대부분의 상황에서 다른 사람과 밀접한 신체적인 접촉을 즐기는 것 같았다. 남에게 잘 안기지 않는 아기들은 다른 사람이 안거나 신체적인 자유를 제한하는 어떤 행동도 피하는 경향을 나타냈다.

또한 Buss와 Plomin(1975)은 위의 연구에서와는 다른 활동성/무기력, 정서성/무감각, 군집성/고립, 그리고 충동성/신중성의 네가지의 기본기질 차원을 제시하였다. 이러한 기질적 특성에 대해 이들은 첫째, 기질은 선천적인 특성이다. 즉, 사람에 따라 환경이나 다른 사람에게 반응하는 양식이 독특하며 이는 선천적인 요인에 의해서 결정된다. 둘째, 아동의 기질적 특성은 다른 사람이나 사물에 반응하는 방법에 영향을 준다. 예를 들어, 군집적 아동은 다른 사람과의 접촉을 찾을 것이다. 셋째, 개인의 기질적 특성은 다른 사람들이 그에게 반응하는 방법에 영향을 준다. 예를 들어, 군집적 아동은 고립된 아동보다 더 잘 웃고 이것이 부모의 행동에 긍정적으로 영향을 준다고 주장하였다.

조화의 적합성 goodness of fit
개인의 기질과 환경적 요구가 조화를 이룰 때에 가장 적절한 발달이 이루어질 수 있다는 개념

3. 애 착

애착 attachment
두 사람의 밀접한 정서적 애정관계를 말하며 서로 가깝게 있고자 하는 욕망이 특징

Bowlby(1969)는 사람을 밀접한 관계로 묶어 주는 강한 애정적 유대감을 애착이라고 하였다. Bowlby에 의하면 애착관계에 있는 두 사람은 자주 상호작용을 하며 서로가

해석하고 아기의 관심을 끌고 유지하기 위하여 자신의 행동을 어떻게 조절해야 하는지를 배우게 된다. 이러한 두 사람의 동시적 상호작용 관계가 지속될 때 상호간에 강한 애착이 형성될 것이다(Isabella & Belsky, 1991).

3) 애착이론

애착에 대한 설명은 정신분석학 이론, 학습 이론, 인지발달 이론, 그리고 동물행동학 이론에서 찾을 수 있다.

(1) 정신분석학 이론

Freud에 따르면 구순기의 영아들은 빠는 것과 입의 활동을 통해서 만족을 얻으며 이러한 구강의 만족을 주는 사람에게 애착을 느낀다고 보았다. 일반적으로 양육자인 어머니가 젖을 줌으로써 영아에게 구순의 만족과 즐거움을 주게 된다. 따라서 Freud는 영아가 어머니를 자신의 안전과 애정의 대상으로 삼는 것은 자연스러운 일이라고 설명한다. 또한 Erikson은 어머니의 급식방식이 영아의 애착과 안전기반을 형성하는 데 강하게 영향을 미치며, 더 나아가서는 아동의 욕구에 대한 어머니의 전반적 반응성이 급식 그 자체보다 더 중요하다고 주장하였다. 다시 말해서 영아의 욕구에 일관성 있게 그리고 적절하게 반응하는 양육자는 영아들에게 다른 사람에 대한 신뢰감을 심어줄 것이고, 반응하지 않거나 일관성 없는 양육자는 영아에게 불신감을 심어 줄 것이라고 Erikson은 설명하고 있다.

(2) 학습이론

학습이론에서도 급식을 정신분석학 이론에서와 마찬가지로 애착 형성의 중요한 기제로 보고 있지만, 정신분석학과는 달리 다음과 같은 두 가지 이유에서 중요하다고 보았다(Sear, 1963). 첫째는 급식이 영아에게 즐거움이 되어 긍정적 반응을 하도록 하며, 둘째는 양육자가 급식하는 동안 긴장을 풀게 하고 영아에게 음식은 물론 편안함, 따뜻함, 부드러운 피부접촉을 제공하기 때문이다. 학습이론에 따르면 이와 같은 급식과정에서 영아들은 양육자와 즐거운 감각, 그리고 즐거운 감정과 연합을 형성하게 되기 때문에 양육자가 영아에게 강화의 근원이 된다.

이와 같이 양육자가 이차적 강화원으로서 역할을 하기 시작하면 영아들은 양육자의

이차적 강화원 secondary reinforcer
처음에는 중립적이었으나 다른 강화물과 반복적으로 연합됨으로써 강화의 기능을 갖게 된 강화물

관심을 끌기 위하여 또 양육자 가까이 있기 위하여 무엇이든 필요하다고 생각되는 행동을 한다고 학습이론에서는 설명하고 있다.

이와 같이 정신분석 이론과 학습 이론에서 모두 애착형성에 급식이 중요하다고 지적하고 있는데, 실제로 급식은 애착형성에 얼마나 영향을 미칠까? Harlow와 Zimmerman(1959)은 원숭이를 대상으로 애착의 발달에서 급식과 촉각의 중요성을 비교하였다. 원숭이 새끼들을 출생 첫날부터 어미와 격리시켜 165일간을 두 대리모에 의해 키웠다. 철사로 몸통모양이 되어 있는 각 대리모에는 얼굴모양이 그려져 있었다. 그러나 한 대리모는 철사 몸통 위를 부드러운 천으로 싸 두었다. 원숭이 새끼들의 반은 천으로 싸인 대리모로부터 먹이를 얻어먹었고, 나머지 반은 철사 대리모로부터 먹이를 받았다. 이 연구에서 원숭이 새끼들은 급식을 누구에게 받았든 관계없이 부드러운 천으로 싸인 대리모를 좋아했다. 철사 대리모로부터 급식을 받은 원숭이 새끼들도 급식을 받을 때만 철사 대리모에게 가고 15시간 이상을 천으로 싸인 대리모를 부둥켜 안고 시간을 보냈다. 더욱이 새로운 자극으로 두려운 상황을 만들면 천으로 싸인 대리모에게 모두 달려갔다. 이 연구 결과는 급식이 양육자에 대한 영아의 애착형성에서 가장 중요한 결정요인은 아니라는 것을 시사해 준다. 인간 영아를 대상으로 한 Schaffer와 Emerson(1964)의 연구에서는 어머니들에게 아기가 이유한 시기, 수유기간, 급식 간격 및 이유방법을 질문하여 영아의 애착특성과의 관계를 분석하였다. 그 결과, 급식의 어느 요인도 영아의 애착특성을 예언해 주지 못했다.

오늘날 학습이론에서는 더 이상 급식을 강조하지 않지만 최소한 강화가 사회적 애착의 중요한 기제라고 주장한다(Gewirtz & Petrovich, 1982). 영아들은 자신의 요구에 빨리 반응해 주어 자신의 사회적 신호에 강화를 주고 여러 가지 즐거운 경험을 제공하는 성인에게 애착을 형성시킨다고 설명한다. 실제 Schaffer와 Emerson(1964)은 영아의 요구에 대한 어머니의 반응성과 어머니가 영아에게 제공하는 자극의 총량이 영아의 어머니에 대한 애착특성을 예언해 준다는 것을 발견하였다. 영아의 요구에 신뢰롭고 적절하게 반응하며, 영아와 자주 놀아주는 어머니가 영아와 친밀한 애착을 형성하였다.

(3) 인지발달 이론

인지발달 이론에서는 애착을 형성하는 능력이 애착의 정서적 측면보다는 영아의 지적 발달수준에 의존한다고 주장하고 있다.

애착이 일어나기 전에 영아는 우선 낯선 사람과 친숙한 사람을 구별할 수 있어야만 한다. 영아들은 또한 대상영속성 개념을 획득해야 애착대상이 시야에 없을 때라도 애착대상과의 안정된 관계를 유지할 수 있다(Schaffer, 1971). 따라서 7~9개월 된 영아들이 대상영속성 개념을 획득하기 시작하는 시기에 첫 애착이 나타나는 것은 우연이 아니다. Lester와 그의 동료들(1974)은 대상영속성 개념발달이 빠른 9개월 된 영아들이 어머니로부터 격리되었을 때 격리불안을 보인 반면, 대상영속성 개념발달이 느린 영아들은 격리불안을 거의 보이지 않았다는 것을 보고한 바 있다. 따라서 인지적으로 성숙한 9개월 된 영아들만이 애착을 보였으며, 첫 애착의 시기는 부분적으로는 영아의 대상영속성 개념획득 수준에 의존된다는 것을 시사한다.

(4) 동물행동학적 이론

동물행동학자들은 사회적 애착에 대한 가장 영향력 있는 설명을 제시하였다. 동물행동학적 접근의 가장 중요한 가정은 인간을 포함한 모든 종은 진화과정 속에서 종의 생존에 기여할 수 있는 일련의 선천적 행동 경향성을 갖고 태어난다는 것이다.

Bowlby(1980)는 많은 선천적 행동들이 영아와 양육자 간의 애착을 증진시킬 수 있도록 특별히 짜여 있다고 주장하였다. 애착관계 자체가 위험으로부터 영아를 보호하는 적응적 기능을 갖는다고 본 것이다. 애착의 동물행동학적 관점은 Lorenz(1937)의 각인현상에서부터 출발되었다. Lorenz는 어미를 따라다니는 오리새끼의 행동을 관찰함으로써 각인은 학습하지 않고 자동적으로 일어난 행동이며, 각인이 일어나는 결정적 시기가 있으며, 한 번 나타난 후에는 다시 거꾸로 역행되지 않는다는 것을 발견하였다. Lorenz는 이어서 각인현상은 어린 새끼들이 어미 옆에 있음으로써 음식이나 보호를 받아 생존하고자 하는 적응적 반응으로, 많은 세대를 거쳐오면서 이어져 내려온 선천적 특성으로 간주하였다.

결정적 시기
critical period
어떤 환경적 요인의 영향이 특히 민감한 발달시기로 이 시기가 아닌 때는 그 환경적 요인의 영향이 적거나 거의 없음

영아의 경우, 오리와 같은 방식으로 어머니를 따라다니는 현상이 나타나지는 않지만 Bowlby(1969)는 영아들이 어머니와의 접촉을 유지시키는 데 도움이 되는 일련의 선천적인 행동특성을 갖고 있다고 보았다. 영아들의 울고, 빨고, 잡고, 웃고, 옹알이 하는 등의 반응은 양육자를 가까이 있게 하는 요인들이다. 성인들 또한 영아들의 이러한 반응에 대응하는 선천적인 기제를 갖고 있어, 영아가 우는 것을 무시할 수 없고 편안해질 때까지 달래게 된다. 결국 영아와 양육자 모두 선천적으로 서로에게 긍정적으로 반응하도록 진화해 왔으므로, 결과적으로 밀접한 애착을 형성하게 되어 영아가 생존할 수 있게 해준다.

그러나 Bowlby는 인간에게서의 애착은 자동적으로 형성되는 것이 아니고, 어머니가 영아의 신호를 적절히 해석하고 반응하는 데 능숙해짐에 따라, 또 영아가 그의 어머니가 어떻게 행동하며 영아 자신의 행동을 어떻게 규제해 가는지를 배워감에 따라 점차적으로 형성된다고 보았다. 만약 어머니가 우울증이나 불행한 결혼생활로 인해 영아들에게 반응하지 않거나 적절한 반응을 하지 않는다면, 영아의 선천적인 신호기제가 약해지고 영아와 양육자 간의 애착형성은 실패하고 말 것이다(Ainsworth et al., 1978). 따라서 안정된 정서적 애착은 영아와 양육자 모두 상대방에게 적절하게 반응하는 것을 학습하지 않으면 발달하지 않는다고 Bowlby는 강조하였다.

그림 10-2 Ainsworth (1913~1999)

4) 애착의 유형

Ainsworth와 그의 동료들(1978)은 영아들이 양육자와의 애착에서 유형의 차이가 있다는 것을 발견하였다. 이들은 영아를 낯선 상황에 있게 함으로써 애착의 유형을 측정하였다. 낯선 상황이란 영아들이 양육자를 안전기반으로 삼고 있는지를 보기 위하여 만든 실험장면이다(표 10-1). 장난감이 있는 낯선 방에서 양육자와 영아가 자연적인 상호작용을 하는 동안, 영아를 양육자로부터 짧은 시간 동안 격리시킨다. 그런 다음 영아가 낯선 사람과 같이 있게 하는 상황을 만든 후 양육자가 다시 돌아와 재결합하는 상황으로 구성되어 있다. 이 낯선 상황에서의 영아의 반응인 탐색활동, 낯선 사람에 대한 반응, 격리되었을 때의 반응, 특히 양육자와 재결합했을 때의 영아의 반응을 분석함으로써, 양육자에 대한 영아의 네 가지 애착 유형을 발견하였다.

낯선 상황 실험 strange situation test
영아의 애착 유형을 구별하기 위해서 영아와 양육자를 격리와 재결합의 여덟 장면으로 만든 실험상황

(1) 안정애착

미국의 1세 된 영아의 약 65%가 안정애착을 보였다. 안정애착된 영아들은 어머니와 단둘이 있는 동안 능동적으로 탐색을 하나 격리되었을 때 눈에 띄게 괴로워하였다. 어머니와 다시 재결합했을 때 어머니를 매우 반기면서 달려가 신체적 접촉을 시도하였다.

안정애착 secure attachment
밀접한 애정관계를 이루고 있어 아동의 안전기반이 될 수 있는 양육자와 아동과의 유대관계

(2) 저항애착

1세아의 약 10%가 불안정한 저항애착을 보였다. 이 유형의 영아들은 어머니와 떨어지지 못하고 늘 가깝게 있으려고 했으며 어머니가 있는데도 탐색활동을 거의 나타내지 않았다. 어머니와 격리되었을 때는 심하게 고통스러워하였다. 그러나 어머니가 돌아

저항애착 resistant attachment
격리되었을 때 강한 격리불안을 보이면서도 양육자의 접촉에 저항을 보이는 불안정한 영아와 양육자 간의 유대관계

>>**표 10-1** 에인스워스의 낯선 상황

장면번호	장면그림	등장인물	지속시간	행동기술
1		어머니, 아기, 관찰자	30초	관찰자가 어머니와 아기를 장난감과 여러 가지 놀이기구들이 있는 실험실로 인도한 후 남겨두고 나간다.
2		어머니, 아기	3분	어머니는 아기가 방안을 탐색하도록 놔둔다. 만일 아기가 아무것도 하지 않을 때는 2분이 지난 후 놀이를 하도록 고무한다.
3	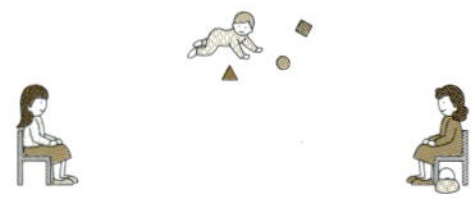	낯선 이, 어머니, 아기	3분	낯선 이가 들어온다. 최초의 1분은 침묵, 두 번째 1분은 낯선 이가 어머니와 대화, 세 번째 1분은 낯선 이가 아기에게 접근, 주어진 3분이 지나면 어머니가 가만히 방을 나간다.
4		낯선 이, 아기	3분 또는 보다 짧게	첫 번째 격리장면. 낯선 이의 행동은 아기의 행동에 맞추어 조정된다.
5		어머니, 아기	3분 또는 보다 길게	첫 번째 재회장면. 어머니가 아기를 반기거나 달랜 후, 아기가 다시 놀이를 하도록 도와준다. 그런 다음 어머니가 '안녕'이라고 말하며 나간다.
6		아기 혼자	3분 또는 보다 짧게	두 번째 격리장면
7		낯선 이, 아기	3분 또는 보다 짧게	두 번째 격리의 계속. 낯선 이가 들어와서 아동의 행동에 맞추어 행동한다.
8		어머니, 아기	3분	두 번째 재회장면. 어머니가 들어와서 아기를 반기고 안아준다. 그 사이에 낯선 이는 가만히 방을 나간다.

출처 : Ainsworth, Blehar, Waters & Wall(1978)에서 인용

왔을 때 영아들은 두 가지 상반된 양가반응을 보였다. 즉, 자기를 남겨두고 떠났다는 데 대하여 화를 내고 어머니 가까이에 있으려고 하면서도 동시에 어머니가 영아에게 신체적 접촉을 하고자 하면 뿌리치곤 하였다.

(3) 회피애착

1세아의 약 20% 정도의 영아들이 불안정 회피애착을 나타냈다. 이 영아들은 어머니와 격리되었을 때 별 고통을 보이지 않았다. 어머니가 돌아왔을 때 이들은 어머니와의 접촉을 피하거나 무시하는 것처럼 몸을 돌려 버렸다. 회피애착을 보인 영아들은 특별히 낯선 사람에 대하여 불안을 나타내지 않을 뿐만 아니라 어머니를 피하거나 무시했듯이 낯선 사람을 피하거나 무시하곤 하였다.

(4) 혼란애착

이 유형은 최근에 발견된 것으로 불안정애착의 가장 심한 유형으로 미국 영아의 5~10%가 혼란애착을 나타낸다. 양육자에게 접근해야 할지 회피해야 할지에 대하여 혼란을 보이는 저항애착과 회피애착이 결합된 것이다(Main & Solomon, 1990). 어머니와 재결합했을 때 이들 영아들은 얼어붙은 모습으로 멍한 상태를 보였다. 어머니에게 가까이 가다가 어머니가 다가가면 갑자기 뒷걸음치는 등의 반응을 보이기도 한다.

이 네 가지 애착 유형을 보면 안정애착된 영아들은 양육자와 애정적 관계가 형성되어 비교적 행복한 영아들이다. 반면에 저항애착을 나타내는 영아들은 양육자에게 끌리나 신뢰하지 않는 것처럼 보이고, 회피애착 영아들은 양육자로부터 어떤 위안이나 애정도 끌어낼 수 없는 것처럼 보인다. 혼란애착 영아들은 극단적인 혼돈상태로 보이며 양육자에게 접근해야 할지 회피해야 될지에 대하여 확실하지 않은 것으로 보인다.

이와 같은 네 가지 애착 유형에 대한 영아의 분포비율은 문화에 따라 다르며 아동양육의 문화적 차이를 반영하는 것으로 보인다. 예를 들어, 독일 부모들은 영아들의 독립성을 강조하며 영아와의 밀접한 접촉을 억제하기 때문에, 낯선 상황에서 어머니와 재결합했을 때 영아들이 회피애착 반응을 많이 보인다(Grossmann et al., 1985). 또 양육자가 영아를 대리모에게 맡기는 일이 드문 일본의 영아들은 강한 격리불안과 낯가림을 보인다(Sagi et al., 1994).

우리나라 영아의 애착 유형은 대체로 서구 아동과 유사한 비율을 보인다(홍계옥 · 정옥분, 1995). 이러한 문화적인 차이에도 불구하고 모든 문화에서 이 네 가지 애착 유형이 발견되고 있으며 일반적으로 안정애착을 보이는 영아들이 불안정애착을 보이는 영아들보다 더 많았다(Van Ijzendoorn & Kroonenberg, 1988).

5) 애착 유형과 양육태도

Ainsworth(1979)는 영아가 느끼는 애착의 유형은 그가 주위 사람들에게서 받는 관심의 종류에 의존된다고 믿었다. 안정애착된 영아의 어머니들은 영아가 태어날 때부터 영아들과의 접촉을 즐기면서 정서적인 표현을 자주 하고, 영아의 사회적 신호에 대해 매우 민감하게 반응했으며 영아들이 그의 주위를 탐색하도록 자극하였다(Isabella, 1993). 따라서 영아들은 양육자와의 상호작용에서 편안함과 즐거움을 얻을 수 있고 이것이 안정애착을 형성하게 해준다.

저항애착을 보이는 영아들은 쉽게 흥분하거나 반응하지 않는 기질을 갖고 있다(Cassidy & Berlin, 1994). 또 저항애착을 보이는 영아들의 부모들도 자신의 기분에 따라 영아에게 때로는 애정적으로 또 다른 때는 무관심으로 일관성이 없게 반응하거나 무반응을 보이는 경우가 흔히 있었다(Ainsworth, 1979). 영아들은 매달리고, 울고 또는 다른 애착행동을 함으로써 정서적 지원과 애정을 얻으려고 절망적으로 노력한다. 그러나 영아들은 이러한 일관성이 없는 양육에 부딪히게 되면 자신의 노력이 소용없다는 것을 느끼고 슬퍼하며 원망스러워 한다.

회피애착을 보이는 영아들의 부모는 두 가지 유형의 양육태도를 보였다. 일부 어머니들은 자신의 영아들의 반응에 대해 참을 수 없어 하며, 영아들이 보내는 신호에 무반응적이고 영아들에게 부정적 감정을 표현하며 영아들과의 밀접한 접촉으로부터 즐거움을 느끼지 못하는 것처럼 보인다. 이들 부모들은 경직되고 자기 자녀를 거부하는 자기 중심적 특성을 갖고 있다(Ainsworth, 1979). 회피애착 영아의 또 다른 부모들은 지나치게 열성적이어서 끊임없이 영아에게 말을 하거나 영아들이 원하지 않을 때도 많은 자극을 준다(Isabella & Belshy, 1991). 영아들은 자신과 상호작용을 싫어하는 것 같은, 또는 영아 자신이 처리할 수 없을 정도로 많은 자극을 퍼붓는 성인을 회피하기 위해 적응적인 반응으로 학습된 것이 회피애착이 되었을 수도 있다.

혼란애착을 발달시킨 영아들은 양육자에게 정서적으로는 끌리나 동시에 양육자를 두려워한다. 왜냐하면 과거에 무시되어 왔거나 학대되어 왔기 때문이다(Main & Solomon, 1990). 어머니와의 재결합 때 영아들이 나타내는 접근-회피행동은 이 영아들이 과거에 양육자로부터 수용과 학대의 경험을 되풀이해서 받았기 때문에, 부모에게 접근해야 할지 회피해야 될지가 혼란스러워 나타난 것으로 보인다. 학대아동에게서 흔히 보이는 애착 유형은 혼란애착으로 심한 우울증을 보이는 어머니의 영아들에게서도 흔히 나타난다(Lyons-Ruth et al., 1990).

6) 애착 유형과 후기 발달

정신분석학 이론과 동물행동학 이론(Bowlby, 1969)에 의하면 안정애착된 영아들은 안정애착에서 오는 신뢰감, 따뜻함과 편안함이 영아기 이후에까지 건강한 심리적 발달로 이어진다. 12~18개월에 안정애착을 보였던 영아들이 불안정애착된 영아들보다 2세경에 문제해결을 더 잘 했고(Frankel & Bates, 1990), 상징적 놀이에서 더 창의적이었으며(Pipp, Easterbrooks & Harmon, 1992), 친구들 간에 놀이친구로 더 인기가 있었다(Jacobson & Wille, 1986).

또 15개월경에 안정애착된 영아들은 3세 반에 유아원에 갔을 때 다른 유아들의 욕구와 감정에 민감하고 호기심이 강하며 학습동기도 높아 유아원 교사들 간에 매우 인기가 있었고, 또 또래들 사이에서도 매우 인기가 있었다. 반면 불안정애착된 유아들은 유아원에서 사회적으로, 정서적으로 위축되고 다른 유아들과 노는 데 주저하였다(Waters, Wippman & Sroufe, 1979).

안정애착된 영아들은 4~5세경이 되어도 불안정애착된 영아들보다 계속 호기심이 강하고 또래 간의 상호작용이 높고 성인에게 덜 의존적이었다(Sroufe, Fox & Pancake, 1983). 안정애착된 영아들이 10~11세경이 되었을 때도 역시 불안정애착 영아들보다 또래관계를 더 즐기고 친한 친구들을 더 많이 가질 가능성이 높았다(Elicker, Enlund & Sroufe, 1992).

이상과 같이 초기 애착의 유형이 후의 대인관계 발달에 영향을 미친다. 그러면 초기 애착의 유형이 어떻게 후의 대인관계에 영향을 미치게 되는가? Bowlby(1988)와 Bretherton(1990)은 초기 애착의 유형이 후의 발달에 영향을 미치게 되는 이유를 내적 작동 모델로 설명하고 있다. 내적 작동 모델이란 자기 자신과 다른 사람에 대한 인지적 표상으로써 이를 통해서 주위를 해석하고 인간관계에 대한 기대를 형성한다. 영아들은 양육자와 상호작용을 계속해 감에 따라 이러한 내적 작동 모델을 발달시키게 된다. 양육자가 민감하고 반응적인 양육을 하면 아동들은 사람들을 신뢰할 수 있다고 믿으며 무반응적이고 무감각한 양육은 불안정과 불신감을 심어주게 된다. 이때 영아들은 자아에 대하여도 작동 모델을 발달시키는데, 주로 다른 사람의 관심과 애정을 이끌어 낼 수 있는 능력에 기초하여 형성된다. 이 두 가지 작동 모델인 타인에 대한 작동 모델과

내적 작동 모델 internal working model
영아가 양육자와의 상호작용을 통해서 구성한 자신, 다른 사람 그리고 사람들 관계에 대한 인지적 표상

자아에 대한 작동 모델이 결합하여 아동과 양육자와의 애착에 영향을 미치고 성장해 가면서 다른 사람들과의 관계에 대한 기대에도 영향을 미치게 된다.

인생 초기에 안정된 정서적 애착을 형성하는 것이 발달에 분명히 긍정적 영향을 미치지만 불안정애착된 영아들이 절망을 느낄 필요는 없다. 왜냐하면 아버지나 또는 다른 사람과의 안정된 관계가 어머니와의 불안정애착으로 생기는 바람직하지 않은 결과를 상쇄할 수도 있기 때문이다. 또 자란 후 아동기나 청소년기에 경험하는 사회적 관계도 후의 사회적 적응에 영향을 미치게 된다. 한 종단적 연구에서는 초기 양육자와의 애착관계보다는 청소년기에 또래관계가 성인이 되어서의 사회적 관계를 더 잘 예언한다고 보고하고 있다(Skolnick, 1986).

따라서 초기에 안정애착이 되었다는 것만으로 전 생애의 긍정적 적응을 보장하지는 못한다. 반대로 불안정애착이 건강하지 못한 인생이 된다는 지표가 되는 것도 아니다(Fagot & Kavanagh, 1990). 그러나 초기 안정애착의 적응적 중요성을 과소평가해서도 안 된다. 왜냐하면 안정애착된 영아였다면 유아기 적응에 다소 문제가 있었다 하더라도 초등학교에 들어가서 다시 회복하여 자신감과 사회적 기술을 되찾을 가능성이 크기 때문이다(Sroufe, Egeland & Kreutzer, 1990).

7) 애착이 안 된 영아

생후 1～2년에 성인들과의 접촉이 매우 제한된 영아들은 아무에게도 애착을 형성하지 못하는 것으로 보인다. 이러한 영아들은 후에 어떻게 발달해 갈 것인가?

1940년대 심리학자들은 극단적인 사회적 실조 상황에 있는 영아들을 연구하기 시작하였다. 예를 들어, 대상이 되었던 시설에서는 흔히 10～20명의 영아들을 한 양육자가 돌봄으로써 우유를 먹이고 목욕시키고 기저귀를 갈아줄 때 외에는 양육자와 영아 간의 상호작용이 거의 이루어지지 않았다. 또 장난감도 없고 요람 밖으로 나오는 기회도 거의 없기 때문에 운동기술을 연습할 기회도 거의 없었다. 가정에서 성장하는 영아들과 비교해서 이러한 시설의 영아들은 사회적 자극과 감각 자극을 거의 받지 못하였다. 이러한 조건에서 자란 영아들은 3～6개월에는 정상적으로 양육자에게 웃고 옹알이를 하며 관심을 얻으려고 울기도 한다. 그러나 6개월 이후가 되면 행동이 변화하기 시작한다. 거의 울지도 않고 옹알이도 적어지며 양육자에게 반응을 보이지 않고 경직되거나 우울해 보이며 사회적 접촉에 별 관심을 나타내지 않았다(Spitz, 1945). 또 시설에서 성장한 영아들의 사망률이 높은데, 과거에는 시설이 비위생적인 것이 원인이라고 생각하기도 했으나 이들 연구들이 발표된 이후에는 애착유대 형성의 부족이 더 큰 원인으로 해석되기 시작했다.

이러한 시설에서 자란 영아들은 학교에 가서나 청소년이 되었을 때 어떻게 될까? 그러한 시설에 얼마나 있었느냐에 따라 달라지는데, Goldfarb(1947)은 시설에 3년간 있다가 입양이 된 아동들과 첫해에 입양이 된 아동들을 비교하였다. 이들 아동들을 3세 반, 6세 반, 8세 반 그리고 12세가 되었을 때에 면접과 관찰을 하여 분석하였다. 그 결과, 3년간 시설에 남아 있었던 아동들이 일찍 입양되었던 아동들보다 모든 발달에서 뒤져 있었다. IQ도 떨어지고 사회적으로 미숙하며 의존적이고 언어적 기술도 부족하고 공격성이나 과잉활동성 같은 문제행동을 보였다. 초기 청소년기에 이들은 가족과 또래들과 상호작용하는 데 어려움을 갖고 있었다. 최근에 Tizard(1977)나 Hodges와 Tizard(1989)도 비슷한 연구를 하여 Goldfarb의 연구에서와 유사한 결과를 발견하였다.

모성실조 가설
maternal deprivation hypothesis
영아가 한 사람의 중요한 양육자와 애착형성이 이루어지지 않으면 정상적으로 발달할 수 없다는 가설

Bowlby(1973)나 Spitz(1965) 같은 학자들은 영아들이 일관되게 한 사람의 양육자로부터 따뜻하고 애정어린 관심을 받지 않으면 정상적으로 발달할 수 없다고 주장했다. 따라서 인원이 부족한 시설에서의 영아들은 한 양육자와의 정서적 관계를 형성할 수 있는 기회가 적기 때문에 발달이 손상을 받는다고 할 수 있다. 그러나 영아가 정상적으로 발달하기 위해서는 단 한 사람의 양육자에 의해서 양육되어야 한다는 가설에 대해서는 현재 많은 의문이 제기되고 있다. 러시아, 중국 및 이스라엘의 영아들은 시설에서 많은 양육자들에 위해 양육되나 이들 영아들은 매우 정상적이고 아동기가 되어서도 가정에서 자란 아동들과 비교해서 적응에 어려움이 없다(Oppenheim, Sagi & Lamb, 1988). 물론 이들 시설에서의 양육자들이 영아들에게 충분히 따뜻하고 민감하고 반응적이라는 것이 전제가 된다.

이러한 사실은 시설에서 영아들이 단조로운 감각환경 속에 남겨져 있었다는 것과 돌볼 사람이 모자라 사회적 자극이 결여되었다는 것이 발달의 문제를 가져온 이유로 설명될 수 있다. 오늘날 많은 발달심리학자들은 사회적 자극의 결여로 영아들의 사회적 신호에 반응하는 사람이 없기 때문에 비정상적 발달을 보이는 것으로 설명한다. 장난감이 풍부하고 다른 영아들을 볼 수 있고 옹알이를 들을 수 있었던 영아들도 성인 양육자와 접촉이 거의 없는 경우에는 발달지체를 보이는 것(Provence & Lipton, 1962)으로 미루어 볼 때, 단순한 감각자극의 결여가 시설아의 발달지체의 이유가 아닌 것으로 보인다. 따라서 앞에서 언급했던 러시아나 중국 그리고 이스라엘의 경우를 보더라도 영

사회적 자극가설
social stimulation hypothesis
사회적 신호에 반응하는 사람이 없을 때 아동은 정상적으로 발달할 수 없다는 가설

아들이 정상적으로 발달하기 위해서는 한 사람이든 여러 사람이든 민감하게 영아에게 반응하는 사람과의 지속적인 상호작용이 필요한 것으로 결론지을 수가 있다.

반응적인 양육자와의 상호작용이 중요한 것은 영아들이 사회적 환경에 대한 통제를 양육자와의 상호작용을 통해서 경험하게 되기 때문이다. 다시 말해서 영아들이 받는 사회적 자극은 영아 자신의 행동에 의존된다. 영아가 울거나 옹알이를 할 때 흔히 양육자는 영아에게 관심을 보인다. 영아 자신의 행동과 양육자의 행동 간의 이러한 종류의 연합은 영아로 하여금 사회적 환경에 대하여 통제할 수 있다는 것을 믿게 해준다. 따라서 영아들은 양육자의 관심과 애정을 끌기 위하여 사회적 신호를 사용할 수 있다는 것을 배워감에 따라 점차 사회적으로 된다. 반대로 많은 신호를 보내나 반응을 받지 못하는 시설의 영아들은 양육자의 관심을 끌고자 하는 어떤 노력도 소용이 없다는 것을 배우게 된다. 이것이 학습된 무력감을 발달시켜 관심을 끌려는 노력을 멈추며, 사회적 관계에서도(Finkelstein & Ramey, 1977) 위축되고 무감각하게 되는 것으로 보인다.

학습된 무력감 learned helplessness
과거에 통제불능의 상황을 경험했기 때문에 같은 상황에서 어떻게 적절한 반응을 해야 될지를 알지 못하여 느끼는 위축감과 무능감

이러한 초기의 사회적 실조 상황의 영향으로부터 회복될 수는 있을까? 다행히도 초기에 사회적으로 실조된 시설에서 자란 아동들도 양육자로부터 애정과 관심을 받을 수 있는 가정에서 자라게 되면 초기 실조의 영향을 극복할 수 있었다(Rutter, 1981). 회복 정도는 아동이 초기 실조의 환경에서 보냈던 시간의 질에 달려 있다. 생후 첫 3년 이상을 실조상황에 있었던 아동들은 안정된 가정에 입양된 후에도 사회적 · 정서적 · 지적 어려움이 완전히 사라지지는 않았다(Dennis, 1973).

그러면 완전한 회복은 어려운 것인가? 또 생후 3년이 인간의 사회적 · 정서적 발달의 결정적 시기인가? 대답은 생후 3년이 민감기라 하더라도 회복은 가능하다는 것이다. 이것은 단지 오랜 기간 실조상황에 있었기 때문에 심한 문제를 갖고 있는 아동은 단기간 실조상황에 있었던 아동들보다 문제를 극복하는 데 더 오랜 시간이 걸린다는 것을 의미한다. 또 오랜 기간 사회적 실조시설에 있었던 아동들도 입양되었을 때 그대로 시설에 남아 있는 아동들에 비해 급격한 향상을 보인다(Dennis, 1973).

따라서 앞으로 사회적 실조를 일으킬 가능성이 높은 시설에 대한 개선과 함께 장기간의 사회적 실조를 경험한 아동들을 위한 환경적 중재 그리고 치료 프로그램에 대한 관심과 연구가 있어야 할 것이다.

정리해 봅시다

1. 정서의 발달과정을 설명해 보자.

2. 기질을 정의하고 기질 유형을 설명해 보자.

3. 애착의 발달과정과 애착 이론을 설명해 보자.

4. 애착의 유형을 열거하고 영향요인을 생각해 보자.

5. 영아의 애착이 후기 발달에 미치는 영향에 대하여 생각해 보자.

Chapter 11

자기와 타인이해의 발달

다른 사람들과의 상호작용 속에서 자기에 대한 이해는 발달한다. 즉, 다른 사람들이 자기를 어떻게 보고, 자기에게 어떻게 반응하느냐가 결국 자아개념의 중심을 이루게 된다. 아동은 성장해 가면서 사회적 관계가 넓어짐에 따라 자기에 대한 이해가 변화한다. 또한 자기에 대한 이해는 다른 사람들뿐 아니라 그들과의 관계에 대한 이해와 관련되어 있고 서로 연관되어 발달한다.

이 장에서는 자기와 다른 사람에 대한 이해가 언제부터 시작되며 어떠한 과정으로 발달해 가는지를 다룬다.

Chapter 11

자기와 타인이해의 발달

1. 자아개념의 발달

언제부터 영아들은 다른 사람이나 환경으로부터 자기 자신을 구별할 수 있을까? 영아들이 자기의 독특성을 알게 되고 자기 상을 만들 때는 언제부터인가? 또 자기를 정의짓기 위하여 영아들은 어떤 정보를 활용하는가? 여기서는 앞의 의문들과 함께 시간이 경과함에 따라 자기에 대한 상이 어떻게 바뀌는지를 살펴보기로 한다.

1) 자아의 출현

자아개념 self-concept
자신의 특성, 능력, 태도와 가치에 대한 총체적인 개념으로서 자신이 누구인가에 대한 개인의 믿음

자아 self
각 개인에게 독특한 신체적 특성과 심리적 특성의 결합체

많은 발달심리학자들은 영아는 자아개념 없이 태어난다고 보고 있다. 영아는 자신의 모든 욕구가 늘 옆에 있는 양육자에 의해 곧바로 충족되기 때문에 주위환경으로부터 자신을 분화시킬 필요를 느끼지 않으며 따라서 아직 자기 자신에 대한 정체감이 형성되어 있지 않다(Mahler, Pine & Bergman, 1975).

그러면 영아들은 언제부터 외부세계로부터 자신을 분리시키는가? 이에 대한 대답은 Piaget의 발달단계 이론에서 찾을 수 있다. Piaget에 의하면 생후 첫 2개월 동안에 영아는 가지고 태어난 반사도식을 연습하면서 자신의 신체가 중심이 된 활동을 반복한다. 그러나 2개월이 지날 무렵이 되면 모빌에 달린 줄을 당기기 위하여 팔을 내밀거나 다리를 차는 등의 반응으로 자신에게 흥미로운 볼거리와 소리를 스스로 만들어 즐거워한다(Rovee-Collier, 1987). 따라서 2개월 된 영아들은 상당히 낮은 수준이기는 하지만 그들 자신이 어떤 일을 일으킬 수 있다고 생각하는 개인의 힘에 대한 의식이 싹트기 시

작한다.

따라서 영아들은 생후 첫 2개월 동안에 자신의 신체의 한계를 배워 외적 사물로부터 신체적 자아를 분화시키고, 그후 4～8개월경이 되면 외부 사물을 통제하고 조종할 수 있게 된다(Samuels, 1986).

2) 자아인지

영아들은 그들 자신이 다른 사물이나 사람과 관계없이 존재한다는 것을 알고 나서부터는 그들이 누구인지를 인식하기 시작한다.

자아인지
self recognition
자아의 특성, 즉 신체적 특성과 심리적 특성을 지각하는 것

Lewis와 Brooks-Gunn(1979)은 영아 몰래 루즈를 영아의 코에 발라 놓고 거울 속의 자기 모습을 보도록 하여 자아인지가 어떻게 발달하는지 연구하였다. 영아가 자신의 얼굴에 대한 도식을 갖고 있고 거울 속의 모습을 자신으로 인지한다면, 자기 코의 빨간 점을 곧 알아보고 그것을 만져 보거나 지우려고 할 것이다. 9～24개월경의 영아를 대상으로 이와 같은 실험을 하였을 때 15개월 이전의 영아들은 거울 속의 자기 모습을 다른 아기의 모습인 것처럼 보면서 자아인지를 보이지 않았다. 그러나 15～17개월 된 소수 영아들은 자기를 알아보며 자아인지를 나타내기 시작하였고, 18～24개월 된 영아들은 대부분이 자신의 코를 만지며 자기 얼굴에 이상한 것이 묻어 있다는 것을 알았다.

거울을 보았던 경험이 없었던 종족의 영아들도 빨간색을 코에 바르는 실험에서 도시에서 성장한 영아들과 거의 같은 시기에 자기를 알아보기 시작하였다(Priel & de Schonen, 1986). 또한 18～24개월경이 대상영속성 개념이 생기고 감각운동적 도식이 정신적 표상으로 내면화되어 가는 시기라고 볼 때, 자아인지의 발달은 영아의 인지발달 수준과 밀접하게 관련되어 있는 것으로 볼 수 있다.

자아인지를 위해서는 어느 정도 수준의 인지발달이 요구되지만 사회적 경험 또한 매우 중요하다. Gallup(1979)은 정상적인 환경 속에서 자란 침팬지는 거울 속에서 자신을 쉽게 알아볼 수 있었으나, 사회적으로 격리된 상태 속에서 자란 침팬지는 거울 속에 비친 자기 모습을 보고 다른 동물을 보고 있는 것처럼 반응하였다. 사회생활을 하면서 서로가 어울리는 동안에 내가 남에게 어떻게 비추어졌는지를 알 수 있는 정상적 환경에서 자란 침팬지는 자아인지를 발달시켰다. 그러나 사회적으로 자기를 남에게 비추어본 경험이 없는 침팬지는 명확한 자기 상을 획득할 수 없었다.

어떤 종류의 사회적 경험이 인간의 자아인지에 영향을 미치는지를 연구하기 위해

Pipp, Easterbrooks와 Harmon(1992)은 2~3세 유아를 대상으로 자기에 대한 지식을 광범위하게 조사하였다. 그 결과, 안정 애착된 2세아가 불안정애착된 또래보다 자기에 대한 지식이 높았으며, 이러한 차이는 3세가 되었을 때 더 커졌다. 또한 안정애착된 유아들이 불안정애착된 유아들보다 자신들의 어머니에 대해서도 더 많이 알고 있었다. 따라서 안정애착은 자기 인식을 성장시킬 뿐만 아니라 다른 측면의 사회적 인지에도 중요한 영향을 미친다.

자신을 다른 사람과 구별할 수 있는 능력은 유아들의 사회적 행동이나 정서적 경험에 영향을 준다. 예를 들어, 당황하거나 자존심 같은 자기 의식적 정서를 경험하는 능력은 자아인지에 의존된다. 또 자아인지가 발달한 유아들은 다른 사람의 놀이활동을 모방하는 데서 즐거움을 느끼며 공유된 목표를 달성하기 위해서 다른 유아에게 협조하는 반응까지 보여 사회적으로 숙달된 반응을 나타낸다(Asendorph & Baudonniere, 1993).

범주적 자아
categorical self
나이, 성 등과 같이 사회적으로 중요하게 인식되는 차원에 따라 자아를 범주화하는 것

거울이나 사진 속에서 자신을 알아볼 수 있게 된 후 바로 유아들은 사람들 간의 차이를 구별할 수 있는 차원에 대해 주목하기 시작하고 자신도 그러한 차원에 따라 범주화하기 시작한다. 이것을 범주적 자아라고 하는데, "나는 크고 남자며 아기가 아니다." 또는 "숙이는 좋은 아이이다."와 같이 나이, 성과 같은 평가적 차원이 유아들의 자아개념 속에 나타나는 사회적 범주들이다.

3) 유아기의 자아개념

최근까지 발달심리학자들은 유아기 아동들의 자아개념은 구체적이고 신체적인 것에 한정되어 있고 심리적 자아인식은 없다고 믿었다. 즉, 3~5세 된 유아들에게 자기를 말로 표현해 보라고 했을 때 자기의 신체적 특성, 자기가 갖고 있는 것이나 자기가 잘 하는 활동을 말하고, 내가 행복하다거나 내가 사람들을 좋아한다와 같은 심리적인 특성에 대한 서술은 거의 나타나지 않았다(Damon & Hart, 1982). 그러나 Eder(1990)는 3세 반~5세의 유아들이 "유아원에서 나는 혼자 놀기를 좋아한다."와 같이 말하면서 여러 맥락에서 자신이 흔히 하고 있는 행동을 인식하고 있다고 하였다. 이와 같이 자기가 잘 나타내는 습관적 행동에 대한 서술은 나이가 든 후에 "나는 사교적이 아니다."와 같은 자신에 대한 심리적 서술에 대한 기초를 제공해 주는 초기 서술이라고 보았다. 실제로 3~5세 유아들은 질문에 따라 심리적 특성을 여러 다른 차원에서 다르게 서술할

수 있으며, 1개월 동안 변하지 않고 일관된 서술을 하였다.

성인들은 자신을 생각할 때, 다른 사람들이 볼 수 있는 밖으로 드러난 공적 자아와 다른 사람들이 볼 수 없는 자신의 내면적인 사적 자아가 있다는 것을 알고 있다. 2~3세경의 유아들도 종종 욕구, 정서, 욕망과 같은 정신적 상태에 대하여 말하며, 마음은 물리적 세계와 다르고 다른 사람들이 유아 자신들의 마음을 들여다볼 수 없다는 것을 안다(Flavell, Miller & Miller, 1993). 그러나 3세아들은 마음속의 믿음이란 사람마다 다를 수도 있으며 마음속의 믿음과 다르게 행동할 수도 있다는 것을 이해하지 못한다. 또 3세아들은 사람들이 사실보다는 마음속에 믿고 있는 것을 근거로 행동한다는 것을 이해하지 못한다. 반면 4~5세아들은 마음속의 믿음이란 정확하지 않을 수도 있으며 다른 사람과 다를 수도 있다는 것을 이해한다(Wellman & Woolley, 1990). 4~5세 유아들은 사람들이 때때로 잘못된 믿음에 따라 행동한다는 것을 알게 되면서 거짓말이나 속이는 것으로 자기에게 유리하게 이 지식을 사용할 수도 있다. 예를 들어, 물건 감추기 놀이를 하고 있는 4세아가 스스로 가짜 단서를 만들어 상대방으로 하여금 물건의 숨겨진 장소를 잘못 찾도록 유도할 수도 있다. 이것은 확실히 4세아가 공적 자아와 사적 자아를 명확하게 구별할 수 있다는 것을 보여 주고 있는 것으로, 4세아들은 자신의 가짜 공적 행동이 상대방으로 하여금 4세아 자신의 사적 지식과는 다른 믿음을 갖게 한다는 것을 알고 있었다.

공적 자아 public self
밖으로 드러나 남이 볼 수 있거나 알 수 있는 자아

사적 자아 private self
남이 볼 수 없는 자신만이 알고 있는 내적 또는 주관적인 자아

4) 아동기와 청소년기의 자아개념

학령기 동안에 아동의 자아서술은 처음에는 그들 자신의 신체적 · 행동적 그리고 다른 외적 특성을 나열하다가 점차 그들의 지속적인 내적 · 추상적 특성인 기질, 가치, 신념, 이념과 같은 것으로 변화해 간다(Damon & Hart, 1988).

학령기 아동과 초기 청소년들이 자기를 서술할 때 점점 더 심리적 특성을 사용하게 되는데, 이 시기는 이러한 특성을 절대적 개념, 즉 변하지 않고 지속되는 특성으로 생각하는 경향을 보인다. 예를 들어, 8~13세 아동들이 자신들이 친절하다고 말했을 때, 이들은 친절은 다른 사람하고의 관계에서 항상 나타나며 변하지 않고 지속되는 특성으로 보는 경향이 있다(Harter, 1986). 반면 15세경이 되면 자기가 모든 상황에서 똑같은 사람이 아니라는 것을 알고 이러한 불일치에 대하여 혼란스러워 할 수 있다. Harter와 Monsour(1992)는 13, 15, 17세 청소년들에게 부모, 친구, 이성과 같이 있는 상황과 그

al., 1994).

이러한 자아존중감의 저하는 스트레스가 중복되어서 나타날 때, 예를 들어 중학교에 들어가게 될 뿐만 아니라 신체적으로 사춘기의 변화가 나타나고, 이성교제를 시작하고, 이사를 가는 것과 같은 가족의 변화 등이 동시에 일어날 때 가장 크게 나타난다.

그러나 대부분의 11～14세 청소년들은 자아존중감에서 눈에 띌 만한 감소가 일어나지 않는다(Peterson, 1988). 일반적으로 사춘기부터 청소년기가 끝날 때까지 점진적으로 자아존중감은 증가한다.

3) 자아존중감의 영향요인

사회적 비교
social comparison
자신을 다른 사람과 비교하여 자아를 정의하고 평가하는 과정

어떤 아동들은 왜 다른 아동들에 비해 자아존중감이 높을까? 이는 그 아동들이 다른 아동들보다 실제로 유능하고 사회적으로 매력이 있기 때문이다. 5～6세의 어린 아동들도 다른 아동들보다 더 잘 한다 또는 더 못한다는 사회적 비교 정보를 접하게 됨으로써 자신에 대한 유능 정도나 매력 정도를 발견하기 시작한다. 사회적 비교는 연령과 함께 증가하며, 특히 경쟁과 개인적 성취가 강조되는 문화는 아동의 자아존중감 형성에 중요한 역할을 하게 된다.

부모 또한 아동의 자아존중감을 형성하는 데 결정적 역할을 할 수가 있다. 특히 자아존중감이 높은 아동의 부모는 따뜻하고 민주적인 경향을 나타낸다(Lamborn et al., 1991). 이러한 부모들은 자녀들을 사랑하고 지지해 주며, 아동들이 따라야 할 명백한 기준을 세워주고, 자녀들이 자신의 의견을 말하도록 하며 아동이 어떤 결정에 참여하도록 허용한다. 높은 자아존중감과 이러한 부모의 양육태도와의 관계는 미국이나 캐나다와 같은 서구에서만 아니라 타이완과 같은 동양권에서도 같은 경향을 보이고 있다(Scott, Scott & McCabe, 1991). "나는 네가 규칙을 지키고 올바른 판단을 할 수 있다고 믿으며 너는 정말 좋은 아이이다."라는 부모의 메시지가 자녀에게 전달될 때, 무관심하거나 통제적인 양육방법보다 확실히 아동의 자아존중감을 높이게 된다(Isberg et al., 1989).

3. 자아정체감의 형성

Erikson(1963)에 의하면 청소년기에 직면하게 되는 가장 큰 과업은 자아정체감으로 자기 자신에 대하여 확고하고 통합된 느낌을 갖고, 자기가 어디를 향해 가고 있으며 사회에서는 무슨 일을 하고 어디에 적합한지를 아는 것이다. 자아정체감이 형성되기 위해서는 여러 가지 중요한 과업을 해결해야만 한다. 좀 더 구체적으로 말하면, 나는 어떤 종류의 직업을 가져야 되는가, 나는 어떤 종교나 도덕 또는 정치적 가치관을 가질 것인가, 한 남자로서 혹은 한 여자로서 나는 어떤 존재가 되어야 하는가 등이다. 사춘기의 아동이 이러한 모든 정체감을 갖기에는 너무 벅차고 또 확고하지 않기 때문에 Erikson은 이 시기에 나타나는 마음의 혼란을 '정체감 위기'라는 용어로 표현하였다.

Marcia(1980)는 청소년들을 면접조사한 결과 자아정체감을 네 가지 상태로 구분하였다. 첫번째는 '정체감 혼미'로 이 상태에 해당하는 청소년들은 아직 정체감 위기에 직면하지 않았거나 어떤 확고한 미래지향적인 자신의 생애탐색적 욕구가 부족하거나 탐색에 실패한 경우이다. 두 번째는 '정체감 유실'로 이 상태의 청소년들은 정체감 위기를 거치지 않고 지나치게 빨리 자기의 정체성을 결정내린 경우를 말한다. 부모가 기대하거나 제시한 생애과업을 여러 가지 가능성이나 대안에 대한 탐색 없이 그대로 수용하는 경우에서 흔히 볼 수 있다. 이러한 사람들은 청년기를 안정적으로 보내는 것 같지만 성인기에 가서 다시 정체감 위기를 겪게 된다. 세 번째는 '정체감 유예'로 이 상태는 청소년이 정체감 위기의 와중에 있는 경우로, 다양한 가치, 흥미, 이념과 생애직업을 적극적으로 탐색하고 있다. 그러나 아직도 불확실한 상태에 머무르고 있으며 자기를 확고하게 어느 한 가지에 고정시키지 못한다. Erikson과 Marcia는 정체감 유예는 정체감 성취에 이르는 과도기적 단계로 보았다. 네 번째는 '정체감 성취'로 이 상태는 생애직업이나 이념 또는 가치가 비교적 강하게 확정되어 있으며 정체감 위기를 해결한 경우를 말한다. 따라서 이 상태의 청소년들은 자신의 확고한 삶의 목표, 가치를 정립하고 확고한 정체감을 형성한다.

정체감 혼미 identity diffusion
아직 자아정체감의 위기를 직면하지 않았거나 자신에 대한 탐색이 이루어지지 못한 정체감 상태

정체감 유실 identity foreclosure
자신의 정체감에 대한 탐색 없이 너무 빨리 결정을 내린 상태

정체감 유예 identity moratorium
정체감 위기 중에 있으며 정체감을 탐색하고 있는 상태

정체감 성취 identity achievement
정체감 위기를 잘 해결하고 안정된 정체감을 획득한 상태

1) 정체감 형성의 발달과정

Erikson은 정체감 위기가 초기 청소년기에 일어나고 15~18세경이 되면 대부분의 청소년이 정체감 위기에서 벗어난다고 보았으나 실제로는 그렇지 않다고 지적되어 왔다.

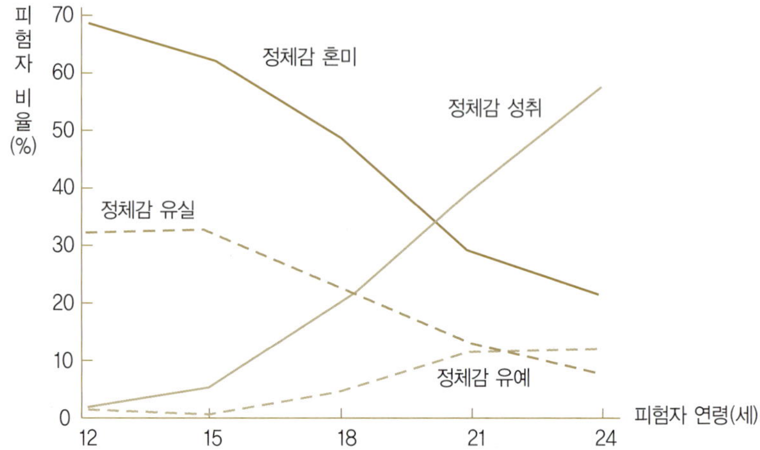

그림 11-1 정체감 상태의 발달
출처 : Meilman(1979)에서 인용

Meilman(1979)은 12~24세 남자를 대상으로 정체감 상태를 측정한 결과, 15세의 경우 4%, 18세의 20%만이 정체감 성취가 나타났다(그림 11-1). 또 12~18세의 상당수가 아직도 정체감 혼미상태거나 정체감 유실로 남아 있다가 21세가 넘어서야 정체감 유예나 정체감 성취에 도달하였다. 여자의 경우도 남자와 거의 같은 연령에 정체감 성취에 이른다. 그러나 오늘날 여자 대학생들이 생애직업에 대하여 남자들만큼 관심이 있긴 하지만, 그보다는 사람들간의 상호관계, 성역할 및 성적 관심에 관련된 정체감에 더 큰 비중을 두고 있다(Patterson, Sochting & Marcia, 1992). 또 이들 여자 대학생들은 생애직업과 가정생활을 어떻게 양립시켜 균형을 이룰 것인가에 대해 남자 대학생들보다 더 관심이 높다(Archer, 1992).

정체감 형성을 위해서는 어느 정도의 시간이 요구되는데, 청년기 후기에 이르러서야 정체감 혼미나 유실에서 정체감 유예상태로 변화되고 그 다음에서야 정체감 성취에 도달하게 된다. 그러나 청년기 후기에 정체감 성취가 정체감 형성의 마지막이라고는 할 수 없다. 다시 말해서 많은 성인들이 사회생활을 해가면서, 또 나이가 들어가면서 자신의 정체감 문제에 다시 직면하게 되고 자신에 대하여 다시 생각해 보는 과정은 이후에도 계속된다(Waterman & Archer, 1990).

또 정체감 성취과정이 모든 영역에서 동일하지 않다는 것이 발견되었다. Archer(1982)는 초등학교 6학년에서부터 고등학교 3학년까지의 청소년들을 대상으로 생애직업 선택, 성역할 태도, 종교적 신념과 정치적 이념의 네 영역에서의 정체감 상태를 평가하였다. 5%의 청소년만이 네 영역에서 같은 정체감 상태에 있었고 90% 이상의 청소년들은 두 개나 세 개 영역에서만 같은 정체감 상태를 보였다. 따라서 많은 청소년들이 일부 영역에서는 정체감 성취를 했으나 나머지 영역에서는 정체감 탐색이 계속되고 있었다.

Erikson은 청소년의 정체감 탐색과정을 정체감 위기로 표현했지만 실제 정체감 유예상태의 청소년은 그렇게 스트레스에 지친 것 같지는 않다. Marcia(1980)도 유예상태에서 적극적으로 정체감을 탐색하고 있는 이들이 정체감 혼미나 정체감 유실상태에 있는 또래보다 자신과 자신의 미래에 대하여 더 긍정적으로 느낀다고 지적하고 있다. 그러나 Erikson이 지적하였듯이 정체감 성취는 가장 건강하고 적응적인 발달상태로서 정체감 성취상태의 청소년들은 자아존중감이 높고 열등감이 낮으며 개인적 관심에 몰두하는 경향을 보인다.

정체감 탐색과정에서 가장 위기라고 보여지고 고통스러운 점은 장기적인 탐색에도 불구하고 정체감 형성에 도달하지 못하는 경우이다. 이러한 경우 청소년들은 우울에 빠지고 자신감이 결여되며 혼미상태에 빠지게 된다. 또는 이들 청소년들은 실패자임을 자인하고 문제행동을 일으키거나 비행으로 빠지기도 한다(Erikson, 1963). 실제로 정체감 혼미상태를 지속해 온 청소년들은 무감각하고 미래에 대해서도 무력감을 표현하곤 한다(Waterman & Archer, 1990).

2) 정체감 형성의 영향요인

정체감 형성은 적어도 인지발달, 부모의 양육방법, 학교교육 그리고 사회문화적 맥락의 네 가지 요인에 의해 영향을 받는다.

(1) 인지적 영향

인지발달은 정체감 성취에서 중요한 역할을 한다. 형식적 조작단계의 청소년들은 미래의 정체감에 대하여 더 잘 생각해 볼 수 있으며 정체감 성취과정에서 부딪치는 문제들을 더 잘 해결할 수 있다(Waterman, 1992). 더욱이 정체감 유예와 성취상태에 있는 청소년들은 다른 사람들에게 자기 삶의 방향을 의존하기보다는 관계된 정보를 스스로 찾는 정보추구적 입장을 취하고 충동적인 선택이나 결정을 피하는 경향을 나타낸다(Berzonsky, 1992). 유예상태의 청소년들은 특히 정체감 형성에 결정적인 역할을 하는 창의적인 실험에 대해 개방적이어서, 자기 스스로 여러 가지 경험을 적극적으로 가지려 하고 자기의 가능성이나 특성을 알아보려고 한다(Bilsker & Marcia, 1991).

(2) 부모양육태도의 영향

부모와의 관계는 청소년의 자아정체감 형성에 영향을 미친다. 정체감 혼미상태의 청소년들은 다른 자아정체감 상태의 청소년들보다 부모로부터 거부되었거나 무시되었을 가능성이 높다. 초기에 부모를 동일시할 기회를 갖고 부모의 바람직한 특성을 내면화하지 않는다면 청소년들은 자아정체감 형성에 어려움이 있을 것으로 예상된다. 반면에 정체감 유예와 성취상태의 청소년은 애정과 자율이 적절히 결합된 민주적 양육태도의 부모를 갖는 경우가 많다(Grotevant & Cooper, 1986). 이들 청소년들은 가정 내에서 부모에게 반대할 수 있을 정도로 자유로우면서도 애정적으로 밀착되고 상호존중의 경험을 갖고 있다.

(3) 사회문화적 영향

자아정체감 형성은 사회적 · 역사적 상황에 의해 강하게 영향을 받는다. 산업화된 사회에서의 청소년들은 Erikson이 말한 정체감 위기를 겪으면서 자신의 정체감 성취에 이르게 된다. 반면에 과거 사회에서와 같이 산업화되지 않은 사회에서의 청소년들은 실험이나 탐색 없이 농부의 아들은 농부로, 어부의 아들은 어부가 되는 식으로 성인의 역할을 단순히 따르면 된다. 따라서 이러한 사회에서의 청소년들은 정체감 유실이 아마도 성인으로 가기 위한 적응의 방법인 듯하다.

4. 자아통제의 발달

자아통제 self-control
목표달성을 위해서 자신의 행동을 통제하고 억제할 수 있는 능력

자아통제란 자기의 말이나 행동을 억제할 수 있고 규제할 수 있는 능력을 말한다. 만약 충동을 통제하는 것을 배우지 않는다면 다른 사람의 권리를 침해하거나 규칙을 어김으로써 다른 사람과 마찰을 일으키게 되고, 장기적인 목표 도달에 필요한 인내심과 자기희생적 특성을 갖지 못할 것이다. 자아통제 발달에 대한 많은 이론들(Bandura, 1986 ; Freud, 1935 · 1960)은 모두 두 가지 가정을 하고 있다. 첫째는 어린 아동들의 행동은 다른 사람 특히 부모에 의해 거의 완전히 통제된다는 것이다. 둘째는 시간이 지나면서

아동들은 자아통제의 중요성을 강조하는 규준을 배운다는 것이다. 그리고 규준을 따를 수 있도록 하는 자기 규제기술을 획득해 감에 따라 자기 통제는 점차 내면화되어 다른 사람에 의해서가 아니라 스스로 통제할 수 있게 발달한다.

1) 자아통제의 출현

언제부터 아동들은 자기 통제를 할 수 있을까? 생후 2년경이 되면 아동은 엄마가 시키는 대로 따른다. 이때 아동은 양육자의 기대나 바라는 것을 알고 자기 스스로 양육자의 요구와 명령에 따른다(Crockenberg & Litman, 1990). 또 물건을 깨뜨렸을 때나 금지된 것을 했을 때 걱정하거나 괴로운 표정을 보이기 시작한다(Kochanska, 1993).

그러나 이때 이들의 행동은 어른의 말을 따랐을 때 기대되는 결과와 따르지 않았을 때 오는 결과인 외적인 것에 의해 통제되는 것이 대부분이다. 3세경이 되면 유아들은 종종 양육자의 지시를 따르지 않고 무시하고 고집을 부리며 반항을 하게 된다. Erikson(1963)에 의하면 이 시기의 유아들은 자율성 대 수치심 또는 회의감 간의 심리사회적 갈등과 싸우고 있는 것이다. 그것이 비록 불복종이 되어 양육자로부터 인정을 받지 못하더라도 자기가 원하는 대로 행동함으로써 자기의 독립과 자율을 보이려 하는 것이다. 또 이들 유아들은 지시를 거부함으로써 나타내는 자기 주장과 함께 '안돼', '싫어' 와 같은 말로 나타내는 반항으로 자율성을 추구한다.

이때 양육자가 이들 유아들을 어떻게 다루는지에 의해 유아가 자라서 권위에 대하여 부정적이고 반항적으로 될 것이냐 아니면 자아통제를 하며 좀 더 협조적으로 될 것인가가 결정된다(Crokenberg & Litman, 1990). 특히, 양육자가 거부적인 유아들을 다룰 때 체벌을 하거나 위협을 하며 비난을 주로 하는 경우 이들 유아들은 반항적으로 자랄 가능성이 크다. 유아의 요구에 엄격히 대하면서도 따라야 하는 이유를 늘 설명해 주는 경우에는 유아가 순응적으로 될 가능성이 높다.

3세 중반쯤 되면 유아들이 자기의 충동을 통제하는 능력이 뚜렷이 나타난다. 18~30개월 된 유아에게 가까이에 있는 장난감 전화를 만지지 못하게 하거나, 컵 밑에 넣어 둔 건포도를 먹으라는 허락이 있을 때까지는 먹지 못하도록 하거나, 실험자가 일을 마칠 때까지 선물을 풀어보지 못하도록 하였을 때 만족을 지연시키는 능력인 지시에 따라 기다리는 능력이 연령이 증가하면서 급격하게 증가하였다.

그러나 30개월이 되었을 때 이들 유아들 간에는 만족을 지연시키는 능력에 개인차가 나타났는데, 언어발달수준과 만족지연능력의 상관이 높은 것으로 나타났다(Vaughn, Kopp & Krakow, 1984). 그러면 자아통제 능력발달에서 언어는 어떤 역할을 하는 것일까? 제2장의 Vygotsky의 사회문화적 이론에서 보았듯이 학령전 아동들은 문제해결 활동을 계획하고 규제하기 위하여 내적 언어를 사용하기 시작한다. Luria(1961)는 반응을 억제하기 위하여 언어를 처음 사용하는 시기에 관심이 있었다. 따라서 Luria는 1세 반~5세 아동을 대상으로 고무공을 주고 실험자가 "눌러라."라고 말할 때마다 누르도록 하거나 아동 자신이 "눌러라."라고 말하면서 고무공을 누르도록 하였다. 또 실험자가 "누르지 마."라고 말할 때와 아동 자신이 "누르지 마."라고 하였을 때는 고무공 누르는 것을 멈추도록 하였다. 그 결과, 3세 이하의 어린 영아들은 자기 자신의 지시에 적절히 반응을 하지 못하여 아동 자신이 "누르지 마."라고 말하고는 고무공을 더 강하게 눌렀다. 이것은 어린 아동들이 따르고 싶지 않아서가 아니라 "누르지 마."라는 억제 지시에 따라 진행 중인 반응을 억제할 수 없기 때문이다. 더욱이 3~4세 아동들은 반응을 억제하라는 실험자의 지시가 크면 클수록 그 반응을 억제하지 못하고 계속하는 경향이 커졌다. 반면에 5~6세 아동들은 억제지시가 크고 강할수록 더 잘 억제하는 것으로 나타났다.

그러면 언제부터 자신의 지시에 따라 반응을 억제하기 시작할까? 2세~2세 반의 유아들도 '안돼.', '하지 마.' 라고 혼자 말하면서 금지된 행동을 하려다 멈추는 것을 볼 수 있다. 그러나 Luria 실험에서와 같이 5세경이 되어서야 언어가 자아통제의 강력한 도구가 되며 점차 자기 지시를 과제에 맞추어 가면서 자기의 행동을 효율적으로 규제할 수 있게 된다.

2) 아동기와 청소년기의 만족지연

만족지연 delay of gratification
보다 큰 만족을 위해서, 즉각적이나 적은 보상을 얻고자 하는 충동을 억제 또는 지연할 수 있는 능력

자아통제 능력발달을 연구하는 방법 중의 하나가 만족지연법이다. 이 방법은 아동에게 지금 당장 얻을 수 있지만 작은 만족이 되는 것과 기다리면 큰 만족을 얻을 수 있는 두 가지 중에서 한 가지를 선택하도록 하는 것이다. 이러한 연구방법을 통해서 발견된 사실은, 첫째 학령전 아동들은 눈앞에 지금 당장 얻을 수 있는 작은 만족을 포기하고 참고 기다려서 더 큰 만족을 얻는 것이 어렵다는 것이다. 둘째는 학령기에 들어서면서 점차 만족지연능력이 증가하여 10~12세경이 되면 기다려서 더 큰 것을 취하고자 하는 경향이 강하게 나타났다(Mischel, 1986).

이러한 자아통제력이 연령과 함께 급격하게 증가하는 현상은 두 가지 가능성으로 설명된다. 하나는 어린 아동들은 만족을 지연시키는 데 필요한 기법이나 지식이 부족하다는 점이다.

Mischel과 Ebbesen(1970)은 3~5세 유아가 유혹적인 물건으로부터 마음을 돌리는 것이 어렵다는 것을 발견하였다. 유아들에게 15분 동안 기다리는 경우에는 굉장히 좋은 먹을 것을 주고 기다리지 못하는 경우에는 맛이 없는 것을 받게 된다고 말하였다. 그 다음 두 가지 먹을 것을 유아 눈앞에 보여 주면서 기다리게 했을 때 대부분의 유아들은 1~2분 이상을 기다리지 못하였다. 그러나 몇몇 유아들은 15분 동안 기다려서 맛있는 것을 먹을 수 있었다. 이들은 눈을 감거나 노래를 부르거나 또는 직면하고 있는 유혹으로부터 자신의 마음을 다른 데로 돌림으로써 시간을 지연시키는 방법을 사용하였다. 그러나 학령전 아동들 대부분은 마음을 다른 데로 돌리는 것이 유혹을 견디는 데 도움이 된다는 것을 모르고 있었다. 그러나 6~8세경이 되면 대부분의 아동들은 신체적 방법인 눈을 가리거나 유혹적인 물건을 가림으로써 유혹을 견딜 수 있다는 것을 알게 된다. 11~12세경이 되어서야 머릿속에서 상상을 통해서 눈에 보이는 물건을 다른 것으로 생각하거나, 실제로 매우 좋아하면서도 '나는 좋아하지 않는다' 라고 자기 지시를 하는 인지적 방법을 사용할 수 있다. 11~12세경에 나타나는 형식적 조작사고가 이러한 인지적 · 추상적 방법의 사용을 가능하게 한다. 따라서 학령기 아동들이 자아통제가 발달하는 한 가지 이유는 이와 같이 자신의 사고와 행동을 규제할 수 있는 효율적인 방법을 배우기 때문이다.

또 다른 이유는 아동들이 자아통제와 자기 규제의 가치를 강조하는 규준을 내면화하게 되기 때문이다. 청소년들을 대상으로 자기에 대한 서술을 하게 하였을 때 자아통제력을 매우 바람직한 것으로 생각하며 자기가 갖기를 바라거나 반드시 가져야 할 특성으로 서술하고 있다. 따라서 자아개념을 통해서 자아통제력을 높일 수 있지 않을까 하는 생각을 해볼 수 있다. 즉, 아동들이 자아통제와 관련된 특성을 보일 때마다 그들 자신이 참을성이 있다거나 지구력 또는 정직성이 있다는 자아개념을 확신시켜 줌으로써 자아통제력을 높일 수 있는 것이다. 주위에서 정직하다고 말해 주거나 참을성이 있다고 말해 줌으로써 아동들은 이러한 특성을 자신의 자아개념 속에 포함시키게 되고 또 병합된 자아상에 부합되도록 행동하려고 노력하였다(Toner, Moore & Emmons, 1980). 따라서 아동들의 자아상을 자아통제력이 있는 것으로 북돋아 주고 심어 줌으로써 자아통제력을 키울 수 있다.

2세경이 되면 자아통제력의 개인차를 뚜렷이 발견할 수 있다. 어떤 아동들은 다른 아동들에 비해 자제력이 있으며 규칙이나 요구를 잘 따른다. 이러한 어렸을 때의 개인차는 성장 후에도 지속될까? 여러 연구에서 유아기에 어머니가 자녀들에게 정서적으로 반응이 없거나 강압적이고 비판적일 때 그리고 자녀가 이러한 어머니의 요구에 비교적 불응해 온 경우, 이 자녀들은 반항적이 될 가능성이 높다. 또 이들 유아들은 학령전기부터 초기 청소년기에 이르기까지 공격적이고 파괴적인 행동을 계속하는 것으로 나타났다(Shaw, Keenan & Vondra, 1994). 따라서 생의 초기에 자제력의 부족은 이후의 발달에서 매우 부적응적인 특성으로 될 수가 있다. 학령전기에 긴 시간 동안 만족지연을 하지 못했던 아동들은 청소년이 되어서도 충동적이고 참을성이 없었다. 반면에 긴 시간 동안 만족지연을 보였던 아동들은 학업에서 유능하고 사회적 관계에서도 원만했으며 자신감이 있는 것으로 나타났다(Shoda, Mischel & Peake, 1990).

위의 연구에서 자아통제력은 안정적이고 지속적인 특성일 뿐만 아니라 인지적 능력, 사회적 기술 및 자신감 등 청소년의 자아존중감을 예고해 주는 특성과도 관련이 있음을 알 수가 있다(Harter, 1990). 또 자아통제력은 성인기의 직업적 성공과 전반적 생의 만족과도 관련이 있다(Vaillant, 1983). 따라서 자아통제력은 우리가 자아라고 부르는 실체 속에 중요한 부분이다.

5. 타인이해

앞에서 자아개념의 발달과정을 보았다면 여기서는 타인에 대한 개념 및 이해의 발달과정을 다룬다. 다른 사람에 대한 지식의 발달은 사회인지에서 가장 넓은 영역이다. 다른 사람의 특성을 찾고 다른 사람의 생각을 추리하며, 또 다른 사람의 행동을 예측하는 과정에서 아동들은 어떤 정보를 활용하고 있는지, 한번 형성된 특정인에 대한 생각이 어떻게 변화하는지 등을 여기에서 검토해 보도록 한다.

1) 타인이해의 발달

7~8세보다 나이 어린 아동들은 자기를 기술할 때와 비슷하게 다른 사람에 대하여도 '크다', '개를 좋아한다' 등의 구체적이고 관찰 가능한 용어로 서술한다(Livesley &

Bromley, 1973). 어린 아동들이 다른 사람을 심리적인 특성으로 기술할 때는 개인의 지속적인 특성을 가리키기보다는 최근에 본 한두 행동에 대한 서술로 "그 사람은 좋은 사람이야."와 같이 매우 일반적인 속성으로 표현한다.

그러나 유아들이 다른 사람의 내적 특성을 평가하지 못하는 것은 아니다. 3~5세 아동들도 다른 사람의 행동은 마음속의 의도를 나타낸다고 생각하며(Miller & Aloise, 1989), 자기의 가까운 친구들이 여러 다른 상황에서 어떻게 행동할지를 잘 알고 있다(Eder, 1989). 예를 들어, 유치원 아동들도 자기 반 친구들의 학업능력과 사회적 기술에 대해서 알고 있다.

따라서 학업경쟁을 위한 팀을 구성할 때는 팀원으로 머리가 좋은 아동을 선택하고 놀이상황에서의 팀원으로는 사회적 기술이 높은 아동을 선택하기까지 한다(Droege & Stipek, 1993). 그럼에도 불구하고 5~7세 아동들은 단순히 특정 아동이 좋기 때문에 그 아동과 놀려고 하는 것이 아니고, 그 아동이 매력 있는 장난감을 갖고 있거나 그 아동이 인기가 높기 때문에 그 아동과 노는 데 관심을 갖는다. 반면에 9세 아동은 장난감을 가진 아동보다는 좋다고 보여지는 아동과 놀기를 원한다(Boggiano, Klinger & Main, 1986).

7~16세의 아동들은 친구나 아는 사람을 기술할 때 점차 외형적인 특성이 줄어들고 심리적인 특성이 증가한다. Barenboim(1981)은 6~11세 아동들에게 자신이 잘 알고 있는 세 사람에 대하여 서술하도록 한 결과, 6~8세 아동들은 사람들을 행동적 차원에서 비교하여 "철수가 영호보다 빨리 달린다."는 식으로 표현하였다. 이러한 행동적 비교는 6~8세에 증가하다가 9세 이후에는 급속하게 감소하였다. 행동을 비교하는 과정에서 아동들은 한 개인이 나타내는 행동의 규칙성을 알게 된다. 그리고 이러한 규칙적인 행동들은 결국 안정된 심리적 특성 때문에 일어난다는 것을 이해하기 시작한다. 따라서 그 이전에는 "영희가 우리 반에서 그림을 제일 잘 그린다."라고 서술했던 10세 아동이 이제는 "영희가 매우 예술적이다."라고 기술할 수도 있다.

이러한 심리적 특성으로 사람을 기술하는 것은 8~11세에 급격하게 증가한다. 나이 들면서 아동들은 심리적인 차원에서 사람들을 비교하고 대조하여 "영숙이가 영애보다 더 수줍어한다."거나 "철호가 호식이보다 마음이 더 넓다." 등의 표현을 하게 된다. 14~16세경이 되면 사람들 간의 유사점과 차이점을 알 뿐만 아니라 질병이나 가정문제와 같은 상황적 요인에 의해 본래 그 사람이 가지고 있는 특성과 다르게 행동할 수 있다는 것을 인지하기 시작한다.

자신이 옳다고 생각하는 것을 다른 사람들도 모두 똑같이 생각할 것이라고 믿는다.

- **1수준** : 사회적 · 정보적 역할수행(6~8세)

  아동들은 사람들이 자기와는 다른 관점을 가질 수 있다는 것을 알게 되나 그것은 단지 사람들이 다른 정보를 들었기 때문이라고 믿는다.

- **2수준** : 자기 사려적 역할수행(8~10세경)

  아동들은 자기 자신과 다른 사람이 같은 정보를 갖고 있을 때라도 자신의 견해와 다른 사람의 견해가 일치하지 않을 수 있다는 것을 안다. 다른 사람의 관점을 고려할 수 있게 되고 다른 사람이 내 자신의 입장에 서서 생각할 수 있다는 것을 알게 됨으로써 다른 사람의 반응을 예측할 수 있게 된다. 그러나 아직 아동은 자신에 대한 관점과 다른 사람의 관점을 동시에 고려할 수는 없다.

- **3수준** : 상호 역할수행(10~12세경)

  아동은 자신의 관점과 다른 사람의 관점을 동시에 고려할 수 있고 다른 사람 또한 그렇게 할 수 있다는 것을 안다. 또한 아동들은 자신과 다른 사람이 상대방의 관점에 어떻게 반응할 것이라는 것을 예측할 수 있다.

- **4수준** : 사회적 역할수행(12~15세경 이후)

  청소년들은 다른 사람의 관점을 그 사람이 속해 있는 사회적 체계의 관점과 비교하여 이해하려고 시도한다. 다시 말해서 청소년들은 그 사회의 거의 대부분의 사람들이 갖고 있는 관점을 다른 사람들이 갖고 있을 것이라고 기대한다.

Selman의 이야기 제시방법으로 40명의 소녀와 41명의 소년을 대상으로 역할수행능력을 5년 간격으로 반복해서 측정하였을 때, 0수준에서 4수준까지 단계를 모두 거치면서 발달한다는 것이 발견되었다(Gurucharri & Selman, 1982).

아동들은 역할수행 능력을 획득해감에 따라 인간관계에 대한 의미와 특성을 이해하는 것이 변화한다. 우정의 의미에 대해 연령에 따른 변화를 살펴보자. Selman의 0수준의 학령전 아동들은 놀이를 함께 하는 또래는 모두 친구로 생각한다. 따라서 5세 아동은 단지 이웃에 살고 있고 나와 놀기 때문에 친구라고 생각한다. 6~8세가 되어도 공통 활동을 우정의 중요한 기준으로 계속 생각한다. 그러나 이들 아동들은 Selman의 1수준에 도달해 있고 다른 사람의 관점이 항상 나의 관점과 같은 것이 아니라는 것을 알기 때문에, 친구는 나를 위해서 좋은 일을 하는 것을 선택하는 사람이라고 보기 시작한다. 이 수준에서의 우정은 아동들이 친구에 대한 배려에 자기가 보답해야 된다고 생각하지 않기 때문에 일방적일 경우가 많다. 이 수준에서 만약 친구가 자기의 관심이나 요구에 부응하지 못할 경우, 바로 친구가 아니라고 생각한다. Selman의 2수준인 8~10세 아동들은 친구의 요구에 관심이 증가하고 우정은 상호 신뢰에 기초하고 있으며, 두 사람의 존중, 친절과 애정을 서로 교환하는 상호교환적인 관계로 보기 시작한다. 공통으로 활동하는 것만으로는 우정이라고 부르기에 충분하지 않다는 것을 알게 되는 것이다. 아동들은 자신의 관심 및 관점과 친구들의 관심이나 관점이 얼마나 유사한지 다른지를 평가할 수 있게 되면서부터 친구란 심리적으로 자신과 유사해야 된다고 주장한다.

초기 청소년기가 되면 많은 아동들은 Selman의 3, 4수준에 도달한다. 이들은 아직도 친구를 서로 좋아하고, 신뢰하고 돕는 심리적으로 유사한 사람들이라고 생각하지만 깊은 개인적인 생각과 감정을 교환할 수 있어야 우정이라고 강조한다(Berndt & Perry, 1990). 이들은 우정이란 친구를 방어해 주고 친구에게 충실해야 하며 친구가 필요할 때 정서적 지원을 하는 것이라고 생각한다. 따라서 역할수행능력을 획득함에 따라 아동들의 우정개념은 일방적이고 나에게 득이 되는 사람이라는 자기 중심적인 관점에서 벗어난다. 그리고 서로 진정으로 이해하고 서로에게 정서적 지원을 하는 것이 우정이라는 조화롭고 상호교환적인 관점으로 점차 변화한다.

아동의 역할수행능력은 또한 또래집단 내에서의 지위에 영향을 미칠 수 있다. Kurdek과 Krile(1982)는 초등학교 3학년에서 8학년까지의 아동들 중에서 가장 인기 있는 아동들은 역할수행능력이 잘 발달된 아동들이란 것을 발견하였다. 더욱이 사회성이 높은 아동과 깊은 우정관계의 친구를 가진 아동들은 그렇지 못한 또래들에 비하여 역할수행 점수가 높았다.

(2) 또래의 영향

Piaget(1965)는 학령기 동안에 또래들 간의 놀이를 통한 상호작용이 역할수행능력과 성숙한 사회적 판단을 발달시키는 데 기여한다고 보았다. 놀이를 함께 하는 동안 여러 가지 역할을 해봄으로써 아동들은 자신의 관점과 친구들의 관점 차이를 점차 알게 된다. 놀이에서 갈등이 일어날 때 아동들은 놀이를 계속하기 위해서는 친구의 관점과 자신의 관점을 조절하는 것으로 타협하는 것을 배워야만 한다. 따라서 Piaget는 또래 간의 동등한 관계 속에서의 접촉은 사회적 관점을 발달시키고 대인 간의 이해를 깊게 하는 데 중요한 요인이 되는 것으로 보았다. 특히, 의견의 불일치가 중요한 기능을 하는데, 그것은 그냥 아는 사이와 다르게 친구 간에는 좀 더 개방적이고 정직할 수 있기 때문이다. 결과적으로 의견 불일치와 갈등이 되는 원인을 이해하고 평가하는 데 필요한 정보를 서로 제공하게 된다.

또래들과의 사회적 접촉은 역할수행능력의 발달을 도와 타인에 대한 이해에 간접적으로 영향을 미칠 뿐만 아니라 다른 사람들이 어떤가를 배울 수 있는 직접적인 경험이 되기도 한다. 다시 말해서 아동이 또래들과의 경험이 많을수록 그들을 이해하고자 하는 동기가 더 커지고 또래들 행동의 원인을 평가하는 경험을 더 많이 갖게 된다 (Higgins & Parsons, 1983).

또래들 간의 인기도는 사회적 경험의 하나의 측정치로 볼 수 있다. 인기 있는 아동은 그렇지 않은 또래들보다 넓은 범위의 또래들과 더 자주 상호작용을 한다. 따라서 아동이 또래들과 갖는 직접적인 경험의 양이 아동의 사회인지적 판단에 영향을 미친다면 인기 있는 아동들이 인기 없는 아동들보다 사회적 이해가 높을 것이다. Gnepp(1989)은 이러한 가정을 입증하기 위해 아동들로 하여금 낯선 아동을 평가하도록 하였다. 8세 된 인기 아동과 비인기 아동을 비교하였을 때 인지능력에는 차이가 없으면서도 인기 아동들은 낯선 아동에 대한 이해가 높았다. 따라서 인기도에 반영된 사회적 경험과 인지적 능력인 역할수행능력이 모두 함께 아동의 다른 사람들에 대한 이해발달에 영향을 미친다.

정리해 봅시다

1 자아개념의 발달과정을 설명해 보자.

2 자아존중감의 의미와 영향요인을 생각해 보자.

3 자아정체감 상태를 분류해 보고 성취에 이르는 방법을 생각해 보자.

4 자아 통제의 발달과 영향요인을 설명해 보자.

5 타인이해와 영향요인을 설명해 보자.

Chapter 12

성역할발달과 공격성

인간발달에서 성역할의 발달은 사회의 일원으로 살아가는 과정에서 뿐만 아니라 자신의 정체감을 형성하는 데 매우 중요하다. 따라서 이 장에서는 성역할 발달과정을 짚어보고 건강한 발달을 이루는 데 영향을 미치는 요인들을 살펴본다. 또한 성차의 가장 두드러진 특성 중의 하나로 인식되어 온 공격성을 이 장에서 함께 다룸으로써 공격성의 발달과정을 성역할의 발달과정과 관련하여 이해하고자 하였다.

Chapter 12

성역할발달과 공격성

1. 성역할발달

인간발달에서 아동이 남아인지 여아인지는 커다란 차이가 있다. 대부분의 어머니들은 아기를 낳고나서 아들인지 딸인지를 가장 먼저 묻는다. 또 주위 사람들도 아기를 낳은 어머니들에게 이와 같은 질문을 한다. 아기에게 주어지는 이름도 아기의 성별에 따라 달라진다. 성인들은 생후 첫날부터 아기들을 남아와 여아로 구분하고 다르게 반응한다. 성별에 따른 구별은 부모들이 영아에게 성에 적합한 옷을 입히고 머리모양을 해주고 장난감을 사주는 등 양육기간 중에 계속된다. 더욱이 부모들은 자녀들과 함께 놀거나 상호작용할 때도 아들이냐 딸이냐에 따라 서로 방식이 다르며 그들로부터 기대하는 반응도 다르다. 따라서 확실히 성은 주위에서 아동에게 어떻게 반응하는지를 결정하는 중요한 요인이 된다.

왜 사람들은 성별에 따라 다르게 반응하는 것일까, 특히 성차가 두드러지게 나타나지 않는 영아시기에도 남아, 여아에 따라 다르게 반응하는 것일까? 두 성의 생물학적인 차이에 근거하여 설명할 수도 있으나, 이보다 더 중요한 이유는 대부분의 사회에서 남자와 여자에 따라 각기 다른 행동과 역할을 기대하고 있기 때문이다. 이러한 기대에 부응하기 위하여 아동은 자신이 여자인지 남자인지를 먼저 이해해야 하고 자신의 자아개념 속에 이러한 정보를 포함하고 있어야 한다. 아동이 이러한 과정을 통해서 자기 문화 내에서의 자신의 성에 맞는 동기, 가치 및 행동을 획득하는 과정을 성유형화라고 한다. 이 장에서는 먼저 사람들이 인지, 인성 및 사회적 행동에서 남녀 차이로 믿고 있는 것

성유형화
gender typing
아동이 자신이 속한 사회나 문화에 적합한 성역할 특성을 발달시켜 가는 과정

이 무엇인지를 검토하기로 한다.

1) 성역할 기준

성역할 기준이란 특정 성에 적합하다고 생각되는 가치관 및 동기 그리고 행동양식이다. 따라서 한 사회의 성역할 기준은 남자와 여자가 어떻게 행동하기를 기대하는가에 달려 있으며 이것이 사람들의 성 고정관념을 형성하는 기반이 되기도 한다.

아기를 수태하고 낳는 여자의 역할은 많은 사회에서 성역할 기준이 형성되는 출발점이 된다. 소녀들에게는 친절하고 애정적이고 협동적이고 다른 사람들의 요구에 민감한 표현적 역할을 하도록 가르친다(Parsons, 1955). 이러한 심리적 특성은 여아가 자라서 아내와 어머니 역할을 수행하고 가족의 기능을 원활히 하며 자녀를 성공적으로 키울 수 있도록 하는 데 중요한 특성이 된다.

반면에 소년들에게는 도구적 역할을 가르치는데, 이는 전통적인 남편과 아버지로서, 남자는 가족을 부양하고 위험으로부터 가족을 보호하는 과업을 갖고 있기 때문이다. 따라서 어린 소년들은 지배적이고 자기 주장적이며, 독립적이고 경쟁적이 되기를 주위에서 기대한다. 이러한 사회적 규준과 성역할 기준은 세계 모든 사회는 아니지만 많은 사회에서 발견된다(Williams & Best, 1990). Barry 등은 산업화되지 않은 110개의 사회에서의 성유형화를 조사한 결과, 많은 문화에서 애정, 복종과 책임은 여아에게 강조되고, 성취와 자신감은 남아들에게 강조되고 기대되는 특성이었다(Barry, Bacon & Child, 1957).

현대의 산업화된 사회에서의 아동들은 산업화되지 않은 사회에서와 똑같이 성유형화 압력을 받지는 않는다. 서구의 많은 사회에서는 부모들이 아들 딸 모두에게 똑같이 성취를 강조한다. 사실 Barry 등의 연구에서 나온 특성은 현대 사회에서 여아나 남아 모두에게 필요한 특성으로 간주되고 단지 성에 따라 강조되는 특성이 다른 것뿐이다(Zern, 1984).

성역할 기준
sex role standard
한 사회의 성원들이 특정 성에 적합하다고 생각하는 가치관, 동기 및 행동양식을 가리킴

표현적 역할
expressive role
일반적으로 여성들에게 기대되는 사회적 규범으로 친절 · 협동 · 애정 · 타인의 요구에 대한 민감성 등을 말함

도구적 역할
instrumental role
일반적으로 남성에게 기대되는 사회적 규범으로 지배적이고, 독립적이고, 자기주장적이며, 경쟁적인 성향을 말함

2) 성 차

남성과 여성은 해부학적으로 다르다. 성인 남자는 성인 여자보다 일반적으로 키가 크고 체중이 더 나가고 힘이 세다. 반면 여성은 평균 수명이 길고 병에 덜 걸린다. 이와

같이 남녀의 신체적인 차이는 비교적 명확하지만 심리적 특성의 차이는 우리가 생각하는 것만큼 명백하지 않다.

Maccoby와 Jacklin(1974)은 남녀를 비교한 1,500편 이상의 연구들을 검토한 결과, 전통적인 성역할 고정관념이 실제로 근거가 있는 것이 거의 없었고, 이 중 단지 네 가지 특성에서만 일관되게 성차가 발견되었다.

- **언어적 능력** : 남자보다 여자가 언어능력이 더 높다. 여아들은 남아들보다 일찍 언어적 기술을 발달시키며 아동기 동안 읽기 이해와 언어유창성에서 여아들이 남아들보다 큰 차이는 아니지만 일관되게 높게 나타났다. 그러나 여아가 20세가 넘으면서부터는 일반적 언어능력에서 남아와의 차이가 줄어든다(Feingold, 1988).
- **시공간능력** : 남자가 여자보다 시공간능력이 더 높다. 그림정보로부터 추론하거나 그림정보를 머릿속에서 조작하는 능력이 남자가 더 높다. 아동 중기에 이르러 남아와 여아의 시공간능력에서 차이가 나타나지만 그 차이가 크지는 않다. 그러나 이 차이는 평생 동안 지속해서 나타난다(Kerns & Berenbaum, 1991).
- **수학능력** : 청소년 초기에 남아들은 여아들보다 산수추리에서 크지는 않으나 일관되게 높은 것으로 나타났다(Hyde, Fennema & Lamon, 1990). 소녀들이 계산 기술에서는 소년들보다 높으나 복잡한 해결책략이 요구되는 수학문제에서는 소년들이 소녀들보다 높았다(Byrnes & Takahira, 1993).
- **공격성** : 남자가 여자보다 신체적으로나 언어적으로 공격적이다. 이러한 경향은 2세 영아에서부터 나타난다(Eagley & Sreffen, 1986).

Maccoby와 Jacklin의 연구 이후 여러 학자들은 이 연구가 네 가지의 특성에서만 남녀 차이를 발견한 것은 실제 남녀 차이를 과소평가하였다고 비판하여 왔다(Huston, 1983). 따라서 최근 연구들에서는 Maccoby가 지적한 네 가지 특성 외에 다음과 같은 몇 가지 특성들에서도 성차가 있음이 보고되었다.

- **활동수준** : 남아들이 특히 또래들과 어울릴 때는 여아들보다 활동적이다(Eaton & Yu, 1989). 남아들의 높은 활동수준은 왜 남아들이 여아들보다 난폭한 놀이를 더 많이 하고 즐기는지를 설명해 준다(Humphreys & Smith, 1987).
- **공포 · 두려움 · 위험감수** : 소녀들은 소년들보다 불확실한 상황에서 더 불안해 하거나 두려워한다. 또 소녀들은 그러한 상황에서 더 조심성이 있고 남아들보다 위험

을 감수하려 하지 않는다(Ginsburg & Miller, 1982).

- **발달적 취약성** : 임신 때부터 소년들은 태내 스트레스와 출산 스트레스 및 질병에 소녀들보다 신체적으로 취약하다. 소년들은 읽기장애, 언어장애, 과잉활동성 정서장애 및 정신지체를 포함한 발달장애를 보일 가능성이 소녀들보다 높다(Jacklin 1989).
- **정서적 민감성과 표현성** : 4~5세경부터 여아들은 남아들보다 영아들에게 더 관심을 보이고 반응을 더 많이 나타낸다(Reid, Tate & Berman, 1989). 부모들은 정서나 정서적 사건에 대하여 아들보다는 딸하고 더 많이 대화를 하고(Reese & Fivush, 1992), 소녀와 성인 여자들은 자신의 정서를 남자들보다 더 깊고 강한 것으로 특징짓고 있으며, 표현하는 것에 대해 남자들보다 저항을 적게 느낀다(Fuchs & Thelen, 1988).
- **순종성** : 소녀들은 부모나 교사, 또 다른 권위 있는 사람들의 요구나 요청에 소년들보다 더 순종적이다(Maccoby, 1990). 소녀들은 또 다른 사람들에게 요구할 때도 강압적이고 고압적인 태도보다는 공손한 제안에 의존하는 경향이 높다(Maccoby, 1990).

위의 언급된 성차를 이해할 때 우리는 성차를 보인 자료들이 집단 평균값에 기초하여 해석된 것이기 때문에 특정 개인 간의 성차와는 다를 수도 있다는 점을 염두에 두어야 한다. 예를 들어, 아동의 공격적 행동에서 나타나는 개인차의 5%만을 성별 변인이 설명한다고 한다(Hyde, 1984). 그렇다면 나머지 95%는 성별 이외의 사람들 간의 다른 차이에 기인한 것이다. 또 Maccoby와 Jacklin이 발견한 언어적 · 공간적 능력 및 수리 능력에서의 성차는 그 차이가 그리 큰 차이가 아니고, 이러한 차이가 20년이 지난 오늘날에는 더욱더 작았다(Hyde, Fennema & Lamon, 1990).

마지막으로 한 문화나 사회적 맥락에서 나타난 성차이가 다른 문화에서는 나타나지 않을 수가 있다. 예를 들어, 여자에게 과학적 훈련과 과학적 직업의 기회가 특별히 많은 이스라엘 같은 문화에서는 여성들이 수학적 능력이 높아 때로는 남성들을 능가하는 능력을 보이곤 한다(Baker & Jones, 1992). 이러한 발견들은 성차가 생물학적으로 정해진 것이 아니고 남성 · 여성발달에서 문화적 영향이 중요한 역할을 한다는 것을 의미한다.

결론적으로 남녀의 성차에 대해서 현대 발달심리학자들은 남성과 여성은 심리학적으로 차이점보다는 유사점이 더 많다고 보며 이상에서 지적된 여러 가지 차이들도 조심스럽게 언급하고 있다. 따라서 특정 개인의 공격성, 수학적 능력, 활동수준 및 정서적 표현성을 단순히 남자, 여자라는 것만 가지고 정확하게 예언한다는 것은 불가능하다. 이는 집단 평균을 계산했을 때 성차이가 나타난 것이기 때문이다.

성역할 고정관념
gender role stereotypes
특정 행동이나 활동을 남자 또는 여자 한 성에만 적용되는 것으로 생각하는 고정관념

또 하나, 발달심리학자들은 대부분의 성역할 고정관념은 실제 근거가 없는 문화적 미신이라는 점을 지적하고 있다(Maccoby & Jacklin, 1974). 성역할 고정관념은 남성과 여성의 행동을 해석하고 많은 경우 왜곡하는 데 사용되는 뿌리 깊은 인지구조이다(Martin & Halverson, 1981). 사람들은 심지어 영아들의 행동을 보면서도 이 인지구조를 적용한다(Condry & Condry, 1976).

9개월 영아를 여아다 또는 남아다라고 소개한 비디오 테이프를 대학생에게 보여 주고 곰인형 또는 도깨비상자 장난감에 대한 영아의 반응을 해석하도록 하였다. 그 결과 영아의 성에 따라 영아들의 반응에 대한 해석이 달랐는데, 예를 들어 남아라고 말을 들었을 때는 도깨비상자에 대한 강한 반응을 화가 난 것으로 해석한 반면, 여아라고 했을 때는 공포라고 해석하였다.

근거가 없고 부정확한 성역할 고정관념은 성인이 되어서도 남성, 여성 모두에게 중요한 결과를 가져올 수 있다. Goldberg(1968)는 여대생들에게 연구자가 남자 또는 여자라고 말해 주고, 몇 편의 과학 논문의 우수한 정도를 평가하도록 요구하였다. 여러 면에서 같은 수준의 논문들임에도 불구하고 여대생들은 연구자가 남자일 때에는 여자일 때보다 더 질적으로 높은 것으로 평가하였다. 이들 여대생들도 사회의 많은 사람들이 공통으로 갖고 있는 여자들이 수학과 과학에 떨어진다고 하는 믿음을 반영하고 있는 것이다.

유치원과 초등학교 1학년 여아들도 벌써 자신들이 산수를 남아들만큼 잘하지 않는다고 믿는다. 또 초등학교 학년이 올라가면서 아동들은 읽기, 미술과 음악은 여아들의 영역으로 생각하고 수학, 체육과 기계 과목은 남아들에게 더 적절한 과목으로 생각한다(Eccles, Jacobs & Harold, 1990). 이러한 성차는 어떻게 설명할 것인가?

- **가정의 영향** : 부모들은 많은 경우 아들과 딸을 서로 다르게 다룸으로써, 아들과 딸의 능력과 이들의 자아지각의 차이를 만든다. Eccles, Jacobs와 Harold(1990)는 왜 소녀들이 수학과 과학 과목을 피하고, 또 수학과 과학에 관련된 직업에는 여자들이 왜 적은지를 알아보기 위하여 일련의 연구를 수행하였다. 그 결과, 수학적 능력

에 대한 부모의 성차별적 기대가 영향을 미치고 있는 것으로 나타났다. 그 과정은 다음과 같았다.

첫째는 능력의 성차에 대한 사회적 고정관념에 영향을 받은 부모는 딸보다 아들이 수학을 더 잘하기를 기대한다. 그들 자녀들이 수학수업을 받기도 전에 어머니들은 소년들이 소녀보다 더 우수한 수학적 능력을 갖고 있다고 표현한다(Lummis & Stevenson, 1990).

둘째, 부모들은 아들이 수학을 잘 하는 것은 능력이 있어서라고 하고 딸이 수학을 잘하는 것은 노력을 많이 했기 때문이라고 생각한다(Parsons, Adler & Kaczala, 1982). 이와 같이 부모들은 같은 현상의 원인을 다르게 해석함으로써 소녀들이 수학적 재능은 없으나 끈기 있는 노력을 통해서 우수한 수행을 달성할 수 있다는 믿음을 강화한다.

셋째, 여아들도 부모의 이러한 견해를 내면화하기 시작하여 스스로 자신들이 수학을 못한다고 믿게 된다(Jacobs & Eccles, 1992).

넷째, 자신이 그러한 능력이 없다고 생각한 소녀들은 소년들보다 수학에 흥미가 적어지고, 수학 과목을 택하지 않으려고 한다. 그리고 고등학교 이후에도 수학과 관련된 평생직업을 추구할 가능성이 적어지게 된다(Benbow & Arjmand, 1990).

한마디로 딸이 숫자를 잘 다루지 못하리라고 기대하는 부모는 그들 자신이 기대한 대로 자녀도 그렇게 되고 만다. 아들이나 딸이 수학적성 검사에 똑같이 잘하고 수학 학점이 같을 때에도 부모의 낮은 기대가 딸의 자기 지각에 부정적인 영향을 미치는 것이다(Eccles, Jacobs & Harold, 1990).

■ **학교의 영향** : 교사 또한 특정 교과목에서 소년과 소녀의 상대적 능력에 대한 고정관념을 가지고 있다. 이들 교사들은 소녀들이 열심히 노력하는 것에 대해 소년들만큼의 높은 점수를 주지만(Jussim & Eccles, 1992), 그럼에도 불구하고 소녀들이 수학을 잘 하려면 소년들보다 더 열심히 하지 않으면 안 된다고 생각한다. 이러한 교사들의 생각이 많은 소녀들로 하여금 자신의 능력은 수리와 관계없는 다른 영역에 더 적합하다고 믿도록 만든다.

결론적으로 인지능력의 성차에 대한 근거 없는 믿음이 능력의 성차를 만드는 데 영향을 미칠 수가 있다. 이것은 궁극적으로 과학과 수리적 기술이 요구되는 직업에서 활동하는 여성이 적은 이유가 되기도 한다.

3) 성유형화의 발달

성유형화 연구는 크게 세 영역에서 연구되었다. 첫째는 성정체감 발달로 자신이 '여자다 남자다'와 '성이란 불변의 특성이다'라는 지식을 획득해 가는 과정, 둘째는 성역할 고정관념의 발달, 셋째는 성유형화된 행동 패턴의 발달로 자기 성에 부합되는 활동을 좋아하고 배워가는 과정이다.

(1) 성정체감의 발달

성정체감
gender identity
자신을 남자 또는 여자로 범주화하는 것

성정체감 발달의 첫 단계는 남자와 여자를 구별하고 이 범주 중 하나에 자신을 포함시키는 것이다. 6개월경이 된 영아들은 음성의 고저의 차이를 사용하여 남자 말소리와 여자 말소리를 구분한다.

1세경이 되면 사진에서 남자 성인과 여자 성인을 상당히 정확히 구별할 수 있으며 남자 목소리와 남자 얼굴, 여자 목소리와 여자 얼굴을 연결시키기 시작한다(Leinbach & Fagot, 1993).

2~3세의 영아는 엄마, 아빠라는 말을 정확히 사용할 수 있게 되고 이에 따라 성별에 대하여 말하기 시작한다(Leinbach & Fogot, 1986). 2세 반에서 3세경에 거의 모든 유아들은 자신을 남자 또는 여자라고 정확히 구분할 수 있다(Thompson, 1975). 그러나 성이 영구적인 특성이란 사실을 파악하는 데는 더 오랜 시간이 필요하다. 실제 많은 3~5세 유아들은 소년들이 스스로 진정으로 원하면 엄마가 될 수 있고 소녀들은 아빠가 될 수 있으며, 옷이나 머리 스타일을 바꾸면 다른 성으로 바꿀 수 있다고 생각한다(Fagot, 1985b). 5~7세가 되어서야 성은 변하지 않는 특성이라는 것을 이해하기 시작하며, 초등학교 입학할 때쯤 되면 대부분의 아동들은 남자 또는 여자로서 안정된 정체감을 갖게 된다.

(2) 성역할 고정관념의 발달

유아들은 남아나 여아로서 기본 성정체성을 형성해 가면서 동시에 성역할 고정관념을 획득하기 시작한다. 2세 반~3세 반의 유아에게 남자 인형과 여자 인형을 보여 주고 어느 인형이 성역할 고정관념적 활동인 요리, 바느질, 인형놀이, 트럭, 기차놀이, 말 많이 하기, 싸우기, 나무 오르기 같은 활동을 하는지를 물었다. 거의 모든 2세 반 유아들이 성역할 고정관념적 지식의 일부를 갖고 있었다(Kuhn, Nash & Brucken, 1978). 예를 들어, 유아들은 여아들이 더 많이 말을 하며 때리지 않고 자주 도움을 필요로 하며 인형놀이를 많이 하는 반면, 남아들은 자동차 놀이를 좋아하며 물건 만들기를 많이 하는 것으로 보고 있었다. 다른 유아의 사진들을 보고 남자인지, 여자인지를 정확하게 구분할 수 있는 2~3세 유아들이 성 고정관념에 대하여 가장 많이 알고 있었다(Fagot, Leinbach & O' Boyle, 1992). 따라서 남자 여자에 대한 이해는 성역할 고정관념 발달을 촉진하는 것으로 보인다.

학령전기와 초기 초등학교 기간 동안 아동들은 점점 더 성에 적합한 장난감, 활동 및 성취영역에 대하여 배워가게 된다. 초등학교 아동들은 심리적 차원에서의 남녀를 구별할 수 있게 되면서, 먼저 자신이 속한 성에 대해 긍정적인 특성을 알게 된 다음에 다른 성의 부정적인 특성을 배우게 된다(Serbin, Powlishta & Gulko, 1993). 10~11세경이 되면 인성 특성에 대한 아동의 성역할 고정관념화는 성인 수준에 도달하기 시작한다.

영국, 아일랜드와 미국의 초등학교 4~5학년 학생을 대상으로 한 비교문화 연구(Best et al., 1977)에서 세 문화 모두 아동들이 여자들은 약하고 정서적이며 애정적이고 다정한 반면, 남자들은 야심적이고 주장이 강하며 공격적이고 지배적이라고 구분하였다.

아동들은 성역할 규준을 얼마나 심각하게 생각하고 따라야 한다고 믿는 것일까?

3~7세 아동의 대부분은 남녀에 따른 역할규준을 반드시 따라야 한다고 믿는다(Biernat, 1991). 그 이유는 아마도 3~7세 아동들에게 성별에 관한 문제가 중요하기 때문일 것이다. 이 시기는 유아들이 자신을 여아인지 남아인지를 확실하게 구분하고 자신이 항상 남아일지 여아일지에 대한 의문을 갖기 시작할 때이다. 따라서 이 시기의 유아들은 자아상을 확립하기 위하여 성역할 고정관념을 따라야 한다고 과도하게 믿는 것이다.

그러나 8~9세경의 아동들은 성역할 고정관념에 대한 생각이 그 이전보다 융통성 있고 덜 극단적이다(Martin, 1989). 12~15세가 되면 다시 취미나 직업에는 여전히 융통적이지만 남자가 손톱에 매니큐어를 바른다든지 여자가 남자의 상고머리를 하는 것 같은 반대 성의 행동을 참을 수 없게 된다(Sigelman, Carr & Begley, 1986). 사춘기에 갑작스럽게 다른 사람들이 반대 성의 행동을 하는 것을 참지 못하는 것은 사춘기가 되면서 성역할을 따르라는 압력이 증가하고 성차를 확대시키는 성 강화과정과 연관된다(Boldizar, 1991). 소년들은 자신들을 더 남성적으로, 소녀들은 여성적인 측면을 더 강조하기 시작한다. 이와 같은 성 강화가 일어나는 이유는 청소년들이 이성의 관심을 끌

성 강화과정 gender intensification
사춘기가 되어 성역할에 대한 압력이 증가됨에 따라 자신의 성에 일치하는 성역할 행동을 강화해 가는 과정

기 위해서는 전통적인 성역할 규준을 따라야 한다는 것을 믿기 때문이다.

남자 같은 소녀도 청소년기 동안에 소년들에게 매력적으로 보이기 위해서는 좀 더 여성적으로 옷도 입고 행동도 해야만 한다는 것을 알게 된다. 또 어떤 소년은 만약 그가 남성적인 이미지를 더 부각시키면 더 인기가 있게 된다는 것을 알게 된다. 그러나 청년 후기에 들어서면 남자, 여자로서 자신의 정체감에 안정을 느끼고 이러한 정체감 안정으로 인해 성역할 고정관념에 융통성이 생긴다(Urberg, 1979).

(3) 성유형화된 행동발달

아동의 행동이 성별로 볼 때 적절한지를 평가하는 가장 흔한 방법은 아동들이 누구와 무슨 놀이를 하는지를 관찰하는 방법이다. 장난감 선호에서의 성차는 아동들이 명확한 정체감을 형성하기 이전에 매우 일찍부터 발달하며, 아동들은 장난감이 남아의 것인지 여아의 것인지를 구분할 수 있다.

14~22개월 된 남아들은 일반적으로 트럭과 자동차를 좋아하는 반면, 이 나이의 여아들은 인형과 부드러운 장난감을 좋아한다(Smith & Daglish, 1977). 18~24개월 된 영아들이 반대 성의 장난감으로 놀기를 거부하는 경우도 종종 목격된다(Caldera, Huston & O' Brien, 1989).

① 성별에 따른 분리

아동들이 같은 성의 놀이친구를 선호하는 것은 매우 일찍부터 발달한다. 유아원의 2세 여아들은 남아들보다 여아들과 놀기를 좋아한다. 3세경이 되면 남아들은 여아들보다 남아들과 놀기를 좋아한다. 이러한 성별에 따른 분리는 여러 문화에서 관찰되는데(Whiting & Edwards, 1988), 나이들면서 점점 더 강해진다.

6세 반경에 아동들은 이미 반대 성과 지내는 시간의 10배 이상을 동성 친구들과 지낸다(Maccoby, 1990). 또 남아와 여아들은 반대 성의 놀이친구들에 대해 뚜렷한 편견을 나타낸다(Powlishta et al., 1994). 10~11세 아동들 중 성별에 따른 분리를 강하게 주장하고 이를 지키며 반대 성과는 사귀기를 피하는 아동들이 또래들 간에 사회적으로 유능한 것으로 간주되며 인기가 있었다. 반면에 성 분리 규칙을 위반하는 아동들은 인기가 별로 없었고 적응을 잘 하지 못하였다. 그러나 이러한 반대 성에 대한 편견은 사춘기에 들어서 이성에 대한 관심이 시작되면서 감소하기 시작한다(Serbin, Powlishta & Gulko, 1993).

성별에 따른 분리가 일어나는 것은 소년과 소녀의 놀이양식이 서로 다른 것이 가장 큰 원인일 것이다. Jacklin과 Maccoby(1978)는 33개월 된 남아와 여아들을 성별이 뚜렷하게 나타나지 않은 옷을 입혀 여러 가지 놀잇감이 있는 놀이실에서 놀게 하였다. 한 놀이실에 남아 2명과 여아 2명, 합해서 4명이 놀게 하거나 남아 1명, 여아 1명 해서 2명이 놀게 하고 이 유아들이 얼마나 많이 혼자 노는지 또 같이 어울려 노는지를 관찰하였다. 그 결과, 남아들은 여아들에게보다 남아들에게 사회적 반응을 더 많이 하고 또 여아들은 남아들에게보다 여아들에게 더 사회적인 반응을 보였다. 동성 간의 상호작용은 활발하고 긍정적이었으나 남아, 여아 두 명만이 있는 놀이실에서 여아들은 남아들보다 움츠리는 반응을 보였다. 이 결과는 남아와 여아의 놀이양식의 근본적인 차이에 기인하는 것으로 남아들의 놀이양식은 거칠고 지배적이어서 여아들의 놀이양식이나 갈등해결 양식과 다르기 때문이다. 여아들은 놀이친구와 갈등이 있을 때 힘이나 강력한 요구보다는 예의 있는 협상으로 해결하고 싸우는 것을 좋아하지 않기 때문에 나타난 결과로 볼 수 있다.

② 성유형 행동의 성차

많은 문화에서 남성 성역할에 대해 더 높은 사회적 지위를 부여하며 소년들은 소녀들보다 남성에 맞는 성역할 행동을 요구하는 사회적 압력을 더 강하게 받는다(Bussey & Bandura, 1992).

아버지는 12개월 된 딸에게 기꺼이 트럭 장난감을 사주나 아들에게는 장난감으로 인형을 사주는 것을 꺼려 한다(Snow, Jacklin & Maccoby, 1983). 실제로 남아들이 여아들보다 성유형화된 장난감을 선호하는 것이 더 일찍부터 나타난다. 2세 남아들은 남성적 장난감을 확실하게 좋아하나 여아들은 그렇지 않다. 3~5세경 남아들은 여아들보다 여아에 적합한 장난감을 싫어한다고 말할 가능성이 높다. 또 이 연령의 남아들이 여아적인 활동을 즐기는 남아들보다 남아들의 장난감을 좋아하는 여아들을 더 선호할 수도 있다(Alexander & Hines, 1994).

4~10세경이 되면 남아나 여아 모두 자신들에게 기대되는 것이 무엇인지 알고 있고 그들이 속한 사회의 성역할 규범에 따른다. 그러나 여아들은 남아들보다 반대 성의 장난감이나 게임과 활동에 관심을 지속할 가능성이 높다(Richardson & Simpson, 1982). 또 성역할 선호와 관련해서 여아들은 많은 경우에 자신이 남아이길 바라나 남아들이 여아이기를 바라는 경우는 드물다(Martin, 1990).

이와 같이 아동 중기에 여아들이 남성적 활동과 남성적 역할에 끌리는 이유는 몇 가지로 생각될 수 있다. 우선 여아들이 남성적 행동이 높게 평가된다는 것을 점차 알게 되면서 자신이 높게 평가되는 것을 원하는 것은 자연스러운 일이다. 더욱이 여아들은 남아들보다 반대 성의 활동에 참여할 여지가 많다. 말괄량이는 사회적으로 받아들여지나 계집애 같은 사내아이라고 불리는 것은 조롱과 거부를 나타낸다(Martin, 1990). 또 빨리 움직이는 남성적 게임과 움직이는 장난감은 소녀들이 노는 놀잇감이나 오락보다 더 흥미로울 수도 있다.

이러한 남성적 활동에 대한 초기 관심에도 불구하고 많은 소녀들은 청년 초기가 되면 사회적 규준의 여성적 역할을 선호하게 된다. 여아들은 사춘기에 이르게 되면 신체는 여성스런 모습을 갖추게 되고, 이성에게 매력적이길 바란다면 좀 더 여성적이어야 한다고 느낀다(Katz, 1979).

더욱이 이들 초기 청소년들은 형식적 조작기가 시작되고 역할수행능력 또한 발달한다. 그러나 변화하는 자신의 신체 모습에 대하여 자신감이 없어(Von Wright, 1989) 다른 사람의 평가에 민감하게 되고(Elkind, 1981a) 그로 인해 더욱 사회적 규준의 여성적 역할을 따르고자 한다.

(4) 생물 사회학적 영향

많은 학자들은 한때 모든 성차는 대부분 남녀 간의 생물학적인 차이에 기인한다고 믿었다. 따라서 어떤 학자들은 남자는 여자들이 갖고 있지 않은 Y염색체를 갖고 있어 여자들에게 없는 유전인자를 갖고 있다고 믿었다. 또 남녀는 호르몬의 균형이 달라 남자가 여자에 비해 남성 호르몬인 엔드로겐의 분비가 많고 여성 호르몬인 에스트로겐의 분비가 적기 때문이라고 믿는 학자들도 있었다. 그러나 오늘날 생물학적 요인을 강조하는 학자들까지도 생물학적 요인과 사회적 요인이 상호작용하여 개인의 성차에 따른 행동과 성역할 선호도를 결정한다고 주장한다.

Money와 Ehrhardt(1972)가 제안한 생물 사회학적 이론만큼 상호작용의 영향을 명확히 보여 주는 이론도 없다(그림 12-1).

생물 사회학적 이론 biosocial theory
성역할 행동과 역할 선호도를 생물학적 요인과 사회적 요인의 상호작용 결과로 보는 이론

Money와 Ehrhardt는 몇 가지 결정적인 사건이 개인의 궁극적인 남성적 또는 여성적 역할 선호도에 영향을 미친다고 보았다. 첫번째 결정적인 요인은 임신 때 아버지로부터 X염색체 또는 Y염색체를 전달받았느냐는 것이다. Y염색체를 전달받으면 배아기 동안 고환이 발달할 것이고 그렇지 않으면 난소가 형성될 것이다. 이 새롭게 형성된 생

식기관이 두 번째 사건의 결과를 결정한다. 태아기 때의 남아의 고환은 두 가지 호르몬을 분비하는데, 하나는 남자의 내적 생식기관의 발달을 돕는 호르몬이고, 또 하나는 여성의 생식기관 발달을 억제하는 기능을 하는 호르몬이다. 이 두 번째 호르몬이 없으면 태아는 여성의 내적 생식기관을 발달시키게 된다. 세 번째 결정적인 것은 임신 3~4개월 후에 일어나는데, 고환에서의 호르몬의 분비가 남성 성기인 음경과 음낭을 성장하게 한다. 이 시점에서 고환에서 분비되는 호르몬은 또한 뇌와 신경체계의 발달을 변화시킨다. 예를 들어, 남성 뇌에 주기적 패턴의 호르몬 분비를 멈추도록 신호를 보내 남성은 사춘기에 월경주기를 경험하지 않게 된다.

생물학적으로 남아와 여아로 태어나면 사회적 요인이 즉시 작용하기 시작한다. 부모와 다른 사람들은 아기의 생식기에 따라 아기를 구분하고 반응하기 시작한다. 만약 아기의 생식기가 비정상적이어서 다른 성으로 구분된다면 이 잘못된 구분과 이에 따른 다른 사람의 반응은 후의 발달에 커다란 영향을 미치게 될 것이다. 예를 들어, 생물학적으로 남아인 데도 불구하고 여아로 구분되고 다루어진다면 2세 반~3세경에 여아로서 성정체감을 획득할 것이다. 마지막으로 많은 양의 호르몬이 분비되는 사춘기에 다시 생물학적 요인이 영향을 미치게 되어 생식기관의 성장을 자극하고 제2차 성징의 발

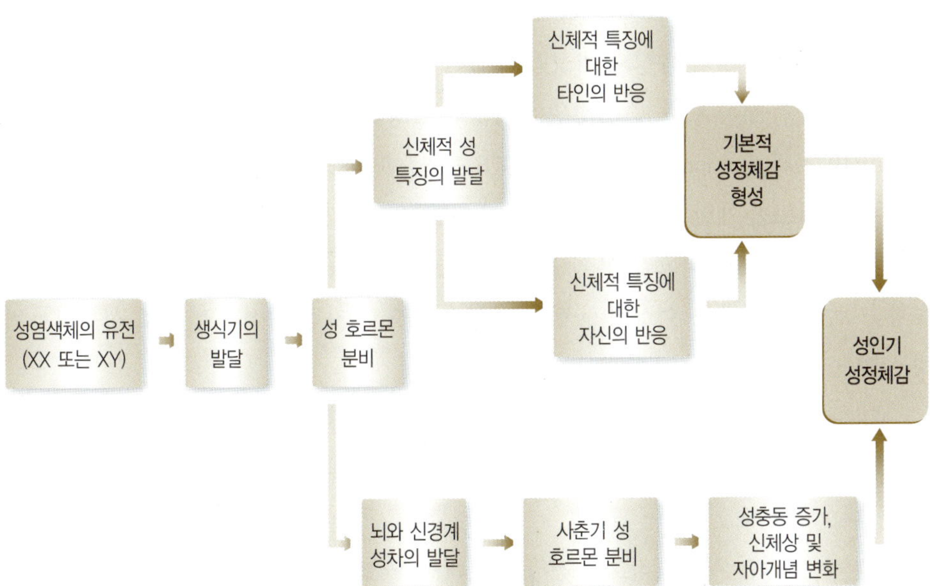

그림 12-1 생물 사회학적 이론에서 본 성유형 발달의 결정적 사건들
출처 : Money & Ehrhardt(1972)에서 인용

달을 촉진하며 성충동의 발달을 돕는다. 어렸을 때의 남자, 여자로서의 자아개념과 함께 사춘기의 변화는 성인의 성정체감과 성역할 선호도의 기초를 제공한다.

4) 양성성

양성성 androgeny
남성적인 특성과 여성적인 특성 모두를 공유하고 있는 성역할 성향

오늘날 많은 발달심리학자들은 성역할 고정관념은 남성, 여성의 행동을 제한하기 때문에 현대생활에 바람직하지 못하다고 생각한다. Bem(1978)은 성역할을 연구하는 중요한 목적은 사람들의 한정된 성역할 고정관념의 틀에서 벗어나 한 문화에서 규정된 남성성, 여성성을 뛰어넘는 정신건강개념을 발달시켜야 된다고 주장한 바 있다.

과거에는 남성성과 여성성을 단일 차원으로 생각해서 남성성이 높으면 여성성은 낮아지고, 여성성이 높다는 것은 남성성이 낮다는 것을 의미하였다. 그러나 Bem(1974)은 양성성이란 개념을 제안해서 한 개인이 남성성, 여성성의 두 가지 특성을 동시에 소유할 수 있다는 것을 시사하였다.

Bem의 모델에서는 남성성, 여성성이 단일 차원의 양극이 아니라 두 개의 분리된 차원이다. 한 개인이 바람직한 남성적 고정관념 특성을 많이 갖고 있으나 여성적 고정관념 특성을 적게 갖고 있는 경우에는 남성적 유형으로 정의하였다. 반대로 여성적 성 고정관념적 특성을 많이 갖고 있으나 남성적 특성이 낮은 경우는 여성적 유형으로 규정하였다. 그러나 남성적 특성과 여성적 특성이 모두 높은 경우를 양성적 유형으로 보았으며 두 가지 특성이 모두 낮은 경우를 미분화로 정의하였다.

Bem(1974)과 Spence와 Helmreich(1978)는 남성 척도와 여성 척도를 포함하고 있는 자기 지각 척도를 개발하여 대학생을 대상으로 측정한 결과, 남성적 유형과 여성적 유형을 합쳐 약 33% 그리고 양성적 유형이 약 30%였고 나머지는 미분화이거나 남성적 유형을 보인 여성 또는 여성적 유형을 보인 남성으로 자신의 성과 반대로 성유형화된 경우였다.

Boldizar(1991)는 초 · 중등학생을 대상으로 성역할 척도를 개발하여 측정한 결과, 초등학교 3학년에서부터 중학교 1학년까지의 학생 중에서 약 25~30%가 양성성으로 나타났다.

그렇다면 양성성은 심리적으로 건강한 상태인가? Bem(1975, 1978)은 양성적 남성과 여성이 어느 한 쪽으로 성유형화된 사람들보다 유연성 있게 행동한다는 것을 발견하였다. 예를 들어, 양성적인 사람들은 남성적 특성을 보이면서도 아기와 긍정적이고 애정

적인 상호작용을 하는 여성적인 특성을 보일 수 있다. 양성적인 사람들은 상당히 적응력이 높아서 상황의 요구에 따라 자신의 행동을 조절할 수 있다. 더욱이 양성적 아동들과 청소년들은 높은 자아존중감을 갖고 있으며 성유형화된 또래들보다 인기가 더 높았고 더 잘 적응하였다(Allgood-Merten & Stockard, 1991).

이와 같이 양성성이 아동의 자아가치를 높여 주고 적응력을 갖게 한다면 어떻게 아동에게 양성성을 키울 수 있을까? Bem(1989)은 부모들이 적극적인 역할을 함으로써 영향을 줄 수 있다고 하였다. 자녀들에게 자신의 성에 맞는 놀이는 물론, 반대 성의 아동들이 흔히 노는 놀이로도 놀게 하고, 가사일에서도 남자 일, 여자 일 나누지 않고 가족들이 함께 함으로써 성 고정관념에 노출시키는 것을 지연시켜야 한다고 주장하였다. 실제로 양성적 부모들이 양성적 자녀들을 길러내는 경향이 있는 것으로 보고되었다(Weisner & Wilson-Mitchell, 1990). 만약 학령전 아동들이 성을 순수하게 생물학적인 것으로만 생각하고 그들 부모와 자신이 반대 성의 행동이나 활동을 하는 것을 자주 볼 수 있다면 경직된 성 고정관념을 갖게 될 가능성은 줄어들 것이다.

2. 공격성

아동의 사회성 발달에서 가장 중요한 것은 무엇이냐고 물었을 때 대부분의 부모들은 자녀들이 사람들과의 상호관계를 올바르게 이끌어 갈 옳고 그름에 대한 강한 의식을 갖는 것으로, 특히 타인에 대한 공격성을 가장 꺼리는 것으로 대답할 것이다.

이러한 사실은 자녀들의 행동에 대한 부모들의 반응을 관찰함으로써 가장 잘 나타난다. 우선 한 아동이 다른 아동을 공격하는 것을 보았을 때 대부분의 성인들은 그냥 내버려두지 않는다. 장난감을 뺏기 위하여 다른 아동을 치거나 떠미는 경우를 보고 서서 구경만 할 성인들은 거의 없다.

교실에서 급우에게 욕을 하거나 모욕하는 경우에도 교사가 가만히 있지 않는다. 따라서 아동들에게 다른 사람을 의도적으로 해치는 것은 다른 사람의 권리를 침해하는 바람직하지 못한 행동이라는 것을 심어주고자 할 때, 성인들이 아동들에게 못하도록 하는 행동들이 주로 공격적 행동들이다.

1) 공격성의 개념

공격성이란 무엇인가? 이는 인간의 기본적인 본능인가? Frued는 공격성을 죽음의 본능에 근거하고 있다고 보았고, 동물행동학자인 Lorenz(1966)도 인간은 음식을 얻고 자기 영역을 지키고 이성을 차지하기 위하여 선천적으로 공격성을 갖고 태어난다고 보았다. 그러나 대부분의 현대 발달심리학자들은 공격성을 본능적으로 보는 견해에 회의를 갖고 있으며 인간의 공격성을 목표 추구행동의 한 범주로 간주하였다. 다시 말해서 "공격적 행동이란 상해를 받는 것을 피하기 위하여 거꾸로 상해를 가하려는 의도로 하는 행동이다."라고 정의하고 있다(Baron & Byrne, 1994). 여기서 주목할 것은 공격행동이라는 결과가 아니고 공격자의 의도에 초점을 맞추어 공격성을 정의하고 있다는 점이다. 따라서 상대방을 발로 찼으나 빗나간 경우에서와 같이 상해할 의도를 가졌으나 상해를 끼치지 못한 행동도 공격적 행동으로 간주한다. 반면 놀이에서 우연히 다른 사람을 다치게 하는 경우에서와 같이 상해가 있었으나 해칠 의도가 없는 경우에는 공격적 행동에서 제외한다.

2) 공격성의 발달

어린 영아들이 화가 나서 사람들을 치거나 몸을 부딪치는 경우가 있지만, 이들 행동을 공격적인 의도가 있는 것으로 보기는 어렵다. 그러나 1세 된 영아들은 장난감을 가지려고 서로에게 공격적일 수가 있다. 12개월 된 영아들은 자기가 이미 한 개를 갖고 있어도 친구가 갖고 있는 장난감을 또 가지려고 다툰다. 이 투쟁에서 각 영아는 상대 영아를 적으로서 대하는 것으로 보인다. 따라서 생후 1년이 되었을 때 이미 어떤 목적을 달성하기 위한 공격성의 싹을 보인다.

2세가 되어도 1세 때와 비슷하게 영아들 간에 장난감을 가지려는 충돌이 자주 일어나지만, 해결하는 방법이 싸움보다는 협상이나 서로 나누어 갖는 것으로 대처하는 경향이 높아진다(Caplan et al., 1991). 따라서 초기에 보였던 갈등은 영아들이 타협하는 방법을 배워가는 적응적 기능을 한다고 말할 수 있다.

아동의 공격성의 특성은 연령과 함께 급격하게 변화한다. 2~3세의 유아들은 분명한 대상 없이 짜증을 내는 경우가 점점 줄고, 대신에 놀이친구가 공격하거나 자기를 좌절시킬 때 치거나 때리는 등의 신체적 보복이 늘어나기 시작한다. 그러나 신체적 공격이

3~5세에 점차적으로 줄어드는 반면, 욕하거나 놀리거나 흉보는 등의 언어적 공격이 증가한다. 유아들은 주로 무엇 때문에 말다툼을 하는가? 유아들은 대부분 장난감이나 어떤 것을 소유하려고 다투며 공격은 많은 경우에 도구적인 특성을 갖고 있다.

도구적 공격
instrumental aggression
사물, 공간, 특권 등을 얻기 위한 목적으로 가하는 공격행동

4~7세경이 되어도 주로 물건의 소유를 갖고 다투지만 경쟁자를 해치려는 적대적 공격이 점차 증가한다(Hartup, 1974). 어렸을 때는 신체적 공격이 많다가 나이가 들어감에 따라 신체적 공격이 줄어들게 되는 이유는 우선 성인들이 신체적 공격에 대하여 부정적인 반응을 보이기 때문이다(Emmerich, 1966). 또 아동들도 나이 들어가면서 경험을 통해 목적을 달성하는 데 타협이 오히려 고통이 적고 효율적인 방법이라는 것을 알게 되는 것도 하나의 이유가 된다(Shantz, 1987).

그렇다면 왜 적대적 공격성은 나이와 함께 증가하는가?

적대적 공격
hostile aggression
상대방에게 해를 끼치는 것이 주요 목표인 공격행동

나이가 들어가면서 아동들은 다른 사람의 동기와 의도를 추론할 수 있는 역할수행능력을 획득하기 때문이다. 상대아동이 이쪽을 의도적으로 해치려는 행동을 할 때, 나이 든 아동들은 역할수행능력을 통해서 상대아동의 공격적 의도나 동기를 알고 이에 대한 보복을 하고자 하는 경우가 증가하였다(Hartup, 1974). 그러나 7~11세 아동들은 의도적으로 해치는 것과 의도성이 없이 해치는 것을 쉽게 구별할 수 있음에도 불구하고, 또 의도적이 아니라는 것을 알고 있을 때라도 자기를 성나게 하거나 약오르게 할 때에는 공격적으로 반응할 수가 있다. 왜냐하면 학령기 아동들은 보복적 공격에 대하여 타인이 비난하는 것을 꺼려하지만 도발에 대한 공격적 반응은 타인이 이해할 수 있는 것으로 생각하기 때문이다(Astor, 1994).

적대적 공격과 보복적 공격은 청소년 초기인 13~15세경에 절정에 이르렀다가 그 이후 감소한다(Loeber, 1982). 그러나 이러한 감소가 청소년의 공격적인 행동을 줄이고 바람직한 행동을 하게 된다는 것을 의미하는 것은 아니다. 사춘기 소녀들은 자신들의 적개심을 감추고 경쟁자를 다루는 수단으로 사회적 따돌림인 악성 험담과 집단 따돌림으로 대처하기 시작한다(Bjorkqvist, Lagerspetz & Kaukiainen, 1992). 남아들은 그들의 분노와 좌절을 무단결석, 절도, 술이나 약물남용 또는 성적 비행으로 표현할 가능성이 높아진다. 따라서 청소년들이 외적으로는 공격적 행동이 감소하지만 공격적인 충동을 직접적인 공격이 아닌 반사회적 형태로 표현하는 것으로 보인다.

3) 공격성의 개인차

아동들의 공격성은 개인차가 크다. 많은 집단에서 몇몇 안 되는 소수 어린이들만이 그 집단에서 나타나는 대부분의 공격적 행동에 관여하고 있다. 공격성이 매우 강한 몇몇 아동들은 10~15%의 급우들을 정기적으로 공격하곤 한다(Perry, Kusel & Perry, 1988). 그러면, 공격성이 높은 아동과 낮은 아동은 어떻게 다른가? 공격성이 높은 아동들은 공격성의 결과에 대하여 낮은 아동들에 비해 긍정적인 기대감을 갖고 있다. 다시 말해서 공격성이 높은 아동들은 공격함으로써 장난감을 뺏을 수 있다는 식으로 공격성이 눈에 보이는 보상을 얻을 수 있게 한다고 믿는다. 그리고 공격성이 다른 사람의 나쁜 행동을 멈출 수 있게 할 수 있으며, 공격성이 자신들의 자존감을 높여 준다고 확신한다(Quiggle et al., 1992). 또 공격적인 아동들은 공격적이지 않은 아동들에 비해 공격성의 결과에 높은 가치를 부여한다. 따라서 공격대상이 되는 아동들을 지배하고 통제하는 자신의 능력에 중요성을 부여하고, 공격적인 행동으로 인해 해를 당하는 대상에 대해서는 관심이 없다(Boldizar, Perry & Perry, 1989).

Dodge(1986)는 공격성이 매우 높은 아동들은 상대방에게 적대감이 있다고 잘못 해석하는 적대적 귀인 편견을 갖고 있어서 상대방의 공격적 의도를 과대하게 해석하며, 호전적인 경쟁자는 공격적인 방법으로 다루는 것이 마땅하다고 생각한다고 지적하였다. 공격성에 대한 Dodge의 사회인지 이론에 따르면 또래들과 다투거나 싸우는 경우가 많은 공격성이 매우 높은 아동들은 기억 속에 '다른 사람들은 나에게 적대적이다.'라는 생각을 강하게 갖고 있다. 따라서 이들 공격적인 아동들이 해를 입으면 자기 생각에 부합하는 사회적 단서를 찾는다. 따라서 의도적인지 아닌지가 애매한 상황에서도 공격적인 아동들은 공격적이 아닌 아동들보다 적대적인 의도로 해석하는 경향이 높으며, 이러한 해석이 그들을 분노하게 만들고 보복적인 행위를 하게 만든다. 이때 공격을 받은 아동의 반격은 다른 사람들이 자신에게 적대적이라는 공격적인 아동들의 생각을 강화시키게 된다.

적대적 귀인 편견
hostile attributionalbias
상대방의 공격적인 행동이 적대적인 의도인지 아닌지 애매한 상황에서 적대적 의도를 가지고 해를 가한 것이라고 해석하는 경향

Dodge(1980)는 초등학교 2, 4, 6학년 아동을 대상으로 상대방의 의도를 변화시켜 보았을 때, 공격성이 높은 아동이나 낮은 아동이나 모두 좋은 의도일 때보다는 적대적인 의도일 때 좀 더 공격적으로 반응하였다. 따라서 공격적인 아동들도 가해자의 의도가 명백할 때에는 사회적 단서를 왜곡해서 해석하지 않았다. 그러나 의도가 모호했을 때는 단서의 왜곡이 뚜렷하게 나타났다. 의도가 모호한 상황에서 공격적인 남아는 상대

아동이 공격적인 의도를 갖고 행동했을 때처럼 즉각적으로 보복을 하는 반면, 공격적이지 않은 남아들은 긍정적인 말로 반응하거나 아무런 반응을 보이지 않았다.

그렇다면 공격적인 아동들이 다른 사람들이 자신에게 적대적이라고 생각하는 것은 근거가 있는 것인가? 일반적으로 공격적인 아동들은 많은 경우에 다른 사람들과 갈등을 일으키기 쉽고, 다른 사람들이 그들을 공격적이지 않은 아동들보다 좋아하지 않을 가능성이 크다(Dodge et al., 1990).

또한 교사와도 부정적인 상호작용을 경험할 가능성이 크고(Trachtenberg & Viken, 1994), 또래들의 공격목표가 될 가능성이 높다. 사실 모호한 상황에서 해를 입은 아동은 해를 가한 아동이 공격아로 알려진 경우에 보복할 가능성이 더 높다. 따라서 공격성이 높은 아동은 자신의 적대적 경향으로 인하여 다른 사람들로부터 비우호적인 반응을 유발시키게 되는 것이다.

4) 공격성의 성차

성역할 발달에서 이미 '남성은 여성보다 더 공격적이다.' 라는 것이 지적되었다. 세계 많은 나라에서 이루어진 100개가 넘는 연구자료에서 남아나 성인 남성들은 신체적으로 공격적인 반면, 여아나 성인 여성들은 언어적으로 공격적이라고 보고되고 있다(Harris, 1992). 공격대상이 될 가능성 또한 개인의 성에 달려 있다. 즉, 모든 종류의 갈등은 남아와 여아, 여아와 여아 사이보다는 남아와 남아 사이에서 가장 많다(Barrett, 1979). 남아들은 자기에게 해를 입힌 사람이 여아일 경우, 남아일 경우보다 신체적으로 공격할 가능성이 적었다(Cairns et al., 1989).

성역할 발달에서 호르몬이나 다른 생물학적 차이가 공격성의 성차에 영향을 미칠 수 있다는 것은 이미 지적하였다. 그러나 매우 나이 어린 남아들이 여아들보다 더 공격적이지 않다는 점은 어떻게 설명할 수 있을까? 즉, 1세 남아들의 놀이집단에서보다 여아들의 놀이집단에서 장난감을 가지려고 서로 공격적인 다툼을 더 많이 나타낸다는 점(Caplan et al., 1991)은 어떻게 볼 것인가? 그리고 2세의 어린 나이에도 여아들의 집단에서보다 남아들의 집단에서 장난감이 모자랄 때 서로 나누고 협상하는 빈도가 높다는 점은 또 어떻게 설명할 것인가? 공격성에서 성차가 일관되게 나타나는 시기는 2세 반에서 3세가 되어서이다.

이 시기는 남아와 여아가 성에 따라 각기 다른 방향으로 성장하도록 사회적 영향을 받는 때이다(Fagot, Leinback & O' Boyle, 1992).

물론 남아와 여아의 차이를 두드러지게 할 수 있는 사회적 영향요인은 많다. 예를 들어, 부모들이 여아들보다는 남아들과 더 거칠게 놀이를 하며 아들보다는 딸의 공격적 행동에 더 부정적으로 반응한다(Mills & Rubin, 1990). 또 부모들은 장난감 무기나 탱크 등과 같은 공격적 상징의 장난감을 아들에게 사줌으로써 공격성을 높여 주고, 딸들에게는 소꿉놀이 장난감이나 인형 등을 줌으로써 표현적이고 비공격적인 성향을 높이려 한다. 초등학교에 들어갈 무렵이 되면 아동들은 자신의 성도식에서 공격성을 남성적 특성으로 범주화한다.

성도식
gender schema
성에 관련된 정보에 주의를 기울이고, 조직화하고 저장하는 데 사용하는 성에 관한 신념과 가치체계

따라서 공격적 상황에서 공격적 행위를 한 아동이 여아일 때보다 남아일 때 그 상황을 더 잘 기억하는 경향을 보인다(Bukowski, 1990). 9~12세경의 남아들은 여아들보다 부모와 또래들로부터 공격성에 대한 비난을 받을 것이라는 생각이 적으며 공격성은 확실한 보상을 제공해 준다고 생각한다(Herzberger & Hall, 1993).

따라서 생물학적 요인이 작용한다 하더라도 공격성의 성차는 많은 부분 성유형화 과정과 사회학습과정에 의존된다.

5) 공격성의 안정성

학령 전기에 공격적인 아동이 초등학교에 가서, 청년이 되어서, 또는 성인이 되어서도 계속 공격적일 것인가? 확실히 공격성은 비교적 안정된 변하지 않는 속성이다. 공격적인 2세아가 공격적인 5세아가 될 가능성이 많은 것이다(Cummings, Iannotti & Zahn-Waxler, 1989). 또 6~10세 아동이 보이는 신체적 · 언어적 공격성의 정도로 성인이 되었을 때의 공격적인 또는 반사회적인 경향성을 상당히 정확하게 예언할 수가 있다.

예를 들어, Huesmann, Lagerspitz와 Eron(1984)은 600명을 대상으로 22년 간에 걸친 종단적 연구결과, 공격성이 높은 8세 아동이 높은 적대감을 가진 30대의 성인으로 될 가능성이 높았다. 또 10세 때 높은 공격성을 보인 남아와 여아들이 성격이 나쁜 성인이 되는 경향도 높았다. 물론 이러한 결과들은 평균으로 본 집단경향으로 개인의 공격성이 나이와 함께 변화할 수 없다는 것을 의미하지는 않는다. 그러나 많은 아동들의 공격성은 비교적 안정적 특성으로 생각된다.

그렇다면 어떤 아동들이 안정적으로 공격적인 특성을 나타내는가? 쌍생아 연구로 보면 어떤 사람들은 유전적으로 흥분하기 쉬운 기질로 공격적 행동과 다른 반사회적

행동을 할 성향을 갖고 태어난다(Plomin, 1990). 또 유전적 성향과 관계없이 어떤 아동들은 공격적 행동이 습관이 될 수 있는 사회적 환경에서 키워졌기 때문에 공격적으로 되는 경우도 있다(Dodge, 1993).

6) 강압적 가정환경과 공격성

Patterson(1982)은 공격적인 아동들이 가정 내에서 부모와 어떠한 형태의 상호작용 유형을 나타내는지 관찰하였다. 연구대상이 된 아동들은 통제할 수 없을 정도로 가정과 학교에서 수없이 싸우며 반항적이었다. 이러한 공격적인 아동들의 가정과 동일한 사회경제적 수준이면서도 문제아가 없는 가정을 비교 연구하였다. 그 결과, 문제아가 없는 가정에서는 가족구성원들이 서로 애정과 만족을 주고 있고, 공격적인 문제아의 가정은 가족구성원들이 끊임없이 서로 다투는 상황의 지속이었다. 그들은 대화하기를 꺼리고 말을 할 때에도 긍정적으로 대화하기보다는 다른 가족을 괴롭히고 위협하며 자극하는 경향이 많았다. Patterson은 이러한 상황에서는 가족구성원 간 상호작용의 많은 부분이 다른 한 가족원에게 자기를 괴롭히는 것을 멈추게 하려는 것이 되기 때문에 이러한 가족상황을 강압적 가정환경이라 불렀다.

강압적 가정환경 coercive home environment
가족구성원들이 상호관계에서 서로 괴롭히고 공격적이며 혹은 다른 반사회적인 방법을 주로 사용하는 가정

또 이러한 가족상황에서는 강압적 상호작용을 유지시키는 데 부적 강화가 중요한 역

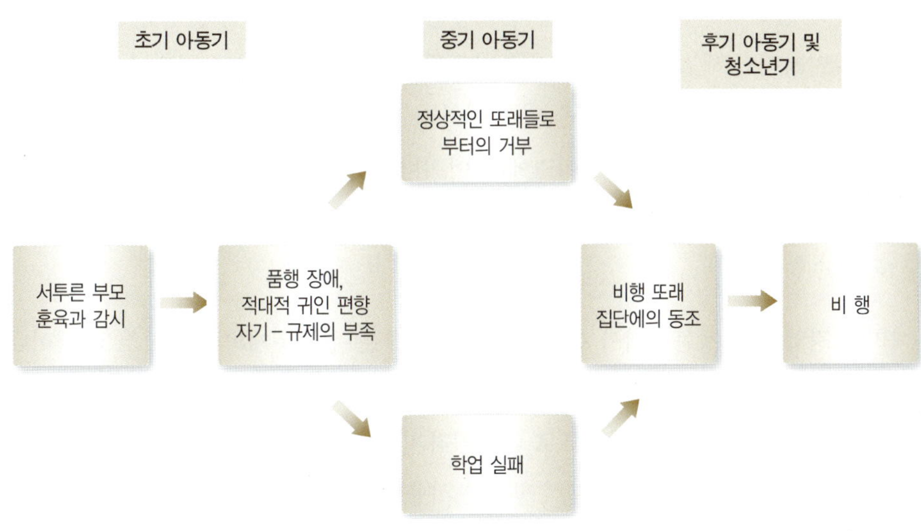

그림 12-2 만성적인 반사회적 행동의 발달모형
출처 : Patterson, DeBaryshe & Ramsey(1989)에서 인용

할을 하였다. 한 가족성원이 다른 한 가족원을 자극하면 자극받은 가족원은 울고 소리를 지르거나, 놀리거나 때리는 것이 다른 가족원이 자기를 괴롭히는 것을 멈추게 하기 때문에 이들 행동을 배우게 된다. 강압적 가정환경에서 나타나는 전형적인 일련의 과정은 다음과 같다(그림 12-2).

- 한 여아가 손위 오빠를 놀리자 오빠는 소리를 쳐 놀리는 것을 멈추게 한다(소리치는 것이 부적 강화가 된다).
- 몇 분 후에 여아는 나쁜 별명으로 오빠를 부른다. 그러자 오빠는 여동생을 쫓아가서 때린다.
- 여아는 별명을 부르는 것을 멈춘다(때리는 것이 부적 강화가 됨). 여아는 훌쩍이면서 오빠를 때린다. 그러자 오빠는 즉각 움츠러들고 물러난다(동생의 때리는 것이 부적 강화가 됨). 이번엔 오빠가 동생에게 달려가 동생을 때린다. 그 다음 갈등은 증폭된다.
- 이 시점에서 어머니가 개입한다. 그러나 이 아동들은 너무나 정서적으로 흥분되어 있기 때문에 어머니의 말을 듣지 않는다. 따라서 어머니는 이들의 싸움을 멈추게 하기 위하여 처벌적이고 강압적인 방법을 사용하게 된다.
- 싸움이 멈춘다(따라서 어머니의 강압적 방법의 사용은 강화를 받는다). 그러나 아동들은 훌쩍거리며 울고, 어머니에게 소리친다. 아동들의 이러한 반응에 어머니가 만약 물러서면 이러한 아동들의 반응은 강화를 받게 된다. 불행히도 물러서는 것은 일시적인 해결이다. 다음 번에 아동들이 서로 적대시하고 견딜 수 없는 갈등을 보일 때 어머니는 그 싸움을 멈추게 하기 위하여 더욱 강압적인 방법을 사용할 가능성이 커진다. 아동들은 이번에도 어머니의 강압적 방법을 피하기 위하여 다시 더 크게 소리치고 울 것이며, 집안 분위기는 가족 모두에게 점점 더 불쾌하게 되어갈 것이다.

이러한 강압적 가정환경에서 문제아의 어머니들은 행동통제의 수단으로 설명이나 칭찬 같은 긍정적인 방법을 거의 사용하지 않는다. 대신에 바람직한 행동이 대부분 무시되며 악의 없는 행동을 사회적으로 바람직하지 않은 것으로 해석하고, 잘못된 행동이라고 생각되면 거의 대부분 강압적 방법을 사용한다.

문제아들이 가정에서 받은 이러한 부정적인 대우는 이들 아동들이 왜 다른 사람들을 신뢰하지 않고 적대적으로만 해석하려는 경향을 나타내는지를 이해하는 데 도움이 된다(Dishion, 1990).

또 매우 강압적 가정환경에서 자란 아동들은 벌에 대해 저항적으로 된다. 이들은 부모의 강압적인 방법에 대처하기 위해 부모에게 대항하고 부모가 억제하려고 하는 바로 그 행동을 되풀이하는 것을 배우게 된다. 이것은 아동들이 칭찬이나 애정을 보이지 않는 성인들의 관심을 끌 수 있는 방법 중의 하나이기 때문이다.

반대로 강압적이지 않은 가정환경에서 자란 아동은 부모, 형제로부터 긍정적인 관심을 받아왔기 때문에 주목을 받기 위해 다른 가족을 자극할 필요가 없다(Patterson, 1982). 따라서 부모와 자녀, 또 자녀들 간의 강압적 상호작용은 가족구성원 모두의 행동에 영향을 미쳐 적대적 가정환경을 조성하게 되고 이것이 공격성을 키워 주는 기반 풍토가 되는 것이다.

강압적 가정환경에서 자란 통제불능 아동들은 자라면서 점차 반항적이고 공격적이며 자기 통제가 결여될 수가 있다. 이러한 특성으로 인해 학교에 들어가면 급우들로부터 거부되고 교사들로부터 비난받으며 학업에 실패할 수가 있다. 이러한 부정적인 결과가 부모들로 하여금 이들 아동들에게 정성을 기울이지 않고 포기하게 할 수도 있다(Vuchinich, Bank & Patterson, 1992). 더욱이 이들 문제아들은 이러한 상황에서 자기와 비슷한 반항적이고 공격적이며 사회적으로 성숙하지 않은 다른 아동들과 어울릴 수 있는 가능성이 커지게 된다. 이렇게 해서 모여진 공격적인 청소년 집단은 학업을 평가절하하고 공격성을 부추기고 성적 비행이나 약물남용, 무단결석 등 비행으로 이끄는 첫 단계로 심각한 위험을 내포하고 있음을 알 수 있다(Patterson, Debaryshe & Ramsey, 1989).

7) 공격성 통제법

공격성을 통제하는 방법으로 여러 가지 방법이 제시되어 왔다.

(1) 심리정화법

Frued는 인간에게는 선천적으로 적대적이고 공격적인 충동이 있어 이 충동을 적절한 간격으로 다른 사람에게 해를 주지 않는 방법을 통해 방출하지 않으면 이 충동이 쌓여 공격성이 폭발하는 위험수준에까지 이르게 된다고 하였다. 이러한 공격성을 푸는 심리정화 가설을 보면 어린 아동들이 분노나 욕구불만을 장난감 같은 무생물을 대상으로

심리정화 가설
catharsis hypothesis
공격적 행동을 하면 공격적 충동이 줄고 공격적인 마음이 풀어진다는 가설

표출하는 것은 그들 자신의 공격적 충동을 방출해서 다른 사람에게 해를 입히는 경향을 줄이게 되는 것이다. 그러나 이 심리정화 가설에 대한 반대 결과들이 보고되면서부터 그 한계가 지적되었다. Walters와 Brown(1963)은 아동들로 하여금 풍선인형을 때리고 차도록 고취시킨 결과, 풍선인형을 공격할 기회가 없었던 아동들보다 더 공격성을 띠게 되었다는 것을 발견하였다. 또 친구에게 화가 난 아동들을 무생물에게 화풀이를 할 기회를 주었을 때도 그러한 기회가 없었던 아동들보다 친구를 향한 공격성이 줄어들지 않았다(Mallick & McCandless, 1966). 따라서 심리정화법이 아동의 공격적 충동을 감소시키지는 못하였다.

심리정화법
cathartic technique
아동의 분노나 욕구불만을 무생물을 대상으로 발산하게 함으로써 공격성을 줄이는 방법

(2) 공격성에 대한 보상제거법

부모와 교사가 아동이 공격했을 때 생기는 보상이 무엇인지를 찾아 이를 제거하는 방법이다. 예를 들어, 5세 남아가 장난감을 뺏기 위하여 3세 된 여동생을 공격한다면 이들의 어머니는 남아에게 빼앗은 장난감을 동생에게 돌려 주게 함으로써 도구적 공격으로 아무것도 얻을 수 없다는 것을 가르친다. 그러나 만약 남아가 자신이 부모에게서 방치되었다고 느끼는 불안정한 아동이고 어머니의 관심을 끌기 위하여 그의 여동생을 공격하였다면 이 방법은 성공하지 못할 것이다. 이러한 상황에서는 어머니가 야단치거나 장난감을 돌려 주게 해도 결과적으로 관심을 보인 것이 되어 오히려 남아의 공격성을 강화하게 되는 것이다.

이때에 적용할 수 있는 한 가지 방법이 대체반응법이다. 이 방법은 남아의 모든 공격적 행동은 무시하고 협동이나 함께 나누는 행동과 같이 공격성과 양립될 수 없는 바람직한 행동을 강화하는 방법이다. 이 방법을 사용한 교사들은 아동의 친사회적 행동이 증가하고 적대적 행동이 감소하는 것을 발견하였다(Slaby & Crowley, 1977).

대체반응법
incompatible response technique
바람직하지 않은 행동은 무시하는 반면, 바람직하지 않은 행동과 양립할 수 없는 바람직한 행동이 나타나면 즉시 강화해 주는 방법

그리고 그 행동을 강화하는 것이 아니라, 스스로 통제할 수 있는 효과적인 방법이 일시격리법이다. 이 방법은 공격하는 아동을 그 상황에서 격리시켜 그 아동의 공격적 행동이 강화받지 않도록 하는 방법이다. 이 방법이 아동의 분노를 자아내는 경우도 있겠지만 아동을 다루고 있는 성인이 신체적 체벌을 하지 않으며 다른 아동에게 공격적 모델을 보이지도 않고 관심을 끌려는 수단인 공격행동에 부지불식 간에 주어지는 강화를 차단할 수 있는 방법이 된다(Parke & Slaby, 1983).

일시격리법
time-out technique
바람직하지 않은 행동을 할 때마다 강화를 받을 수 없는 상황으로 보내어 일시적으로 격리시키는 방법

(3) 모델링과 직접지도법

공격성과 양립할 수 없는 행동은 모델링이나 직접지도에 의해서도 가르칠 수 있다. 한 모델이 갈등이 있을 때 비공격적인 해결을 선택하는 것을 아동이 보거나 비공격적인 방법에 의해 갈등을 해결하는 것을 직접 지도받으면 자신의 문제도 모델에서 본 대로 또는 직접지도를 받은 대로 해결하는 경향이 높았다(Shure, 1989). 갈등을 해결하는 효율적인 방법을 직접 가르치는 것은 특히 만성적으로 공격적인 아동에게 유용하다(Rabiner, Lenhart & Lochman, 1990).

한 연구에서 폭력적 집단인 청소년들에게 상해가 일어난 상황에서 비적대적 단서를 찾는 법, 자신의 충동을 통제하는 기술 및 갈등을 비공격적으로 해결할 수 있는 방법을 가르쳤다. 그 결과, 이들 아동들의 사회적 문제해결 기술이 크게 향상되었을 뿐만 아니라 공격성을 지지하는 생각이 감소하고 다른 사람과의 상호작용에서 공격성이 감소하는 것으로 나타났다(Guerra & Slaby, 1990).

(4) 비공격적 환경조성

아동의 공격성을 줄일 수 있는 또 하나의 방법은 갈등이 일어날 가능성을 최소화시키는 놀이상황을 조성시키는 것이다. 예를 들어, 부모와 교사는 공격성을 촉발할 수 있는 총, 탱크, 고무칼 같은 공격적인 장난감을 놀이상황에서 치우는 것이다. 또 놀이를 위해서 큰 공간을 제공하는 것 또한 우연한 충돌, 밀치기, 발에 걸리기 같은 것을 줄여 줌으로써 공격적 행동이 일어날 수 있는 기회를 없애는 방법이 된다(Hartup, 1974). 놀잇감이 부족해도 갈등이나 공격성을 일으킬 수 있다.

(5) 공감훈련

초등학교 아동, 청소년과 성인들에게 공격대상자가 고통스러워 하거나 괴로워 하는 것을 보이면 보통 물러서거나 공격을 멈춘다. 그러나 많은 학령 전기 아동들과 공격성이 높은 초등학교 소년들은 고통을 호소하는 피해자를 계속 공격하기도 하고 자신들이 가한 상해에 대하여 거의 배려를 하지 않는다(Boldizar, Perry & Perry, 1989). 이러한 행동에 대한 가능한 설명의 하나는 이들 아동들이 피해자에게 공감을 느끼지 않기 때문이다.

다시 말해서, 아동이 다른 사람에게 해를 입혔을 때 동정이나 양심의 가책을 거의 느끼지 않기 때문이다. 그렇다면 공감은 공격성을 억제하는가? 공감점수가 높은 초등학

공감 empathy
다른 사람이 현재 경험하고 있는 그 정서를 함께 느끼고 경험하는 상태

교 아동이 공격성에서 낮게 평가받는 반면, 공감점수가 낮은 아동은 반대로 공격성이 높은 경향을 보이는 것으로 보고되고 있다(Miller & Eisenberg, 1988). 또 11~13세의 매우 공격적인 비행아들은 다른 사람의 감정을 알도록 하는 10주 동안의 훈련 프로그램을 거친 후 덜 적대적이고 덜 공격적으로 되었다(Feshbach & Feshbach, 1982). 가정 상황에서 부모들은 공감적 배려를 보임으로써 그리고 아동의 공격적 행동의 결과를 알려 주고 피해자의 입장에 서 보도록 하고 피해자가 어떻게 느낄지를 상상하도록 하는 훈련기법을 통해서 공감발달을 도울 수 있다.

정리해 봅시다

1. 성정체감, 성역할 고정관념 그리고 행동의 성유형화의 발달과정을 설명해 보자.

2. 성역할 발달의 영향요인을 생각해 보자.

3. 양성성의 의미와 양성성을 증진시킬 수 있는 방법을 생각해 보자.

4. 공격성의 발달과정과 영향요인을 설명해 보자.

5. 공격성을 통제할 수 있는 방법을 생각해 보자.

Chapter 13

이타성과 도덕발달

종으로서의 인간이 살아남기 위해서는 자기의 욕망을 억제하고 타인을 배려해야만 한다. 내 욕심만을 채우는 것이 아니라 상대방도 살아남을 수 있도록 할 때 전체 종으로서의 공존공영이 이루어진다. 최근에 와서는 자기 욕심만 생각한 공해의 배출과 자연의 황폐화로 인류 전체의 삶의 질이 저하되어가고 있다. 경쟁이 격화되는 사회일수록 서로가 잘 살 수 있는 이타성이 어떻게 발달하는지에 대한 통찰이 절실히 요구된다.

또 인간은 서로가 지켜야 될 여러 가지 규칙이나 규범을 만들고 여기에 따르도록 아동을 양육하고 있다. 이러한 규칙이나 규범이 어떠한 원리에 의해서 이루어졌는지 그리고 이러한 원리를 이해하기 위한 도덕발달과정이 어떻게 이루어지고 있는지를 이해할 필요가 있다. 이 장에서는 서로가 서로를 생각할 수 있는 이타성과 도덕발달이 이루어져 가는 과정을 검토한다.

Chapter 13

이타성과 도덕발달

1. 이타성

이타성 altruism
다른 사람의 복지에 관하여 사심 없는 관심을 가지고 배려하는 심리적 특성. 나눔, 협동, 봉사와 같은 친사회적 행동들을 통해 표현됨

이타성이란 자기 욕망을 억제하고 다른 사람의 행복과 복지를 위해 사심 없는 관심을 나타내며 이 관심에 따라 기꺼이 행동하고자 하는 마음가짐을 말한다. 그리고 이타성이 행동으로 나타날 때 이를 친사회적 행동이라 한다.

1) 이타성의 발달

친사회적 행동 prosocial behavior
타인과의 관계에 있어서 사회적으로 바람직한 행동으로서 나누기, 돕기, 위로하기, 보살피기, 협조하기 등이 대표적인 친사회적 행동임

아동들은 도덕적 훈련을 받기 훨씬 이전부터 친사회적 행동으로 보이는 행동들을 나타낸다. 12~18개월 된 영아들이 친구들에게 자신의 장난감을 주기도 하고(Hay et al., 1991), 방을 쓸거나 먼지 터는 등의 가사일을 한다고 하며 어머니를 도우려는 시도를 한다. 어린 아동들의 친사회적 행동은 나름대로의 원리를 갖고 있다. 예를 들어, 2세아들은 장난감이 풍부할 때보다 적거나 모자랄 때 또래들과 장난감을 더 잘 나누어 갖는다. 또 29~36개월 된 유아들은 예전에 자기에게 장난감을 주었던 친구가 장난감이 없다는 것을 발견하면 호의를 되돌리는 상호성을 보였다(Levitt et al., 1985). 그러나 이전에 어떤 친구로부터 장난감을 나눠 갖기를 거절당한 경우, 모든 유아들은 자신이 장난감을 갖게 되었을 때에도 그 친구에게 장난감을 나누어 주지 않았다.

그러면 영아들은 동정심을 갖고 있을까? 23~25개월 된 일부 영아들은 괴로워하는 사람을 위로하려는 반응을 보이는 경우도 있지만 위로하려는 반응을 전혀 보이지 않는

영아들도 있다. 이러한 개인차는 인지발달에 기인되는데, 다시 말해서, 자아인지를 나타내는 영아들이 자아인지에 도달하지 못한 영아들보다 피해자의 고통에 동정을 하고 위로하려는 경향이 높았다(Zahn-Waxler et al., 1992). 개인차의 또 다른 이유는 자기 자녀가 다른 아동에게 해를 가했을 때 부모가 어떻게 반응했느냐가 아동에게 영향을 미친다는 점이다. 동정심이 약한 유아들의 어머니들은 언어적 꾸짖음이나 신체적 체벌 같은 강압적 방법으로 공격적 행동을 지도한다. 반면, 동정심이 높은 유아들의 어머니들은 공격적 행동에 대하여 애정을 갖고 차분히 설명해 줌으로써 유아들이 자신의 행동과 그 행동의 결과로 생긴 다른 사람의 고통과 어려움을 이해할 수 있게 해준다.

2~3세 된 유아들이 고통을 받고 있는 사람에게 동정심을 보이기는 하지만 그렇다고 진정한 의미에서 자기 희생적 반응, 예를 들어 아주 맛있는 과자를 나누어 먹는 것 같은 행동은 하려고 하지 않는다. 성인이 상대방 아동의 입장을 생각하도록 지시했을 때만 장난감을 나누거나 기타 호의적인 행동을 한다. 또는 상대방 아동이 강하게 요구하거나 "그것 좀 나한테 주지 않으면 너하고 놀지 않을래."와 같이 일종의 위협을 했을 때 나누는 행동을 보인다(Birch & Billman, 1986). 그러나 전반적으로 남을 위한 자발적인 자기 희생적 행동은 유아들에게서는 드문 일이다. 초기 학령기 이후가 되어서야 아동의 친사회적 행동은 증가하기 시작한다.

학령기 이후 친사회적 행동의 발달과정에서 남아와 여아에 차이가 있는가? 흔히 여아들이 남아들보다 더 관대하고 동정적이고 남을 돕는다고 생각된다. 그러나 많은 연구에서 동정심이나 어려운 사람을 돕고, 위로하고 나누어 주는 데 있어 여아나 여성들이 남아나 남성들과 크게 다르지 않다는 것이 보고되고 있다(Radke-Yarrow, Zahn-Waxler & Chapman, 1983). 단지 여아들이 남아들보다 동정심이 일어날 때 더 강한 얼굴표정을 짓는다는 것이다(Zahn-Waxler et al., 1992).

아동의 이타적 행동은 도움이 필요한 상대방의 성에 의해 영향을 받는다. 유아원 아동들은 그들의 상호작용에서 일반적으로 같은 성의 아동들에게 친절한 행동을 보인다. 그러나 초등학교에 들어가면서 이타행동에서 상대아동의 성의 영향이 감소한다(Ladd, Lange & Stremmel, 1983).

2) 이타성 발달에 영향을 주는 요인

(1) 역할수행 기술

역할수행 기술은 상대방이 도움을 필요로 한다는 것을 추리할 수 있게 해준다. 따라서 역할수행 기술이 높은 아동들이 낮은 아동들보다 다른 사람들을 더 잘 도우며 더 관대하다. 다른 사람의 감정, 생각과 의도를 알 수 있는 조망수용능력과 이타성과의 관계는 역할수행 기술의 훈련결과에서 잘 나타난다. 즉, 아동과 청소년에게 역할수행 기술을 훈련시키면 더 협동적으로 되어 남을 도와주며 다른 사람에 대하여 배려하는 방향으로 변화하는 것을 볼 수 있다(Chalmers & Townsend, 1990).

역할수행 기술
role taking skill
다른 사람 입장에서 그 사람의 생각, 감정과 행동을 이해하는 기술

조망수용
perspective taking
다른 사람의 입장에 자신을 놓고 생각할 수 있는 능력

(2) 친사회적 도덕추론

Eisenberg-Berg와 Hand(1979)는 아동들에게 친사회적 갈등상황의 이야기를 들려 주고 그 이야기의 주인공이 어떻게 해야 하는지를 아동들에게 물었다. 이야기들은 주인공이 누구를 도와주어야 할지를 결정하여야 하며 도와줄 경우 그 주인공은 개인적으로 희생이나 대가를 치러야 하는 상황의 다음과 같은 내용이었다.

친사회적 도덕추론
prosocial moral reasoning
자신의 희생을 요구하는 친사회적 행동을 할 것인지를 결정할 때 갈등에 부딪쳐 일어나는 사고과정

> 영희는 친구의 생일 파티에 가고 있었다. 파티에 가는 도중 영희는 다른 여아가 길에 넘어져서 다리를 다친 것을 보았다. 영희는 다친 여아를 자기 집에 데려다 주어야 되겠다고 생각하였다. 그러나 영희가 그 애를 집에 데려다 줄 경우, 파티에 늦을 것이고 파티에서의 여러 가지 즐거움을 놓칠 것이다. 영희는 어떻게 해야 할까?

이러한 친사회적 갈등상황에 대한 추리는 초기 아동기부터 청소년기까지 표 13-1에서와 같이 다섯 단계를 거쳐 발달한다.

이 표에서 보는 바와 같이 유아기 아동들의 반응은 대부분 이기적 반응들이다. 이들 유아들은 영희가 다친 아동을 도와주지 않고 파티에 가야 되는데, 그 이유는 파티에 있는 먹을 것이나 재미있는 것을 놓치지 않기 위해서라고 대답한다. 그러나 아동이 나이 들어가면서 점차 다른 사람의 욕구나 욕망에 반응하기 시작한다. 더욱이 일부 중 · 고등학생들은 만약 자기의 이익을 추구하기 위해 도움이 필요한 사람을 도와주지 않고 지나친다면 자기 자신을 경멸하게 될 것이라고 느낀다(Eisenberg, 1983).

아동의 친사회적 도덕추리 수준은 아동의 친사회적 행동을 어느 정도 예언 가능하게

>>표 13-1 친사회적 도덕추리의 수준

단 계	특 성	대상 범위
1. 쾌락적 수준	자기 중심적이고 도움을 주는 것은 어떤 형태로든 자신에게 이익이 될 때만 일어남	학령전기와 초등학교 저학년 아동
2. 욕구지향적 수준	다른 사람의 욕구에 근거한 도움을 나타내나 동정은 거의 없고 도와주지 않았을 때 죄책감도 없음	학령전기 일부 아동들과 초등학교 아동
3. 승인지향적 수준	다른 사람의 칭찬과 착하다고 보이는 것이 친사회적 행동수행의 중요한 기준이 됨	초등학교 아동과 중 · 고등학교 일부 학생
4. 공감적 수준	동정, 죄책감, 도와주었을 때 기분 좋음 등이 갈등판단에서 중요함	초등학교 고학년 일부 아동들과 중 · 고등학생
5. 내면화 수준	친사회적 행동기준을 내면화된 가치와 규준, 신념, 책임감에 둠	중 · 고등학교 극히 일부 학생

출처 : Eisenberg, Lennon & Roth(1983)에서 인용

한다. 다른 사람의 욕구를 고려하기 시작한 유아기 아동들은 아직 쾌락적 수준에 있는 유아들보다 자발적으로 또래와 나누는 행동을 더 많이 하였다(Eisenberg-Berg & Hand, 1979). 또한 성숙한 도덕추리를 보이는 고등학생들은 어떤 사람이 도움을 필요로 할 때 비록 그 사람이 싫은 사람이라 하더라도 도와주나, 미성숙한 고등학생들은 싫은 사람의 요청을 무시하는 경향을 보이는 것으로 나타났다(Eisenberg, Miller et al., 1991).

따라서 아동은 다른 사람과 공감할 수 있는 능력이 성장함으로써 성숙한 친사회적 추리를 하게 되고, 이러한 친사회적 추리는 도움이 필요한 사람이 누구든지 간에 사람들의 안녕을 위한 사심 없는 배려를 발달시킨다.

(3) 공 감

공감이란 다른 사람의 정서를 경험하는 개인의 능력이다. 이러한 공감능력은 이타행동에서 중요한 매개역할을 한다. 이는 다른 사람의 고통을 보고 동정적 공감유발이 일어났을 때 이타행동을 하게 되기 때문이다(Hoffman, 1993).

이러한 공감능력도 사회화에 의해 영향받는데, 부모가 아동들 앞에서 공감적 배려의 모델을 보임으로써, 또 아동들이 입힌 해로 인해 다른 사람이 겪게 되는 고통을 이해하도록 돕는 귀납적 훈육방법에 의해서 동정적 공감유발을 일으킬 수 있다(Zahn-Waxler et al., 1992). 특히 어머니가 스스로 동정적 모델이 되어 긍정적인 얼굴표정을 하면 아

동정적 공감유발
sympathetic empathic arousal
다른 사람의 고통의 감정을 함께 느낌으로써, 또는 공감함으로써 생기는 동정심

귀납적 훈육법
inductive discipline
행동이 왜 잘못인지에 대한 이유와 행동의 결과를 설명하면서 행동의 변화를 유도하는 훈육법

동들은 더 동정적으로 행동한다. 이는 어머니의 긍정적인 태도가 어린 아동들이 다른 사람의 불행에 대해서 느꼈을 부정적 반응을 상쇄시켜 자신의 느낌을 고통이라고 해석하는 경향을 줄여 주기 때문이다. 다시 말해서 다른 사람의 어려움에 공감을 느낀다는 것은 어느 의미에서는 공감을 느낀 사람도 아픔을 경험하는 것이 되는데, 이러한 아픔에 대해 어머니가 긍정적으로 반응해 줌으로써 부정적 반응을 상쇄시켜 주는 것이 된다(Fabes et al., 1994).

전반적으로 공감과 이타성과의 관계가 유아기 아동과 초기 학령아동에게서는 그리 크지 않으나 사춘기, 청년기 그리고 성인기에 들어서면서 강해진다. 이러한 연령에 따른 변화는 아동들이 다른 사람의 불행에 대하여 자신이 느끼는 고통을 더 잘 억제할 수 있게 되고 좀 더 동정적으로 행동할 수 있게 되는 데 시간이 걸리기 때문이다. 또 이 과정에서 인지발달도 중요한 역할을 하는데, 아동들은 왜 다른 사람이 고통을 느끼는지, 또 왜 자신이 정서적 유발을 경험하는지를 완전히 이해할 수 있는 역할수행 기술이 부족하다. 예를 들어, 자기가 키우던 개가 없어져 슬퍼하는 소년의 슬라이드를 본 유치원 아동들은 그 소년이 슬퍼하는 이유를 개가 없어져서라는 외적인 이유로 생각하지 그 개가 그리워서라는 개인적 또는 내적 이유는 생각하지 못한다. 이들 유치원 아동들은 슬라이드를 본 후 슬프게 느낀다고 말하였으나, 이러한 공감적 유발에 대한 이유는 내 개를 잃을 수도 있기 때문에와 같은 개인적 고통을 반영하는 자기 중심적 설명이었다. 그러나 7~9세 아동들은 자신을 이야기 속의 주인공의 입장에 놓고 생각해서 자신의 공감유발을 해석하기 시작한다. 따라서 그 소년이 슬프기 때문에 나도 슬프다든지, 그 개를 정말로 좋아했기 때문이라는 것과 같은 슬픔에 대한 심리적 추론을 하기 시작한다. 이때 아동은 다른 사람의 입장을 추론하는 기술이 능숙해지고 자신의 공감적 정서의 원인을 이해하게 되면서 공감은 이타성의 중요한 매개체가 된다(Strayer, 1993).

그렇다면 어떻게 공감이 이타성을 증진시킬 수 있을까? 하나의 가능성은 아동의 동정적 공감유발은 아동으로 하여금 그가 배워 온 이타적 학습, 예를 들어, '도움이 필요한 사람은 도와주어라.'와 같은 사회적 책임규준을 생각나게 하기 때문이다. 이러한 생각의 결과로 아동은 고통 속에 있는 피해자를 도와야 한다는 개인적 책임감을 느끼게 되고, 그러한 의무를 하지 못할 때는 죄책감을 느끼게 될 것이다(Williams & Bybee, 1994). 이와 같은 책임감 절감가설은 앞에서 제시한 Eisenberg의 친사회적 도덕추리의 높은 수준에서 찾을 수 있으며 공감과 이타성의 관계가 나이가 증가하면서 더 강해지는 이유가 될 수 있다. 나이든 아동들은 어린 아동들보다 이타적 원리를 더 많이 배우

책임감 절감가설
felt responsibility hypothesis
동정적 공감유발이 이타적 사회적 규준을 생각나게 하고 이것이 도와야 한다는 개인적 책임감을 느끼게 하여 이타성을 증진시키게 된다는 가설

고 내면화하였기 때문에 공감적 유발을 경험할 때 더 많은 이타적 원리가 생각날 것이다. 결과적으로 이들은 나이 어린 아동들보다 고통받고 있는 사람을 도와주어야 한다는 책임감을 더 느낄 것이고 따라서 필요한 도움을 제공하게 될 것이다.

(4) 자아개념

강한 이타적 자아개념을 갖고 있는 성인들은 자신을 이타적이라고 생각하지 않는 사람들보다 친사회적으로 행동하는 경향이 높다. 아동들에게서도 같은 경향을 볼 수 있는데 Grusec과 Redler(1980)는 다른 아동을 도와준 후 "너는 다른 사람을 돕는 착한 아이구나."라는 말을 들어 온 8세 아동들이 같은 행동에 대하여 단순히 "잘했다."라는 칭찬을 받은 아동들보다 이타적 행동을 더 많이 하는 경향을 보이는 것을 발견하였다. 그러나 5세 아동에게서는 그와 같은 경향을 발견하지 못하였다. 이것은 안정적인 자아개념이 나타나는 8세 이후부터는 이타행동을 자아개념 속에 포함시켜, 자신의 이타적인 자아개념에 부합하도록 행동을 하게 됨으로써 이러한 행동이 증가하게 된다. 따라서 아동들이 자신 스스로를 이타적이라고 생각하도록 고취시키는 것이 이타적 행동을 증진시키는 하나의 방법이 될 수 있다.

(5) 문화적 영향

이타성을 사회에서 얼마나 강조하느냐는 문화에 따라 다르다.

Whiting과 Whiting(1975)은 여섯 개의 다른 문화에서 3～10세 아동의 이타적 행동을 관찰한 결과 산업화가 가장 덜 된 사회인 대가족을 이루고 살고 가족원 모두가 가정경제에 참여하는 사회에서 이타성이 가장 높게 나타났다. 특히 중요한 가사 책임, 예를 들어 발달 초기에 아동들이 가정에서 농사일을 돕는 일, 음식을 만드는 일, 형제자매를 돌보는 일 등을 하는 것이 자란 후에 협동적이고 이타적 성향을 발달시킨다고 보았다. 또 산업화된 사회의 아동들에게서 가장 낮게 나타난 이타성은 많은 서구사회가 경쟁을 강조하고 집단목표보다는 개인을 강조하기 때문이라고 보았다. 반면에 멕시코나 미국 인디언 사회는 개인주의를 억제하고 집단을 위해서 다른 사람과 협동하고 다른 사람과의 갈등을 피하도록 가르친다. 이러한 문화적 가르침의 영향은 여러 맥락에서 찾아볼 수 있다. Tietjen(1986)은 뉴기니에서 공동생활을 하는 사회의 아동들이 서구화된 학교에서 3년을 다니고 나면 친사회적 행동에서 타인 지향성이 감소하고 자기 중심성이 높아지는 것을 발견하였다. 또 같은 사회 안에서도 이스라엘의 공동생활 속에서 키워진

콜버그의 도덕발달 이론의 세 수준과 여섯 단계

① 수준 1 : 전인습적 수준

이 단계의 아동들은 규칙이 내면화되지 않았으며 벌을 피하기 위해서 또는 보상을 받기 위하여 외부에서 주어진 규칙을 따른다. 이 수준의 도덕성은 이기적이어서, 옳은 것이란 벌을 받지 않는 것이거나 개인적으로 만족을 주는 것을 말한다.

★단계 1 : 처벌과 복종지향

한 행위의 옳고 그름은 그 결과에 달려 있다. 벌을 피하기 위해서 권위에 복종하지만 들키지 않아서 벌을 받지 않았다면 그 행동을 나쁘다고 생각하지 않는다. 해를 끼친 것이 크면 클수록, 그리고 벌이 무거울수록 그 행위는 더 나쁘다고 생각한다.

★단계 2 : 쾌락주의

이 단계에서는 보상을 얻거나 개인적 목적을 만족시키기 위하여 규칙을 따른다. 다른 사람에 대한 배려가 나타나나 이러한 타인지향 행동은 궁극적으로는 이득이 되돌아오리라는 희망에서 행해진다.

② 수준 2 : 인습적 수준

인습적 수준에서는 다른 사람의 승인을 얻기 위해서 또는 사회적 질서유지를 위해서 규칙과 사회적 규범을 따르려고 노력한다. 외적인 보상과 벌 대신에 사회적 칭찬과 비난에 대한 회피가 도덕적 행위의 동기가 된다. 이 수준의 아동들은 다른 사람의 생각을 명확히 이해할 수 있고 배려할 수 있다.

★단계 3 : 착한 소년소녀 지향

이 단계에서는 다른 사람을 즐겁게 하는 행동, 도울 수 있는 행동 또 다른 사람들이 승인하는 행동이 바로 도덕적 행위이다. 행위자의 의도를 고려하여 행위를 평가한다.

★단계 4 : 법과 질서유지 지향

이 단계에서는 법에 반영된 사회의 의도를 고려한다. 이제 법적 규칙에 따르는 것이 옳은 것이다. 법적 규칙을 따르는 이유는 벌이 무서워서가 아니라 법과 규칙이 사회적 질서를 유지시켜 준다는 믿음 때문이다. 이 단계에서는 법에 대하여 특별한 관심을 나타낸다.

③ 수준 3 : 후인습적 도덕성

이 수준에서는 옳고 그름을 정의의 원리에 의해서 판단한다. 도덕적으로 옳다는 것과 법적으로 타당하다는 것이 항상 같은 것은 아니다.

★단계 5 : 사회적 계약지향

이 단계에서는 법의 목적이 다수의 뜻과 인간의 가치를 표현하는 것이다라는 것을 안다. 이러한 목적을 달성하기 위해 공평하게 적용되는 법을 따라야 할 의무가 있다고 보는 것이 사회적 계약이다. 그러나 인간의 권리나 존엄성을 위태롭게 하는 강제된 법은 부당하고 변경될 수 있는 것으로 생각한다. 단계4에서는 이미 있는 법은 무조건 도전해서는 안 되는 것으로 생각한다.

★단계 6 : 보편적 윤리지향

가장 높은 도덕단계로 옳고 그름을 개인의 양심에 비추어 판단해야 된다. 이 양심의 원리는 구체적인 규칙이 아니고 어떤 법이나 사회적 계약을 능가하는 것으로 추상적인 도덕적 지침이거나 보편적인 정의와 개인의 권리에 대한 원리이다. Kohlberg(1981)는 단계 6에 도달한 사람은 도덕적 갈등상황을 판단하고 결정할 때 그 상황에 관련된 모든 사람의 견해를 생각할 수 있고, 모두가 공평하고 적당하다고 간주할 수 있는 해결 방안을 모색한다고 기술하고 있다.

이러한 상세한 임상적 면접법을 통해서 Kohlberg가 처음 발견한 것은 도덕발달이 Piaget의 자율적 단계가 시작되는 10, 11세에 완성되는 것이 아니라는 점이었다. 도덕추리는 청년기와 초기 성인기를 거치면서 더욱 복잡하게 발달하는 것 같았다.

Kohlberg는 면밀한 자료분석을 통해서 도덕성은 세 가지 도덕수준을 거쳐서 발달하며, 또 각 수준은 다시 두 단계로 나누어지는 것으로 제안하였다. Kohlberg에 따르면 이들 도덕수준과 단계의 순서는 불변하는데, 그 이유는 각 수준과 단계가 항상 동일한 순서로 전개되는 인지발달에 의존하기 때문이다. 각 단계는 도덕갈등 상황에 대하여 해답이 어떤 것이냐 보다는 해답을 찾는 과정에서의 다른 관점을 나타낸다.

Kohlberg의 도덕발달 이론의 세 수준과 여섯 단계는 다음과 같다.

그러나 단계 6은 이상적인 도덕추리단계이다. 따라서 이 단계에 도달한 경우는 매우 드물고 이 단계의 반응을 일관되게 보이는 사람도 없기 때문에 Kohlberg는 이 단계를 가설적 구성개념으로 생각하여 단계 5를 넘어선 사람들이 향해 가야 하는 단계로 간주하였다.

② 콜버그 이론의 평가

Kohlberg는 그가 제시한 단계는 불변의 보편적인 순서로 보고 있으며 인지발달과도 밀접하게 관련되어 있다고 믿었다. 그러나 인지적 성장 그 자체만으로는 도덕발달을 보장할 수 없다고 믿었다. 그에 따르면 전인습적 단계를 넘어서 그 이상으로 발달하려면 인지적 불균형을 경험해야만 된다. 자신이 현재 갖고 있는 도덕적 개념을 재평가하도록 하는 새로운 생각이나 상황 또는 자기와 다른 생각을 가진 사람들을 접하게 되는 기회가 있어야 한다. 따라서 Piaget와 같이 Kohlberg도 인지발달과 사회적 경험, 두 가지가 도덕추리발달의 기초가 된다고 믿었다. Kohlberg의 이러한 생각들이 얼마나 타당한지를 살펴보자.

- **콜버그의 발달단계는 정말 불변의 순서인가?** : Kohlberg의 발달단계가 진정한 발달순서를 나타낸다면 연령과 도덕추리의 성숙수준과 높은 정적 상관이 있어야만 한다. Kohlberg 자신이 10～16세 아동을 대상으로 한 연구에서 두 요인의 관계를 보고한 바 있고, 멕시코, 바하마, 타이완, 터키, 온두라스, 인디아, 나이지리아와 케냐 등에서도 비슷한 결과가 보고되었다(Colby & Kohlberg, 1987). 이 모든 문화에서 청년과 초기 성인들은 도덕적 갈등에 대하여 사춘기 이전 아동들보다 좀 더 높은 도덕추리수준을 나타냈다. 그러나 이들 연구들이 횡단적 연구이기 때문에 각 연

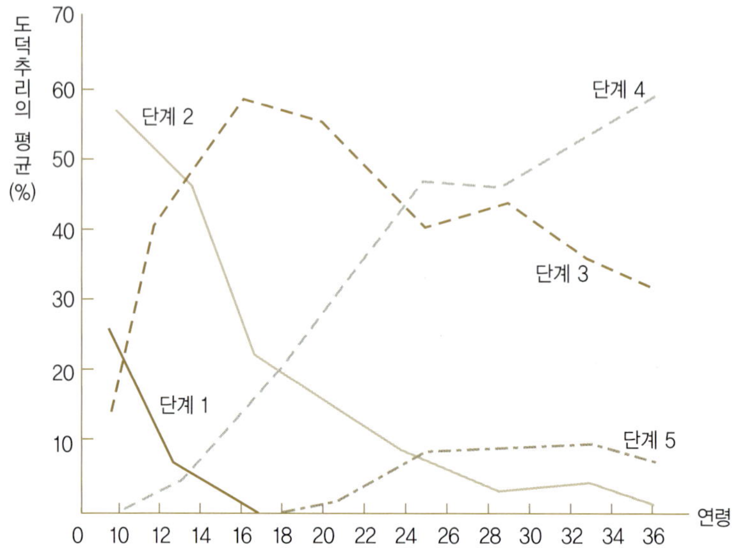

그림 13-1 연령에 따른 각 단계별 도덕 추리 비율
출처 : Berk(1995)에서 인용

령의 연구대상은 다른 사람들이었다. 따라서 특정 개인이 Kohlberg의 발달순서를 밟아 발달해 왔는지는 알 수 없었다.

Colby와 그의 동료들(1983)은 미국 남아 58명을 10, 13, 16세에서부터 시작하여 20년 종단적 연구를 하였다. 3, 4년 간격으로 다섯 번에 걸쳐서 Kohlberg의 도덕갈등 상황을 제시하여 도덕추리 반응을 측정하였다. 그 결과, 전반적으로 도덕추리는 점진적으로 발달하였다. 전인습적 수준인 단계 1, 2는 청년기로 들어서면서 급격히 감소하고 인습적 수준인 단계 3, 4는 증가하기 시작한다(그림 13-1). 성인초기에도 인습적 도덕추리는 대부분의 사람들에게 그대로 남아 있었으며, 후인습적 수준인 단계 5는 극히 일부의 성인들에게서만 나타났다. 이러한 결과들 외에 Colby 등은 아동들이 Kohlberg가 제시한 발달순서를 정확하게 밟아간다는 것, 그리고 단계를 거치지 않고 뛰어넘는 아동들은 아무도 없다는 점을 발견하였다. 이스라엘의 9세 아동을 대상으로 시작한 종단적 연구와 터키의 12세 아동을 대상으로 한 종단적 연구에서도 유사한 결과를 발견하였다. 따라서 Kohlberg의 도덕단계는 불변의 순서로 발달하는 것으로 보인다.

■ **콜버그의 단계와 인지발달의 관계는 어떠한가?** : 여러 연구들이 Kohlberg의 도덕발달단계와 인지발달과의 관계가 깊다는 것을 보고하고 있다. 예를 들어, Walker

(1980)는 10~13세 아동에게서 Kohlberg의 단계 3에 도달한 모든 피험자는 역할수행 기술이 능숙하다는 것을 발견하였다. 그러나 역할수행 기술에 능숙한 사람 모두가 Kohlberg의 단계 3에 도달한 것은 아니었다. 따라서 이 연구결과로 보면 역할수행 기술은 인습적 도덕성 발달에 필수적이나 그것만 가지고서는 충분하지 않다는 것을 알 수 있다. Tomlinson-Keasey와 Keasey(1974)는 초등학교 6학년 여아와 여대생을 대상으로 인지발달과 Kohlberg의 도덕추리수준을 측정하였다. 여기서도 후인습적 수준에 도달한 모든 피험자는 적어도 어떤 부분에서는 형식적 조작사고를 나타내었다. 그러나 형식적 조작사고를 보인 모든 피험자가 후인습적 수준의 도덕추리를 나타내지는 않았다. 따라서 후인습적 도덕추리발달을 위해서는 형식적 조작이 필요하나 충분한 조건은 아니다.

- **콜버그의 도덕발달과 사회적 경험과의 관계는 어떠한가?** : Piaget와 같이 Kohlberg도 또래와의 상호작용이 도덕발달에 영향을 미친다고 생각했다. 아동들은 어머니나 다른 성인들과 말할 때보다 또래들과 토의할 때 자기 자신과 상대방의 도덕적 관점을 더 적극적으로 또 깊이 있게 생각하는 것 같다. 더욱이 또래들과의 토의가 도덕적 성장을 더 자극하는 것 같다(Kruger, 1992). 또래들 간의 토의에서 가장 도움을 받는 참여자는 도덕추리수준이 가장 떨어지는 아동들이다. 또 Berkowitz와 Gibbs(1983)는 토의를 통해서 생기는 변화는 단순한 모방효과가 아니라 교류 상호작용의 결과라고 제안하고 있다. 교류 상호작용이란 각 토의자가 상대방의 논점이나 추리에 대하여 정신적 조작을 수행하여, "당신의 논리에는 중요한 점이 빠져 있다." 거나 "우리의 입장을 하나의 공통된 견해로 결합할 수 있다." 등과 같은 언어적 상호교환이 이루어지는 것을 말한다. 이때에 또래와의 상호작용은 도덕적 성숙을 돕게 되는 것이다. 이러한 발견은 Kohlberg의 입장을 지지하는 것으로, 도덕추리에 인지적 도전을 받는 사회적 경험이 도덕적 추리판단을 촉진하게 됨을 말하고 있다.

교류 상호작용 transactive interactions
토론에서 개인이 상대방의 논점에 대하여 정신적 조작을 수행하여 얻어진 추론을 토론자 상호간에 언어적으로 교류하는 것

도덕적 성장을 촉진하는 또 하나의 사회적 경험은 고등교육을 받는 것이다. 고등교육을 받은 사람들이 교육을 덜 받은 사람들보다 도덕적 문제에 대하여 더 수준높게 추리한다(Speicher, 1994). 또 교육받은 기간의 차이가 커질수록 도덕추리의 격차가 커지는 것으로 나타났다(Rest & Thoma, 1985). 고등교육은 도덕적 성장을 두 방향으로 도움을 주는 것 같다. 첫째는 인지적 성장에 기여함으로써, 둘째는 학생들로 하여금 인지적 갈등과 정신적 탐색을 하게 하는 다양한 도덕적 견해에 접할 수 있게 함으로써 도움을 준다(Mason & Gibbs, 1993).

위에서 언급한 바와 같이 많은 연구가 Kohlberg의 연구를 긍정적으로 받아들이고 있으나 이에 못지 않게 Kohlberg이론의 평가에서 여러 가지 비판도 제기되었다. 그 중의 하나가 Kohlberg의 이론이 특정 집단에 편견을 갖고 있다는 것이다.

많은 문화에서 아동과 청소년들은 Kohlberg의 단계에서 순서대로 3~4단계까지 발달한다는 것이 밝혀져 왔지만, 어떤 사회에서는 후인습적 도덕성을 찾아볼 수 없다. 비판가들은 Kohlberg의 후인습적 도덕단계들은 서구의 이상적인 정의를 반영한다고 지적하고 있다. 따라서 이 이론은 비서구적인 사회에 살고 있는 사람들이나 사회적 규칙에 도전할 만큼 개인주의와 개인권리에 높은 가치를 두지 않는 사람들에게는 불리하게 되어 있다고 주장한다(Shweder, Mahapatra & Miller, 1990). 사회적인 조화를 강조하고 개인보다는 집단을 우선하는 사회에서의 사람들은 인습적 수준의 도덕추리를 하나, 실제로는 매우 높은 수준의 정의개념을 갖고 있을 수가 있다(Snarey & Keljo, 1991).

또 Gilligan(1993)은 Kohlberg가 단지 남성만을 면접하여 이론의 근거를 삼았다는 점을 비판하면서 여성은 남성과는 다른 도덕적 지향을 발달시킬 수 있다고 주장하였다. Gilligan에 의하면 남아들이 받는 독립심과 자기 주장 훈련은 남아들로 하여금 도덕적 갈등은 법이나 다른 사회적 인습에 의하여 해결할 수밖에 없는 개인 간의 불가피한 것으로 간주하도록 만든다. 이러한 지향성은 Kohlberg의 단계 4와 같은 관점이 되고 Gilligan은 이것을 정의의 도덕성이라 불렀다. 반면 여아는 애정적이고 공감적이며 남을 배려하도록 교육받는다. 따라서 여성들에게 도덕성은 인간복지를 위한 이타적인 관심과 보살핌으로 Gilligan은 이것을 타인배려의 도덕성이라 불렀다. 그러나 여성들이 나타내는 타인 배려의 도덕성을 Kohlberg는 사람들 상호간의 책임에 초점을 둔 단계 3으로 규정하였으나, Gilligan은 이러한 배려도 매우 추상적이고 도덕적일 수 있다고 주장한다. Gilligan의 주장이 체계적으로 검증된 자료는 아직 없으나, 도덕성을 법적 수준에서만 아니라 다른 사람의 복지에 대한 책임감을 기준으로 도덕적인지 아닌지가 판단되고 또 실제 생활의 도덕문제를 남녀 모두에게 적용해서 생각한다는 점은 주목해야만 할 것이다.

정의의 도덕성
morality of justice
Gilligan의 용어로 인간복지에 대한 관심이나 책임보다는 법을 통한 정의에 초점을 맞춘 남성들의 도덕성향

타인 배려의 도덕성
morality of care
법을 통한 정의보다 인간복지에 대한 책임이나 배려에 초점을 둔 여성들의 도덕성향

Kohlberg 이론에 대한 또 다른 비판은 도덕정서와 도덕행동을 너무 무시한 채 도덕추리에만 초점을 맞추었다는 점이다. Kohlberg 자신은 높은 단계의 도덕추리를 하는 사람들은 낮은 단계의 도덕추리를 하는 사람들보다 더 높은 도덕행동을 한다고 주장하였다. 그렇다면 도덕추리단계가 도덕행동을 얼마나 잘 예측할 수 있을까? 도덕규범을 위반하거나 속일 수 있는 상황에서 어린 아동들의 도덕판단은 실제 행동을 예언하지

못하였다(Toner & Potts, 1981). 그러나 초등학교 고학년 이후부터는 도덕추리와 도덕행동의 일관성이 나타나기 시작한다. 도덕추리의 높은 단계에 있는 사람들은 낮은 단계에 있는 사람들보다 이타적이고 양심적으로 행동하는 경향이 높고 속이거나 범죄나 비행을 저지를 가능성이 낮다(Rest & Thoma, 1993). 그러나 도덕추리 단계와 도덕행동 간의 관계는 일반적으로 중간 정도이다. 따라서 일상생활에서 개인의 도덕행위에 영향을 미치는 것은 도덕추리수준 이외의 개인의 다른 특성과 많은 상황적 요인들이 영향을 미치는 것으로 생각된다.

3) 사회학습 이론적 설명

Bandura(1986)와 Mischel(1974) 같은 사회학습 이론가들은 주로 도덕성의 행동적 요소에 관심을 보여왔다. 이들은 도덕성도 보상과 벌 그리고 관찰학습을 통해서 학습된다고 주장한다. 또 도덕행동은 개인이 처해 있는 상황에 의해서 강하게 영향받는다고 생각한다.

(1) 유혹에 대한 저항

도덕성의 중요한 지표 중의 하나는 개인이 들키거나 벌을 받을 가능성이 없을 때 유혹에 넘어가지 않고 얼마나 저항할 수 있는가이다(Hoffman, 1970).

외적 감시가 없을 때 유혹에 저항하는 사람은 도덕규칙을 학습했을 뿐만 아니라 그 규칙을 지키고자 하는 동기가 내면화되었다는 것을 의미한다. 아동들이 어떻게 도덕규칙을 획득하는가, 그리고 무엇이 이들 도덕규칙을 따르도록 만드는 것일까? 사회학습 이론에서는 강화, 벌, 사회적 모델링이 아동의 도덕행동에 미치는 영향을 연구함으로써 이것에 대한 해답을 찾으려 하였다.

어떤 행동이 강화를 받았을 때 그 행동의 출현빈도가 증가한다는 것은 우리는 이미 잘 알고 있다. 도덕적인 행동도 예외는 아니다. 예를 들어, Perry와 Parke(1975)는 매력적인 장난감을 만지지 않도록 하고자 할 때 매력이 없는 장난감을 갖고 노는 것을 강화해 줌으로써 아동들이 매력적인 장난감을 만지지 않을 가능성이 높아진다는 것을 발견하였다. 이것은 금지된 행동과는 대체되는 행동을 강화해 주는 것이 도덕적 통제를 가르치는 데 효과적일 수 있음을 알려 준다.

또한 따뜻하고 사회적인 강화를 많이 해주는 부모로부터 받는 벌은 냉담하고 차가운

권력행사
power assertion
아동의 행동을 통제하기 위하여 부모가 갖고 있는 힘과 권력을 행사하여 아동을 훈육하는 방법

귀납적 훈육 induction
행동이 왜 잘못인지에 대한 이유와 행동의 결과를 설명하면서 행동의 변화를 유도하는 훈육법

- **권력행사** : 아동의 행동을 통제하기 위하여 부모가 가진 권력을 사용한다. 공포, 노여움이나 분노를 일으키는 강압적인 명령, 신체적 억류, 때리기나 특권철회와 같은 방법을 사용한다.
- **귀납적 훈육** : 왜 그 행동이 잘못되었는지와 왜 변화되어야 하는지를 설명하되 그 행동이 다른 사람에게 어떻게 영향을 미친다는 것을 강조하고 아동이 입힌 손상이나 상해를 어떻게 원상태로 되돌릴 수 있거나 풀 수 있는지를 시사한다.

Hoffman(1970)은 관련문헌을 검토한 결과 애정철회나 권력을 행사하는 방법은 아동을 도덕적으로 성숙시키는 데 효과가 없으나, 귀납적 훈육은 도덕의 세 가지 측면인 도덕정서, 도덕추리와 도덕행동 모두를 증진시킨다는 것을 발견하였다. Hoffman 이후에 Brody와 Shaffer(1982)가 세 가지 부모양육 유형과 아동의 도덕성숙과의 관계를 분석한 결과는 Hoffman의 결과와 유사하게 나타났다. 귀납적 훈육에 의존하는 부모들의 자녀들은 도덕적으로 성숙한 경향을 보인 반면, 부모가 힘을 자주 사용하는 경우에는 자녀의 도덕적 성숙보다는 미성숙과 관련이 있는 것으로 나타났다. 또 최근 연구에서도 귀납적 훈육이 나이 든 아동에게서만 아니라 2~5세의 어린 연령에서도 매우 효과적일 수 있으며, 부모 지시에 기꺼이 응하는 것은 물론 남에 대한 배려와 동정심을 증진시킨다는 것이 보고되었다. 반면 힘을 사용하는 훈육법인 화를 내거나 체벌, 신체적 억류 등은 불복종, 반항과 다른 사람에 대한 배려 결여 등과 관련되었다(Hart et al., 1992).

그렇다면 귀납적 훈육법이 왜 효과적인가? Hoffman(1970)은 귀납적 훈육법이 효율적인 이유를 몇 가지로 설명하고 있다. 첫째는 귀납적 훈육법이 아동이 스스로 자신 행동을 평가하는 데 사용할 수 있는 인지적 기준을 제공해 주기 때문이다. 둘째는 귀납적 훈육법의 사용은 아동으로 하여금 자신이 해를 입힌 사람에게 공감할 수 있도록 돕는다. 귀납적 훈육법에서는 자존감, 죄책감과 수치심 등과 같은 도덕적 정서에 대해서 아동과 이야기할 수 있게 해주지만, 애정철회나 부모가 권력을 행사하면 아동이 정서적으로 불안정해지고 화가 나게 되어 아동과는 쉽게 대화를 할 수 없게 된다. 마지막으로 귀납적 훈육법을 사용하는 부모는 아동에게 위반하려는 유혹이 있을 때에 무엇을 어떻게 했어야 하며 이미 잘못한 것을 보상하기 위해서는 지금 무엇을 어떻게 하여야 하는지를 설명하게 된다. 따라서 귀납적 훈육법은 도덕적 사회화과정에서 도덕성의 인지적 · 정서적 · 행동적 차원 모두에 주목하도록 하여, 아동으로 하여금 이러한 측면들을 통합하도록 도와줌으로써 도덕적 성숙에 이르는 데 효과적인 방법이 된다.

정리해 봅시다

1. 이타성 발달에 영향을 주는 요인들과 이타성을 심어 줄 수 있는 방법을 설명해 보자.

2. 도덕발달을 정신분석학 이론으로 설명해 보자.

3. 도덕발달을 Piaget와 Kohlberg의 이론으로 설명해 보자.

4. 도덕발달을 사회학습 이론으로 설명해 보자.

5. 성숙한 도덕성을 키울 수 있는 방법을 생각해 보자.

PART 5

사회환경과 발달

인간은 사람들과의 관계 속에서 성장하여 이들 사회환경은 인간발달과정에 많은 영향을 미치게 된다. 거의 모든 아동은 가족환경 속에서 자라게 되나 각 아동이 속해 있는 가족 형태나 가족 관계 등은 매우 다르다. 또 현대사회의 가정생활에서 사회의 정보를 전달해 주는 기능만이 아니라 오락의 역할까지 해주는 텔레비전 그리고 한 사람의 독립된 성인으로 서기까지 아동들이 경험하는 교육환경, 그 속에서의 또래 간의 관계를 제5부에서 중요 주제로 검토한다.

제14장은 아동발달에 직접적인 영향을 미치는 가족, 제15장은 또래, 학교, 텔레비전을 다룬다.

Chapter 14

가 족

한 사회의 구성원들이 중요하고 적절하다고 간주하는 신념, 가치 및 행동들을 아동들이 획득해 가는 과정을 사회화라 말한다. 사회화는 세 가지 측면에서 사회에 기여하게 되는데 첫째는 사회화가 아동의 행동을 규제하고 아동의 반사회적이거나 바람직하지 않은 행동을 통제하는 수단이라는 점이다. 둘째는 아동은 그 문화의 다른 성원과 상호작용하면서 환경에 적응하고 사회에서 효율적으로 기능할 수 있게 해주는 지식, 기술, 동기 및 포부 등을 획득하게 된다. 마지막으로 사회화는 사회적 질서를 영속시키는 역할을 한다. 사회화된 아동은 성인이 되어 자신들이 사회화 과정에서 배운 것을 자녀들에게 전하게 된다.

모든 사회는 아동들을 사회화시킬 수 있는 여러 가지 기관을 발달시켜 왔다. 가족, 교육기관, 교회, 또 스카우트와 같은 아동 집단활동 단체 및 대중매체가 그 예들이다. 이 중에서 아동에게 가족은 아동을 사회화하는 첫번째 기관이다. 아동의 초기 발달이 성장 후에 사회적 · 정서적 · 지적 발달에 중대한 영향을 미친다는 것을 생각할 때, 가족은 사회화의 기초적이고 근원적인 도구로서 간주되어야 할 것이다.

Chapter 14

가 족

1. 가족의 기능

사회화 socialization
아동들이 자신이 속한 사회가 적절하다고 생각하는 신념, 가치와 행동을 획득해 가는 과정

가족은 여러 면에서 사회에 기여한다. 가족은 물자와 서비스를 생산하고 소비함으로써 인간 경제에 일익을 담당한다. 또 전통적으로 인구증가의 수단으로 기여해 왔고 역사적으로는 가족이 노인을 돌보는 기능을 해왔다. 그러나 모든 사회의 공통적이면서 가장 널리 알려진 가족의 기능은 부모가 자녀를 돌보고 훈련시키는 일이다.

다양한 문화에서의 아동양육방법을 연구해 온 LeVine(1974)은 어느 사회에서나 가족은 자녀를 위해서 세 가지 목표를 갖고 있다고 결론짓고 있다.

첫째는 자녀의 생존을 지키고 건강을 증진시키는 것이며, 둘째는 아동이 성장해 성인이 되었을 때 경제적 자립에 필요한 기술과 능력 및 행동을 키우는 것이다. 셋째는 문화적 가치인 도덕성, 종교, 성취, 부와 신망 그리고 만족감을 극대화시킬 수 있는 능력과 행동을 길러 주는 자아실현 목표이다.

LeVine에 의하면 시대에 따라 또는 사회에 따라 그리고 아동의 발달단계에 따라 부모가 달성해야 될 목표의 순위에는 차이가 있을 수 있다. 현대사회에서의 부모나 다른 양육자는 먼저 아동의 생존의 가능성을 높이는 데 관심을 갖게 되고 아기가 건강하고 생존할 것이라는 확신이 있을 때까지 다른 목표들은 유보해 놓는다.

신체적 건강과 안전이 문제가 없다고 판단되었을 때, 부모들은 경제적 자급자족에 필요한 특성들을 키우기 시작한다. 생존에 문제가 없고 경제적 산출에 필요한 특성이 형성된 후에야 부모들은 자녀가 지위, 신망 그리고 자기 충족 등 자아실현과 관련된 목표를 달성하도록 고취시킨다.

LeVine의 이러한 생각은 영아사망률이 높은 사회에서의 아동양육법을 관찰함으로써 나온 결론이다. 영아사망률이 높은 사회에서의 부모들은 등이나 허리에 아기를 끈으로 묶거나 작은 주머니에 넣어 24시간 내내 영아와의 밀접한 접촉을 유지한다. 이러한 양육법은 추위나 더위와 같은 환경적 위험요인으로부터 영아를 보호하고, 영아가 질병에 걸리거나 위험에 놓이게 될 가능성을 줄임으로써 영아의 생존 가능성을 높여준다(Tronick, Thomas & Daltabuit, 1994).

이들 문화에서의 부모들은 영아들을 항상 가까이 두지만 영아에게 말을 하거나 영아를 보고 웃는 경우는 거의 없으며, 영아가 성장한 후의 심리적 발달에 대해서는 관심이 없는 것 같이 보인다.

부모가 직면하는 다음 단계의 과제는 아동이 자신을 돌보고 미래에 자신의 가족을 이끌 수 있도록 하는 데 필요한 특성과 능력을 키워주는 일이다. 인류학자 Ogbu(1981)는 한 문화에서 사람들이 가족을 부양하거나 생활해 가는 방식이 아동의 사회화에 영향을 미친다고 지적하고 있다. 예를 들어, Barry, Child와 Bacon(1959)의 연구에서 보면 농업이나 목축사회에서는 자녀를 키울 때 복종, 협동과 책임을 강조하는 반면, 사냥을 주로 하는 사회에서는 자녀들에게 독립적이고 자기 주장적이고 용감하도록 훈련한다. 두 사회 모두 그 사회의 생활양식을 유지하는 데 필요한 가치, 능력 및 특성을 아동양육에서 강조하고 있는 것이다.

현대 산업사회에서도 미국의 경우, 가족의 사회적 위치나 사회경제적 지위가 아동양육법에 반영되어 있다. 예를 들어, 경영주나 고용주에 매여 일해 왔던 저소득층 부모들은 자녀들에게 복종과 힘에 대한 존중을 강조한다. 반면에 중산층 부모들 특히 윗사람 없이 자기 스스로 일해 왔거나 전문인으로서 일한 경우의 부모들은 자녀들에게 창의성, 야망, 호기심과 독립심을 강조한다(Kohn, 1979). 중산층 부모들은 자녀의 경제적 안정을 증진시키는 자원을 이미 갖고 있기 때문에 LeVine이 제시한 세 번째 목표인 자발성, 성취 또는 개인적 자기 충족성을 매우 어린 나이에서부터 자녀에게 강조하는 것으로 해석된다.

2. 사회적 체계로서의 가족

가족 사회적 체계
family social system
가족을 가족구성원 간의 상호작용과 영향 유형의 복잡한 연결망으로 하나의 전체적이고 통합적 구조로 보는 관점

현대 가족이론에서는 부모-자녀 관계를 단순한 일방향 모델로 이해하지 않고 좀 더 포괄적인 사회적 체계로서 받아들이고 있다. 체계지향적 접근에서는 부모가 아동에게 영향을 미친다는 점을 인식하면서 동시에 아동도 부모의 행동과 자녀양육방법에 영향을 미친다고 본다. 또 가족은 복잡한 사회적 체계로서 더 큰 사회적 맥락에 의해서 영향을 받으면서 항상 진화하는 상호관련 관계망으로 구성되어 있다는 점을 강조한다.

Belsky(1981)가 가족을 사회적 체계라고 하는 것은 인간의 신체와 똑같이 가족도 가족을 구성하고 있는 성원들이 상호관련되어 있으며 서로에게 서로가 영향을 주고받으면서 전체적으로 기능하는 하나의 통합적 구조라는 것을 의미한다(그림 14-1). 예를 들어, 아버지, 어머니와 아기로 구성되어 있는 핵가족을 생각해 보자. Belsky(1981)에 의하면 이러한 핵가족에서조차도 남자, 여자, 아기 체계는 매우 복잡하다. 아기의 미소가 엄마의 미소를 자아내게 하는 데서 볼 수 있듯이, 아기와 엄마와의 상호작용이 상호영향을 미친다. 또 아버지가 직장에서 돌아오면 어머니와 아기의 관계는 갑자기 어머니와 아기, 아버지와 아기의 관계는 물론 남편과 아내의 관계를 포함하는 전체 가족체계로 변화한다.

가족을 체계로 보았을 때 의미하는 것은 가족구성원 두 사람 간의 상호작용 자체가

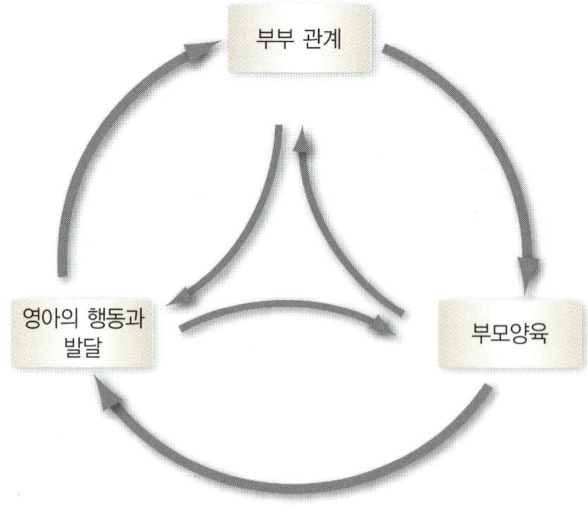

그림 14-1 사회적 체계로서의 가족모형
출처 : Belsky(1981)에서 인용

제3의 가족원의 태도와 행동에 의해 영향받는다는 것이다. 예를 들어, 아버지는 분명히 어머니와 아기의 관계에 영향을 미치고 있다. 남편과 행복한 관계를 갖고 있는 어머니들은 결혼생활에 불화가 있고 아기를 자기 혼자 키우고 있는 것같이 느끼는 어머니들보다 아기와 좀 더 민감하고 참을성 있게 상호작용할 것이다(Cox et al., 1992). 또 어머니들은 간접적으로 아버지와 아기의 관계에 영향을 미친다. 어머니들이 아동의 인생에서 아버지가 중요한 역할을 해야만 한다고 믿을 때 아버지는 아기에게 좀 더 관여하는 경향을 보이게 된다(Palkovitz, 1984).

또 부부가 서로 아기에 관하여 대화를 많이 할 때 아버지가 아기에게 더 많이 관심을 보이게 된다(Belsky, Gilstrap & Rovine, 1984). 한마디로 아버지, 어머니 모두가 배우자와의 상호작용을 통해서 간접적으로 영향을 미칠 수 있다. 부모가 서로 상대방이 아기에게 애정을 주고 민감하게 아기와 상호작용하는 것을 지원하고 격려해 줄 때가 아기에게 가장 좋은 환경조건이 된다. 물론 아동 또한 직접, 간접으로 부모에게 영향을 미친다.

부모의 지시를 따르지 않는 매우 충동적인 아기는 어머니가 강압적이고 처벌적인 훈육방법을 사용하지 않을 수 없게 만든다. 또 어머니의 강압적인 훈육법이 아동을 더욱 반항적으로 만들 수도 있다(Crockenberg & Litman, 1990).

다시 말해서 가족 내에 각 성원 간의 관계는 다른 성원과의 관계에 서로 영향을 미친다. 앞의 설명에서는 부모와 한 자녀로만 구성된 핵가족을 중심으로 가족체계를 보았지만, 두 번째 자녀의 출산과 함께 형제관계, 형제와 부모관계가 첨가되면서 가족체계는 더욱 복잡해진다.

더 나아가 확대가족으로 가족체계가 넓어지면 더더욱 복잡해진다. 최근까지는 확대가족 내에서의 가족체계의 연구는 거의 이루어지지 않았으며, 확대가족이 아동발달에 바람직하지 않은 것으로까지 생각하는 경향이 있었다. 그러나 확대가족의 지원이 있을 때, 어머니는 아기 키우는 스트레스에 적절히 대처하여 좀 더 바람직한 양육자 역할을 할 수 있다. 경제적으로 문화적으로 어려운 상황의 아프리카계 미국 아동들은 부모가 친족의 지원을 받았을 때, 아동은 부모로부터 적절한 양육을 받을 수 있었고 자신감을 갖고 학업성취 및 바람직한 심리적 적응을 할 수 있었다(Taylor, Casten & Flickinger, 1993). 또 수단과 같은 집단 상호의존성과 세대 간 조화를 강조하는 문화에서는 아동들이 서구화된 핵가족에서보다 확대가족에서 성장했을 때 더 바람직한 심리적 적응을 하는 것으로 나타났다(Al-Award & Sonuga-Barke, 1992).

부모의 통제는 부모가 아동에게 하는 규제와 감독의 정도를 가리킨다. 통제적인 부모들은 아동에게 많은 요구를 한다. 또 부모가 요구하는 규제와 규칙을 잘 따르고 있는지를 확인하기 위해서, 아동의 행동을 철저히 감시함으로써 아동의 표현과 행동의 자유를 제한한다. 통제하지 않는 부모들은 아동에게 요구하는 것이 훨씬 적으며 아동에게 관심을 갖고 부모의 의견과 느낌을 표현하면서도 아동이 자신의 활동에 대한 결정을 아동 스스로 하도록 상당한 자유를 허용한다. 아동양육의 이들 두 차원은 비교적 독립적이어서 따뜻하면서도 통제적인 부모, 따뜻하면서도 통제적이지 않은 부모를 볼 수 있다.

문화 경제적 수준이 비슷한 가정배경에서 애정을 받아온 아동과 애정을 받지 못한 아동을 비교했을 때 애정을 받지 못한 아동들이 덜 안정된 가족유대감을 갖고 있으며 불안하고 정서적으로 좌절되어 있으며 지나치게 민감하며 신체적인 건강문제가 많다. 이들은 IQ가 떨어지지 않는데도 불구하고 학교성적이 낮으며 친구들 사이에서 인기가 높지 않았다(David, 1994). 또 인생 후기에 나타나는 우울증이나 다른 심리사회적 문제의 주요 요인이 부모로부터 사랑과 애정을 받을 가치가 없는 아동으로 대우를 받은 아동들에게서 많이 나타났다(MacDonald, 1992).

부모에게서 거부되었다고 느끼면서 자란 아동은 성장 자체에 어려움이 있을 수 있으며 자라서도 행복하고 잘 적응된 성인으로 될 수가 없다. 한마디로 따뜻함과 애정은 올바른 부모역할 수행을 위해서 무엇보다 중요한 요소이다.

Maccoby(1980b)는 부모의 따뜻함이 아동과 부모를 긍정적인 관계로 맺어 줌으로써 부모의 지도를 아동이 기꺼이 수용할 수 있도록 만들어 준다고 하였다. 부모-자녀관계가 친밀하고 애정적이면 부모는 심한 훈육압력을 사용하지 않고도 아동행동을 통제할 수 있다.

2) 양육방법의 유형

아동양육방법에 대한 연구는 유아기 아동과 부모를 대상으로 한 Baumrind(1971)의 연구가 가장 잘 알려져 있다. Baumrind는 연구대상이 된 아동을 유아원과 집에서 여러 번 관찰하여 아동의 행동을 사회성, 독립성, 성취지향성, 기분 및 자아통제와 같은 행동적 차원에서 평가하였다. 또 부모를 면접하였고, 집에서 아동과 상호작용하는 장면을 관찰하였다. Baumrind는 부모의 자료를 분석한 결과 다음과 같은 세 가지 유형의 부모 양육방법을 발견하였다.

(1) 권위주의적 양육방법

부모가 아동에게 많은 규칙을 부과하고 행동에 제한이 많으며 자녀에게 엄격한 복종을 기대한다. 규칙을 따라야 하는 이유를 아동에게 설명하는 경우가 거의 없으며 규칙을 따르도록 하게 하기 위하여 처벌과 강압적인 방법을 사용한다. 권위주의적 부모들은 아동들의 느낌이나 생각에 민감하지 못하며 아동들이 부모의 말을 법으로서 받아들이고 부모의 권위를 존중하기를 기대한다.

(2) 권위 있는 양육방법

부모가 아동에게 상당한 자유를 허용하나 행동을 제한할 때는 아동이 반드시 따르도록 요구하면서 그 이유를 설명하고 융통성 있는 방법을 적용하는 양육방법이다. 권위 있는 부모들은 아동의 요구와 의견에 관심을 기울이고 많은 경우 가족결정에 아동을 참여시킨다. 그러나 부모가 필요하다고 생각하는 규칙을 아동이 따라줄 것을 기대하고, 필요하다면 강압적인 힘을 사용하면서 귀납적 훈육법을 적용한다.

(3) 허용적 양육방법

따뜻하나 방임적인 유형의 양육방법으로 부모가 아동에게 요구하는 것이 거의 없으며, 아동이 자유롭게 자신의 감정과 충동을 표현하도록 허용한다. 아동의 활동을 면밀히 감시하지 않으며 아동의 행동을 엄하게 통제하는 경우도 거의 없다.

Baumrind(1967)가 이 세 가지 유형의 부모양육법과 유아기 아동들의 특성을 관련시켜 본 결과, 권위 있는 부모의 자녀들이 가장 잘 발달하고 있다는 것을 발견하였다. 그들은 활달하였고, 사회적으로 책임감 있고 독립적이며 성취지향적이고 성인과 또래에게 협조적이었다.

반면 권위주의적 부모들의 자녀들은 우울한 경향을 보였고 불행해 보였으며, 지나치게 예민하고 불친절하며 비교적 목표가 없어 보였다. 또 허용적 부모의 자녀들은 충동적이고 특히 남아의 경우 공격적이었다. 이 아동들은 다른 사람을 지배하기를 좋아하고 자기 중심적이고 통제력이 부족하며 독립심과 성취심도 낮았다.

Baumrind(1977)는 아동이 8~9세가 되었을 때 다시 한번 아동과 부모를 관찰하였다. 그 결과, 권위 있는 부모의 자녀들이 계속해서 인지적 능력과 사회적 기술에서 비교적 높았으며, 권위주의적 부모의 아동들은 인지적 능력과 사회적 기술에서 평균이거나 그 이하였고, 허용적 부모의 자녀들은 두 영역에서 모두 떨어졌다.

권위주의적 양육방법 authoritarian parenting
부모가 아동에게 많은 규칙을 부과하고 엄격한 복종을 기대하며 규칙을 따라야 하는 이유에 대한 설명 없이 강압적인 방법으로 아동을 통제하는 양육방법

권위 있는 양육방법 authoritative parenting
부모가 아동에게 상당한 자유를 허용하나 행동을 제한할 때는 아동이 반드시 따르도록 하면서 그 이유를 설명하는 귀납적 훈육법을 주로 사용한다. 아동의 요구와 의견에 반응적이고 융통성 있는 양육방법

허용적 양육방법 permissive parenting
따뜻하나 방임적인 유형의 양육방법으로 아동에게 요구하는 것이 거의 없으며 아동의 행동을 통제하지 않음

청년기가 되어서도 권위 있는 부모의 아동들은 자신감이 높고 성취지향적이며, 사회적으로 유능하며 문제행동을 보이지 않았다. 권위 있는 부모의 아동이 긍정적으로 발달하는 것은 현재까지 미국 내에서 연구된 모든 연구에서 같은 결과가 나왔으며(Steinberg et al., 1994), 다른 여러 문화권에서도 같은 결과가 나타났다(Scott, Scott & McCabe, 1991).

권위 있는 양육방법이 왜 일관되게 긍정적인 사회 · 정서적 발달을 가져오고 또 지적 발달과도 관련되는 것일까? 그 이유는 첫째 권위 있는 부모는 따뜻하고 수용적이어서 아동에게 부모의 관심과 애정이 전달됨으로써 부모의 지시를 따르고자 하는 동기를 제공하게 된다. 또 융통성 없는 기준을 제시해서 아동을 지배하는 권위주의적 부모와는 달리 권위 있는 부모는 합리적 방법으로 아동을 통제해서 아동의 견해를 고려하면서 부모의 생각을 정성껏 설명한다. 따라서 따뜻하고 수용적인 부모는 정당하다고 보여지는 아동의 요구는 받아주기 때문에 불평이나 반항보다는 순응을 불러일으킨다.

마지막으로 권위 있는 부모는 자신들의 요구를 아동의 수준과 아동이 자신의 행동을 통제할 수 있는 능력에 맞춘다. 다시 말해서 권위 있는 부모는 아동들이 현실적으로 성취할 수 있는 기준을 세우고 어떻게 하면 이 기준에 따를 수 있는지를 아동이 스스로 결정하도록 자유 또는 자율성을 허용한다. 이러한 아동에 대한 대우는 아동에게 부모가 '나는 네가 이것을 잘 해내리라 믿는다.' 라는 생각을 아동에게 전달하는 중요한 메시지가 되는 것이다. 물론 부모의 이러한 반응은 아동의 독립심, 성취동기, 자아존중감을 키워주며 청소년기에 편안하게 여러 가지 역할을 탐색하고 자아정체감을 찾아가는데 필요한 기반이 된다.

이렇게 따뜻함과 함께 적당하고 합리적인 부모통제는 아동의 긍정적인 발달과 밀접하게 관계되어 있다. 아동들은 확실히 사랑은 물론 자신의 행동을 조직화하고 평가하는 데 도움이 되는 일련의 규칙이 필요하다. 그와 같은 지도 없이는 자아통제를 배울 수 없을 것이고 이기적이 되며, 제멋대로 행동하게 되어 명확한 성취목표가 결여될 수 있다. 그러나 너무 많은 제한을 받으면 독립적으로 될 기회가 적고 자기 스스로 결정할 능력이 부족해지고 자신감의 결여를 가져올 수 있게 된다(Steinberg et al., 1994).

권위 있는 부모가 아동의 긍정적인 특성을 길러주는가? 그렇지 않으면 안이하고 다루기 쉬운 아동들이 부모로 하여금 올바른 양육방법을 택하도록 만드는가?

Baumrind(1993)는 권위 있는 부모가 아동을 긍정적으로 성장하도록 영향을 미치는 것이지 그 반대 방향은 아니라고 주장한다. 권위 있는 부모의 자녀들은 부모의 요구에 처음에는 저항하는 경향이 있다. 그러나 부모가 아동의 비합리적인 요구에 굴복하거나 강압적인 방법을 사용하지 않고 엄격하면서 참을성 있게 아기를 다룰 때 아기들은 시간이 갈수록 더 순응적이 된다.

반면 강압적인 통제방법을 적용하는 권위주의적 부모들의 자녀들은 더욱더 도전적으로 되어간다. 더욱이 극단적으로 고집이 세고 충동적인 아동들은 부모로 하여금 좀 더 강압적인 훈육방식을 사용하도록 만들며, 부모들을 지치고 덜 애정적이고 심지어 거부적으로까지 만들 수 있다(Lytton, 1990). 따라서 아동 또한 부모의 양육방법에 영향을 미칠 수 있는 것이다.

3) 부모 – 자녀 관계의 변화

아동의 연령이 증가하면서 부모의 자녀에 대한 양육방법도 변화한다. 특히, 청년기에는 어렸을 때보다도 허용적이면서 자율성을 강조하게 된다.

청년들이 직면하는 가장 중요한 발달과업 중의 하나는 성숙하고 건강한 수준의 자율성을 획득하는 일이다. 이때의 자율성이라 함은 하나는 정서적 자율성으로 위안, 안심과 정서적 안정을 부모에 의존해서 찾기 보다는 자신의 정서적 힘으로 해낼 수 있는 능력이고, 또 하나는 행동적 자율성으로 스스로 결정하고 자신의 일은 자신이 처리하고 돌볼 수 있는 능력을 말한다(Steinberg, 1985).

자율성을 얻는다는 것은 부모가 일깨워주지 않아도 학업이나 직장에 늦지 않게 가고 의무와 책임을 알고 행동한다는 것을 의미한다.

부모는 청소년이 자율적이기를 바라고, 청소년은 능동적으로 자율적인 행동을 할 수 있는 자유를 갖고자 한다.

청소년이 점점 성숙해가고 자율적으로 되어가면서 가족체계는 어떠한 변화가 일어나는가? 일반적으로 독립성의 문제로 부모와 청소년 간에 갈등이 자주 일어난다(Holmeck & Hill, 1991). 이러한 갈등은 오래 가거나 심각한 것은 아니며 청소년의 신체적 모습, 친구의 선택 또는 학업과 집안 일의 무관심과 같은 비교적 주변적인 내용들이 주류를 이룬다. 그리고 부모와 청소년 간의 충돌은 주로 양쪽에서 갖고 있는 견해의 차이에서 온다.

부모는 갈등의 주제가 되는 문제를 사회적 · 관습적이고 전통적인 관점에서 봄으로써 청소년의 행동을 규제하고 감시할 책임을 갖고 있다고 느낀다. 반면 청소년들은 자율성을 가지려는 욕구 속에서 잔소리하는 부모를 청소년 자신의 권리와 선택을 침해하는 것으로 생각하는 경향이 있다. 청소년들이 자기 주장을 계속하고 부모는 서서히 고삐를 늦춰감에 따라 부모-자녀 관계는 점차 부모지배적 관계에서 동등한 관계로 발달해 간다(Furman & Buhrmester, 1992).

이러한 청소년기의 부모-자녀 갈등경험은 부모-자녀의 정서적 유대감을 손상시킬 것인가? 청소년기에 가족과 밀접한 애착을 유지하는 것이 청소년 스스로 자활 또는 독립하는 것만큼 심리적 적응에 중요하다는 것이 입증되어 왔다(Lamborn & Steinberg, 1993). 다시 말해서 가족과 밀접한 애착을 유지하면서 자율성을 성취하는 청소년들이 가장 바람직한 심리적 적응을 하기 때문에 가족과의 상호의존적 맥락 속에서의 독립이 청소년의 목표가 되어야 한다는 것이다. 부모와 거리가 생겨 사회적 지지의 중요한 근원인 부모와의 관계가 손상된 상태에서 유능성을 발달시키고 자기 만족을 얻기는 어렵다.

최근 어떻게 부모가 청소년이 자율성을 성공적으로 증진시키면서 동시에 건강한 심리사회적 적응을 할 수 있게 하는가에 대한 여러 연구가 있었다(Brown et al., 1993). 잘 적응한 청소년의 부모들은 청소년들이 책임을 수용할 준비가 되었다고 생각되면 점차 통제를 줄여가나 절대로 지켜야 할 규칙을 어기는 것을 허용하지 않는다. 또 청소년들에게 집을 떠나 친구들과 모험을 하는 자유를 허용하나 청소년들이 학업을 게을리하지 않는지, 심각한 문제행동이 있지 않은지에 대해 항상 관심을 기울인다. 청소년들이 자라면서 부모들은 청소년이 다 성숙했다고 생각해서 더 많은 자유를 허용하나 실제에 있어서는 더 많은 독립심과 자기 통제력을 더 크게 요구한다.

한편, 청소년은 청소년기에 들어서면서 자신의 부모를 만능의 권위자로서 생각하지 않고 부모가 요구하는 규칙과 통제의 이유를 묻기 시작하지만 부모의 의견을 계속 존중하며 부모의 승인을 절실히 원한다(Galambos, 1992). 따라서 청소년들은 만약 부모들이 합리적인 수준에서 규칙을 제시하고 그 이유를 설명하면서 따뜻함과 지원을 계속한다면 건강한 의미의 자율성을 획득할 가능성이 높아진다.

부모가 청소년의 자율적 요구에 부정적으로 반응하고 과도하게 엄격하거나 과도하게 허용적일 때 청소년들은 개인적 어려움을 경험하거나 반항하거나 문제를 야기시킬 수 있다(Barber, Olsen & Shagle, 1994).

부모와 청소년의 갈등은 청소년의 자율에 대한 요구로 오는 필연적인 결과지만, 대부분의 부모와 청소년들은 둘 간의 차이를 해결할 수 있고 둘 간의 관계를 좀 더 평등한 관계로 재정립함으로써 서로에게 긍정적인 감정을 유지시킬 수 있다. 결과적으로 대부분의 청소년들은 자율성을 성취하고 좀 더 독립적이 되면서 부모와는 친구와 같은 애착을 형성하게 된다.

4. 형제자매의 영향

형제자매는 흔히 경쟁대상자가 되지만 동시에 양육자, 교사, 친구 등의 역할을 하면서 아동의 인생에서 매우 긍정적인 영향을 준다.

Dunn과 Kendrick(1982)는 아동들이 새 아기가 태어났을 때 어떻게 적응하는가를 연구하였다. 아기가 태어난 후에 어머니들은 보통 큰아이에 관심을 덜 기울이게 된다. 큰아이는 이것을 부모가 자기에게 관심이 없는 것으로 지각하고 어머니에게 요구하고, 울고, 매달리고 하면서 부모를 힘들게 하며 때로는 동생인 아기를 때리고 꼬집기도 한다. 따라서 이들에게는 자신에게 향했던 부모의 관심을 빼앗아 가는 동생의 출현이 결코 좋은 감정을 일으키는 사건이 아니다. 그러나 많은 경우에 아기에 대한 이러한 증오감을 감추고 자기의 감정을 어떻게 해서든지 어머니에게 알리고 어머니의 사랑을 다시 찾으려 한다.

이러한 형제자매간의 질투, 경쟁 또는 분노의 감정은 보통 동생이 태어나자마자 시작되는데, 어떻게 이러한 감정을 줄일 수 있느냐가 문제이다.

어머니들이 동생이 생김으로써 큰아이와 보내는 시간이 감소됨에 따라 아버지가 큰아이와 보내는 시간을 늘림으로써 중요한 역할을 할 수 있다. 또한 어머니들이 동생인 아기의 느낌과 능력 등에 대하여 대화하고 큰아이의 성숙에 호소하면서 아기를 함께 돌봄으로써 질투심을 줄이도록 도울 수도 있다(Howe & Ross, 1990).

또 짧은 시간이라도 내서 큰아이에게 아직도 어머니가 사랑하고 있고 중요하게 생각하고 있다는 것을 확신시켜 주는 것도 중요하다.

형제자매간에 다툴 때에 부모가 취할 가장 중요한 역할은 아버지, 어머니 모두가 모든 자녀에게 똑같이 따뜻하고 민감하게 반응하고 편애하지 않는 것이다. 그렇게 함으로써 형제자매간의 갈등이 줄고 서로 우애가 깊어진다(Brody, Stoneman & McCoy, 1994).

1) 형제자매 관계의 발달

다행히도 대부분의 경우 위의 아이들은 새 아기의 출현에 매우 빨리 적응하여 초기에 보였던 불안이나 문제행동이 점차 감소하는 경향을 보인다. 좋은 형제자매 관계에서조차도 가끔씩 갈등이 일어나는 것은 정상적인 현상이다.

어린 형제자매들 간의 충돌이 1시간 동안에 56번까지도 나타날 수 있다고 보고된 바 있다(Dunn, 1993). 새 아기가 18~24개월에 이르면 충동은 더 빈번해지고 강해지면서 언니나 형을 때리거나 놀리고 언니나 형의 잘못을 부모에게 이르는 등의 행동을 보인다. 유아기와 학령기 동안에 형제자매들 간의 경쟁적 행동은 계속되지만 형제자매간의 관계는 적대적이고 갈등적이기보다는 긍정적이고 지지적인 경향이 커진다(Abramovitch et al., 1986).

또 형제자매는 순위에 의해 행동에 차이가 나타나는데, 맏이는 좀 더 지배적이고 공격적인 특성을 보이는 반면, 동생들은 좀 더 순응적인 특성을 보인다. 그러나 맏이가 동생들을 도와주고 함께 노는 등의 친사회적 행동을 솔선하는 경우도 나타나는데, 이것은 부모들이 맏이에게 아래 동생들을 돌봄으로써 윗사람으로서의 성숙한 행동을 요구하는 데서 기인되는 것으로 생각된다.

형제자매들의 관계는 매우 친밀하면서 동시에 갈등적이기 때문에 모순적이다. Furman과 Buhrmester(1985)는 초등학생들이 형제자매간의 관계를 따뜻하고 친밀하다고 보고하면서도 부모, 조부모 또 친구 간의 관계에서보다 형제자매 관계에서 더 갈등이 많고 만족하지 못한다는 것을 발견하였다.

이러한 현상은 형제자매간에 접촉의 기회가 많다는 것과 동시에 이들이 동일한 대상이나 물건에 대한 경쟁적 입장에 서기 때문인 것 같다. 그러나 아동들에게 여러 사회적 관계에 대하여 그 중요성을 평가하게 하였을 때 형제자매를 친구보다 더 중요하고 신뢰한다고 보았다.

부모-자녀 관계에서와 마찬가지로 형제자매 관계도 청소년기에 오면서 좀 더 동등한 관계로 된다. 또 청소년들이 형제자매들과 지내는 시간이 줄어들면서 형제자매들은 이제 덜 자주 다투게 되고 동시에 관계도 중립적으로 되는 경향이 생긴다(Buhrmester & Furman, 1990). 그러나 청소년들은 친구관계와 이성관계에 몰두하면서도 형제자매를 중요한 관계로서 인식하고 지지를 받을 수 있는 밀접한 관계로 지각한다.

2) 형제자매 관계의 역할

형제자매 관계가 아동발달에 미치는 중요한 역할 중의 하나는 맏이가 아래 동생들을 돌보고 보살피는 역할을 한다는 점이다.

Weisner와 Gallimore(1977)는 186개 사회의 아동양육법을 조사한 결과, 57%의 사회에서 나이 든 아동인 형이나 언니가 영아와 유아들을 돌보는 역할을 떠맡고 있었다. 미국과 같은 산업사회에서조차도 나이 든 맏이, 특히 여아는 어린 동생들을 돌보도록 요구되는 경우를 종종 볼 수 있다. 아기를 돌보는 역할은 물론 여러 면에서 맏이가 동생들에게 영향을 미치게 된다.

(1) 애착대상으로서의 형제자매

Stewart(1983)는 10~20개월 된 영아들을 Ainsworth의 낯선 검사상황에 4세 된 형제자매와 함께 있게 하면서 영아의 반응을 관찰하였다. 영아들은 어머니가 떠날 때 두려워하는 반응을 보였으며, 낯선 사람이 들어왔을 때는 경계하는 반응을 나타냈다. 이들 영아들은 특히 낯선 사람이 나타났을 때 위의 형제자매에게 접근하는 반응을 보였으며, 4세 된 형제자매는 영아인 동생을 감싸거나 돌보는 반응과 같은 행동을 나타냈다. 또 다른 연구자들은 같은 상황에서 영아인 동생을 잘 돌보는 나이 든 아동들은 그 자신이 어머니에게 안정애착된 아동이었으며(Teti & Ablard, 1989), 영아가 왜 울고 무서워 하는지를, 즉 고통의 근거를 이해할 수 있는 역할수행능력을 발달시킨 아동이었다(Garner, Jones & Palmer, 1994). 따라서 위의 형이나 언니들은 부모가 안보일 때 어린 동생들이 불확실한 상황에 대처할 수 있도록 정서적 지원을 하는 중요한 역할을 하는 것이다. 더욱이 좋아하는 형이나 언니와의 정서적 유대감이 형성된 학령기 아동들은 친구가 거의 없거나 친구들로부터 따돌림을 당할 때 느끼는 불안감이나 다른 적응문제를 예방하는 데 도움이 될 수 있다(Dunn, Slomkowski & Beardsall, 1994).

(2) 교사로서의 형제자매

위의 형제는 동생을 돌보고 친구로서의 역할을 하는 것 이외에 어린 동생들에게 새로운 기술을 가르치는 교사로서의 역할도 한다. 영아들까지도 위의 형제의 행동을 모방하거나 위의 형제들이 쓰지 않는 장난감을 물려받으면서 위의 형제에 관심을 나타낸다. 어린 동생들에게 위의 형제들은 아동기 내내 중요한 모델이 되고 개인교사 같은 역할을 하고, 동시에 동생은 위의 형제를 따르고 추앙하는 경향을 보인다. 동생들은 문제에 부딪쳤을 때 또래친구들보다 아동을 지도해 줄 수 있는 위의 형제로부터 더 많은 것을 배울 수 있다. 왜냐하면 첫째는 나이 든 형제는 자신들이 가르쳐야 할 사람이 자기 동생이라 했을 때 더 책임감을 느끼며(Brody, Stoneman & MacKinnon, 1982), 둘째는 나이 든 형제가 또래보다 구체적인 지시와 격려를 제공하며, 셋째는 어린 동생들은 위의 형제들의 지도를 더 추구하는 경향이 있기 때문이다.

위의 형제들은 동생들을 가르치면서, 특히 학업을 가르치면서 자신들도 학업성취에 상당한 진척을 보이며 학업적성과 성취검사에서 동생을 가르칠 기회가 없었던 아동들보다 더 높은 점수를 얻었다(Smith, 1990). 따라서 형제간의 교사-학생 역할은 양쪽에 모두 도움이 되는 것으로 어린 학생인 동생은 형의 가르침으로 도움이 되고 교사인 위의 형제는 어린 동생들을 가르치면서 배운다.

(3) 사회적 유능감에 대한 형제자매의 영향

형제자매 관계의 경험은 가정 밖의 사회적 관계에 어떠한 영향을 미치는가? 동생들은 일반적으로 맏이보다 더 인기가 있는 경향이 있다(Miller & Maruyama, 1976). 이것은 아마도 맏이가 동생들을 통제하기 위하여 사용해 왔던 강압적인 방법을 또래관계에서도 적용함으로써 또래집단에서 지위나 인기도에 영향을 미치는 것으로 이해된다. 또 다른 이유는 동생들이 위의 형제와 힘이 있는 형제에게 양보하고 협상하는 것을 일찍부터 배워서, 또래와의 상호작용에서도 협조적이고 타협적인 상호관계 기술을 활용하기 때문으로 해석된다. 그러나 이러한 또래 인기도에서 출생순위 효과는 그 크기가 그리 크지 않고 예외가 많다는 것을 주목해야만 한다.

어떤 맏이는 매우 인기가 있는 반면, 출생순위가 아래인 아동이 사회적 기술이 부족하고 친구들로부터 거부되는 경우도 있다. 이것은 형제자매관계 경험이 사회적 기술에 어떤 영향을 미치는지에 대한 좀 더 구체적이고 깊이 있는 분석이 이루어진 이후에 답할 수 있는 문제이다.

3) 외동아이

형제자매 없이 자란 외동아이들은 왜 이기적이고 버릇없고 자기 멋대로 행동하는가? 이를 답하기 위해 Falbo(1992)는 외동아이에 대한 몇 백 편의 연구들을 검토하였다. 그 결과, 일반적으로 알고 있는 것과는 다르게 외동아이들이 자아존중감과 성취동기가 비교적 높으며, 형제자매가 있는 아동들보다 더 순종적이고 지적으로 약간 더 유능하며 또래들과 좋은 관계를 이루는 경향이 높은 것으로 나타났다. 외동아이들은 주로 부모와 상호작용을 하기 때문에 형제자매들과의 관계에서 보다 더 높은 수준의 상호작용과 직접적인 성취훈련을 받았다(Baskett, 1985). 더욱이 이들 외동아이들은 형제자매들이 없기 때문에 또래들과 잘 놀기를 원한다면 협상하고 조절해야만 한다는 것을 더 빨리 배우게 된다.

중국에서 '한 아동 갖기 정책' 이후에 태어난 중국 외동아이들도 서구의 외동아이들과 비슷하게 성취동기와 지능에서 형제자매가 있는 아동들보다 약간 높고, 인성에서도 의미 있는 차이가 없었다(Falbo & Poston, 1993).

따라서 외동아이들은 형제자매가 없다는 것으로 인한 큰 불이익은 없어 보이며, 많은 외동아이들이 형제자매관계에서 얻을 수 있는 것을 친구와 또래들과의 관계를 통해서 보완하는 것으로 생각된다.

5. 이 혼

현대사회에서 이혼이 증가하면서 많은 아동들은 편부모 밑에서 자라나고 있다. 발달하고 있는 아동들에게 이혼은 어떠한 영향을 미치는가? 이혼은 단순히 하나의 단편적인 사건이 아니라, 부부가 실제로 헤어지기 이전부터 부부갈등이 시작되어 이로 인해 전 가족이 겪는 스트레스와 헤어진 이후의 생활의 변화로 오는 스트레스 등을 포함해서 이해되어야 하는 사건이다.

이혼을 겪는 대부분의 가정은 모든 가족구성원의 생활이 심하게 붕괴되는 1년 이상의 위기를 경험한다(Booth & Amato, 1991). 특히 부부들은 이혼으로 오는 여러 가지 문제에 직면하면서 정서적 혼란과 불안정을 경험하게 된다. 이렇게 심리적인 고통을 겪고 있는 성인들은 좋은 부모역할을 할 수가 없다.

이혼에 대한 자신의 정서적 상태에 압도되어 불안정하고 참을성이 없어지며, 아동의 요구에 둔감하고 아동양육에서도 아동의 행동을 더 구속하고 강압적인 방법을 사용한다. 특히 어머니들은 거부적으로 되어 아동에 무관심한 어머니로 변화하는 경우가 많다(Fauber et al., 1990).

이혼에 대하여 분노, 공포, 우울과 심리적 죄책감까지 느끼고 있는 아동들이 부모의 이러한 변화를 어떻게 받아들일지는 상상하기 어렵지 않다. 이들 우울에 빠진 청소년들은 어머니의 무관심과 참을성이 없고, 강압적인 양육방법에 대하여 짜증을 내고 시비를 하며 복종하지 않고 노골적인 무례함을 나타낸다.

이 위기의 부모-자녀관계는 아동의 정서적 불안정과 문제행동 그리고 부모의 불합리한 양육방법이 서로 상호작용하여 서로를 불행하게 만드는 악순환이 계속된다(Baldwin & Skinner, 1989).

이혼 후 1년쯤 되었을 때 상황이 가장 나쁘게 되는 경우가 많다. 아동은 이혼과 관련한 스트레스와 비효율적인 양육으로 인해 집에서는 문제행동을 나타내고 학교에서도 친구들과의 관계가 나빠지고 학업문제와 행동장애를 보일 수 있다(Doherty & Needle, 1991). 나이 든 아동과 청소년들은 그들 부모의 이혼을 이해할 수는 있지만, 나이 어린 아동들과 똑같이 어려움을 겪는다(Amato, 1993).

이혼에 수반되었던 많은 정서적 문제와 행동장애는 이혼 후 2년이 지나면서 감소하지만 겪었던 경험이 잊혀지는 것은 아니다. 정상가정의 아동과 비교해서 이혼가정의 아동들은 4~6년 후까지 심리적 고통과 학업에 어려움을 보인다. 특히 어린 나이에 경험했을 때 더욱 그렇다(Allison & Furstenberg, 1989).

이혼의 장기적 영향 중의 하나는 이혼가정의 청소년들이 이혼하지 않은 가정의 청소년들에 비해 자신의 결혼이 불행해질 것이라는 공포를 가질 가능성이 크다는 점이다(Frankel, Janoff-Bulman & Roberts, 1990). 이것은 이혼가정의 아동들이 친밀감에 공포를 갖고 있거나 애정관계에서 행복을 발견할 수 없어서가 아니라, 이혼하지 않은 가정의 청소년들과 다르게 결혼의 성공에 대해 비관적인 예측을 하기 때문이다(Frankel, Janoff-Bulman & Roberts, 1990).

이혼이 아동에게는 단기적이든 장기적이든 부정적인 영향을 미친다는 것은 확실하지만, 부모의 이혼으로 인해 편부모 밑에서 자라기는 하나 안정된 분위기에서 자랐을 경우 갈등이 계속되는 부모 밑에서 자란 아동의 경우보다 더 잘 적응하는 것으로 나타났다(Hetherington, 1989). 사실 이혼 후에 아동이 보이는 많은 문제행동은 이혼 훨씬 전부터 보였던 것으로 이혼 그 자체보다도 가정 내에서 지속되었던 가족갈등과 관계되어 있을 수 있다(Cherlin et al., 1991). 따라서 이혼과 관련된 갈등과 고통을 제거한다면 스트레스가 있기는 하겠지만 아동에게 손상을 줄 정도는 아니다.

6. 취업모

현재 많은 어머니들이 가정 밖에서 직업을 갖고 일을 하고 있으나, 가정 밖에서 일하는 것 자체가 아동의 정서적 안정을 손상시키는 것은 아니다. 어머니가 집에 있을 때에 아기를 잘 돌보고 반응적인 상호작용을 했을 때는 영아와 유아들이 취업모에게 안정애착을 보일 가능성이 높다. 나이 든 아동들도 어머니의 취업 그 자체가 아동의 사회적 · 정서적 발달을 방해하는 것 같지는 않다.

오히려 취업모의 아동들이 더 독립적이고 자아존중감이 높고, 교육과 직업에 대한 자신의 요구수준이 높으며 성역할 고정관념이 낮은 것으로 나타났다(Richards & Duckett, 1994). 더욱이 취업모의 유아, 학령기 아동과 청소년들이 모두 일관되게 가사일만 하는 어머니의 자녀들만큼 사회적 상황에서 유능하며 또래들과도 잘 지냈다(Schachter, 1981).

또 최근 연구들(Williams & Radin, 1993)에서는 취업모의 학령기 아동들이 수학, 읽기, 어휘 및 언어 이해에서 취업을 하고 있지 않은 어머니들의 자녀들보다 더 높은 점수를 보였다.

취업모의 자녀들이 집에서 가사일만 하면서 자녀를 돌보는 어머니의 자녀들보다 더 공격적이고 덜 순종적이다(Clark-Stewart, 1989)라는 보고도 있지만, 일반적으로 그 차이가 크지 않으며, 이러한 차이는 질이 낮은 보육을 받은 경우에 주로 나타났다(Howes, 1990).

취업모의 자녀들이 긍정적인 발달을 가져오는 하나의 이유는 집에만 있는 어머니들에 비해 취업모들은 자녀들이 준비되었을 때는 독립성과 자율성을 인정하는 경향이 높기 때문이다(Hoffman, 1989). 그리고 어머니들이 마음에 드는 직업을 갖고 남편과 가족들로부터 적절한 사회적 지원을 받고 있으면, 어머니로서의 역할에도 충실해진다. 따라서 자녀들에 대해 우호적 태도를 갖게 되며, 권위 있는 양육행동을 나타내며, 강압적인 방법을 덜 사용한다. 이러한 양육방법이 결국 아동의 인지와 사회 · 정서적 발달에 긍정적 영향을 미친다(Greenberger, O' Neil & Nagel, 1994).

물론 취업모들이 자기 직업에 만족하지 못하고, 어머니 역할수행에 충실하지 않고, 어머니 역할을 수행하는 데 적절한 지원을 받지 못하면 바람직한 부모가 되지 못할 것이다(Greenberger & O' Neil, 1993). 이러한 상황 아래서는 취업모들은 무관심해지고 참지 못하며 통제적인 양육법을 사용하여 아동들을 힘들게 만들 것이다. 그러나 전반적으로 어머니의 취업은 취업모가 어머니 역할에 충실하고 필요한 지원을 받는 경우에는, 아동발달을 저해하기보다는 긍정적인 영향을 미친다.

취업모가 바라는 가장 큰 지원 중의 하나는 아동들을 위한 질 높은 보육기관이다. 생의 초기부터 질 높은 보육기관에 다녔던 아동들은 영아기부터 청소년기에 이르기까지 긍정적인 사회적 · 정서적 · 지적 발달을 보였다(Andersson, 1992).

정리해 봅시다

1 아동발달에서 가족의 기능을 생각해 보자.

2 바람직한 부모의 양육방법을 설명해 보자.

3 청소년기의 부모-자녀관계의 특성을 설명하고 바람직한 방향을 생각해 보자.

4 아동발달에서 형제자매의 영향과 역할을 설명해 보자.

5 취업모가 아동발달에 미치는 영향을 생각해 보자.

Chapter 15

또래 · 학교 · 텔레비전

아동은 성장하면서 외부 세계와의 접촉이 점차 늘어나고 부모의 품에서 벗어나 지내는 시간이 많아지기 시작한다. 이러한 경험들은 아동의 발달에 어떠한 영향을 미칠 것인가?

이 장에서는 가정 밖의 사회화 대행자로서의 또래, 학교 그리고 텔레비전의 영향을 살펴보기로 한다.

Chapter 15

또래 · 학교 · 텔레비전

1. 또 래

사회화 대행자
socialization agent
아동의 사회화를 주도적으로 이끌어 가는 사람이나 기관

아동들은 많은 시간을 또래들과 함께 지내고 서로를 사회화시키지만, 또래들의 관계가 아동에게 어떻게 어떠한 영향을 미치는가에 대한 연구는 그리 많지 않다(Hartup, 1983). 또래는 종종 성인의 영향을 손상시키는 위험인자로 인식되고 있다. 또래에 대한 이러한 생각은 왜곡된 것으로 또래에 대하여 불필요하게 부정적이다. 또래는 나쁜 영향을 미치는 경우도 있지만 아동들에게 긍정적인 영향을 미칠 수 있는 중요한 사회화 대행자이다.

1) 또래의 기능

또래란 사회적으로 동등한 사람으로 동등한 지위의 사람들 또는 적어도 또래로 있는 동안에는 유사한 행동수준에서 상호작용하는 사람들을 가리킨다. 따라서 나이는 조금 다르지만 공통의 관심이나 목표를 추구하면서 서로의 능력이나 요구에 서로의 행동을 맞춰 간다면 이러한 관계도 또래로 간주될 수 있다.

(1) 동년배 상호작용

아동의 부모나 위의 형제들과 상호작용하는 것은 동등한 지위의 상호작용이 아니라 부모나 위의 형제들이 지시하고 명령하며 또는 아동들의 행동을 감독함으로써 아동들은 종속적인 입장에 놓이게 된다.

반면에 동년배들의 상호작용은 덜 지시적이고, 덜 비판적이며 새로운 역할이나 생각과 행동을 시도하는 데 보다 자유롭다. 이러한 과정에서 아동들은 '내가 그를 밀치면 그는 나를 때릴 것이다.', '속이는 것은 누구도 좋아하지 않는다.' 와 같은 자신과 다른 사람들에 관하여 중요한 것을 배우게 된다.

또래 관계는 동등한 입장에서의 상호작용이기 때문에 자신과 똑같은 다른 사람들의 견해를 이해하고 평가할 수 있게 해주며, 가정의 위계적 관계 속에서는 배우기 어려운 사회적 능력의 발달에 기여하게 된다.

(2) 혼합연령 또래 간의 상호작용

Hartup(1983)에 따르면 연령이 다른 아동들 간의 상호작용 또한 발달에 매우 중요한 역할을 한다. 다른 연령 간 상호작용은 한 아동이 다른 아동에 비해 좀 더 많은 힘을 갖긴 하지만 이 과정에서 아동들은 또 다른 사회적 능력을 배우게 된다. 예를 들어, 어린 또래가 있음으로써 나이든 아동들은 나이 어린 아동을 돌보고 도와주는 친사회적 행동과 자기 주장과 지도력을 발달시킨다. 동시에 나이 어린 아동들은 나이든 또래들로부터 여러 가지 새로운 기술, 도움을 얻는 방법을 배우고 또 나이든 또래들의 지시와 요구를 충돌 없이 거절하는 방법들을 학습하게 된다.

혼합연령 또래 간의 상호작용에는 돌보고 돕는 친사회적 행동이 더 자주 나타나는 반면, 동년배 상호작용에서는 공격성 같은 반사회적 행동과 대화 같은 가벼운 사회적 행동이 더 많이 나타났다(Whiting & Edwards, 1988). 또 혼합연령 또래집단에서 일반적으로 나이든 아동들은 상호작용을 이끌어 가고 자기들의 행동을 나이 어린 또래들의 능력에 맞추는 것을 배운다. 2세 영아까지도 같은 연령보다는 18개월 된 영아와 놀 때 좀 더 단순하고 반복적인 놀이로 영아를 이끌면서 자신의 행동을 조절하는 것을 볼 수 있다(Brownell, 1990).

초등학교에 들어갈 때쯤 되면 아동들은 동년배 또래의 상호작용과 혼합연령 또래의 상호작용이 서로 다르다는 것을 이해하고 추구하는 목표에 따라 동년배 또는 나이든 또래나 나이 어린 또래에 대한 선호를 달리하게 된다. 예를 들어, 6~9세 된 아동들은 친구를 고르게 될 때 나이가 어리거나 위의 또래보다는 동년배를 선택하나 도움이 필요하거나 지도를 받아야 할 때는 나이든 또래를 친구로 선호한다.

혼합연령 또래의 상호작용은 형제간의 상호작용의 특성과 유사하다고 생각될 수도 있으나 두 상호작용 간에는 중요한 차이점이 있다. 형제자매 관계에서는 형이든 동생

자녀들은 사회적 기술이 약하고 적절하지 못한 또래 상호작용을 하는 것으로 나타났다(Youngblade & Bwlsky, 1992). 통제적인 부모는 단순히 놀이활동의 즐거움을 빼앗는 것만이 아니라 사회성을 억제시킨다. 뿐만 아니라 아동들에게 으시대거나 지배적인 특성을 가르침으로써 그 특성들로 인해 또래들로부터 부정적인 반응을 받게 된다. 동시에 또래들과의 접촉이 전혀 즐거운 것이 아니라는 확신을 심어 주게 된다(Kochanska, 1992).

결국 유아들의 부모들은 따뜻하고 수용적이어야 되며 유아에게 자신의 놀이활동을 구조화하고 작은 충돌들은 스스로 해결할 수 있도록 자유를 허용하는 반면, 사회적 규칙을 지키며 놀고 있는가를 보기 위해 또래의 상호작용을 간접적으로 지켜보는 것이 바람직하다. 확실히 따뜻함, 민감성과 적당한 통제는 이미 부모의 양육방법에서 보았던 권위 있는 양육 유형과 일치한다. 권위 있는 부모의 양육방법인 아동의 행동을 통제하기 위하여 강압적인 방법보다는 귀납적인 설명을 사용하는 양육방법이 또래들을 향한 자녀의 친사회적 행동을 증가시키고 반사회적 행동은 감소시킨다. 또 또래들로부터 수용이 되고 인기가 있을 가능성도 높여 준다. 반면에 매우 권위주의적인 부모의 양육방법인 강압적인 방법을 자주 사용하는 부모의 자녀들은 적대적 귀인 편견을 가지게 되며 또래들과의 상호작용에서 공격적으로 되고 또래들로부터 거부당할 가능성이 높아진다(MacKinnon-Lewis et al., 1994).

4) 또래수용과 인기도

또래수용
peer acceptance
또래들이 좋아하고 호감을 느끼는 정도

또래수용이란 한 아동에 대하여 다른 또래들이 받아들이고 존경하거나 호감을 느끼는 정도를 가리킨다. 또래수용은 사회측정법이라는 자기 보고법을 통해서 평가된다. 사회측정법이란 아동들에게 자신들이 좋아하는 또는 싫어하는 또래들을 지명하도록 요구하거나 사회적 친구로 함께 놀고 싶은 정도를 평가하도록 하는 방법이다(Terry & Coie, 1991).

사회측정법
sociometric techniques
아동들에게 자신들이 좋아하거나 싫어하는 또래를 묻거나 친구로 함께하고 싶은 정도를 평가하도록 하는 또래수용 측정법

이 방법에 의한 자료를 분석했을 때 아동들을 다음과 같은 몇 가지 분류로 나누는 것이 가능하다.

- 인기아동 : 많은 아동들이 좋아하고 싫어하는 아동들은 적다.
- 거부된 아동 : 많은 아동들이 싫어하고 좋아하는 아동들은 적다.
- 무관심 아동 : 싫다, 좋다로 지명되는 경우가 거의 없으며 또래들에게 거의 보이지

않는 것처럼 되어 있는 아동

■ **인기 · 거부가 모두 높은 아동** : 많은 아동들이 좋아하나 싫어하는 아동들도 많다.

일반적으로 초등학교 학급의 2/3 정도가 이 네 가지 분류에 속하는 아동들이다. 나머지 1/3은 평균적 지위의 아동들로서 그렇게 많지도 적지도 않은 수의 또래들이 좋아하거나 싫어하는 아동들이다(Coie, Dodge & Coppotelli, 1982). 거부된 아동과 무관심 아동은 또래수용이 낮은 아동들이다. 그러나 또래들로부터 무관심의 대상이 되는 것은 거부되는 것만큼 나쁘지는 않다. 무관심 아동들은 거부된 아동들만큼 외로워하지 않는다(Crick & Ladd, 1993). 무관심 아동들은 새 학급에 들어가거나 새로운 놀이집단에 들어간다면 더 우호적인 사회측정적 지위를 획득할 가능성이 거부된 아동들보다 크다. 더욱이 거부된 아동들은 반항적이고 반사회적 행동과 다른 심각한 적응문제를 일으킬 위험의 소지가 크다(Morison & Masten, 1991).

거부된 아동들은 다시 두 집단으로 나눌 수 있는데, 하나는 공격적 거부 아동으로 매우 높은 공격성과 부적절한 공격성을 보인다. 다른 한 집단은 비공격적 거부 아동으로 불안하고 사회적 기술이 부족하며 또래 접촉을 피하는 아동들이다.

공격적 거부 아동들은 많은 경우 다른 아동의 행동을 적대적으로 잘못 해석하며 심한 행동장애를 일으킬 가능성이 높다(Bierman, Smoot & Aumiller, 1993). 이들은 만성적으로 적대적이고 반사회적이고 폭력적 범죄행동을 나타내거나 청년기와 성인기에 다른 문제 행동을 보일 위험성이 크다. 반면에 비공격적 거부 아동은 일반적으로 위축되어 특이한 행동을 보이지 않으나 또래 집단의 기대에 둔감하며 놀림에 대하여 과민반응을 보이기도 한다(Rabiner, Keane & MacKinnon-Lewis, 1993).

많은 비공격적 거부 아동들은 또래들로부터 떨어져 있어 특히 외롭게 느끼고 자아존중감이 매우 낮으며 우울증과 다른 정서적 장애를 경험할 위험이 크다(Hymel, Bowker & Woody, 1993). 더욱이 또래들이 이들 비공격적 거부 아동들을 얕잡아 보고 괴롭히는 대상으로 생각할 수가 있다. 따라서 비공격적 거부 아동들은 심각한 따돌림을 당하는 위험을 갖고 있다.

또래들에 의해 수용, 거부 또는 무관심의 대상이 되는 이유는 무엇일까? 또래들 사이에서 아동의 인기도에 영향을 미치는 요인으로 우선 부모 양육 유형을 들 수 있다. 아동의 행동을 지도하는 데 힘을 사용하기보다는 설명에 의존하는 따뜻하고 민감한 권위 있는 부모는 자녀를 성인이나 또래가 좋아하는 아동으로 키우는 경향이 높다. 반면에

인기아동
popular child
또래집단의 많은 구성원이 좋아하고, 싫어하는 구성원은 매우 적은 아동

거부된 아동
rejected child
많은 또래가 싫어하고 극소수만이 좋아하는 아동

무관심 아동
neglected child
또래에게 선호 혹은 혐오 아동으로 지명이 되는 경우가 거의 없는 아동

인기 · 거부가 모두 높은 아동
controversial child
좋아하는 또래들도 많으나 싫어하는 또래들도 많은 아동

매우 전제적이거나 독재적인 또는 양육에 몰입하지 않는 부모들은 강압적인 방법으로 아동을 통제하여 이들 부모의 자녀들은 퉁명스럽고 비협조적이며 공격적으로 되어서 또래들이 좋아하지 않는다.

체격이나 성숙속도와 같은 신체적 요인 또한 또래수용에 영향을 미친다. 강건하거나 운동가와 같은 체격을 갖춘 아동들은 깡마르거나 뚱뚱한 아동들보다 더 인기 있는 경향을 보인다. 또 남아들은 더 일찍 성숙한 아동들이 성숙이 늦은 아동들보다 인기가 있다. 얼굴모습도 영향을 미치는데, 6개월 된 영아들까지도 매력적인 얼굴과 매력적이지 않은 얼굴을 쉽게 구별할 수 있다(Langlois et al., 1991). 또 12개월 영아들이 벌써 매력이 없는 낯선 사람보다는 매력 있는 낯선 사람과 상호작용하기를 선호한다(Langlois, Roggman & Rieser-Danner, 1990). 유아기에는 교사와 또래들이 매력이 없는 유아들보다 매력적인 유아들을 더 우호적으로 기술하는 경향을 보인다(Langlois, 1986). 그리고 초등학교 이후에도 매력 없는 아동보다 매력 있는 아동들이 일반적으로 더 인기가 있다(Langlois, 1986).

인지능력도 영향을 미쳐 인기 있는 아동들은 역할수행 기술이 잘 발달되어 있으며 동시에 학업성취가 높고 지능검사에서도 높은 경향을 보인다(Bukowski et al., 1993). 또 출생순위가 아래 있는 아동들은 위의 형제들과 협상하는 것을 배워야만 하기 때문에 맏이보다 더 인기 있는 경향을 보인다.

이상에서와 같이 신체적 특성과 인지적 능력, 학업성취 및 체격 등이 또래수용에 영향을 미치지만 아동의 행동을 또래들이 적절하지 않거나 반사회적이라고 생각한다면 그 아동이 아무리 머리가 좋고 매력적인 아동이라도 인기가 없을 수가 있다(Dodge, 1983). 그렇다면 어떠한 행동적 특성이 아동의 인기도에 영향을 미치는가? 여러 연구결과, 인기 있는 아동들은 일반적으로 비교적 조용하고 사교적이며 친절하고 상호작용을 성공적으로 선도하고 유지할 수 있는 특성을 갖고 있다(Coie, Dodge & Kupersmidt, 1990). 다시 말하면, 이들은 친사회적 행동을 보이는 따뜻하고 협동적이며 관용적인 특성을 많이 보이는 반면, 공격적이고 파괴적인 특성은 거의 보이지 않는 아동들이다.

반면에 무관심한 아동들은 많은 경우 수줍고 위축된 특성을 보인다. 이들은 말이 적고 다른 아동들에 비해 놀이집단에 끼어들려는 시도를 적게 하며 다른 사람들로부터 관심을 일으키는 경우가 거의 없다. 그럼에도 불구하고 이들 무관심 아동들이 보통 아동들보다 사회적 기술이 부족하다거나 사회적 관계에서 더 외롭다거나 더 고민스러워

하지 않는다(Cassidy & Asher, 1992). 이 아동들의 위축된 행동은 또래집단으로부터 배척이나 따돌림 때문이라기보다는 자신의 사회적 불안과 자신이 사회적 기술이 부족하다는 믿음에 기인하는 것 같다.

거부된 아동들은 또래들을 괴롭히거나 화나게 하는 여러 가지 특성을 보인다. 공격적 거부 아동들은 다른 또래들을 지배하거나 통제하려는 시도를 많이 한다. 이들은 비협조적이고 또래집단 활동을 비판하며 친사회적 행동은 거의 보이지 않는 방해꾼인 경우가 많다(Parkhurst & Asher, 1992). 반면에 비공격적 거부 아동은 또래를 지배하려는 시도는 없고 오히려 위축되어 보인다. 그러나 이 아동들은 민감하고 과민해서 협조하기를 거절하는 등 또래들을 자극한다(Bierman, Smoot & Aumiller, 1993).

이렇게 또래 인기도는 여러 요인에 의해 영향받는다. 체격, 매력 있는 얼굴과 학업기술이 도움이 될 수가 있으나 사회적 인지 기술과 사회적으로 유능한 행동특성이 무엇보다 중요하다. 바람직한 사회적 행동의 정의는 문화마다 다를 수 있고 시대에 따라 변화한다. 예를 들어, 수줍은 아동들은 캐나다에서는 인기가 없으나 중국에서는 인기가 있을 수 있다(Chen, Rubin & Sun, 1992). 인기요소는 또한 연령에 따라 변화한다. 청소년기에는 이성과의 친밀한 관계를 형성하는 것이 인기도를 높이지만 아동기 때는 그와 같은 행동은 성분리 규준에 어긋남으로써 인기도를 떨어뜨리게 된다(Sroufe et al., 1993). 한마디로 맥락적 요인들이 인기도에 큰 영향을 미친다.

5) 우 정

아동들은 또래 관계가 발달하면서 여러 또래들을 만나게 되고 또래 중의 한두 명 또는 몇몇 또래들과 친밀한 유대감으로 우정을 형성하게 된다. 아동들도 '친구란 무엇인가?' 에 대하여 상당히 일관된 생각을 갖고 있다.

8세 전에는 친구의 주요 기준이 공유된 활동이다. 자기를 좋아하고 유사한 종류의 놀이활동을 즐기는 사람을 친구로 간주한다. 그러나 8세가 되면 사회적 조망 기술이 생기면서부터 심리적으로 유사하며, 충실하고 협조적이어서 믿을 수 있고, 타인의 감정과 요구에 민감한 사람을 친구로서 보기 시작한다(Pataki, Shapiro & Clark, 1994). 청소년들도 충실성과 공유된 심리적 특성을 친구의 특성으로 생각하지만 이 시기의 친구의 개념은 정서적 상호몰입에 초점이 맞추어진다. 즉, 서로의 감정을 진정으로 이해하고 서로의 단점을 수용할 수 있으며 서로가 깊숙한 생각과 감정을 기꺼이 공유할 수 있는 사람을 친구로 간주한다.

1~2세 어린 나이의 영아들도 좋아하는 놀이상대에 대해서는 다른 놀이친구와는 다르게 반응한다(Hartup, 1992). 예를 들어, 단순히 아는 영아와는 달리 애착을 느끼는 영아에 대해서는 보다 많은 애정과 인정을 나타내며 좀 더 발달된 형태의 가상놀이를 하게 된다. 2세 이후가 되면 이들 유아들 사이에서 처음으로 친사회적 행동이 나타난다. 예를 들어, 3~6세아들은 일반적으로 친구에게 도움이 된다면 재미없는 일을 하기 위하여 자기가 좋아하는 놀이를 기꺼이 포기하기도 한다(Kanfer et al., 1981). 또 어린 유아들은 그냥 아는 사이보다는 친구의 고통에 더 크게 공감반응을 나타내며 고통을 덜어주려는 반응을 보인다(Farver & Branstetter, 1994). 따라서 유아기 아동들이 아직 친구란 개념을 말로는 표현하지 못하지만 이들도 상호간에 염려해 주고 정서적 지원을 보이는 것으로 우정을 표현한다.

우정이 있다고 해서 친구들이 절대로 다투지 않는다는 것은 아니다. 친구들도 단지 아는 관계에서의 또래에서만큼 많이 다툰다(Hartup et al., 1993). 그러나 나이든 아동들의 경우, 친구들 간에서의 의견불일치는 단지 아는 사이에서의 의견불일치 때보다 갈등이 된 견해에 대하여, 서로 충분히 설명이 이루어진다. 따라서 친구 간의 불일치의 경우, 서로에게 타협할 수 있는 능력은 물론 역할수행 기술의 발달을 증진시킬 수 있는 정보를 제공한다.

친구관계의 우정은 얼마나 계속될까? 유아기 아동들도 상당히 안정된 우정관계를 갖고 있다(Howes, 1988). 예를 들어, 몇 년 동안 같은 유아원에 다닌 유아들의 경우 1년 이상을 같은 유아와 가까운 친구로 지내는 경우가 흔히 있다. 아동기에는 가까운 친구관계가 상당히 오래 지속된다. 청년기에 가까워질수록 친구관계망의 크기는 감소하는 경향을 보인다(Berndt, Hawkins & Hoyle, 1986). 이와 같이 친구관계망이 좁혀지는 것은 우정관계가 깊어지고 친구관계의 의무인 깊은 정보의 교환과 정서적 지원을 인식하게 되면서 소집단의 매우 친밀한 친구의 망을 유지하는 것이 더 쉽기 때문이라고 보여진다.

2. 학교

가정을 떠나 아동들이 만나는 공식적인 기관으로서 학교만큼 아동에게 영향을 미치는 곳은 없을 것이다. 학생들은 많은 지식과 학업 기술을 학교에서 배우게 된다. 뿐만 아니라 학교교육은 아동들에게 여러 가지 규칙이나 일을 처리해 가는 방법, 그리고 문제해결 기술을 가르친다. 따라서 다른 종류의 정보처리에 응용할 수 있는 인지능력과 인지과정 자체에 대한 인식을 증가시키는 상위인지 성장을 증진시킨다(Ceci, 1991). 초등학교 입학을 1년 단위의 나이로 자르기 때문에 한 연구에서 학교에 들어간 아동들과 학교에 들어가지 못하고 유치원에 남게 된 아동들을 1년이 지난 후에 비교해 보았다. 그 결과 거의 같은 나이인데도 학교에 들어간 학생이 유치원에 남아 있던 아동들보다 기억, 언어 및 읽기 기술이 월등하게 앞서 있는 것을 발견할 수 있었다(Varnhagen, Morrison & Everall, 1994). 또 이스라엘 초등학교 4, 5, 6학년 아동들을 연령이 같은 한 학년 아래인 아동들과 비교했을 때 여러 가지 인지검사에서 더 높은 수행을 보였다(Cahan & Cohen, 1989). 따라서 지적 수행이 학교교육을 받은 기간에 의해 영향을 받고 있다는 것을 알 수가 있다.

상위인지 metacognition
인지과정과 인지활동에 관련된 전반적 사항에 관한 지식

학교교육은 인지적 · 학업적 기반을 제공할 뿐만 아니라 아동들이 그들이 살고 있는 문화에 어떻게 맞추는가를 가르쳐 준다. 예를 들어, 학교에서는 학생들이 규율을 따르고 급우와 협력하고 권위를 존중하며 바람직한 시민이 되기를 기대한다. 또 또래들의 영향은 학교와 관련된 활동 맥락 속에서 일어나며 아동들이 다니는 학교 분위기와 아동들의 학교경험의 질에 의존한다.

따라서 학교는 아동들에게 지식을 전하고 직업과 경제적 독립을 준비하도록 돕는 것뿐만 아니라 아동의 사회적 · 정서적 발달을 돕는 사회화의 대행자로 생각하는 것이 적절하다.

1) 효과적인 학교교육요인

효과적인 학교는 학업성취, 사회적 기술과 학습에 대한 긍정적인 태도를 증진시키고 학생들이 직업을 갖고 유지할 수 있는 기술을 가르치는 기관이다.

Rutter와 그의 동료들(1979)은 런던의 중 · 하류층 가정의 자녀들이 주로 다니는 12개의 고등학교를 대상으로 광범위하게 면접과 관찰조사를 하였다. 학교에 들어가자마자 학생들은 학업성취 검사를 받았고 학교를 마칠 무렵에 다시 학업성취 평가를 받았다. 또 출석기록과 교사평가를 첨가하여 자료를 분석한 결과, 12개의 학교가 그 효율성에서 명백하게 차이를 보였다.

좀 더 나은 학교의 학생들은 문제행동이 적었고 출석률과 학업성취도 높았다. 더욱이 처음에는 학업성취가 낮았던 아동들이 좀 더 나은 학교에 다님으로써 학교 졸업 무렵에는 비효율적인 학교에 다니는 학업성취가 높은 아동들만큼 학업성취가 좋아졌다(Hill, Foster & Gendler, 1990). 따라서 아동이 어느 학교를 다니느냐는 커다란 차이를 만들 수 있다. 그렇다면 효과적인 학교교육에 기여하는 요인은 무엇일까? 다음과 같은 특성들이 지적되고 있다(Reynolds, 1992).

(1) 학업강조

학교교육이 효율적인 학교는 뚜렷한 학업목표를 갖고 있다. 학생들에게 정기적으로 숙제를 부과하고 숙제를 해왔는지 확인하며 내용을 수정해 주고 틀린 부분을 학생들과 토의한다.

효율적인 중등학교에서는 모든 학생들이 학습목표에 도달하는 데 자유를 허용하기보다는 기본적이거나 핵심적인 교과내용을 완전히 습득하도록 요구한다. 교사는 학생들에게 많은 것을 기대하고 수업준비와 적극적으로 가르치는 데 많은 시간을 할애한다.

(2) 학급관리

효율적인 학교에서는 교사들이 교구를 만들고 행정적인 문제를 처리하는 데는 시간을 거의 소모하지 않는다. 수업은 정각에 시작하고 정각에 끝난다. 학생들한테는 기대되는 것이 무엇인지를 정확히 알리고 학업수행에 대한 성과를 명확하고 분명하게 알려주는 귀환정보를 준다.

학업 분위기는 편안하여 모든 학생들은 자신의 능력을 최대한 발휘할 수 있도록 격려를 받으며 많은 칭찬을 통해 학업수행에 대한 인정을 받는다.

(3) 훈 육

효율적인 학교의 교사들은 규율을 지키게 하는 데 엄하며 잘못한 경우에 교장실로 보내거나 하지 않고 즉석에서 훈육한다. 교사는 무단결석이나 비행에 대해서 학급 분위기를 긴장시키는 신체적인 벌은 거의 사용하지 않는다.

(4) 집단작업

효율적인 학교는 팀으로 일을 할 수 있는 교사집단이 있다. 이들은 적극적이고 유능한 지도력을 갖고 있는 교장의 지도 아래 함께 교과과정의 목표를 계획하고 학생들의 발전상황을 점검한다.

결론적으로 효율적인 학교 환경은 편안하나 학업적 성공이 기대되고 학생들에게는 학습하고자 하는 동기가 부여되는 바람직한 환경이다.

2) 학생과 학교 간의 조화의 적합성

효율적인 학교를 만드는 데 또 하나 주목할 점은 학생의 특성과 학교의 특성이 상호작용하여 학생의 성과에 영향을 미친다는 점이다. 이러한 현상을 Cronbach와 Snow(1977)는 적성처치 상호작용이라 불렀다. 과거에는 특정 교수법이나 특정 교육철학이 학생 개개인의 능력, 인성 또는 문화적 배경에 관계없이 모든 학생에게 가장 효과적일 수 있다고 생각되었다. 그러나 최근에 와서는 모든 학생에게 효율적인 방법은 없고 학생에 따라 효과에 차이가 날 수 있다는 것이 알려져 왔다. 따라서 효율적인 교육이 되기 위해서는 학습자와 교육기관 간의 적합성이 있느냐를 보는 것이 중요하다. 예를 들어, 교사는 높은 능력의 학생들에게 높은 수행기준을 제시하고 이를 도전하도록 요구하며 빠르게 진보를 보이도록 함으로써 최대의 성취를 기대한다. 반면 능력이 떨어지고 실조된 환경 속에 있는 학생들에게는 학업성취와 진보를 요구하고 도전적으로 되기를 바라기보다는 따뜻하게 격려해 줌으로써 동기를 유발시키는 방법이 더 효과적이다.

> **적성처치 상호작용 aptitude treatment interaction**
> 학교교육과 학생의 특성 간의 상호작용적인 현상으로 어떤 학생들에게는 효율적이나 다른 학생에게는 그렇지 않은 것과 같은 교육적 결과를 가져오는 현상

학생과 학급환경 간의 조화의 적합성은 효율적인 학교교육의 결정적인 측면(Lerner et al., 1989)이므로 개별적인 교육으로 학생의 문화적 배경, 개인적 특성 및 발달적 요구에 맞는 교육이 성공할 가능성이 매우 높다.

3. 텔레비전

현대생활에서 텔레비전은 생활의 필수품이 되었다. 텔레비전은 거의 모든 가정에서 보유하고 있으며 아동들도 많은 시간을 텔레비전을 보는 데 보내고 있다. 미국의 경우 유아기에서부터 아동기에 이르는 아동들이 하루에 평균 2~4시간 텔레비전을 보는 것

으로 보고되고 있다(Huston et al., 1992). 우리나라의 경우도 평일은 약 1.6시간, 주말은 약 4.6시간 정도 아동들은 텔레비전을 시청한다(조복희 · 박혜원, 1994). 이와 같은 많은 시간의 TV 시청은 아동의 인지 · 사회 · 정서발달에 어떠한 영향을 미칠까?

1) 텔레비전의 부정적 영향

(1) 공격성에 미치는 영향

텔레비전 시청시간과 일상생활에서의 공격적 행동이 정적 상관을 나타낸다는 사실은 유아, 아동, 청년과 성인에서 모두 보고되어 왔다(Liebert & Sprafkin, 1988). 더욱이 종단적 연구(Huesmann, Lagerspitz & Eron, 1984)에서는 텔레비전의 폭력성과 개인의 공격성이 상호작용하는 것으로 나타났다. 다시 말해서 폭력물을 다룬 텔레비전 시청이 아동의 공격성향을 증가시키고, 증가된 공격성향이 공격적 프로그램에 대한 관심을 증가시키고 이것이 더욱 공격성을 촉진하는 결과를 초래한다.

Huesmann(1986)은 어렸을 때 텔레비전의 폭력물 시청 연구대상이었던 소년들이 30세가 되었을 때 다시 조사한 결과, 8세 때 텔레비전 폭력물에 대한 선호도가 성인이 되었을 때의 공격성을 예언할 뿐만 아니라 심각한 범죄행위와 관련될지의 여부도 예언할 수 있음을 발견하였다.

또한 아동들이 텔레비전에서 관찰한 행동을 실제로 행동으로 옮기지는 않는다 하더라도 영향을 받을 수가 있다. 예를 들어, 텔레비전 폭력물을 오랫동안 보아왔을 때, 우리가 사는 세계를 대인 간의 문제가 있을 때 공격적인 방법으로 해결하는 폭력적인 세계로 보는 경향을 갖게 될 수가 있다(Comstock & Paik, 1991).

또 텔레비전 폭력물에 장기간 노출되면 폭력에 대하여 아동들은 둔감해질 수 있다. 실생활에서 폭력적 행동에 대하여 정서적으로 둔감해지고 참을 수 있게 된다는 것이다. Thomas와 그의 동료들(1977)은 8~10세 아동을 대상으로 이 둔감가설을 검증하였다. 이 연구에서 피험아동의 반은 폭력적인 탐정 쇼를 시청하도록 하고, 나머지 반은 비폭력적이나 재미있고 흥분되는 배구 시합을 시청하게 하였다. 그 결과, 폭력적인 프로그램을 시청한 아동들은 시청하지 않은 아동들에 비해 실제 생활에서의 싸움에 덜 자극을 받으며 중재하거나 도와주려는 반응도 더 늦게 나타났다. 확실히 폭력물에 대한 노출은 공격적 행동에 대한 정서적 민감도를 낮추어 주위의 공격성에 대하여 묵인

둔감가설
desensitization hypothesis
텔레비전 공격 프로그램을 많이 본 사람은 실제 생활에서 공격성에 대해서 자극을 덜 받고 폭력적 행동에 대해서도 참을성이 많아진다는 가설

하거나 허용하도록 이끌어 준다.

부모들은 텔레비전 폭력물의 시청에서 오는 부적 영향을 줄이기 위하여 아동과 함께 폭력 프로그램을 시청하면서 아동이 이 프로그램을 비판적으로 평가하도록 도울 수 있다. 예를 들어, 아동들이 시청하면서 놓치는 공격자의 반사회적 동기와 의도 그리고 공격적 행동의 결과로서 공격자가 겪게 되는 불행한 결과 등을 부모들이 지적할 수가 있다(Singer & Singer, 1990).

(2) 사회적 고정관념에 미치는 영향

텔레비전의 또 다른 바람직하지 않은 영향은 해로울 수 있는 사회적 고정관념을 아동에게 심어줄 수 있다는 점이다. 예를 들어, 성역할 고정관념적 내용은 텔레비전에서 흔히 볼 수 있으며 텔레비전을 많이 시청한 아동들이 텔레비전을 적게 보는 아동들에 비해 남자 · 여자에 대하여 전통적인 고정적 견해를 갖고 있을 가능성이 높다.

캐나다의 한 격리되어 왔던 마을에 텔레비전이 소개되기 시작하자 소년, 소녀의 성역할 고정화가 급격히 증가하였다(Kimball, 1986). 특히 중산층의 지능이 평균 이상이 되는 여아들이 텔레비전의 성역할 고정관념적 내용에 가장 크게 영향을 받았다(Morgan, 1982).

미국에서는 텔레비전 프로그램 속의 소수민족에 대한 고정관념적 내용이 문제가 되어 왔다. Graves(1975)는 이 문제를 연구하기 위해 백인과 흑인 아동들에게 흑인이 긍정적으로 또는 부정적으로 묘사된 만화를 텔레비전을 통해 시청하도록 하였다. 그 다음 인종 태도검사를 실시한 결과, 흑인이 긍정적으로 묘사된 만화를 시청한 백인 아동과 흑인 아동 모두 흑인에게 더 우호적으로 변화하였다. 그러나 흑인이 부정적으로 묘사된 만화를 시청했을 때는 흑인 아동과 백인 아동에게 각기 다르게 영향을 주었다. 즉, 흑인 아동들은 흑인을 부정적으로 그린 만화를 시청하고도 흑인에게 더 우호적으로 변화한 반면, 백인 아동들은 흑인에 대한 우호적인 태도가 떨어졌다.

따라서 텔레비전에 흑인이 어떻게 묘사되느냐가 흑인이 아닌 다른 인종의 사람들이 갖게 되는 흑인에 대한 태도에 지대한 영향을 미치는 반면, 흑인들에게는 텔레비전에 흑인이 출연되는 그 자체만으로도 흑인에 대한 우호적인 태도를 높이는 데 충분하다고 할 수 있다.

이러한 고정관념을 상쇄할 수 있는 프로그램들이 미국에서 개발되어 그 효과가 검증되었다. 1969년 이후 Sesame Street 프로그램은 아동들에게 아프리카계 미국인과 라틴계 미국인에 대한 긍정적인 태도를 심는 데 기여했다. Gorn, Goldberg와 Kanungo(1976)의 연구에서는 백인 유아들이 소수민족의 유아들을 즐거운 친구로 묘사된 Sesame Street 프로그램을 본 후 놀이활동에서 그 이전보다 비백인계 유아들과 기꺼이 함께 놀고자 하는 것을 발견하였다. Sesame Street 이외에도 소녀와 성인여자들이 남성적 역할을 탁월하게 수행하는 것을 보이는 성역할 고정관념을 없애기 위한 다른 프로그램들도 성공적이었다(Rosenwasser, Lingenfelter & Harrington, 1989). 그러나 이들 프로그램의 효과는 잘못된 믿음을 직접 파헤치는 인지훈련이 함께 수행될 때 확실한 효과가 나타날 수 있다(Bigler & Liben, 1992).

(3) 상업광고로 인한 영향

아동들은 텔레비전 시청을 통해 수많은 광고를 접하게 된다. 장난감, 과자, 즉석식품 등 아동들에게 반드시 바람직한 것만이 아닌 광고를 보게 되고, 아동들은 이것을 부모에게 요구함으로써 갈등이 야기되곤 한다. 9~11세경이 되면 광고의 의도를 이해하게 되고 13~14세경이 되면 광고제품과 광고 전반에 대하여 건전하게 그러나 회의적으로 여러 가지를 검토할 수 있게 된다(Linn, de Benedictis & Delucchi, 1982). 그러나 청소년들까지도 많은 경우 광고에 의해 설득된다. 특히, 제품이 유명인에 의해서 광고되거나 광고가 과장되거나 거짓으로 소개될 경우에도 영향을 받는다(Huston & Wright, 1989). 안전하지 않거나 영양가가 없는 제품의 광고뿐만 아니라 술, 담배 및 약물 등의 광고는 음주, 흡연 및 약의 과용에 대한 위험성을 과소평가하게 하는 결과를 가져올 수 있다(Tinsley, 1992).

텔레비전의 폭력물 이상으로 광고물도 그 영향이 크다고 할 수 있다. 따라서 미국에서는 아동의 텔레비전 프로그램에 광고수효를 제한하는 법을 제정하였을 뿐만 아니라, 좀 더 많은 교육 프로그램을 방영하도록 하고 있다(Zigler & Finn-Stevenson, 1992).

2) 교육적 도구로서의 텔레비전

앞에서 텔레비전의 부정적 영향을 보았지만 텔레비전 프로그램 내용을 잘 구성한다면 아동교육에 효과적인 도구로 활용할 수 있다.

(1) 교육적 텔레비전과 아동의 친사회적 행동

아동교육 프로그램들 중에는 협동, 나누기와 돕기 등의 친사회적 행동을 보이도록 설계된 것들이 있다. 미국의 Sesame Street와 Mr Rogers' Neighborhood가 대표적 예이다. 친사회적 프로그램을 시청한 아동들은 친사회적 경향을 나타낸다(Hearold, 1986). 그러나 아동이 친사회적 프로그램을 단순히 시청하는 것만으로는 효과가 별로 없고 성인이 텔레비전 프로그램에서 학습한 내용을 직접 해보도록 격려하고 실제 상황에서 행동하도록 이끌어 갈 때 효과를 볼 수 있다(Friedrich-Cofer et al., 1979). 따라서 성인들이 대인 간의 갈등을 해결하는 건설적인 방법을 강조하는 프로그램 내용에 아동들이 주의를 기울이도록 이끌어 주면 폭력물로 인한 부정적 영향을 줄이거나 상쇄시킬 수 있다.

(2) 인지발달에 미치는 영향

3~5세 아동을 대상으로 한 Sesame Street는 숫자와 글자를 인지하고 변별하며 사물의 수세기, 순서배열과 분류하기 그리고 간단한 문제해결과 같은 중요한 인지 기술을 가르치고자 노력한다. 이 프로그램은 문화 경제적으로 실조된 환경에 있는 유아기 아동들이 정기적으로 이 프로그램을 시청함으로써 학교에 들어가서 배우게 될 학습에 대한 준비를 갖출 수 있도록 하기 위하여 만들어졌다.

미국의 Educational Testing Service에서는 950명의 3~5세 아동을 대상으로 이 프로그램을 다섯 개 영역에서 평가하였다. 사전, 사후 검사를 통해서 분석한 결과 1주일에 네 번 이상 시청한 아동들이 전체적인 인지적인 능력이 가장 크게 향상되었다. 이 프로그램은 나이 어려서 시청한 경우, 예를 들어, 5세 때보다는 3세 때에 시청한 것이 인지발달을 더 많이 향상시킨다는 것을 발견하였다. 그 이유는 3세 아동이 시청을 시작할 때 알고 있는 것이 적어서인지 또는 인지발달이 연령이 어릴 때 더 크게 일어나기 때문인지는 몰라도 5세 아동보다 더 크게 향상되었다(Liebert & Sprafkin, 1988). 또 Sesame Street를 정기적으로 시청한 유아기 아동들이 어휘와 읽기 준비도가 상당한 수준으로 향상되었다.

이상에서와 같은 긍정적인 영향에도 불구하고 텔레비전의 교육 프로그램에 대해 가장 자주 지적되는 비판 중의 하나는 시청자가 된 아동이 지식을 능동적으로 구성하는 입장이라기보다는 정보를 일방적으로 그리고 수동적으로 수용하는 입장으로 되기 쉽다는 점이다. 따라서 텔레비전을 너무 많이 시청하는 경우, 오히려 아동의 호기심을 둔하게 만들 수 있기 때문에 성인의 지도를 받아서 능동적으로 상상활동을 하면서 시청할 때 긍정적인 결과를 가져올 수 있다(Singer & Singer, 1990).

Sesame Street가 실조된 환경의 유아기 아동들과 유리한 환경의 또래들과의 인지적 격차를 줄이기 위한 것이 일차적 목적이었지만 실제로 이 프로그램을 많이 보는 아동들은 오히려 유리한 환경의 아동들이었다. 그러나 최근의 연구에서는 실조된 환경의 아동들도 유리한 환경의 아동들만큼 이 프로그램을 자주 시청할 뿐만 아니라(Pinon, Huston & Wright, 1989) 유리한 환경의 또래들과 비슷한 수준으로 학습도 이루어진다고 보고되고 있다. 더욱이 성인의 지도 없이 혼자서 아동이 시청할 경우에도 이 프로그램 시청은 도움이 된다(Rice et al., 1990). 따라서 Sesame Street는 모든 유아기 아동들에게 도움이 되는 가치 있고 교육적인 프로그램으로 생각된다.

정리해 봅시다

1 아동발달에서 또래의 기능과 영향기제를 설명해 보자.

2 또래관계의 발달과정을 설명해 보자.

3 또래수용과 인기도에 미치는 영향요인을 생각해 보자.

4 효과적인 학교교육의 필요조건을 생각해 보자.

5 텔레비전의 부정적 영향과 교육적 활용을 생각해 보자.

PART 6

성인발달과 노화

제6부에서는 전 생애 발달의 후반부인 성인기와 노년기의 발달적 변화를 다루고 있다.

제16장은 성인기 발달 이론과 성인 전기와 중기 동안의 신체, 인지, 사회정서 각 영역에서의 변화를 살핀다. 또한 성인기 발달과업의 성취를 결혼, 일, 여가 등을 통해 더 구체적으로 알아보게 된다. 제17장에서는 노년기에 초점을 맞추어 성공적인 노화의 개념과 노화의 이론 및 인지적 변화를 주요하게 다룬다. 은퇴와 적응을 조명하고 죽음과 비탄에 대해 알아봄으로써 생의 마무리에 대해 생각해 본다.

Chapter 16

성인기 발달

1970년대는 전후 베이비붐 세대가 성인기로 진입함에 따라 전 세계적으로 인구에서 성인이 차지하는 비율이 가장 많아진 시기이다. 이후 이 세대가 노년층으로 이동하는 과정에서 나타난 개인적 · 사회적 변화에 대해 학자들의 관심이 높아졌다. 이러한 맥락에서 발달심리학자들은 아동 · 청소년기에 대한 관심을 성인기와 노년기로 확장시켰으며 노년학, 백세학 등의 새로운 학문 분야가 주목을 받기 시작했다.

Chapter 16

성인기 발달

1. 성인기 발달단계

1) 발달의 전 생애적 접근

아동기와 청소년기의 발달은 주로 양적 · 질적인 증가를 의미한다. '증가' 란 구조와 기능이 완전해지고 정교해지는 것을 포함하는 개념이다. 이에 비해, 성장이 완료된 성인기 발달은 정점에서 아래로 내려가는 하향적 변화로 생각하는 경우가 많다. 발테스(Baltes, 1987)는 성인기 이전의 증가와 이후의 감소로 발달을 이분화시키는 데 의문을 제기하고 새로운 발달적 관점을 다음과 같이 여섯 가지로 제시하였다.

- 발달은 요람에서 무덤까지의 전 생애를 거쳐 일어난다.
- 발달은 획득과 상실을 포함한다. 유아의 비현실적 상상력이나 자신감이 나이 들어가면서 감소하는 것은 아동기에도 상실이 일어날 수 있음을 보여 주는 예이다. 그림 16-1에서 보는 것처럼 발달단계에 따라 전체적인 발달특성의 획득과 상실의 비율은 달라진다.
- 발달은 다차원적, 다방향적, 다원인적으로 일어난다. 발달적 변화는 신체, 인지, 사회관계의 여러 분야에서 일어나며 변화의 속도와 원인도 다양하다.
- 발달에는 가소성이 있다. 성인기보다는 아동기에 변화 가능성과 폭이 넓긴 하지만 발달적 특성은 환경과 경험에 따라 언제든지 변화할 수 있다.

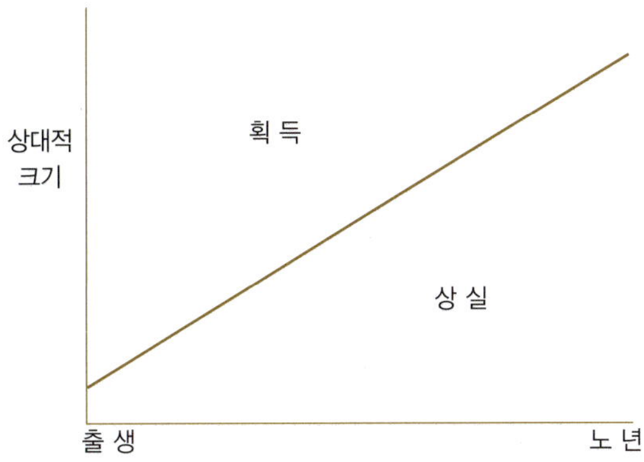

그림 16-1 전 생애 발달 : 획득-상실의 비율
출처 : Baltes(1987)에서 인용

- 발달은 특정한 역사 · 문화 · 사회적 맥락에 영향을 받는다. 따라서 한 개인의 전 생애를 이해하기 위해서는 같은 시기에 태어나서 비슷한 역사적 사건을 경험한 동년배 집단의 특성을 살피는 것이 필요하다.
- 발달심리학은 다학문적 특성을 가진다. 사회학, 인류학, 생물학, 신경과학 등 여러 학문들이 발달의 개념을 설명하는 데 지속적으로 기여하고 있다.

이러한 특성들 때문에 성인기 동안 나타나는 발달적 변화를 아동기와 관련하여 일관성 있게 기술하기는 어렵다. 특히, 성인기에는 오랜 기간 지속된 개인 내적 특성과 맥락적 특성의 상호작용으로 아동청소년기에 비해 개인차가 증가하는 경향이 있다.

2) 성인기 발달단계

일반적으로 청소년기 이후부터 결혼하여 어린 자녀가 있는 30대 후반까지를 성인 전기로 보며, 40~50대를 성인 중기, 신체적 노화가 본격화되는 60대 이후를 성인 후기로 구분한다. 그러나 현대 사회에 오면서 평균 수명의 증가와 균형 잡힌 건강 관리로 노년층이 늘어남에 따라, 성인 후기를 신체 기능상 중년과 큰 차이가 없는 55세~80대 초반의 젊은 노인기(the young-old)와 주변의 돌봄이 필요한 80대 중반 이후의 고령기(the old-old)로 구분하게 되었다(Neugarten, 1974).

개인의 발달 정도를 나타내는 연령의 기준은 앞에서 제시한 일반적 생활연령 외에도 여러 가지가 있다. 생활연령은 출생일을 기준으로 하며 생리적 연령은 신체의 기능과

생활연령
chronological age
태어난 이후 현재의 시점까지 지나간 날수를 기준으로 계산하는 연령으로 연대기적 연령이라고도 함

건강상태를 기준으로 한다. 심리적 연령은 주관적 인식, 사회적 연령은 사회 경험의 양을 기준으로 하여 연령을 제시한다(Schroots & Birren, 1990). 예를 들어, 같은 해에 30세가 된 두 사람 중 A는 20세부터 10년간 직장 생활을 해왔고 B는 1년 전에 처음 직장을 가진 신입 사원이라고 가정해 보자. 두 사람은 모두 30세의 동갑으로 생활연령은 같으나 직장에서 사회 경험을 더 오래한 A가 B보다 사회적 연령이 더 높다.

각 사회마다 특정 연령에 적합한 행동과 경험을 규정하고 있으며 적령기란 대부분의 동년배가 연령 규준에 맞는 경험을 하는 시기를 말한다. 뉴가르텐과 뉴가르텐(Neugarten & Neugarten, 1987)은 연령 규준에 기초해서 생의 특정 시기에 각 개인이 경험해야 할 인생 과업을 알려 주는 '사회적 시계'가 있다고 하였다. 사회적 시계는 직업을 구해야 할 시기, 결혼을 해야 할 시기, 아이를 낳아야 할 시기 등을 암묵적으로 알려 준다. 하지만 최근 사춘기가 10대 초반으로 앞당겨지고 60대를 노년으로 보지 않는 사회적 분위기가 보편화되면서 사회적 시계를 구성하는 연령과 연령 규준의 의미가 모호해지는 추세이다. 따라서 현대 사회에서는 '반드시 무엇을 해야 하는 연령'을 명확하게 규정하기 어렵다.

사회적 시계
social clock

전 생애 동안 어떤 규범적 사건을 경험해야 할 시기를 알려 주는 사회적 기준. 사회적 적령기를 제시한다.

2. 성인발달 이론

1) 발달단계 이론

발달과정의 연속성은 전 생애 발달 이론을 다루는 데 중요한 주제이다. 성인발달 이론들은 성인기의 발달적 변화가 아동기부터 지속적으로 누적된 결과인지, 아니면 그 이전 단계와는 질적으로 확연히 다른 것인지에 관심을 가져왔다. 이 책의 앞부분에서 살펴본 에릭슨의 이론은 연속성을 강조하는 입장에서 전 생애 발달단계와 규범적 변화를 설명하였다. 에릭슨은 성인기를 전기와 중기, 후기로 구분하고 각 시기별로 친밀감 대 고립감, 생산성 대 침체성, 자아 통합과 자아 절망이라는 갈등이 있음을 제시하였다. 이처럼 단계 이론의 특성을 가진 성인발달 이론들은 에릭슨이 가정한 발달적 갈등이 성인발달단계에 따라 어떻게 해결되는지 검증하고 성인 이전 시기와의 연속성에 대한 입장을 논의하고 있다.

(1) 베일런트의 적응 이론

Vaillant(1977)는 전도 유망한 청년들이 성인기 동안 어떻게 성공적으로 사회적 적응을 이루어 가는지에 관심을 가졌다. 이를 밝히기 위해 하버드대 남학생 268명을 30년 동안 면접과 질문지법으로 추적 연구하고, 연구 대상이 90대가 될 때까지 후속 연구를 실시하였다. 이후 일련의 종단 연구들을 모두 통합하여 Erikson의 단계를 보완한 성인발달단계를 그림 16-2와 같이 제시하였다(Vaillant 2002).

Vaillant의 연구 결과는 전반적으로 Erikson의 단계를 지지하는 것으로 나타났다. 대부분의 참여자들이 20, 30대에 결혼을 함으로써 친밀감 형성이 성인 전기의 주요 과업이라는 것이 확인되었다. 그러나 30대 성인들은 현실적 목표를 세우고 성공을 위해 가정보다 일에 몰두하였으며 이를 경력 공고화단계라 하였다. 이후 성인 중기에 이르러 직업적 성공과 경제적 안정을 이룬 사람들은 자녀를 양육하고 나이 어린 사람들을 돌보는 데 더 책임감 있는 역할을 수행하였다. 또한 중년들은 성인 후기의 자아 통합과정으로 나아가기 전인 50~60대 초반에 진지하게 삶을 평가하고 미래 목표를 수정하여 생의 의미를 다시 찾고자 하는 경향이 있었다. Vaillant는 이 단계를 의미의 수호자라 이름하였다.

경력 공고화
career consolidation
성인 전기에 직장에서 경력을 강화하는 데 몰두하는 단계

의미의 수호자 keeper of the meaning
노년기 직전 삶을 재평가하고 삶의 목표를 수정하여 생의 의미를 찾고자 하는 발달단계

Vaillant의 설명에 따르면 성인 전기와 중기를 통털어 삶의 질을 가장 크게 결정하는 것은 대인 관계였으며 좋은 대인 관계를 가진 사람들은 중년에 큰 위기감을 경험하지 않는 것으로 나타났다. 성인 후기를 성공적으로 보낸 사람들은 높은 교육수준, 안정적인 결혼생활, 금연과 금주, 적당한 운동 습관 그리고 친밀한 주변인들의 죽음에 대처하는 성숙한 자세를 가지고 있었다.

아동기에 불우하고 정서적 문제가 있었던 사람들의 상당수가 성인기 이후 성공적인 삶을 살고 있었으며 청소년기의 미숙했던 가치관이나 성격적 결함이 성인기에 크게 개선되기도 하였다. Vaillant는 이와 같이 아동기의 발달적 결과가 성인기까지 지속되지 않는다는 사실에 기초하여 아동기의 발달이 성인기까지 결정적 영향을 미친다는

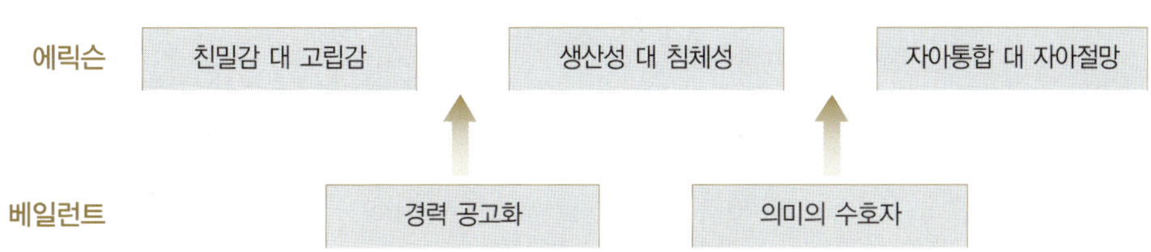

그림 16-2 베일런트의 성인발달단계

데 동의하지 않았다. 또한 전 생애에 걸쳐 사랑과 우정이 행복한 삶의 필수 조건이라고 강조하였다.

(2) 레빈슨의 생애의 계절

Levinson(1978)은 중년 남성을 심층 면접하고 역사적 인물들의 전기와 유명인들의 자서전을 분석한 연구를 통해 성인기의 독자적인 발달단계를 제시하였다. 그의 연구는 자신의 중년기에 대한 개인적 관심에서 시작되었다. 35~45세 남성 40명을 대상으로 2~3개월 동안 각각 10~20시간 동안 면접하고 그들의 아내와 직장 동료를 통해서도 정보를 수집하였다. 또한 2년 후 후속 면접을 실시하였다. 이러한 연구 결과로 나온 것이 그의 저서《남성 생애의 계절(The Season of a Man' s Life)》이다.

그림 16-3에서 보는 것처럼 Levinson의 전 생애 발달은 1년 사계절이 변하는 것처럼 아동청소년기, 성인 전기, 성인 중기, 성인 후기의 네 가지 시대와 각 시대가 시작한 시점으로부터 5년 동안의 과도기(transition)로 구성된다. 약 25년 정도를 주기로 하는

시대 era
약 25년 정도를 주기로 하며 생물학적 · 사회심리적 특성이 뚜렷이 구분되는 각각의 발달 단계

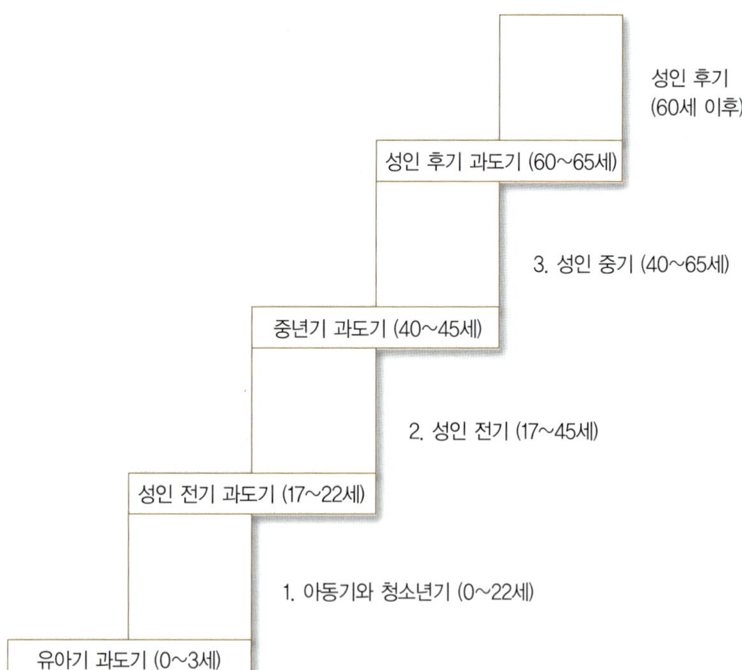

그림 16-3 레빈슨의 남성생애의 시대(era)
출처 : Levinson(1978)에서 인용

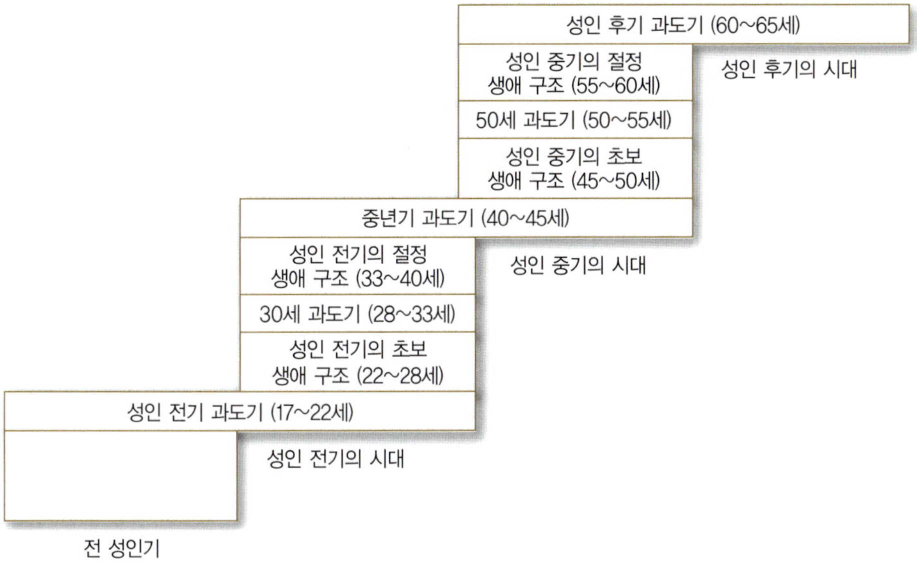

그림 16-4 레빈슨의 전 생애 발달의 하위구조
출처 : Levinson(1978)에서 인용

한 시대는 그 이전 시대와 생물학적 · 사회심리적 특성이 뚜렷이 구분되며 과도기는 삶에 대한 평가와 목표의 재설정이 일어나는 기간이다. Levinson은 생애 구조(life structure)라는 개념을 사용하여 각 발달단계의 특성을 설명하였다. 생애 구조는 특정 시점에서 개인이 선택한 삶의 양식이며 결혼, 가족, 직업, 종교 등 구성 요소에 대한 선택과 이에 수반되는 역할 수행을 포함한다. 각 시대 안에는 그림 16-4와 같이 미숙한 단계에서 완숙한 단계로 나아가는 세 개의 하위 생애 구조가 존재한다. 예를 들어, 성인 전기 내에서 22~28세까지의 기간은 결혼을 하고 직장생활을 시작하는 초보생애 구조, 28~30세는 과도기, 33~40세는 성인 전기 생애 구조가 완성되는 절정기로 볼 수 있다.

생애 구조
life structure
생의 특정 시점에서 한 개인의 삶의 양식. 결혼, 가족, 직업, 종교 등의 선택과 이에 대한 역할수행을 포함한다.

Levinson이 제시한 성인기의 단계별 발달특성은 다음과 같다.

- 성인 전기 과도기(17~22세) : 정체감을 확립하고 부모로부터 독립하여 성인으로 살아가기 위해 준비한다.
- 성인 전기(22~40세) : 삶의 목표를 달성하기 위해 노력하는 시기이다. 취업, 결혼, 출산으로 직장과 가정에서 다양한 역할을 경험한다. 성인 전기의 가장 큰 특징은 꿈과 스승 찾기라는 말로 요약될 수 있다. 직업을 통해 꿈을 실현하고 일생의 역할

모델이 될 수 있는 조언자를 만나는 것이 이후 삶의 방향에 큰 영향을 준다. 30세를 전후한 중간 과도기의 남성들은 자신이 선택한 삶을 되돌아보고 가벼운 회의를 느끼기도 하며 이에 따라 이혼이나 이직 등의 변화를 겪기도 한다. 이를 잘 극복하면 가정과 사회에서 현실적이고 안정적인 생활 양식을 확립한다.

- 성인 중기 과도기(40~45세) : 이 시기에는 노화의 증거가 나타나기 시작하고 삶의 유한성을 깨닫게 되면서 지난 삶을 진지하게 평가하게 된다. 이를 바탕으로 남은 삶을 준비한다. 젊은 시절의 꿈이나 포부에 미치지 못하는 현실의 자아를 깨닫고 상실감과 회의를 경험하는 중년의 위기를 겪기도 한다.
- 성인 중기(45~60세) : 과도기의 위기감을 잘 극복하고 가정 안팎으로 자녀, 후배, 제자를 양육하는 데 중심적 역할을 하는 시기이다. 노력을 기울여 온 직업에서 성공을 거두거나 새로운 직업을 선택하기도 한다. 업무 수행 방식과 배우자 및 자녀와의 관계를 새롭게 조정하여 남은 삶을 준비한다. 오랜 기간 삶의 목표를 성취하기 위해 들인 노력이 결실을 맺는 가장 생산적인 시기이다.
- 성인 후기 과도기(60~65세) : 신체적 노화의 증거가 뚜렷해지고 은퇴와 더불어 사회적 영향력이 줄어든다. 이에 대해 심리적 위축이나 우울감을 경험하기도 하지만 제한된 에너지와 자원을 잘 활용하여 남은 생을 건강하고 즐겁게 살아가기 위한 준비에 많은 시간을 보낸다.

Levinson의 이론은 처음에는 남성만을 대상으로 한 것이었으나 이후 45명의 여성을 면접하여 '여성 생애의 계절(The Season of a woman' s Life)' 을 제시하였다. 남성보다 수명이 긴 여성의 생애는 성인 후기가 다시 전기(60~85세)와 후기(85세 이후)로 나뉘기 때문에 남성의 단계보다 한 단계가 더 많다. Levinson(1996)은 여성들에게는 직업 성취보다 가정에서의 역할 수행이 더 중요한 생애 구조적 요인이며 일과 가정의 조화를 이루는 데 남성보다 더 큰 어려움을 겪는다고 하였다.

(3) 하비거스트의 발달과업 이론

발달과업
developmental task
특정 발달단계에서 개인이 성취해야 하는 주요한 과업

한 개인이 생의 특정 시기에 성취해야 하는 주요한 과업을 발달과업(developmental task)이라 한다. 전 생애 동안의 발달과업은 신체적 성숙과 같은 개인적 차원과 경제적 독립 같은 사회적 차원을 모두 포함한다. Erikson이 다소 모호하고 추상적인 발달적 위기를 가정한 것과 달리 Havigurst(1953 · 1972)는 표 16-1에서 보는 것과 같이 일상 생

>>표 16-1 하비거스트의 성인발달과업

단 계	발달과업
성인 전기 (18~35세)	• 배우자 선택하기 • 결혼한 배우자와 함께 사는 법 배우기 • 가족 구성하기 • 아이 낳기 • 가정 살림 꾸려가기 • 직업 가지기 • 한 시민으로서 책임감 가지기 • 서로 취미가 맞는 사회 집단 찾기
성인 중기 (35~60세)	• 어른으로서 또한 시민으로서 사회적 책임 수행하기 • 생활의 경제적 기준을 확립하고 유지하기 • 청소년 자녀가 책임감 있고 행복한 성인으로 성장하도록 돕기 • 여가활동 개발하기 • 배우자와 인간적인 관계 맺기 • 중년기의 신체적 변화를 받아들이고 적응하기 • 늙은 부모 돌보기
성인 후기 (60세 이후)	• 체력의 감소에 대처하기 • 은퇴 이후의 생활과 줄어든 수입에 적응하기 • 배우자의 죽음에 대처하기 • 동년배 집단과 관계를 확고히 하기 • 사회적 시민의 의무 다하기 • 만족스러운 생활 방식 확립하기

활과 관련된 구체적인 사건을 발달과업으로 제시하고 있다. 발달과업은 시대나 사회적 맥락에 따라 달라질 수 있다. 이 이론은 한 시기의 과업 성취 여부가 개인의 사회적 적응과 밀접한 관계가 있다고 보고 발달의 연속성을 지지하는 입장을 취하고 있다.

2) 핵심 주제 모델

앞서 제시한 단계 이론들과는 달리 몇몇 이론들은 한 특정 발달 주제에 대해 더 심도 깊은 논의를 제시하고 있다. 이와 같은 주제별 이론들은 획일적으로 발달과업 성취 여부를 논의하는 데서 벗어나, 에릭슨의 발달적 주제가 여러 경로를 통해 성취될 수 있음을 제시함으로써 다양하고 변화가 많은 현대인의 삶을 조망하는 데 기여하고 있다.

(1) 생산성의 확장

Erikson의 생산성은 나 자신이라는 테두리에서 벗어나 타인에게 관심을 돌리는 성인 중기의 발달과제이다. Kotre(1984)는 Erikson의 생산성을 확장하여 성인기에 성취하여야 할 다음과 같은 네 가지 생산성을 제시하고 있다.

- 생물학적 생산성(biological) : 임신과 출산
- 양육자적 생산성(parental) : 부모로써 자녀의 양육과 훈육
- 기술적 생산성(technical) : 숙련된 기술의 교육과 전수
- 문화적 생산성(cultural) : 사회문화적 가치의 전수, 멘토십의 발휘

이 중 생물학적 생산성은 주로 성인기에 성취되나 성인기보다 빠른 청소년 후기에 비의도적인 임신으로 나타나기도 하며 자녀가 없는 경우에는 후배나 제자 양성을 통해 기술적 생산성이나 문화적 생산성이 발휘되기도 한다. 이와 같이 생산성은 성인 중기에 국한된 과업이 아니며 가정이나 직장에서만 성취되는 것도 아니다.

한편, Stewart와 Vandewater(1998)는 생산성이 욕구, 유능감, 성취의 세 가지로 구성되어 있다고 가정하고 각각의 구성 요소가 성인발달단계마다 다르게 나타난다고 하였다. 생산적 활동에 참여하기를 갈망하는 생산적 욕구는 성인 전기에 가장 높은 반면, 실제로 생산성에 참여할 수 있는 자신의 능력에 대해 유능감을 가장 크게 느끼는 시기는 성인 중기이다. 그러나 상황과 대상에 관계없이 생산성이 일반적으로 발휘되고 성취되는 시기는 성인 후기라고 보았다.

(2) 생의 회고와 자아 초월

Butler(1968)는 노년기 동안 자아 통합으로 나아가기 전에 '생의 회고(life review)라는 단계가 있음을 가정하였다. 생의 회고를 하는 사람들은 의식적으로 과거의 갈등과 경험으로 돌아가서 그것들을 새로운 시각에서 평가하고 재구성한다. 생의 회고기를 거치고 나면 죽음을 담담하게 수용할 수 있는 자아 통합이 생의 마지막 후반부에 나타난다고 보았다. 실제 생의 회고를 기반으로 하는 노년기 심리 프로그램들은 회고과정이 더 생생하게 삶의 의미를 찾게 해주며 죽음을 준비하고 두려움을 감소시킬 뿐 아니라 심리적 갈등을 치료하고 젊은 시절의 상처를 치료하는 효과가 있다고 보고한다.

> **생의 회고 life review**
> 자아 통합을 이루기 위해 필수적인 과정이다. 의식적으로 과거의 경험과 갈등으로 돌아가서 그것들을 새로운 시각으로 재구성하는 과정을 통해 삶의 의미를 찾는 것

한편, Peck(1968)은 Erikson의 노년기 발달적 위기인 자아 통합을 세분하여 다음과 같이 세 가지 주제로 제시하였다. 첫째는, 자아 분화 대 직업 역할 몰두로 은퇴하고 난

뒤 일에서 벗어나 새로운 가치를 정립하는 과정이 필요하다고 하였으며, 둘째, 노년기 동안 쇠약해진 신체적 능력을 인정하고 좌절에서 벗어나는 신체 초월이 필요하다고 보았다. 그러나 초월을 성취하지 못하였을 때는 신체적 한계에 대한 좌절을 극복하지 못한 신체 몰두가 나타난다고 보았다. 마지막으로, 삶에 대한 관심을 벗어나 죽음을 담담히 받아들이는 자아 초월이 나타나지만 반대로 자아 몰두에 빠진 사람은 생에 대한 집착을 버리지 못하고 죽음을 부인하게 된다고 하였다.

자아 초월
ego transcendence
자기 자신과 삶에 대한 관심, 집착에서 벗어나는 것

3. 신체적 발달

신체적 성장은 청소년 후기부터 점차 둔화되다가 성장 호르몬의 분비가 현저히 낮아지는 성인기에 이르러 한동안 변화 없이 일정한 상태를 유지하게 된다. 개인차는 있지만 대부분의 성인은 25~30세경에 체력, 운동능력, 지구력, 감각능력의 민감성이 최고점에 도달하며 그 이후 노화가 시작된다. 신체적 노화는 성인 중기가 되어서야 눈에 띄는 변화를 감지할 수 있다. 그러나 노화는 유전적으로 정해진 순서와 형태로만 진행되는 것이 아니며 개인적 노력과 현대 의학의 도움으로 그 속도를 늦추기도 한다.

1) 신체 외적 변화

성인기에는 연령의 증가와 함께 체형이 조금씩 변화한다. 척추 디스크가 약화되고 수축되는 40대 이후부터 키가 줄어든다. 근육과 뼈 조직의 밀도가 지속적으로 낮아지면서 50대경에는 팔과 다리가 가늘어지는 체형으로 변한다. 특히, 남성보다 원래 골밀도가 낮은 여성에게 이러한 변화가 더 현저하며, 골밀도와 직접 연관된 에스트로겐의 분비가 저하되는 중년기 여성들은 골다공증에 걸릴 위험이 증가한다(그림 16-5).

중년기에는 신진 대사량의 저하로 인해 증가한 체지방이 팔뚝, 배, 엉덩이 부위로 몰리면서 볼륨 없이 전반적으로 두루뭉실한 체형으로 변화한다. 콜라겐은 피부, 장기, 근육, 뼈에 분포하고 있으며 조직의 탄력성을 갖게 해주는 단백질이다. 체지방의 상실과 함께 콜라겐이 감소하면 피부가 탄력성을 잃고 주름이 생기는 동시에 근육과 관절의 유연성은 저하된다. 인종에 관계없이 성인기에 나타나는 가장 일반적인 신체의 외적 변화는 흰머리와 탈모이다. 흰머리가 생기는 원인에 대해서는 아직 뚜렷이 밝혀지지

콜라겐 collagen
결합 조직의 주성분인 단백질로 피부, 장기, 근육, 뼈에 주로 분포하고 있으며 조직의 탄력성을 유지하는 역할을 함

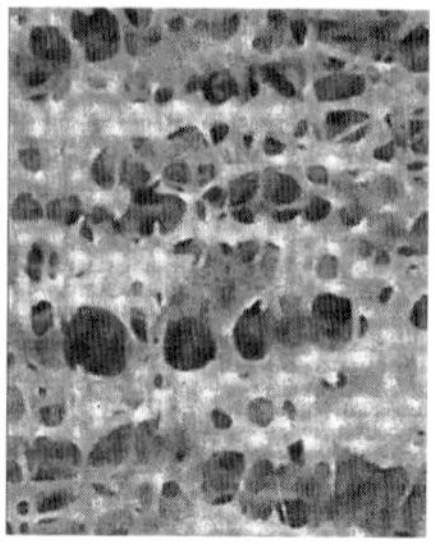

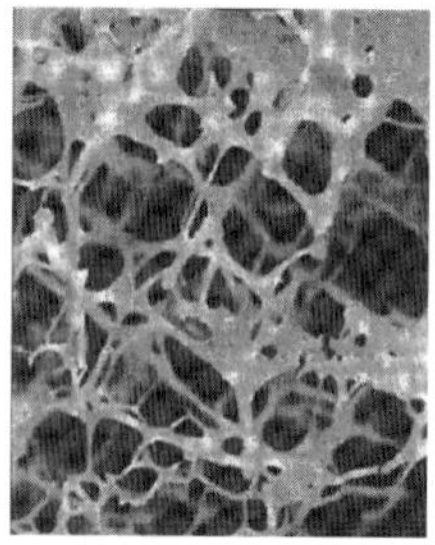

그림 16-5 골밀도의 변화(왼쪽 : 정상, 오른쪽 : 골다공증)

않았지만 멜라닌 세포의 기능 저하 때문으로 보고 있다. 흰머리는 성인 전기에도 나타날 수 있지만 노화를 심리적으로 받아들이는 데 가장 큰 영향을 미친다.

2) 신체 내적 변화

성인기에는 신체적 기능이 변화한다. 감각능력은 성인 중기 이후부터 점차 감소된다. 중년기 이후부터는 수정체의 조절 기능이 떨어지면서 노안을 비롯해 백내장이나 각종 망막질환이 증가한다. 남성의 경우 청각 기능의 손실이 여성보다 빠르게 나타난다. 미각과 후각의 예민성도 조금씩 감소되지만 다른 감각에 비해 성인 후기까지 그대로 유지되는 편이다. 짠맛이나 쓴맛에 비해 단맛이나 신맛에서의 변화는 거의 없다. 미각이 둔화되면 이전보다 짜게 먹는 경향이 나타나며 기호식품에도 변화를 보인다.

성인 중기 이후에는 신체에 산소와 영양을 공급하는 순환계와 호흡계의 기능 저하가 일어난다. 신체 폐활량은 30~80대까지 서서히 감소되어 노년기에는 성인기의 50% 정도에 머무르게 되는데, 이러한 현상은 폐 조직이 노화됨에 따라 탄력성을 잃어버리기 때문이다. 그러나 심장은 자연적으로 노화되는 것보다 각종 질환에 의해 기능을 잃는 경우가 더 많다.

내장 기관의 이와 같은 기능적 변화의 원인에 대해서는 여러 학설이 존재한다. 중년기 이후 순환기, 호흡기, 소화기질환이 현저히 증가하는데, 이는 연령에 따라 정상적으로 일어나는 세포 조직의 노화와 기능 저하라기보다 면역 체계의 변화가 더 많은 영향을 주는 것으로 알려져 있다. 특히, Arking(1991)은 외부로부터 침입하는 바이러스나 단백질에 대항하여 싸우는 T-Cell이 연령의 증가에 따라 새로운 감염원에 저항하는 힘이 약해지기 때문에 중년기에 각종 성인질환이 나타난다고 하였다.

3) 생식 및 성적 능력의 변화

전 생애 동안 인간은 성선 기능과 관련된 전환기적 변화들을 몇 차례 경험한다. 청소년기의 이차 성징과 성인 중기의 갱년기(climacteric period)가 그 예이다. 갱년기는 생식 기관의 쇠퇴로 생식 능력이 없어지는 시기이며 이를 기점으로 신체적 노화가 가속화된다. 이전에는 갱년기가 폐경을 경험하는 여성에게만 해당하는 것으로 여겨져 왔으나 최근에는 남성도 신체적 · 심리적으로 갱년기를 겪는다고 보고되고 있다.

갱년기
climacteric period
생식 기관이 쇠퇴하여 생식 능력이 없어지는 시기. 폐경은 대표적 갱년기 증상

(1) 여성의 갱년기

난소의 기능 쇠퇴로 여성호르몬인 에스트로겐의 분비가 급격히 감소되어 월경이 중지되는 폐경이 나타난다. 폐경기는 대부분 50대 초반이지만 40대 이전에 조기 폐경이 나타나는 경우도 있다. 폐경은 점진적으로 이루어진다. 처음에는 월경이 불규칙해지다가 완전히 중지되는 데 2~7년 정도가 걸린다. 성호르몬의 감소로 유방과 자궁 조직의 밀도와 탄력성이 저하되며 자궁과 난소가 작아지고 질이 짧아진다. 이러한 변화는 성 기능과 만족감에 영향을 주기도 한다. 여성에게는 생식 기관의 변화와 더불어 표 16-2와 같은 신체적 · 심리적 증상이 수반되는 경우가 많다. 예를 들어, 폐경이 된 후에도 월경 주기를 전후하여 체온이 갑자기 상승하고 얼굴이 화끈거리거나 땀이 나는 번열증이 나타난다. 약 10% 정도의 여성은 일상 생활이 불가능할 정도의 화끈거림을 경험하

번열증 hot flashes
체온이 갑자기 상승하여 얼굴이 화끈거리고 땀이 나거나 가슴이 답답한 증상. 폐경한 여성들이 월경 주기를 전후하여 이러한 증상이 많이 나타남

>>표 16-2 폐경기의 증상

분 류	단 기	장 기
일반적인 증상	• 안면홍조 : 얼굴 부위 화끈거림, 땀이 나고 체온 저하 • 심계항진 : 가슴이 뛰고 심작 박동이 빠르게 느껴짐 • 불면, 우울, 불안, 초조, 무력감, 집중력과 기억력 저하	• 배뇨 곤란, 오줌소태, 요실금, 기타 비뇨기계 염증 • 심혈관계 질환 • 골다공증 • 알츠하이머 질환 • 체중 증가
비특이적 증상	• 만성피로 • 감각의 변화, 입맛의 변화 • 소화장애와 구강 건조, 풍치 • 어지러움, 두통 • 결막염, 눈건조 • 소주감(몸이 가렵고 벌레가 기어다니는 것 같은 느낌)	

는데, 이러한 번열증은 뇌 전달물질과 뇌 아편계 분비의 변화 때문인 것으로 알려져 있다. 이 외에 극심한 피로감, 불면, 두통, 유방의 통증, 호흡 곤란 등의 신체 증상이 나타난다. 여성의 경우 갱년기의 신체적 고통 때문에 우울과 불안을 경험하기도 한다. 폐경기 호르몬의 감소는 장기적으로 각종 질환과 관련이 있다. 특히, 에스트로겐은 해마의 기억 기능에 관여하는데, 에스트로겐 분비가 저하되면 알츠하이머병의 위험이 증가하는 것으로 알려져 있다. 그러나 호르몬 치료를 비롯한 의학적 도움과 생활 개선으로 갱년기 증상의 극복이 어느 정도 가능하다.

(2) 남성의 갱년기

여성과 비교해서 더 느리게 진행되기 때문에 성인 후기까지 크게 알아차리지 못하는 경우도 많다. 남성의 정자 생산량은 40대부터 감소하지만 노년기까지도 생식능력을 가지고 있다. 따라서 남성에게 폐경이란 생식능력의 상실이 아니라 남성 호르몬 감소로 인한 성욕의 상실을 의미한다. 남성 호르몬의 감소는 건강상태와 크게 관련이 있으며 비만, 음주, 흡연, 스트레스 정도에 따라 개인차가 나타난다. 남성은 갱년기 동안 여성처럼 신체적 고통을 호소하는 경우가 드물며 그보다는 체력 및 성기능 저하로 인한 심리적 위축과 우울을 경험한다.

4. 지적 능력의 발달

실용적 지능 practical intelligence
일상 생활에서 부딪히는 현실적 문제를 해결하는 지적 능력

성공적 지능 successful intelligence
삶 속에서 부딪히는 문제나 장애물을 극복하고 성공을 이루어 나가는 데 지적 능력이 요구된다는 의미로 성인기 지능을 성공적 지능이라고 함

1) 지능발달

(1) 성인 지능의 특성

아동기 지능과 동일한 개념으로 성인 지능을 보는 것은 적절하지 않다. 가장 문제가 되는 것은 잠재적 학업능력으로서의 지능이 일상생활에서 실질적인 문제를 다루어야 하는 성인의 지적 능력과 큰 관련이 없다는 것이다. 이러한 맥락에서 Berg와 Sternberg (1992)는 성인기 지능을 매일의 현실적 문제를 해결하고 환경에 적응하기 위한 정신적 활동으로 정의하였다. 즉, 성인기 지능을 실용적 지능으로 제시하고 있다. 또한 성인기 지능은 생을 통해 성공을 이루어 나가는 데 필요한 능력이라는 의미에서 성공적 지능으로 불리기도 한다. 성공적 지능이 높은 사람은 환경에 적응하는 데 지적 능력을 잘

활용할 뿐 아니라 자신의 장점을 최대로 발휘하고 단점을 보완할 수 있는 능력을 가지고 있다.

(2) 지능의 변화

지능의 측정에 관심을 가지고 있는 학자들은 성인 중기부터 지적 능력이 감소한다고 주장하는 반면, 지능의 감소가 일부 영역에서만 일어난다고 반박하는 의견도 있어 왔다. 앞에서도 언급한 바 있는 Cattell의 유동성 지능과 결정성 지능에서는 성인기 동안 지능의 하위 영역에 따라 획득이 동시에 존재한다고 주장하였다. 생리적인 성숙으로 인한 신경계의 발달로 나타나는 유동성 지능은 청소년기에 정점에 도달하고 그 이후 감소하는 반면 반복되는 학습, 지식의 축적, 경험으로 얻어지는 결정성 지능은 연령에 따라 계속 증가한다는 것이다. 따라서 성인 전기에는 결정성 지능보다 유동성 지능이 높은 데 비해, 성인 후기에는 두 지능이 성인 전기와 비슷하거나 유동성 지능보다 결정성 지능이 더 높아진다.

그러나 성인기 지능 감소는 연구방법에 따라 서로 다른 결과를 낳을 수 있다. 아동, 청소년, 성인, 노인 집단을 동시에 비교하여 어떤 집단의 지능이 높은지 확인하는 횡단적 연구에서 성인판 지능 검사를 실시하면, 청소년과 젊은 성인의 지능이 가장 높고 노인들이 가장 낮은 점수를 나타내는 것이 일반적이다. 그러므로 횡단 연구들은 지능이 20, 30대 이후 점차 감소하기 시작한다고 결론을 내리고 있다. 그러나 1950년대 아동기를 보낸 현재의 노년층은 그 당시 교육적 기회의 제한과 경제적 어려움으로 지적 자극을 받을 만한 환경이 부재하였다. 이러한 세대를 상대적으로 풍요롭게 1990년대 아동기를 보낸 집단과 비교하는 데는 무리가 있으므로 횡단 연구들은 전 생애 발달에서 동년배 효과를 고려하지 못하였다는 비판을 받는다.

이와 달리, 성인기 지능 변화를 종단적으로 추적한 연구들은 지능이 감소한다는 주장을 반박한다. Schaie와 Willis(1993)의 연구는 지능검사를 7년 간격으로 성인 전기부터 성인 후기까지 실시하였고 각 검사 시기마다 새로운 집단을 추가하여 횡단적 비교까지 가능하게 한 계열적 설계를 사용하였다. 그 결과 그림 16-6에서 보는 바와 같이 60세경까지도 언어의 이해, 공간 지각, 유추 추론, 숫자, 단어 유창성의 모든 영역에서 지능의 감소가 눈에 띄게 나타나지 않았다. 횡단적 연구와 비교하여 볼 때 그림 16-7과 같이 연구 설계방법에 따라 지능의 저하에 대한 이견이 존재함을 알 수 있다.

결론적으로 성인기 지능은 감소하는 부분과 증가하는 부분을 모두 가지고 있으며 노

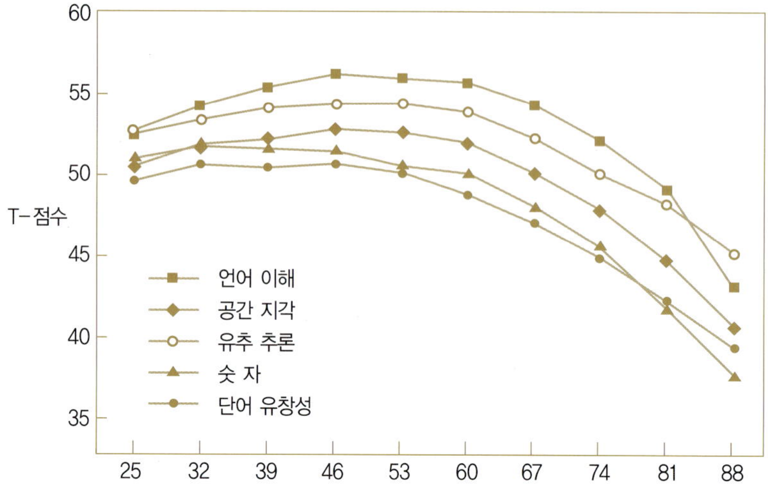

그림 16-6 성인기 지능의 변화(종단적 연구)
출처 : Schaie(1994)에서 인용

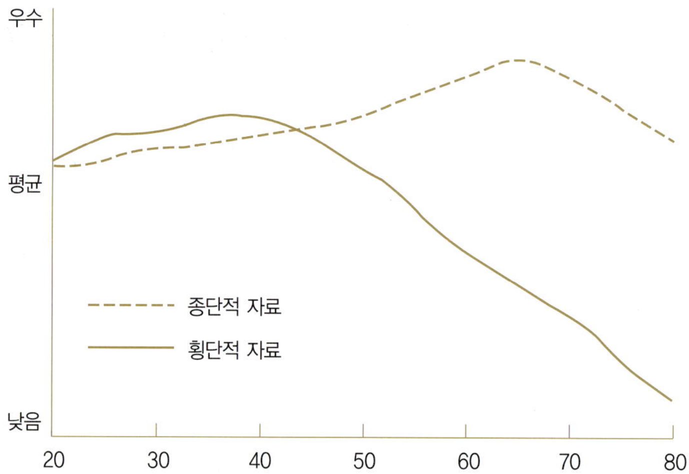

그림 16-7 성인기 지능의 횡단적 · 종단적 자료 비교
출처 : Schaie & Willis(1986)에서 인용

화로 인해 지적 능력의 손실이 있긴 하지만 경험이 이를 상쇄시키기 때문에 연령의 증가에 따라 지능의 저하가 일어난다고 보기 어렵다. 또한 지능의 변화에는 성인기로 갈수록 개인차와 동년배 효과가 크게 작용하기 때문에 성인기 지능을 보다 질적인 차원에서 평가해야 한다는 주장이 제기되기도 하였다.

2) 인지적 발달

(1) 후형식적 사고

Piaget 이론에 따르면 성인기는 형식적 조작기에 해당한다. 형식적 조작기에 도달한 성인들은 다양한 측면에서 문제를 바라보고 해결 가능한 여러 방안을 고려할 수 있다. 하지만 몇몇 이론가들은 성인들이 일상생활에서 일어나는 현실적인 갈등과 문제를 해결하기 위해 형식적 조작기와는 질적으로 다른 차원의 사고를 한다는 데 주목하고 Piaget이론을 확장하여 인지발달의 후형식적 사고단계를 제시하고 있다. 그러나 모든 성인이 후형식적 사고를 하는 것은 아니다. Perry(1999)는 후형식적 사고의 특성을 인식적 인지라고 설명하였는데, 인식은 어떤 사실이나 생각을 판단하고 아는 것을 말한다. 형식적 조작기의 성인들은 한 가지 문제에 다양한 답이 존재할 수 있다는 상대성을 이해하고 여러 가능성을 고려한 후 가장 옳다고 생각하는 한 가지를 선택한다. 하지만 성인들 중에서도 더 성숙한 성인들은 어떤 선택에도 장점과 단점이 있기 때문에 선택은 의견의 차이일 뿐이며 자신의 선택이 반드시 옳은 것이라고 주장할 근거가 없다는 것을 인식한다. 이처럼 사고의 모순과 개인적 한계까지 이해하는 것을 후형식적 사고의 특징으로 볼 수 있다. 이를 다양한 관점에서 제시한 이론들을 살펴보기로 하자.

후형식적 사고
postformal thought
피아제의 형식적 조작기 이후에 나타나는 높은 인지 발달단계. 객관적이고 다면적으로 문제를 평가하면서도 해답과 선택의 상대성과 불완전성을 이해하는 단계

① 변증법적 사고

변증법은 정반합의 논리에 따라 더 높은 차원의 인식에 도달함으로써 갈등을 해결하는 정신적 활동의 원리이다. 변증법에서는 세상을 이해하는 방식을 절대적인 것으로 믿고 개념을 무비판적으로 받아들이는 것을 거부한다. 또한 고정적인 사고에서 벗어나 사람이나 사물에 내재하는 모순을 인식하는 것이 필요하다고 강조한다. Riegel(1973)은 동화와 조절을 통해 인지적 평형화로 인지발달이 이루어진다는 Piaget와 달리 더 높은 차원의 사고가 모순과 한계를 인식하는 불평형 상태에서 이루어진다고 하였다. 예를 들어, 타인과 사업상의 이해 문제에 부딪혔을 때 여러 가지 원인을 생각하고 최선을 다해 서로에게 가장 손해가 적은 해결 방안을 강구하는 것은 형식적 조작적 특성이다. 이에 반해 변증법적 사고는 자신이 손해를 보는 상황에서는 완전히 객관적일 수 없으며 사업적 거래가 항상 공정하지만은 않다는 모순과 한계를 인식하는 것을 말한다. 모순의 인식은 더 나은 해결을 지향하는 촉진제가 되어 높은 차원의 사고의 발달이 일어나게 된다고 하였다.

또한 모순을 인정하는 것은 현실적이고 실용적인 문제 해결을 보다 더 가능하게 한

다. Labouvie-Vief(1984)은 성인기에 직면하는 대부분의 문제들은 산수 문제를 푸는 것과 같이 쉽게 답을 얻을 수 있는 것들이 아니며 다양한 측면을 고려한다고 문제가 해결되는 것도 아니라고 지적하였다. 성인기의 문제 해결은 보다 더 융통성 있는 실용적 사고가 요구된다. 어떤 경우에는 현실적 필요보다 윤리적 기준을 중시하는 해결 방안을 선택하는가 하면 다른 상황에서는 윤리적 기준보다 현실적 필요성에 더 비중을 두기도 한다. 이와 같이 주관적 가치와 상황에 맞는 해결 방안을 찾기 위해서는 경험을 통해 얻어지는 지혜가 필요하며 이를 변증법적인 사고(dialectical thinking)에 기초한 지혜라고 하였다. 즉, 지혜는 문제 해결과정의 한계를 인식하고 가장 중심적인 가치를 크게 벗어나지 않는 범위에서 여러 가지 가능성과 타협할 수 있는 능력을 포함한다.

변증법적 지혜
dialectical thinking and wisdom
발달에 따라 경험의 축적에 의해 얻어지는 지혜. 문제 해결의 불완전성을 이해하는 상태에서 정반합의 원리를 고려하는 능력

② 문제 발견기

Arlin(1975)은 성인기 인지적 특성이 문제 해결뿐 아니라 문제를 발견하기 위한 사고를 포함한다고 지적하고 형식적 조작기 다음의 문제 발견기를 가정하였다. 여러 가지 해결 방안 중 최선의 선택을 하기 위해서는 한 가지를 선택하였을 때 발생할 수 있는 다양한 문제를 예측하고 종합적으로 결론을 내리는 것이 중요하다. 특히 형식적 · 조작적 사고와는 다르게 높은 상상력과 확산적 사고를 가진 사람들은 타인이 생각하지 못한 가능성까지 예상할 수 있기 때문에 창의적이고 새로운 해결 방안을 모색할 수 있다고 하였다.

③ 지식의 획득과 활용

Schaie(1978)는 Piaget의 이론을 성인 후기까지 확장하여 지식의 획득과 활용을 설명하는 인지발달단계를 다음과 같이 제시하고 있다. 이 이론은 지식의 획득이 지배적인 아동기와 달리 성인기는 지식을 활용하는 능력이 발달하는 시기임을 강조한다.

- 획득단계(성인기 이전) : 아동기와 청소년기 동안 다양한 방법으로 지식을 획득한다.
- 성취단계(성인 전기) : 직업 선택이나 결혼과 같이 인생의 중대한 문제 해결에 지식을 사용하기 시작한다. 문제와 관련된 요인들과 예상되는 결과까지 고려하여 독립적으로 의사 결정을 할 수 있는 능력이 발달한다.
- 책임 및 실행단계(성인 중기) : 책임자의 위치에서 가족과 직장, 지역 사회의 구성원들과 관련된 의사 결정을 내리는 데 지식을 활용하게 된다. 책임자의 결정은 어떤 일을 진행시키고 목표를 성취하도록 하기 때문에 실행단계라고 하기도 한다.

- 재통합단계(성인 후기) : 인지적 · 사회적으로 제한된 능력을 효율적으로 활용하는 단계이다. 불필요한 일에 시간을 낭비하지 않고 필요와 중요성에 따라 능력을 분배하게 된다.

성인기는 습득한 지식을 사용하여 본격적으로 자아 실현을 하는 시기이며 매 순간 결정을 내려야 하는 크고 작은 문제에 부딪힌다. 어떤 결정이나 선택은 인식만으로 이루어지는 것이 아니며 인식능력과 실행능력을 모두 포함하기 때문에 Schaie의 이론은 이러한 점을 설명하는 데 유용하다.

(2) 지 혜

전문성과 지혜는 연령의 증가와 인지발달에 따라 얻어질 수 있는 최고의 산물이다. 전문성과 지혜는 모두 오랜 경험을 바탕으로 얻어진다는 점에서 결정성 지능으로 보기도 하지만, 특히 지혜는 실생활의 문제 해결에 포괄적으로 적용할 수 있는 통찰력과 인성적 측면을 포함한다는 점에서 지능 이상의 것으로 정의된다.

① 전문성

성인기는 경험과 학습으로 결정성 지능과 실용적 지식이 증가함으로 인해 인해 최고의 능력을 발휘할 수 있는 인지적 절정기이기도 하다. 전문성은 특정 분야에서 가장 앞선 수준의 기술과 지식을 획득한 것을 의미한다. 전문성은 한 가지 일에 오래 몸담고 있을 때 얻어지기 때문에 시간적으로 성인기에 성취되는 경우가 많다. 전문가는 초보자와 지식 기반과 실행 수준에서 차이를 보이며 다음과 같은 특성을 가지고 있다(Bedard & Chi, 1992 ; Chi, Glaser & Rees, 1982).

전문성 expertise
특정 분야에서 가장 앞선 수준의 기술과 지식을 획득한 것

- 잘 조직화된 지식은 전문성의 선행 요건이다. 전문가는 어떤 분야에 대해 더 많이 알고 있으며 더 중요하고 결정적인 정보에 친숙하다.
- 많은 정보를 기반으로 새로운 정보를 기억하고 처리하는 데 더 빠르고 효율적이다. 짧게 보기만 해도 무엇인지 곧 파악하여 자동적으로 답을 찾을 수 있는 능력이 있다.
- 문제의 더 적절하고 심도 깊은 측면에 주목할 수 있다. 문제 해결과정의 효율성과 의미까지 더 구체적으로 고려한다.

즉, 전문가는 초보자보다 더 빠르고 더 효율적이고 더 자동적이고 더 정확하게 문제

를 해결한다. 반면 초보자는 적은 지식을 가지고 단계적으로 문제를 해결하기 때문에 더 많은 인지적 노력이 필요하다. 그러나 전문성은 한 특정 분야에 해당하는 것이며 다른 전반적인 삶의 영역에까지 적용되지 않는다.

이처럼 전문성은 많은 반복과 경험으로 탄탄한 지식 기반을 구축하는 동시에 문제 해결의 자동화가 이루어져야 발달한다. 따라서 처음에는 다양하고 폭넓은 경험보다 한 분야에 대한 집중적인 반복 경험이 전문성의 발달에 더 중요할 수 있다.

② 문제 해결과 지혜

성인기 동안 발달하는 결정성 지능이나 실용적 지식은 지혜(wisdom)의 기반을 제공한다. 몇몇 우화나 전기를 살펴보면 어린 아이들과 성인이 깜짝 놀랄 만큼 합리적이고 지혜로운 행동을 하는 예가 소개되기도 하지만 지혜는 주로 성인기에 얻어지는 최고의 인지적 산물이다.

지혜는 매우 형이상학적이고 모호한 개념이다. 지혜를 문제 해결의 측면에서 본다면 후형식적 사고, 실용 지능, 전문성 및 창의성과 유사점을 가지기 때문에 지혜를 뚜렷하게 개념화하기 어렵다는 것을 알 수 있다. 실증적으로 지혜를 연구하는 이론가들(Baltes & Staudinger, 2000 ; Clayton & Birren, 1980)은 지혜를 암묵적인 것과 명시적인 것으로 구분하였다. 지혜를 암묵적인 것으로 보는 입장에서는 사람들이 어떠할 때 지혜롭다는 말을 사용하며 어떤 것을 지혜롭다고 하는지 밝히는 과정을 통해 지혜의 속성을 찾으려 하였다. 이에 비해 명시적 차원의 연구들은 어떤 행동의 결과와 선행 조건을 보고 그 행동이나 조건이 지혜로운지 아닌지를 판단하였다. 이러한 연구들을 종합하여 Baltes 등은 풍부한 경험, 높은 인격, 좋은 대인 관계, 정서적으로 크게 동요하지 않는 것, 합리적인 조언을 줄 수 있는 능력, 문제에 대한 통찰력, 자기 반성과 모순의 인식, 어려움을 극복하는 능력 등을 지혜의 일반적 구성요소로 보고 다음의 다섯 가지 차원으로 정리하였다.

- 삶의 근본적 문제에 대한 풍부한 사실적 지식 : 인간의 본성, 대인 관계, 사회적 기준, 인생의 중대 사건, 감정의 이해, 딜레마를 가지는 이슈에 대한 지식
- 문제 해결을 위해 유용한 책략에 대한 풍부한 절차적 지식 : 문제를 다양하게 정의하는 능력, 조언을 주는 방식, 갈등의 해결, 기회 비용에 대한 폭넓은 이해
- 전 생애 맥락주의적 지식 : 문제 해결과정에서 사람과 사건을 가정, 학교, 직장, 사회의 다양한 맥락에서 다차원적으로 고려할 수 있는 능력

- **가치의 상대성 이해** : 개인에 따라 삶의 목표와 가치가 다르기 때문에 옳고 그름의 판단 기준과 인생 경로가 달라질 수 있다는 인식
- **삶의 필연적 불확실성 인식** : 인생 문제들은 복잡하고 해결하기 어렵기 때문에 완전한 해답은 있을 수 없다는 한계를 인정하는 것

이와 같이 지혜는 지식과 가치 그리고 정서를 포함하는 특성을 가진다. 무엇보다 상대성과 한계를 인식하는 사고가 필수적이기 때문에 지혜가 발달하는 시기를 성인기 이후로 본다. 청소년이나 젊은이들도 지혜와 관련된 사고를 하는 능력이 있지만 전 생애 동안 수많은 어려움을 이겨낸 성인 후기에 통찰력을 수반한 지혜가 더 완성된 형태로 나타난다고 하였다. 이러한 부분에 대해서는 다음 장에서 더 자세히 다룰 것이다.

5. 사회정서발달

1) 사랑과 결혼

(1) 사랑의 이론

사랑은 여러 가지 구성 요소가 결합된 총체적 산물이며 성인 전기의 친밀감 형성에 요구되는 정서적 경험이다. Sternberg(1986)가 제시한 사랑의 모델은 열정, 친밀감, 헌신의 세 가지 요소를 축으로 다양한 종류의 사랑을 정의하고 있다. 열정은 신체적이고 성적인 열망, 친밀감은 유대와 결속 및 상호적 지지와 도움 그리고 헌신은 관계를 지속적으로 유지하려는 노력을 의미한다.

그림 16-8에서 보는 바와 같이 사랑의 세 가지 요소 중 한 가지만이 존재하는 삼각형의 세 꼭지점은 각각 열정적 사랑, 좋아함, 텅 빈 사랑을 나타낸다. 사랑의 두 요소가 공존하는 삼각형의 세 면 역시 각각 열정과 친밀감은 있으나 헌신이 없는 낭만적 사랑, 열정과 헌신은 있으나 친밀감이 부재한 환상적 사랑, 열정은 없으면서 친밀감과 헌신만이 존재하는 동반자적 사랑을 나타낸다. 세 가지 요소를 모두 갖춘 가장 이상적인 사랑의 형태를 완전한 사랑이라 하였으며 세 가지 요소가 모두 없는 것을 무사랑으로 표현하고 있다.

사랑의 모델에는 호감, 열정 등의 단편적인 감정뿐 아니라 남녀 간의 사랑만이 아닌

열정 passion
신체적이고 성적인 열망과 욕구

친밀감 intimacy
가까운 유대와 결속 관계를 유지하려는 속성으로 지지와 도움을 포함

헌신 commitment
어떤 관계를 지속적으로 유지하기 위해 들이는 노력이나 행위

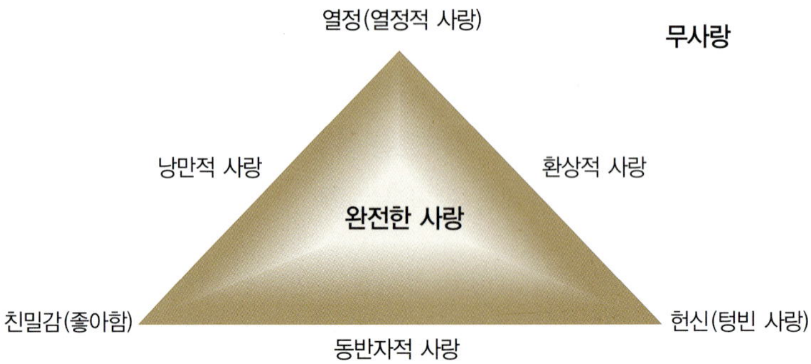

그림 16-8 사랑의 모델
출처 : Sternberg(1986)에서 인용

동성 간의 우정 관계도 사랑으로 포함되어 있다. 또한 대상이나 발달적 시기마다 나타나는 사랑의 종류도 달라진다. 좋아함은 친구 사이에 지배적인 감정이며 낭만적 사랑은 사랑의 초기 단계에, 동반자적 사랑은 오래된 부부 관계에서 흔히 찾아볼 수 있다. 성인기 남녀가 사랑에 빠지기 위해서는 열정이 필수적이지만 관계가 장기적으로 유지되기 위해서는 헌신과 친밀감이 더 요구된다(Hatfield, 1988).

(2) 성인기 애착

영 · 유아기 동안 주 양육자와의 상호작용을 통해서 형성된 애착은 생의 후기에까지 영향을 준다. 그 이유는 인간 관계에 대한 내적 작동 모델이 부모–자녀 관계뿐 아니라 교우 관계나 배우자 관계에도 지속적으로 영향을 미치기 때문이다. 아동을 대상으로 애착을 연구하던 Main과 동료 학자들(Main & Goldwyn, 1994 ; Main, Kaplan & Cassidy, 1985)은 부모들과 인터뷰를 하던 중 그 부모들의 어린 시절 경험과 현재 모자 관계에 관련성이 있다는 것을 발견하였다. 이들은 성인애착면접이라 불리는 인터뷰 연구들을 통해 영아기 애착과 유사한 네 가지 성인의 애착 유형들을 제시하였다. 참여자들이 진술한 내용의 일관성이 안정 애착과 불안정 애착을 구분하는 중요한 기준이라고 지적하고 어린 시절 떠올리기 싫은 부정적 경험을 한 사람은 자신의 기억을 정직하고 일관성 있게 이야기하기 어렵다고 설명하였다. Main 등이 제시하는 각 애착 유형별 성인들의 특성은 다음과 같다.

성인애착면접 Adult Attachment Interview (AAI)
성인들의 애착 관계에 대한 무의식적 표상을 알아보기 위해서 어린 시절의 경험과 부모와의 관계 등에 대해 반구조적인 심층 면접을 실시하는 도구. 면접에 임하는 태도나 비언어적 반응도 같이 분석

- 안정/자율형(autonomous : F) : 어린 시절의 경험을 자유롭고 일관성 있게 회상하였으며 이러한 경험들이 현재의 자신에게 큰 영향을 준 것으로 보고 애착에 긍정

적 가치를 부여한다. 영아기 안정 애착과 유사하다.

- 무시형(Dismissing : Ds) : 부모를 지나치게 이상적으로 회상하거나 부정적 사건의 언급을 회피하였다. 개인의 능력을 지나치게 과시하면서 어린 시절 경험은 중요치 않다고 무시하는 경향을 나타낸다. 영아기 회피 애착과 같이 고통스러운 기억을 피하려는 성향을 가지고 있다.
- 집착형(Preoccupied : E) : 부모에 대한 진술에 일관성이 없고 어린 시절 경험을 정확히 회고하지 못하였다. 과거의 경험이 현재의 자신에게 부정적 영향을 주었다고 생각하며 이에 대해 분노하고 갈등이 해결되지 않는 양상을 보인다.
- 미해결형(Unredolved : U) : 영아기의 혼란 애착과 유사하다. 어린 시절에 학대, 상실, 충격적 사건을 겪은 경우에 해당한다. 성인이 되어서도 어린 시절 경험을 어떻게 받아들여야 할지 혼란스러워 하기 때문에 인터뷰에서도 진술에 일관성이 없고 비논리적이다.

이러한 분류와 달리 Brennan, Clark과 Shaver(1998)는 그림 16-9와 같이 성인기 애착을 회피 차원과 불안 차원의 연속선상에서도 설명할 수 있다고 하였다. 회피 성향이 높은 성인들은 애착 대상과 관계를 적극적으로 맺기 어려우며 불안이 높을수록 사람을 신뢰하거나 자신을 개방하기 어렵다. 따라서 적극적이고 자유로운 대인 관계를 형성하려면 회피차원과 불안 차원이 모두 낮아야 하며 이런 특성을 가진 사람이 안정형에 해당한다. 또한 회피 차원만 높은 경우에는 무시형, 불안차원만 높은 경우에는 집착형, 둘 다 높은 경우에는 두려움형으로 구분될 수 있다고 하였다.

성인기 애착은 남녀 간의 사랑에 영향을 미친다고 알려져 왔다. Hazan과 Shaver

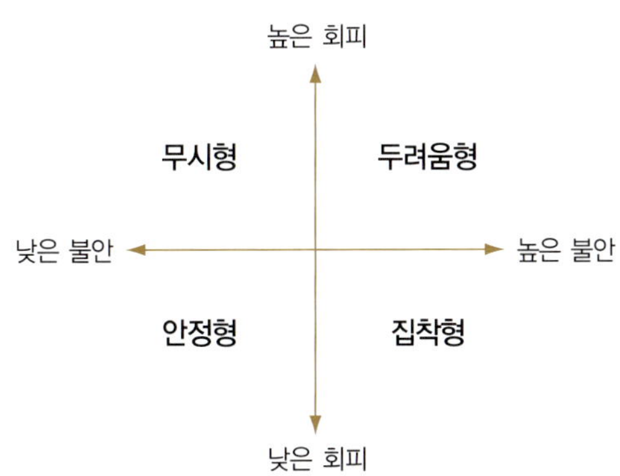

그림 16-9 회피와 불안 차원에서의 애착

■ 적절한 시간(right time) : 대부분의 결혼은 성인 전기에 이루어지기 때문에 시간적 제한이 존재하는 편이다. 따라서 결혼은 적령기 즈음에 만난 사람과 이루어지는 경우가 많으며 이상적인 배우자라도 같은 시기에 결혼할 수 있는 조건이 충족되어야 한다.

(4) 결혼 만족도

사회정서적 선택 이론(socioemotional selectivity theory)은 성인기 동안 결혼 관계에서 일어나는 심리적 변화를 설명한다. 이 이론은 연령이 증가할수록 관계를 맺는 대상의 범위가 줄어드는 반면, 관계를 통해 정서적 나눔을 극대화하려는 성향이 늘어난다고 제시하였다(Carstensen, 1991). 또한 상호작용을 통해 상대방을 탐색하고 새롭게 알아가는 데 관심이 줄어드는 반면, 긍정적인 정서적 교류를 중요시하기 때문에 시간이 지남에 따라 배우자에 대한 애정이 증가한다고 하였다. Gilford와 Bengston(1979)은 젊은 신혼부부의 경우 결혼에 대한 긍정적 정서와 부정적 정서가 모두 높은 반면, 중년들은 둘 다 낮았으며, 노인들은 결혼에 대해 부정적 정서보다 긍정적 정서를 현저히 많이 가지고 있다고 보고하였다.

가족 주기에 따른 결혼 만족도는 이와 유사한 변화를 보여 준다. 결혼 만족도는 그림

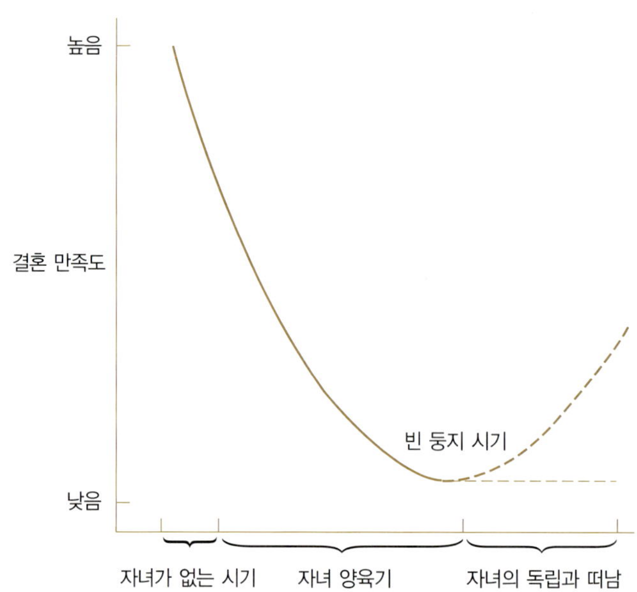

그림 16-10 결혼만족도

출처 : Hoyer & Roodin(2003)에서 인용

16–10과 같이 결혼 직후 가장 높고 자녀양육이 시작됨에 따라 점차 감소하여 자녀가 청소년기가 되었을 때 가장 낮은 추세를 보인다. 그러나 자녀들이 학업이나 취업으로 집을 떠나는 '빈 둥지 시기'를 기점으로 다시 증가하게 된다. 빈 둥지 시기에 자녀가 독립하여 집을 떠나게 되면 부모는 복합적 감정을 경험한다. 자녀와의 갈등과 뒷바라지를 하는 책임에서 벗어난 홀가분함과 가족의 빈자리에 대한 상실감을 동시에 느낀다. 그러나 한편 이 시기에는 자녀에 대한 책임에서 벗어나 개인적 자유 시간이 늘어나고 부부 관계에 다시 관심을 돌릴 수 있게 된다. 따라서 부부가 함께 시간을 보내고 관계를 재정립하는 가운데 결혼 만족도가 다시 증가한다(Anderson, Russell & Schumn, 1983).

빈 둥지 시기 empty nest
성인 중기에 자녀들이 학업과 취업, 결혼 등으로 독립하여 떠나고 부부만 남아 있는 상태

(5) 성인기 우정

우정은 사랑과 더불어 친밀감 형성의 중요한 구성요소이다. 우정은 즐거움과 만족을 기본으로 한두 사람 간의 자발적이고 신뢰로운 관계이다. 우정 관계는 연애와는 달리 같은 연령이나 같은 성에서 이루어지는 경우가 많으며 발달에 따라 변화하는 양상을 나타낸다. 친구와의 상호작용은 청소년기에 가장 활발하며 고등학교를 졸업하고 난 뒤에는 각자 진로를 준비하는 데 몰두하기 때문에 관계가 이전보다 소원해지는 경향이 있다. 중년기는 친구와 가장 시간을 적게 보내는 시기이다. 직장에서 중요한 역할을 수행하며 자녀를 양육하는 데 바쁘기 때문에 친구와 개인적인 시간을 보내는 일이 많지 않다. 그러나 은퇴 이후 노년기에는 친구와의 교류가 증가하고 관계가 더욱 친밀해진다. 노년기의 가까운 친구는 때로 사별한 배우자의 빈자리를 채우는 역할을 하기도 한다(Dykstra, 1995). 연령에 관계없이 전 생애 동안 친구는 정서적 지지자의 역할을 수행하며 성인기의 정신건강에 큰 영향을 미친다.

그러나 평생 친구를 가지지 못하는 경우도 있다. 특히 노인들은 새로운 친구를 사귀는 것이 쉽지 않다고 생각하며, 새로운 친구를 만나도 과거의 즐거운 기억을 공유하지 못하기 때문에 상대적으로 허전함을 느낀다. 또한 성인기의 우정 관계에는 성차가 존재한다. 여성들은 아동기나 청소년기에 단짝 친구를 만나고 그 관계를 지속적으로 유지한다. 반면, 남성들은 중년기 이후에 형성된 관계를 더 오래 유지하는 경향이 있다. 또한 여성들은 정서적 교류를 중시하며 가까운 친구와는 수다를 떨며 비밀을 나누거나 솔직히 감정을 털어놓는 것을 선호한다. 하지만 남성들은 친한 친구와 일이나 취미생활에 함께 참여하는 방식으로 상호작용하며 대화로 마음을 털어놓는 일이 드물다

(Hinde, 1984). 여성들이 남성보다 더 친밀하고 깊은 우정 관계를 나누는 것 같지만 아이러니하게도 이성 친구가 생겼을 때는 여성들의 우정이 더 빨리 소원해지는 경향이 있다(Wright, 1982). 그러나 여성이나 남성 모두 우정 관계를 통해 공통적으로 신뢰, 수용, 나눔, 즐거움을 얻는다.

2) 성격발달

(1) 성격의 안정성

성격은 한 개인을 규정짓는 독특한 행동 및 사고 양식이다. 성격 이론가들은 선천적으로 타고난 기질이 이후 지속적으로 환경과 상호작용하면서 성격을 형성한다는 것에 일반적으로 동의한다. 그러나 성격의 안정성을 보는 입장은 다양하다. 단계 이론을 제시한 Erikson과 Levinson 등은 특정 발달 시기마다 요구되는 과업의 성취를 통해 인간의 규범적인 성격이 변화한다고 하였다. 예를 들어, 성인 전기에 타인과 깊은 정서적 관계를 맺지 못한 사람은 외로움을 느끼면서도 거절의 두려움으로 인해 대인 관계를 회피하고 스스로 고립되는 모습을 보이며 이러한 특성이 가정과 직장에서의 행동에 영향을 준다고 하였다.

성격의 특성이론
trait theory
성격은 사고, 감정, 행동을 이끄는 성향의 단위인 특성으로 구성되어 있으며 특성은 타고나는 것으로 일생 동안 크게 변하지 않는다고 주장하는 이론

단계 이론에 비해 특성 이론은 성인기 동안 일어나는 심리적 적응이나 관계의 형성이 생물학적 기질이나 유전적 특성에 영향을 더 많이 받는다고 가정한다. 개인마다 사고, 감정, 행동을 이끄는 기본적 특성에 큰 차이가 있으며 특성은 일생 동안 크게 변하지 않는다는 입장을 취하고 있다. 표 16-3과 같이 McCrea와 Costa(1990)의 다섯 요인 모델은 다양한 특성들로 구성된 성격의 다섯 가지 차원을 신경증(neuroticsm), 외향성(extraversion), 개방성(openness to experiences), 친화성(agreeableness), 성실성(conscioussness)으로 제시하고 있다.

신경증은 불안이나 우울을 비롯한 부적 정서 경험과 이에 따른 행동의 차이를 나타내며, 외향성은 사회 관계와 활동에 적극적으로 참여하고자 하는 사교적 성향을 말한다. 개방성은 새로운 아이디어나 경험에 대한 선호, 친화성은 갈등을 피하고 화합을 중시하는 순응적 성향 그리고 성실성은 성취를 위한 자기 관리, 야망과 관련되어 있다. 다섯 가지의 성격 차원은 모두 성인기 동안 상당히 안정적인 것으로 알려져 있지만 청소년기에 수줍었던 소녀들이 수다스럽고 외향적인 중년 여성으로 변하거나 치매로 인해 성격이 변하는 예가 종종 발생하기도 한다.

>>표 16-3 다섯 요인 성격 모델

차 원	설 명	속 성
신경증	심리적 스트레스와 과잉 반응, 불안정성을 경험하는 성향	불안, 적대감, 우울, 자의식, 충동성, 취약성
외향성	사회적 교제와 생동감 넘치는 활동에 대한 선호	온정, 사교성, 단호함, 활동성, 자극 추구, 긍정적 정서
개방성	새로운 아이디어, 접근성, 경험에 대한 수용성	환상, 심미성, 감정, 행동, 아이디어, 가치
친화성	다른 사람에 대한 이타적 관심과 신뢰, 관대함	신뢰, 직설적, 이타성, 순응성, 겸손함, 낙관성
성실성	조직화, 야망, 자기 관리	능력, 질서, 책임감, 성취지향, 자기 관리, 신중함

(2) 중년기 위기

성격발달의 단계 이론들에서 강조한 중년기 위기는 생애의 중간에 해당하는 40대에 성격의 극적인 변화를 초래하는 사건으로 알려져 있다. Levinson(1978 · 1996)은 젊은 시절의 꿈을 성취하지 못한 것, 결혼이나 자녀관계에서의 회의, 직장에서 승진의 좌절, 성역할의 혼란, 삶과 죽음에 대한 새로운 인식으로 인해 누구나 보편적으로 중년기 위기를 겪는다고 하였다. 일반적으로 중년기 위기는 회의와 혼란의 부정적 의미를 담고 있다. 생의 전환점에서 과거의 삶을 돌아보고 현재를 평가하며 미래 삶에 대한 목표 수정과 계획을 하는 동안 자신의 정체성이 흔들리기도 하며 이상적 자아와는 너무나 다른 현실의 자아를 발견하고 갈등을 느끼거나 아무 이유 없이 허무감을 맛보기도 한다는 것이다.

중년기 위기
midlife crisis

중년기에 나타나는 극적인 자기회의 현상. 신체적 지적 노화를 자각하고 젊은 시절을 돌아보며서 삶의 목표, 직장, 가족관계 등에서 전반적인 회의와 혼란을 경험

그러나 특성이론가들 뿐만 아니라 Vaillant를 포함해 단계 이론을 제시한 학자들은 중년기 위기의 존재에 대해 많은 의문을 제기하고 있다. 결혼 만족이나 대인관계의 질에 따라 중년기에 경험하는 불안, 무기력, 삶의 회의 등에 큰 차이가 있으며 많은 사람들이 성인 전기보다 중기에 더 심리적 안정과 행복을 느낀다고 주장하였다. 또한 삶에 대한 평가와 목표의 수정은 중년기뿐 아니라 각 발달단계마다 일어나며 40대 이후를 생의 후반전으로 생각하고 새로운 삶에 대해 높은 기대를 가지는 경우도 있다. 그러므로 중년기 위기가 흥미를 불러일으키려는 매스컴으로 인해 지나치게 과장되었다고 보기도 한다. 중년 전환기는 다른 전 생애 발달단계처럼 성격적 측면의 상실과 획득이 공존하는 시기로 보아야 하며 보다 긍정적이고 발전적인 측면을 강조하기 위해 최근에는 중년기

중간 궤도 수정 mid course correction
중년기 위기를 대치하는 용어로 전 생애의 전반부를 마무리하고 후반부를 시작하는 중간점에서 삶의 목표를 수정하고 방향을 재설정한다는 의미를 가짐

위기 대신 '중간 궤도 수정' 이라는 용어를 사용하기도 한다.

6. 일과 여가

성인기는 일을 통해 생산적 활동에 가장 활발하게 참여하는 시기이다. 일은 단순히 생활을 유지하기 위해 돈을 버는 수단으로서가 아니라 자아 실현의 장으로 큰 의의를 가진다. 적성의 발견과 직업 선택은 성인 초기의 주요한 과업이며 성인 중기에는 직업 만족과 여가의 활용이 개인과 가족의 행복에 중요한 요인으로 작용한다.

1) 직업 선택

직업의 선택은 성인기 삶에 다면적으로 영향을 미친다. 우선 어떤 직업을 선택하는가에 따라 소득과 거주지가 결정되고 생활방식이 달라진다. 거주지마다 자녀들이 다니는 학교, 여가 활용 및 문화생활의 종류에 차이가 있을 수 있다. 직장에서 만난 동료들과는 가족 이외에 가장 많은 시간을 보내며 우정 관계 이상의 친밀한 관계를 유지한다. 또한 개인적 차원에서 직업은 개인의 건강이나 자존감과 관련된다. "내가 ○○직업에 종사한다는 것"은 사회경제적 지위를 결정하는 주요한 요인이기 때문에 직업의 선택은 삶의 방식을 선택하는 것과 동일시된다.

직업의 선택은 사회경제적 지위, 부모의 직업, 교육적 경험, 개인의 능력과 흥미, 사회적 환경 등 다양한 요인에 의해 영향을 받는다. Holland(1985 · 1987)는 개인의 성격에 맞는 직업을 선택할 때 직업 만족도가 높다고 보고 여섯 가지의 성격 유형과 직업의 관계를 표 16-4와 같이 제시하고 있다. 예를 들어, 현실적 유형의 사람들은 체계적으로 분명한 일에 종사하는 것을 선호하기 때문에 기계를 다루는 일 등이 적합하며 사회적 유형의 성격을 가진 사람은 사람들과 어울리는 일을 주로 하는 상담가 등이 어울린다고 하였다. 그러나 Holland의 주장처럼 직업 선택은 성격이나 적성만으로 결정되는 것은 아니며 성격보다 다른 요인에 의해 좌우되는 경우가 더 많다.

긴츠버그(Ginzberg, 1951)는 10대에서 20대 초반까지 직업을 선택하고 준비하는 과정이 단계적으로 변화함을 제시하였다. 아동기는 '환상적 시기' 로 현실적 고려 없이 개인적 흥미와 소망에 따라 미래의 직업을 결정하는 시기이며, 중 · 고등학교를 거치는 청

소년기는 자신의 흥미, 능력, 인생의 목표, 현실적 환경을 절충하여 진로의 가능성을 탐색하는 '시험적 시기' 이다. 마지막으로, 18세 이후는 현실과 미래의 계획에 맞추어 직업을 선택하게 되는 '현실적 시기' 라고 하였다. 즉, 직업의 선택을 개인의 소망과 현실 사이에 균형을 맞추어 나가는 과정으로 설명하고 있다. 그러나 Ginzberg는 직업 선택과정이 청년기나 성인 전기에 종료되는 것이 아니며 그 이후에도 현실과 이상에 균형을 맞추어 직업을 재탐색하거나 바꾸는 과정이 반복된다고 하였다.

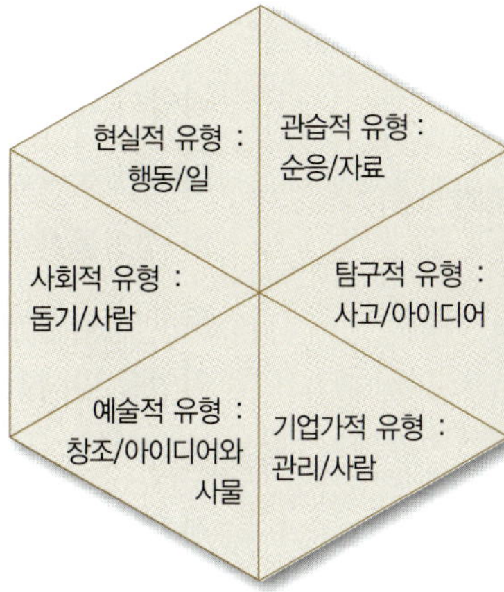

>>표 16-4 Holland의 성격과 직업 선택

유 형	특 성
현실적 유형	사물이나 도구, 기계와 동물들을 대상으로 하는 뚜렷하고 체계적인 활동을 선호한다. 실용적이고 보수적인 성향을 가지고 있으며 기계나 운동에 능력이 있는 반면, 사회 기술이 부족하다. 따라서 사회 교류가 적고 일의 성과가 구체적으로 나타나는 목수와 트럭 운전사, 기계공 같은 직업이 어울린다.
탐구적 유형	물리적 혹은 문화적 현상들을 관찰하거나 상징적 · 체계적 · 창의적으로 탐색하는 활동을 선호한다. 과학과 수학 능력이 뛰어나고 지적 · 분석적 일에 어울리지만 지도자로서의 자질은 적다. 지식을 획득하는 데 가치를 두고 남을 설득하는 데 서투르기 때문에 심리학자나 생리화학자 등의 직업이 어울린다.
예술적 유형	예술 작품을 창조하는 것 같이 자유롭고 모호하며 체계적이지 않은 활동을 선호한다. 언어, 예술, 음악, 연기, 문학에 자질을 보이나 사무원이나 사업가로서의 능력은 부족하다. 독창적이고 표현력이 있으며 통찰력과 독립적 성향을 가지고 있기 때문에 일상적으로 반복되는 일이나 순응적인 환경에 잘 적응하지 못하며 음악가나 디자이너 등의 창의적 직업이 적합하다.
사회적 유형	다른 사람을 돕고 훈련하고 개발시키는 일을 선호한다. 대인 관계를 맺는 능력이 뛰어나나 기술이나 과학적 능력은 부족하다. 이타적이고, 참을성이 있으며 윤리적인 사회적 활동에 가치를 두기 때문에 기술자보다는 선생이나 사무원, 사회 사업가가 잘 어울린다.
기업가적 유형	다른 사람을 설득하거나 거느리고 지배하려는 성향이 강하고 리더십과 연설능력이 있다. 사교적이면서 공격적이고 자신감이 있으나 과학적 능력은 부족하다. 사회적 지위와 부, 인기를 얻는 데 가치를 두기 때문에 관리자나 세일즈맨, 경영인 같은 직업에 적합하다.
관습적 유형	권위나 힘, 위계, 사회 기준을 잘 유지하는 데 관여하는 활동을 선호한다. 자료를 조직화하고 사업을 관리하거나 기록을 유지하고 계산하는 데 능력을 보이는 반면, 예술적 성향은 부족하다. 모호하고 비구조적인 일보다 순응적이고 체계적인 일을 하는 회사원, 편집자, 회계사가 어울린다.

출처 : Holland(1985 · 1987)에서 인용

2) 직업 정체감의 발달

직업의 의미는 개인마다 다르다. 만약 직업이 경제적 생활 수단으로서의 가치만을 가진다면 풍족한 재산이 있는 사람들은 일을 하고 싶어하지 않을 수 있다. 그러나 대부분의 성인들은 직업을 즐거움의 원천, 개인적 가치의 척도, 긍정적 정체감의 기반, 자아 성장의 원동력으로 보고 있다. 직업 정체감은 발달단계에 따라 변화한다. 성인 전기는 직업을 탐색하고 선택하며 선택한 직업에 적응하는 시기로, 직업 정체감의 탐색단계라 할 수 있다. 개인의 성격이나 적성이 직업적 요구 및 환경과 조화되지 못한다면 자신에게 더 적합한 직업을 찾기 위해 노력을 기울인다. 이러한 탐색은 30대 후반까지 계속되는 경우도 있다. Super(1976 · 1990)는 20대 초반부터 다양한 직업을 경험하고 20대 후반이 되면 한 가지 직업에 충분히 적응하여 직업 정체감이 확고해진다고 하였다. 그러나 이러한 논의는 대학을 졸업하고 20대 후반이 되어도 취업을 하지 못하는 현대의 시대적 환경에 적합하지 않기 때문에 30대 초반까지를 탐색기로 보는 것이 더 타당할 것이다.

작업 탐색기를 거친 성인 중기에는 대부분 선택한 직업에서 능력을 발휘하고 인정을 받아 직업 정체감을 형성하게 된다. 50~60대의 직장인들은 젊은 사람들보다 일에 대해 더 긍정적 태도를 지니고 있으며 직업 만족도가 높고 새로운 직업을 찾는 데 관심이 적다. 또한 중년기 성인들은 일에 대한 전문지식을 많이 가지고 있기 때문에 노화로 인한 기능적 손실에 대처할 수 있다(Hansson, Dekoekkoek, Neece & Patterson, 1997). 중년층에서는 중산층 남성들은 성공을 위해 가장 많은 긴장감을 경험한다. 긴장의 원인은 해고에 대한 불안과 함께 자신에 대한 존재감을 유지하기 위해 더 많은 노력이 요구되기 때문이다. 저소득층 남성들은 가진 것도 잃을 것도 없다고 생각하는 반면, 상류층 남성들은 원하는 것을 성취했다고 생각하기 때문에 중산층 남성들보다 긴장을 적게 경험한다.

3) 직업 환경의 변화와 여성의 취업

세계는 빠르게 변화하고 있으며 이에 따라 직업의 종류나 환경도 빠르게 변화하고 있다. 각 나라와 사회마다 하루에도 무수히 많은 직업이 생겨나거나 사라지고 있기 때문에 최근의 유형을 한마디로 설명하기는 어렵다. 그러나 직업의 다양화와 전문화는 현대 사회의 가장 큰 특성으로 볼 수 있으며 다음과 같은 변화를 가져왔다.

- 더 높은 교육과 기술수준을 요구하는 전문직들이 늘어났으며 학교를 졸업하고도 직업 수행에 필요한 지식을 얻기 위해 지속적인 교육이 필요하게 되었다.
- 직업 성취와 만족을 기반으로 삶의 질에 대한 관심이 높아짐에 따라 일과 여가의 조화가 주요한 이슈로 대두되었다.
- 저임금 3D 업종에 자발적으로 종사하려는 인력 부족으로 외국 노동자들의 수급이 대폭 늘어났다.
- 수명의 증가로 노년층을 위한 직업군이 형성되었다.
- 여성의 사회 진출은 직업뿐 아니라 가족 관계 및 자녀양육을 포함한 사회 구조 변화에 영향을 주었다.

특히, 여성의 취업은 20대에 절정에 도달한 후 급격히 감소되는 것이 일반적이었으나 최근에는 기혼 중년 여성들의 재취업이 증가하고 있는 추세이다. 전체 여성 취업 중 기혼 여성들의 비율이 더 높으며 자녀들이 성장해 가정을 떠나는 텅 빈 보금자리 현상이 중년 여성의 취업에 더 영향을 주는 것으로 보인다. 여성들의 경우 남성들보다 직업 선택에 더 많은 제한이 따르지만 가정생활과 직장생활에서 크게 갈등을 경험하지 않을 때 가장 큰 만족을 경험한다(Walters & Mckenry, 1985). 그러나 사회 구조적으로 더 높은 지위로 승진하기를 원하는 여성들은 가정보다 일에 더 몰두하도록 요구되는 경향이 있다. 또한 여성이라는 이유로 능력이 저평가되고 결정 권한을 가진 지도자의 위치에 오르는 일이 제한되는 유리 천장현상이 존재하기 때문에 여성의 장기적 직업 성취가 방해를 받기도 한다.

유리 천장 glass ceiling
천장이 투명한 유리로 된 것과 같이 여성이나 소수 민족이 고위직으로 승진하는 데 보이지 않는 장벽과 제한이 존재하는 것

4) 여 가

과거에 사람들은 여가를 일이나 성취와 반대되는 개념으로 생각해 왔으며 여가를 가지는 것을 게으름이나 시간 낭비로 보는 경우도 있었다. 하지만 최근의 연구들은 일과 여가를 적절히 조화하는 것이 최고의 성취를 이루고 건강한 삶을 영위하는 데 도움이 된다고 제시하고 있다. 따라서 여가는 최근 재충전의 기회를 비롯한 다양한 의미로 사용된다. 여가는 자유로운 시간의 이용 가능성으로 정의되며 산업 사회의 발달과 함께 나타난 역사적 산물이다(Burrus-Bammel & Bammel, 1985). 과거에는 귀족이나 상류층만이 스스로 원하는 일을 원하는 시간에 할 수 있는 특권이 있었으며 노예나 하층민들은 끊임없이 일만 하는 환경에 살고 있었다. 산업 사회로 들어오면서 복지에 대한 관심

여가 leisure
업무 시간 외에 개인이 휴식과 즐거움을 누릴 수 있는 자유시간

이 높아짐에 따라 일을 하지 않는 시간에도 급여를 지급하는 여가 체계가 형성된 것이다. 여가의 활용에는 큰 개인차가 존재하지만 성인 중기에는 보편적으로 여가에 대한 관심이 높아지면서 직장과 전혀 관련 없는 일에 여가를 활용하려는 경향이 증가한다. 특히, 내적 흥분, 재미, 즐거움은 중년 성인들이 여가 활동을 선택하는 기준이 된다.

정리해 봅시다

1. 성인발달 이론들은 Erikson의 이론을 어떻게 심화 · 발전시켰는지 생각해 보자.
2. 여성과 남성의 갱년기에 대해 생각해 보자.
3. 성인의 지능을 측정한 횡단적 연구와 종단적 연구를 비교하고 연령에 따라 지능이 저하되는지 생각해 보자.
4. 후형식적 사고의 특징에 대해 생각해 보자.
5. 지혜를 문제 해결에 적용되는 실용적 지능의 측면에서 생각해 보자.
6. Sternberg의 모델은 사랑을 어떻게 정의하는지 알아보자.
7. 성인기의 애착 유형과 사랑과의 관계를 생각해 보자.
8. 결혼에 영향을 미치는 요인과 결혼 만족도의 변화에 대해 알아보자.
9. 성인기 우정의 성차에 대해 생각해 보자.
10. 성격의 다섯 요인 모델은 성격의 구성요소를 어떻게 설명하고 있는지 알아보자.
11. 성격과 직업과의 관계를 생각해 보자.
12. 직업을 가지는 목적과 여가의 중요성에 대해 생각해 보자.

Chapter 17

노화와 죽음

현대 사회는 빠른 속도로 고령화되어 가고 있다. 전 생애에서 노년기가 차지하는 부분이 많아짐에 따라 성공적인 노화와 삶의 질에 대한 관심도 증가하였다. 오래 사는 것보다 건강하고 행복하게 사는 것과 적극적으로 생의 마지막을 준비하는 것이 중요한 삶의 이슈로 떠오르고 있다.

Chapter 17

노화와 죽음

1. 성공적 노화

1) 성공적 노화의 개념

전통적으로 노화는 질병, 가난, 인지적 저하, 외로움 등의 부정적 요인들과 연결된 것으로 인식되어 왔다. 노인과 관련된 대표적 편견들은 노인들은 가난하고, 병들었고 지루하고 이해가 느리고 약하다는 것이다. 그러나 실제로 노년기의 건강을 위협하는 요인들은 꾸준한 건강관리로 위험을 감소시킬 수 있으며, 또한 모든 사람이 노년기에 사회적으로 고립되는 것은 아니다. 따라서 우리가 일반적으로 생각하는 것보다 훨씬 더 건강하고 즐거운 노년을 보내는 사람이 많다. 기대수명의 증가로 노년기가 전 생애 중에 가장 긴 단계가 되고 있으며 편견을 가지고 노인을 차별하는 연령주의를 인종주의나 성차별과 같은 맥락에서 비판하는 목소리가 높아지고 있다. 나이는 숫자일 뿐이라는 말이 있듯이 노인이 되어서도 젊은이 못지 않은 체력과 능력을 보이는 일이 허다하다. 이러한 일련의 현상들은 노화를 긍정적인 관점으로 보는 데 큰 영향을 주었다. 구체적으로 성공적인 노화란 다음의 세 가지 구성 요소를 가지는 것으로 설명된다(Rowe & Kahn, 1998).

연령주의 ageism
나이든 사람은 신체적 매력, 지적 능력 등이 떨어진다는 등 여러 가지 편견을 가지고 차별적 대우를 하는 것

- 질병과 장애가 없는 것
- 높은 신체적 · 인지적 기능을 유지하는 것
- 적극적으로 대인 관계를 유지하고 적절한 사회활동에 참여하는 것

특히, 노인들은 건강이 나빠지면 인지적 능력도 감소하고 사회활동에 적극적으로 참여하기 어렵기 때문에 건강은 성공적 노화의 가장 기본적인 선행 조건이 된다.

2) 보상을 수반한 선택적 최적화

긍정적 자아상을 유지하는 것은 성공적인 노화의 기반이 된다. 일반적으로 자존감은 새로운 도전을 성공적으로 성취하는 가운데 발달한다. 그러나 체력과 사회적 영향력이 감소되는 노년기에 새로운 도전을 받아들이는 것은 쉬운 일이 아니다. 이와 같이 여러 가지 자원이 제한된 노년기에 긍정적 성취감을 맛보기 위해서는 성취 가능한 현실적 수준으로 목표나 기대수준을 낮추는 것이 요구된다. Baltes와 Baltes(1990)는 이러한 방식으로 노년기 동안 긍정적 자아개념을 유지하는 것을 '보상을 수반한 선택적 최적화'로 설명하였다.

선택적 최적화는 가지고 있는 가능성을 극대화하고 상실된 것을 최소로 하는 원리를 따른다. 선택은 목표를 선택적으로 재구성하거나 수정하는 것이며, 최적화는 선택한 목표를 추구하는 행위이다. 또한 보상은 개인이 가진 능력이 상실되어 목표 달성이 어려워지는 경우 기타 유용한 수단이나 대체 자원을 활용하는 것이다. Baltes(1997)는 연령이 증가할수록 선택과 보상이 점점 중요해진다고 지적하며 다음과 같이 피아니스트의 예를 들었다.

보상을 수반한 선택적 최적화 selective optimization with compensation
노년기에 가지고 있는 능력을 극대화하고 대안적 방안을 활용하여 상실된 부분의 능력을 보완하는 것

> 유명한 피아니스트인 Rubinstein은 80세가 되었을 때
> 자신의 연주 수준을 유지하기 위해 더 적은 곡을 **(선택)**
> 더 자주 연습하였다. **(최적화)**
> 또한 청중들에게 변함없는 감동을 주기 위해
> 악보에서 빨리 연주해야 할 부분의 앞부분을
> 의도적으로 느리게 연주하여
> 청중들이 빠른 부분의 템포를 이전과
> 다름없이 느낄 수 있도록 하였다. **(보상)**

Rubinstein은 노화로 인해 연주에 필요한 체력과 움직임의 속도가 저하된 것을 선택, 최적화, 보상이라는 책략으로 대처하여 이전과 다름없는 연주실력을 보일 수 있었던 것이다. 이러한 방식으로 어떤 일을 성취하는 것은 노년기의 긍정적 자아상의 유지에

도움이 된다.

2. 노화 이론

일차적 노화
primary aging
자연적이고 보편적으로 일어나는 정상적 노화과정

이차적 노화
secondary aging
질병이나 환경의 영향으로 일어나는 노화과정

노화는 일차적 노화와 이차적 노화로 구분된다. 일차적 노화가 일생 동안 자연적으로 일어나는 보편적이고 점진적인 변화를 설명하는 반면, 이차적 노화는 질병에 의해 일어나는 변화를 의미한다(Busse, 1969). 생리적 노화의 원인과 과정을 설명하는 이론들은 노화가 유전과 환경의 상호작용으로 이루어진다는 데 동의한다. 그러나 유전 혹은 환경 어디에 더 초점을 두느냐에 따라 계획 이론(programmed theories)과 손상 이론(stochastic theories)으로 구분된다. 계획 이론은 노화의 과정이 유전자에 의해 생득적으로 정해지는 것이며, 특히 몇몇 유전자들이 더 결정적 영향을 준다고 제시한다. 반면, 손상 이론은 신체 기관들을 오랜 기간 사용해 온 결과 노화가 일어난다고 주장하고 있다. 다음에 소개되는 이론들은 노화의 과정에 대한 다양한 증거를 제시하고 있다.

1) 계획 이론

헤이플릭의 한계
Hayflick limit
세포는 50±10여 차례 분열하면 더 이상 분열을 하지 못하고 사망한다는 세포 분열 횟수의 한계

생체 시계
biological clock
체내에는 특정 주기에 따라 생리적 변화가 나타나는 일정을 알려 주는 시계가 내재되어 있다는 의미로 생체 시계라는 용어를 사용

계획 이론에서는 전 생애 발달이 유전자에 의해 좌우되는 것과 같이 노화의 과정 역시 유전자에 의해 결정되는 것이라고 설명한다. Hayflick과 Moorhead(1961)는 인체에서 추출한 체세포가 약 50±10여 차례밖에 분열하지 못하는 한계가 있다는 것을 발견하였다. 헤이플릭의 한계라 불리는 이 현상은 세포가 분열을 중단하고 사망하는 생체 시계에 따라 특정 노화 사건이 진행된다는 것을 뒷받침한다. 폐경은 생체 시계에 따른 노화의 대표적인 예가 될 수 있다. 다음에 제시된 계획 이론들은 모든 인간이 노화가 계획된 유전자를 가지고 태어나며 이에 따라 일어나는 세포의 자연적인 퇴화를 노화의 주요 원인으로 보고 있다.

(1) 신진대사 이론

이 이론은 인간이 신진대사를 할 수 있는 일정한 양을 가지고 태어나기 때문에 적게 먹고 신진대사율을 줄이면 더 오래 살 수 있다고 주장한다. 이 이론에서 주장하는 칼로리 섭취의 제한과 수명과의 관계는 아직 분명치 않다. 그러나 세포 내 미토콘드리의 파괴

는 신진대사의 결과로 나타나며, 이것이 누적되면 나이든 세포의 기능이 약화되어 노화가 진행된다. 신진대사는 생명활동의 증거이므로 살아 있는 한 노화는 피할 수 없는 자연스러운 과정인 것이다.

(2) 신경내분비 이론

호르몬을 분비해 신체 기능 조절을 담당하는 내분비계의 기능 저하가 노화를 일으킨다는 이론이다(Finch & Landfield, 1985). 생체 시계에 따라 세포가 퇴화하면 시상하부와 뇌하수체의 기능이 저하된다. 이에 따라 성장 호르몬, 에스트로겐, DHEA 등 각종 호르몬 분비가 줄어들면서 노화가 진행된다고 설명하였다.

(3) 면역 이론

이 이론은 연령의 증가에 따른 면역기능의 저하를 노화의 주 원인으로 본다. 연령이 증가하면 골수세포가 자연적으로 퇴화하고 면역 체계의 방어 기능이 저하되면서 여러 형태의 질병에 쉽게 걸린다. 특히, Walford(1969)는 면역 체계가 자신의 정상 세포들을 공격하는 자가면역증이 생기면서 노화가 촉진된다고 주장하였다.

(4) 텔로미어 이론

이 이론은 그림 17-1에서 보는 텔로미어라고 불리는 염색체 끝 부분이 점점 짧아져서 세포가 사망하는 결과로 노화가 일어난다고 제시하고 있다. 세포 분열에서는 염색체 복제가 일어나지만, 끝부분인 텔로미어는 완전히 복제되지 않고 점점 줄어들게 된다.

텔로미어 telomere
DNA 단백질로 구성되어 있는 염색체의 끝 부분으로 세포 분열이 반복됨에 따라 복제되지 못하고 점점 짧아짐

그림 17-1 염색체와 텔로미어

세포 분열이 반복되면서 텔로미어가 염색체 복제가 일어날 수 없는 한계까지 줄어들면 세포가 사망하여 노화를 일으킨다는 것이다. 이러한 논리에 따르면, 텔로미어의 길이를 유지하는 것이 노화를 지연시키게 된다. 텔로머라아제라는 효소는 텔로미어의 길이가 짧아지는 것을 막고 세포의 수명을 연장시킨다(Greider & Blackburn, 2004). 그러나 일반 세포와 달리 텔로머라아제 작용이 활발한 암세포는 텔로미어가 줄어들지 않고 세포가 무한 복제되는 이상 증식을 한다. 최근 텔로머라아제의 억제가 암세포의 증식 억제와 관련이 있다는 것이 밝혀지면서 이 이론은 의학 분야에서도 크게 주목받고 있다.

텔로머라아제
telomerase

텔로미어의 DNA를 복구하는 효소로 염색체 끝부분이 짧아지는 것을 막아 세포 증식을 무제한적으로 가능하게 함

2) 손상 이론

손상 이론들은 노화를 유전자에 의해 정해진 대로 나타나는 점진적 과정이 아니라 무계획적이고 예측할 수 없는 변화로 보고 있기 때문에 무선 오류 이론이라고도 불린다. 신체기관을 많이 쓰면 손상이 일어나서 노화가 진행된다는 마모 이론은 가장 대표적인 손상 이론이지만 지나치게 단순하다는 비판을 받는다. 그보다 최근의 손상 이론들은 질병이나 상해, 유해 물질에 노출됨으로써 세포에 손상이 일어난다는 것을 강조한다. 이러한 손상이 누적되어 세포가 재생 기능을 회복하지 못하면 노화가 일어난다고 하였다.

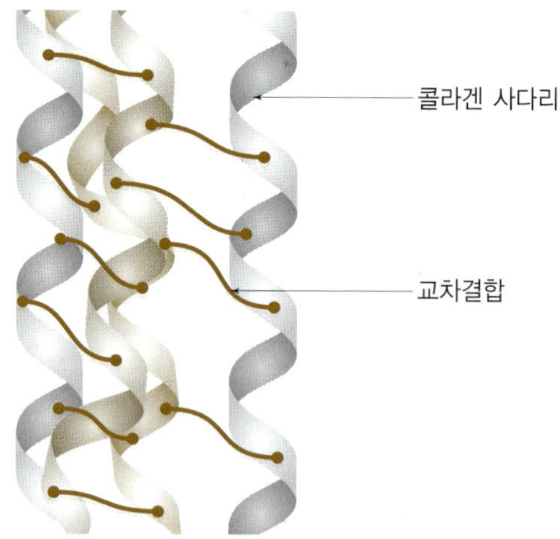

그림 17-2 콜라겐의 교차결합

(1) 교차결합이론

체내 단백질 중 가장 많은 부분을 차지하고 있는 콜라겐은 피부, 골격, 힘줄, 각막 등의 주요 구성 성분이다. 그림 17-2와 같이 콜라겐 분자들 간에 교차결합이 일어나면 영양과 노폐물의 이동이 어려워지면서 단백질이 굳어진다. 따라서 연령의 증가에 따라 교차결합이 누적될수록 피부, 각막, 관절 등에 탄력성과 유연성이 저하되는 노화 현상이 나타나는 것이다. 교차결합의 원인은 분명하게 밝혀지지 않았지만 자연적인 과정은 아니며 면역력이 저하된 노년기에는 혈액 속에 과부하된 당질이 단백질과 교차결합을 일으키기도 한다(Schneider, 1992).

(2) 세포 돌연변이 이론(DNA-손상 이론, 오류 이론)

이 이론들은 공통적으로 유전자 변형에 영향을 주는 환경적 요인들을 강조하고 있다. 방사능이나 독성 화학물질에 노출되면 염색체가 손상을 입을 수 있다. 또한 염색체의 단백질 합성과정에서는 원인을 알 수 없는 오류들이 발생한다. 이러한 손상이나 오류가 누적되면서 염색체 구조에 돌연변이가 일어나면 세포가 제 기능을 잃어버리고 노화하게 된다고 설명하고 있다.

(3) 자유기 이론(활성산소 이론)

인간의 신진대사과정은 산소가 에너지로 전환되는 단계에서 산소 원자가 부서져 산화자유기(혹은 활성산소)라는 화합물을 생성한다. 대기오염이나 방사능, 감염, 자외선, 과도한 운동 등에 의해 생성된 활성산소는 몸에 지나치게 많이 쌓이면 DNA를 손상시켜 노화나 암의 주범이 될 수 있다(Levine & Stadtman, 1992). 최근, 비타민 C 같은 항산화 물질이 노화 방지에 도움이 된다는 주장은 이 이론에 근거한 것이다.

자유기 free radical
신진대사와 같이 산소가 에너지를 생성하는 과정에서 만들어지는 산소 화합물. 과잉 생산되어 체내에 쌓이면 DNA를 손상시키고 세포와 조직을 파괴한다. 활성산소 혹은 유리기라고도 불린다.

3. 노년기 발달 : 신체와 사회 관계의 변화

1) 신체생리적 변화

성인 후기에는 성인 중기부터 진행되어 온 신체적 노화의 증거가 더욱 뚜렷해진다. 특히, 운동능력과 수면 습관의 변화는 노년기의 전반적 생활양식에 영향을 미친다. 노년기에 움직임이 느려지는 것은 근육과 활동을 오랜 기간 지속할 수 있는 스태미나가 감소하기 때문이다. 또한 균형을 잡는 데 시간이 많이 소모되기 때문에 울퉁불퉁한 길을 걷거나 갑자기 자세를 바꾸는 일이 상대적으로 어려워진다. 따라서 노년기에는 낙상의 위험이 증가하고 넘어졌을 때는 심각한 상해를 입기도 한다.

노년기 신체 능력의 저하는 성생활에도 영향을 준다. 사회문화적으로 성은 젊은 사람들의 전유물로 여겨져 왔으나 최근 노년기에 대한 긍정적 관점은 노인들이 건강한 성생활을 지속할 수 있는 능력이 있으며 이것이 노년기 정신건강에 영향을 준다는 것을 강조하고 있다. 노년기에는 성행위의 빈도와 강도가 감소한다. 특히, 남성들은 갱년기 이후 지속적인 테스토스테론 수치 감소가 성 기능의 저하를 가져오지만 실제 성적 욕구는 젊은이들과 다름없는 경우가 많다.

잠이 줄어드는 것은 노년기에 흔한 생활 습관의 변화 중 하나이다. 50~60대 이후 불면을 호소하는 노인이 늘어난다. 전체 수면시간이 줄어들 뿐 아니라 한밤중에 자주 깨거나 깊은 잠을 자지 못하는 경우가 많다. 이러한 변화는 신경 생리적 변화와 관련이 있다. Bliwise(1997)는 노년기에 깊은 잠을 자는 상태의 뇌파로 알려진 서파가 줄어드는데, 이러한 현상이 후기로 갈수록 가속화되어 고령기에는 서파가 거의 나타나지 않는 경우도 있다고 하였다. 또한 만성질환으로 인한 기침, 고통, 잦은 야뇨나 심리적 우울 및 불안은 노년기 수면장애를 악화시키는 위험요인들이다. 그러나 밤 수면의 양이 줄어드는 반면, 낮잠을 자는 일이 늘어나기 때문에 노인들이 잠을 충분히 자지 못하는 것은 아니다. 노년기의 낮잠은 하루의 리듬을 찾고 원기를 회복하게 해주는 역할을 한다.

서파 slow wave
꿈을 꾸지 않는 깊은 잠을 잘 때 나타나는 느린 뇌파. 서파가 나타나는 수면은 비렘수면(Non-REM)으로 깊은 잠을 잘 때는 델타파가 주로 나타난다.

2) 사회관계의 변화

노년기는 다른 사람들과의 사회적 교류가 상대적으로 줄어드는 시기이다. 특히 은퇴 이후 사회적 관계의 범위와 영향력의 축소는 우울감이나 상실감을 불러일으키기도 한다. 가족, 친구, 이웃으로부터 보살핌과 지지를 받는 사회적 지원 체계는 노년기의 신체의 건강과 심리적 안녕에 큰 영향을 미친다. 즉, 사회적 지지망은 장수의 가능성을 높여 준다. 다음의 이론들은 노년기의 사회환경과 관계의 변화를 조명하고 있다.

(1) 유리 이론

유리 이론(disengagement theory)은 노인과 사회가 서로 자발적으로 분리된다고 설명하고 있다. 노인들은 생의 마지막을 예견하면서 스스로 사회적 활동량을 줄이는 반면, 자신의 내면을 성찰하는 데 더 주력한다. 또한 사회는 노인들을 일과 가족에 대한 책임으로부터 해방시킨다(Cumming & Henry, 1961). 따라서 노인들은 바쁘고 어려운 일에서 벗어나 사회복지와 연금제도의 혜택을 누리며 평온한 삶을 살아가게 된다는 것이다. 그러나 실제로 노인들이 사회로부터 분리되는 것이 보편적이고 필수적인 현상이 아니다. 오랜 경험과 전문성으로 노년기에 새로운 지위로 이동하여 더욱 큰 부와 명성을 누리는 사람도 있으며, 은퇴 후에도 경제활동을 계속하며 자녀를 뒷바라지해야 하는 상황에 처하기도 한다. 따라서 유리 이론은 노년기에 사회활동이 줄어드는 것이 자발적이라고 강조하면서 노인들의 사회적 철회를 종용한다는 비판을 받는다.

(2) 활동 이론

활동 이론(activity theory)은 노인들이 스스로 원해서가 아니라 일에 대한 사회적 장벽 때문에 사회활동이 비자발적으로 감소하는 것이라고 주장한다. 즉, 기회가 주어지면 활동을 계속하는 것이 바람직하다는 것이다. 실제 노인들의 삶에 대한 만족도는 그들이 수행하던 역할과 유사한 역할이나 관계를 계속 유지할 수 있을 때 높아진다. 그러나 활동의 종류에 따라 만족도가 다르며, 노년기에는 체력에 한계가 있기 때문에 별다른 활동 없이 휴식을 취하고 자유시간을 가지는 것에 더 행복감을 느끼기도 한다.

(3) 연속 이론

노년기는 사회적 역할이나 관계를 새것으로 바꾸는 시기가 아니라 중년기부터 가지고 있던 개인적 정체성과 성격, 관심, 대인 관계, 역할 기술들을 유지하려고 노력하는 시기이다. 이처럼 과거와 미래의 사회 정서적 환경을 일관성 있게 유지하는 것이 노년기 삶의 만족을 높인다고 연속 이론(continuity theory)은 주장한다.

(4) 사회정서적 선택 이론

앞 장에서 소개된 사회정서적 선택 이론은 노년기 동안 축소된 대인 관계 내에서 어떻게 사회심리적 욕구를 충족시킬 수 있는지 이론적 근거를 제시한다. 성인 중기부터 부부 관계가 깊어지고 형제 자매가 더 가까워지는 경향이 있지만 접촉하는 사람의 수는 점차 줄어 80대의 노년기에는 가족과 오랜 친구를 포함한 소수의 가까운 관계만이 남게 된다. 노년기에는 새로운 관계를 맺으려는 욕구가 감소하고 신체가 쇠약해짐에 따라 많은 활동에 참여할 수 없기 때문에, 소수와의 관계가 더 깊고 친밀해지며 그 안에서 큰 행복감을 경험하게 된다. 즉, 사회환경의 범위가 줄어든 대신 사회관계가 깊어지는 방식으로 상호작용한다.

3) 성격발달

노년기 동안 일어나는 성격의 변화에 대해 성격을 개인의 변하지 않는 속성으로 본 특성 이론에서는 신경증, 외향성, 개방성, 성실성, 친화성에서의 개인차가 성인기에서 노년기까지 상대적으로 지속된다고 제시하고 있다. McCrae와 동료들(McCrae & Costa, 1990 ; McCrae, Costa, de Lima, Simoes, Ostendorf, et al., 1999)은 노인들을 성인 전기의 젊은이들과 비교해 보았을 때, 다섯 가지 성격 영역 중에서 신경증과 외향성, 개방

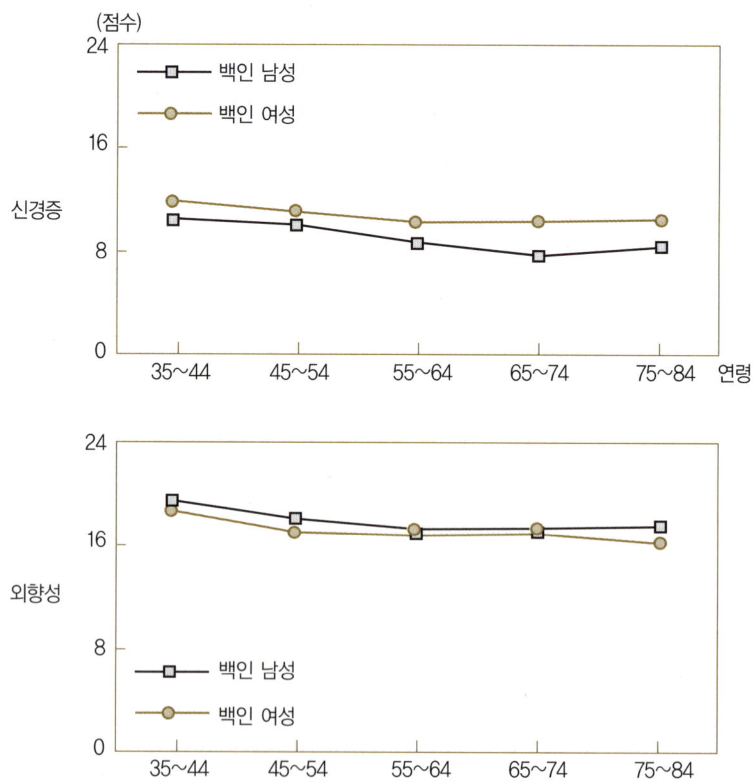

그림 17-3 성인기의 연령별 성격 특성(횡단적 연구)

출처 : McCrae & Costa(1990)에서 인용

성은 젊은이들보다 약간 낮은 반면, 성실성과 친화성은 높다고 하였다. 노인들은 정서적으로 쉽게 동요하지 않고 다른 사람들과 잘 화합하며 책임감 있는 행동을 하는 성향이 높았다. 그러나 그림 17-3과 같이 백인 남성과 여성의 경우 모두에서, 연령에 따라 신경증과 외향성에서 큰 차이를 보이지 않았으며 다른 성격특성들도 유사한 모습을 나타냈다. 즉, 외향적인 사람이 노년기에 내성적으로 바뀌거나 하는 등의 급진적인 변화는 나타나지 않는다고 볼 수 있다.

그럼에도 불구하고 성격에는 변화 가능한 요인들이 존재한다. 특히, 성역할에서의 변화가 많이 지적되고 있다. 예를 들어, 남성들은 테르토스테론의 감소로 나이가 들어갈수록 남성적인 특성과 여성적인 특성을 동시에 보이는 일이 증가하며, 여성들은 보다 외향적인 특성을 많이 보인다. 또한 알츠하이머병으로 인한 치매 증상은 성격의 변화를 가져온다. 한편, 성격에 대한 Erikson의 단계 이론에서는 노년기를 자아 통합 대 절망의 갈등이 존재하는 시기로 보고 있다. 성공적으로 생의 의미를 찾은 사람은 죽음을 수용하는 태도를 보이는 반면, 지난 삶을 후회하고 분노하는 사람은 죽음을 두려워한다고 하여, 전 생애를 통한 성격의 변화 가능성을 제시하고 있다.

한편, Neugarten 등(Neugarten, Havigurst & Tobin, 1968)은 노년기의 성격이 사회적 참여도와 생활의 만족감에 영향을 준다고 지적하였다. 노년기 이전의 삶을 잘 성찰하고 노화를 성공적으로 받아들인 사람은 어떤 상황에서도 생활에 만족도가 높다고 하였다. 다시 말해, 이러한 노인들은 사회활동에 적극적으로 참여하고 있거나 유리되거나에 관계없이 현재의 삶에 만족하는 모습을 보인다는 것이다. 반면, 의존적이고 수동적인 노인들은 사회활동에 참여하는 데 무감각하거나 주변 사람들의 권유와 도움으로 사회활동에 참여하는 경우에도 만족감을 크게 느끼지 못하는 것으로 나타났다. 또한 분노와 불안감이 높은 성격을 가진 노인들은 은퇴 후에도 일에 몰두하여 그 이전과 다름없이 바쁘게 보낼 때 생활 만족감이 가장 높다고 하였다. 즉, 노년기의 생활 만족도는 개인의 성격과 사회 참여 성향이 조화를 이룰 때 가장 높게 나타난다.

4. 노년기 발달 : 인지적 변화

연령이 증가할수록 인지적 변화에 개인차가 증가한다. 노년기는 일반적으로 인지적 상실이 여러 부분에서 나타나는 시기이다. 노인들의 인지적 기능은 신체적 건강상태에 따라 크게 좌우되기 때문에 노년기 동안의 인지적 저하가 질병 때문인지 아니면 정상적 발달과정인지를 구분하기는 쉽지 않다. 사망에 가까워지면서 인지능력이 급격하게 떨어지는 종말적 저하 현상은 신체와 인지가 동시에 저하된다는 것을 잘 보여 준다.

노년기의 인지적 저하가 사회 정서적 요인 때문이라고 보는 학자들은 노인들이 인지적 과제를 수행할 때 더 조심스럽고 자신감이 없기 때문에 시간을 많이 소요하면서도 답을 쉽게 찾지 못한다고 주장한다. 그러나 최근의 연구들은 이러한 견해에 불일치하는 결과를 보여 준다. 노년기의 인지적 변화를 심리사회적 요인의 영향, 정보처리와 신경계 변화의 측면에서 살펴보자.

종말적 저하
terminal drop

Kleemeier(1961)가 제시한 개념으로 사망 직전에 노인들이 극적인 인지적 감퇴를 보이는 현상. 감퇴의 정도에 따라 사망 시기의 예측이 가능함

1) 인지적 변화와 심리사회적 요인

노년기의 인지능력의 변화는 개인이 종사하던 직업의 종류, 교육수준, 자기 효능감에 영향을 받는다. 복잡한 문제 해결이나 새로운 지식의 창출을 끊임없이 요구하는 직업은 지적 능력을 활용할 기회를 많이 제공하기 때문에 노년기까지 높은 인지적 능력을 유지하는 데 도움이 된다. 하지만 인지적 자극이 없는 직업을 가진 사람들은 연령이 증가할수록 지적 능력의 저하가 가속화되는 것으로 나타났다(Schooler, Mulatu & Oates, 1999). 즉, 복잡한 일에 종사하는 것이 인지능력의 유지에 도움이 된다.

직업의 종류는 개인의 재능뿐 아니라 교육수준이나 집안 환경에 영향을 받는다. Schaie(1983)는 교육수준이 노년기의 인지능력과 관계가 있음을 지적하였다. 사회 계층은 선천적으로 타고난 유동성 지능과는 큰 관련이 없지만, 중산층 이상의 사람들이 좋은 교육을 받고 지적 자극이 풍부한 직업을 가지는 경우가 많기 때문에 결정성 지능의 획득에 이점을 가질 수 있다. 따라서 노년기까지 높은 인지능력을 유지할 가능성이 높다고 하였다.

또한 자기 효능감이 높은 사람은 인지적 저하가 일어나도 대안적인 방안을 활용하는 데 융통성을 발휘하기 때문에 노년기에도 높은 지적 수행을 보일 가능성이 높다. 자기 효능감이나 우울감 등의 심리적 요인이 인지적 수행에 영향을 미치는지에 대해서는 아직 뚜렷이 밝혀지지 않았다. 하지만 어떤 일을 성공적으로 완수할 수 있다고 생각하는 사람들은 그렇지 않은 사람들보다 더 끈기 있게 다양한 방법으로 문제 해결을 시도하기 때문에 노년기에도 더 나은 수행을 하는 경우가 많다.

2) 정보처리과정에서의 변화

정보처리는 정보가 부호화되어 일정 기간 저장되었다가 필요할 때 인출되는 일련의 과정을 포함한다. 연령의 증가에 따라 정보가 처리되는 형태와 기간 그리고 저장 영역에 많은 변화가 나타난다.

(1) 선택적 주의

정보처리는 정보에 주의를 선택적으로 기울이고 부호화하는 과정과 함께 시작된다. 어떤 문제를 풀기 위해서는 적절한 정보를 찾는 동시에 부적절한 정보에 주의가 가지 않도록 통제하는 능력이 필요하다. 노년기에는 이런 두 가지 능력이 모두 저하된다 (McDowd & Filion, 1992). 노인들이 과제를 수행할 때 한 곳에 오랫동안 주의를 기울이지 못하고 산만한 것처럼 보이는 것도 이 때문이다.

그러나 선택적 주의의 변화는 처리과정의 속성에 따라 차이가 있다. 산책을 갔다 집으로 돌아오거나 익숙한 요리를 하는 것과 같이 의식적으로 주의를 기울이지 않아도 쉽게 처리되는 자동적 조작은 노년기에도 수행이 크게 저하되지 않는다. 이처럼 자동적 조작이 가능한 전문가들의 수행은 노년기에도 크게 달라지지 않는다. 반면, 이전에 본 적이 없는 어려운 퀴즈를 푸는 것과 같이 의도적인 주의와 노력이 요구되는 조작은 연령의 증가에 따라 수행이 저하된다 (Hasher & Zacks, 1979).

자동적 조작 automatic operations
의식적인 주의를 필요로 하지 않는 처리과정

노력이 요구되는 조작 effortful operations
의식적인 주의와 통제가 요구되는 처리과정

(2) 정보처리 속도

정보처리의 속도나 반응 시간은 20대 중반부터 저하되기 시작하여 노년기에는 눈에 띄게 느려지는 것을 볼 수 있다. 그러나 쉬운 문제를 푸는 데는 노인들도 젊은이들과 마찬가지로 큰 어려움을 겪지 않는다. 정보처리 속도의 저하는 문제가 복잡하거나 제한된 시간 내에 많은 문제를 풀어야 하는 상황에서 나타난다.

Birren(1964)은 노인들의 인지적 수행이 전반적으로 느린 것은 중추신경계의 노화 때문이라고 하였으나 그 원인에 대해서는 몇 가지 가능성을 제시하였다. 첫째, 신경계의 변화로 인해 정보처리과정의 특정 단계에서 손상이 일어나면 전체적 처리과정이 지연될 수 있다고 보았다. 둘째, 그림 17-4와 같이 직접적인 뉴런의 연결망이 깨어진 경우에는 우회하는 다른 경로를 찾아야 하기 때문에 정보처리과정에 더 많은 시간이 소요될 수 있다는 것을 지적하였다. 한편, Myerson 등(Myerson, Hale, Poon, Wagstaff &

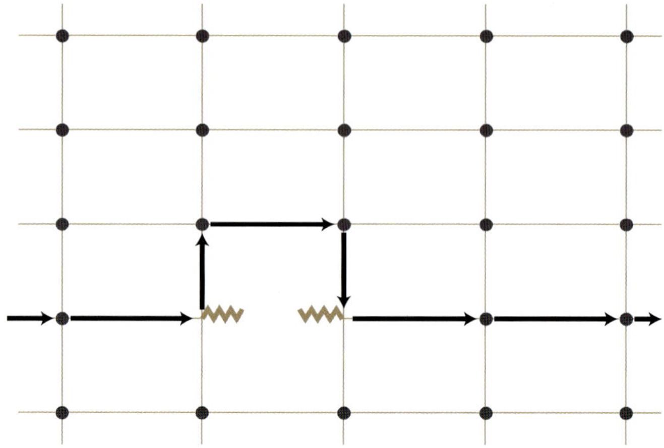

그림 17-4 뉴런의 연결이 깨져 우회하는 정보처리과정
출처 : Cerella(1990)에서 인용

Smith, 1990)은 정보처리를 복사기에 비유하여 원본을 많이 복사할수록 흐리고 불분명한 이미지가 나오는 것처럼 연령이 증가할수록 정보의 이미지가 흐려진다고 하였다. 따라서 아무리 보완을 하려고 해도 작은 정보들이 계속 흐려지고 손실되기 때문에 전반적인 처리 속도가 느려진다고 하였다.

(3) 단기기억과 작업기억

감각영역에서 정보를 받아들이는 감각기억은 노년기에 시각이나 청각능력이 쇠퇴함에도 불구하고 상대적으로 크게 저하되지 않는다. 감각정보는 다음으로 단기기억으로 넘어간다. 성인들은 일반적으로 7±2단위의 정보를 단기기억에 저장하며 노년기 초기까지도 저장 단위에는 큰 변화가 나타나지 않는다. 그림 17-5처럼 70, 80대가 되면 성인 전기나 중기에 비해 단기기억의 저장능력이 한두 단위 정도 적어지긴 하지만 감각기억과 마찬가지로 전 생애 동안 단기기억은 노화에 상대적으로 크게 영향을 받지 않는다(Gregoire & Vander Linden, 1997). 반면, 노년기의 인지적 변화는 단기기억보다 능동적으로 정보가 활성화되는 작업 기억에서 더 뚜렷이 나타난다.

Baddeley와 Hitch(1974)는 작업기억이 중앙 실행자(a central executive), 음운 루프(articulatory loop) 그리고 시공간적 메모장(visuospatial scratch pad)의 세 가지 구조를 가진 것으로 보았다. 작업기억 내의 중앙 실행자는 어떤 정보를 어떻게 처리할지 결정하는 총 책임을 맡고 있으며, 그 하위 구조들인 음운 루프는 언어적이고 청각적인 정

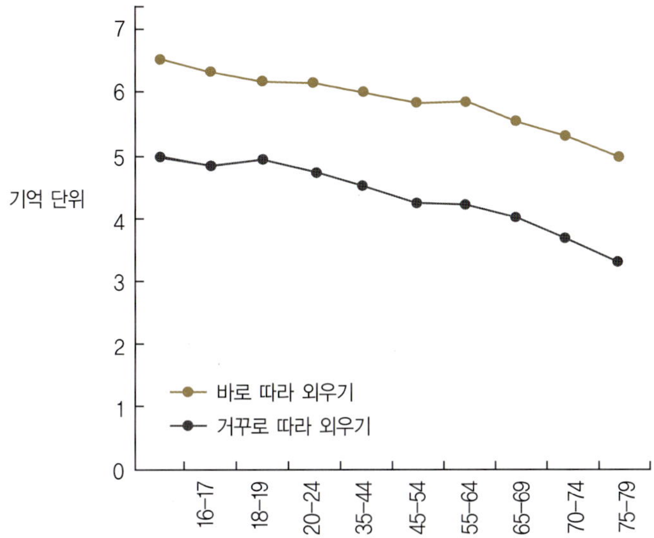

그림 17-5 숫자 따라 외우기 수행
출처 : Gregoire & Vander Linden(1997)에서 인용

보처리, 시공간적 메모장은 비언어적인 시공간적 정보 처리에 관여하는 영역이다.

Baddeley(1994)는 발달에 따른 작업기억의 변화를 알아보기 위해 다음과 같은 실험을 실시하였다. 각 피험자에게 음료의 이름인 커피, 소다, 물, 우유 등의 단어를 녹음하여 들려 주는 동시에 피자, 시금치, 과자, 사과와 같은 음식의 단어를 시각적으로 보여주었다. 이 과정에서 피험자들에게 청각적 정보를 무시하고 시각적으로 본 음식의 이름을 기억하도록 한 뒤, 다이어트할 때 가장 선호하는 음식의 순서대로 회상할 것을 요구하였다. 이 과제를 수행하기 위해서는 음운 루프의 처리를 억제하고 시공간적 메모장의 처리를 활성하기를 하는 동시에 회상해야 할 음식의 선호도를 정하는 책략의 사용이 요구된다. 이 실험에서 노인들은 젊은이에 비해 작업기억의 세 가지 측면에서 모두 저조한 수행을 보였다. 청각적 정보와 시각적 정보가 헷갈려서 음식의 이름에 제대로 주의를 기울이지 못했으며 책략을 사용하여 회상해야 할 단어를 어떤 규칙에 따라 배열하거나 구분하는 데 어려움을 겪었다. 이러한 결과는 노인들이 능동적이고 동시적인 처리가 요구되는 작업 기억에서 저하를 보인다는 것을 나타낸다. 이와 같은 작업기억능력의 변화는 궁극적으로 정보의 인출과 관련된 장기기억에 영향을 준다.

그러나 작업기억에서 음운 루프나 시공간적 메모장은 다른 특성을 가진 정보를 단기적으로 저장하며 중앙 실행자는 처리과정을 통제할 뿐 저장에 관여하는 영역이 아니

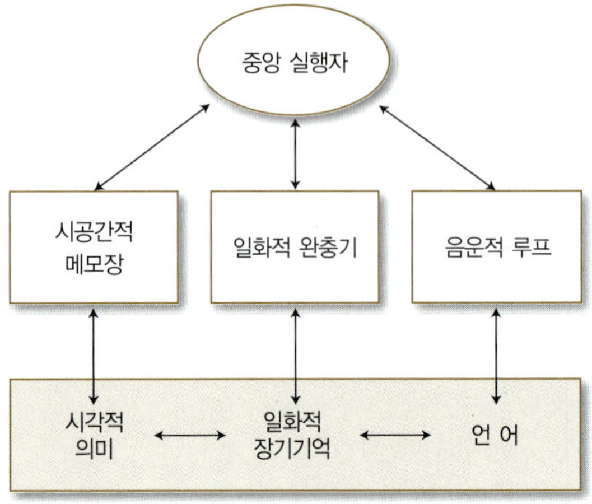

그림 17-6 작업기억의 구조
출처 : Baddeley(2000)에서 인용

일화적 완충기
episodic buffer
작업기억의 새로운 요소로 시공간적 정보와 음운적 정보를 장기 기억 체계에 통합하는 역할을 수행

부호화 특수성 원리
principle of encoding specificity
부호화 단계에서 기억을 처리할 때와 나중에 인출할 때의 단서가 일치할 수록 인출이 잘 된다는 원리. 또한 자극의 특성에 잘 들어맞는 부호화를 할 때 인출이 잘 됨

다. Baddeley(2000)는 그림 17-6과 같이 작업 기억에 일화적 완충기라는 구조가 있음을 새롭게 가정하였다. 중앙 실행자는 주의의 통제에 주로 관여한다고 하였으며 일화적 완충기는 새로운 정보를 장기 기억에 기초해서 해석하고 조직화하는 역할을 수행하는 임시 저장고라고 설명하고 있다. 즉, 일화적 완충기를 통해 작업기억과 장기기억이 상호 교류한다고 하였다.

모든 정보가 같은 수준으로 동일하게 처리되는 것은 아니다. 정보처리 수준 모델(levels-of-processing model)은 부호화 단계에서 표면적으로 처리되는 자극보다 더 정교하고 깊게 처리되는 자극이 쉽게 저장되고 인출된다고 주장하였다(Craik & Lockhart, 1972). 이 모델은 시각적 처리가 가장 얕은 수준에서, 청각적 처리는 그보다 더 깊은 수준에서, 의미론적 처리는 가장 깊은 수준에서 일어난다고 가정한다. 노인들은 시각 및 청각적 처리보다 의미론적 처리능력이 떨어지는 경향이 있으며 이러한 차이가 정보의 인출에도 영향을 줄 수 있다고 하였다. 그러나 Tulving(1983)은 무조건 의미론적인 처리를 하는 것보다 과제의 형태에 맞는 부호화를 할 때 인출이 가장 잘 된다는 점을 지적하였다. 예를 들어, 운율을 가지고 있는 단어들은 그 단어의 의미에 주목하기보다 청각적 처리과정을 사용할 때 더 효과적으로 기억될 수 있다. 즉, 부호화의 처리수준이 제시되는 자극의 특성과 일치할 때와, 또한 부호화할 때와 인출할 때의 단서가 일치할 때 가장 잘 회상된다고 하였으며, 이러한 원리를 부호화 특수성 원리라 하였다. 노인들이 젊은이들보다 부호화 특수성의 원리를 적용하는 데 어려움을 겪는지에 대해서 크게 밝혀진 것은 없다. 그러나 한 가지 자극에 다양한 처리과정을 동시에 적용하는 데는 제한이 있다.

(4) 장기기억

장기기억은 저장할 수 있는 용량과 기간에 제한이 없다. 장기기억은 특성에 따라 다양한 분류가 가능하다. Tulving(1983)은 장기기억을 일화기억, 의미기억, 절차기억으로 구분하였다. 일화기억(episodic memory)은 가본 장소나 중요한 시간, 인상적인 사건, 물건 등 개인적 경험에 관한 기억으로 생일에 받은 예쁜 꽃을 기억하는 것이 이에 해당한다. 의미기억은 백과사전이나 사전에서 찾을 수 있는 단어의 뜻이나 개념과 관련된 일반적 지식을 말한다. 절차기억은 넥타이를 매거나 자전거를 타는 것과 같이 어떤 일을 수행하는 절차에 대한 기억이다. 노년기 동안 장기기억의 저하는 일화기억에서 가장 크게 나타나고 의미기억의 저하가 그 다음으로 나타난다. 반면, 의식적인 노력이나 주의가 크게 필요하지 않은 절차기억에서는 거의 나타나지 않는다. 따라서 여러 가지 운동능력의 제한에도 불구하고 노인들이 익숙하게 운전을 하거나 기계를 다루는 일이 가능한 것이다.

한편, 장기기억을 명시적 기억과 암묵적 기억으로 구분하기도 한다. 명시적 기억은 의식적으로 저장하거나 인출하려는 노력을 기울여야 하는 기억이며 주로 회상과 재인을 통해서 측정된다. 암묵적 기억은 비의도적 · 무의식적인 기억으로, 굳이 기억하려고 하지 않아도 자동적으로 저장되는 절차기억과 유사하다(Schacter, 1992). 명시적 기억은 의식적으로 접근하여 기억을 언어로 진술하는 것이 가능하다는 점에서 서술적 기억(declarative memory)으로, 암묵적 기억은 언어로 진술하는 것이 어렵다는 점에서 비서술적 기억(nondeclarative memory)으로 불리기도 한다(Howard, 1996). 비서술적 기억은 주로 지각운동능력과 기술에 관여한다.

암묵적 기억이나 비서술적 기억은 점화 과제로 측정된다. 점화 과제는 단어 완성이나 단어 식별 과제를 사용하여 의식적인 노력을 들이지 않는 상태에서 기억을 평가하는 원리를 따른다. 예를 들어, 한번 제시되었던 자극이 나중에 다시 제시되었을 때 한 번도 제시된 적 없는 자극을 식별하는 것보다 수행이 빠르면 암묵적 기억이 존재하는 것으로 볼 수 있다. 기억 상실증 환자들은 과거의 경험이나 사건을 전혀 기억해 내지 못함에도 불구하고 어떤 종류의 기억을 그대로 가지고 있으며 이러한 사실은 암묵 기억의 존재를 지지한다. 연령의 증가에 따라 저하되는 것은 명시적 기억이며 암묵적 기

명시적 기억
explicit memory
저장과 인출이 모두 의식적이고 의도적으로 처리되는 기억. 기억한 것을 언어로 명백히 밖으로 표현하는 것이 가능하기 때문에 외현적 기억이라고도 함

암묵적 기억
implicit memory
절차 기억과 같이 의식적인 노력이나 지각 없이 저장되고 인출되는 기억

점화 priming
먼저 제시된 자극이 나중에 제시된 자극의 처리에 영향을 주는 현상. 점화 과제에서는 먼저 제시되는 자극을 점화자극, 나중에 제시되는 자극을 표적자극이라고 함

억은 노년기에도 그대로 유지된다(Light, 1991).

그러나 암묵적 기억이나 절차기억을 상당부분 가지고 있음에도 불구하고 노인들은 매일 해야 할 일들을 자주 잊어버리는 경향이 있다. 일상생활에서 흔히 나타나는 기억 저하 현상들은 다음과 같은 것들이 있다.

- 출처기억(source memory)은 특정한 기억이 어디에서 온 것인지를 아는 것이다. 노년기에는 성인 전기에 비해 출처기억이 저하되기 때문에 어떤 정보가 믿을 만한 것인지 아닌지를 판단하는 데 더 오류를 보일 수 있다. 예를 들어, 걷기 운동을 하는 것이 건강에 좋다는 것은 기억하지만 그 내용이 의사가 추천한 것인지, TV에서 들은 것인지 그 출처를 기억하지 못하는 경우가 이에 해당한다.
- 노인들은 '글쎄 그 사람 이름이 뭐더라' 하는 식의 설단 현상(tip-of-the-tongue phenomenon)을 자주 보인다. 설단 현상은 알고 있다고 생각하는 정보가 밖으로 인출되지 못하는 현상이다. 흔히 단어가 혀끝에서 맴돈다는 표현으로 설명된다. 이러한 현상은 젊은 사람들에게도 나타나지만 노년기에 더 많이 나타난다.
- 노인들은 젊은이에 비해 몇 시간 전 혹은 몇 년 전에 무슨 일이 일어나는지 과거의 일을 회상하는 데 어려움을 겪는다. 하지만 개인의 자서전적 기억은 노년기까지 뚜렷이 남아 있는 경우가 많다. 특히, 자서전적 기억에는 회고 절정의 원리가 적용된다(Rubin, Rahhal & Poom, 1998). 회고 절정은 전 생애에 걸쳐 사춘기에서부터 성인 전기에 해당하는 기억이 가장 오래 유지되는 현상을 설명한다. 따라서 노인들은 이 시기 동안의 기억을 중년기나 다른 시기보다 더 많이 회상할 수 있다.
- 미래기억은 언제 무슨 일을 해야 할지를 기억하는 것이다. 예를 들어, 저녁식사 후 30분 후에 약을 먹어야 한다던가, 오전에 친구를 만나러 모임에 나가야 하는 등의 일상을 수행하는 데 미래기억이 필요하다. 노인들은 미래기억 중에서도 사건 자체를 기억하는 데는 큰 문제가 없으나 언제 그 일을 해야 하는지 특정 시간을 기억하는 데 어려움을 겪는다.

결론적으로, 노년기에 장기기억의 모든 측면에서 변화가 나타나는 것은 아니다. 일화기억, 출처기억, 과거기억, 시간기반 미래기억이 저하되고 설단 현상이 증가하지만, 상대적으로 의미기억, 절차기억, 암묵적 기억, 자서전적 기억, 사건기반 미래기억은 노년기까지 유지되는 양상을 보인다.

자서전적 기억 autobiographical memory
자신의 삶에 대한 기억으로 살면서 경험한 일화기억이 시간적 순서에 따라 배열된 형태로 되어 있음

회고 절정 reminiscence bump
전 생애 동안 가장 기억이 생생하고 회상이 잘 되는 시기가 있음을 나타내는 현상으로 일반적으로 사춘기에서부터 성인 전기 동안의 기억이 가장 오래 유지됨

3) 병리적 기억 저하

정상적인 노화의 과정에서 일어나는 기억의 변화와는 달리 뇌 구조와 기능의 병리적 원인으로 기억의 저하가 급격히 일어나는 경우를 살펴보자. 정상적인 뇌의 노화과정은 뉴런의 숫자와 뇌 무게의 감소를 수반한다. 노년기에는 다른 영역보다 사고에 관여하는 피질 영역이나 변연계에서 뉴런의 감소가 더 많이 일어난다. 또한 노화는 뇌가 가소성을 잃어버리는 과정을 포함한다. 따라서 손상된 피질의 기능을 손상되지 않은 부위가 떠맡을 수 없게 되면 기능적으로 어려움을 겪게 되어 뇌졸중 등의 질환이 나타나기 쉽다. 결국, 뉴런의 생존능력에 따라 정상적인 뇌의 노화인지 병리적인 뇌의 노화인지를 구분하게 된다.

치매(dementia)는 노년기의 대표적인 병리적 기억장애이다. 치매는 사고, 기억, 추론 등의 지적 능력이 점차 저하되는 퇴행성 질환으로 말기에는 일상생활이 불가능할 정도의 지적 상실을 나타낸다. 치매는 정상적인 인지적 노화와는 분명히 구분된다. 앞서 살펴본 바와 같이 정상적인 기억 저하로 간간히 어려움을 겪기는 하지만 자신의 이름조차 기억을 못하거나 주변을 인식하는 능력을 완전히 상실하지는 않는다. 우리는 흔히 알츠하이머병을 치매와 거의 동의어로 생각하고 있지만 치매는 기억장애를 지칭하는 포괄적인 개념이며 치매를 일으키는 원인으로 가장 잘 알려진 것이 알츠하이머병이다. 그 외에도 뇌졸중 등의 혈관성 질환이나 파킨슨병, 우울도 치매의 일부 원인이 된다.

(1) 알츠하이머병

알츠하이머병은 수명의 증가에 따라 전 세계적으로 증가하는 추세이며, 60세 이후에 주로 발병하고 85세 이상 고령기 인구 중에서는 약 40~50% 정도가 관련 질환을 가지고 있는 것으로 알려져 있다. 알츠하이머병은 퇴행성 신경질환으로 1907년 처음으로 이 질환에 대해 명백히 설명한 의사 Alois Alzheimer의 이름을 붙였다. 알츠하이머병은 두드러진 신경계 뉴런의 퇴화를 수반한다. 특히, 기억이나 언어와 관련된 전두엽, 측두엽의 피질이나 해마의 퇴화가 두드러진 반면, 운동과 감각영역에서의 변화는 상대적으로 적게 나타난다.

알츠하이머병으로 진단된 사람들의 뇌는 그림 17-7과 같이 베타-아밀로이드라는 독성을 가진 점착성 단백질이 뉴런 주변을 둘러싸는 플라크를 형성하고 있으며 타우

베타-아밀로이드 플라크 beta-amyloid plaques
아밀로이드 전구물질인 베타 단백질이 활성화되는 과정에서 엉겨 붙어 점착성이 강한 독성 물질로 변하여 신경 세포를 둘러싸며 달라붙어 있는 형태

중단되면 뇌 조직이 결국 파괴되어 지적 기능 장애가 일어나는 과정을 거친다. 알츠하이머병에 비해 유전의 영향보다 흡연, 음주, 비만 등의 환경적 요인에 영향을 받으며 치료가 가능하다. 뇌경색이나 뇌졸중은 갑자기 일어나거나 악화되는 경우가 많기 때문에 점진적으로 진행되는 알츠하이머병과는 차이가 있다. 그 외에 파킨슨 병(Parkinson' s disease)이나 헌팅턴 병(Huntington' s disease)과 같은 퇴행성 질환을 가진 환자들의 일부가 치매 증상을 나타내기도 한다.

또한 노년기의 우울증은 흥미가 저하되고 성격이 변하거나 망각이 현저히 나타나기 때문에 가성 치매로 오인되기 쉽다. 그러나 우울로 인한 지적 능력의 저하는 항우울제 등의 약물이나 치료로 쉽게 호전되기 때문에 조기 발견과 치료가 중요하다.

가성 치매 pseudodementia

신경생리학적으로 치매의 증상이 나타나지 않음에도 불구하고 노인 우울증과 같이 치매와 매우 유사한 인지능력의 저하를 보이는 것을 가성치매라 함

4) 창의성

우리가 알고 있는 가장 창의적인 예술 작품은 작가가 몇 살 때 만든 작품일까? 역사적으로 세르반테스는 문학적 걸작인 《돈키호테》를 60대 말에 완성했으며 베르디는 73세에 오페라 〈오델로〉를 작곡했다. 미켈란젤로는 89세로 타계하기 전까지 그림에 몰두하였다. 이러한 사실은 창의성이 성인 후기까지 지속된다는 것을 보여 주는 증거이다.

전 생애 동안 작품활동을 가장 활발하게 한 연령을 분석하였던 학자들은 분야마다 차이는 있지만 30대 후반에서 40대 초반에 이르는 시기에 가장 많은 창작을 한다고 제시한다(Dennis, 1966 ; Lehman, 1953 ; Simonton, 1989).

그러나 여기서의 연령은 생활연령이 아닌 경력연령(career age)으로 해석하는 것이 더 타당하다. 왜냐하면 경력을 시작하는 연령에 따라 절정기가 달라지기 때문이다. 예를 들어, 야구 선수들은 20대 중·후반에 전성기를 누리며 최고로 멋진 경기를 보여 주지만, 보다 완숙한 경험을 요구하는 작가, 철학자, 학자들은 40, 50대에 걸작을 만들어 내는 경향이 있다. 즉, 언제 태어났는지보다 언제 그 일을 시작했는지, 그리고 얼마나 그 일을 오래 해왔는지에 따라 창의성을 발휘하는 절정기가 달라진다. 이러한 사실들은 성인기의 창의성이 열정이나 자유로운 상상력뿐 아니라 숙련된 전문성, 경험적 지식, 또한 지혜를 기반으로 발휘된다는 것을 보여 준다.

백조-노래 swan song

백조가 죽기 직전에 아름다운 소리로 노래한다는 전설에 빗대어 작가나 예술가들이 죽기 직전 창작한 마지막 작품을 일컫는 말

그럼에도 불구하고, 노년기에 최고의 창의적 작품을 만들어 내는 현상은 일반적인 발달적 경향으로 설명되지 않는다. Simonton(1989)은 백조가 죽기 직전 짧은 시간에 일생 한 번의 노래를 부른다는 전설에 빗대어 '백조-노래 현상'이라는 용어로 노년기의

그림 17-8 피카소의 그림 비교 (왼쪽 : 어린 소녀(1938년 작품), 오른쪽 : 젊은 화가(1972년 작품))

창의성을 설명하고 있다. 백조의 노래처럼 노년기에 만든 작품은 작가들의 다른 작품들보다 짧고 단순한 형태를 보이지만 새로운 미학적 아름다움을 보여 준다. 그림 17-8의 오른쪽 그림에서 보는 피카소 말년의 작품은 왼쪽의 중년기 작품에 비해 선과 형태가 훨씬 단순하고 생략된 새로운 창작의 세계를 보여 주고 있다.

아이러니하게도 노년기의 건강 문제가 창의적 작품을 만드는 기폭제가 되기도 한다. 화가 모네는 말년에 백내장으로 시력을 거의 잃어 색을 구분하기 어려운 상황에서 그의 걸작 〈수련〉을 완성했다. 그러나 이 작품은 그의 젊은 시절 초기 작품들과 다름없는 생생한 색채를 가지고 있다. 창의성은 정의하기 어려운 개념이며 어떻게 발휘되는지에 대해 쉽게 알기 어렵다. 그럼에도 불구하고 위와 같은 예들은 노년기에도 창의성을 충분히 발휘할 수 있다는 사실을 보여 주고 있다.

5) 지 혜

앞 장에서 언급한 바와 같이 지혜는 현실적 문제를 해결하는 실용적 지능과 관련이 있다. 하지만 삶을 성찰하고 인류의 존재 가치를 이해하는 철학적 의미의 지혜는 성인 후기에 더 잘 나타난다(Baltes & Staudinger, 2000). 특히, 삶의 이치를 꿰뚫어보는 통찰력은 지혜의 가장 핵심적 부분이다. 통찰력은 실용적 지능과는 달리 판단과 분석을 넘어서는 직관의 차원에서 사물이나 사람의 본질을 정확히 파악할 수 있는 것이다.

통찰력을 가진 사람들의 예는 역사 속에서 잘 나타난다. 지혜의 왕으로 불리는 솔로

통찰력 insight

사물의 본질과 관계를 근본적으로 이해하는 능력. 직관적으로 여러 가지 요인들을 충분히 검토하고 전체적으로 통합할 수 있는 능력을 포함한다.

몬은 모든 인간사를 파악하여 옳고 그름을 판단하는 데 막힘이 없었다고 전해지며, 중국의 사상가인 공자는 "일흔이 되니 마음이 원하는 대로 하여도 법도에 크게 어긋남이 없었다."고 하였다.

통찰력은 오랜 기간 삶의 경험을 통합하여 삶과 죽음의 근본적인 원리를 발견하게 하는 것이다. 지혜를 실험적으로 연구하는 데 기여한 발테스 등의 학자들(Baltes, Staudinger, Maecker & Smith, 1995)은 지혜로운 사람이 현실적 문제뿐 아니라 삶과 죽음에 관련된 문제를 더 잘 해결할 것이라고 가정하였다. 이를 증명하기 위해 40~70대에 이르는 성인 중에서 많은 사람들이 지혜롭다고 지목한 지혜자 집단을 선정하였다. 그리고 아래와 같은 두 가지 종류의 문제를 해결하는 데 지혜자 집단과 노년기의 임상심리사 그리고 일반 노인들을 비교하였다.

삶의 계획 조이스는 60세 된 과부이다. 그녀는 최근 경영학 학위를 받고 새로운 사업을 시작하며 새로운 도전을 준비하고 있었다. 그런데 갑자기 그녀의 아들이 두 명의 어린 손주와 함께 홀로되어 도움이 필요하게 되었다. 그녀는 자신의 사업을 포기하고 아들과 손주를 돌보며 함께 살지, 아니면 아들에게 손주들을 돌보는 비용을 지원해야 할지 둘 중 하나를 선택해야 한다.

삶과 죽음의 문제 어느 날 친한 친구로부터 전화 한 통을 받았다. 그 친구는 자신이 더 이상 살 이유가 없기 때문에 자살을 하겠다고 한다.

실험 참여자들은 이러한 문제를 해결하기 위해 고려할 것이나 필요한 정보는 무엇인지, 어떻게 해야 하는지 이야기하였고 이러한 응답들은 지혜의 요소인 사실적 지식, 문제 해결을 위한 책략, 삶의 불확실성의 인식 등의 측면에서 평가되었다. 그 결과 그림 17-9와 같이 현실적인 삶의 문제를 계획하는 데는 대인 관계를 전문적으로 다루는 데 능숙한 임상심리사들이 가장 지혜로운 대답을 하였으나, 자살과 같은 삶과 죽음의 문제에 대해서는 지혜자 집단이 가장 지혜로운 대답을 제시한 것으로 나타났다. 반면, 일반 노인들은 자신들보다 평균 연령이 어린 지혜자 집단보다 두 종류의 문제 모두에 지혜로운 답을 제시하지 못하였다. 이 연구는 지혜롭다고 보는 기준이 무엇인가에 대해 모호한 점 등 여러 가지 비판점을 가지고 있긴 하지만, 지혜가 노년기만의 전유물은 아니며 또한 삶과 죽음에 대한 통찰을 포함한다는 점을 보여 주고 있다.

한편, Baltes와 Baltes(1990)는 노년기의 지혜를 '보상을 수반한 선택적 최적화'로 설명하고 있다. 최적화는 신체적 · 인지적 능력이 저하되는 노년기에 성공적으로 적응하

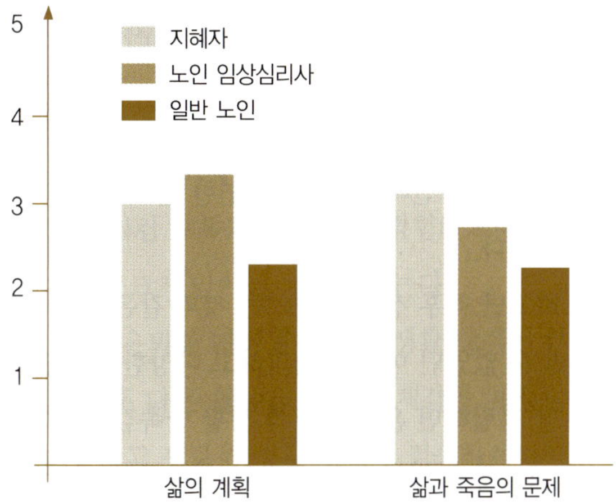

그림 17-9 지혜자와 일반인의 문제해결

출처 : Baltes et al.(1995)에서 인용

기 위한 책략이다. 이러한 관점에서 지혜란 자신에게 나타난 노화 현상을 잘 수용하는 것이다. 즉, 노화에 의해 상실한 부분을 담담하게 받아들이고 그것을 보완할 수 있는 방법을 찾을 수 있는 사람이 지혜로운 사람이다. 더 나아가 부족한 부분이 쉽게 보완되지 않은 경우에도 그것을 자연스런 삶의 과정으로 받아들이고 자족하는 사람은 삶의 본질에 대한 깨달음을 얻은 지혜를 가지고 있는 것이다.

5. 은 퇴

1) 은퇴의 단계와 적응

은퇴는 일과 관련된 역할과 관계, 지위에서 물러나는 행위이다. 은퇴 이후를 본격적인 노년기의 시작으로 보기도 하지만 은퇴 시기를 결정하는 데는 개인의 건강, 직업 환경, 직업의 특성, 재정상태 등의 다양한 요인들이 영향을 미친다. 맞벌이 부부의 경우 한 사람이 은퇴하면 배우자가 이에 맞추어 은퇴 시기를 앞당기거나 늦추기도 한다. Atcheley(1983)는 사람들이 보편적으로 경험하는 은퇴의 과정을 여섯 단계로 제시하고 있다. 각 단계는 다음과 같은 특성을 나타낸다.

은퇴 retirement
일과 관련된 역할과 관계, 지위에서 물러나는 행위

- 먼 단계 : 은퇴를 위해 아무것도 준비하지 않는다. 은퇴에 대해 많이 생각하지 않으

리어 노인들은 신체적 한계를 넘는 도전적인 활동, 이전까지 경험하지 못한 새로운 여가활동을 경험하는 것에 큰 매력을 느낀다. 새로운 여가활동에 도전하는 것이 유능감과 자존감을 높이기도 한다.

6. 죽 음

1) 죽음의 정의

죽음은 영아부터 노인까지 모든 연령에서 경험할 수 있는 사건이다. 20세기 초반 세계대전으로 젊은 연령층의 사망률이 급증한 경우를 제외하면 죽음은 대부분 성인 후기에 일어난다. 현대 사회에서는 질병으로 인한 사망이 대부분이며 전 세계적으로 암, 뇌혈관질환, 심장질환이 사망을 초래하는 3대 질환이며 당뇨, 자살, 간질환 등이 그 뒤를 잇고 있다. 즉, 질병으로 인해 병원에서 사망하는 것이 가장 일반적인 현대인의 죽음의 형태이다.

죽음을 바라보는 관점은 역사적 · 사회적으로 변화되어 왔지만 현대 사회는 죽음을 결코 긍정적인 사건으로 보지 않는다. 관례적으로 죽은 사람을 애도하거나 유가족에게 조의를 표하는 행위들은 죽음을 부정적인 것으로 인식하고 있다는 증거이다. 생명을 연장하게 하는 의학적 성과에 열광하는 것도 죽음을 회피하려는 성향을 보여 주는 것이다. 죽음을 심리적으로 바라보고 관련 이슈들을 다루는 죽음학은 죽어 가는 과정과 죽어가는 사람들을 연구하는 학문이다(Kastenbaum, 1992).

죽음학 thanatology
죽음과 관련된 모든 주제들을 포괄적으로 다루는 학문

죽음은 사회 문화적 사건이기도 하지만 일반적으로 죽음의 판단은 의학적 정의를 따른다. 죽음의 의학적 정의는 심장사와 뇌사의 두 가지로 구분된다. 전통적으로 많은 나라들이 심장 박동과 호흡이 정지하는 심장사로 죽음을 규정해 왔으나 점점 뇌간을 포함한 전반적 뇌기능이 완전히 정지한 뇌사를 사망의 기준으로 보고 있는 추세이다.

뇌사 brain death
뇌간을 포함한 전반적 뇌기능이 되돌릴 수 없이 완전히 정지한 상태로 생명 소생이 불가능

우리나라는 뇌사 상태에서의 장기 이식에 대한 법률이 통과됨으로써 실질적으로 뇌사를 인정하고 있다. 뇌사는 대뇌의 손상으로 인해 운동 능력이 없다는 점에서 식물인간과 혼돈되기도 한다. 식물인간은 뇌간 끝 연수의 생명 중추 기능이 남아 있어 호흡과 심장 박동이 자발적으로 유지되고 소생 가능성이 남아 있다. 반면, 뇌사는 뇌간의 활동이 완전히 정지되어 인공호흡기의 도움 없이 대사 기능을 유지할 수 없고 소생이 불가

능한 상태라는 점에서 큰 차이가 있다. 대한의사협회의 뇌사판정 기준(1998)에 따르면 뇌사는 다음과 같은 범주를 충족하는 것으로 요약된다.

- 어떤 외부적 자극에도 반응이 없는 깊은 혼수상태
- 자발적인 호흡이 없는 상태로 인공호흡기 없이 호흡이 불가
- 동공이 확대되고 고정된 상태로 눈 깜박거림이나 동공 반응의 부재
- 뇌간 반사(빛반사, 기침반사, 구역질반사 등)의 완전한 부재
- 자발 운동이나 경련이 나타나지 않는 경우
- 적어도 30분 이상 뇌반응이 없는 평탄 뇌파가 계속되는 경우

또한 성인이나 아동 모두 의학적으로 규정된 특정시간 이후에 다시 검사했을 때 위의 범주 중 어떤 변화도 나타나지 않아야 뇌사로 인정된다.

2) 적절한 죽음

현대 사회에서는 어느 누구도 죽음에 대해 쉽게 언급하지 않는다. 이렇게 죽음에 대해 침묵하는 태도는 필연적으로 죽음을 맞이할 인간들에게 죽음을 준비할 아무런 기회도 주지 않는다다는 비판이 제기되어 왔다. 삶과 죽음은 인간이 통제할 수 있는 사건이 아니다. 어느 누구도 언제 어떻게 죽음을 맞이할지 함부로 예측할 수 없기 때문이다. 그러나 죽음에 대해 진지하게 생각하는 것은 죽음에 대한 불안을 극복하고 현재의 삶에 대한 가치를 더욱 풍부하게 하는 계기가 된다.

어떻게 죽음을 맞이하는 것이 좋은 것인지에 대한 한 가지 정답은 존재하지 않는다. Weisman(1972)은 적절한 죽음(appropriate death)이라는 개념을 사용하여 개인마다 죽음을 준비하고 대처할 수 있는 기회가 필요하다는 것을 제시하였다. 다음의 세 가지를 적절한 죽음의 필수 요소로 꼽을 수 있다(Kalish, 1985)

- 가족, 친구, 의료인 및 전문가들과의 따뜻하고 친밀한 관계 형성
- 죽음에 대한 감정, 지식, 상태에 대해 열린 마음으로 토론할 수 있는 환경
- 과거 경험이나 종교 등을 통해 삶의 의미를 찾는 것

잘 사는 것(living well) 만큼이나 잘 죽는 것(dying well)은 중요한 일이다. 죽음이 준비가 될 때에만 찾아오는 것은 아니며 스스로 원할 때 죽을 수 있는 권리를 주장하는

움직임에 대해서는 논란과 우려의 목소리가 높다. 하지만 최소한 삶과 죽음에 대해 생각하고 수용할 기회를 가지는 것은 인간의 마지막 권리이자 의무이기도 하다. 그렇기 때문에 아이러니하게도 죽을 때를 예상할 수 있는 것이 큰 축복인지도 모른다.

3) 죽어가는 단계

그림 17-10 Kübler-Ross(1926~2004)

정신과 의사인 Kübler-Ross(1969)는 불치병에 걸려 죽어가는 사람들의 심리적 변화를 다섯 가지 단계로 설명하고 있다.

표 17-1과 같이 처음 죽어야 한다는 사실을 접한 사람들은 그 사실을 받아들이려 하지 않거나 분노하고 벗어나기 위해 할 수 있는 방법을 다 시도하려 하지만, 결국 죽는다는 사실과 자신에게 남아 있는 시간의 한계를 받아들이고 준비를 하는 단계로 나아간다고 하였다.

하지만 이러한 단계들은 죽어가는 환자들을 대상으로 한 것이기 때문에 노년기의 죽음에 그대로 적용하기에는 무리가 있다. 또한 다섯 가지 과정을 순서대로 겪지 않는 경우가 대부분이라는 비판이 제기되기도 하였다.

>>표 17-1 큐블러 로스의 죽어가는 단계

단 계	특 성
1. 부정	불치의 질병에 걸렸다는 것을 알고 난 후 많은 사람들은 현실을 부정하거나 의사의 진단을 의심하며 죽어간다는 사실을 받아들이려 하지 않는다.
2. 분노	바뀔 수 없는 현실과 왜 자신이 이러한 일을 겪어야 하는지에 대해 억울함과 분노를 느낀다. 이러한 분노를 주변 사람들이나 신에게까지 강하게 표출한다.
3. 타협	죽음을 피할 수 없다는 것을 인정하게 되면 꼭 이루고 싶던 일을 마무리할 수 있을 때까지 삶이 연장되도록 신적인 존재와 타협을 시도한다.
4. 우울	타협이 이루어지지 않는다는 것을 깨닫고 사랑하는 사람들과의 영원한 이별이 다가옴을 예감하며 우울감을 느낀다. 병의 악화로 신체적 고통이 증가하면 우울이 악화되기도 한다.
5. 수용	환자는 마침내 죽음을 받아들이고 죽음을 준비하게 된다. 마지막을 정리하며 주변인들과의 관계를 끊기도 하지만 심리적으로 가장 평온한 상태를 경험한다.

4) 죽음개념의 발달

죽음에 대한 인식은 연령의 증가와 함께 발달한다. 죽음을 이해하기 위해서는 다음과 같은 개념을 이해하는 것이 필요하다.

- **비기능성** : 죽음은 모든 생명 기능이 정지한 것이다.
- **영속성** : 죽음은 영원히 지속되는 상태이다.
- **비가역성** : 죽음은 돌이킬 수 없다. 즉, 죽었던 사람이 살아나지 못한다.
- **보편성** : 모든 사람들이 죽음을 맞이한다.

이러한 점에서 죽음개념의 발달은 Piaget의 인지발달적 특성에 기초하여 설명될 수 있다.

(1) 아동기

5세 이전의 어린 아동들은 죽음의 비가역성을 이해하지 못한다. 죽음은 자는 것과 같으며 잠에서 깨어나면 다시 살아날 것이라고 생각한다. 또한 죽음의 원인을 객관적으로 이해하지 못하고 '내가 잘못해서 할머니가 죽었어' 하는 식의 자기중심적이고 비합리적인 추론을 한다. 7~8세경에 이르면 죽음의 영속성과 비가역성을 이해하기 시작하나 죽음이 자신을 제외한 몇몇 사람에게만 일어난다고 생각한다. 구체적 조작적 사고가 가능한 9~10세가 되어야 죽음의 보편성을 비롯한 하위개념들을 이해한다. 그러나 아직 이 시기에는 죽음의 추상적이고 형이상학적인 의미를 완전히 이해하지 못한다.

(2) 청소년기

형식적 조작기의 청소년들은 죽음을 보다 추상적으로 이해한다. 하지만 청소년기 특유의 자기 중심적이고 이상주의적인 사고 때문에 죽음이 자신에게 일어날 수 있는 일이라는 사실을 실감하지 못한다. 청소년기의 자기 중심성은 개인적 우화 현상으로 나타나는데, 개인적 우화란, 자신을 중요한 존재로 여기고 자신의 경험을 다른 사람과 구분되는 특별한 것이라고 생각하는 심리적 특성이다. 청소년들은 개인적 우화 때문에 스스로를 불사신으로 여기며 죽음을 무릅쓰고 위험한 행동을 시도하기도 한다. 청소년들은 정체감을 형성해 가는 과정에서 삶과 죽음의 가치를 탐구하게 된다.

(3) 성인기

성인 전기의 젊은이들은 죽음의 개념을 완전히 이해하고 현실적인 것으로 받아들이긴 하지만 죽음에 대해 많이 생각하지 않는다. 이 시기에는 독립적인 개인으로 삶을 새롭게 시작하기 때문에 삶에 대한 열정과 희망이 넘친다. 따라서 죽음이 자신들에게 일어나서는 안 되는 일이라고 여기며 죽음에 직면할 때 크게 분노한다. 실제로 죽음을 자신에게 닥칠 수 있는 일로 실감하기 시작하는 시기는 성인 중기부터이다. 신체적 노화의 증거가 나타나고 주변인들의 죽음을 경험하는 일이 생기면서 죽음에 대해 진지하게 생각한다. 자신이 죽음을 향해 나아간다는 자각을 하면서 남은 삶에 대해 새로운 가치를 부여한다. 성인 후기는 죽음에 대해 구체적으로 준비하는 시기이다. 많은 가족, 친구, 친척들이 세상을 떠나고 남은 자신을 보면서 이제는 자신의 차례라는 생각을 한다. 죽음을 피할 수 없는 운명으로 받아들이고 죽음의 과정과 죽은 후의 문제까지 현실적으로 세심히 고려한다.

5) 죽음 불안

죽음은 슬픔, 분노, 초월감, 공포, 긍정적 느낌 등의 다양한 감정을 불러일으킨다. 그중에서도 가장 주목받는 것은 죽음에 대한 불안감이다. 개인차는 있지만 모든 사람들은 죽음에 대해 어느 정도의 불안을 경험한다.

죽음 불안은 연령의 증가에 따른 죽음개념 발달에 영향을 받는다. 죽음에 대한 이해가 전혀 없는 어린 아동들은 죽음 불안을 느끼지 않는다. 청소년기에는 죽음에 대한 개념이 보다 완전히 형성되면서 불안이 함께 증가한다. 노년기에는 죽음 불안이 감소한다고 알려져 있지만, Kastenbaum(1992)은 불안의 종류가 다를 뿐 불안수준이 달라지는 것은 아니라고 주장하였다. 예를 들어, 대학생들은 죽음으로 사랑하는 사람을 잃는 것을 더 불안해 하는 반면, 중년들은 고통스럽게 죽는 것을 더 걱정하는 경향이 있다. 특히, 노인들은 죽는다는 사실보다 죽어가는 과정에 대한 불안감이 더 높다. '죽는 것은 무섭지 않은데, 쓰러져서 움직이지 못하게 될까봐.' 하는 식으로 죽는 것보다 장애가 생겨 죽어가는 과정이 오래 걸릴 것을 고민한다(Vining, 1978).

여성이 남성보다 더 죽음 불안을 많이 경험하며 종교를 가지고 신앙심이 깊은 사람일수록 죽음을 덜 두려워한다. 그러나 아이러니하게도 신앙심이 크지 않은 사람들은 종교가 없는 사람들보다 죽음 불안을 크게 느낀다고 알려져 있다. 죽음이 현실적 문제가 되는 성인 후기의 죽음 불안은 무엇보다 전 생애 성격발달에 영향을 받는다. Erikson은 중년기에 생산성을 확립하지 못하면 노년기에 죽음을 수용하지 못하는 절망을 경험하게 된다고 제시하였다. 생의 회고는 성공적으로 죽음 불안을 감소시키는 효과가 있다. 생의 회고를 적용한 죽음 교육은 지난 삶 속에서 아직 해결되지 않는 문제를 돌아보는 과정을 포함한다. 옛날 사진이나 편지, 일기를 보거나 추억의 장소를 찾아가기도 하며 모임에 다시 나가 잊고 있던 사람들을 만나는 일을 통해 삶을 정리하고 통합하여 죽음을 수용하는 태도를 기르게 된다.

7. 비탄과 애도

죽음은 주변의 사람들에게 영향을 미치는 사회적 사건이다. 사별(bereavement)이란 죽음으로 사랑하는 사람을 상실한 경험을 의미하며, 비탄은 사별로 인한 정서적 고통이다. 애도는 비탄의 감정을 표현하는 행위를 말한다.

비탄은 대부분의 경우 강한 슬픔, 허전함, 죄책감, 스트레스 반응 등을 포함한다. 경험한 죽음의 형태에 따라 비탄의 강도가 달라진다. 일반적으로 사람들은 나이든 사람보다 젊은 사람의 갑작스러운 죽음에 더 큰 비탄과 애도를 보인다(Fulton, 1970). 특히, 예견된 죽음의 경우에는 마음의 준비를 할 시간을 가짐으로써 상대적으로 비탄을 적게 느낀다.

비탄 grief
사랑하는 사람의 죽음으로 인한 정서적 고통으로 슬픔, 죄책감, 허전함 등을 포함

애도 mourning
비탄의 감정을 표현하는 행위

비탄을 줄이기 위해서는 지지적인 주변 사람들과 대화를 나누면서 자신이 느끼는 감정을 언어와 행동으로 솔직히 드러내는 것이 필요하다. 그러나 감정의 표현보다 더 중요한 것은, 사별을 객관적으로 이해하고 수용하여 성공적으로 대처함으로써 개인적 성장을 이루는 것이다.

시간은 비탄을 치료하는 최고의 약이다. 사별을 경험한 후 며칠은 강한 애통함과 충격 때문에 목놓아 울거나 심하면 기절하기도 한다. 이처럼 강한 정서적 반응은 3주까지도 지속된다. 그 이후 강한 정서적 반응이 줄어들면 그리움, 상실감, 고인과의 생생한 기억이 지속됨과 동시에 분노, 죄책감, 불안을 경험하거나 불면, 두통, 피로감 등의 신체 증상이 나타나기도 한다. 마침내 정신적 · 신체적 고통에서 벗어나 새로운 관계를 시작하며 현실에 적응하기 위해서는 적어도 2년 정도의 시간이 필요하다. 시간이 지날수록 비탄과 애도의 빈도와 강도는 줄어든다. 하지만 고인에 대한 그리움은 완전

히 사라지지 않고 평생 동안 지속된다.

Lund(1996)는 사별과 비탄에 대해 알려진 사실들을 다음과 같이 요약하고 있다.

- 사별은 매우 스트레스가 높은 경험이지만 대부분의 사람들은 사별에 대처할 수 있는 탄력성을 가지고 있다.
- 비탄을 극복하고 적응하는 데 가장 중요한 요인은 연령과 성에 관계없이 자존감과 삶의 변화에 대처하는 기술이다.
- 비탄은 양면적인 감정을 포함하기도 한다. 슬픔과 외로움을 느끼는 반면, 자신이 보다 독립적이고 강해졌다는 긍정적 감정을 느끼기도 한다.
- 비탄을 표현하는 방식은 개인마다 다르다. 그러나 비탄은 정신적 질환의 원인이 되기도 하므로 정상적인 비탄과정을 확인하는 것이 필요하다.
- 사별 이후에 경험하는 감정은 롤러코스터에 비유된다. 감정은 수시로 변한다. 한 순간 애통함에 울다가도 새로운 생활에 적응할 생각을 하며 순식간에 마음을 추스르기도 한다. 그러나 시간이 갈수록 감정의 변화폭이 줄어든다.

탄력성 resilience
개인 내적 갈등이나 환경적 스트레스에 능동적이고 효율적으로 적절하게 대처할 수 있는 능력

1) 배우자와의 사별

배우자와의 사별은 성인에게 가장 스트레스가 높은 사건이다. 특히 노년기에 경험하

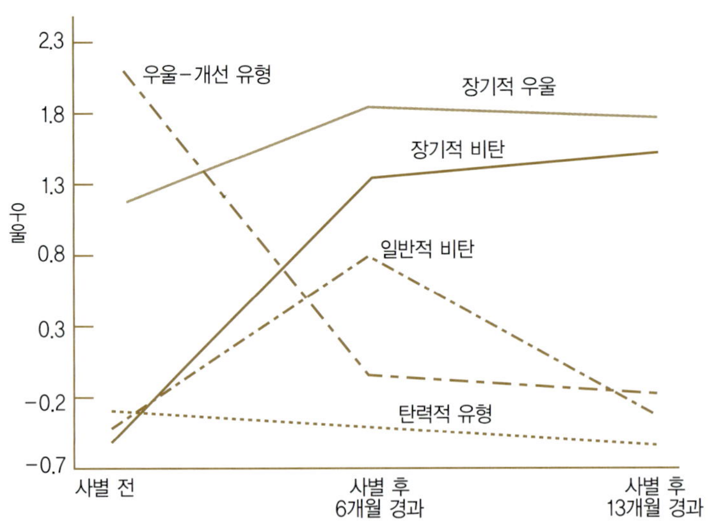

그림 17-11 미망인의 비탄의 유형
출처 : Bonanno et al.(2002)에서 인용

는 배우자의 사별은 40~50년간의 친밀한 관계를 한순간에 잃어버림으로써 큰 정신적 충격을 준다. 비탄과 애도의 형태는 개인의 성격과 큰 관련이 있다. 그림 17-11은 남편과 사별한 미망인들의 애도과정을 보여 준다(Bonanno, Wortman, Lehman, Tweed, & Haring, et al., 2002). 첫째, 일반적인 비탄의 형태는 처음엔 우울감이 증가하다가 6개월이 지나서 점차 줄어드는 형태이다. 둘째, 높은 탄력성을 가진 노인들은 우울을 거의 경험하지 않는다. 셋째, 장기적인 비탄의 유형은 사별 후 급격히 증가한 우울감이 6개월 후에도 줄어들지 않는 유형이다. 넷째, 장기적 우울의 유형은 사별 전에도 높은 우울을 가지고 있었고 사별 이후에도 계속 높은 우울감을 보인다. 마지막으로, 우울-개선 유형은 사별 전에 높은 우울을 가지고 있었으나 사별 후 도리어 우울이 감소하고, 감소된 상태를 지속적으로 유지하는 모습을 보인다.

2) 부모의 죽음

부모의 죽음을 경험한 시기가 아동기이든 성인기이든 부모의 죽음은 자녀에게 장기적인 영향을 미친다. 어린 시절 부모와 사별한 경우에는 사회적으로 고립되거나 경제적으로 어려움을 겪을 확률이 높다. 양쪽 부모 가운데 어느 한쪽이 사망하면 남은 부모의 역할이 중요해진다. 아동이 비탄감을 극복하기 위해서는 남은 부모가 부정적이고 슬픈 감정을 표현하도록 하는 동시에 현실을 받아들이도록 격려하는 것이 필요하다(Silverman, 2000). 부모와의 대화는 사별 이후 적응에 큰 영향을 준다. 그러나 여아에 비해 남아가 비탄의 감정을 표현하는 데 더 어려움을 보인다.

부모의 죽음은 아동들뿐 아니라 중년기를 훌쩍 넘긴 성인들에게도 고통스러운 경험이다. 중년의 자녀는 고령의 부모가 늙고 쇠약해지는 모습을 지켜보며 부모의 죽음을 예감하고 준비할 기회를 가지는 경우가 많다. 따라서 상대적으로 비탄을 적게 느끼며 부모의 죽음을 자연적 섭리에 따라 천수를 다한 것으로 생각하는 경향이 있다(Moss & Moss, 1995). 그러나 성인 자녀들은 이기적인 애도를 보이기도 한다. 이기적인 비탄이란, 부모가 살아 있는 동안 고통에 괴로워했으며 죽음으로 고통에서 벗어난 것을 이해하면서도 부모가 자기 곁에 더 오래 있어 주지 못한 것을 슬퍼하는 것이다.

이기적인 비탄
selfish grief
부모가 살아 있는 동안 고통에 괴로워했으며 죽음으로 고통에서 벗어난 것을 이해하면서도 부모가 자기 곁에 더 오래 있어 주지 못한 것을 슬퍼하는 것

참고문헌

국내문헌

문수백 · 변창진(1997). **K · ABC.** 학지사.

박혜원 · 곽금주 · 박광배(1996). **WPPISI-R.** 도서출판 특수교육.

이창우 · 서봉연(1974). **한국판 WISC.** 배영사.

전용신(1971). **고대-비네 검사.** 문헌사.

조복희 · 박혜원(1994). 텔레비전 시청시간 조정이 아동의 텔레비전 시청 유형에 미치는 영향. **한국아동학회지,** 15(2), 25-35.

최경숙(1985). **아동심리학.** 민음사.

최경숙(2000). 이타행동 발달 모델과 효행동, 생활과학, 3, 성균관대학교 생활과학 연구소, 325-350.

한국교육개발원(1987). **KEDI-WISC 검사요강.** 민족문화문고 간행회.

홍계옥 · 정옥분(1995). 유아의 기질 및 어머니의 양육행동과 모자 애착 행동 간의 관계. **아동학회지,** 16(1), 99-112.

국외문헌

Abramovitch, R., Corter, C., & Pepler, D. J.(1980). Observation of mixed-sex sibling dyads. *Child Development, 51,* 1268-1271.

Abravanel, E., & Sigafoos, A. D.(1984). Exploring the presence of imitation during infancy. *Children Development, 55,* 381-392.

Adams, R. E., & Passman, R. H.(1979). Effects of visual and auditory aspects of mothers and strangers on the play and exploration of children. *Developmental Psychology, 15,* 269-274.

Ainsworth, M. D. S.(1979). Attachment as related to mother-infant interaction. In J. S. Rosenblatt, R. A. Hinde, C. Beer, & M. Busnel (Eds.), *Advances in the study of behavior* (*Vol. 9*). Orlando, FL: Academic Press.

Ainsworth, M. D. S., Blehar, M., Waters, E., & Wall, S.(1978). *Patterns of attachment.* Hillsdale, NJ: Erlbaum

Alexander, G. M., & Hines, M.(1994). Gender labels and play styles: Their relatives contribution children's selection of playmates. *Children Development, 65,* 869-879.

Alley, T. R.(1981). Head shape and the perception of cuteness. *Developmental psychology, 17,* 650-654.

Allgood-Merten, B., & Stockard, J.(1991). Sex role identity and self-esteem: A comparison of children and adolescence. *Sex Roles, 25,* 129-139.

Allison, P. D., & Furstenberg, F. F., Jr.(1989). How marital dissloution affects childern: Variations by age and sex. *Developmental Psychology, 25,* 540-549.

Amato, P. R.(1993). Children's adjustment to divorce: Theories, hypotheses, and empirical support. *Journal of Marriage and the Family, 55,* 23-38.

Anderson, S. A., Russell, C. S., & Schumn, W. R.(1983). Perceived marital quality and family life- cycle categories: A future analysis. *Journal of Marriage and the Family, 45,* 127-139.

Andersson, B.(1992). Effects of day-care on cognitive and socioemotional competence of thirteen-year-old Swedish schoolchildren. *Child Development, 63,* 20-36.

Anglin, J. M.(1993). Vocabulary development: A morphological analysis. *Monographs of the Society for research in Child Development, 58*(10, Serial No. 238).

Archer, J.(1992). Childhood gender roles: Social context and organization. In H. McGurk(Ed.), *Childhood social development: Contemporary perspectives.* Hove, England: Erlbaum.

Archer, S. L.(1982). The lower age boundaries of identity development. *Child Development, 53,*

1551-1556.

Archer, S. L.(1992). A feminist's approach to identity research. In G. R. Adams, T. Gullotta, & R. Montemayor(Eds.), *Advances in adolescence development. Vol. 4: Adolescence identity formation*. Newbury Park. CA: Sage.

Arking, R.(1991). *Biology of aging: Observations and principles*. Englewood Cliffs, NJ: Prentice Hall.

Arlin, P. K.(1975). Cognitive development in adulthood. A fifth stage? *Developmental Psychology, 11,* 602-606.

Armstrong, C. M.(1955). How do children grow?. *New York State Education, 43,* 181-183.

Aronson, E., & Rosenbloom, S.(1971). Space perception within a common auditory-visual space. *Science, 172,* 1161-1163.

Arsenio, W.F., & Kramer, R.(1992). Victimizers and their victims: Children's conceptions of mixed emotional consequences of moral transgression. *Child Development, 63,* 915-927.

Asendorph, J. B., & Baudonniere, P.(1993). self-awareness and other-awareness: Mirror self-recognition and synchronic imitation among unfamiliar peers. *Developmental Psychology, 29,* 88-95.

Associated Press(1993, March 4). NIH panel urgestesting of newborns for deafness. *Washington Post,* A13.

Astor, R. A.(1994). Children's moral reasoning about family and peer violence: The role of provocation and retribution. *Child Development, 65,* 1054-1067.

Atcheley, R. C.(1983). *Aging: Continuity and change*. Belmont, CA: Wadsworth.

Atkinson, R. C., & Shiffrin, R. M.(1968). Human memory: A proposed system and it's control processes. In K. W. Spence & J. T. Spence (Eds.), *The psychology of learning and motivation: Advances in research and theory* (Vol. 2). Orland, FL: Academic Press.

Baddeley, A. D.(1994). *Working memory*. Oxford, England: Clarendon Press.

Baddeley, A. D.(2000). The episodic buffer: A new component of working memory? *Trends in Cognitive Sciences, 4,* 417-423.

Baddeley, A. D., & Hitch, G. J.(1974). Working memory. In G. A. Bower (Ed.), *Recent advances in learning and motivation* (Vol. 8, pp.47-90). New York: Academic Press.

Baillargeon, R.(1987). Object permanence in $3^1/_2$- and $4^1/_2$-month-old infants. *Developmental Psychology, 23,* 655-664.

Bakeman, R., & Brown, J. V.(1980). Early intervention: Consequences for social and mental development at three years. *Child Development, 51,* 437-447.

Baker, D. P., & Jones, D. P.(1992). Opportunity and performances: A sociological explanation for gender differences in academic mathematics. In J. Werigley (Ed.), *Education and gender equality*. London: The Falmer Press.

Baker-Ward, L., Gordon, B. N., Ornstein, P. A., Larus, D. M., & Clubb, P. A.(1993). Young children's long-term retention of a pediatric examination. *Child Development, 64,* 1519-1533.

Baldwin, D. A., & Markman, E. M.(1989). Establishing word-object relations: A first step. *Child Development, 60,* 381-398.

Baltes, P. B.(1987) Theoretical propositions of life-span developmental psychology: on the dynamic between growth and decline. *Developmental Psychology, 23,* 611-626.

Baltes, P. B.(1997). On the incomplete architecture of human ontogeny: Selection, optimization, and compensation as foundation of developmental theory. *American Psychologist, 52,* 4, 366-380.

Baltes, P. B. , & Staudinger, U. M.(2000). Wisdom: A metaheuristic (pragmatic) to orchestrate mind and virtue toward excellence. *American*

Psychologist, 55, 1, 122-136.

Baltes, P. B., & Baltes, M. M.(1990). Psychological perspectives on successful aging: A model of selective optimization with compensation. In P. B. Baltes, & M. M. Baltes (Eds.), *Successful aging: Perspectives from the behavioral sciences* (pp. 1-34). Cambridge, England: Cambridge University Press,

Baltes, P. B., Staudinger, U. M., Maecker, A., & Smith, J.(1995). People nominated as wise: A comparative study of wisdom-related knowledge. *Psychological and Aging, 10,* 2, 155-166.

Bandura, A.(1965). Vicarious processes: A case of no-trial learning. In L. Berkowitz (Ed.), *Advances in experimental social psychology* (Vol. 2). New York: Academic Press.

Bandura, A.(1971). An analysis of modeling processes. In A. Bandura (Ed.), *Psychological modeling.* New York: Lieber-Atherton.

Bandura, A.(1977). *Social learning theory.* Englewood Cliffs, NJ: Prentice-Hall.

Bandura, A.(1986). *Social foundations of thought and action: A social cognitive theory.* Englewood Cliffs, NJ: Prentice-Hall.

Bandura, A.(1991). Social cognitive theory self regulation. *Organizational Behavior and Human Decision Processes, 50(2),* 248-287.

Banks, M. S., & Ginsburg, A. P.(1985). Infant visual preference: A review and new theoretical treatment. In H. W. Reese (Ed.), *Advances in child development and behavior* (Vol. 19). Orlando, FL: Academic Press.

Banks, M. S., & Salspatk, P.(1983). Infant visual perception. In M. M. Haith & J. J. Campos(Eds.), *Handbook of child psychology. Vol. 2: Infancy and developmental psychobiology.* New York: Wiley.

Barber, B. K., Olsen, J. E., & Shagle, S. C.(1994). Associations between parental psychological and behavioral contral and youth internalized and externalized belaviors *Child Development, 65,* 1120-1136.

Barenboim, C.(1981). The development of person perception in childhood and adolescence: From behacioral comparisons to psychological constructs to psychological comparisons. *Child Development, 52,* 129-144.

Barnard, K. E., & Bee, H. L.(1983). The impact of temporally patterned stimulation on the development of preterm infants. *Child Development, 54,* 1156-1167.

Baron, N. S.(1992). *Growing up with language: How children learn to talk.* Reading, MA: Addison Wesley.

Baron, R. A., & Byrne, D.(1994). *Social Psychology: Understanding human interaction* (7th ed.). Newton, MA: Allyn & Bacon.

Barrera, M. E., & Maurer, D.(1981a). Discrimination of strangers by the three-month-old. *Child Development, 52,* 558-563.

Barrera, M. E., & Maurer, D.(1981b). Recognition of mother's photographed face by the three-month-old infant. *Child Development, 52,* 714-716.

Barrett, D. E.(1979). A naturalistic study of sex differences in children's aggression. *Merrill-Palmer Quarterly, 25,* 193-203.

Barrett, D. E., & Frank, D. A.(1987). *The effects of undernutrition on children's behavior.* New York: Gordon and Breach.

Barry, H., Child, I. L., & Bacon, M. K.(1959). The relation of child training to subsistence economy. *American Anthropologist, 61,* 51-63.

Barry, H., III, Bacon, M. K., & Child, I. L.(1957). A Cross-cultural survey of some sex differences in socialization. *Journal of Abnormal and Social Psychology, 55,* 327-332.

Baskett, L. M.(1985). Sibling status effects: Adult expectations. *Developmental Psychology, 21,* 441-445.

Bates, E.(1993, March). *Nature, nurture, and language.* Incited address presented at the biennial meeting of the Society for research in Child Development, New Orleans.

Baumrind, D.(1967). Child care practices anteceding three patterns of preschool behavior. *Genetic Psychology Monographs, 75,* 43-88.

Baumrind, D.(1971). Current patterns of parental

authority. *Developmental Psychology Monograph, 4*(1, Pt. 2).

Baumrind, D.(1977, March). *Socialization determinants of personal agency.* Paper presented at the biennial meeting of the Society for Research in Child Development, New Orleans.

Baumrind, D.(1993). The average expectable environment is not good enough: A response to Scarr. *Child Development, 64,* 1299-1317.

Bayley, N.(1955). On the growth of intelligence. *American Psychologist, 10,* 805-818.

Bayley, N.(1966). A new look at the curve of intelligence. In A. Anastasi (Ed.), *Testing Problems in Perspective PP.* (384-399). Washington, D. C.: American council on Education.

Bayley, N.(1993). *Bayley Scales of Infant Development* (2nd ed.). San Antonio, TX: Psychological Corporation.

Beal, C. R.(1990). The development of text evaluation and revision skills. *Child Development, 61,* 247-258.

Beal, C. R., & Belgrad, S. L.(1990). The development of message evaluation skills in young children. *Child Development, 61,* 705-712.

Bear, G. G., & Rys, G. S.(1994). Moral reasoning, classroom behavior, and sociometric status among elementary school children. *Develop ment Psychology, 30,* 633-638.

Beardsley, T.(1993). Unraveling Alzheimer's: A major cause of the disease yields to researchers. *Scientific American, 269,* 28-30.

Bedard, J., & Chi, M. T. H.(1992). Expertise. *Current directions in Psychological Science, 1,* 135-139.

Belsky, J.(1981). Early human experience: A family perspective. *Developmental Psychology, 17,* 3-23.

Belsky, J., Gilstrap, B., & Rovine, M.(1984). The Pennsylvania Infant and Family Development Project. I: Stability and change in mother-infant and father-infant interaction in a family setting. *Child Development, 55,* 692-705.

Bem, S. L.(1974). The measurement of psychological androgyny. *Journal of Consulting and Clinical Psychology, 42,* 155-162.

Bem, S. L.(1975). Sex-role adaptability: One consequences of psychological androgyny. *Journal of Personality and Social Psychology, 53,* 81-86.

Bem, S. L.(1978). Beyond androgyny: Some presumptuous precriptions for a liberated sexual identity. In J. A. Sherman & F. L. Denmark (Eds.), *The psychology of women: Future directions in research.* New York: Psychological Dementions.

Bem, S. L.(1989). Genital knowledge and gender constancy in preschool children. *Child Development, 60,* 649-662.

Benbow, C. P., & Arjmand, O.(1990). Predictors of high academic ahievement in mathematics and science by mathematically talented students: A longitudinal study. *Journal of Educational Psychology, 82,* 430-441.

Berg, C., & Sternberg, R.(1992). Adults' conception of intelligence across the adult life span. *Psychology and Aging, 7,* 221-231.

Berg, W. K., & Berg, K. M.(1987). Psychophysiological development in infancy: State, startle, and attention. In J. Osofsky (Ed.), *Handbook of infant development* (2nd ed., pp. 238-317). New York: Wiley.

Berk, L. E.(1991). *Child development* (2nd ed). MA: Allyn and Bacon.

Berk, L. E.(1994). Vygotsky's theory: The importance of make-believe play. *Young Children, 50,* 30-39.

Berkowitz, M. W., & Gibbs, J. C.(1983). Measuring the developmental features of moral discussion. *Merrill-Palmer Quarterly, 29,* 399-410.

Bernard, H. W.(1962). *Human development in western culture.* Boston: Allyn and Bacon.

Berndt, T. J.(1979). Developmental changes in conformity to peers and parents. *Developmental Psychology, 15,* 608-616.

Berndt, T. J.(1986). Children's comments about their freindships. In M. Perlmutter (Ed.), *Minnesota symposia on child psychology. Vol. 18:*

Cognitive perspectives on children's social and behavioral development. Hillsdale, NJ: Erlbaum.

Berndt, T. J.(1989). Freindships in childhood and adolescence. In W. Damon (Ed.), *Child development today and tomorrow.* San Francisco: Jossey-Bass.

Berndt, T. J., & Bulleit, T. N.(1985). Effects of sibling relationships on preschoolers'behavior at home and at school. *Developmental psychology, 22,* 761-767.

Berndt, T. J., Hawkins, J. A., & Hoyle, S. G.(1986). Changes in freindship during a school year: Effects on children's and adolescents' impressions of freinship and sharing with freinds. *Child Development, 57,* 1284-1297.

Berndt, T. J., & Hoyle, S. G.(1985). Stability and change in childhood and adolescent freindships. *Developmental Psychology, 21,* 1007-1015.

Berndt, T. J., & Perry, T. B.(1990). Distinctive features and effects of early adolescent friendships. In R. Montemayor, G. R. Adams & T. P. Gulotta (Eds.), *From childhood to adolescence: A transitional period.* Newbury Park, CA: Sage.

Bertenthal, B. I., & Campos, J. J.(1987). New directions in the study of early experience. *Child Development, 58,* 560-567.

Bertenthal, B. I., Campos, J. J., & Haith, M. M.(1980). Development of visual organization: The perception of subjective contours. *Child Development, 51,* 1072-1080.

Berzonsky, M. D.(1978). Formal reasoning in adolescence: An alternative view. *Adolescence, 13,* 279-290.

Berzonsky, M. D.(1992). A process perspective on identity and stress management. In G. R. Adams, T. P. Gullotta & R. Montemayor (Eds.), *Advances in adolescent development. Vol. 4: Adolescent identity formation.* Newbury Park, CA: Sage.

Best, D. L., Willams, L. E., Cloud, J. M., Davis, S. W., Robertson, L. S., Edwards, J. R., Giles, H., & Fowlkes, J.(1977). Development of sex-trait sterotypes among young children in the United States, England, and Ireland. *Child Development, 48,* 1375-1384.

Bialystok, E.(1988). Levels of bilingualism and levels of metalinguistic awareness. *Developmental Psychology, 24,* 560-567.

Bialystok, E., Shenfield, T., & Codd, J.(2000). Languages, scripts, and the environment: Factors in developing concepts of print. *Developmental Psychology, 36,* 66-76.

Bierman, K. L., Smoot, D. L., & Aumiller, K.(1993). Characteristics of aggressive-rejected, aggressive (nonrejected), and rejected (nonaggressive) boys. *Child Development, 64,* 139-151.

Biernat, M.(1991). Gender stereotypes and the relationship between masculinity and femininity: A developmental analysis. *Journal of Personality and Social Psychology, 61,* 351-365.

Bigler, R. S., & Liben, L. S.(1990). The role of attitudes and interventions in gender-schematic processing. *Child Development, 61,* 1440-1452.

Bigler, R. S., & Liben, L. S.(1992). Cognitive mechanisms in children's gender stereotyping: Theoretical and educational implications of a cognitive-based intervention. *Child Development, 63,* 1351-1363.

Bilsker, D., & Marcia, J. E.(1991). Adaptive regression and ego identity. *Journal of Adolescence, 14,* 75-84.

Bilsker, D., Schiedel D., & Marcia, J. E.(1988). Sex differences in identity status. *Sex Roles, 18,* 231-236.

Binet, A., Simon, TH.(1905). Méthodes nouvelles pour le diagnostic du niveau intellectuel des anormaux. *Année Psychologique, 11,* 191-244.

Birch, L. L.(1990). Development of food acceptance patterns. *Developmental Psychology, 26,* 515-519.

Birch, L. L., & Billman, J.(1986). Preschool children's food sharing with friends and acquaintances. *Child Development, 57,* 387-395.

Birren, J. E.(1964). *The psychology of aging.* Englewood Cliffs, NJ: Prentice Hall.

Bishop, E. H., Israel, S. L., & Birscoe, C. D.(1965). Obstetric influences on premature infants first year of development: A report from the collaborative study of cerebral palsy. *Obstetrics and Gynecology, 26,* 628-635.

Bjorklund, D. F.(1995). *Children's thinking: Developmental function and individual differences* (2nd ed.). Pacific Grove, CA: Brooks/Cole.

Bjorklund, D. F., & Harnishfeger, K. K.(1990). Children's strategies: Their definition and origins. In D. F. Bjorklund(Ed.), *Children's strategies: Contemporary view of cognitive development.* Hillsdale, NJ: Erlbaum.

Bjorklund, D. F., & Pellegrini, A. D.(2002). *The origins of human nature: Evolutionary development psychology.* Washington, DC: American Psychological Association.

Bjorkqvist, K., Lagerspetz, K. M. J., & Kaukiainen, A.(1992). Do girls manipulate and boys fight? Developmental trends in regard to direct and indirect aggression. *Aggressive Behavior, 18,* 117-127.

Bliwise, D. L.(1997). Sleep and aging. In M. R. Pressman & W. C. Orr (Eds.), *Understanding sleep: The evaluation and treatment of sleep disorder.* Washington, DC: American Psychological Association.

Bloom, B. S.(1964). *Stability and Change in Human Characteristics,* New York: Wiley.

Bloom, L., Hood, L., & Lightbrown, P.(1974). Imitation in language development: If when and why. *Cognitive Psychology, 6,* 380-420.

Boccia, M., & Campos, J.(1983). *Maternal emotional signaling: Its effects on infants reactions to strangers.* Paper presented at the biennial meeting of the Society for Research in Child Development, Detroit, MI.

Boggiano, A. K., Klinger, C. A., & Main, D. S.(1986). Enhancing interest in peer interaction: A developmental analysis. *Child Development, 57,* 852-861.

Bohannon, T. N., & Warren-Leubecker, A.(1989). Theoretical approaches to language acquisition. In J. B. Gleason (Ed.), *The development of Language.* Columbus, OH: Merrill.

Boldizar, J. P.(1991). Assessing sex-typing and androgyny in children: The children's sex-role inventory. *Developmental Psychology, 27,* 505-515.

Boldizar, J. P., Perry, K. G., & Perry, L. C.(1989). Outcome values and aggression. *Child Development, 60,* 71-579.

Bonanno, G. A., Wortman, C. B., Lehman, D. R., Tweed, R. G., Haring, M., Sonnega, J., Carr, D., & Nesse, R. M.(2002). Resilience to loss and chronic grief: A prospective stdy from preloss to 18-months postloss. *Journal of Personality and Social Psychology, 83,* 1150-1164.

Booth, A., & Amato, P.(1991). Divorced and psychological stress. *Journal of Health and Social Behavior, 32,* 396-407.

Bornstar, M. H., & Sigman, M. D.(1986). Continuity in mental development from infancy. *Child Development, 57,* 251-274.

Bornstein, M.H.(1989). Sensitive periods in development: Structural characteristics and causal interpretations. *Psychological Bulletin, 105,* 179-197.

Bouchard, T. J., Jr., & Mcgue, M.(1981). Familial studies of intelligence: A review. *Science, 211,* 1055-1058.

Bower, T. G. R.(1982). *Development in infancy.* New York: W.H. Freeman.

Bower,T. G. R., Broughton, J. M., & Moore, M. K.(1970). The coordination of vision and tactile input in infancy. *Perception and Psychophysics, 8,* 51-53.

Bowlby, J.(1969). *Attachment and loss. Vol. 1: Attachment.* New York: Basic Books.

Bowlby, J.(1973). *Attachment and loss. Vol. 2: Separation, anxiety and anger.* New York: Basic Books.

Bowlby, J.(1980). *Attachment and loss.Vol. 3: Loss, Sadness, and depression.* New York: Basic Books.

Bowlby, J.(1988). *A secure mase: Clinical applications of attachment theory.* London: Routledge.

Boysson-Bardies, B. de, Sagart, L., & Durand,

C.(1984). Discernible differences in the babbling of infants according to target language. *Journal of Child Language, 11,* 1-16.

Brennan, K. A., Clark, C. L., & Shaver, P. R.(1998). Self-report measurement of adult attachment. In A. Simpson & A. Roholes (Eds.), *Attachment theory and close relationships*. New York: Guilford.

Bretherton, I.(1990). Open communication and internal working models: Their role in the development of attachment relationships. In R. A. Thompson(Ed.), *Socioemotional development. Nebraska Symposium on Motivation*(Vol. 36). Lincoln: University of Nebraska Press.

Brody, G. H., & Shaffer, D. R.(1982). Contribution of parents and peers to children's moral socialization. *Developmental Review, 2,* 31-75.

Brody, G. H., Stoneman, Z., & Mackinnon, C. E.(1982). Role asymmetries in interactions among school-aged children, their younger siblings, and their friends. *Child Development, 53,* 1364-1370.

Brody, G. H., Stoneman, Z., & McCoy, J. K.(1994). Forecasting sibling relationships in early adolescence from child temperaments and family processes in middle childhood. *Child Development, 65,* 771-784.

Bronfenbrenner, U.(1979). *The ecology of human development: Experiments by nature and design*. Cambridge, MA: Harvard University Press.

Bronfenbrenner, U.(1989). Ecological systems theory. In R. Vasta (Ed.), *Annals of Child Development. Vol. 6: Theories of Child Development: Revesed formulations and current issues.* Greenwich, CT: JAI Press.

Bronfenbrenner, U.(1993). The ecology of cognitive development: Research models and fugitive findings. In R. H. Wozniak & K. W. Fischer (Eds.), *Development in context* (pp. 3-44). Hillsdale, NJ: Erlbaum.

Bronfenbrenner, U.(1995). The bioecological model from a life course perspective: Reflections of a participant observer. In P. Moen, G. H. Elder. Jr., & K. Luscher(Eds.), *Examining lives in context*(pp. 599-618). Washington, DC: American Psychological Association.

Brown, R.(1973). *A first language: The early stages.* Cambridge, MA: Harvard University Press.

Brown, A. L.(1975). The development of memory: Knowing, knowing about knowing, and knowing how to know. In H. W. Reece (Ed.), *Advances in child development and behavior* (Vol. 10). Orlando, FL: Academic Press.

Brown, A. L., Bransford, T. D., Ferrara, R. A., & Campione, J. C.(1983). Learning, remembering, and understanding. In P. H. Mussen (Ed.), *Handbook of child psychology. Vol. 3: Cognitive development.* New York: Wiley.

Brown, A. L., & Campione, J. C.(1990). Communities of learning and thinking, or a context by any other name. In D. Kuhn (Ed.), *Developmental perspectives on teaching learning and thinking skills.* Basel: Karger.

Brown, B. B.(1990). Peer groups. In S. Feldman & G. Elliot (Eds.), *At the threshold: The developing adolescent*. Cambridge, England: Cambridge University Press.

Brown, B. B., & Lohr, M. J.(1987). Peer-group affiliation and adolescent self-esteem: An integration of ego-identity and symbolic-interacyion theories. *Journal of Personality and Social Psychology, 52,* 47-55.

Brown, B. B., Clasen, D. R., & Eicher, S. A.(1986). Perceptions of peer pressure, peer conformity dispositions, and self-reported behavior among adolescents. *Developmental Psychology, 22,* 521-530.

Brown, B. B., Mounts, N., Lmborn, S. D., & Steinberg, L.(1993). Parenting practices and peer group affiliation in adolescence. *Child Development, 64,* 467-482.

Brown, J. L.(1964). States in newborn infants. *Merrill-Palmer Quarterly, 10,* 313-327.

Brown, P., & Elliot, R.(1965). Control of aggression in a nursery school class. *Journal of Experimental Child Psychology, 2,* 103-107.

Brown, R., & Hanlon, C.(1970). Derivational

complexity and order of acquisition. In J. R. Hayes (Ed.), *Cognition and the development of language*. New York: Wiley.

Brwonell, C. A.(1986). Convergent developments: Cognitive-developmrntal correlates of growth in infant/ toddler peer skills. *Child Development, 57,* 275-286.

Brownell, C. A.(1990). Peer social skills in toddlers: Competencies and constraints illustrated by same-age and mixed-age interaction. *Child Development, 61,* 838-848.

Brownell, C. A., & Carriger, M. S.(1990). Changes in cooperation and self-other differentiation during the second year. *Child Development, 61,* 1164-1174.

Bruner, J. S., & Goodman, C. C.(1947). Value and need as organizing factors in perception. *Journal of Abnormal and Social Psychology, 42,* 33-44.

Bryden, M. P.(1982). *Laterality: Functional asymmetry in the intact brain*. New York: Academic Press.

Buhrmester, D., & Furman, M.(1990). Perceptions of sibling relationships during middle childhood and adolescence. *Child Development, 61,* 1387-1398.

Bukowski, W. M.(1990). Age differences in children's memory of information about aggressive, socially withdrawn, and prosociable boys and girls. *Child Development, 61,* 1326-1334.

Burns, K. A., Deddish, R. B., Burns, K., & Hatcher, R. P.(1983). Use of oscillating waterbeds and rhythmic sounds for premature infant stimulation. *Developmental Psychology, 19,* 746-751.

Burrus-Bammel, L. L., & Bammel, G.(1985). Leisure and recreation. In J. E. Birren & K. W. Schaie (Eds.), *Handbook of the psychology of aging* (2nd ed.). New York: Van Nostrand Reinhold.

Bushnell, E. M., Shaw, L., & Strauss, D.(1985). Relationship between visual and tactual exploration by 6-month-olds. *Developmental Psychology, 21,* 591-600.

Buss, A. H., & Plomin, R.(1975). *A temperament theory of personality development,* New York: Wiley.

Buss, D. M.(2004). *Evolutionary psychology: The new science of the mind*. (2nd ed.). Boston: Allyn &Bacon.

Busse, E. W.(1969). Theories of aging. In E. W. Busse & E. Pfeiffer (Eds.), *Behavior and adaptation in later life* (pp.11-32). Boston: Little, Brown.

Bussey, K.(1992). Lying and truthfulness: Children's definitions, standards, and evaluative reactions. *Child Development, 63,* 129-137.

Bussey, K., & Bandura, A.(1992). Self-regulatory mechanisms governing gender development. *Child Development, 63,* 1236-1250.

Butler, R. N.(1968). The life review: An interpretation of reminiscence in the aged. In B, Neugarten (Ed.), *Middle age and aging* (pp.486-496). Chicago: University of Chicago Press.

Byrnes, J. P., & Takahira, S.(1993). Explaining gender differences on SAT-math items. *Developmental Psychology, 29,* 805-810.

Cahan, S., & Cohen, N.(1989). Age versus schooling dffects on intelligence development. *Child Development, 60,* 1239-1249.

Cairns, R. B., Cairns, B. D., Neckerman, H. J., Ferguson, L. L., & Gariepy, J.(1989). Growth and aggression: 1. Childhood to early adolescence. *Developmental Psychology, 25,* 320-330.

Caldera, Y. M., Huston, A. C., & O'Brien, M.(1989). Social interactions and play patterns of parents and toddlers with feminine, masculine, and neutral toys. *Child Development, 60,* 70-76.

Campbell, R., & Sais, E.(1995). Accelerated metalinguistic (phonological) awareness in bilingual children. *British Journal of Eevelopmental Psychology, 13,* 61-68.

Campos, J. J., Langer, A., & Krowitz, A.(1970). Cardiac responses on the visual cliff in prelocomotor human infants. *Science, 170,* 196-197.

Camras, L. A., Oster, H., Campos, J. J., Miyake, K., & Bradshaw, D.(1992). Japanese and American infants' responses to arm restraint. *Developmental Psychology, 28,* 578-583.

Caplan, M., Vespo, J., Pedersen, J., & Hay, D. F.(1991). Conflict and its resolution in small groups of one-and two-year-olds. *Child Development, 62,* 1513-1524.

Carr, M., Kurtz, B. E., Schneider, W., Turner, L. A., & Borkowski, J. G.(1989). Strategy acquisition and transfer among American and German children: Environmental influences on metacognitive development. *Developmental Psychology, 25,* 765-771.

Carstensen, L. L.(1991). Socioemotional selectivity theory: Social activity in life-span context. In K. W. Schaie & M. P. Lawton (Eds.), *Annual Review of Gerontology and Geriatrics* (Vol. 11, pp. 195-217). New York: Springer.

Case, R.(1992). *The mind's staircase: Exploring the conceptual underpinnings of children's thought and knowledge.* Hillsdale, NJ: Erlbaum.

Casey, B. T., Dunston, S., & Fossella, J. A.(2001). Evidence for a mechanistic model of cognitive control. *Clinical Neuroscience Research, 1,* 162-282.

Casey, W. M., & Burton, R. V.(1982). Training children to be consistently honest through verbal self-instructions. *Child Development, 53,* 911-919.

Cassidy, J., & Asher, S. R.(1992). Loneliness and peer relations in young children. *Child Development, 63,* 350-365.

Cassidy, J., & Berlin, L. J.(1994). The insecure/ambivalent pattern of attachment: Theory and research. *Child Development, 65,* 971-991.

Cattell, R. B.(1963). Theory of fluid and crystallized intelligence: A critical experiment. *Journal of Educational Psychology, 54,* 1-22.

Cavanaugh, J. C., & Perlmutter, M.(1982). Metamemory: A critical examination. *Child Development, 53,* 11-28.

Ceci, S. J.(1991). How much does schooling influence general intelligence and its cognitive componets? A reassessment of the evidence. *Developmental Psychology, 27,* 703-722.

Cernoch, J. M., & Porter, R. H.(1985). Recognition of maternal axillary odors by infants. *Child Development, 56,* 1593-1598.

Chalmers, J. B., & Townsend, M. A. R.(1990). The effects of training in social perspective taking on social maladjusted girls. *Child Development, 61,* 178-190.

Chen, X., Rubin, K. H., & Sun, Y.(1992). Social reputation in Chinese and Canadian children: A cross-cultural study. *Child Development, 63,* 1336-1343.

Cherlin, A. J., Furstenberg, F. F., Jr., Chase-Lansdale, P. L., Kiewnan, K. E., Robins, P. K., Morrison, D. R., & Teitler, J. O.(1991). Longitudinal studies of effects of divorce on children in Great Britain and the United States. *Science, 252,* 1386-1389

Chi, M T., Glaser, R., & Rees, E.(1982). Expertise in problem solving. In R. J. Steinberg (Ed.), *Advances in the psychology of human intelligence*(pp.7-75). Hillsdale, NJ: Erlbaum.

Chi, M. H. T.(1978). Knowledge structures and memory development. In R. S. Siegler (Ed.), *Children's thinking: What develops?* Hillsdale, NJ: Erlbaum.

Chomsky, N.(1968). *Language and mind.* San Diego, CA: Harcourt Brance Jovanovich.

Christopherson, E. R.(1989). Injury control. *American Psychologist, 44,* 237-241.

Clark-Stewart, A.(1989). Infant day care: Maligned or Malignant? *American Psychologist, 44,* 266-273.

Clary, E. G., & Snyder, M.(1991). A functional analysis of altruism and prosocial behavior: The case of volunteerism. *Review of Personality and Social Psychology, 12,* 119-148.

Clayton, V. P., & Birren, J. E.(1980). The development of wisdom across the life span: As reexamination of an ancient topic. *Life-Span Development and Behaviors, 3,* 103-135.

Clegg, D. J.(1971). Teratology. *Annual Review of Pharmacology,* 409-423.

Cohen, G. D.(1988). Disease model of aging: Brain and behavior considerations. In J. E. Birren & V. L. Bengtson (Eds.), *Emergent theories of aging* (pp.83-89). New York: Springer.

Coie, J. D., & Dodge, K. A.(1983). Continuties and changes in children's social status: A five-year longitudinal study. *Merrill-Paimer Quarterly, 19,* 261-282.

Coie, J. D., Dodge, K. A., & Chppotelli, H.(1982). Dimensions and types of social status: A cross-age perspective. *Developmental Psychology, 18,* 557-570.

Coie, J. D., Dodge, K. A., & Kupersmidt, J. B.(1990). Peer group behavior and social status. In S. R. Asher & J. D. Coie (Ed.), *Peer rejection in childhood.* Cambridge, England: Cambridge University Press.

Coie, J. D., Dodge, K. A., Terry, R., & Wright V.(1991). The role of aggression in peer relations: An analysis of aggression episodes in boys' play groups. *Child Development, 62,* 812-826.

Coie, J. D., & Kupersmidt, J. B.(1983). A behavioral analysis of emerginf social status in boy's groups. *Child Development, 54,* 1400-1416.

Colby, A., & Kohlberg, L.(1987). *The measurement of moral judgment. Vol. 1: Theoretical foundations and research validation.* Cambridge, England: Cambridge University Press.

Colby, A. Kohlberg, L., Gibbs, J, & Liberman, M.(1983). A longitudinal study of moral judgment. *Monographs of the Society for researed in Child Development, 48*(Nos.1-2, serial No. 200).

Cole, P. M., Barrett, K. C., & Zahn-Waxler, C.(1992). Emotion displays in two-year-olds during mishaps. *Child Development, 63,* 314-324.

Comstock, G., & Paik, H.(1991). *Television and the American child.* San Diego, CA: Academic Press.

Condon, W. S., & Sander, L.(1974). Neonate movement is synchronized with adult speech: Interactional participation and language acquisition. *Science, 183,* 99-101.

Condry, J., & Condry, S.(1976). Sex differences: A study in the eye of the beholder. *Child Development, 47,* 812-819.

Cooke, T., & Apolloni, T.(1976). Developing positive social-emotional behaviors: A study of training and generalization effects. *Journal of Applied Behavior Analysis, 9,* 65-78.

Cooper, T., & Aslin, R. N.(1990). Preference for infant-directed speech in the first month after birth. *Child Development, 61,* 1585-1595.

Corah, N. L., Anthony, E. J., Painer, P., Stern, J. A., & Thurston, D.(1965). Effects of perinatal anoxia after 7 years. *Psychological Monographs, 79,* 1-34.

Corballis, M. C.(1983). *Human laterality.* New York: Academic.

Corbin, C.(1973). *A textbook of motor development.* Dubuque, IA: William C. Brown.

Cox, M. J., Owen, M. T., Henderson, V. K., & Margand, N. A.(1992). Prediction of infant father and infant-mother attachment. *Developmental Psychology, 28,* 474-483.

Craik, F. I. M., & Lockhart, R. S.(1972). Levels of processing: A framework for memory research. *Journal of Verbal Learning and Verbal Behavior, 11,* 671-684.

Crick, N. R.,& Ladd, G. W.(1993). Children's perceptions of their peer experiences: Attributions, loneliness, social anxiety, and social avoidance. *Developmetal Psychology, 29,* 244-254.

Crockenberg, S., & Litman, C.(1990). Automony as competence in 2-year-olds: maternal correlates of child defiance, and self-assertion. *Developmental Psychology, 26,* 961-971

Cronbach, L. J., & Snow, R. E.(1977). Aptitudeand instructional methods: *A handbook for research on interactions.* New York: Irvington.

Cumming, E., & Henry, W. H.(1961). *Growing old: The process of disengagement.* New York: Basic Books.

Cummings, E. M., Iannotti, R. J., & Zahn-Waxler, C.(1989). Aggession between peers in early childhood: Individual continuity and develop-ment change. *Child Development, 60,* 887-895.

Curtiss, S.(1977). *Genie: A psycholinguistic study of a modern-day "wild child".* New York:

Academic Press.

Curtiss, S.(1985). The development of human cerebral lateralization. In D.F. Benson & E. zaidel(Eds.), *The dual brain* (pp.97-116). New York:Guilford press.

Curtiss, S.(1988). *The case of Chelsea: A new test case of the critical period for language acquisition.* Unpublished manuscript. University of California, Los Angeles.

Dale, P. S.(1976). *Language development: Structure and function.* New York: Holt, Rinehart & Winston.

Damon, W. & Hart, D.(1982). The development of self-understanding from infancy through adolescence. *Child Development. 53,* 841-864.

Damon, W., & Hart, D.(1988). *Self- understanding in childhood and adolescence.* New York: Cambrige university Press.

Darwin, C.(1859). *On the origin of species by means of natural selection, or, the preservation of favoured races in the struggle for life.* London: John Murray.

Dasen, P. R.(1977). *Piagetian psychology: Cross-cultural contributions.* New York: Gardner Press.

David, H. P.(1994). Reproductive rights and reproductive behavior: Clash or convergence of private values and public policies. *American Psychologist, 49,* 343-349.

Day, R. H., & Mckenzie, B. E.(1981). Infant perception of the invariant size of approaching and receding objects. *Developmental Psychology, 17,* 670-677

Dearborn, W. F., & Rothney, J. W. M.(1963). *Predicting the childs development* (2nd ed.). Cambridge, Mass: Sci-Art.

DeCasper, A. J., & Fifer, W. P.(1980). Of human bonding: Newborn prefer their mother's voices. *Science, 208,* 1174-1176.

DeCasper, A. J., & Spence, M. J.(1991). Auditorily mediated behavior during the perinatal period: A cognitive view. In M. J .S. Weiss & P. R. Zelazo, *Newborn attention: Biological constraints and the influnce of experince.* Norwood, NJ: Ablex.

Dennis, W.(1966). Creative productivity between the ages of 20 and 80 years. *Journal of Gerontology, 21,* 1-8.

Dennis, W.(1973). *Children of the creche.* East Norwalk, CT: Appleton-Century-Crofits.

de Villiers, P. A., & de Villiers, J. G.(1979). *Early language.* Cambridge, MA: Harvard University.

de Villiers, P. A., & de Villiers, J. G.(1992). Language Development. In M. E. Lamb & M. H. Bornstein (Eds.), *Developmental psychology: An advanced textbook*(3rd ed.). Hillsdale NJ: Erlbaum.

Dishion, T, J.(1990). The family ecology of boys' peer relations in middle childhood. *Development Psychology, 27,* 172-180.

Dodge, K. A.(1980). Social cognition and children's aggressive behavior. *Child Development, 51,* 162-170.

Dodge, K. A.(1983). Behavioral antecedents of peer social status. *Child Development, 54,* 1386-1399.

Dodge, K. A.(1986). A social information processing model of social competence in children. In M. Perlmutter, *Minnesota symposia on child psycology*(Vol. 18). Hillsdale, NJ: Erlbaum.

Dodge, K. A.(1993). Social-cognitive mechanisms in the development of conduct disorder and depression. *Annual Review of Psychology, 44,* 559-584.

Dodge, K. A., & Coie, J. D., Pettit, G. S., & price, J. M.(1990). Peer status and aggression in boys' group: Developmental and contextual analyses. *Child Development, 61,* 1289-1309.

Dodge, K. A., & Frame, C. L.(1982). Social-cognitive biases and deficits in aggressive boys. *Child Development, 53,* 620-635.

Dodge, K. A., Murphy, R. R., & buchsbaum, K.(1984). The assessment of intention-cue detection skills in children: Implications for Developmental psychology. *Child Development, 55,* 163-173.

Dodwell, P. C.(1961). Children's understanding of number and related concepts: Characteristics of an individual and of a group test, *Canadian Journal of Psychology, 15,* 29-36.

Doherty, W. J., & Needle, R. H.(1991). Psycological adjustment and substance abuse among adolescents before and after a parental devorce. *Child Development, 62,* 328-337.

Domjan, M.(1993). *Principles of learning and behavior*(3rd ed.). Pacific Grove, CA: Brooks/ Cole.

Dowd, J. M., & Tronick, E. Z.(1986). Temporal coordination of arm movements in early infancy: Do infants move in synchrony with adult speech? *Child Development, 57,* 762-776.

Droege, K. L., Stipek, D. J.(1993). Children's use of dispositions to predict classmates' behavior. *Development Psychology, 29,* 646-654

Dunn, J.(1993). *Young children's close relationships: Beyond attachment*. Newbury Park, CA: Sage.

Dunn, J., & Kendrick, C.(1982). *Siblings: Love, envy, and understanding*. Cambridge, MA: Harvard University Press.

Dunn, J., Brown, J., & Beardsall, L.(1991). Family talk about feeling states and children's later understanding of children's emotion. *Developmental Psychology, 27,* 448-455.

Dunn, J., & Munn, P.(1985). Becoming a family member: Family confict and the development of social understanding in the second year. *Child Development, 56,* 480-492.

Dunn, J., Slomkowski, C., & Beardsall, L.(1994). Sibling relationships from the preschool period through middle childhood and early adolescence. *Developmental Psychology, 30,* 315-324.

Dykstra, P.(1995). Loneliness among the never and formerly married: the importance of supportive friendships and a desire for independence. *Journals of Gerontology: Psychological Sciences and Social Sciences, 50B,* S321-S329.

Eccles, J. S., Jacobs, J. E., & Harold, R. D.(1990). Gender role stereotypes, exepectancy effects, and parent's socialization of gender differences. *Journal of Social Issues, 46,* 183-201.

Eccles, J. S., Midgley, C., Wigfield, A., Buchanan, C. M., Reuman. D., Flanagan, C., & Mac Iver, D.(1993). Development during adolescence: The impact of stage-envirment fit on young adolescents' experiences in schools and in families. *American Psycologist, 48,* 90-101.

Eder, R. A.(1989). The emergent personalogist: The structure and content of $3^1/_2$-, $5^1/_2$-, and $7^1/_2$-year-olds' concepts of themselves and other persons. *Child Development, 60,* 1218-1228.

Eder, R. A.(1990). Uncovering young children's psycological selves: Individual and developmental differences. *Child Development, 61,* 849-863.

Eimas, P. D.(1982). Speech perception: A view of the initial state and perceptual mechanisms. In J. Mehler, M. Garrett & E. Walker(Eds.), *Perspectives on mental representation*. Hilsdale, NJ: Erlbaum.

Eimas, P. D.(1985). The perception of speech in early infancy. *Scientific American, 252,* 46-52.

Eisenberg, N., & Hand, M.(1979). The relationship of preschoolers' reasoning about prosocial maral conflicts to prosocial behavior. *Child Development, 50,* 356-363.

Eisenberg, N.(1983). Children's differentions among potential recipients of aid. *Child Development, 54,* 594-602.

Eisenberg, N., Miller, P. A., Shell, R., McNalley, S., & Shea, C.(1991). Prosocial development in adolescence: A longitudinal study. *Developmental Psychology, 27,* 849-857.

Eisenberg, N., Lennon, R., & Roth, K.(1983). Prosocial Development: A longitudinal study. *Developmental Psychology, 19,* 846-855.

Ekerdt, D. J.(1989). Introduction: Retirement comes of age. *Generations, 13,* 2, 5-6.

Elicker, J. E., Englund, M., & Sroufe, L. A.(1992). Predicting peer competence and peer relationships in childhood from early parent-child relationship. In R. D. Parke & G. W. Ladd (Eds.), *Family-peer relationship: Modes of linkage*. Hillsdale, NJ: Erlbaum.

Elkind, D.(1981). *Children and adolescents: Interpretive essay on Jean Piaget*(3rd ed.). New York: Oxford.

Elkind, D., Koegler, R. R., & Go, E.(1964). Studies in perceptual development: Part-whole perception, *Child Development, 36,* 81-90.

Ellworth, C. P., Muir, D. W., & Hains, S. M. J.(1993). Social compentence and person-object differentiation: An analysis of the still-face effect. *Developmental Psychology, 29,* 63-73.

Emde, R. N., Harmon, R. J., Metcalf, D., Koenig, K. L., & Wagonfeld, S.(1971). Stress and neonatal sleep. *Psychosomatic Medicine, 33,* 491-497.

Emmerich, W.(1966). Continuity and stability in early social development. II: Teacher's ratings. *Child Development, 37,* 17-27.

Erikson, E. H.(1963). *Childhood and society.* New York.

Eyer, D. E.(1992). *Mother-infant bonding: A scientific fiction.* New Haven, CT: Yale University Press.

Fabes, R. A., Eisenberg, N., Karbon, M., Bernzweig, J., Speer, A. L., & Carlo, G.(1994). Socialization of children's vicarious emotional responding and prosocial behavior: Relations with mothers' perceptions of children's emotional reactivity. *Developmental Psychology, 30,* 44-55.

Fabes, R. A., Eisenberg, N., & Miller, P. A.(1990). Maternal correlates of children's vicarious emotional responsiveness. *Developmental Psychology, 26,* 639-648.

Fabes, R. A., Fultz, J., Eisenberg, N., May-Plumlee, T., & christopher, F. S.(1989). Effects of rewards on children's prosocial motivation: A socialization study. *Developmental Psychology, 25,* 509-515.

Fabricius, W. V., & Cavalier, L.(1989). The role of causal theories about memory in young children's memory strategy choice. *Child Development, 60,* 298-308.

Fagan, J. F., III.(1979). The origins of facial pattern recognition. In M. H. Bbornstein & W. Kessen, *Psychological development from infancy: Image to intention.* Hillsdale, NJ: Erlbaum.

Fagot, B. I.(1985). Changes in the thinking about early sex-role development. *Developmental Review, 5,* 83-98.

Fagot, B. I., & Kavanagh, K.(1993). Parenting during the second year: Effects of children's age, sex, and attachment classification. *Child Development, 64,* 258-271.

Fagot, B. I., Leinbach, M. D., & O'Boyle, C.(1992). Gender labeling, gender stereotyping and parenting behaviors. *Developmental Psychology, 28,* 225-230.

Falbo, T.(1992). Social norms and the one-child family: Clinical and policy implications. In F. Boer & J. Dunn (Eds.), *Children's sibling relationships.* Hilsdale, NJ: Erlbaum.

Falbo, T., & Poston, D. L., Jr.(1993). The academic, personality and physical outcomes of only children in China. *Child Development, 64,* 18 - 35.

Fantz, R. L.(1961) The origin of form perception. *Scientific American, 204,* 66- 72.

Fantz, R. L.(1963) Pattern vision in newborn in fants. *Science, 140,* 296 - 297.

Farver, J. H., & Branstetter, W. H.(1994). Preschoolers' prosocial responses to their peers' distress. *Developmental Psychology, 30,* 334-341.

Fauber, R., Forehand, R., Thomas, A. M., & Wierson, M.(1990). A mediational model of the impact of marital conflict on adolescent adjustment in intact and divorced families: The role of disrupted parenting. *Child Development, 61,* 1112-1123.

Feingold, A.(1988). Cognitive gender differences are disappearing. *American Psychologist, 43,* 95-103.

Feingold, A.(1992). Gender differences in mate selection preference: A test for the parental investment model. *Psychological Bulletin, 112,* 125-139.

Fernald, A., & Mazzie, C.(1991). Prosody and focus in speech to infants and adults. *Developmental Psychology, 27,* 209-221.

Feshbach, N., & Feshbach, S.(1982). Empathy training and the regulation of aggression: Potentialities and limitations. *Academic Psychology Bulletin, 4,* 399-413.

Field, T. M., Woodson, R., Greenberg, R., & Cohen, D.(1982). Discrimination and imitation of facial expressions by neonates. *Science, 218,* 179-181.

Finch, C. E., & Landfield, P. W.(1985). Neuroendocrine and automatic functions in aging mammals. In C. E. Finch & E. L. Schneider (Eds.), *Handbook of the biology of aging* (pp.567-594). New York: Van Nostrand Reinhold.

Finkelstein, N. W., & Ramey, C. T.(1977). Learning to control the enviroment in infancy. *Child Development, 48,* 806-819.

Fisichelli, V., & Karelitz, S.(1963). The cry latencies of normal infants and those with brain damage. *Journal of Pediatrics, 62,* 724-734.

Fivush, R., Kuebli, J., & Clubb, P. A.(1992). The structure of events and event representations: A developmental analysis. *Child Development, 63,* 188-201.

Flavell, J. H., Beach, D. H., & Chinsky, J. M.(1966). Spontaneous verbal rehearsal in a memory task as a function of age. *Child Development, 37,* 283-299.

Flavell, J. H., Miller, P. H., & Miller, S. A.(1993). *Cognitive development* (3rd ed.). Englewood Cliffs, NJ: Prentice-Hall.

Fox, R., Aslin, R. N., Shea. S. L., & Dumais, S. T.(1980). Stereopsis in human infants. *Science, 207,* 323 - 324.

Francis, N.(2005). Research findings on early first language attrition: Implications for the discussion on critical periods in language acquisition. *Language Learning, 55,* 491-531.

Frankel, K. A., & Bates, J. E.(1990). Mother - toddler problem - solving: Antecedents in attachment, home behavior, and temperament. *Child Development, 61,* 810-819.

Frankel, K. A., Janoff- Bulman, R., & Roberts, J. E.(1990). Long - term impact of parental divorce on optimism and trust: Changes in general assumptions or narrow beliefs? *Journal of Personality and Social Psychology, 59,* 743-755.

Freud, S.(1960). *A general introduction to psychoanalysis*. New York: Washington Square Press. (Original work published 1935)

Freud, S.(1961). Some physical consequences of the anatomical distinction between the sexes. In J. Strachey (Ed.), *The standard edition of the complete psychological works of Sigmund Freud* (Vol. 19). London: Hogarth Press. (Originally published 1924)

Freud. S.(1974). *The ego and the id*. London: Hogarth.

Freud, A., & Dann, S.(1951). An experiment in group upbringing. In R. Eisler, A. Freud, H. Hartmann, & E. Kris (Eds.), *The psychoanalytic study of the child* (Vol. 6). New York: International Universities Press.

Friedrich-Cofer, L. K., Huston-Stein, A., Kipnis, D. M., Susman, E. J., & Clewett, A. S.(1979). Environmental enhancement of prosocial television content: Effects on interpersonal behavior. *Developmental Psychology, 15,* 637-646.

Friend, M., & Davis, T. L.(1993). Appearance reality distinction: Children's understanding of the physical and affective domains. *Developmental Psychology, 29,* 907-914.

Fuchs, D., & Thelen, M. H.(1988). Children's expected interpersonal consequences of communicating their affective state and reported likelihood of expression. *Child Development, 59,* 1314-1322.

Fulton, R.(1970). Death, grief, and social recuperation. *Omega: Journal of Death and Dying, 1,* 23-28.

Furman, W., & Buhrmester, D.(1985). Children`s perceptions of the personal relationships in their social networks. *Developmental Psychology, 32,* 1016 - 1024.

Furman, W., & Buhrmester, D.(1992). Age and sex differences in perceptions of networks of personal relationships. *Child Development, 63,* 103-115.

Galambos, N. L.(1992). Parent-adolescencent relations. *Current Directions in Psycholgical Science, 1,* 146-149.

Gallup, G. G., Jr.(1979). Self-recognition in chimpanzee and man : A developmental and comparative perspective. In M. Lewis & L. A. Roseblum (Eds), *Genesis of behavior. Vol. 2:*

The child and its family. New York: Plenum.

Ganchrow, J. R., Steiner, J. E., & Daher, M.(1983). Neonatal facial expressions to different qualities and intensities of gustatory stimuli. *Infant Behavior and Development, 6,* 189-200.

Gandelman, R.(1992). *Psychology of behavioral development*. New York: Oxford University Press.

Garbarino, J., & Kostelny, K.(1992). Child maltreatment as a community problem. *Child Abuse and Neglect, 16,* 455-464.

Gardner, H.(1983). *Frames of mind: The theory of multiple intelligences*. New York: Basic Books.

Gardner, L. J.(1972). Deprivation dwarthsm. *Scientific American, 227,* 76-82.

Gardner, W., & Rogoff, B.(1990). Children's deliberateness of planning according to task circumstances. *Developmental Psychology, 26,* 480-487.

Garner, P. W., Jones, D. C., & Miner, J. L.(1994). Social competence among low-income pre-schoolers: Emotion socialization practices and social cognitive correlates. *Child Development, 65,* 622-637.

Garton, A. F., & Pratt, C.(1990). Children's pragmatic judgments of direct and indirect requests. *First Language, 10,* 51-59.

Gash, D., Sladek, J. R., & Sladek, C. D.(1980). Functional development of grafted vasopressin neurons. *Science, 210,* 1367-1369.

Gerken, L., Landau, B., & Remez, R. E.(1990). Function morphemes in young children's speech perception and production. *Developmental Psychology, 26,* 204-216.

Gewirtz, J. L., & Petrovich, S. B.(1982). Early social and attachment learning in the frame of organic and cultural evolution. In T. M. Field, A. Huston, H. C. Quay, L. Troll, & G.E. Finley, *Review of human development*. New York: Wiley.

Ghent, L.(1956). Perception of overlapping and embedded figures by children of different ages. *American Journal of Psycology, 69,* 575-587.

Gibson, E. J.(1969). *Principles of perceptual leraning and development*. East Norwork, CT: Applton Century-Crofts.

Gibson, E. J.(1987). Introductory essay: What does infant perception tell us about theories of perception? *Jounal of experimental Psychology: Human perception and Performance, 13,* 515-523.

Gibson, E. J.(1992). How to think about perceptual learning: Twenty-five years later. In J. L. Pick, P. Van den Broek & D.C. Knoll, *Cognitive psychology: Conceptual and methodological issues*. Washington, D. C.: American Psycological Association.

Gibson, E. J., & Walk, R. D.(1960). The "visual cliff." *Scientific American, 202,* 64-71.

Gibson, E. J., & Walker, A. S.(1984). Development of knowledge of visual-tactile affordances of substance. *Child Development, 55,* 453-460.

Gilford, R., & Bengston, V.(1979). Measuring marital satisfaction in three generation: Positive and negative dimensions. *Journal of Marriage and the Family, 41,* 2, 15-50.

Gilligan, C.(1993). Adolescent development reconsidered. In A. Garrod (Ed.), *Approaches to moral development: new reserch and emerging themes*. New York: Teachers College Press.

Ginsburg, H. J., & Miller, S. M.(1982). Sex differences in children's risk-taking behavior. *Child Development, 53,* 426-428.

Ginzberg, E.(1951). *Occupational choice: An approach to a general theory*. New York: Colurnbia University Press.

Gnepp, J.(1989). Personalized inferences of emotions and appraisals: Component processes and correlates. *Developmental Psycology, 25,* 277-288.

Goldberg, P.(1968). Are women prejudiced against women? *Trans/Action, 5,* 28-30.

Goldfarb, W.(1947). Variations in adolescent adjustment in institutionally reared children. *Journal of Orthopsychiaty, 17,* 449-457.

Gollin, E. S.(1962). Factors affecting the visual recognition of incomplete objects: A comparative investigation of child and adults. *Perceptual and*

Motor Skills, 15, 583-590.

Gopnik, A., & Meltzoff, A. N.(1986). Relations between semantic and cognitive development in the one-word stage: The specificity hypothesis. *Child Development, 57,* 1040-1053.

Gorn, G. J., Goldberg, M. E., & Kanungo, R. N.(1976). The role of educational television in changing the intergroup attitudes of children. *Child Development, 47,* 277-280.

Gottesman, I. I.(1963). Genetic aspects of intelligent behavior. In N. Ellis (Ed.), *Handbook of mental deficiency.* New York: McGraw-Hill.

Graves, S. B.(1975, April). *How to encourage positive racial attitudes.* Paper presented at the biennial meeting of the Society for Research in Child Development, Denver.

Gray, S. W., & Klaus, R. A.(1965). An experimental preschool program for culturally deprived children, *Child Development, 36,* 4, 887-898.

Greenberger, E., & O'Neil, R.(1993). Spouse, parenting, worker: Role commitments and role-related experiences in the construction of adults' well-being. *Developmental Psychology, 29,* 181-197.

Greeno, J. G.(1993). A perspective on thinking. *American Psychologist, 44,* 134-141.

Greenough, W. T., & Green, E. J.(1981). Experience and the aging brain. In J. L. McGaugh, J. G. March, & S. B. Kiesler (Eds.), *Aging: Biology and behavior.* New York: Academic Press.

Gregoire, J., & Van der Linden, M.(1997). Effect of age on forward and backward digit spans. *Aging, Neuropsychology, and Cognition, 4,* 140-149.

Greider, C. W. & Blackburn, E. H.(2004). Tracking telomerase. *Cell, 116,* 83-87.

Gross, A. L., & Ballif, B.(1991). Children's understanding emotion from facial expressions and situations: A review. *Developmental Review, 11,* 368-398.

Grossmann, K., Grossmann, K. E., Spangler, S., Suess, G., & Unzner, L.(1985). Maternal sensivility and newborn responses as related to quality of attachment in Northern Germany. In I. Bretherton & E. Waters(Eds.), *Growing points of attachment theory. Monographys of the Society for Research in Child Development, 50*(1-2, Serial No. 209).

Grotevant, H. D., & Cooper, C. R.(1986). Individuation in family relations: A perspective on individual differences in the development of identity and role-taking skills in adolescence, *Human Development, 29,* 82-100.

Grusec, J. E.(1994). Social learning theory and *Developmental psychology*: The legacies of Robert R. Sears and Albert Bandura. In R. D. Parke, P. A. Ornstein, J. J. Rieser, & C. Zahn-Waxler (Eds.), *A century of Developmental psychology.* Washington, DC: American-Psychological Association.

Grusec, J. E., Kuczynski, L., Rushton, J. P., & Simutis, Z.(1979). Learning resistance to temtation through observation. *Developmental Psychology, 15,* 233-240.

Grusec, J. E., & Redler, E.(1980). Attribution, reinforcement, and altruism: A developmental analysis. *Developmental Psychology, 16,* 525-534.

Guerra, N. G., & Slaby, R. G.(1990). Cognitive mediators of aggression in adolescent offenders. 2: Invention. *Developmental Psychology, 26.*

Guilford, J. P.(1967). *The nature of human intelligence.* New York: McGraw-Hill.

Guinn, B.(1999). Leisure behavior motivation and the life satisfaction of retired persons. *Activities, Adaptation, and Aging, 23,* 4, 13-20.

Gurucharri, C., & Selman, R. L.(1982). The development of interpersonal understanding during childhood, preadolescence, and adolescence: A longitudinal follow-up study. *Child Development, 53,* 924-927.

Haith, M. M.(1980). Visual competence in early infancy. In R. Held, H. Liebowitz, & H. R. Teuber (Eds.), *Handbook of sensory physiology* (Vol. 8). Berlin: Springer-Velag.

Haith, M. M., Bergman, T., & Moore, M. J.(1977). Eye contact and face scanning in early infancy. *Science, 198,* 853-855.

Hakuta, K.(1988). Why bilinguals? In F. S. (Ed), *The development of language and lang searchers: Essays in honor of Roger Brown*. HNJ: Erlbaum.

Hale, S., Fry, A., & Jessie, K. A.(1993). Effects of practice on speed of information processing in children and adults: Age sensitivity and age invariance. *Developmental Psychology, 29,* 880-892.

Hall, G. S.(1891). The contents of children's minds on entering school. *Pedagogical Seminary, 1,* 139-173.

Hanna, E., & Meltzoff, A. N.(1993). Peer imitation by toddlers in the laboratory, home, and day-care contexts: Implications for social learning an memory. *Developmental Psychology, 29,* 701-710.

Hansson, R. O., DeKoekkoek, P. D., Neece, W. M., & Patterson, D. W.(1997). Successful aging at work: Annual review, 1992-1996" The older worker and transitions to retirement. *Journal of Vocational Behavior, 51,* 202-233.

Harlow, H. F., & Zimmerman, R. R.(1959). Affectional responsees in the infant monkey. *Science, 130,* 421-432.

Harper, L. V., & Huie, K. S.(1985). The effects of prior group experience, age and familiarity on the quality and organization of preschoolers' social relationships. *Child Development, 56,* 704-717.

Harris, M.(1992). *Language experience and early language development: From input to uptake.* Hove, England: Erlbaum.

Hart, B., & Risley, T. R.(1992). American parenting of language-learning children: Persisting differences in family-child interactions observed in natural home environments. *Developmental Psychology, 28,* 1096-1105.

Hart, C. H., DeWolf, D. M., Wozniak, P., & Burts, D. C.(1992). Maternal and paternal disciplinary styles: Relations with preschoolers' playground behavioral orientations and peer status. *Child Development, 63,* 879-892.

Harter, S.(1982). The perceived competence scale for children. *Child Development, 53,* 87-97.

Harter, S.(1986). Cognitivedevelopmental processes in the integration of concepts about emotions and the self. *Social Cognition, 4,* 119-151.

Harter, S.(1990). Issues in the assessment of the self-concept of children and adolescents. In A. M. LaGreca (Ed.), *Through the eyes of child: Obtaining self-reports from children and adolescents.* Boston: Allyn & Bacon.

Harter, S., & Monsour, A.(1992). Developmental analysis of conflict caused by opposing attributes in the adolescents self-portrait. *Developmental Psychology, 28,* 251-260.

Hartup, W. W.(1974). Aggression in childhood : development perspectives. *American psychologist, 29,* 336-341.

Hartup, W. W.(1983). Peer relations. In P. H. Mussen (Ed.), *Handbook of child psychology. Vol. 4: Socialization, personality, and social development.* New York: Wiley.

Hartup, W. W.(1989). Social relationship and their developmental significance. *American Psychologist, 44,* 120-126.

Hartup, W. W.(1992). Friendships and their developmental significance. In H. McGurk (Ed.), *Childhood social development: Contemporary perspectives.* Hove, England: Erlbaum.

Hartup, W. W., French, D. C., Laursen, B., Johnston, M. K., & Ogawa, J. R.(1993). Conflict and friendship relations in middle childhood: Behavior in a closed- field situation. *Childhood Social Development, 64,* 445-454.

Hartup, W. W., Laursen, B., Stewart, M. I., & Eastenson, A.(1988). Conflict and friendship relations of young children. *Child Development, 59,* 1590-1600.

Hasher, L., & Zacks, R.(1979). Autonomic and effortful processes in memory. *Journal of Experimental Psychology: General, 108,* 356-388.

Hashima, P. Y., & Amato, P. R.(1994). Poverty, social support, and parental behavior. *Child Development, 65,* 394-403.

Hasselhorn, M.(1992). Task dependency and the role of category typicality and metamemory in the development of and organizational strategy.

Child Development, 63, 202-214.

Hatfield, E.(1988) Passionate and compassionate love. In R. J. Steinberg & M. L. Barnes (Eds.). *The psychology of love* (pp.191-217). New Haven, CT. Yale University Press.

Havighurst, R.(1953). *Human development and education.* New York: Longmans, Green.

Havighurst, R.(1972). *Developmental tasks and Education*(3d ed.). New York: McKay.

Haviland, J. M., & Lelwica, M.(1987). The induced affective response: 10-week-old infants' responses to three emotion expressions. *Developmental Psychology, 23,* 97-104.

Hay, D. F., Caplan, M., Castle, J., & Stimson, C. A.(1991). Does sharing become increasingly "rational" in the second year of life? *Developmental Psychology, 27,* 987-993.

Hay, D. F., Nash, A., & Pedersen, J.(1983). Interaction between six-month-old peers. *Child Development, 54,* 557-562.

Hayflick, L., & Moorhead, P. S.(1961). The serial cultivation of human diploid cell strains. *Experimental Cell Research, 25,* 585-621.

Hazen, C., & Shaver, P.(1987). Romntic love conceptualized as an attachment process. *Journal of Personality and Social Psychology, 52,* 3, 511-524.

Hearold, S.(1986). A synthesis of 1043 effects of television on social behavior. In G. Comstock (Ed.), *Public communications and behavior* (Vol. 1). New York: Academic Press.

Heber, F. R., & Garber, H. L.(1975). The Milwaukee project: a study of the use of family intervention to prevent cultural-familiar mental retardation. In Friedtander, B. Z., Sterrit, G. M., & Kirk, G. E. (Eds.), *Exceptional Infant: Assessment and Intervention*(Vol. 3). New York: Bruner/Mazel.

Hetherington, E. M.(1981). Children and divorce. In R. W. Henderson (Ed.), *Parent-child interaction: Theory, research, and prospects.* New York : Academic Press.

Hetherington, E. M.(1989). Coping with family transitions: Winners, losers and survivors. *Child Development, 60,* 1-14.

Hetherington, E. M., Clingempeel, W. G., & Associates(1992). Coping with marital transitions. *Monographs of Society for research in Child Development, 57*(2-3, Serial No. 227)

Hetherington, E. M., Cox, M. J., & Cox, R.(1982). Effects of divorce on parents and children. In M. E. Lamb (Ed.), *Nontraditional families: Parenting and child development* (pp. 233-288). Hillsdale, NJ: Erlbaum.

Hetherington, E.M., & Clingempeel, W.G.(1992). Coping with marital transitions: A family systems perspective. *Monographs of the Society for Research in child Development, 57*(2-3, Serial No. 227).

Hertherington, E. M., & Frankie, G.(1967). Effect of parental dominance, warmth, and conflict on imitation in children. *Journal of Personality and Social Psychology, 6,* 119-125.

Hetherington, E. M., & Parke, R. D.(2003). *Child Psychology: A contemporary viewpoint.* New York: McGraw Hill.

Higgins, E. T., & Parsons, J. E.(1983). Stages as subcultures: Social-cognitive development and the social life of the child. In E. T. Higgins, W. W. Hartup, & D. N. Ruble (Eds.), *Social cognitive and social development: A sociocultural perspective.* New York: Cambridge University Press.

Higley, J. D., Hopkins, w. d., Thomson, W. W., Byrne, E. A., Hirsh, R. M., & Suomi, S. J.(1992). Peer as primary attachment sources in yearling rhesus monkeys. *Developmental Psychology, 28,* 1163-1171

Hill, P. T., Foster, G. E., & Gendler, T.(1990). *High schools with character: Alternatives to bureaucracy.* Santa Monica, CA: Rand Coporation.

Hinde, R. A.(1984). Why do the sexes behave differently in close relationships? *Journal of Social and Personal Relationships, 1,* 471-501.

Hodges, J., & Tizard, B.(1989). IQ and behavioral adjustment of ex-institutional adolescents. *Journal of Child Psychology and Psychiatry, 30,* 53-75.

Hoffman, M. L.(1970). Moral development. In P. H.

Mussen (Ed.), *Carmichael's manual of child psychology* (Vol. 2). New York: Wiley.

Hoffman, M. L.(1988). Moral development. In M. H. Bornstein & M. E. Lamb (Eds.), *Developmental psychogy: An advanced textbook* (2nd ed., pp. 497-548). Hillsdale, NJ: Erlbaum.

Hoffman, M. L.(1993). Empathy, social cognition, and moral education. In A. Garrod (Ed.), *Approaches to moral development: New research and emerging themes*. New York: Teachers College Press.

Holland, J. L.(1985). *Making vocational choices: A theory of vocational personalities and work environments*. Englewood Cliffs, NJ: Prentice-Hall.

Holland, J. L.(1987). Current status of Holland's theory of careers: Another perspective. *Career Development Quarterly, 36,* 24-30.

Holmeck, G. N., & Hill, J. P.(1991). Conflictive engagement, positive affect, and menarche in families with seventh-grade girls. *Child Development, 63,* 1030-1048.

Honzik, M. P., Macfarlane, J. W., & Allen, L.(1948). The stability of mental test performance between two and eighteen years. *Journal of Experimental Education, 17,* 309-329.

Horn, J. L., & Cattell, R. B.(1982). Whimsy and misunderstandings of gf-gc theory: A comment on Guilford. *Psychological Bulletin, 91,* 623-633.

Hornik, R., & Gunnar, M. R.(1988). A descriptive analysis of social referencing. *Child Development, 59,* 626-634.

Hornstein, G. A., & Wapner, S.(1985). Models of experiencing and adapting to retirement. *International Journal of Aging and Human Development, 21,* 291-315.

Howard, D. V.(1996). The aging of implicit and explicit memory. In F. Blanchard-Fields, & T. M. Hess (Eds.), *Perspective on cognitive change in adulthood and aging* (pp.221-254). New York: McGraw-Hill.

Howe, M. L., & Courage, M. L.(1993). On resolving the enigma of infantile amnesia. *Psychological Bulletin, 113,* 305-326.

Howe, N., & Ross, H. S.(1990). Socialization, perspective-taking and the sibling relationship. *Developmental Psychology, 26,* 160-165.

Howes, C.(1988). Peer interaction of young children. *Monographs of the Society for Research in Child Development, 53.*

Howes, C.(1990). Can age of entry into child care and the quality of child care predict adjustment in kindergarten? *Developmental Psychology, 26,* 292-303.

Howes, C., Droege, K., & Matheson, C. C.(1994). Play and communicative processes within long-term and short-term friendship dyads. Journal of the parent-child relationship. *Child Development, 65,* 253-263.

Howes, C., Hamilton, C. E., & Matheson, C. C.(1994). Children's relationships with peers: Defferential associations with aspects of the parent-child relationships. *Child Development, 65,* 25-263.

Howes, C., & Matheson, C. C.(1992). Sequences in the development of competent play with peers: Social and social pretend play. *Developmental Psychology, 28,* 961-974.

Huesmann, L. R.(1986). Psychological processes promoting the relation between exposure to media violence and aggressive behavior by the viewer. *Journal of Social Issues, 42,* 125-139.

Huesmann, L. R., Lagerspitz, K., & Eron, L. D.(1984). Intervening variables in the TV violence-aggression relation: Evidence from two countries. *Developmental Psychology, 20.* 746-775.

Humphreys, A. P., & Smith, P. K.(1987). Rough and tumple, friendship, dominance in school children: Evidence for continuity and change with age. *Child Development, 58,* 201-212.

Huston, A. C.(1983). Sex-typing. In P. H. Mussen(Ed.), *Handbook of child psychology: Vol. 4. Socialization, personality, and social development*. New York: Wiley.

Huston, A. C., & Wright, J. C.(1989). Television from and children. In G. Comstock(Ed.), *Public communication and behavior* (Vol. 2) (pp.103-159). New York: Academic.

Huston, A. C., Donnerstein, E., Fairchild, H., Freshbach, N. D., Katz, P. A., Murray, J. P., Rubinstein, E. A., Wilcox, B. L., & Zuckerman, D.(1992). *Big world, small screen*. Lincoln, NB: University of Nebraska Press.

Huttenlocher, P. R.(1994). Synaptogenesis, synapse elimination, and neural plasticity in human cerebral cortex: Threats to optimal development. In C. A. Nelson (Ed.), *The Minnesota Symposia on Child Psychology* (Vol. 27, pp. 35-34). Hillsdale, NJ: Lawrence Erlbaum.

Huttenlocher, P. R., & Dabholker, A. S.(1997). Regional differences in synaptogenesis in human cerebral cortex. *Journal of Comparative neurology, 37(2),* 167-178.

Hyde, J. S.(1984). How large are sex differences in aggression? A developmental meta -analysis. *Developmental Psychology, 27,* 236-248.

Hyde, J. S., Fennema, E., & Lamon, S. J.(1990). Gender differences in mathematics performance: A meta-analysis. *Psychological Bulletin, 107,* 135-155.

Hymel, S. Bowker, A., & Woody, E.(1993). Aggressive versus withdrawn unpopular children: Variations in peer and self-perceptions in multiple domains. *Child Development, 64,* 879-896.

Isabella, R. A.(1993). Origines of attachment : Maternal interactive behavior across the first year. *Child Development, 29,* 605-621.

Isabella, R. A., & Belsky, J.(1991). Interactional synchrony and the origins of infant-mother attachment. *Child Development, 62,* 373-384.

Isberg, R. S., Hauser, S. T., Jacobson, A. M., Powers, S. I., Noam, G., Weiss-Perry, B., & Follansbee, D.(1989). Parental contexts of adolescent self-esteem: A developmental perspective. *Journal of Youth and Adolescence, 18,* 1-23.

Izard, C. E.(1993). Four systems for emotion activation: Cognitive and noncognitive processes. *Psychological Review, 100,* 68-90.

Izard, C. E., Hembree, E. A., & Huebner, R. R.(1987). Infants' emotion expressions to acute pain. *Developmental Psychology, 23,* 105-113.

Jacklin, C. N.(1989). Male and female: Issues of gender. *American Psychologist, 44,* 127-133.

Jacobs, J. E. & Eccles, J. S.(1992). The impact of mothers' gender-role stereotypic beliefs on mothers' and children's ability perceptions. *Journal of Personality and Social Psychology, 63,* 932-944.

Jacobson, J. L., & Wille, D. E.(1986). The influevce of attachment pattern on developmental changes in peer interaction from the toddler to the preschool period. *Child Development, 57,* 338-347.

Jarvik, L. F., & Erlenmeyer-Kimling, L.(1967). Survey of familiar correlations in measured intellectual functions. In Zub, J., & Jervis, G. A. (Eds.), *Psychopathology of Mental Development*. New York: Grune & Stratton.

Jensen, A. R.(1969). How much we boost I.Q. and scholastic achievement, *Harvard Educational Review, 39,* 1-123.

Johnson, H., & Smith, L. B.(1981). Children's inferential abilities in the context of reading to understand: *Child Development, 52,* 1216-1223.

Jones, M. C.(1924). A laboratory study of fear: The case of Peter. *Pedagogical Seminary, 31,* 308-315.

Jose, P. M.(1990). Just World reasoning in children's immanent justice arguments. *Child Development, 61,* 1024-1033.

Jussim, L., & Eccles, J. S.(1992). Teacher expectations. II: Construction and reflection of student achievement. *Journal of Personality and Social Psychology, 63,* 947-961.

Kagan, J.(1972). Do infants think? *Scientific American, 226,* 74-82.

Kagan, J.(1976). Emergent themes in human development. *American Scientist, 64,* 186-196.

Kagan, J.(1983). Stress and coping in early development. In N. Garmezy & M. Rutter(Eds.), *Stress, coping and development in children*. New York: McGraw-Hill.

Kagan, J., Kearsley, R. B., & Zelazo, P. R.(1978).

Infancy: Its place in human development. Cambridge, MA: Harvard University Press.

Kail, R.(1990). *The development of memory in children* (3rd ed.), New York: Freeman.

Kail, R.(1992). Development of memory in children. In L. R. Squire (Ed.), *Encyclopedia of learning and memory.* New York: Macmillan.

Kalish, R.(1985). The social context of death and dying. In R. H. Binstock & E. Shanas (Eds.), *Handbook of aging and the social sciences*(2nd ed.). New York: Van Nostrand Reinhold.

Kanfer, F.. H., Stifer, E., & Morris, S. J.(1981). Self-control and altruism: Delay of gratification for another. *Child Development, 52,* 674-682.

Kastenbaum, R.(1992). *The psychology of death* (2nd ed.). New York: Springer.

Katz, P. A.(1979). The development of female identity. *Sex Roles, 5,* 155-178.

Kaufman, A. S., & Kaufman, N. L.(1983A). *Kaufman Assessment Battery for Children: Administration and scoring manual.* Circle Pines, MN: American Guidance Service.

Kaufman, A. S., & Kaufman, N. L.(1983B). *Kaufman Assessment Battery for Children: Interpretive manual.* Circle Pines, MN: American Guidance Service.

Kaufmann-hayoz, R., Kaufmann, F., & Stucki, M.(1986). Kinetic contours in infants visual perception .*Child Development, 57,* 292-299.

Kellman, P. J., & Spelke, E. S.(1983). Perception of partly occluded objects in infancy. *Cognitive Psychology, 15,* 483-524.

Kellman, P. J., Spelke, E. S., & Short, K. R.(1986). Infant perception of object unity from translatory motion in depth and vertical translation. *Child Development, 57,* 72-86.

Kerns, K. A., & Berenbaum, S. A.(1991). Sex differences in spatial ability in children. *Behavior Genetics, 21,* 383-396.

Kimball, M. M.(1986). Television and sex-role attitudes. In T. Williams (Ed.), *The impact of television: A natural experiment in three communities.* Orlando, FL: Academic Press.

Kinney, D. A.(1993) From nerds to normals: The recovery of identity among adolescents from middle school to high school. *Sociology of Education, 66,* 21-40.

Kirkpatric, L. A., & Davis, K. E.(1994). Attachment style, gender, and relationship stability: A longitudinal analysis. *Journal of Personality and Social Psychology, 66,* 502-512.

Kisilevsky, B. S., & Muir, D. W.(1984). Neonatal habituation and dishabituation to tactile stimulation during sleep. *Developmental Psychology, 20,* 367-373.

Klaus, M. H., & Kennell, J. H.(1982). *Parent-infant bonding.* St. Louis: C. V. Mosby.

Kligman, D., Smurl, R., & Emde, R.(1975). A "nonintrusive" longitudinal study of infant sleep. *Psychosomatic Medicine, 37,* 448-453.

Klinnert, M. D., Emde, R. N., Butterfield, P., & Campos, J. J.(1986). Social referencing: The infant's use of emotional signals from a friendly adult with mother present. *Developmental Psychology, 22,* 427-432.

Kochanska. G.(1992). Children's interpersonal influence with mothers and peers. *Developmental Psychology, 28,* 491-499.

Kochanska, G.(1993). Towards a synthesis of parental socialization and child temperament in early development of conscience. *Child Development, 64,* 325-347.

Kohlberg, L.(1963). The development of children's orientations toward a moral order. I: Sequence in the development of moral thought. *Vita Himana, 6,* 11-33.

Kohlberg, L.(1984). *Essays on moral development. Vol. 2: The philosophy of moral development.* San Francisco: Harper & Row.

Kohn, M. L.(1979). The effect of social class on parental values and practices. In D. Reiss & H. A. Hoffman(Eds.), *The American family: Dying or developing:* (pp. 45-68). New York: Plenum.

Kopp, C. B.(1983). Risk factors in development. In M. M. Haith & J. J., Campos(Eds.), *Handbook of child Psychology. Vol. 2: infancy and Developmental psychology.* New York: Wiley.

Kopp, C. B.(1989). Regulation of distress and

negative emotion: A developmental view. *Developmental Psychology, 25,* 343-354.

Kopp, C. B., & Krakow, J. B.(1982). *The Child: Development in a social context.* Reading, MA: Addison-Wesley.

Korner, A. F.(1972). State as variable, as obstacle and as mediator of stimulation in infant research. *Merrill-Palmer Quarterly, 18,* 77-94.

Korner, A. F., Kraemer, H. C., Hoffner, E., & Cosper, L. M.(1975). Effects of waterbed flotation on premature infants: A pilot study. *Pediatrics, 56*(3), 361-367.

Kotre, J.(1984). *Outliving the self: Generativity and the interpretation of lives.* Baltimore: Johns Hopkins University Press.

Krauss, R. M., & Glucksberg, S.(1977). Social and nonsocial speech. *Scientific American, 236,* 100-105.

Kreutzer, M. A., Leonard, C., & Flavell, J. H.(1975). An interview study of children's knowledge about memory. *Monographs of the Sociality for Research in Child Development, 40*(1, Serial No. 159).

Kroger, J.(1988). A longitudinal study of ego identity status interview domains. *Journal of Adolescence, 11,* 49-64.

Kruger, A. C.(1992). The effect of peer and adult-child transductive discussions on moral reasoning. *Merrill-Palmer Quarterly, 38,* 191-211.

Kruger, A. C., & Tomasello, M.(1986). Transactive discussions with peers and adults. *Developmental psychology, 22,* 681-685.

Kübler-Ross, E.(1969). *On death and dying.* New York: Macmillan.

Kuhn, D., Nash, S. C., & Brucken, L.(1978). Sex-role concepts of two-and three-year-olds. *Child Development, 49,* 445-451.

Kurdek, L. A., & Krile, D.(1982). A developmental analysis of the relation between peer acceptance and both interpersonal understanding and perceived social selfcometence. *Child Development, 53,* 1485-1491.

Labouvie-Vief, G.(1984). Logic and self-regulation from youth to maturity: A model. In M. Commons, F. Richards, & C. Armon (Eds.), *Beyond formal operations: Late adolescent and adult cognitive development* (pp.158-180). New York Praeger.

Ladd, G. W., & Golter, B. S.(1988). Parents' management of preschoolers' peer relations: Is it related to children's social competence? *Developmental Psychology, 24,* 109-117.

Ladd, G. W., Lange, G., & Stremmel, A.(1983). Personal and situational influences on children's helping behavior : Factors that mediate compliant helping. *Child Development, 54,* 488-501.

Lamb, M. E., Easterbrooks, M. A., & Holden, G. W.(1980). Reinforcement and punishment among preschoolers: Characteristic, effect, and correlates. *Child Development, 51,* 1230-1236.

Lambert de Rouvroit, C., & Goffinet, A. M.(2001). Neuronal migration. *mechanism of Developement, 105,* 47-56.

Lamborn, S. D., Mount, N. S., Stenberg, L., & Dornbusch, S. M.(1991). pattern of competence and adjustment among adolescents from authoritative, authoritarian, indurgent, and neglectful families. *Child Development, 62,* 1049-1065.

Lamborn, S. D., & Steinberg, L.(1993). Emotional autonomy redux : Revising Ryan and Lynch. *Child Dvelopment, 64,* 483-499.

Langlois, J. H.(1986). From the eye of the behavioral reality: Development of social behaviors and social relations as a function of physical attractiveness. In C. P. Herman, M. P. Zanna & E. T. Higgins(Eds.), *Physical appearance, stigma, and social behavior: The Ontario Symposium* (Vol. 3). Hillsdale, NJ: Erlbaum.

Langlois, J. H., Ritter, J. M., Roggman, L. A., & Vaughn, L. S.(1991). Facial diversity and infant preferences for attractive faces. *Developmental Psychology, 27,* 79-84.

Lanza, E.(1992). Can bilingual 2-year-olds code-switch? *Journal of Child Sanguage, 19,* 633-658.

Lavouvie-Vief, G.(1984). Logic and self-regulation

from youth to maturity: A model. In M. Commons, F. Richards, & C. Armon (Eds.), *Beyond formal operations: Late adolescent and adult cognitive development* (pp.158-180).

Lehman, H. C.(1953). *Age and achievement*. Princeton, NJ: Princeton University Press.

Leinbach, M. D,. & Fagot, B. I.(1986). Acquisition of gender labeling: A test for toddlers. *Sex Roles, 15,* 655-666.

Leinbach, M. D,. & Fagot, B. I.(1993). Categorical habituation to male and female faces: Gander schematic processing in infancy. *Infant Behavior and Development, 16,* 317-322.

Lenneberg, E. H.(1967). *Biological foundations of language*. New York: Wiley.

Lerner, J. V., & Galambos, N. L.(1988). The influence of maternal employment across life : The New York Longitudinal Study. In A. E. Gottfried & A. W. Gottfried (Eds.), *Maternal employment and children's development : Longitudinal research*. New York: Plenum.

Lerner, J. V., Nitz, K., Talwar, R., & Lerner, R. M.(1989). On the functional significance of term-peramental individuality: A developmental contextual view of the concept of goodness of fit. In G. A. Kohnstamm, J. E. Bates, & M. K. Rothbart(Eds.), *Temperament in childhood*. Chichester, England: John Wiley and Sons.

Lerner, R. M.(1984). *On the nature of human plasticity*. New York: Cambridge University Press.

Lester, B. M.(1983). A biosocial model of infant crying. In L. P. Lipsitt (Ed.), *Advances in infant behavior and development.* New York: Ablex.

Lester, B. M., Kotelchuck, M., Spelke, E., Seller, M. J., & Klein, R. E.(1974). Seperation protest in Guatemalan infants: Cross-cultural and cognitive findings. *Developmental Psychology, 10,* 79-85.

Lester, B. M., & Zeskind, P. S.(1982). A biobehavioral perspective on crying in infancy. In H. Fitzgerald, B. M. Lester, & M. W. Yongman (Eds.), *Theory and research in behavioral pediatrics* (Vol. 1, pp. 133-180). New York: University of Minnesota Press.

Levine, R. A.(1974). Parental goals : A cross-cultural view. *Teachers College record, 76,* 226-239.

Levine, R. L., & Stadtman, E. R.(1992). Oxidation of proteins during aging. Generations, *16,* 4, 39-42.

Levinson, D. J. (1978). *The season of a man's life.* New York: Ballantine Books.

Levinson, D. J. (1996). *The season of a woman's life.* New York: Knopf.

Levitt, M. J., Weber, R. A., Clark, M. C., & McDonnell, P.(1985). Reciprocity of exchange in toddler sharing behavior. *Developmental Psychology, 21,* 122-123.

Lewis, M., & Brooks-Gunn, J.(1979). *Social cognition and acquisition of self.* New York : Plenum Press.

Lewis, M., Stnger, C., & Sullivan, M. W.(1989). Deception in 3-year-old. *Developmental Psychology, 24,* 434-440.

Liebert, R. M. & Sprafkin, J.(1988). *The early window: Effects of television on children and youth* (3rd ed.). New York: Pergamon Press.

Light, L.(1991). Memory and aging: Four hypotheses in search of data. *Annual Review of Psychology, 42,* 333-376.

Lindberg, M. A.(1980). Is knowledge base development a necessary and sufficient condition for memory development? *Journal of Experimental Child Psychology, 30,* 401-410.

Lindzey, D., Thiessen, & Tucker, A.(1960). Infantile trauma, genetie factors and adult temperament. *Joumal of Abnormal Social Psychology, 61,* 7-14.

Linn, M. C., de Benedictis, T., & Delucchi, K.(1982). Adolescent reasoning about advertisements: Preliminary intestigations. *Child Development, 53,* 1599-1613.

Lipsitt, L. P., & Kaye, H.(1964). Conditioned sucking in the human newborn. *Psychonomic Science, 1,* 29-30.

Littschwagner, J. C., & Markman, E. M.(1994). Sixteen-and 24-month-olds' use of mutual exclusivity as a default assumption in second-label learning. *Developmental Psychology, 30,* 955-968.

Livesley, W. J., & Bromley, D. B.(1973). *Person perception in childhood and adolescence*. London : Wiley.

Loeber, R.(1982). The stability of antisocial behavior: A review. *Child Development, 53,* 1431-1446.

Lorenz, K. Z.(1943). The innate forms of possible experiance. *Zeitschrift fur Tierpsychologie, 5,* 233-409.

Lorenz, K. Z.(1952). *King Solomon's ring*. New York: Crowell.

Lorenz, K. Z.(1966). *On aggression*. San Diego, CA : Harcourt Brace Jovanovich.

Lummis, M., & Stevenson, H. W.(1990). Gender differences in beliefs and achievement: A cross-cultural study. *Developmental Psychology, 26,* 254-263.

Lund, D. A.(1996). *Bereavement and loss. Encyclopedia of gerontology* (Vol. 1, 173-183). San Diego, CA: Academic Press.

Luria, A. R.(1961). *The role of speech in the regulation of normal and abnormal behavior.* New York : Liverigth.

Lyons-Ruth, K., Connell, D. B., Grunebaum, H. U., & Botein, S.(1990). Infants at social risk: Maternal depression and family support services as mediators of infant development and security of attachment. *Child Development, 61,* 85-98.

Lytton, H.(1990). Child and parent effects in boy's conduct disorder : A reinterpretation. *Developmental Psychology, 26,* 683-697.

McCall, R. B., & Carriger, M. S.(1993). A meta-analysis of infant habitation and recognition memory per formance as predictors of later IQ. *Child Development, 64,* 57-79.

Maccoby, E. E.(1967). Selective auditory attention in children. In L. P. Lipsitt & C. C. Spiker (Eds.), *Advances in Child Development and behavior.* Orlando, FL : Academic Press.

Maccoby, E. E.(1980a). Gender as a social category. *Developmental Psychology, 24,* 755-765.

Maccoby, E. E.(1980b). *Social development*. San Diego, CA : Harcourt Brace Jovanovich.

Maccoby, E. E.(1990). Gender and relationships: A Developmental account. *American Psychologist, 45,* 513-521

Maccoby, E. E., & Jacklin, C. N.(1974). *The Psychology of sex diffrences*. Stanford, CA : Stanford university Press.

Maccoby, E. E., & Martin, J. A.(1983). Socialization in the context of the family. In E. M. Hetherington (Ed.), *Handbook of Child Psychology. Vol. 4. Socialization, personality, and social development* (pp. 1-101). New York: Wiley.

MacDonald, K.(1992). Warmth as a developmental construct : An evolutionary analysis. *Child Development, 63,* 753-773.

MacKinnon-Lewis, C., Volling, B. L., Lamb, M. E., Dechman, K,. Rabiner, D., & Curtner, M. E.(1994). A cross-contextual analysis of boys' social competence: From family to school. *Developmental Psychology, 30,* 325-333.

Madison, L. S., Madison, J. K., & Adubato, S. A.(1986). infant behavior and development in relation to fetal movement and habituation. *Child Development, 57,* 1475-1482.

Magenis, R. E., Overtone, K. M ., Chamberlin, J., Brady, T., & Lorrien, E.(1977). Parental origin of the extra chromosome in Down's syndrome. *Human Genetics, 37,* 7-16.

Mahler, M. S., Pine, F., & Bergman, A.(1975). *The psychological birth of the infant*. New York : Basic Books.

Main, M, Kaplan, N., & Cassidy, J.(1985). Security in infancy, childhood, and adulthood: A move to the level of representation. In I. Bretherton, & E. Water (Eds.), Growing points of attachment theory and research. *Monographs of the Society for Research in Child Development, 50,* 66-104.

Main, M., & Goldwyn, R.(1994). Interview-based adult attachment *classifications: Related to infant-mothers and infant-father attachment.* Unpublished Manuscript, University of California at Berkely.

Main, M., & Solomon, J.(1990). Procedure for identifying infants as disorganized/ disoriented during the Ainsworth Strange Situation. In M. T.

Greenberg, D. Cicchetti, & E. M. Cummings (Eds.), *Attachment in the preschool years : Theory, research, and intervantion*. Chicago : University of Chicago express.

Mallick, S. K., & McCandless, B. R.(1966). A study of the catharsis of aggression. *Jounal of Personality and Social psychology, 4,* 591- 596.

Marcia, J. E.(1980). Identity in adolescence. In J, Adelson (Ed.), *Handbook of adolescent psychology*. New York : Wiley.

Marcus, G. F., Pinker, S., Ullman, M., Hollander, M., Rosen, T. J., & Xu, F.(1992). Overregularization in language acquisition. *Monographs of the Society for Research in Child Development, 57*(4, Serial No. 228).

Marean, G. C., Werner, L. A., & Kuhul, P. K.(1992). Vowel catagorization by very young infants. *Child Development, 28,* 396-405.

Martin, C. L.(1989). Children's use of gender-related information in making social judgements. *Developmental Psychology, 25,* 80-88.

Martin, C. L.(1990). Attitudes and expectations about children with non-traditional gender roles. *Sex Roles, 22,* 151-165.

Martin, C. L.,& Halverson, C. F., Jr.(1981). A schematic proccesing model of sex typing and stereotyping in children. *Child Development, 52,* 1119-1134.

Mason, M. G., & Gibbs, J. C.(1993). Social perspective taking and moral judgement among college students. *Jounal of Adolescent Research, 8,* 109-123.

Matias, R., & Cohn, J. F.(1993). Are Max-specified infant facial expressions face-to-face interaction consistent with diffrential emotions theory? *Developmental Psychology, 29,* 524-531.

Maurer, D., & Salapatek, P.(1976). Developmental changes in the scanning of faces by young infants. *Child Development, 47,* 523-527.

McCrae, R. R., & Costa, P. T. Jr.(1990). *Personality in adulthood*. New York: Guilford Press.

McCrae, R. R., Costa, P. T., Jr., de Lima, M. P., Simoes, A., Ostendorf, F., Angleitner, A., Marusic, I., Bratko, D., Caprara, G. V., Barbaranelli, C., Chae, J. H., & Piedmont, R. L.(1999). Age differences in personality across the adult life span: parallels in five cultures. *Developmental Psychology, 35,* 466-477.

McDowd, J., & Filion, D.(1992). Aging, selective attention, and inhibitory processes. A psychophysiological approach. *Psychology and Aging, 7,* 65-71.

McNeil, D.(1970). *The Acquisition of Language: The study of Developmental Psycholinguistics*. New York: Harper & Row.

Meilman, P. W.(1979). Cross-sectional age changes in ego identity status during adolescence. *Developmental Psychology, 15,* 230-231.

Meltzoff, A. N.(1988a). Imitation of televised models by infants. *Child Development, 59,* 1221-1229.

Meltzoff, A. N.(1988c). Infant imitation and memory: Nine-month-olds in immediate and defferrd tests. *Child Development, 59,* 217-225.

Meltzoff, A. N., & Moore, M. K.(1983). Newborn infants imitate adult facial gestures. *Child Development, 54,* 702-709.

Meltzoff, A. N., & Moore, M. K.(1989). Imitation in newborn infants: Exploring the range of gestures initiated and the underlying mechanisms. *Developmental Psychology, 25,* 954-962.

Mervis, C. B., & Johnson, K. E.(1991). Acquisition of the plural morpheme: A case study. *Developmental Psychology, 27,* 222-235.

Millar, W. S., & Watson, J. S.(1979). The effect of delayed feedback on infant-learning reexamined. *Child Development, 50,* 747-751.

Miller, C. L.(1983). Developmental changes in male/female voice classification by infants. *Infants Behavior and Development, 6,* 313-330.

Miller, N. B., Cowan, P. A., Cowan, C. P., Hetherington, E. M., & Clingempeel, W. G.(1993). Externalizing in preschoolers and early adolescents: A cross-study replication of a family model. *Developmental Psychology, 29,* 3-18.

Miller, N., & Maruyama, G.(1976). Ordinal position and peer popularity. *Journal of Personality and Social Psychology, 33,* 123-131.

Miller, P.H.(1993). *Theories of Developmental psychology* (3rd ed.). New York: Freemar.

Miller, P. H., & Aloise, P. A.(1989). Young children's understanding of the psychological causes of behavior: A review. *Child Development, 60,* 257-285.

Miller, P. A., & Eisenberg, N.(1988). The relation of empathy to aggressive and externalizings /antisocial behavior. *Psychological Bulletin, 103,* 324-344.

Miller, P. H. & Weiss, M. G.(1981). Children's attention allocation, understanding of attention, and performance on the incidental learning task. *Child Development, 52,* 1183-1190.

Mills, R. S. L., & Rubin, K. H.(1990). Parental beliefs about problematic social behaviors in early childhood. *Child Development, 61,* 138-151.

Mischel, W.(1974). Precesses in the delay of gratification. In L. Berkowitz (Ed), *Advances in experimental social psychology* (Vol. 7). New York: Academic.

Mischel, W.(1986). *Introduction to personality* (4th ed.). New York: Holt, Rinehart & Winston.

Mischel, W., & Ebbesen, E. B.(1970). Attention in delay of gratification. *Journal of Personality and Social Psychology. 16,* 329-337.

Mitchell. D. E.(1988). The recovery from early monocular visual deprivation in kittens. In A. Yonas (Ed.), *Minnesota Symposia on Child Psychology. Vol. 20: Perceptual development in infancy*. Hillsdale, NJ: Erlbaum.

Mitchell, D. E., Freeman, R. D., Millodot, M., & Haegerstorm, G.(1973). Meridional amblyopia: Evidence for modification of the human visual system by early visual experience. *Vision Research, 13,* 535-558.

Moerk, E. L.(1989). The LAD was a lady and the tasks were ill-defined. *Developmental Review, 9,* 21-57.

Molfese, D. L., & Molfese, V. J.(1979). Hemisphere and stimulus difference as reflected in the cortical responses of newborn infants to speech stimuli. *Developmental Psychology, 15,* 505-511.

Monass, J. A., & Engelhard, J. A., Jr.(1990). Home environment and the competitiveness of accomplished individuals in four talent fields. *Developmental Psychology, 26,* 264-268.

Money, J., & Ehrhardt, A.(1972). *Man and women, boy and girl*. Baltimore: Johns Hopkins University Press.

Moog, H.(1976). *The musical experience of the preschool child*. London: Schott.

Morgan, M.(1982). *Television and adolescents' sex-role stereotypes*: A longitudinal study. *Journal of Personality and Social Psychology, 43,* 947-955.

Morison, P., & Masten, A. S.(1991). Peer reputation in middle childhood as a predictor of adaptation in adolescence: A seven-year follow-up. *Child Development, 62,* 991-1007.

Morrison, F. J., Holmes, D. L., & Haith, M. M.(1974). A developmental study of the effects of familiarity on short-term visual memory. *Journal of Experimental Child Psychology, 18,* 412-425.

Moss, H. A., & Robson, K. S.(1968). *The role of protest behavior in the development of mother-infant attachment*. Paper presented at the American Psychological Association, San Francisco.

Moss, M. S., & Moss, S. Z.(1995). Death and bereavement. In R. Blieszner & V. H. Bedford (Eds.), *Handbook of aging and the family*(pp.422-439). Westport, CT: Greenwood Press.

Muir, D. W.(1985). The development of infants' auditory spatial sensitivity. In S. E. Trehub & B. Schneider (Eds.), *Advances in the study of communication and affect. Vol. 10: Auditory development in infancy,* New York: Plenum.

Mussen, P. H., Conger, J. J., & Kagan. J.(1979). *Child Development and Personality* (5th ed.). New York: Harper & Row.

Myerson, J., Hale, S., Poon, L., Wagstaff, D., & Smith, G. (1990). Information-loss model: A mathematical theory of age-related cognitive slowing. *Psychological Review, 97,* 475-487.

Nadler, A.(1991). Help-seeking behavior: Psychological costs and instrumental benefits. In M. S. Clark (Ed.), *Prosocial behavior*. Newbury Park, CA: Sage.

Neimark, E. D.(1979). Current Status of formal operations research. *Human Development, 22,* 60-67.

Nelson, S. A.(1980). Factors influencing young children's use of motives and outcomes as moral criteria. *Child Development, 51,* 823-829.

Neugarten, B.(1974). Age groups in American society and the rise of the young-old. In F. R. Eisele (Ed.), *Political consequences of aging* (pp.187-198). Philadephia:American Academy of Political and Social Sciences.

Neugarten, B. L., Havigurst, R. J., & Tobin, S. S.(1968). Personality and patterns of aging. B. L. Neugarten (Ed.), *Middle age and aging.* Chicago: University of Chicago Press.

Neugarten, B., & Neugarten, D.(1987, May). The changing meaning of age. *Psychology Today,* 29-33.

Ogbu, J. U.(1981). Origins of human competence: A cultural-ethological perspective. *Child Development, 52,* 413-429.

Olson, G. M., & Sherman, T.(1983). Attention, learning, and memory in infants. In P. H. Mussen (Ed.), *Handbook of child psychology* (Vol. 2). New York: Wiley.

Olthof, T., Ferguson, T. J., & Luiten, A.(1989). Personal responsibility and antecedents of anger and blame reactions in children. *Child Development, 60,* 1326-1336.

O'Mahoney, J. F.(1989). Development of thinking about things and peoples: Social and nonsocial cognition during adolescence. *Journal of Genetic Psychology, 150,* 217-224.

Oppenheim, D., Sagi, A., & Lamb, M. E.(1988). Infant-adult attachments on the kibbutz and their relation to socioemotional development 4 years later. *Developmental Psychology, 24,* 427-433.

Orlick, T. D.(1981). Positive socialization via cooperative games. *Development Psychology, 17,* 426-429.

Ornstein, P. A., Naus, M. J., & Liberty, C.(1975). Rehearsal and organizational processes in children's memory. *Child Development, 46,* 818-830.

Osgood, C. E.(1953). *Method and theory in experimental psychology.* Fairlawn, NJ: Oxford University Press.

Palkovitz, R.(1984). Parental attitudes and fathers' interactions with their 5-month-old infants. *Developmental Psychology, 20,* 1054-1060.

Palmer, F. H.(1977). *The Effects of Childhood Educational Intervention on School Performance.* Unpublished Manuscript.

Papousek, H.(1967). Experimental studies of appetitional behavior in human newborns and infants. In H. W. Stevenson, E. H. Hess & H. L. Rheingold (Eds.), *Early behavior:Comparative and developmental approaches.* New York: Wiley.

Paris, S. G.(1988). Models and metaphors of learning strategies. In C. E. Weinstein, E. T. Goetz & P. A. Alexander (Eds.), *Learning and study strategies: Issues in assessment, instruction, and evaluation.* Orlando, FL: Academic Press.

Parke, R. D.(1972). Some effects of punishment on children's behavior. In W. W. Hartup (Ed.), *The young child* (Vol. 2). Washington, DC: National Association for the Education of Young Children.

Parke, R. D.(1977). Some effects of punishment on children's behavior-revisited. In E. M. Hetherington & R. D. Parke (Eds.), *Contemporary readings in child psychology.* New York: McGraw-Hill.

Parke, R. D., & Slaby, R. G.(1983). The development of aggression. In P. H. Mussen (Ed.), *Handbook of child psychology. Vol. 4: Socialization, personality, and social development.* New York: Wiley.

Parkhurst, J. T., & Asher, S. R.(1992). Peer rejection in middle school: Subgroup differences in behavior, loneliness, and interpersonal concerns. *Developmental Psychology, 28,* 231-241.

Parson, T.(1955). Family structure and socialization of the child. In T. Parson & R. F. Bales (Eds.), *Family socialization and interaction processes.* New York: Free Press.

Parsons, J. E., Adler, T. F., & Kaczala, C. M.(1982). Socialization of achievement attitudes and beliefs: Parental influences. *Child Development, 53,* 310-321.

Parten, M.(1932). Social participation among preschool children. *Journal of Abnormal and Social Psychology, 27,* 243-269.

Pascual-Leone, J.(1988). Organismic processes for neo-Piagetian theories: A dialectical causal account of cognitive development. In A. Demetriou (Ed.), *The neo-Piagetian theories of cognitive development: Toward and integration.* North Holland: Elsevier.

Pataki, S. P., Shapiro, C., & Clark, M. S.(1994). Children's acquisition of appropriate norms for friendships and acquaintances. *Journal of Social and Personal Relationships, 11,* 427-442.

Patterson, G. R.(1982). *Coercive family processes.* Eugene, OR: Castilia Press.

Patterson, G. R., DeBaryshe, B. D., & Ramsey, E.(1989). A developmental perspective on antisocial behavior. *American Psychologist, 44,* 329-335.

Patterson, G. R., Reid, J. B., & Dishion, T.(1992). *Antisocial boys.* Eugene, OR: Castalia Publishing.

Peck, R.(1968). Psychological development in the second half of life. In B. Neugarten (Ed.), *Middle age and aging* (pp.88-92). Chicago: University of Chicago Press.

Peeples, D. R., & Teller, D. Y.(1975). Color vision and brightness discrimination in two-month-old human infants. *Science, 189,* 1102-1103.

Perlmutter, M.(1986). A life-span view of memory. In P. B. Baltes, D. L. Featherman & R. M. leaner (Eds.), *Life-span development and behavior* (Vol. 7). Hillsdale, NJ: Erlbaum.

Perris, E. E., Myers, N. A., & Clifton, R. K.(1990). Long-term memory for a single infancy experience. *Child Development, 61,* 1796-1807.

Perry, D. G., & Parke, R. D.(1975). Punishment and alternative response training as determinants of response inhibition in children. *Genetic Psychology Monographs, 91,* 257-279.

Perry, D. G., Kusel, S. J., & Perry, L. C.(1988). Victims of peer aggression. *Developmental Psychology, 24,* 807-814.

Perry, D. G., Perry, L. C., Bussey, K., English, D., & Arnold, G.(1980). Processes of attribution and children's self-punishment following misbe havior. *Child Development, 51,* 545-551.

Perry, W. B.(1999). *Forms of ethical and intellectual development in the college years: A Scheme.* San Francisco: Jossey Bass.

Peterson, A. C.(1988). Adolescent development. *Annual Review of Psychology, 39,* 583-607.

Petitto, L. A., & Marentette, P. F.(1991). Babbling in the manual mode: Evidence for the ontogeny of language. *Science, 251,* 1493-1496.

Piaget, J.(1926). *The Language and Thought of Child.* New York: Harcourt Brace & World.

Piaget, J.(1930). *The child's conception of physical causuality.* London: Routhedge & Kegan Paul.

Piaget, J.(1948). *The Moral Judgement of the Child,* Glencoe, Ill: Free Press.

Piaget, J.(1951). *Plays, dreams, and imitation in childhood.* New York: Norton.

Piaget, J.(1952). *The origins of intelligence in children.* New York: International Universities Press.

Piaget, J.(1965). *The moral judgment of the child.* New York: Free Press. (Original work published 1932)

Piaget, J.(1966). *The Psychology of Intelligence,* Totowa, NJ: Little field, Adams.

Piaget, J.(1970a, May). A conversation with Jean Piaget. *Psychology Today,* 25-32.

Piaget, J.(1970b). Piaget's theory. In P. H. Mussen (Ed.), *Carmichaell's manual of child psychology* (Vol. 1). New York Wiley.

Piaget, J.(1972). Intellectual evolution from adolescence to adulthood. *Human Development, 15,* 1-12.

Piaget, J.(1977). *The development of thought:* Equilibration of cognitive structures. New York: Viking.

Piaget & Inhelder.(1956). *The child's conception of space.* London: Routledge and Kegan Paul.

Piaget, J. & Inhelder, B.(1964). *The Early Growth of*

Logic in the Child, Routledge & Kegan Paul.

Piaget, J., & Inhelder, B.(1969). *The psychology of the child*. New York: Basic Books.

Pinon, M., Huston, A. C., & Wright, J. C.(1989). Family ecology and child characteristics that predict young children's educational television viewing. *Child Development, 60,* 846-856.

Pipp, S., Easterbrooks, M. A., & Harmon, R. J.(1992). The relation between attachment and knowledge of self and mother in one-year-old infants to three-year-old infants. *Child Development, 63,* 738-750.

Plomin, R.(1990). Nature and nurture: An introduction to behavior genetics. Pacific Grove, CA: Brooks/Cole.

Powell, L. F.(1974). The effect of extra stimulation and maternal involvement on the development of low-birth-weight infants and on maternal behavior. *Child Development, 45,* 106-113.

Powers, M. K., Schneck, M., & Teller, D. Y.(1981). Spectral sensitivity of human infants at absolute visual threshold. *Vision Research, 21,* 1005-1016.

Powlishta, K. K., Serbin, L. A., Doyle, A., & White, D. R.(1994). Gender, ethnic, and body type beases: The generality of prejudice in childhood. *Developmental Psychology, 30,* 526-536.

Pressley, M., & Levin, J. R.(1980). The development of mental imagery retrieval. *Child Development, 51,* 558-560.

Preyer, W. (1888). *The mind of the child* (2 vols.). New York: Appleton. (Original work published 1882)

Priel, B., & deSchonen, S.(1986). Self-recognition: A study of a population without mirrors. *Journal of Experimental Child Psychology, 41,* 237-250.

Provence, S., & Lipton, R. C.(1962). *Infants in institutions*. New York: International Universities Press.

Quiggle, N. L., Garber, J., Panak, W. F., & Dodge, K. A.(1992). Social information processing in aggressive and depressed children. *Child Development, 63,* 1305-1320.

Quinn, B., & Goldberg, S.(1977). *Feeding and fussing: Parent-infant interaction as a function of neonatal Medical status*. Paper presented at the biennial meeting of the Society for Research in Child Development, New Orleans.

Rabiner, D. L., Keane, S. P., & Mackinnon-Lewis, C.(1993). Children's beliefs about familiar and unfamiliar peers in relation to their sociometric status. *Developmental Psychology, 29,* 236-243.

Rabiner, D. L., Lenhart, L., & Lochman, J. E.(1990). Automatic versus reflective social problem solving in relation to children's sociometric status. *Developmental Psychology, 26,* 1010-1016.

Radke-Yarrow, M., Cummings, E. M., Kuczynski, L., & Chapman, M.(1985). Patterns of attachment in two- and three-year-olds in normal families and families with parental depression. *Child Development, 56,* 884-893.

Radke-Yarrow, M., Zahn-Waxler, C., & Chapman, M.(1983). Children's prosocial dispositions and behavior. In P. H. Mussen (Ed.), *Handbook of child psychology. Vol. 4: Socialization, personality, and social development*. New York: Wiley.

Reese, E., & Fivush, R.(1992). Parental styles of talking about the past. *Development Psychology, 29,* 596-606.

Reich, P. A.(1986). *Language development*. Englewood Cliffs, NJ: Prentic-Hall.

Reid, P. T., Tate, C. S., & Berman, P. W.(1989). Preschool children's self-presentations in situations with infants: Effects of sex and race. *Child Development, 60,* 710-714.

Reissland, N.(1988). Neonatal imitation in the first hour of life: Observations in rural Nepal. *Developmental Psychology, 24,* 464-469.

Rest, J. R., & Thoma, S. J.(1985). Relation of moral judgment development to formal education. *Developmental Psychology, 21,* 709-714.

Reynolds, D.(1992). School effectiveness and school improvement: An updated review of the British literature. In D. Reynolds & P. Cuttance (Eds.),

School effectiveness: Research, policy, and practice. London: Cassell.

Reznick, J. S., & Goldfield, B. A.(1992). Rapid change in lexical development in comprehention and production. *Developmental Psychology, 28,* 406-413.

Rice, M. L., Huston, A. C., Truglio, R., & Wright, J.(1990). Words from "Sesame Street": Learning vocabulary while viewing. *Developmental Psychology, 26,* 421-428.

Richards, M. H., & Duckett, E.(1994). The relationship of maternal employment to early adolescent daily experience with and without parents. *Child Development, 65,* 225-236.

Richardson, J. G., & Simpson, C. H.(1982). Children, gender, and social structure: An analysis of the contents of letters to Santa Claus. *Child Development, 53,* 429-436.

Riegel, K.(1973). Dialectical operations: The final period of cognitive development. *Human Development, 16,* 346-370.

Riesen, A. H.(1947). The development of visual perception in man and chimpanzee. *Science, 106,* 107-108.

Ritter, J. M., Casey, R. J., & Langlois, J. H.(1991). Adults' responses to infants varying in appearance of age and attractiveness. *Child Development, 62,* 68-82.

Roffwarg, H. P., Muzio, J. N., & Dement, W. C.(1966). Ontogenetic development of the human sleep-dream cycle. *Science, 152,* 604-619.

Rosenthal, M. K.(1982). Vocal dialogues in the neonatal period. *Developmental Psychology, 18,* 17-21.

Rosenwasser, S. M., Lingenfelter, M., & Harrington, A. F.(1989). Nontraditional gender role portrayals and children's gender role perceptions. *Journal of Applied Developmental Psychology, 10,* 97-105.

Rosenzweig, M. R.(1966). Environmental complexity, cerebral change, and behavior. *American Psychologist, 21,* 321-332.

Rosenzweig, M. R., & Bennett, E. L.(1970). Effects of differential environments on brain weights and enzyme activities in gerbils, rats, and mice. *Developmental Psychobiology, 2,* 87-95.

Ross, G. W., Petrovitch, H., & White, L. R.(1997). Update on dementia. *Generations, 20,* 4, 22-27.

Rovee-Collier, C. K.(1984). The ontogeny of learning and memory in human infancy. In R. Kail & N. E. Spear (Eds.), *Comparative perspectives on the development of memory.* Hillsdale, NJ: Erlbaum.

Rovee-Collier, C. K.(1987). Learning and memory in infancy. In J. D. Osofsky (Ed.), *Handbook of infant development* (2nd ed.). New York: Wiley.

Rovee-Collier, C. K., & Lipsitt, L. P.(1982). Learning adaptation and memory in the newborn. In P. Stratton (Ed.), *Psychobiology of the human newborn.* New York: Willey.

Rowe, J. W., & Kahn, R. L.(1998). *Successful aging.* New York: Pantheon.

Rubin, D. C., Rahhal, T. A., & Poom, L. W.(1998). Things learned in early adulthood are remembered best. *Memory and Cognition, 26, 3,* 3-19.

Ruble, D. N., Balaban, T., & Cooper, J.(1981). Gender constancy and the effects of sex-typed televised toy commercials. *Child Development, 52,* 667-673.

Ruff, H. A., & Lawson, K. R.(1990). Development of sustained focused attention in young children during free play. *Developmental Psychology, 26,* 85-93.

Runco, M. A.(1992). Children's divergent thinking and creative ideation. *Developmental Review, 12,* 233-264.

Rushton, J. P.(1980). *Altruism, socialization, and society.* Englewood Cliffs, NJ: Prentice Hall.

Rutter, D. R., & Durkin, K.(1987). Turn-taking in mother-infant interaction: An examination of vocalizations and gaze. *Developmental Psychology, 23,* 54-61.

Rutter, M.(1981). *Maternal deprivation revisited* (2nd ed.). New York: Penguin Books.

Rutter, M., Maughan, B., Mortimore, P., Ouston, J., & Smith, A.(1979). *Fifteen thousand hours:*

attention to children's speech. *Journal of Experimental Child Psychology, 23,* 442-458.

Slobin, D. I.(1966). The acquisition of Russian as a native language. In F. Smith & G. A. Miller (Eds.), *The genesis of language: A psycholinguistic approach. Cambridge,* MA: MIT Press.

Slobin, D. I.(1985). Crosslinguistic evidence for the language making capacity. In D. I. Slobin (Ed.), *The crosslinguistic study of language acquisition. Vol. 2: Theoretical issues.* Hillsdale, NJ: Erlbaum.

Smetana, J. G.(1985). Preschool children's conceptions of transgressions: Effects of varying moral and conventional domain-related attributes. *Developmental Psychology, 21,* 18-29.

Smith, P. K., & Daglish, L.(1977). Sex differences in parent and infant behavior in the home. *Child Development, 48,* 1250-1254.

Smith, T. W.(1990). Academic achievement and teaching younger siblings. *Social Psychology Quarterly, 53,* 352-363.

Snarey, J. R., & Keljo, K.(1991). In a gemeinschaft voice: The cross-cultural expansion of moral development theory. In W. M. Kurtines & J. L. Gewirtz (Eds.), *Handbook of moral behavior and development* (Vol. 1). Hillsdale, NJ: Erlbaum.

Snow, M. E., Jacklin, C. N., & Maccoby, E. E.(1983). Sex-of-child differences in father-child interaction at one year of age. *Child Development, 54,* 227-232.

Sokolov, J. L.(1993). A local contingency analysis of the fine-tuning hypothesis. *Developmental Psychology, 29,* 1008-1023.

Somerville, S. C., Wellman, H. M., & Cultice, J. C.(1983). Young children's deliberate reminding. *Journal of Genetic Psychology, 143,* 86-96.

Sostek, A. M., & Anders, T. F.(1981). The biosocial importance and environmental sensitivity of infant sleep-wake behaviors. In K. Bloom (Ed.), *Prospective issues in infancy research.* Hillsdale, NJ: Erlbaum.

Spearman, C.(1927). *The abilities of man.* New York: MacMillan.

Speicher, B.(1994). Family patterns of moral judgment during adolescence and early adulthood. *Developmental Psychology, 30,* 624-632.

Spence, J. L., & Helmrich, R. L.(1978). *Masculinity and femininity: Their psychological dimensions correlates, and antecedents.* Austin, TX: University of Texas Press.

Spitz, R. A.(1945). Hospitalism: An inquiry into the genesis of psychiatric conditions in early childhood. In A. Freud (Ed.), *The psychologytic study of the child* (Vol. 1). New York: International Universities Press.

Spitz, R. A.(1965). *The first year of life: A Psychoanalytic study of normal and deviant object relations.* New York: International Universities Press.

Sroufe, L. A., Bennett, C., Englund, M., Urban, J., & Shulman, S.(1993). The significance of gender boundaries in preadolescence: Contemporary correlates and antecedents of boundary violation and maintenance. *Child Development, 64,* 455-466.

Sroufe, L. A., Egeland, B., & Kreutzer, T.(1990). The fate of early experience following developmental change: Longitudinal approaches to individual adaptation in childhood. *Child Development, 61,* 1363-1373.

Sroufe, L. A., Fox, N. E., & Pancake, V. R.(1983). Attachment and dependency in developmental perspective. *Child Development, 54,* 1915-1627.

Steinberg, L.(1985). *Adolescence.* New York: Knopf.

Steinberg, L., Lamborn, S. D., Darling, N., Mounts, N. S., & Dornbusch, S. M.(1994). Over-time changes in adjustment and competence among adolescents from authoritative, authoritarian, indulgent, and neglectful families. *Child Development, 65,* 754-770.

Steiner, J. E.(1979). Human facial expressions in response to taste and smell stimulations. In H. W. Reese & L. P. Lipsitt (Eds.), *Advances in Child Development and behavior* (Vol. 13). Orlando, FL: Academic Press.

Steinschneider, A.(1975). Implications of the sudden

infant death syndrome for the study of sleep in infancy. In A. D. Pick (Ed.), *Minnesota symposia on child psychology* (Vol. 9). Minneapolis: University of Minnesota Press.

Stern, D.(1977). *The first relationship: Infant and mother*. Cambridge, MA: Harvard University Press.

Sternberg, R. J. (1986). A triangular theory of love. *Psychological Review, 93,* 119-135.

Sternberg, R. J.(1991). Theory-based testing of intellectual abilities: Rationale for the triarchic abilities test. In H. A. Rowe (Ed.), *Intelligence: Reconceptualization and measurement*. Hillsdale, NJ: Erlbaum.

Stewart, A. J., & Vandewater, E. A. (1998). The course of generativity. In D. P. McAdams & E. de St. Aubin (Eds.), *Generativity and adult development: Psychosocial perspectives on caring for and contributing to the next generation* (pp.75-100). Washington DC: American Psychological Association Press.

Stewart, R. B.(1983). Sibling attachment relationships: child-infant interactions in the strange situations. *Developmental Psychology, 19,* 192-199.

Stiles, J. (2001). Neural plasticity and cognitive development. *Developmental Neuropsychology, 18,* 237-272.

Strayer, J.(1993). Children's concordant emotions and cognitions in response to observed emotions. *Child Development, 64,* 188-201.

Streri, A., & Pecheux, M.(1986). Tactual habituation and discrimination of form in infancy: A comparison with vision. *Child Development, 57,* 100-104.

Stumphauzer, J. S.(1972). Increased delay of gratification in young inmates through imitation of high-delay peer models. *Journal of Personality and Social Psychology, 21,* 10-17.

Stunkard, A. J., Harris, J. R., Pedersen, N., & McClearn, G. E.(1990). The body-mass index of twins who have been reared apart. *New England Journal of Medicine, 322,* 1483-1487.

Sudhalter, V., & Braine, M. D. S.(1985). How does comprehension of passives development? A comprehension of actional and experiential verbs. *Journal of Child Language, 12,* 455-470.

Sullivan, M. W., Lewis, M., & Alessandri, S. M.(1992). Cross-age stability in emotional expressions during learning and extinction. *Developmental Psychology, 28,* 58-63.

Suomi, S. J., & Harlow, H. F.(1972). Social rehabilitation of isolate-reared monkeys. *Developmental Psychology, 6,* 487-496.

Suomi, S. J., & Harlow, H. F.(1978). Early experience and social development in rhesus monkeys. In M. E. Lamb (Ed.), *Social and personality development*. New York: Holt, Rinehart & winston.

Super, D. E. (1976). *Career education and the meaning of work*. Washington DC: US office of Education.

Super, D. E. (1990). A life-span, Life-space approach to career development. In D. Brown, L. Brooks & Associates (Eds.), *Career choice and development*. San Francisco, CA: Jossey-Bass.

Tanner, J. M.(1981). Growth and maturation during adolescence. *Nutrition Review, 39,* 43-55.

Tamis-LeMonda, C. S., & Bornstein, M. H.(1989). Habituation and maternal encouragement of attention in infancy as predictors of toddler language, play and representational competence. *Child Development, 60,* 738-751.

Tanner, J. M.(1990). *Fetus into man: Physical growth from conception to maturity*. Cambridge, MA: Harvard University Press.

Taylor, M., & Gelman, S. A.(1989). Incorporating new words into the lexicon: Preliminary evidence for language hierarchies in two-year-old children. *Child Development, 60,* 625-636.

Taylor, R. D.., Casten, R., & Flickinger, S. M.(1993). Influence of kinship social support on the parenting experiences and psychosocial adjustment of African- American adolescents. *Developmental Psychology, 29,* 382-388.

Teller, D. Y., & Bornstein, M. H.(1984). Infant color vision. In P. Salapatek & L. B. Cohen (Eds.), *Handbook of infant perception*. Orlando, FL: Academic Press.

Terry, R., & Coie, J. D.(1991). A comparison of methods for defining sociometric status among children. *Developmental Psychology, 27,* 867-880.

Teti, D. M., & Ablard, K. E.(1989). Security of attachment and infant-sibling relationships: A laboratory study. *Child Development, 60,* 1519-1528.

Thelen, E.(1989). The (re)discovery of motor development: Learning new things from an old field. *Developmental Psychology, 25,* 946-949.

Thoman, E. B., & Ingersoll, E. W.(1993). Learning in premature infants. *Developmental Psychology, 28,* 692-700.

Thomas, A., & Chess, S.(1977). *Temperament and Development,* New York: Brunner Mazel.

Thomas, J. R., & French, K. E.(1985). Gender differences across age in motor performance: A meta-analysis. *Psychological Bulletin, 98,* 260-282.

Thomas, M. H., Horton, R. W., Lippincott, E. C., & Drabman, R. S.(1977). Desensitization to portrayals of real-life aggression as a function of exposure to television violence. *Journal of Personality and Social Psychology, 35,* 450-458.

Thompson, R. A.(1994). Emotion regulation: A theme in search of definition. In N. A. Fox (Ed.), The development of emotion regulation: Biological and behavioral considerations. *Monographs of the Society for Research in Child Development, 59*(2-3, Serial No. 240).

Thompson, S. K.(1975). Gender labels and early sex-role development. *Child Development, 46,* 339-347.

Thorndike, E. L.(1926). *The Measurement of Intelligence,* New York: Teachers College, Columbia University, Bureau of Publications.

Thurstone, L. L.(1955). *The Differential Growth of Mental Abilities.* Chapel Hill, North Carolina: University of North Carolina Psychometric Laboratory, No. 14.

Thurstone, L. L., & Thurstone, T. G.(1941). Factorial studies of intelligence. *Psychometric Monographs,* No. 2.

Tietjen, A. M.(1986). Prosocial reasoning among children and adults in Papua New Guinea society. *Developmental Psychology, 22,* 861-868.

Tinsley, B. J.(1992). Multiple influences on the acquisition and socialization of children's health attitudes and behavior: An integrative review. *Child Development, 63,* 1043-1069.

Tizard, B.(1977). *Adoption: A second chance.* London: Open Books.

Tomasello, M., & Farrar, M. J.(1986). Joint attention and carly language. *Child Development, 57,* 1454-1463.

Tomlinson-Keasey, C., & Keasey, C. B.(1974). The mediating role of cognitive development in moral judgement. *Child Development, 45,* 291-298.

Toner, I. J., & Potts, R.(1981). Effect of modeled rationales on moral behavior, moral choice, and level of moral judgement in children. *Journal of Psychology, 107,* 153-162.

Toner, I. J., Moore, L. P., & Emmons, B. A.(1980). The effect of being labeled on subsequent self-control in children. *Child Development, 51,* 618-621.

Toner, I. J., Parke, R. D., & Yussen, S. R.(1978). The effect of observation of model behavior on the establishment and stability of resistance to deviation in children. *Journal of Genetic Psychology, 132,* 283-290.

Torrance, E. P.(1975). Creativity research in education: Still alive. In I. A. Taylor & J. W. Getzels (Eds.), *Perspectives in creativity.* Chicago: Aldine-Atherton.

Trachtenberg, S., & Viken, R. J.(1994). Aggressive boys in the classroom: Biased attributions or shared perceptions. *Child Development, 65,* 829-835

Trehub, S. E.(1973). Infants' sensitivity to vowel and tonal contrasts. *Developmental Psychology, 9,* 91-96.

Trehub, S. E.(1985). Auditory pattern perception in infancy. In S. E. Trehub & B. Schneider (Eds.), *Advances in the study of communication and affect. Vol. 10: Auditory development in infancy*. New York: Plenum.

Tronick, E. Z., Thomas, R. B., & Daltabuit, M.(1994). The Quechua manta pouch: A caregiving practice for buffering the Peruvian infant against the multiple stressors of high altitude. *Child Development, 65,* 1005-1013.

Tulving, E. (1983). *Elements of episodic memory*. New York: Oxford University Press.

Turiel, E.(1983). *The development of social knowledge: Morality and convention*. New York: Cambridge University Press.

Urberg, K. A.(1979). Sex-role conceptualization in adolescents and adults. *Developmental Psychology, 15,* 90-92.

Vaillant, G. (1977). *Adaptation to life*. Boston: Little Brown.

Vaillant, G. (2002). *Aging well*. Boston: Little, Brown.

Vaillant, G. E.(1983). Childhood environment and maturity of defense mechanisms. In D. Magnusson & V. I. Allen (Eds.), *Human Development*: An interactional perspective. New York: Academic Press.

Valdez-Menchaca, M, C., & Whitehurst, G. J.(1992). Accelerating language development through picture book reading: a systematic extension to Mexican day care. *Developmental Psychology, 28,* 1106-1114.

van Ijzendoorn, M. H., & Kroonenberg, P. M.(1988). Cross-cultural patterns of attachment: A meta-analysis of the Strange Situation. *Child Development, 59,* 147-156.

Vandell, D. L., Henderson, V. K., & Wilson, K. S.(1988). A longitudinal study of children with day-care experiences of varying quality. *Child Development, 59,* 1286-1292.

Vandell, D. L., Wilson, K. S., & Buchanan, N. R.(1980). Peer interaction in the first year of life: An examination of its structure, content, and sensitivity to toys. *Child Development, 51,* 481-488.

Varnhagen, C. K., Morrison, F. J., & Everall, R.(1994). Age and schooling effects in story recall and story production. *Developmental Psychology, 30,* 969-979.

Vaughn, B. E., Kopp, C. B., & Krakow, J. B.(1984). The emergence and consolidation of self-control from eighteen to thirty months of age: Normative trends and individual differences. *Child Development, 55,* 990-1004.

Vining, E. (1978). *Being seventy: The measure of a year*. New York: Viking.

Von wright, M. R.(1989). Body image satisfaction in adolescent boys and girls: A longitudinal study. *Journal of Youth and Adolescence, 18,* 71-83.

Vuchinich, S., Bank, L., & Patterson, G. R.(1992). Parenting, peers, and the stability of antisocial behavior in preadolescent boys. *Developmental Psycology, 28,* 510-521.

Vurpillot, E.(1968). The development of scanning strategies and their relation to visual differentiation. *Journal of Experimental Child Psychology, 6,* 632-650.

Vygotsky, L. S.(1978). *Mind in society: The development of higher mental processes*. Cambridge, MA: Harvard University Press. (Original works published 1930, 1933, and 1935)

Vygotsky, L. S.(1986). *Thought and Language* (A. Kozulin, Trans). Cambridge, MA: MIT Press. (Original work published, 1934)

Waddington, C. H.(1966). *Principles of development and differentiation*. New York: Macmillan.

Walford, R. (1969). *The immunological theory of aging*. Copenhagen: Munksgaard.

Walters, C., & McKenry, P. (1985). Predictors of life satisfaction among rural and urban mothers: A research note. *Journal of Marriage and the Family, 47,* 1, 1067-1071.

Walters, R. H., & Brown, M.(1963). Studies of reinforcement of aggression: Transfer of responses to an interpersonal situation. *Child Development, 34,* 562-571.

Wamboldt, F. S., & Wolin, S. J. (1989). Reality and myth in family life: Changes across generations. *Journal of Psychotherapy and the Family, 4,* 141-165.

Wasz-Hocker, O., Lind, J., Vuorenkoski, V., Patanen, T., & Valanne, E.(1968). *A spectrographic and auditory analysis*. Suffolk: Lavenham Press.

Waterman, A. S.(1992). Identity as an aspect of optimal psychological functioning. In G. R. Adams, T. P. Gullotta & R. Montemayor (Eds.), *Advances in adolescent development. Vol. 4: Adolescent identity formation*. Newbury Park, CA: Sage.

Waterman, A. S., & Archer, S. L.(1990). A life-span perspective on identity formation: Developments in form, function, and process. In P. B. Baltes, D. L. Featterman, & R. M. Lerner (Eds.), *Life-span development and behavior* (Vol. 10). Hillsdale, NJ: Erlbaum.

Waters, E., Wippman, J., & Sroufe, L. A.(1979). Attachment, positive affect, and competence in the peer group: Two studies in construct validation. *Child Development, 50,* 821-829.

Watson, J. B., & Raynor, R.(1920). Conditioned emotional reactions. *Journal of Experimental Psychology, 3,* 1-14.

Watson, J. S., & Ramey, C. T.(1972). Reactions to response-contingent stimulation in early infancy. *Merrill-Palmer Quarterly, 18,* 219-228.

Wechsler, D.(1989). *Manual for the Wechsler Preschool and Primary Scale of Intelligence-Revised*. New York: Psychological Corporation.

Wechsler, D.(1991). *Manual, WISC-III: Wechsler Intelligence Scale for Children-Third Edition*. San Antonio, TX: Psychological Coporation.

Weisman, A. T. (1972). *On dying and denying: A psychiatric study of terminality*. New York: Behavioral Publications.

Weisner, T. S., & Gallimore, R.(1977). My brother's keeper: Child and sibling caretaking. *Current Anthropology, 18,* 169-190.

Weisner, T. S., & Wilson-Mitchell, J. E.(1990). Nonconventional family lifestyles and sex typing in six-year-olds. *Child Development, 61,* 1915-1933.

Weiss, B., Dodge, K. A., Bates, J. E., & Pettit, G. S.(1992). Some consequences of early harsh discipline: Child aggression and a maladaptive social information processing style. *Child Development, 63,* 1321-1335.

Wellman, H. M., & Woolley, J.(1990). From simple desires to ordinary beliefs: The early development of everyday psychology. *Cognition, 35,* 245-275.

Wellman, H. M., Collins, J., & Glieberman, J.(1981). Understanding the combination of memory variables: Developing conceptions of memory limitations. *Child Development, 52,* 1313-1317.

Whipp, B. J., & Ward, S. A.(1992). Will women soon outrun men? *Nature, 355,* 25.

Whiting, B. B., & Edwards, C. P.(1988). *Children of different worlds: The formation of social behavior*. Cambridge, MA: Harvard University Press.

Whiting, B. B., & Edwards, C. P., & Edwards, C. P.(1988). *Children of different worlds: The formation of social behavior*. Cambridge, MA: Harvard University Press.

Whiting, B. B., & Whiting, J. W. M.(1975). *Children of six cultures*. Cambridge, MA: Harvard University Press.

Widdowson, E. M.(1951). Mental contentment and physical growth. *Lancet, 1,* 1316-1318.

Wiesenfeld, A., Malatesta, C., & DeLoach, L.(1981). Differential parental response to familiar and unfamiliar infant distress signals. *Infant Behavior and Development, 4,* 281-285.

Williams, C., & Bybee, J.(1994). What do children feel guilty about? *Developmental Psychology, 30,* 617-623.

Williams, E., & Radin, N.(1993). Parental involvement, maternal employment, and adolescents' academic achivement: An 11-year follow-up. *American Jounal of Orthopsyc-hiatry, 63,* 306-312.

Williams, J. E., & Best, D L.(1990). *Measuring sex stereotypes: A multination study* (rev. ed.). Newbury Park, CA: Sage.

Wilson, R. S.(1983). The Louisville Twin Study: Developmental Synchronies in behavior. *Child Development, 54,* 298-316.

Witkin, H. A.(1967). A cognitive style approach to cross-cultural research. *International Journal of Psychology, 2,* 233-250.

Witkin, H. A., & Berry, J. W.(1975). Psychological differentiation in cross-cultural perspective. *Journal of Cross-Curtural Psychology, 6,* 4-87.

Witkin, H. A., Goodenough, D. R., & Oltman, P. K.(1979). Psychological differentiation: Current status. *Journal of Personality and Social Psychology, 37,* 1127-1145.

Wolf, R. M.(1964). *The identification and measurement of environmental process variables related to intelligence.* Unpublished doctoral dissertation, University of Chicago.

Wolff, P. H.(1966). The causes, controls and organization of behavior in the neonate. *Psychological Issues, 5*(1, Serial No. 17).

Wright, P. H. (1982). Men's friendships, women's friendships, and the alleged inferiority of the latter. *Sex Roles, 8,* 1-20.

Yerkes, R. M., & Morgulis, S.(1909). The method of Pavlov in animal psychology. *Psychological Bulletin, 6,* 257-273.

Yendovitskaya, T. V.(1971). Development of attention. In A. V. Zaporozhets & D. B. Elkonin (Eds.), *The psychology of preschool children.* Cambridge, MA: MIT Press.

Yonas, A, Cleaves, W., & Pettersen, L.(1978). Development of sensitivity to pictorial depth. *Science, 200,* 77-79.

Yonas, A., Granrud, C. E., & Pettersen, L.(1985). Infants sensitivity to relative size information for distance. *Developmental Psychology, 21,* 161-167.

Youngblade, L. M., & Belsky, J.(1992). Parent-child antecedents of 5-year-olds' close friendships: A longitudinal analysis. *Developmental Psychology, 28,* 700-713.

Zahn-Waxler, C., Radke-Yarrow, M., Wagner, E., & Chapman, M.(1992). Development of concern for others. *Developmental Psychology, 28,* 126-136.

Zern, D. S.(1984). Relationships among selected child-rearing variables on a cross-cultural sample of 110 societies. *Developmental Psychology, 20,* 683-690.

Zigler, E., & Finn-Stevenson, M.(1992). Applied *Developmental psychology.* In M. H. Bornstein & M. E. Lamb (Eds.), *Developmental psychology: An advanced textbook.* Hillsdale, NJ: Erlbaum.

찾아보기

ㄴ

ㄹ

ㅁ

ㅂ

index

ㅊ

ㅋ

ㅎ

인 명

저자 소개

최경숙

성균관대학교 심리학과(BA)
미국 Kent State Univ. 심리학과(MA)(아동심리학 전공)
미국 Kent State Univ. 심리학과(Ph.D)(아동심리학 전공)
연세대학교 아동학과 조교수
미국 Harvard Yenching Institute 객원교수
성균관대학교 서울시위탁운영 창이유아원 원장
한국아동학회 회장, 한국심리학회 산하 발달심리학회 회장
성균관대학교 생활과학대학 학장 역임
현재 성균관대학교 생활과학부 아동학/인재개발학 전공 교수

저서 및 역서

아동의 기억발달(2007), 아동발달심리학(2006), 아동발달(공저, 2005), 한국아동학의 연구동향과 전망(공저, 2004), 기억연구(2002), 발달심리학(2000), 부모교육과 적용(공역, 1989), 아동행동지도(공역, 1987), 논문작성과 출판(공저, 1993), 아동심리학(1985), 어린이의 발달(공저, 1983)

송하나

성균관대학교 아동학과(BA)
미국 University of Wisconsin-Madison (Ph.D)(인간발달 전공)
미국 Madison School and Community Recreation Therapeutic Assistant
미국 Cabell Huntington Hospital 박사 후 연구원
미국 Marshall University 심리학과 강사
현재 성균관대학교 생활과학부 아동학/인재개발학 전공 교수

발달심리학 전 생애 : 아동 · 청소년 · 성인

2010년 2월 25일 초판 발행
2021년 2월 26일 6쇄 발행

지은이 최경숙 · 송하나
펴낸이 류원식
펴낸곳 교문사

편집팀장 모은영
책임편집 강선혜
본문디자인 꾸밈
표지디자인 황옥성

주소 (10881)경기도 파주시 문발로 116
전화 031-955-6111(代)
팩스 031-955-0955
등록 1960. 10. 28. 제406-2006-000035호

홈페이지 www.gyomoon.com
E-mail genie@gyomoon.com
ISBN 978-89-363-1027-1 (93590)

값 20,000원
*잘못된 책은 바꿔 드립니다.